Karl August Chassé · Margherita Zander · Konstanze Rasch

Meine Familie ist arm

Karl August Chassé
Margherita Zander
Konstanze Rasch

Meine Familie ist arm

Wie Kinder im Grundschulalter
Armut erleben und bewältigen

4. Auflage

VS VERLAG FÜR SOZIALWISSENSCHAFTEN

Bibliografische Information der Deutschen Nationalbibliothek
Die Deutsche Nationalbibliothek verzeichnet diese Publikation in der
Deutschen Nationalbibliografie; detaillierte bibliografische Daten sind im Internet über
<http://dnb.d-nb.de> abrufbar.

1. Auflage 2003
2. Auflage 2005
3. Auflage 2007
4. Auflage 2010

Alle Rechte vorbehalten
© VS Verlag für Sozialwissenschaften | GWV Fachverlage GmbH, Wiesbaden 2010

Lektorat: Frank Engelhardt

VS Verlag für Sozialwissenschaften ist Teil der Fachverlagsgruppe
Springer Science+Business Media.
www.vs-verlag.de

Das Werk einschließlich aller seiner Teile ist urheberrechtlich geschützt.
Jede Verwertung außerhalb der engen Grenzen des Urheberrechtsgesetzes
ist ohne Zustimmung des Verlags unzulässig und strafbar. Das gilt insbesondere für Vervielfältigungen, Übersetzungen, Mikroverfilmungen und die Einspeicherung und Verarbeitung in elektronischen Systemen.

Die Wiedergabe von Gebrauchsnamen, Handelsnamen, Warenbezeichnungen usw. in diesem Werk berechtigt auch ohne besondere Kennzeichnung nicht zu der Annahme, dass solche Namen im Sinne der Warenzeichen- und Markenschutz-Gesetzgebung als frei zu betrachten wären und daher von jedermann benutzt werden dürften.

Umschlaggestaltung: KünkelLopka Medienentwicklung, Heidelberg
Druck und buchbinderische Verarbeitung: MercedesDruck, Berlin
Gedruckt auf säurefreiem und chlorfrei gebleichtem Papier
Printed in Germany

ISBN 978-3-531-17214-9

Inhaltsverzeichnis

Vorwort 9

1. **Armut in der Bundesrepublik** 11
1.1 Armut von Familien mit Kindern – Gesellschaftliche
 Dimension des Armutsproblems 11
1.2 Armutsdiskurse und Armutskonzepte 17
 1.2.1 Armutsmaße 17
 1.2.2 Armutsbegriffe 18
 1.2.3 Armutsfolgen 23
1.3 Armut in den neuen Bundesländern 26

2. **Kinderarmut als Forschungsthema** 31
2.1 Kindheitsforschung heute 31
2.2 Kinder und Kindheit im Modernisierungsdiskurs 35
2.3 Kinderarmut als Forschungsgegenstand 39
2.4 Armuts- und Kindheitsforschung – Einige theoretische
 Vorüberlegungen 44
2.5 Verknüpfung von Elementen der modernen Kindheitsforschung
 mit Armutsaspekten 48
 2.5.1 Aktualitätsbezug – Kinder als Seiende 48
 2.5.2 Kinder als soziale Akteure 49
 2.5.3 Partizipation von Kindern als Anspruch und
 (Eigen)Leistung 49
 2.5.4 Betonung der Autonomie der Kinder 50
2.6 Kindliche Lebenslage – Übertragung eines Konzeptes 51
 2.6.1 Lebenslage als Lebensgesamtchance 51
 2.6.2 Lebenslage, Spielräume und Grundbedürfnisse der Kinder . 54
 2.6.3 Übertragung des Spielräumekonzeptes auf Kinder 58
2.7 Methodische Aspekte einer Fallstudie mit Kindern 63
 2.7.1 Methodologische Vorüberlegungen
 zu Kinderinterviews 63

	2.7.2 Methodische Konzeption der Fallstudie	65
	2.7.3 Elternperspektive als Vergleichsmoment	69
3.	**Kinder in armen Familien**	**72**
3.1	Kleine Portraits der untersuchten Kinder	
	3.1.1 Tina 3.1.2 Theo 3.1.3 Dorothee 3.1.4 Rebecca	
	3.1.5 Torsten 3.1.6 Konstantin 3.1.7 Sarah 3.1.8 Anja 3.1.9 Erik	
	3.1.10 Anton 3.1.11 Karsten 3.1.12 Frank 3.1.13 Steffi	
	3.1.14 Dennis	72
3.2	Die familiäre Situation	99
3.3	Die elterliche und die kindliche Sicht auf die Situation	105
4.	**Kinderleben in Armutslagen – Ergebnisse einer empirischen Studie**	**112**
4.1	Analyse der Lebenslagen aus der Perspektive der Kinder	112
4.2	Materielle Einschränkungen	115
	4.2.1 Einschränkungen in den Versorgungsbereichen: Ernährung, Kleidung, Wohnen	115
	4.2.2 Sicht der Kinder auf die familiäre Einkommenssituation und den Umgang mit Geld	126
4.3	Auswirkungen auf die Lern- und Erfahrungsmöglichkeiten	134
	4.3.1 Schule in der ambivalenten Wahrnehmung der Kinder	134
	4.3.2 Bildungsmäßige Förderung – Freizeitaktivitäten in Familie und häuslichem Umfeld	143
4.4	Soziale Kontakte und Netzwerke – Soziale Integration oder Ausschluss?	155
	4.4.1 Soziale Netzwerke der Eltern in ihrer Bedeutung für die Kinder	155
	4.4.2 Gleichaltrigenkontakte der Kinder in Schule und Nachbarschaft	169
4.5	Zugang zu Kinderkultur, Erholung und Freizeit	178
	4.5.1 Wohnsituation, Familienalltag, Freizeitaktivitäten	178
	4.5.2 Familienklima, familiäre Belastungen, Eltern-Kind-Beziehungen – Auswirkungen auf das Wohlbefinden der Kinder	191
4.6	Gestaltungs- und Entscheidungsspielraum der Kinder	198

5.	**Lebenslagen und Bewältigungsstrategien – Typologie und Theorie**	212
5.1	Elterliche Lebenslagen: Benachteiligung und Bewältigungsformen	212
	5.1.1 Erwerbsstatus und Erwerbslosigkeit	212
	5.1.2 Armut und Sozialhilfebezug	220
	5.1.3 Schulden und weitere Belastungen	224
	5.1.4 Familienformen und familiale Biografie	225
	5.1.5 Veränderung von Netzwerken in Armutslagen	229
	5.1.6 Eltern-Kind-Beziehung in belasteteten Lebenslagen	233
	5.1.7 Bewältigungsformen der Eltern	238
	5.1.8 Bewältigungsanforderungen an die Kinder	242
5.2	Kindliche Bewältigung unter armutsbelasteten Lebensbedingungen und Restriktionen des Aufwachsens	245
	5.2.1 Auswirkungen der elterlichen Armut auf die Kinder	248
	5.2.2 Eltern-Kind-Beziehung als Einflussfaktor	254
	5.2.3 Elterliche und kindliche Strategien – Gemeinsamkeiten und Unterschiede	256
	5.2.4 Auf Bewältigung zielende Strategien der Kinder	258
5.3	Strukturen kindlicher Lebenslagen in Armut – Versuch einer Ordnung	261
	5.3.1 Typ 1: Elterliche Armut – Kindliche Kompensation	267
	5.3.2 Typ 3: Stark und mehrfach benachteiligte Kinder	276
	5.3 3 Typ 2 (Das Mittelfeld): kindliche Benachteiligungen in unterschiedlichen Kombinationen	289
	5.3.4 Strukturen kindlicher Benachteiligung	300
5.4	Aspekte einer Theorie von Armut und Kinderarmut	303
	5.4.1 Neue Ungleichheiten und die Armut	303
	5.4.2 Ambivalenzen der Modernisierung von Kindheit	310
	5.4.3 Kindheitstheorie und Kinderarmut	314
	5.4.4. Auswirkungen von Kinderarmut	319
6.	**Sozialpädagogische Konsequenzen**	322
6.1	Aufgabenstellung der Kinder- und Jugendhilfe im Hinblick auf Kinderarmut	324
6.2	Unzureichendes Armutsverständnis der Sozialen Arbeit	327
6.3	Armutsbewältigung in Arbeitsfeldern der Kinder- und Jugendhilfe	332
6.4	Kinderarmut: Bildungsprozesse und Bildungsperspektiven	336
Literaturverzeichnis		344

Vorwort zur 4. Auflage

Kinderarmut ist seit den späten 1990er Jahren als gesellschaftliches Problem und sozialwissenschaftliches Forschungsthema stärker in den Blickpunkt der Aufmerksamkeit gerückt. Dennoch gibt es in der Bundesrepublik immer noch wenige empirische Studien, welche die vielfältigen Folgen eines Aufwachsens in Armut detaillierter untersucht haben. Auch deswegen geht wohl diese Publikation in die nun 4. Auflage.
Wir stellen hiermit die Ergebnisse einer explorativen Feldstudie in den Neuen Bundesländern vor, die Armut aus der Sicht der Kinder abzubilden versucht. Wir haben Kinder im Grundschulalter – in der Stadt wie auf dem Land – interviewt und Gespräche mit ihren Eltern (in der Regel waren es die Mütter) geführt. Insbesondere ging es uns darum, die Wahrnehmungs-, Deutungs- und Bewältigungsmuster *der Kinder selbst* herauszuarbeiten. Dabei orientierten wir uns am Lebenslagenkonzept, das wir speziell – und dies war zum Zeitpunkt des Projekts das Novum unseres Vorhabens – für unsere Untersuchungsgruppe (Kinder im Grundschulalter) weiterentwickelt haben.

Wir sehen uns nicht zuletzt durch das anhaltende Interesse an unserer Publikation (die erste Auflage ist 2003 erschienen) darin bestätigt, dass wir mit unserer Studie wichtige Erkenntnisse für die Forschung, die Praxis Sozialer Arbeit, aber auch für die Politik geliefert haben. Auf der Basis qualitativer Fallstudien konnten wir nämlich die komplexen Wechselwirkungen von materiellen und immateriellen Folgewirkungen benachteiligter kindlicher Lebenslagen aufzeigen. Unser Anliegen war es, *Armuts- und Kindheitsforschung miteinander* zu *verbinden*, so dass wir auch hoffen, beiden Forschungszweigen Anstöße zur Weiterdiskussion zu geben.

Nach einer knappen und zum Zeitpunkt der 4. Auflage aktualisierten Übersicht über Armut und Armutskonzepte (Kapitel 1) führen wir daher auch in wegweisende Diskurse der gegenwartsbezogenen soziologischen Kindheitsforschung ein, um so unseren eigenen Forschungsansatz in beide Disziplinen einzubetten (Kapitel 2). In den folgenden Kapiteln 3, 4 und 5 stellen wir teilweise fallbezogen, teilweise typisierend dar, wie die untersuchten Kinder und ihre Familien mit ihrer in unterschiedlichster Weise durch Armut, soziale

Benachteiligung und andere Belastungen geprägten Lebenssituation umgehen, und welche Bewältigungsstrategien sie dabei entwickeln. Von besonderer Relevanz erscheint uns hier die Erkenntnis, dass sich elterliche und kindliche Lebenslagen als *different* erweisen können. *Kinderarmut* ist mit ihren vielfältigen Auswirkungen auf das aktuelle Kinderleben sowie die Zukunftschancen der Kinder vor allem auch ein *gesellschaftliches Problem*. Damit haben wir es nicht nur mit Erkenntnisfragen zu tun, sondern mit konkreten Anforderungen an die Politik und die Soziale Arbeit, insbesondere die Kinder- und Jugendhilfe. Daher leiten wir abschließend (Kapitel 6) aus unseren Ergebnissen Folgerungen für die Praxis Sozialer Arbeit ab – und hoffen damit Anregungen zur konzeptionellen Weiterentwicklung zu geben.

Bei diesem Buch handelt es sich um eine Neuauflage von „Meine Familie ist arm", zum ersten Mal 2003 bei Leske + Budrich und danach im VS Verlag für Sozialwissenschaften (2. Auflage 2005) erschienen. Für die vorliegende 4. Auflage haben wir die Zahlen und Daten in Kapitel 1 aktualisiert; zusätzlich befassen wir uns mit der durch die Hartz IV-Gesetze (seit 2005) vollzogenen Zäsur im Sozialleistungsbereich. Die Armutslagen von Kindern scheinen sich seitdem quantitativ und qualitativ eher *verschärft* zu haben. Im Übrigen legen wir das Buch weitgehend unverändert wieder auf, ermutigt durch die positive Resonanz und das anhaltende Interesse an unseren Forschungsergebnissen. Selbstverständlich sehen wir heute, sieben Jahre später, manches anders. Da es sich aber um die Ergebnisse einer qualitativen Studie handelt, präsentieren wir hier immer noch *bleibende* Erkenntnisse zu Kinderarmut aus der Sicht von Kindern.

Inzwischen hat die Auseinandersetzung mit der Problematik über die Fachwelt hinaus weitere Kreise erfasst. Auch in der breiteren Öffentlichkeit wird über den Umgang mit Auswirkungen von Armut auf diverse Lebenswelten von Kindern, vor allem auf Kindertagesstätten und Schulen, diskutiert. Wissenschaftliche Erkenntnisse werden also langsam aufgegriffen und für die konzeptionelle Entwicklung von Projekten und Maßnahmen Sozialer Arbeit (z. B. MoKi, Saarbrücken Malstatt) nutzbar gemacht.

Am Schluss ist es üblich, allen Mitwirkenden zu danken. *Unser* besonderer Dank gilt den Familien und vor allem den Kindern, die uns die Realisierung des Projektes durch ihre Offenheit in den Interviews erst ermöglicht haben, weil sie uns Zeit, Aufmerksamkeit und ihr Vertrauen geschenkt haben.

November 2009

K.A. Chassé, M. Zander und K. Rasch

1. Armut in der Bundesrepublik

1.1 Armut von Familien mit Kindern – Gesellschaftliche Dimension des Armutsproblems

Der im April 2001 von der Bundesregierung vorgelegte erste Nationale Armuts- und Reichtumsbericht hatte nachdrücklich deutlich gemacht, was in der Fachöffentlichkeit seit den 1990er Jahren diskutiert wurde: Armut im reichen Deutschland hat sich wesentlich verändert. Den „klassischen" Armutsgruppen (Randgruppen, alte Menschen, Behinderte und chronisch Kranke) sind neue und zahlenmäßig größere Gruppen von neuen Armen zur Seite getreten. Es sind Erwerbslose im „besten Lebensalter", Menschen mit unzureichendem Arbeitseinkommen, allein erziehende Frauen, kinderreiche Familien, MigrantInnen. Vor allem sind Kinder bzw. Familien mit Kindern zunehmend arm.

Bereits vor dieser offiziellen Thematisierung von Armut wiesen zahlreiche Studien und Berichte auf die wachsende Armutsproblematik hin (z.B.: Döring/Hanesch/Huster 1990; Leibfried/Voges 1992; Hauser/Hübinger 1993; Hanesch u.a. 1994; Bieback/Milz 1995; Hübinger 1996; Hübinger/Neumann 1997; Mansel/Neubauer 1998). Mit dem Armuts- und Reichtumsbericht der Bundesregierung wurde jedoch eine erste umfassende Bestandsaufnahme vorgelegt, die die öffentliche Debatte um Armut und soziale Ausgrenzung in Deutschland sowohl intensivierte wie fundierte.

Auch die folgenden Armuts- und Reichtumsberichte der Bundesregierung, die zurückhaltender berichten, gehen von einem Anstieg des Anteils der Haushalte mit Kindern unter der 60%-Armutsgrenze (Median) seit 1998 aus, je nach Datenbasis von 12 auf 13% (BMAS 2008: 305) oder 18% im Jahr 2005 (BMAS 2008: 306). Detailliert werden die Aussagen der Berichte der Bundesregierung durch die neueren Zahlen des Datenreports 2008. Demnach lebte im Jahr 2006 etwa ein Siebtel (13,9%) der bundesrepublikanischen Bevölkerung in Armut.[1] Insgesamt ein Drittel der BundesbürgerInnen (36,4%) lebte 2006 im Niedrigeinkommensbereich (75%-Schwelle) (Datenreport 2008: 166). Die AutorInnen des Datenreports konstatieren für 2006 gegenüber den Vorjahren einen steigenden Bevölkerungsanteil im Niedrigeinkommensbereich. Sie verweisen aber auch darauf, dass innerhalb dieses Anteils

---

1   Der dabei verwendete Armutsbegriff beruht auf einem relativen Armutskonzept und orientiert sich an der Definition der Europäischen Union. Als arm gilt, wer in einem Haushalt lebt, dessen Äquivalenzeinkommen weniger als 60% des Medians der Einkommen in der gesamten Bevölkerung beträgt (vgl. Datenreport 2008: 163).

eine Zunahme von Armutsbetroffenheit sowie Armutsintensität festzustellen ist (Datenreport 2008: 165). Die höchsten Armutsquoten sind insbesondere bei Ein-Eltern-Haushalten und Familien mit geringer Erwerbsbeteiligung zu finden (ebenda: 169). Bezogen auf Kinder im Alter bis zu zehn Jahren fällt die Armutsbetroffenheit noch deutlich höher aus. Mehr als die Hälfte aller bundesdeutschen Kinder im Alter bis zu 10 Jahren lebte im Jahr 2006 in prekären Einkommensverhältnissen (75% Schwelle); insgesamt 16,3% dieser Kinder lebten in Deutschland unter der Armutsgrenze (60% Schwelle) (ebenda: 167).

Leben in Armut bedeutet hierbei nicht das Vorliegen existenzieller Notlagen im Sinne von absoluter oder primärer Armut, womit das Fehlen der Mittel zum physischen Überleben gemeint ist. Leben in Armut – und dies betraf im Jahr 2006 immerhin ein Sechstel (16,3%; vgl. Datenreport 2008: 167) der bundesdeutschen Kinder im Alter bis zu 10 Jahren – heißt arm zu sein im Sinne von sozialer Ungleichheit und sozialem Ausschluss. Diese Kinder und ihre Familien leben in relativer Armut, d.h. gemessen an den „mittleren" Standards der bundesrepublikanischen Gesellschaft verfügen sie über zu geringe finanzielle Ressourcen (vgl. BMAS 2001: 8; BMAS 2008: 20).

Man kann bei der Erfassung von Armut aber auch auf politisch-normative Vorgaben zurückgreifen. Demnach lebt in Armut *„wer aus seinem eigenen Einkommen oder Vermögen nicht die zur Lebensführung erforderlichen Mittel schöpfen kann"* (ebenda). Im Rahmen des Bundessozialhilfegesetzes (BSHG) garantierte in diesen Fällen die Hilfe zum Lebensunterhalt (HLU) bis 2004 die Deckung des lebensnotwendigen Bedarfs (Bedarfsdeckungsprinzip). Haushalte und Personen, auf die dies zutraf, erhielten also laufende Hilfe zum Lebensunterhalt, deren Eckregelsatz das gesellschaftlich definierte Existenzminimum darstellte. Sozialhilfebezug war somit definiert als staatlich „bekämpfte Armut". Gleichwohl kann der Bezug von Sozialhilfe als Armutsindikator gelten, da die Inanspruchnahme deutlich macht, dass die entsprechenden Personen und Haushalte nicht oder nicht ausreichend in der Lage sind, ihren notwendigen Lebensunterhalt aus eigenen Kräften und Mitteln, vor allem aus Einkommen und Vermögen, zu sichern (vgl. hierzu Merten 2001: 373f.); und analog lässt sich bei Sozialgeldbezug (Hartz IV) argumentieren. Wie sehr sich das Leben mit und von Sozialhilfe von einem Leben *„aus eigenen Kräften und Mitteln"* unterscheidet, zeigten sogenannte „Sozialexperimente", bei denen Menschen versuchen, eine bestimmte Zeit von den Sätzen der Sozialhilfe zu leben. Eine von einer Christengemeinde initiierte Aktion *„Leben mit Sozialhilfe"* endete mit der Einrichtung einer „Luxusliste", da die TeilnehmerInnen mit den zugestandenen Sätzen nicht auskamen. *„Die Klavierstunde für den Sprössling muss ebenso bezahlt werden wie der Fernsehsessel zu Opas 70. Geburtstag. Zeitungsabonnements und Versicherungen können nicht einfach gekündigt werden. Und wer wollte schon auf seine Putzfrau verzichten, den Kinobesuch oder das Bier am Stammtisch?"* Das Fazit des Initiators: Auf der eigens eingerichteten „*Luxusliste*" steht all das, womit „*Lebensqualität erst beginnt*" (Armut light 1999: 104).

Ferner gibt es Personen, die aus Scham, aufgrund von Unwissenheit oder wegen der Heranziehung von Verwandten ersten Grades (Eltern, Kinder) zum Unterhalt ihren Anspruch auf Sozialhilfe nicht geltend machen. Diesen Personenkreis der „verdeckt Armen" fasst man in einer geschätzten Dunkelziffer zusammen. Nach Zimmermann (2001: 38) sei die Anzahl der SozialhilfeempfängerInnen um 50-100% zu erhöhen, um die Zahl der tatsächlich Berechtigten zu erhalten. Neumann/Hertz (1998) sowie Ruiss/Schönig (2000) verweisen darauf, dass mit steigender Haushaltsgröße und bei allein Erziehenden überdurchschnittliche Quoten verdeckter Armut anzutreffen sind. Auch stellt die Altersgruppe der 7-17jährigen nach ihrer Ansicht in Bezug auf verdeckte Armut eine besondere Problemgruppe dar (Ruiss/Schönig 2000: 123).

1.1.1 Sozialhilfe

Da die Sozialhilfestatistik detailliertere Auskünfte erlaubt als die Auswertungen zum Sozialgeldbezug, sollen hier die wichtigsten Entwicklungen der Sozialhilfe angesprochen werden, die sich im Trend wohl im Sozialgeldbezug fortsetzen.

Nach der amtlichen Statistik lebten Ende 2004 (im letzten Jahr der „alten" Sozialhilfe) in Deutschland 2,91 Mio. Personen im Sozialhilfebezug (Hilfe zum Lebensunterhalt, HLU), darunter etwa 1,12 Millionen Kinder. Das entsprach 7,5% aller Kinder in Deutschland, wobei Nicht-deutsche mehr als doppelt so häufig betroffen waren (6,5% deutsch – 16,1% nicht-deutsch). Regional waren (und sind) die Quoten der Betroffenheit sehr unterschiedlich (am niedrigsten im Süden, am höchsten in den nördlichen Stadtstaaten und in Berlin), aber auch zwischen Ost und West. Die Dynamik ist vor allem zwischen und West und Ost sehr unterschiedlich gewesen, Armut und Kinderarmut wuchsen in den neuen Bundesländern seit 1998 stark an und haben im Jahr 2004 das Niveau des Westens erreicht. Im letzten Jahr der alten Sozialhilfe 2004 (HLU) hatten Kinder mit 7,5% im Vergleich zur Gesamtbevölkerung (3,5%) eine mehr als doppelt so hohe Sozialhilfequote wie die Bevölkerung insgesamt; bei den Säuglingen und Kleinkindern bis drei Jahren lag sie sogar beim dreifachen mit 11,3% aller Kinder dieser Altersgruppe. Seit den 1970er Jahren vollzog sich ein Strukturwandel weg von der Armut der Älteren hin zur Armut der Jüngeren (Merten 2001: 375; Walper 2001: 381).

Kinder und Jugendliche unter 18 Jahren gehörten im Jahr 2004 mit einer Sozialhilfequote von 7,5% mehr als zehnmal häufiger zu den SozialhilfeempfängerInnen als ältere Menschen (65 Jahre und älter), deren Quote 0,7% beträgt (Statistisches Bundesamt 2006). Ihre Quote liegt damit mehr als doppelt so hoch wie die der bundesdeutschen SozialhilfeempfängerInnen insgesamt.

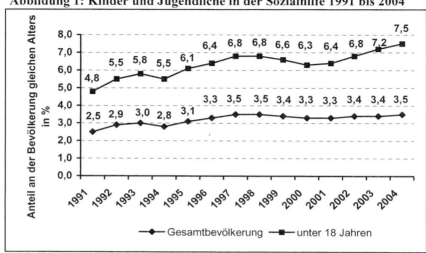

(Quelle: Statistisches Bundesamt 2006; eigene Graphik)

Wie die Abbildung 1 zeigt, hat sich der Anteil der Kinder, die in Familien mit Sozialhilfe leben bzw. selbst Sozialhilfe beziehen, in den vergangenen 12 Jahren erhöht. Die Steigerung ihres Sozialhilferisikos übertrifft dabei den allgemeinen Zuwachs an Sozialhilfebedürftigkeit: während der Anteil der SozialhilfeempfängerInnen in Deutschland seit 1991 um 1.0 Prozentpunkte stieg, hatten die minderjährigen SozialhilfebezieherInnen einen Zuwachs von 2,7 Prozentpunkten. Der leichte Rückgang sozialhilfebeziehender Haushalte nach 1998 ist für Kinder und Jugendliche unter 18 Jahren seit 2002 einem deutlichen Anstieg um knapp einen Prozentpunkt gewichen.

Mehr als die Hälfte dieser Kinder lebte in Haushalten von allein erziehenden Frauen, ein knappes Drittel lebte im klassischen Haushaltstyp Ehepaar mit Kindern (siehe Abb. 2 auf S. 15). In beiden Fällen spielt die Frage der Vereinbarkeit von Erwerbstätigkeit und Kindererziehung eine besondere Rolle. In den Haushalten der allein erziehenden Frauen waren dabei vergleichsweise mehr Kleinkinder sowie Kinder im Kindergartenalter anzutreffen als bei den Ehepaaren mit Kindern. Hier lebten häufiger schulpflichtige Kinder bzw. Jugendliche unter 18 Jahren.

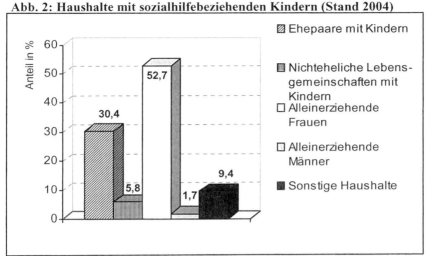

(Quelle: Statistisches Bundesamt 2006; eigene Graphik)

Wirft man einen Blick auf die Verteilung des Sozialhilferisikos innerhalb der Minderjährigen selbst, so wird deutlich, dass die jüngsten Kinder einem besonderen Risiko ausgesetzt sind, von Sozialhilfe zu leben (siehe Abb. 3, S. 16). Nahezu doppelt so häufig wie die Gruppe der 15 bis 18jährigen leben die unter 7jährigen im Sozialhilfebezug. Je jünger ein Kind in Deutschland ist, um so größer ist derzeit die Wahrscheinlichkeit, dass es in einer Familie lebt, die Sozialhilfe bezieht. Am höchsten war die Sozialhilfequote deswegen bei den unter 3-jährigen Kindern mit 11,3% (Statistisches Bundesamt 2006: 380).

1.1.2 Sozialgeldbezug von Kindern

Nach dem Inkrafttreten des Gesetzes zur Zusammenlegung von Arbeitslosen- und Sozialhilfe im Jahr 2005 (Hartz IV) haben sich die Zahlen der betroffenen Kinder auf 1,7 Millionen erhöht.

Mitte 2007 leben 6,16 Millionen Menschen im Kontext von SGB II, mit der Dunkelziffer sind es etwa 7,18 Millionen, das sind 8,7% der Bevölkerung. Die Zahl der betroffenen Kinder liegt im April 2008 bei etwa 1,8 Millionen, 16,8% aller Kinder, oder jedes sechste Kind in Deutschland. Auch im Sozialgeldbezug von Kindern unter 15 Jahren gibt es starke regionale Differenzierungen zwischen Nord und Süd und Ost und West: die Kinderarmutsquote in Westdeutschland beträgt 14%, in Ostdeutschland 30,7% - nahezu jedes dritte Kind in den neuen Ländern muss als einkommensarm gelten.

Abb. 3: Sozialhilferisiko im Kindesalter (Stand 2004)

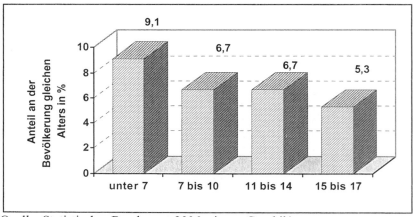

(Quelle: Statistisches Bundesamt 2006; eigene Graphik)

Die Rede von der „Infantilisierung" der Armut soll allerdings nicht den Blick darauf verstellen, dass eine gewachsene soziale Ungleichheit innerhalb sämtlicher Altersgruppen zu verzeichnen ist. Die hier betrachteten Kinder leben bei Müttern und/oder Vätern, die nicht in der Lage sind, ihren Lebensunterhalt aus eigenen Kräften zu bestreiten. Die Kinder und Jugendlichen sind von der Armut ihrer Eltern – was meist gleichbedeutend ist mit: von der Nichterwerbstätigkeit und Erwerbslosigkeit ihrer Eltern – betroffen. Armut von Kindern ist heute wie früher in der Regel die Folge geminderter Erwerbs- und Einkommenschancen ihrer Eltern (vgl. auch BMAS 2001: XXV). Der Anstieg der Kinderarmut verweist auf eine Prekarisierung der Erwerbs- und Einkommensverhältnisse in der neueren Zeit. Der ökonomisch induzierte Wandel der Arbeitsgesellschaft weitet mit breiten Deregulierungsprozessen die Sektoren prekärer Arbeitsverhältnisse aus und lässt das sogenannte Normalarbeitsverhältnis tendenziell von der Regel zur Ausnahme werden. Als Kennzeichen prekärer Arbeitsverhältnisse gelten dabei Merkmale wie: nicht vollzeitig, ungesichert, zeitlich begrenzt, nicht auskömmlich, nicht sozialpolitisch abgesichert. Teilzeit- und Leiharbeit, befristete und geringfügige Beschäftigungsverhältnisse, Werkverträge und Scheinselbstständigkeit, hohe Mobilitäts- und Flexibilitätserwartungen schmälern die Chancen der Familien, von der eigenen Hände Arbeit leben zu können. Dies erst recht, wenn die Erwerbsmöglichkeit der Eltern durch eine hohe Kinderzahl und/oder durch Ein-Elternschaft erheblich gemindert ist.

Ein Aufwachsen in Armut, davon waren schon die AutorInnen des ersten Nationalen Armuts- und Reichtumsberichts der Bundesregierung überzeugt, bedeutet für Kinder eine Einschränkung ihrer Erfahrungs-, Entwicklungs- und Lernmöglichkeiten (BMAS 2001: XXV). Auch beeinträchtigt die Armut von Kindern in Deutschland zunehmend ihre Bildungschancen (BMAS 2008: 91).

1.2 Armutsdiskurse und Armutskonzepte

Die aufgezeigten gesellschaftlichen Entwicklungen haben sich in einer Neudiskussion und Weiterentwicklung bestehender Armutskonzepte niedergeschlagen, welche im Ergebnis zunehmend differenzierter geworden sind. Die im Folgenden kurz skizzierten gebräuchlichen Konzeptualisierungen von Armut setzen unterschiedliche Schwerpunkte, wobei im Einzelnen verschiedene Perspektiven hervorgehoben bzw. unterschiedliche Ursachen, Folgen und Konsequenzen von Armut beleuchtet werden.

1.2.1 Armutsmaße

Im Rahmen der Darlegung der gegenwärtigen Armutsproblematik in Deutschland (in ihrer quantitativen Dimension) erfolgte bereits ein Vorgriff auf zwei Armutskonzepte, die dem Ressourcenansatz zuzurechnen sind. Armut wird in diesen Konzepten anhand der zur Verfügung stehenden finanziellen Ressourcen definiert. Zur Anwendung kam dabei der Begriff der *Relativen Armut* sowie ein *politisch normativer Armutsbegriff (Sozialhilfebezug)*. Beide Armutsbegriffe beruhen anders als der Begriff der *Absoluten Armut* nicht auf einer Grenzziehung, deren Unterschreitung körperliche Schäden bzw. lebensbedrohliche Mangel bedeutet, sondern auf einem Schwellenwert, dessen Festlegung im gesellschaftlichen Kontext erfolgt. Ob eine Armutslage vorliegt oder nicht, entscheidet sich am Niveau der Versorgung mit bestimmten Ressourcen, in Relation zu gesellschaftlichen Versorgungsstandards. Im einen Fall gilt als arm, wer einen festgelegten Prozentsatz des durchschnittlichen Äquivalenzeinkommens der bundesdeutschen Bevölkerung unterschreitet (hier 60%-Schwelle, neue OECD-Skala). Im anderen Fall wird die gesetzlich fixierte Berechtigung zum Sozialhilfebezug (bzw. seit 2005 Hartz-IV-Bezug) als Indikator für das Bestehen einer Armutslage betrachtet. Wenngleich die genannten Armutsbegriffe auch eine inhaltliche Dimension haben, liegt ihr Augenmerk u. E. in erster Linie auf der Messbarkeit und damit leichteren Identifizierbarkeit der in der Gesellschaft existierenden Armutspopulation.

1.2.2 Armutsbegriffe

Hiervon unterscheiden sich Armutsbegriffe, die in ihrer Konzeptualisierung vor allem auch die Ursachen sowie die Auswirkungen und Folgen des Armseins erfassen wollen.

Eine erste begriffliche Reflexion der gesellschaftlichen Veränderungen, die Verursachungen und Begleitphänomene von Armut in der Bundesrepublik betreffen, bildet das Konzept der *Neuen Armut*. Programmatisch hierfür ist die Explizierung dessen, was qualitativ und quantitativ neu ist an Armut. Klaus Lompe z. B. kommt zu der Feststellung: Während die alte Armutspopulation dadurch charakterisiert war, dass die Personen *„arbeitsunfähig, krank und/oder alt"* waren, stellt sich die Gruppe der Neuen Armen dar als *„arbeitsfähig, arbeitslos und zum großen Teil jung"* (Lompe 1987: 2). Hier wird zum einen betont, dass das Phänomen der Neuen Armut in starkem Maße mit der zunehmenden Erwerbslosigkeit zusammen hängt, Erwerbslosigkeit demnach die Hauptursache für Verarmung darstellt. Zum anderen heißt das aber auch, die Neue Armut kann (fast) jeden treffen; sie ist *„ein 'normaler' Zustand und integraler Bestandteil unserer Gesellschaft geworden"* (Bieback/Milz 1995: 13). Armut ist breiter verstreut; sie reicht als temporäre Erfahrung und latente Gefahr bis in die mittleren Schichten hinein, wird zu einer relativ wahrscheinlichen, allerdings eher nur transitorischen Lebenserfahrung.

Das Konzept von *Armut als Lebenslage* legt im Unterschied dazu das Augenmerk in erster Linie auf die Multidimensionalität des Armutsphänomens. Mit dem Begriff der „Lebenslage" wird die Bestimmung von Armut als ungenügende Verfügung über ökonomische Ressourcen durch den Blick auf bestehende Unterversorgungen in anderen zentralen Lebensbereichen erweitert. Armut wird definiert als mehrdimensionale Problemlage. Es wird davon ausgegangen, dass neben dem Mangel an monetärem Einkommen zugleich weitere Notlagen bzw. Unterversorgungsphänomene in zentralen Lebensbereichen vorhanden sind, wie bspw. in den Bereichen Wohnen, Arbeit, Ausbildung, Gesundheit, Ernährung, soziale Integration und soziokulturelle Teilhabe. Folgt man den beiden Urvätern des Konzepts, Otto Neurath und Gerhard Weisser, geht es dabei nicht nur um die konkrete Ausstattung mit bedeutsamen Gütern (vgl. Döring/Hanesch/Huster 1990), sondern auch um den Verlust oder die starke Einschränkung der subjektiven Handlungsspielräume sowie um die Kategorien des subjektiven Wohlbefindens und der Zufriedenheit. In der Armutsforschung herrscht weitgehende Einigkeit darüber, dass das Konzept der Lebenslage das Phänomen der Armut am ehesten zu erfassen vermag. Allerdings stehen der Aufgeschlossenheit gegenüber diesem wissenschaftlichen Konzept nicht zu unterschätzende Schwierigkeiten bei der forschungspraktischen Anwendung entgegen. Sie sind einer gewissen Widerständigkeit des Lebenslagenkonzeptes gegenüber verbindlichen Operationalisierungen geschuldet. Um Armut als Lebenslage messbar zu machen, muss nicht nur die Frage entschieden werden, welche Lebensbereiche und Handlungsoptionen einbezogen werden sollten. Auch deren Gewichtung untereinander ist eine bisher immer noch offene Frage, desgleichen die zur Bestimmung von Armutslagen festzulegenden Schwellenwerte. Gerade die positive Leistung des Lebenslagenkonzeptes, die Multidimensionalität und Heterogenität des Phänomens Armut abzubilden, macht gleichzeitig das forschungspraktische Dilemma des Konzeptes aus und macht die „Lebenslagenarmut" zu einem nicht leicht handhabbaren Forschungsvorhaben.

Nicht übersehen werden sollte auch eine Gefahr, die mit dieser Begriffsbestimmung von Armut verbunden ist. Mit der Erweiterung des Blickwinkels sollte keine Akzentverschiebung eingeleitet werden, die die ökonomische Ursache von Armutslagen aus dem Auge verlieren lässt. Die ermittelten Defizite und Handlungsbeschränkungen in den Bereichen der Ernährung, der Bildung, des Wohnens etc. sind letztlich doch Auswirkungen der beschränkten finanziellen Mittel, über die jemand verfügt. Restriktionen in diesen Lebensbereichen können zwar auch bei ausreichender ökonomischer Ausstattung auftreten (etwa Wohlstandsvernachlässigung, Ernährungsarmut, Bewegungsarmut, Kontaktarmut etc.), diese aus anderen Gründen auftretenden Mängel in den Lebenslagen sind aber nicht Gegenstand der Armutsforschung.

Den Versuch einer Erweiterung der genannten Armutskonzepte unternahmen Hans-Jürgen Andreß und Gero Lipsmeier. In ihrem *Lebensstandardansatz* formulierten sie ein Verständnis von *Armut als relativer Deprivation* (Andreß/Lipsmeier 1995). Von Armut spricht man nach diesem Konzept dann, wenn ein solches Ausmaß an Deprivation erreicht ist, dass der Lebensstil bzw. die Lebenschancen der Betreffenden erheblich eingeschränkt ist. Deprivation meint dabei den Ausschluss vom gesellschaftlich allgemein akzeptierten Lebensstandard. Wann eine solche erhebliche Einschränkung vorliegt, wird mithilfe der Selbsteinschätzung der Untersuchungspersonen ermittelt. Auf der Grundlage einer „*Liste von Dingen und Möglichkeiten, die nach Ansicht des jeweiligen Forschers die wesentlichen Aspekte des notwendigen Lebensstandards in einer Gesellschaft erfassen*" (Andreß/Lipsmeier 2000: 21) wird ein Deprivationsindex errechnet und eine Armutsgrenze festgelegt. Die Untersuchung stellt fest, inwiefern Personen über diese Dinge verfügen oder die genannten Tätigkeiten ausüben. Ein Fehlen wird als ein Hinweis auf einen unzureichenden Lebensstandard gewertet, wobei ab einem vorab definierten Ausmaß von Deprivation oder Armut gesprochen wird. Das hier beschriebene Konzept der subjektiven oder milieubezogenen Armut fand in den Reihen der ArmutsforscherInnen allerdings nur wenig Anklang.

Anders der Forschungsansatz der *Dynamischen Armutsforschung*, welcher in der zweiten Hälfte der 1990er Jahre die Diskussionen und theoretischen Annäherungen an das Phänomen der Armut in starkem Maße beeinflusste. Im Zentrum der dynamischen Armutsforschung steht die lebensverlaufssoziologische Rekonstruktion von „*Sozialhilfekarrieren*". Ziel ist es, auf diese Weise Wege in die und durch die Armut und aus der Armut heraus zu typisieren und so biografische Verlaufstypen von Armut zu ermitteln. Im Ergebnis ist Armut so zu fassen als „*verzeitlicht*", „*individualisiert*" und „*in erheblichem Maße sozial entgrenzt*" (Leibfried u.a. 1995: 9). Während die soziale Entgrenzung keine Neuentdeckung mehr war – bereits im Rahmen der Forschung zur Neuen Armut wurde auf die fließenden Grenzen zwischen armutsfreien und armutsbehafteten Lebenslagen und das gestiegene, bis in die mittleren Schichten hineinreichende Armutsrisiko hingewiesen – wurden mit den Begriffen der „Verzeitlichung" und der „Individualisierung" neue Akzente in der Armutsforschung gesetzt. Armut stellt demnach keine dauerhafte oder gar lebenslange Problemlage dar, sondern wird als Statuspassage im Lebensverlauf gesehen. Hinsichtlich des zeitlichen Verlaufs von Armutslagen, festgemacht an der Sozialhilfebedürftigkeit, wird hierbei zwischen objektiver und subjektiver Zeit unterschieden, d.h. zwischen der objektiven Dauer der Sozialhilfebedürftigkeit einerseits und der subjektiven Zeitperspektive bzw. Zeitwahrnehmung der Betroffenen andererseits (Buhr 1995). Armut wird individualisiert betrachtet, weil sie von den Betroffenen subjektiv ganz unterschiedlich bewertet wird. Die Hervorhebung der Subjektperspektive, wie sie in Ansätzen schon mit dem Lebensstandardansatz geleistet wurde, aber auch die Einführung der zeitlichen Dimension in die Armutsdebatte kann als Bereicherung der wissenschaftlichen Forschung in diesem Gebiet gewertet werden. Allerdings gibt es auch kritische Anmerkungen zu dieser Konzeptualisierung von Armut, und zwar dort, wo die individualisierende bzw. biografisierende Sichtweise zu einer Überbetonung der individuellen Faktoren und der personellen Eigenheiten im Zusammenhang mit dem Bestehen von Armutssituationen führt und so einer Verharmlosung der gesellschaftlichen Armutsproblematik Vorschub leistet (nur „*horizontale*" statt verschärfte „*vertikale*" Ungleichheiten, Buhr 1995: 332).

Demgegenüber konstituierte sich im Rahmen des Forschungsverbundes „*Armut und Kindheit*" in den vergangenen Jahren eine Gruppe von ArmutsforscherInnen, die eine gesellschaftsanalytische und gesellschaftspolitische bzw. gesellschaftskritische Sichtweise wieder mehr ins Zentrum der wissenschaftlichen Auseinandersetzung mit Armut rückte. Im Rahmen dieses Forschungsverbundes, in dem vergleichend Kinderarmut in Münster und Westmünsterland, in West- und Ostdeutschland sowie auf internationaler Ebene (Straßenkinder in Deutschland, Chile und Bolivien) untersucht wurde, ist ein spezifisches Armutsverständnis entwickelt und der Begriff der *Dualen Armutsforschung* geprägt worden. *Duale Armutsforschung* ergibt sich aus der Analyse der gesellschaftlichen Problemlagen. „*Während die dynamische Armutsforschung ihr Armutsverständnis mit dem Satz charakterisiert ‚Armut hat viele Gesichter', das Armutsproblem aufgrund seiner Erscheinungsformen somit pluralisiert und individualisiert, gehen wir von einem Nebenein-*

ander, d.h. von einer Dualität unterschiedlicher Erscheinungsformen von Armut in unterschiedlichen ursächlichen Kontexten aus" (Zander 2002: 2 und Butterwege/Holm/Zander 2003). Man konstatiert eine Spaltung der bundesrepublikanischen Bevölkerung „*in Gewinner/innen und Verlierer/innen, diese jedoch wiederum in Marginalisierte (Dauerarbeitslose, Deprivierte und Langzeitarme) einerseits sowie Geringverdiener/innen (prekär Beschäftigte, von Überschuldung Bedrohte und Kurzzeitarme) andererseits*" (Butterwege 2002a: 18). Die duale Armutsstruktur ist nach Ansicht von Christoph Butterwege die direkte Folge der wirtschaftlichen Globalisierung und der damit verbundenen Standortpolitik der Bundesrepublik Deutschland, die nicht zu einer „*Generalisierung des Wohlstandes*" führt, sondern als „*soziales Scheidewasser*" wirkt (ebenda 18f.). Im Gegensatz zu dem von Ulrich Beck behaupteten sozialen „*Fahrstuhl-Effekt*" (Beck 1986) sieht Butterwege eher einen „*Paternoster-Effekt*", den er folgendermaßen beschreibt: „*In demselben Maße, wie die einen nach oben gelangen, geht es für die anderen nach unten. Mehr denn je gibt es im Zeichen der Globalisierung ein soziales Auf und Ab, das Unsicherheit und Existenzangst für eine wachsende Zahl von Menschen mit sich bringt*" (Butterwege 2002a: 13). Eine ähnliche Sichtweise findet sich bei Ernst-Ulrich Huster: „*wenn es stimmt, dass Armut die Kehrseite der Leistungs- und Konkurrenzgesellschaft, also soziale Ausgrenzung die Kehrseite von sozialem Aufstieg ist, dann werden Ausmaß und Qualität sozialer Ausgrenzung nicht trotz, sondern wegen eines steigenden Wohlstands zunehmen*" (Huster 2002: 45). Dabei ist es wegen des Strukturwandels in der Arbeitswelt eben auch keine Versicherung mehr gegen Armut, dass man einen Arbeitsplatz besitzt. „Das Problem der ‚working poor' scheint drastisch in den vergangenen Jahren zugenommen zu haben", von 6,4% im Jahr 2000 auf 12% im Jahr 2006 (Hauser/Becker 2007: 120). In einer älteren Analyse zu diesem Problem nennt Strengmann-Kuhn als die zwei wesentlichen Ursachen für Armut trotz Erwerbstätigkeit erstens einen Lohn, der unter der Armutsgrenze liegt, ohne dass eine weitere Person im Haushalt den niedrigen Lohn ausgleicht. Zum zweiten, einen Lohn, der zwar nicht unter der Armutsgrenze liegt, der aber in einem Haushalt verdient wird, in dem weitere nichterwerbstätige Haushaltsmitglieder leben. Das ist vor allem dann der Fall, wenn Kinder im Haushalt vorhanden sind und die Erwerbstätigkeit einer weiteren erwachsenen Person wegen der Nichtvereinbarkeit von Erwerbstätigkeit und Kinderversorgung nicht möglich ist, somit also ein reduziertes Arbeitsangebot des Haushalts vorliegt (Strengmann-Kuhn 1998: 139ff.).

In der Feststellung der Ursachen der aktuell vorfindlichen Armut trifft sich die duale Armutsforschung zum Teil mit dem Konzept, das *Armut als soziale Ausgrenzung* fasst. Als Folge der ökonomischen und gesellschaftlichen Modernisierungs- und Umbruchprozesse hat „*die Integrationskraft des industriellen Erwerbsarbeitssystems ... spürbar nachgelassen. Zugleich gewinnen prekäre, brüchige und verwundbare Beschäftigungsformen in nahezu allen Wirtschaftsbranchen an Bedeutung"* (Vogel 2001: 151). Der Verlust der Erwerbsarbeit, analysiert als mehrdimensionaler Prozess des Teilhabeverlustes bedeutet nicht nur die Gefahr, sondern bildet auch *die* Quelle der (dauerhaften) sozialen Ausgrenzung (vgl. ebenda). Heutzutage gelinge es nur noch 13% der Langzeiterwerbslosen, überhaupt in das Erwerbsleben zurückzukehren (ebenda: 154), wobei es in erster Linie an Arbeitsplätzen, nicht am Arbeitswillen der Betroffenen mangelt. Die Forschung zur Erwerbslosigkeit schlägt hier die Brücke zur Armutsforschung. Auch im Rahmen der gemeinsamen Armutspolitik der EU findet das Konzept der *„social exclusion"* Anwendung. Seine Ursprünge hat es im französischen „exclusion sociale", das bereits in den 1970er Jahren die politische Debatte in Frankreich und später auch die internationale Armutsdebatte bestimmte (vgl. hierzu Castel 2000a; Kronauer 1998a). Auch Ulrich Beck wies auf die neue Qualität eines sozialen Ausschlusses als Folge von Erwerbslosigkeit hin (Beck 1997; 1999). Zwar unterscheiden sich die Folgen der ökonomischen Umstrukturierung von Land zu Land – nach Beschäftigungsstruktur, System der sozialen Sicherung, Struktur der Beziehungen zwischen Kapital und Arbeit, Bildungssystem usw. – doch scheint in den hochentwickelten Ländern eine neue Form der Ausgrenzung aufzutreten: Ein Ausschluss auf dem Arbeitsmarkt verbindet sich mit sozialer Ausgrenzung. Das erste kann dabei sowohl Dauererwerbslosigkeit, Unterbeschäftigung oder erzwungener Rückzug vom Arbeitsmarkt sein. Das zweite bedeutet allgemein das Verwehren von Teilhabemöglichkeiten am sozialen Leben, relativ gesehen zu den jeweils anerkannten Standards.

Gegen dieses Verständnis von Armut in Relation zu gesellschaftlichen Normen und Standards wendet sich Walter Krämer. Er plädiert dafür, *Armut als soziale Behinderung* zu fassen (Krämer 2000: 116). Armut soll seiner Ansicht nach *„nicht an soziale Rangordnungen, sondern an die Fähigkeit des Individuums geknüpft (werden, d.A.), gewisse zentrale soziale Funktionen wahrzunehmen"* (ebenda). Krämer, der sich auf das Konzept von A.K. Sen stützt (Sen 1992), überhöht – im Unterschied zur dynamischen Armutsforschung – programmatisch die individuelle Leistung respektive das persönliche Versagen des Einzelnen in Bezug auf Armutsrisiken bzw. die Existenz von Armutslagen. Armut wie auch Reichtum hängen seiner Meinung nach *„nicht von Geld und Einkommen als solchen ab, ... sondern davon, was man für sich selbst mit Geld und Einkommen bewirkt"* (ebenda: 55). Jeder ist also seines Glückes Schmied. Auch das bundesdeutsche Sozialrecht versteht er *„als durchaus gelungene(n) Versuch, das Sen'sche Konzept der Armut als absolutem Mangel an sozialen Kompetenzen in die Praxis umzusetzen"* (ebenda: 64). Die dort festgeschriebenen Eckregelsätze regeln *„was ein Mensch in Deutschland heute zum Funktionieren als soziales Wesen braucht"* (ebenda: 60). Wem es dann an den nötigen Kompetenzen mangelt, der ist und bleibt arm.[2]

Auf internationaler Ebene wird neuerdings – bezogen auf die OECD-Länder – bei der Berichterstattung über Kinder und Kinderarmut das Konzept des „kindlichen Wohlbefindens" (Child-Well-Being-Index) zu Grunde gelegt. Dabei werden folgende sechs Dimensionen gemessen:

- materielles Wohlbefinden (Material well-being),
- Gesundheit und Sicherheit (Health and safety),
- bildungsmäßiges Wohlbefinden (Educational well-being),
- familiäre und Gleichaltrigenbeziehungen (Family and peer relationships)
- Risiko-Verhalten (Behaviours and riks),
- subjektives Wohlbefinden (Subjective well-being).[3]

Auch wenn die Indikatoren, mit denen die verschiedenen Dimensionen gemessen werden sollen, auf internationaler Ebene nicht einheitlich festgelegt werden können, handelt es sich dabei um ein Konzept von Wohlbefinden, das neben der ökonomischen Lage auch Gesundheit und Bildung, soziale und beziehungsmäßige, emotionale und spirituelle Aspekte mit einschließt. Die so vorgenommene Konzeptualisierung kindlichen Wohlbefindens leitet sich aus den vier Grundprinzipien des Kinderrechtskataloges der UN-Konvention ab:

1. Nicht-Diskriminierung (Art. 2)
2. im besten Interesse des Kindes (Art. 3)
3. Überleben und Entwicklung (Art. 6)
4. Respekt vor der Meinung des Kindes (Art. 12).

Dieses Messkonzept hat einerseits viele Berührungspunkte mit dem Lebenslagenkonzept, das in der bundesrepublikanischen Armutsforschung häufig verwendet und das auch auf die Lebenssituation von Kindern übertragen wurde.[4] Gleichzeitig berücksichtigt es in den von UNICEF vorgeschlagenen Dimensionen eben auch die Ebene der internationalen Vergleichbarkeit. Entscheidend ist jedoch, dass damit auf internationaler Ebene ein Messkonzept

---

2   Ausführlichere Darstellungen von Konzepten und Definitionen der Armutsforschung – zum Teil auch im Hinblick auf internationale Entwicklungen – finden sich bei Zimmermann (1993), Baum (1999), Klocke (2000), Barlösius/Mayerhofer (2001), Zander (2005).
3   Für die Bundesrepublik gibt es bereits einen entsprechenden Sonderbericht von Hans Bertram, der als UNICEF-Papier vorliegt. Die hier aufgeführten Dimensionen des Well-Being-Konzeptes sind diesem Bericht entnommen. Vgl. Bertram (2006).
4   Vgl. Zander 2007. Das Konzept des kindlichen Wohlbefindens wird auch im DJI-Kinderpanel aufgenommen, einer Längsschnittstudie, die in mehreren Erhebungswellen über die Lage der Kinder in Deutschland berichtet. Vgl. hierzu insbesondere Beisenherz 2007.

zur Analyse und Berichterstattung über die Lage von Kindern zur Verfügung steht, das neben objektiv messbaren Faktoren, auch subjektiv erfahrene *Aspekte von kindlichem Wohlbefinden* – und damit die Sicht der Kinder selbst – mit erfassen will. Das bedeutet, dass auch in der auf quantitativen Erhebungen basierenden Berichterstattung die *Kinderrechtsperspektive* zum Tragen kommt und die Kinder selbst in die Berichterstattung mit einbezogen werden müssten.[5]

Armut von Kindern wird in dieser Perspektive als Einschränkung des kindlichen Wohlbefindens verstanden und dabei gleichzeitig auf ihr gegenwärtiges Erleben als auch auf ihre jeweiligen Entwicklungschancen bezogen.

1.2.3 Armutsfolgen

Der zunehmenden Thematisierung der Betroffenheit von Kindern durch Armutslagen in der sozialwissenschaftlichen Fachwelt steht ein auffälliger Mangel an systematischen und generalisierbaren Datenmaterialien gegenüber. Insgesamt nimmt sich das empirische Wissen sowie das Ausmaß sozialstatistischer Informationen zum Komplex kindlicher Armutslagen bezogen auf die Bundesrepublik eher bescheiden aus. Trotz langer Debatten zur Armutsmessung gibt es bezüglich der Entwicklung und Verteilung sowie der Auswirkungen und Folgen von Armut (in Deutschland) noch immer eine eher dürftige und vor allem sehr heterogene empirische Basis. Mit Heinz Gerhard Beisenherz ist davon auszugehen, dass die „*Dürftigkeit der Daten*" wohl auch und gerade damit zusammenhängt, „*dass Armut ein höchst komplexes Phänomen ist, dem einfache Konzepte nur in Annäherung gerecht werden*" (Beisenherz 2002: 294).

Auch die Frage, in welchem Ausmaß Kinder von Armut betroffen sind und welche Auswirkungen Armut auf das Kinderleben und den Kinderalltag, auf Sozialisation und Persönlichkeitsbildung, auf Bildungsaspiration und Bildungschancen sowie auf die aktuelle Lebensbewältigung hat, bedarf noch weitgehend der Erforschung. Vor allem der empirische Kenntnisstand ist derzeit durchweg recht lückenhaft. Diese Aussage gilt insbesondere für Europa, da in den USA bereits eine ganze Reihe von Studien zum Thema existieren (vgl. zum Überblick Walper 1995 und 1999). In der Bundesrepublik ist die öffentliche Diskussion über das Phänomen der Armut von Kindern spätestens seit dem 10. Kinder- und Jugendbericht (1998) in der Fachöffentlichkeit etabliert und seither wurden die spezifischen Armutsfolgen für Kinder auch ver-

---

5   Die Bundesrepublik wird in dem Bericht von Eurochild vor allem wegen nicht erfolgter Einbeziehung von Kindern in die Berichterstattung und die deutlich gemachte Kinderrechtsperspektive im Aktionsplan kritisiert; vgl. Eurochild 2007: 54

mehrt zum Gegenstand wissenschaftlicher Untersuchungen und Analysen gemacht.

Die ersten Autoren, die sich schon sehr früh der Erforschung von Armutsfolgen auf dem Gebiet der Gesundheit und des kindlichen Wohlbefindens zuwandten, waren Andreas Klocke und Klaus Hurrelmann (Klocke/Hurrelmann 1995). Sie belegten negative Auswirkungen familiärer Armutslagen auf das Gesundheitsverhalten und den Gesundheitszustand von Kindern. Klaus Hurrelmann und Heidrun Bründel verweisen darauf, dass Familien, die ihren Lebensunterhalt überwiegend aus Mitteln der Sozialhilfe bestreiten, für sich und ihre Kinder oftmals keine angemessene Ernährung sicherstellen können. Fehl- und Unterernährungen, Erkrankungen und Dauerinfektionen der Kinder sind die Folge (Hurrelmann/Bründel 1996: 105). Auch neuere Studien bestätigen, dass Kinder in Armutslagen weniger gesund sind, als Kinder die in nicht benachteiligten Lebensverhältnissen aufwachsen. Damit verbunden ist ein niedrigeres Wohlbefinden der Kinder, was wiederum mit einer geringeren Lebenszufriedenheit einhergeht. Die Kinder armer Familien seien häufiger niedergeschlagen und litten öfter unter Einsamkeitsgefühlen und Ängsten als ihre nichtarmen Altersgenossen (Palentien/Hurrelmann/ Klocke 1999).

Im deutschsprachigen Raum unternahm Johann Bacher schon früh den Versuch, das kindliche Wohlbefinden mit Blick auf die finanzielle Lebenssituation der Familie zu untersuchen. Im Rahmen einer Sekundäranalyse des österreichischen Kindersurveys „*Kindliche Lebenswelten*" wurde nach möglichen Folgen von Einkommensarmut auf das Wohlbefinden des Kindes gesucht. Bacher kam im Unterschied zu den vorgenannten Autoren allerdings zu der Feststellung, dass kein „*direkter oder indirekter Zusammenhang zwischen Einkommensarmutsgefährdung und dem Wohlbefinden von Kindern*" bestünde (Bacher 1997: 1; vgl. auch Bacher 1998). Im Gegenzug kommt er allerdings zu dem Befund einer deutlichen Beeinträchtigung der Bildungschancen.

Von einem negativen Einfluss prekärer finanzieller Haushaltssituationen auf die Bildungsaspirationen und Bildungschancen der Kinder berichten auch neuere deutsche Studien, die sich explizit diesem Thema gewidmet haben (Becker/Nietfeld 1999; Lauterbach/Lange/Becker 2002; Kampshoff 2005; auch Holz /Puhlmann 2005). Diese untersuchen bspw. den Einfluss familiären Niedrigeinkommens auf den Schulerfolg anhand des Überganges von der Grundschule auf weiterführende höhere Schulstufen. Dabei zeigt sich, dass der Wechsel in die höheren Schulstufen deutlich von der finanziellen Situation im Elternhaus mitbestimmt ist; so wechseln Kinder aus armen Familien wesentlich seltener zum Gymnasium, als dies Kinder aus wohlhabenden Familien tun (Lauterbach/Lange/Becker 2002; Holz/Puhlmann 2005).

Mit den Veränderungen der innerfamilialen Beziehungen und deren Auswirkungen auf das Leben und die Befindlichkeit der Kinder beschäftigte sich intensiv Sabine Walper (Walper 1988, 1997, 2001). Sie thematisierte die Mediatorenfunktion der Familie und wies in einer neueren Untersuchung nach, dass Kinder und Jugendliche, die in ökonomisch benachteiligten Familien leben, unter einer Beeinträchtigung des Erziehungsverhaltens der belasteten Eltern sowie unter weniger zuwendungsvollem Verhalten zu leiden haben. Arme Kinder erhalten elterlicherseits weniger Aufmerksamkeit für ihre Belange und Bedürfnisse. Sie erfahren eine geringere elterliche Anteilnahme und weniger liebevolle Fürsorge (Walper 2001). Ein weiteres Ergebnis der Walperschen Studie ist die Aussage, dass Kinder und Jugendliche aus benachteiligten Familien eine Beeinträchtigung ihrer Sozialbeziehungen zu Gleichaltrigen erleben: Sie sammeln mehr negative Erfahrungen mit Gleichaltrigen und erfahren häufiger Zurückweisungen durch ihre AltersgenossInnen (ebenda). Mit den Auswirkungen von Armut auf die Familiendynamik beschäftigen sich auch Hilde von Balluseck und Isa Trippner. Eltern armer Kinder transformieren die ökonomischen Defizite in Unzufriedenheit und fehlendes Selbstbewusstsein. Die Kinder erleben einen Mangel an Glück, an Wärme, an Stabilität sowie an sozialer Unterstützung (von Balluseck; Trippner 1998).

Mit den potentiellen Risiken der Armut von Familien für die in diesen Familien lebenden Kinder im Grundschulalter und mit den kindspezifischen Bewältigungsstrategien beschäftigte sich auch bereits Antje Richter (2000a). Sie kommt im Verlauf ihrer Analyse zu dem Schluss, dass sich Mädchen und Jungen in ihren Bewältigungsformen unterscheiden. So greifen Mädchen eher zu aktiven Bewältigungsstrategien unter Nutzung der ihnen zur Verfügung stehenden sozialen Ressourcen, während Jungen sich tendenziell eher für problemmeidende Strategien entscheiden (ebenda).

Im Rahmen einer mehrjährigen AWO-ISS-Studie (1997- 2005) wurden verschiedene Einflussfaktoren auf die Lebenslage armer Kinder untersucht. Ziel dieser Untersuchung war es, das gesamte Spektrum möglicher Armutsdimensionen zu erfassen und auszuleuchten. Dabei wurde die Lebenslage von Kindern aus ökonomisch deprivierten Lebensverhältnissen mit der von Kindern aus nichtbenachteiligten Familien verglichen. Die ForscherInnen finden einen deutlichen Zusammenhang zwischen der materiellen Lage der Familie und der Lebenslage der Kinder. Die Kinder aus armen Familien schneiden in allen vier untersuchten Dimensionen – Grundversorgung, sozialer Bereich, kultureller Bereich, Gesundheitszustand – schlechter ab als ihre nicht deprivierten AltersgenossInnen (Hock u.a. 2000).[6] Mittlerweile handelt es sich hierbei um eine erste Längsschnittbetrachtung zu Kinderarmut in der Bundesrepublik. Durch wiederholte quantitative und qualitative Querschnittsanalysen

---

6   Ein Überblick über die Forschungen zu Kinderarmut und ihren psychosozialen Folgen findet sich in Merten (2002), Klundt/Zeng (2002) sowie Zander (2005). Zum West-Ost-Vergleich siehe Butterwegge/Klundt/Zeng 2004.

verfolgt die AWO-ISS-Studie individuelle Lebensverläufe von Kindern zwischen Kindergarten und weiterführender Schule (Holz u.a. 2005).

Angesichts der öffentlichen Problematisierung und zunehmenden wissenschaftlichen Thematisierung von Kinderarmut überrascht es dennoch ein wenig, dass die Zielgruppe selbst inhaltlich immer noch wenig erforscht, vor allem aber methodisch lange Zeit weitgehend ausgeblendet wurde. Kinder tauchten im Kontext der Armutsforschung lange Zeit fast ausnahmslos als Angehörige betroffener Haushalte und nur am Rande auf, selten richtete sich das bisherige Forschungsinteresse auf sie als Subjekte. Über die langfristigen Auswirkungen und die Verarbeitung von Armut im Kindes- und Jugendalter wissen wir immer noch zu wenig. Die kindliche Wahrnehmung und Bewältigung der benachteiligten Lebenslagen bleibt zumeist ebenso im Dunkeln wie der spezifische Beitrag der Kinder zur Konstitution ihrer Lebenswelt. Weitgehend noch ungeklärt ist auch die Frage nach den Verlaufsprozessen von durch Armutsrisiken geprägten kindlichen Sozialisationen. Die bislang existierenden Untersuchungen zur Thematik stützen sich noch häufig primär auf die Außenperspektive von Eltern und ExpertInnen, die Perspektive des Kindes findet in diesem Zusammenhang – von Ausnahmen, insbesondere den genannten Studien abgesehen – noch ungenügend Berücksichtigung. Um diese Lücken zu füllen, muss die Armutsforschung anschließen an Erkenntnisse der gegenwartsbezogenen Kindheitsforschung, deren VertreterInnen seit geraumer Zeit mit der Forderung, das Kind als Subjekt in den Mittelpunkt zu stellen, für eine Perspektivenerweiterung plädieren. Allerdings sollte der Anschluss nicht in Absetzung zu den entwicklungstheoretischen Ansätzen der Sozialisationsforschung erfolgen, vielmehr ist eine fruchtbare Verbindung beider Ansätze anzustreben. Die Frage nach den Auswirkungen der sozialökologischen Umwelt auf die Entwicklung des Kindes darf nicht durch die Frage nach deren *„Einfluss auf die Befindlichkeit des Kindes im Hier und Jetzt"* ersetzt (Bacher/Beham/Wilk 1996: 247), sondern sollte durch letztere ergänzt werden (Leu 1997). Eine solche Integration theoretischer Ansätze, die versuchen, die Sicht des Kindes als Akteur zu wahren, indem sie die Dimensionen und Strukturen des kindlichen Alltags aus seiner Sicht analysieren, mit Ergebnissen sozialisations- und entwicklungstheoretischer Arbeiten bietet für die Armutsforschung die Möglichkeit, Armut als Lebenslage in ihrer Spezifik für Kinder, d.h. in ihren Auswirkungen auf das Hier und Jetzt sowie in den langfristigen Folgen abzubilden. Da sich unsere Studie auf Ostdeutschland bezieht, geschieht dies vor dem Hintergrund von gesellschaftlichen Modernisierungsschüben und Transformationsprozessen, die sich über das familiale Leben auf das Kinderleben auswirken und unsere Kinder insgesamt unmittelbarer mit gesellschaftlichen Widersprüchen konfrontieren.

1.3 Armut in den neuen Bundesländern

„Der kontinuierliche Anstieg (der Armut) ist für die neuen Länder bereits seit 1998 zu konstatieren. Mit 22,3% in 2006 hat sich das Armutsrisiko in den neuen Ländern damit um knapp 73% drastisch erhöht. Dies bedeutet, dass in den neuen Ländern mehr als jeder Fünfte in Einkommensarmut lebt", so eines der entscheidenden Resümees des Gutachtens zum 3. Armuts- und Reichtumsbericht (Hauser/Becker 2007: 116). Während die Zahlen im bundesrepublikanischen Maßstab bereits erschrecken (vgl. Abschnitt 1.1), sind die Armutsdaten für die neuen Bundesländer vor allem in Bezug auf die Armut von Kindern wahrhaft alarmierend. Im neuen Bundesgebiet lebte im Jahr 2006 nahezu jedes dritte Kind im Alter bis zu 10 Jahren mit seiner Familie (30,2%) unter der Armutsschwelle (60%-Schwelle). Beinahe drei Viertel aller Kinder dieser Altersgruppe wachsen im Osten der Bundesrepublik in einer Familie mit prekären Einkommensverhältnissen auf (75%- Schwelle).
Der Datenreport 2008 kommt ebenso wie Hauser/Becker für die neuen Bundesländer zu der Feststellung, dass sich Lebenslagen im unteren Einkommensbereich nach 2002 verfestigen. Ein überproportionales Armutsrisiko haben Kinder von MigrantInnen und Erwerbslosen. Mit der höheren Erwerbslosenquote in den Neuen Bundesländern geht ein entsprechend höherer Anteil an Menschen einher, der von dem damit verbundenen Armutsrisiko erfasst wird. Parallel zeigen sich deutliche Verschiebungen in der Schichtungs- und Milieustruktur: während die Mittelschicht schrumpft, verdoppelt sich der Anteil der „Unterschicht" zwischen 1998 und 2006, vor allem durch abgestiegene Angehörige höherer Milieus auf über 20% (Hofmann/Rink 2006; Grapka/Frick 2008). Diese Unterschicht ist durch prekäre, armutsnahe Lebenslagen (sowohl Arbeitslosigkeit wie „working poor") geprägt.

Erwerbslosigkeit ist mit Bernhard Vogel die *„zentrale Schlüsselerfahrung der Wende"* (Vogel 1999: 10). Und sie ist, wie sich in dem vergangenen Jahrzehnt gezeigt hat, eine allgemeine und dauerhafte Erfahrung: *„Im Zuge der Neugestaltung des ostdeutschen Arbeitsmarktes nach westdeutschem Muster bildete sich eine Soziallage ‚überzähliger' Arbeitskräfte heraus, denen der Zugang zum Erwerbsleben dauerhaft versperrt bleibt"* (Vogel 2001: 154). Die Abwicklung staatlicher Verwaltungen sowie sozialer, kultureller, wissenschaftlicher Einrichtungen, der Niedergang vieler großer Landwirtschaftsbetriebe, die Umstrukturierung gesamter Wirtschaftsbereiche und damit einhergehend das Erfordernis neuer Qualifikationen, kurz die marktwirtschaftliche Umstrukturierung, die an die gesamte DDR-Wirtschaft den Maßstab der Rentabilität angelegt hat, führte zur massenhaften Entlassung ehemaliger Erwerbstätiger. Was als nachholende Modernisierung geplant war, verfestigt sich auf dem Beschäftigungsmarkt zu einem Dauerrückstand. Seit 1997 bleibt das wirtschaftliche Wachstum in den Neuen Bundesländern wieder deutlich hinter dem der Altbundesländer zurück und es scheint sich eine beständige Abhängigkeit des Ostens von westlichen Zuwendungen, verknüpft mit starkem Ost-West-Gefälle, entsprechender Unzufriedenheit bei der Bevölkerung und unauflöslichen Problemlagen, wie der hohen Erwerbslosigkeit, einzustellen.[7] Während die erste Phase der Transformationsforschung noch stark unter der Erwartung einer schnellen Angleichung der Verhältnisse und eines selbsttragenden Aufschwungs stand, geht man nunmehr nicht davon aus, dass man es in Ostdeutschland mit aufholbaren Modernisierungsrückständen zu tun hat, sondern dass sich mittelfristig eigenständige Entwicklungen herausbilden. Diese „*Langzeitfolgen des Systemumbruchs*" sowie die Eigenlogiken der gesellschaftlichen Entwicklung und des Krisenmanagements in den Neuen Bundesländern sind Gegenstand eines im Juli 2001 an den Universitäten Jena und Halle/ Wittenberg eingerichteten und von der Deutschen Forschungsgemeinschaft finanzierten Sonderforschungsbereiches mit dem Titel „*Gesellschaftliche Entwicklungen nach dem Systemumbruch. Diskontinuität, Tradition und Strukturbildung*" (vgl. SFB 580). Neben den wirtschaftlichen Umstrukturierungen, die auch und gerade im Rahmen der deutschen Standortpolitik in den Neuen Bundesländern zusätzlich den Maßstab der Rentabilität in der Wirtschaft und auf dem Arbeitsmarkt durchsetzen, erschwert auch die spezifische Altersstruktur im Osten Deutschlands die Chancen einer verlässlichen Integration in das Erwerbsleben. Burkart Lutz verweist auf einen „*Generationenstau*" auf dem ostdeutschen Arbeitsmarkt und eine daraus resultierende „*demographische Arbeitsplatzlücke*" (Lutz 2001: 6). Als „*Spätfolge*" bevölkerungspolitischer Maßnahmen der DDR-Regierung verlassen derzeit sehr starke Geburtenjahrgänge die Schule und drängen auf den Beschäftigungsmarkt, dessen „*Aufnahmefähigkeit*" jedoch weitgehend erschöpft ist. Angesichts der stark ausgeprägten Anteile mittlerer Altersjahrgänge und in absehbarer Zeit eher geringfügiger altersbedingter Erwerbsaustritte, wird sich die Lage auf dem ostdeutschen Arbeitsmarkt erst nach 2012 entschärfen.

„Während im Bereich strenger Armut (40%-Grenze) die beiden Landesteile sich kaum unterscheiden, (knapp unter 7% in 2006), hat das Armutsrisiko gemessen an der Armutsgefährdungsschwelle (70%-Grenze) in den neuen Ländern seit 1998 mit 10 Prozentpunkten mehr als doppelt so stark zugelegt wie in den alten Ländern (4.1 Prozentpunkte)." (Hauser/Becker 2007: 116.) Der 1. Armuts- und Reichtumsbericht führte diesen Umstand auf die bis zur deutschen Einheit in Ostdeutschland in der Regel ununterbrochene Erwerbstätigkeit und auf die höhere Erwerbsquote von Frauen zurück. In Folge dessen hatten Erwerbslose in den neuen Ländern Anspruch auf tendenziell höhere Lohnersatzleistungen und waren in geringerem Umfang auf ergänzende Sozialhilfe angewiesen (BMAS 2001: XXII). Tatsächlich waren

---

7 Die Arbeitslosenquote in den Neuen Bundesländern liegt nach wie vor etwa beim doppelten der alten Bundesländer.

nach der Hartz-IV-Reform von allen Arbeitslosen in Ostdeutschland 67,8% arm, gesamtdeutsch 57% (Datenreport 2008: 168f.).

Das geringere Lohnniveau im Osten Deutschlands legt auch nahe, dass die Problematik der „working poor" hier noch massiver vertreten ist. Davon betroffen sind wiederum in erster Linie die Haushalte mit reduziertem Arbeitsangebot, also Familien mit Kindern und Ein-Eltern-Familien.

Betrachtet man die Familienstrukturen in den Neuen Bundesländern, so fällt ins Auge, dass der Anteil von allein Erziehenden mit Kindern im Jahr 2006 mit 22% deutlich höher ist als in den Alten Bundesländern (18%) (Datenreport 2008: 44). Wenn es aber unter den derzeit bestehenden Bedingungen, also angesichts der bestehenden „*Arbeitsplatzlücke*" oder der beschriebenen „*Überzahl*" an Arbeitskräften ohnehin schwer fällt, das materielle Auskommen auf der Basis von Erwerbsarbeit zu sichern, so ist dies noch viel schwerer für strukturell geschwächte Familien, also ledige, geschiedene oder verwitwete allein Erziehende (Klein 1998: 107). Die Vereinbarkeit von Familie und Beruf, wie sie in der DDR gegeben war, ist nur noch begrenzt realisierbar; sie ist aber immer noch höher als in den Alten Bundesländern. Die Umstrukturierung der institutionalisierten Kinderbetreuung, die Sichtung der gesamten vorhandenen Infrastruktur unter dem Gesichtspunkt der Rentabilität und die bspw. daraus folgende Einsparung und Reduzierung im öffentlichen Nahverkehr – vor allem im ländlichen Raum, die wachsenden Erfordernisse an die Flexibilität und Mobilität der Arbeitskraft, dies alles behindert die Aussichten insbesondere von Menschen mit Kindern, und erst recht wenn sie allein erziehend sind, ihren Lebensunterhalt durch Erwerbsarbeit verdienen zu können. Sie sind somit verstärkt einem Armutsrisiko ausgesetzt.

Wie sich die damit verbundenen Restriktionen und Belastungen der Lebensverhältnisse – vor allem natürlich der Familie – aber auch der familialen Umwelt auf die Sozialisation und die aktive Lebensbewältigung und Lebensgestaltung der Kinder auswirken, ist weitgehend unerforscht. Die vorliegende Studie sucht dieses Wissen zu erweitern. Sie geht der Frage nach, welche Auswirkungen Armut auf das Kinderleben und den Kinderalltag, auf die aktuelle Lebensbewältigung von Kindern und ihr soziales Verhalten sowie ihre soziale Integration hat. Die Vielschichtigkeit und wechselseitige Verwobenheit von materieller (auf den verschiedensten Ebenen) und sozialer Benachteiligung (in den unterschiedlichsten Bereichen), die sich für die Diskussion um Armut generell feststellen lässt, trifft selbstverständlich auch auf die von uns untersuchten Kinder im Grundschulalter zu. In diesem Sinne soll ein Beitrag zur Versachlichung und zur empirischen Fundierung des laufenden Diskurses über Benachteiligung in der modernen Kindheit geleistet werden, indem vor allem die Kinder, ihre Wahrnehmung der Situation, ihre Deutung und Interpretation sowie ihre Handlungs- und Bewältigungsformen beschrieben und analysiert werden.

2. Kinderarmut als Forschungsthema

2.1 Kindheitsforschung heute

Wer sich sozialwissenschaftlich forschend mit „Kinderarmut" auseinandersetzen will, sollte sich u. E. in zwei Forschungskontexten verorten: die Anschlussfähigkeit an die soziologische Kindheitsforschung erscheint uns dabei ebenso geboten wie die Anknüpfung an den aktuellen Stand der Armutsforschung. Diese Verbindung herzustellen, war ein zentrales Anliegen unseres Forschungsvorhabens. Die aus dieser Zusammenführung abzuleitenden theoretischen Konzepte haben unsere Sicht auf die Kinder – unsere Deutung ihrer Aussagen – entscheidend geprägt. Im Folgenden soll daher die von uns angestrebte Zusammenführung der beiden Forschungsstränge gedanklich nachvollzogen werden, indem zuerst auf den aktuellen Diskussionsstand in der Kindheitsforschung, unsere Sicht auf Kinder und Kindheit in der Moderne und anschließend auf die Verbindung zur Armutsforschung eingegangen wird.

Wir gehen unsererseits von der Grundthese aus, dass Kindheit aktuell im Kontext von gesellschaftlicher Modernisierung neu reguliert wird, d.h. dass die gesellschaftlichen Rahmenbedingungen, in denen sich Kindheit konstituiert, epochalen Veränderungen unterworfen sind: Dies betrifft sowohl die Lebenswelt der Kinder (Familie, Schule, Peers, Institutionen) als auch die Sicht auf Kinder und Kindheit und den gesellschaftlichen Umgang mit Kinderleben (auch durch die Politik). Weiterhin gehen wir von einer wachsenden Ungleichheit zwischen „guter" und „benachteiligter Kindheit" aus. Dabei geht es uns um eine doppelte Perspektive:

- wir betrachten die Stellung von Kindern in der generationellen Ordnung der Gesellschaft und hierbei beziehen wir uns auf den aktuellen Stand der Kindheitsforschung;
- wir richten unsere spezifische Aufmerksamkeit auf Kinder in benachteiligten Lebenslagen, womit wir uns im Kontext von Armuts- und Ungleichheitsforschung verorten.

Die neue soziologische Kindheitsforschung, die sich an der internationalen (anglophonen) Forschungs-Community orientiert, verfolgt derzeit eine Vielfalt von Richtungen und Ansätzen, die weitgehend nebeneinander bestehen und sich teilweise auch ergänzen können.[1] Hier kann nicht der Anspruch erhoben werden, eine Übersicht über dieses weite Forschungsfeld zu geben; es sollen vielmehr nur unsere Anknüpfungswege aufgezeigt werden. Ohnehin scheint es kaum möglich zu sein, eine Systematik zu entwickeln, mit der es gelingen könnte, die verschiedenen Konzepte und Orientierungen der modernen Kindheitsforschung zu charakterisieren und widerspruchsfrei zuzuordnen (vgl. Zeiher 1996; James/Jenks/Prout 1998; Hengst 2002). Ganz aktuell hat Heinz Hengst (2002) den Versuch einer übersichtlichen Eingruppierung der verschiedenen Forschungsstränge unternommen, auf den wir uns beziehen möchten.

Hengst geht vom internationalen Forschungsstand aus, berücksichtigt aber auch bundesrepublikanische Besonderheiten und aktuell sich abzeichnende Revisionen; dabei kommt er zu folgender Kategorisierung der aktuellen Theorie- und Forschungsrichtungen:

a) die mikrosoziologisch-ethnographische Kindheitsforschung, die Kinder in ihren alltäglichen Lebenswelten untersucht,
b) die dekonstruktivistische Kindheitstheorie, die sich mit unterschiedlichen Kindheitsdiskursen auseinandersetzt, wobei sie die Kinder selbst an der sozialen Konstruktion von Kindheit beteiligt sieht,
c) die sozialstrukturelle Kindheitsforschung, die Kindheit im gesellschaftlichen Generationenverhältnis betrachtet,
d) sowie eher integrative Ansätze, die die Mikro-Perspektive der Kinder mit der gesellschaftlichen Makroperspektive zu verbinden suchen.

Im Hinblick auf unsere eigene Verortung kann zunächst konstatiert werden, dass es einerseits eine eher *mikrosoziologische Betrachtungsweise* gibt, die sich mit dem Alltag der Kinder, mit Kinderkultur und ihrer Lebenswelt auseinandersetzt und andererseits Forschungsstränge, die stärker *makrosoziologisch* orientiert sind, d.h. die gesellschaftliche Stellung von Kindern in entwickelten Industriegesellschaften untersuchen. Neuerdings gibt es wohl auch Bestrebungen, diese beiden Ebenen zusammenzuführen, so z.B. bei Corsaro, der in seinem Lehrbuch zu „The Sociology of Childhood"(1997) für eine Integration von ethnographischer und makrosoziologischer Kindheitsforschung plädiert. Corsaro, der Kinder und Kindheit in eine strukturtheoretische Sicht einbezieht, betont die Wechselwirkung des Agierens in Strukturen und von dadurch ausgelösten sozialen Veränderungsprozessen. Auch im bundesrepublikanischen Theoriediskurs und Forschungskontext werden mittlerweile solche integrativen Ansätze beachtet; hier schließt auch unser Forschungsvorhaben an, das ebenfalls diese Intention verfolgt.

Mit Honig, Leu und Nissen (1996) ist im übrigen darauf hinzuweisen, dass für die deutsche Kindheitsforschung wohl eine weniger radikale Abgren-

---

[1] Einen hilfreichen, aktuellen Überblick dazu bietet Hengst (2002).

zung von der Sozialisationsforschung kennzeichnend ist als dies in den anglophonen Ländern zunächst der Fall war. Diese Abgrenzung erfolgte vor allem durch das *gegenwartsbezogene Kindheitsbild*, demzufolge Kinder primär in ihrer aktuellen Lebenssituation und Befindlichkeit betrachtet werden und Kindheit als eigenständige Lebensphase begriffen wird. Aus diesem Blickwinkel wird vor allem kritisiert, dass die Sozialisationsforschung Kinder nicht als im Hier und Jetzt Seiende („beings"), sondern als Werdende („becomings") betrachte, d.h. im Hinblick auf ihre *Entwicklungsperspektive* als spätere Erwachsene untersuche. Kindheit werde so in erster Linie als Vorbereitungsphase auf die zukünftige gesellschaftliche Rolle gesehen. Weiter betont die gegenwartsbezogene Kindheitsforschung stärker die Eigenaktivität von Kindern und moniert, dass die Sozialisationsforschung die beeinflussenden Umweltfaktoren zu stark in den Mittelpunkt rücke (Zinnecker 1996). Letztere erhebt ihrerseits jedoch den Anspruch, anthropologische, biologische, gesellschaftliche, kulturelle und psychische Sichtweisen auf die Entwicklungsprozesse von Kindern – mit jeweils unterschiedlichen Akzentuierungen – zu integrieren (Bründel/Hurrelmann 1996) und somit über ein sehr umfassendes theoretisches Konzept zu verfügen.

Zum Verhältnis von soziologischer Kindheits- und Sozialisationsforschung lassen sich aber mittlerweile in der bundesrepublikanischen Wissenschaftsdebatte durchaus vermittelnde Positionen anführen. So hält Leu zwar die Kritik an der Sozialisationsforschung insofern für berechtigt, als diese stärker auf die Formulierung theoretischer Konzepte hin orientiert sei und die reale Lebenswelt der Kinder aus den Augen zu verlieren drohe (Leu 1996). Er hält aber andererseits die isolierte (d.h. von Erwachsenen abgekoppelte) Betrachtungsweise von Kindern, wie sie teilweise von der Kindheitsforschung gefordert wird, ebenfalls für wenig realitätsgerecht. Mit Blick auf die Alltagserfahrung plädiert er dafür, das Verhältnis von Kindern und Erwachsenen in ihrer wechselseitigen Bezogenheit ebenso wie in ihrer gegenseitigen Abhängigkeit zu betrachten. In Anlehnung an Hurrelmann (1983) formuliert Leu eine vermittelnde Position, indem er das Modell des *„produktiv realitätsverarbeitenden Subjektes"* aufgreift, das von einer dialektischen Beziehung zwischen Subjekt und gesellschaftlicher Realität ausgeht und auf den interdependenten Zusammenhang von individueller und gesellschaftlicher Veränderung und Entwicklung verweist. (Leu 1996 und Hurrelmann 1983). Interessant ist des weiteren, dass Leu an das Konzept von kindlicher Selbständigkeit anknüpft wie es auch von Du Bois-Reymond (u.a. 1994) im Kontext von Modernisierungsprozessen erörtert wird. Die Grundidee bzw. die Hypothese ist dabei, dass wichtige Modernitätsmerkmale des heutigen Lebens in Industriegesellschaften nicht nur die Erwachsenenwelt, sondern auch die Kinderwelt betreffen (Leu 1996). Auf diese Grundidee wird an späterer Stelle noch detaillierter einzugehen sein. Von Seiten der Kindheitsforschung könnten seit neuerem diskutierte Konzepte wie das der „Selbstsozialisation" oder der

„Selbstbildung" ebenfalls als Angebote für eine Vermittlung zwischen den beiden Forschungsrichtungen verstanden werden (Zinnecker 1996 u. 2000). Wir beziehen uns mit besonderem Nachdruck auf diese vermittelnden Positionen, weil auch wir eine fruchtbare Verbindung zwischen moderner Kindheits- und Sozialisationsforschung anstreben.

Aber auch im Rahmen der internationalen Kindheitsforschung scheinen sich Revisionen in den Grundpositionen abzuzeichnen, die in die Richtung einer gewissen Relativierung konstruktivistischer Vorgaben deuten. So vollzieht zum Beispiel Prout (2000) in seinem Standardwerk „Theorizing Childhood" eine Wende hin zu einer „*Rematerialisierung*" der Kinder, indem er auf deren unfertige Körperlichkeit verweist (Hengst 2002). Zunehmend werden Kinder auch von der Kindheitsforschung wieder stärker in der *Lebenslaufperspektive* gesehen, d. h. nicht nur als Seiende („beings"), sondern als lebenslang Werdende („life long becomings"). Für Honig hat die Modernisierung von Kindheit die traditionelle „Erziehungskindheit" als Aspekt der generationalen Ordnung zwar hinter sich gelassen – die Erwachsenen-Kind-Differenz sei damit jedoch nicht beendet (Honig 2000). Vielmehr geht er davon aus, dass der Wandel von Kindheit in der Moderne als Institutionalisierung von Generationendifferenzen zu begreifen ist, Kinder also in ihrer Eingebundenheit in diese Ordnung zu sehen sind.[2]

In Anlehnung an die moderne Kindheitsforschung sehen wir *Kinder als soziale Akteure*, die auf der Mikro-Ebene in ihren unmittelbaren Lebenswelten die Alltagsroutinen (z.B.: in Familie, Schule, Nachbarschaft) mit beeinflussen. Aber auch auf gesellschaftlicher Makro-Ebene sind sie nicht nur von den Entwicklungen des sozialen Wandels betroffen, sondern sind ihrerseits aktiv an diesen Prozessen beteiligt (Hengst 2002, Corsaro 2000). Eine entscheidende Fragestellung der vorliegenden Publikation wird daher sein: Wie ist diese Akteursrolle von Kindern im Kontext von benachteiligten Lebenslagen und Verarmungstendenzen zu sehen?

Verbunden mit dieser Sicht auf die Kinder als aktive soziale Akteure ist auch ein Verständnis von kindlicher Eigenaktivität, die kindliche Aneignungsprozesse weniger reproduktiv als um- und neugestaltend wahrnimmt (Scholz/Ruhl 2001). Dies gilt gerade auch für ihren Umgang mit Markt, Konsum und Medien: Kinder sind diesen gesellschaftlichen Einflüssen nicht nur ausgesetzt, sondern wirken durch ihr kollektives Verhalten als soziale Gruppe auf diese Bereiche zurück (Lange 2000)[3]. Gesellschaftliche Partizipation von

---

2 Kritik an einer eindimensionalen Bezugnahme auf die Generationenperspektive bei der Konstruktion von Kindheit wird – wenn auch eher vereinzelt, so z.B. von Holloway/Gil (2000) geübt. Sie weisen – zu Recht - darauf hin, dass auch andere soziale Identitäten wie Geschlecht, Ethnizität und Klasse zu berücksichtigen seien.

3 Lange sieht seinen Beitrag allerdings im Kontext von „Postmoderne" – er spricht von „konservativen Modernisierungstheoretikern" und „progressiven Theoretikern" der Postmoderne.

Kindern meint also mehr als nur deren (formale) Beteiligung an Entscheidungsprozessen auf unterschiedlichsten gesellschaftlichen Ebenen (Familie, Kindereinrichtungen, Schule, Stadtteil). Im Kontext der neuen Generationenperspektive werden Kinder auch ökonomisch als produktive Subjekte gesehen, d.h. ihre Schul- und sonstigen Lernleistungen werden als Beteiligung an der gesellschaftlichen Produktivität (und als „Arbeit") gewertet. Daraus wird der gesellschaftspolitische Anspruch abgeleitet, die Generation der Kinder bei der gesellschaftlichen Verteilung von Ressourcen zu berücksichtigen, d.h. sie bei der Herstellung von Generationengerechtigkeit einzubeziehen (Winterberger 1998; Olk/Mierendorff 1998). Verknüpft ist damit der Grundgedanke, dass auch Kinder ein Recht auf eine eigenständige Sicherung ihrer Existenz haben, unabhängig von der materiellen Situation der für sie zuständigen Erwachsenen. Diese Deutung über die arbeitsteilige Funktion von Kindern in der Gesellschaft bezieht darüber hinaus auch ihre immaterielle Beteiligung an der gesellschaftlichen „Bedeutungsproduktion" ein (Scholz/Ruhl 2001).

Die Betonung der aktuellen Lebenslage hat in der modernen Kindheitsforschung zu einer Verschiebung der Forschungsperspektiven geführt. In den Mittelpunkt des Interesses ist damit die *aktuelle Befindlichkeit der Kinder* – und nicht so sehr die Perspektive auf eine antizipierte Zukunft – gerückt. Damit gewinnt der Blick auf die subjektive kindliche Wahrnehmung, Deutungsperspektive und Handlungsfähigkeit – im Hier und Jetzt – einen entscheidenden Stellenwert. Letztlich können nur die Kinder selbst Auskunft über ihre Befindlichkeit und ihre subjektiv wahrgenommenen Bedürfnisse, Defizite und Wünsche geben. Dies hat die gesellschaftliche Wahrnehmung von Kindern als eigenständige Subjekte befördert; diese Erkenntnis hat auf politischer Ebene in der Stärkung von Kinderrechten ihren Ausdruck gefunden. Allerdings wurden bislang in diesem Diskurs und der daran anknüpfenden empirischen Forschung gesellschaftliche Polarisierungsprozesse, die elterliche und damit auch kindliche Lebenslagen zunehmend stärker auseinanderdriften lassen, nicht oder kaum zur Kenntnis genommen. Dies zu berücksichtigen erscheint uns im Kontext von Kinderarmut unerlässlich, d.h. eine sozialstrukturelle Differenzierung von Kindheit bleibt auch für moderne Kindheitsforschung unverzichtbar.

2.2 Kinder und Kindheit im Modernisierungsdiskurs

Nach Lange/Lauterbach (2000) haben sich in den letzten vier Jahrzehnten in folgenden vier Bereichen markante Wandlungen von Kindheit vollzogen:

- in den Vorstellungen über die Entwicklung und die Erziehung von Kindern (z.B. hat sich die stark autoritär geprägte Vorstellung von Kindheit der 50er Jahre zu eher liberalen Erziehungsmodellen sowie zu einem Nebeneinander unterschiedlicher Erziehungsstile hin bewegt),
- in der alltäglichen Lebenswelt der Kinder (z.B.: Verinselung, Verhäuslichung, Medialisierung und Kommerzialisierung),
- in den Familienstrukturen (Pluralisierung der Lebensformen, aber auch Veränderungen im alltäglichen Leben von Kernfamilien),
- in der gesellschaftlichen Wahrnehmung von Kindern (d.h., die Herausbildung einer neuen Stellung der Kinder im rechtlichen, politischen und gesellschaftlichen System).

Ähnlich thematisieren Bründel/Hurrelmann (1996) den Wandel von Kindheit im Kontext des gesellschaftlichen Individualisierungs- und Pluralisierungsprozesses. Diese gesellschaftlichen Prozesse wirken sich zum einen indirekt über die Veränderungen im Leben der Erwachsenen auf die Kinder aus, zum anderen erleben die Kinder unmittelbar die damit einher gehenden Prozesse der sozialen Freisetzung und der Enttraditionalisierung in ihrer Doppelwirkung von vergrößerten Chancen und Risiken. Auch die Kinder haben angesichts einer Vielfalt von Wertorientierungen sowie Lebens- und Erziehungsstilen, von institutionellen Angeboten sowie einer vielfältig sich entwickelnden Kinderkultur nicht nur mehr Optionen. Sie sehen sich vielmehr in dem Maße, in dem ihnen Wahlfreiheiten und eigenständige Entscheidungen ermöglicht werden, verstärkten Zwängen ausgeliefert und tragen damit stärker das Risiko einer falschen Wahl. Bründel/Hurrelmann formulieren dies in der Parallelität zur Erwachsenenwelt: „Einerseits sind die Freiheitsgrade für die Gestaltung der eigenen Lebensweise für die Kinder sehr hoch, andererseits werden aber diese Chancen durch die Lockerung von sozialen und kulturellen Bedingungen und durch Umweltbedingungen erkauft, die dem Wohl und der Gesundheit von Kindern abträglich und wenig förderlich sein können." (Bründel/Hurrelmann 1996, 38 f.). Mit den neuen Offenheiten und Unsicherheiten sehen sie für Kinder nicht nur Entfaltungs- und Kreativitätschancen verbunden, sondern eben auch neue Formen von Belastungen und teilweise eine Überforderung ihrer Bewältigungskapazitäten. Auch diesen Diskurs gilt es aus der Perspektive von Kindern, die in Armut leben, zu erweitern. Hier haben wir es mit Kindern zu tun, die hinsichtlich ihrer Handlungsalternativen und -optionen infolge der Enge und Begrenztheit ihrer Lebensperspektiven von den positiven Seiten des Individualisierungsprozesses gerade nicht oder nur sehr bedingt profitieren. Chancen und Risiken sind auf unterschiedliche gesellschaftliche Gruppen unterschiedlich verteilt – dies gilt auch weitgehend für die Kinder.

Beeinflusst von modernisierungstheoretisch geleiteten Gesellschaftsanalysen (Beck 1986) geht die neuere soziologische Kindheitsforschung davon aus, dass der gesamtgesellschaftliche Wandel zu entsprechenden Strukturveränderungen von Kindheit geführt hat. Du Bois-Reymond, Büchner und Krüger haben dazu bereits 1994 eine Studie vorgelegt, in der sie die Auswirkungen des gesellschaftlichen Modernisierungsdrucks und gesellschaftlicher Modernisierungsfolgen im Kinderleben untersucht haben. Dabei haben sie sich schwerpunktmäßig auf drei Aspekte konzentriert:

- auf die kinderkulturelle Praxis, d.h. auf außerschulische kindliche Aktivitäts- und soziale Beziehungsprofile,
- auf die Entwicklung des Generationenverhältnisses, d.h. auf Formen und Regeln des familialen Zusammenlebens von Eltern und Kindern,
- auf kindliche Biographieverläufe, d.h. auf kindliche Verselbständigung und Lebensentwürfe.

Das AutorInnenteam kommt auf der Basis horizontaler Ungleichheiten zu einer dreigestuften Typologie; vertikale Ungleichheiten werden hierbei insofern berücksichtigt, als ein gewisser Wohlstand des Elternhauses für eine Modernisierung von Kindheit vorausgesetzt wird. Den Bezugspunkt für die von Du Bois-Reymond u.a. entwickelte Typologie bilden unterschiedliche Modernisierungsgrade, d.h. sie unterscheiden zwischen hochmodernen, teilmodernen und traditionalen Kindheiten. Dabei gehen sie von einem erweiterten Modell „lebensweltlicher Sozialmilieus" in einer „pluralisierten Klassengesellschaft" aus (Du Bois-Reymond u.a. 1994: 274). Ihre Ausgangsthese ist, dass unterschiedliche Modernisierungsgrade mit ungleichen Zugangschancen zu sozialen, kulturellen und biographischen Ressourcen verbunden sind. Sie kommen so zu der Feststellung, dass Kindern in der aktuellen Moderne Handlungsspielräume zur Verfügung stehen, die nicht nur durch ihre Herkunft, sondern auch durch die „Öffnung des sozialen Raums" bestimmt werden. In dem Zusammenhang sprechen sie sogar von einer partiellen Entkoppelung sozialer Lagen und Mentalitäten (Du Bois-Reymond u.a. 1994:275). Diese These halten wir für zu weitgehend, jedenfalls finden wir sie in unseren Untersuchungsergebnissen nicht bestätigt.

Im Ergebnis vertreten Du Bois-Reymond u.a. allerdings ebenfalls die Position, dass sich bei den untersuchten Kindern neben einer Gruppe von Modernisierungsgewinnern auch Modernisierungsverlierer ausmachen lassen. Bei letzteren handele es sich um Kinder aus Familien, die die entsprechenden persönlichen und materiellen Ressourcen für ein gedeihliches Aufwachsen in modernisierten Kindheitsstrukturen nicht zur Verfügung stellen können. Unseres Erachtens überlagern sich hier horizontale und vertikale Ungleichheitsmomente. Diesen Überlagerungsaspekt thematisieren Hurrelmann und Bründel, indem sie feststellen, dass wohl die meisten Kinder heute „in fast gleichem Maße wie Erwachsene die Vorteile einer reichen Wohlfahrtsgesellschaft genießen, aber sie spüren auch die Nachteile der modernen Lebensweise und zahlen einen hohen Preis für die fortgeschrittene Industrialisierung,

Urbanisierung, Kommerzialisierung und Individualisierung des Alltagslebens" (Bründel/Hurrelmann 1996, 10). Gleichzeitig weisen die beiden AutorInnen auch darauf hin, dass eine ansehnliche Minderheit von etwa 20% in ihrer Lebenslage und Lebensweise eindeutig benachteiligt ist und weniger die Chancen als die Risiken der gesellschaftlichen Modernisierung zu tragen hat.

Die Schattenseiten dieses gesellschaftlichen Wandlungsprozesses lassen sich – bezogen auf die gesellschaftliche Makroebene – mit folgenden Stichworten charakterisieren, wobei sie zunächst die Erwachsenen, mittelbar aber auch die Kinder treffen:

- der ökonomisch induzierte Wandel der Arbeitsgesellschaft führt zu einer Präkarisierung von Lebensperspektiven, d.h. zu einer Ausbreitung prekärer Arbeitsverhältnisse durch Deregulierungsprozesse und damit zu neuen Formen von Marginalisierung auf dem Arbeitsmarkt (Erosion des Normalarbeitsverhältnisses),
- dies hat neue Formen von gesellschaftlicher Ausgrenzung zur Folge mit entsprechenden Auswirkungen auf die elterlichen Lebensperspektiven,
- im Bereich der Lebens- und Familienformen finden wir eine Pluralisierung und Entstrukturierung mit unterschiedlichsten Auswirkungen auf familiale Beziehungsstrukturen vor, bei gleichzeitiger Labilisierung von sozialen Bindungen und Sozialformen,
- diese gesellschaftlichen Entwicklungen werden von der übergreifenden Dialektik eines Individualisierungs- und Entstandardisierungsprozesses strukturiert, der von Widersprüchen und Ambivalenzen geprägt ist, indem einerseits Wahlmöglichkeiten zunehmen und andererseits Sicherheiten und Festlegungen abnehmen,
- sowohl auf der Ebene der Beschäftigungsverhältnisse als auch der Lebensformen wirkt sich die zunehmende Bedeutung von Frauenerwerbstätigkeit und die (nicht nur) damit einhergehende Veränderung im Verhältnis der Geschlechter aus,
- des weiteren sind die Auswirkungen dieses gesellschaftlichen Wandlungsprozesses im Bereich der sozialen Sicherungssysteme zu beachten, da er die Lücken dieses Systems offenbart und das System gleichzeitig zusätzlich belastet,
- parallel dazu wird auf politischer Ebene ein sozialpolitischer „Umbau" angestrebt, der zu einer erheblichen Individualisierung und Privatisierung von sozialen Risiken führen wird,
- die Verbindung der beiden Ebenen – Labilisierung von Erwerbsbiografien und Entstrukturierungen der Familienformen – kann sich in den Familien als Kumulation von benachteiligenden Aspekten auswirken,
- zu berücksichtigen sind auch die damit verbundenen Veränderungen im Institutionengefüge, d.h. der Rolle von Familie und öffentlichen Einrichtungen (vor dem Hintergrund des sozialen Wandels).

- Bezogen auf Ostdeutschland sind zudem die Auswirkungen des Transformationsprozesses in den Blick zu nehmen, der eine beschleunigte Modernisierung ausgelöst hat:
- dabei haben sich vor allem die Schattenseiten der Modernisierung verstärkt niedergeschlagen, mit der Folge von Brüchen in den Biographieverläufen, insbesondere in den Erwerbsbiographien (vor allem der Frauen, aber auch der Männer),
- spezifische Auswirkungen des ökonomischen, sozialen und kulturellen Umbruchs sind dabei auf das Kinder- und Familienleben zu beobachten, auf die sozialen Beziehungsmuster sowie die inner- und außerfamiliale Lebensgestaltung,
- eine verschärfte Individualisierung bezogen auf Familienleben und Familienformen, die im Vergleich zum Westen zu einer größeren Pluralität geführt hat (die wir auch in unserer Studie vorgefunden haben) und die als Folge einer nicht mehr greifenden (umfassenderen) Integrationspolitik der DDR anzusehen ist,
- ebenso zu berücksichtigen sind die Umbrüche in den Sozialisationsinstanzen Kindergarten, Hort, Schule und Jugendhilfe.

Alle diese Auswirkungen werden wir in unterschiedlichen Ausprägungen und Zusammensetzungen in unseren Fallstudien wieder finden.

2.3 Kinderarmut als Forschungsgegenstand

Unser Untersuchungsgegenstand sind Grundschulkinder in benachteiligten Lebenslagen. Wir haben diese Kinder anhand eines Konzeptes von Lebenslage befragt, das in der Armutsforschung entwickelt worden ist und bisher vor allem in diesem Kontext Anwendung gefunden hat. Kinderarmut ist in der deutschen Armutsforschung lange kein Thema gewesen und ist zunächst auch nicht als eigenständiges soziales Problem begriffen worden. Das heißt: Kinder wurden allenfalls als Ursache von Familienarmut, als Angehörige von einkommensarmen und sozial benachteiligten Haushalten, kaum jedoch als eigenständige Subjekte in ihrer spezifischen Betroffenheit von Armutslagen in den Blick genommen. Dies änderte sich erst zu Beginn der 1990er Jahre, als Armut von Kindern und Jugendlichen – im Zuge von Sozialberichterstattung – in der Fachöffentlichkeit zunehmend in ihrer sozialpolitischen und sozialpädagogischen Brisanz zur Kenntnis genommen wurde. Seit Beginn der 90er Jahre sind dann eine Reihe von Publikationen erschienen, die sich aus der Sicht unterschiedlicher Disziplinen mit verschiedenen Aspekten von Kinder- und Jugendarmut auseinandersetzen und neue Erkenntnisse liefern, an die wir anknüpfen möchten (siehe Kapitel 1).

Einen guten Überblick über „die Auswirkungen von Armut und sozioökonomischer Deprivation auf die körperliche, psychische, soziale und intellektuelle Entwicklung von Kindern liefert eine Expertise, die Walper (1999) für den 10. Kinder- und Jugendbericht der Bundesregierung erstellt hat.[4] Im Vordergrund stehen für Walper die mit Armut verbundenen Entwicklungsrisiken sowie die Bandbreite möglicher kindlicher Belastungsreaktionen. Sie unterstreicht die Notwendigkeit, die verschiedenen Formen und Ausprägungen von Armut (z.B.: kurzfristige und längerfristige Verarmung, plötzliche Einkommensverluste, Eintreten von Erwerbslosigkeit) in ihren Konsequenzen auf Kinder und Jugendliche differenziert zu betrachten. Mit dieser Zielsetzung entwickelt sie auf der Basis des bisherigen Forschungsstandes ein Modell, um das Zusammenspiel relevanter Einflussfaktoren zu analysieren und ein Erklärungsmuster für kurz- versus langfristige Folgewirkungen von Armut im Kindheits- und Jugendalter zu finden. Im Mittelpunkt ihrer Betrachtung steht dabei die Familie als System sowie die innerfamiliäre Vermittlung von armutsbedingten Belastungen. Kinder erleben diese Belastungen vermittelt durch die Reaktionen, die Anpassungsbemühungen und das Bewältigungsverhalten der Eltern. Eine wesentliche Rolle spielen dabei die Auswirkungen der mit ökonomischer Deprivation einhergehenden psychosozialen Folgen für das familiäre Beziehungsgefüge (insbesondere auf die Eltern-Kindbeziehungen). Materielle Verarmung habe nicht nur eine Umstellung der Haushaltsökonomie zur Folge, sondern auch Änderungen im familiären Rollensystem und im sozialen Status der Familie. Dies könne zu Beeinträchtigungen der elterlichen Beziehungen, der Eltern-Kind-Beziehungen sowie des elterlichen Erziehungsverhaltens führen.

Daneben sieht Walper aber auch andere, außerfamiliäre Einflussfaktoren, die die Reaktionen der Kinder auf ökonomische Deprivation prägen können. In erster Linie sind dies die Sozialbeziehungen der Kinder und Jugendlichen, insbesondere deren Gleichaltrigenkontakte, die sich auf das subjektive Erleben der materiellen Benachteiligung (z. B: in Form von Stigmatisierung oder Differenzerfahrung) auswirken können. Entscheidenden Einfluss auf die Art und Weise wie die Eltern – und dadurch vermittelt auch die Kinder – die Situation bewältigen, habe darüber hinaus das Vorhandensein oder Fehlen von vielfältigen Ressourcen.

„Diese Ressourcen sind auf unterschiedlichen Ebenen angesiedelt und betreffen sowohl den sozialen Kontext der Familie, Merkmale des Familiensystems, als auch individuelle Charakteristika der Eltern und Kinder. Zudem können sie an unterschiedlichen Stellen des Bewältigungsprozesses zum Tragen kommen, sei es bei der Einschätzung von Arbeitslosigkeit und ökonomischer Deprivation als negatives, bedrohliches Ereignis, bei der Anpas-

---

4   Die Problematik der Übertragbarkeit von US-amerikanischen Forschungsergebnissen – allein schon infolge der Unterschiedlichkeit der sozialen Systeme und Armutserscheinungsformen – wird von Walper durchaus reflektiert; dennoch bietet sich eine Bezugnahme auf den dort wesentlich weiter entwickelten Stand der Forschung an.

sung der Haushaltsführung und des familiären Rollensystems, bei den individuellen Belastungsreaktionen der Familienmitglieder und bei der Veränderung der familialen Beziehungen und Interaktionen." (Walper 1999, 334)

Speziell zu Kindern im Grundschulalter hat Richter eine qualitativ angelegte psychologische Studie erstellt, in der sie die unterschiedlichen Belastungen untersucht, die aus Unterversorgungslagen resultieren können. Für Richter steht das subjektive Bewältigungsverhalten der Kinder im Mittelpunkt der Analyse. Interessant ist die Studie vor allem deswegen, weil sie zum einen konsequent die Kinderperspektive verfolgt und zum anderen weil sie auch geschlechtsspezifische Auswirkungen auf Mädchen und Jungen berücksichtigt. Da dies bisher die einzige Studie (in der Bundesrepublik) ist, die der Geschlechtsspezifik im Kontext von kindlicher Armutsbewältigung besondere Aufmerksamkeit schenkt, soll im folgenden vor allem dieser Aspekt herausgearbeitet werden.

Richter unterscheidet bezogen auf das Bewältigungsverhalten von Grundschulkindern in Unterversorgungslagen vier Kategorien, die weitgehend auch alltagstypischen Bewältigungsformen entsprechen (Richter 2000b, 92 f.):

- „mit sich selbst ausmachen",
- „anstatt-Handlungen" vollziehen,
- „emotionale Unterstützung suchen bzw. gewähren",
- „an die Umwelt weitergeben".

Dabei hat sie die Kategorie „mit sich selbst ausmachen" sowohl bei Jungen als auch bei Mädchen mit Abstand am häufigsten vorgefunden, gefolgt von den kompensatorischen Handlungsformen („anstatt-Handlungen"), die häufiger bei Mädchen als bei Jungen vorkamen. Als eindeutig geschlechtsspezifisch geprägt erwies sich die Kategorie „soziale Unterstützung suchen bzw. gewähren"; hierbei haben eindeutig die Mädchen überwogen. „An die Umwelt weitergeben" war in der Reihenfolge der vorgefundenen Häufigkeit die mit Abstand letzte Kategorie; dass auch in dieser Kategorie den Befragungsergebnissen zu Folge Mädchen und Jungen fast gleich häufig vorkommen, mag vielleicht überraschen (Richter 2000b, 105). Richter stellt insbesondere hinsichtlich der sozialen Netzwerke der Kinder erhebliche Differenzen zwischen Jungen und Mädchen fest. Zur Untermauerung ihrer Ergebnisse kann sie auf Erkenntnisse der geschlechtsspezifischen Sozialisationsforschung zurückgreifen, denen zu Folge generell Belastungen und Probleme von Jungen und Mädchen unterschiedlich wahrgenommen, gedeutet und bewältigt werden. Insbesondere gelte es zu beachten, dass sich Jungen und Mädchen in ihren Bewältigungsformen unterscheiden, d.h. dass *„Mädchen z.B. eher aktive Bewältigungsstrategien unter Nutzung sozialer Ressourcen wählen, während sich Jungen tendenziell häufiger für problemmeidende Strategien entscheiden"* (Richter 2000b, 86). Mädchen könnten leichter soziale Unterstützung einfordern und ihrerseits auch an andere weitergeben. Da der sozialen Unterstützung durch persönliche Netzwerke eine wichtige Funktion bei der Bewältigung von psychosozialen Belastungen zukomme, die aus Unterversorgungslagen resultieren, erschienen Jungen in dieser Hinsicht „benachteiligt". Sie können seltener über entsprechende soziale Netzwerke verfügen bzw. deren Unterstützung in Anspruch nehmen. Richter kommt so zu dem Ergebnis, dass die soziale Situation von in Armutsverhältnissen lebenden Jungen besondere Aufmerksamkeit verdiene. Diese seien hinsichtlich ihrer sozialen Netzwerke sowohl im Vergleich zu Mädchen als auch zur gleichgeschlechtlichen Kontrollgruppe besonders benachteiligt.[5]

Allerdings weisen geschlechtsspezifisch sozialisierte Verhaltensweisen von Mädchen in anderer Hinsicht eher problemvermeidenden und die Bewältigung erschwerenden Charakter auf. So sei beispielsweise die Tatsache, dass Mädchen in Armutssituationen ein weniger problematisches oder auffälliges Verhalten zeigen, kein Argument dafür, dass sie weniger dadurch „gefährdet" seien. Im Gegenteil: ihr Problemvermeidungsverhalten, das ihnen verstärkte Anpassungsleistungen abfordere, könne zu einer Kumulation von negativen Effekten im Sinne von Belastungen führen, die nicht selten von psychosomatischen Erkrankungen begleitet sein können.

Eine weitere – in mehreren Teilstudien – veröffentlichte Untersuchung zu Kinderarmut wurde 1997 bis 2000 im Rahmen des Instituts für Sozialarbeit und Sozialpädagogik (ISS-Studie) in Kooperation mit dem Bundesverband der Arbeiterwohlfahrt durchgeführt (Hock/Holz/Simmedinger/Wüstendörfer 2000). Für die wissenschaftliche Durchführung des Projektes waren B. Hock, G. Holz und W. Wüstendörfer zuständig. Im Rahmen dieses Forschungsprojektes wurden zwei spezifische Zielgruppen untersucht: zum einen Kinder im Vorschulalter und zum anderen Jugendliche beim Übergang ins Berufsleben[6]. Das Besondere an der Untersuchung zu den Vorschulkindern ist ihr überregionaler und sehr breit angelegter Zugang über (sozial)pädagogische Praxiseinrichtungen. Insgesamt wurden 2700 Einrichtungen, Angebote und Projekte der Arbeiterwohlfahrt, die in der Kinder-, Jugend- und Familienhilfe tätig sind, in eine Experten-Befragung einbezogen. Die in diesen Einrichtungen beschäftigten, (sozial)pädagogischen Professionellen wurden nach Verbrei-

---

5 Aufgrund unserer Untersuchung können wir jedoch die weitreichenden Schlüsse und Folgerungen von Richter nicht ganz nachvollziehen. Wir finden in unserem empirischen Material – bezogen auf die Altersgruppe der Grundschulkinder - keine Anhaltspunkte für eine so pointierte Geschlechtsspezifik. Vielmehr haben wir Jungs, die Freunde haben und auch brauchen, um über „alles" reden zu können. Auch bei der Betrachtung des Kontaktkreises unserer Kinder können wir eine solche geschlechtsbezogene Polarisierung, wie sie Richter darstellt, so nicht nachvollziehen.

6 Im Rahmen der ISS-Studien wurde 2003 eine weitere Untersuchung zu „Kinderarmut im frühen Grundschulalter" veröffentlicht. Dabei handelt es sich um eine Längsschnittbefragung von Kindern, die bereits in der Studie über Vorschulkinder erfasst worden sind. Vgl. Holz/Skoluda 2003

tung und Wahrnehmung von Kinder- und Jugendarmut sowie nach ihrem Umgang mit der Problematik befragt (Hock/Holz/Wüstendörfer 1999). In dieser Teilstudie, die zum einen auf Fallstudien und zum anderen auf einer quantitativen Erhebung basiert, werden Auswirkungen und Folgen im frühen Kindesalter erforscht (Hock/Holz/Wüstendörfer 2000a und 2000b). Im Hinblick auf diese Zielgruppe wurde (in der Bundesrepublik) weitgehend Neuland betreten, da hier keine systematischen Erkenntnisse zu den Auswirkungen von Armutsfolgen für diese Altersgruppe vorliegen. Für die zweite Teilstudie wurden biographische Interviews mit jungen Erwachsenen geführt und ausgewertet; Auswahlkriterium für die Interviewpartner und -partnerinnen war, dass sie aus einer armen Familie stammen und den Übergang ins Berufsleben erfolgreich bewältigt haben (Hock/Holz 2000). Damit sollten vor allem Voraussetzungen bzw. Bedingungen für eine gelingende Armutsbewältigung herausgearbeitet werden (Hock/Holz/Simmedinger/Wüstendörfer 2000, 67).

Ohne näher auf die Ergebnisse dieser Studien eingehen zu können, sei vor allem auf einen Aspekt verwiesen, der sich auch in unserer Untersuchung in ähnlicher Weise bestätigt hat. Das AutorInnenteam der ISS-Studien kommt in seinem Bericht zu den Vorschulkindern auf der Basis eines kombinierten qualitativen und quantitativen methodischen Vorgehens zu dem Ergebnis, dass familiäre Armut bei einem großen Teil der Kinder bereits früh negative Folgen für die kindliche Lebenssituation hervorrufen kann. Gleichzeitig gewinnt es jedoch auch die Erkenntnis, dass Armut nicht zwangsläufig zu eingeschränkten Entwicklungsmöglichkeiten des Kindes führen muss. Als Ergebnis der Auswertung des empirischen Materials werden verschiedene Lebenslagetypen gebildet, denen die untersuchten Kinder zugeordnet werden können (Hock/Holz/Wüstendörfer 2000, Dritter Zwischenbericht, 140):

- Typ 1: „Wohlergehen des Kindes trotz eingeschränkter materieller Ressourcen",
- Typ 2: „Armut als Nebenproblem einer gravierenden sozio-emotionalen Belastung",
- Typ 3: „Armut als aktuell begrenzte Benachteiligung und latente Gefahr",
- Typ 4: „Armut als massive materielle und kulturelle Benachteiligung" (soziale Ausgrenzung),
- Typ 5: „Armut als multiple Deprivation".

Damit kommt die ISS-Studie zu einem ähnlichen Ergebnis wie unsere Untersuchung, indem die Auswirkungen von Armutsfolgen auf die Kinder als ein Kontinuum zwischen zwei gegensätzlichen Polen dargestellt werden: zwischen „Wohlergehen trotz eingeschränkter materieller Ressourcen" und „Armut als multipler Deprivation. Wir kommen – zwar mit unterschiedlichen Abstufungen und Typisierungen – grundsätzlich zu einer ähnlichen Erkenntnis.[7] Insgesamt kann festgehalten werden, dass alle diese neueren Studien von einem komplexen Armutsverständnis ausgehen. Es werden nicht mehr nur die Auswirkungen auf einzelne Lebensbereiche, sondern auf die gesamte Lebenssituation von Kindern und Jugendlichen untersucht. Gemeinsam haben sie auch ein weiteres: Im Mittelpunkt steht die Frage des Umgangs mit und der Bewältigung von Armutslagen. Um darauf Antworten zu finden, bedarf es eines Forschungskonzeptes, das der Multidimensionalität von Armut ebenso gerecht wird wie der neu gewonnenen Sicht auf die Kinder in ihrer spezifischen Betroffenheit.[8]

2.4 Armuts- und Kindheitsforschung – Einige theoretische Vorüberlegungen

In Deutschland gibt es – verglichen mit den USA (vgl. Walper 2001) – keine lange Tradition der sozialwissenschaftlichen Forschung zu Kinderarmut. Als das Armutsthema in den 1990er Jahren verstärkt von der sozialwissenschaftliche Forschung aufgegriffen wurde, gab es zunächst keine Verbindung zwischen Kindheits- und Armutsforschung: Die neuere soziologische Kindheitsforschung beschäftigte sich nicht explizit mit „armen Kindern", die Armutsforschung nahm Kinder nicht als spezifische Gruppe der Armutspopulation wahr. Erst seit neuerem werden Versuche unternommen, die beiden Forschungsstränge theoretisch und forschungspraktisch zu verbinden (vgl. Richter 2000b, Beisenherz 2002, Butterwegge/Holm/Zander 2003).

Auf theoretischer Ebene liefert Beisenherz (2002) in seiner sozialpolitisch orientierten Analyse zu „Kinderarmut in der Wohlfahrtsgesellschaft" konkrete Ansatzpunkte für eine diesbezügliche Erörterung. Seine Ausführungen sind insofern interessant, als er sich – ausgehend von der Problematik der Kinderarmut – konkret mit Positionen der neueren Kindheitsforschung auseinandersetzt. Beisenherz betrachtet Entwicklung, Erscheinungsformen und Folgen von Armut in der doppelten Perspektive eines Risikos für die Gesellschaft und für die Betroffenen. Er thematisiert Armut vorwiegend als Exklusionsrisiko:

„Armut hat sich nicht nur phänomenologisch verändert, weil sie primär als Kinderarmut in Erscheinung tritt, oder genealogisch, weil sie primär auf die ökonomische Armut der Müt-

---

7   Vgl. Kapitel 5.3
8   Inzwischen ist eine weitere vergleichende Studie zu „Kinderarmut in Ost- und Westdeutschland" erschienen (Butterwegge/Klundt/Zeng 2005) sowie eine Studie, die ihren Fokus vor allem auf kommunale Armutsprävention legt und sich dabei insbesondere auf die Stadt Gütersloh bezieht (Palentien 2004).

ter zurückgeht. Armut ändert auch ihre soziale Bedeutung. Armut wird zum Auslöser für das Einsetzen von exkludierenden Reaktionen oder Prozessen im sozialen Feld." (Beisenherz 2002: 115)

Dabei adaptiert er einen systemtheoretischen Exklusionsbegriff unter konkreter Bezugnahme auf Armutserscheinungen in verschiedenen gesellschaftlichen Teilsystemen. Auf diese Weise entwickelt er einen Armutsbegriff, der eine Erweiterung der Sicht auf neue Armutsphänomene beinhaltet: „*Der traditionelle, rein ökonomische, d.h. eindimensional am Einkommen ausgerichtete Armutsbegriff wird aus der Perspektive der Exklusionslogik von Teilsystemen obsolet*" (139).Vielmehr ist von einer Wechselwirkung zwischen den Dimensionen von Bildung, Ökonomie, Recht, sozialer Interaktion usw. auszugehen. Wie sich solche teilsystemischen Exklusionen zueinander verhalten, ist eine offene und nach Beisenherz eine noch zu klärende Fragestellung. Dabei ginge es u.E. stärker darum, Exklusion nicht als Zustand, sondern als Prozess zu betrachten, der sich in unterschiedlichen Lebenslagebereichen unterschiedlich vollziehen kann, wobei auch die jeweiligen Wechselwirkungen zu berücksichtigen wären (z. B. Auswirkungen einer chaotischen häuslichen Alltagsstruktur auf die Schule und die Schulleistungen sowie generell auf die Persönlichkeitsentwicklung, vgl. Kap. 4).

Die Erforschung dieser Wechselwirkungen erscheint uns als eine zentrale Fragestellung. Allerdings halten wir den Exklusionsbegriff, wie ihn Beisenherz in Anlehnung an Stichweh (1997) formuliert, wenig nachvollziehbar. Wir finden zwar in der Betonung von Multidimensionalität und in der Bedeutung von Interaktionsbeziehungen für die Dynamik von Armutslagen verschiedene Anknüpfungspunkte, die auch für unser, am Lebenslagekonzept orientiertes Vorgehen Relevanz haben. Nicht folgen können wir Beisenherz jedoch in seinem Verständnis von „Armut als Exklusion", in der von ihm formulierten Ausprägung. Zum einen lässt sich u.E. die Exklusionsdebatte – wie sie bezogen auf die USA (underclass) oder Frankreich (L'éxclus) entwickelt worden ist – nicht ohne weiteres auf die Bundesrepublik übertragen. Zum anderen können wir der systemtheoretischen Konzeptionierung von Exklusion, wie sie von Beisenherz vorgenommen wird, nicht folgen. Fruchtbarer halten wir diesbezüglich die Auseinandersetzung mit Castel (2000) oder Kronauer (2002), auf die wir an anderer Stelle ausführlicher eingehen werden.[9]

In seiner kritisch-reflektierten Auseinandersetzung mit den Kindheitsbildern der neueren Kindheitsforschung können wir Beisenherz schon eher beipflichten, wenngleich seine Sichtweise auf die makrotheoretische Ebene konzentriert bleibt, für uns aber die Verbindung zur mikrotheoretischen Ebene eine größere Bedeutung haben wird. Beisenherz vertritt die These, dass die neuere Kindheitsforschung in paradoxer Weise Kinder einerseits als gesellschaftliche Subjekte „inkludiert" und sie andererseits als „arme Kinder" wie-

---

9 Vgl. Kapitel 5. 4

der exkludiert. Mit ihrer Vorstellung von Kindern als soziale Akteure und vollwertige Mitglieder der Gesellschaft habe die Kindheitsforschung – hinsichtlich der gesellschaftlichen Rolle von Kindern – einen historischen Paradigmenwechsel vollzogen. Allerdings – so Beisenherz – vermittle diese konstruktivistisch hergestellte Inklusion der Kinder eher ein Idealbild von Kindheit und entspreche nicht den realen gesellschaftlichen Gegebenheiten. Die damit verbundene Diskussion um die Autonomie der Kinder und um Kindheit als eigenständiger Lebensform müsse stärker auf die realen gesellschaftlichen Rahmenbedingungen bezogen, jedenfalls dürften die Auswirkungen von sozialer Ungleichheit auf den Kinderalltag nicht ausgeblendet werden! In diesem Punkt können wir Beisenherz nur beipflichten – die von ihm formulierte Kritik an der modernen Kindheitsforschung entspricht auch unserer Einschätzung und unserem Bestreben, in dieser Hinsicht einen Beitrag zur Erweiterung der Diskussion zu leisten.

Immerhin kann man es als ein Verdienst der neueren Kindheitsforschung ansehen, dass sie mit ihrer Akzentuierung der Kinderperspektive auch den Anstoß gegeben haben dürfte, Kinderarmut als besondere Form von Armut wissenschaftlich und politisch zur Kenntnis zu nehmen. Kinderarmut in ihrer spezifischen Ausprägung zu betrachten, setzt voraus, dass Kinder als eigenständige soziale Gruppe gesehen werden, als eigenständige Individuen mit einem Anspruch auf ein Leben ohne Armut. Ausgehend von den Ergebnissen unserer Forschungstätigkeit können wir an der Stelle hinzu fügen, dass wir die Eigenständigkeit kindlicher Lebenslagen empirisch und theoretisch als wesentlichen Erkenntnisfortschritt zu untermauern in der Lage sein werden. Beisenherz vermerkt hierzu allerdings auch kritisch, dass die Eigenständigkeit der Kinder in Armutskontexten nicht zu falschen Interpretationen führen dürfe (Beisenherz 2001, 248). Eigenaktivität setze eine Handlungsautonomie voraus, die Kindern in unserer Gesellschaft – vor allem infolge ihrer materiellen Abhängigkeit – nur bedingt zugeschrieben werden könne. Als problematisch sieht er die Tatsache an, dass die gesellschaftliche Inklusion der Kinder vor allem durch eine Monetarisierung (auf politischer Ebene) und durch eine De-Biologisierung (in konstruktivistischer Sichtweise auf wissenschaftlicher Ebene) erfolgt sei. Zudem sei die Anerkennung als gesellschaftliche Akteure eher vordergründig über die Einbeziehung der Kinder in die Konsum- und Medienwelt gelaufen. Allerdings entspräche eine Einbeziehung über diese Bereiche auch dem gewandelten gesellschaftlichen Stellenwert, der Geld und neuer Technik, d.h. monetären sowie monetarisierbaren Potenzialen und Kompetenzen im Umgang mit soziotechnischen Systemen in der „*Consumer-Gesellschaft der späten Moderne*" (S. 137 f.) zukomme. Wer hier aus Mangel an Ressourcen oder Mangel an Gelegenheiten nicht mithalten könne, laufe Gefahr „*exkludiert*" – wir würden sagen benachteiligt – zu werden, wobei wir in einer Verbindung der Mikro- und Makro-Perspektive von benachteiligenden Strukturen im Kinderleben sprechen.

Beisenherz schlägt eine Neudefinition von Armut vor bzw. nimmt eine Verlagerung der Gewichtungen vor, indem er die in seinem Sinne „Exkludierten" wie folgt beschreibt:

„Sie (...) nehmen aber nicht teil am kulturell bedeutsamen, materiellen und kommunikativen Transfer in der Gesellschaft. Trotz physischen Überlebens kumulieren Deprivationen in den diversen Lebenslagen, die sozial und kulturell und nicht ausschließlich physisch definiert sind." (S. 137)

So lenkt er die Aufmerksamkeit auf spezifische Formen von Armutsrisiken, die in erster Linie durch verwehrten Zugang zu sozial und kulturell aufgeladenen Gütern und zu sozialen Zusammenhängen ausgelöst werden. Sein paradoxes Fazit lautet: erst die Inklusion von Kindern als gesellschaftliche Gruppe in die derart charakterisierte „*Consumer-Gesellschaft*" bringe für jenen Teil der Kinder, die davon ausgeschlossen sind oder die nur sehr erschwerten Zugang dazu haben, ein neues Armutsrisiko. Diesen Aspekt gilt es vor allem im Hinblick auf personale Entwicklungsmöglichkeiten und -bedingungen in unserer heutigen Gesellschaft zu betonen (z.B. verwehrte Zugänge zu Konsum- und Kinderkultur und damit verbundene Bildungsaspekte).

Hiermit wird ein Grunddilemma der Forschung zu Kinderarmut thematisiert – wobei der Unterschied zu Armut von Erwachsenen eher ein gradueller als ein prinzipieller ist. Auch die Handlungsspielräume von Erwachsenen können durch Einschränkungen in unterschiedlichsten Lebensbereichen derart verengt sein, dass sie nicht – oder nur bedingt – in der Lage sind, als handelnde Subjekte ihre Situation zu verändern. Die (Handlungs-)Spielräume der Kinder sind zudem durch ihre spezifische gesellschaftliche Stellung in der generationellen Ordnung, durch die dadurch bedingte Arbeits-, Funktions- und Ressourcenverteilung, geprägt (Honig 1999). Die Kinder sind hier also in ihrer doppelten Abhängigkeit als Kinder und als Personen zu sehen. Dass Kinderarmut auch Einfluss auf die personale Entwicklung der Kinder hat – dieser Aspekt hat keine Entsprechung in der Armut von Erwachsenen.

Die generationelle Ordnung beinhaltet Vorgaben zur sozialen Lage, zeitlichen Dauer, zu Verlauf und Struktur von Kindheit sowie zur gesellschaftlichen Rolle von Kindern und ihrer Stellung in den verschiedenen Sozialisationsinstanzen. Da diese generationelle Ordnung Kindern in einzelnen Lebensbereichen allenfalls eine abgestufte Autonomie zubilligt bzw. den Zugang zu bestimmten Ressourcen (z.B.: Einkommen, Erwerbsarbeit, Bildung) im generationellen Gefüge „altershierarchisch" regelt, ist dieser Aspekt sowohl bei der Erörterung von Kinderarmut als gesellschaftlichem Problem als auch bei der Betrachtung von individuellen kindlichen Bewältigungsstrategien zu berücksichtigen. Aber auch die Betrachtung der Kinder im Kontext einer generationellen Ordnung vermag die Heterogenität und Differentialität kindlicher Lebenslagen nur teilweise zu erfassen.

Unseres Erachtens lassen sich die komplexen Wechselwirkungen zwischen strukturellen Vorgaben und individuellen Handlungsmöglichkeiten nur in einer zweigleisigen Betrachtungsweise untersuchen, die sowohl die Kinder als handelnde Subjekte als auch ihre gesellschaftlichen Bedingtheiten in den Blick nimmt. Herauszuarbeiten gilt es dabei einerseits die soziale und psychische Eigenwelt der Kinder im Vergleich zu den Erwachsenen; andererseits gilt es auch – bezogen auf Kinder in Armutslagen – zu untersuchen, wie sich ihre mehrfach geprägten Ungleichheitsverhältnisse (so etwa im Vergleich zu nicht-armen Kindern und im Vergleich zu armen Erwachsenen) auswirken. Da Kinder zudem in die gesellschaftliche Geschlechterordnung eingebunden sind, kommt auch die Kategorie Geschlecht dabei zum Tragen und somit die Frage, ob sich Armutsverhältnisse auf Mädchen und Jungen anders auswirken bzw. ob Mädchen und Jungen unterschiedlich damit umgehen.

2.5 Verknüpfung von Elementen der modernen Kindheitsforschung mit Armutsaspekten

Nach diesen grundsätzlichen Vorüberlegungen soll nun die Frage erörtert werden, in welcher Weise wir den Anspruch realisieren wollen, Konzepte der neueren Kindheits- und Armutsforschung zu verbinden. Wir beziehen uns insofern auf die neuere Kindheitsforschung, als die von ihr gewonnenen Informationen zu Kinderalltag und Kinderleben für uns eine substanzielle Erkenntnisquelle darstellen. Wir betrachten die von uns untersuchten benachteiligten Lebenslagen von Kindern in einem Referenzsystem von „Normalität", d.h. die Ergebnisse der modernen Kindheitsforschung dienen uns in gewisser Hinsicht als Kontrastfolie, um Benachteiligungen und Einschränkungen in den verschiedenen Lebenslagedimensionen aufzudecken. Unsere zentrale Fragestellung lautet daher: In welcher Weise und wie weitgehend unterscheiden sich die Lebenssituationen der Kinder, die wir untersuchen, von dem was als gesellschaftliche Norm gilt? Inwiefern weichen die Lebenslagen und Lebensbedingungen benachteiligter Kinder von dem ab, was moderne Kindheit als Chancenstruktur voraussetzt? Darüber hinaus ergibt sich unsere Anschlussfähigkeit insofern, als wir wesentliche Elemente der neuen Kindheitsforschung in unser Forschungskonzept aufgenommen haben. Das betrifft z.B. den Aktualitätsbezug, die Akteursperspektive, den Autonomiegedanken, die Partizipationsfrage.

2.5.1 Aktualitätsbezug – Kinder als Seiende

Die durch die neue Kindheitsforschung angestoßene Verschiebung der Aufmerksamkeit hin zum Hier und Jetzt, zur aktuellen Befindlichkeit des Kindes hat auch für die Armutsforschung Bedeutung, d.h. sie schärft den Blick für die gegenwartsbezogenen Auswirkungen armutsbedingter Einschränkungen. Das Lebenslagekonzept ist ohnehin stärker auf eine Querschnittsbetrachtung hin angelegt – entsprechend ist auch unsere Untersuchung in der zeitlichen Perspektive querschnittsorientiert. Sicherlich blendet die Armutsforschung als solche eine Berücksichtigung von Auswirkungen auf die zukünftige Entwicklung der Kinder nie ganz aus; insofern ist sie nach wie vor der Sozialisationsforschung verbunden. Wir betrachten die von uns untersuchten Kinder jedoch vorrangig in ihrer aktuellen Befindlichkeit, uns interessieren in erster Linie ihre Wahrnehmung und Deutung der Situation, ihre Bewältigungs- und Gestaltungsmöglichkeiten. Die ausschlaggebende Fragestellung für unsere Lebenslageuntersuchung lautet: Wie erleben die Kinder die Situation (d.h. ihre eingeschränkten Handlungsspielräume) im Hier und Jetzt, wie ist es um ihre aktuellen Teilhabechancen, ihre Ressourcenausstattung und ihre Optionen bestellt? Wie gehen sie damit um? Was sind einschränkende/restringierende Strukturen im Kinderleben, was fördernde?

2.5.2 Kinder als soziale Akteure

Die moderne Kinderforschung betont vor allem die Eigenaktivität der Kinder; diesbezüglich geht sie im übrigen auch konform mit den grundsätzlichen Erkenntnissen fast aller Kindheitstheorien (vgl. Bründel/Hurrelmann 1996). Es ist allerdings das Verdienst der neuen Kindheitsforschung, diese Erkenntnis akzentuiert und stärker in die gesellschaftliche Wahrnehmung transportiert zu haben: Kinder werden demzufolge nicht mehr in erster Linie als zu beeinflussende und zu erziehende Wesen angesehen, sondern als Subjekte, die ihrerseits auf ihr unmittelbares soziales Umfeld Einfluss nehmen; sie gestalten selbst bzw. gestalten mit. Dies gilt sowohl für die gesellschaftliche Mikroebene, z.B. die familiäre Alltagsgestaltung oder den Schulalltag, als auch für die gesellschaftliche Makroebene, wo sie als kollektive Akteure auftreten, indem sie Einfluss auf Prozesse des gesellschaftlichen Wandels nehmen (z.B.: auf die Entwicklung von Kinderkultur, Kinderinstitutionen usw.). Die entscheidende Fragestellung ist: Wie weitgehend und in welcher Weise gelingt dies auch Kindern in Armutssituationen? Wie wirken sich eingeschränkte Lebensverhältnisse auf Kinder als soziale Akteure aus? Inwiefern sind „arme Kinder" nicht nur subjektiv von Teilhabechancen ausgeschlossen, sondern gleichzeitig auch eingeschränkt in ihrer Möglichkeit zur Einflussnahme auf gesellschaftliche Prozesse des sozialen Wandels, auf Veränderungsprozesse in ihrem sozialen Umfeld?

2.5.3 Partizipation von Kindern als Anspruch und (Eigen-)Leistung

Die Diskussion um die gesellschaftliche Partizipation von Kindern geht mit der Betonung ihrer sozialen Akteursrolle einher. Dabei ist Partizipation zumindest in einem doppelten Sinne zu verstehen: Zum einen geht es darum, die produktive Eigentätigkeit der Kinder zu sehen und gesellschaftlich zu bewerten; zum anderen sind sie als Mitgestaltende von gesellschaftlicher Realität ernst zu nehmen, indem man ihnen auch entsprechende Partizipationsmöglichkeiten (in unterschiedlichsten Bereichen) einräumt. Dies gilt für den gesellschaftlichen Mikrobereich, d.h. die unmittelbaren kindlichen Lebenswelten (Familie, Schule, Wohnumfeld), ebenso wie für die Makroebene, d.h. das sozialräumliche Umfeld, den Stadtteil, die kommunale Ebene usw. Diesbezüglich sind in der kommunalen Alltagspraxis teilweise auch schon Beteiligungskonzepte entwickelt und unterschiedliche Erfahrungen gesammelt worden. Partizipation wird aber auch im dem Sinne diskutiert, dass Kinder durch ihre produktive Eigentätigkeit einen Beitrag zur gesellschaftlichen Entwicklung leisten, d.h. Kinder sind durch ihre Aneignung von Wissen und Fähigkeiten gesellschaftlich (ökonomisch) produktiv (Wintersberger 1998).

Bezogen auf unsere Untersuchungsgruppe ergeben sich daraus wiederum spezifische Fragestellungen: Was bedeutet das für Kinder in Armutslagen? In welcher Weise sind sie produktiv bzw. anders produktiv als Kinder in materiell abgesicherteren Lebenslagen? Um auf Bourdieu (Bourdieu 1982) zurück zu greifen: Wie vollzieht sich der Erwerb unterschiedlichster „Kapitalformen" durch die Kinder? In welcher Weise ist hierbei kindliche Eigenleistung sichtbar zu machen? Wie vollzieht sich diese Eigenaktivität bei Kindern generell und im Vergleich von Kindern in unterschiedlich ausgestatteten Lebenslagen?

2.5.4 Betonung der Autonomie der Kinder

Das ambivalente Verhältnis von Autonomie und Abhängigkeit in kindlichen Lebenslagen haben wir bereits an anderer Stelle erörtert. Das Konzept einer altersgerechten kindlichen Autonomie ist für uns ein wichtiger Bezugspunkt. Drei Aspekte scheinen uns im Hinblick auf die Autonomie von Kindern, wie sie von der Kindheitsforschung konstruiert bzw. postuliert wird, von zentraler Bedeutung:

1) Kinder sind in unserer *erwerbs- und geldorientierten Gesellschaft* weitgehend von der materiellen Lebenslage der Familie abhängig; dies könnte zwar durch eine entsprechende sozialpolitische Regelung (siehe Diskussionen um Grundsicherung/Grundeinkommen, z.B.: Olk/Mierendorff 1998) entschärft werden. Ganz aufgehoben würde die in dieser Hinsicht „abhängige" Position des Kindes in der generationellen Ordnung, vor allem bezogen auf die Sozialisationsinstanz Familie wohl nie. Das hängt – jedenfalls im Säuglings- und Kleinkindalter – zweifellos auch mit seiner reproduktiven Abhängigkeit zusammen. Sofern die materiellen Ausgangsbedingungen den Zugang zu unterschiedlichsten Ressourcen regeln und auch andere (Handlungs-)Spielräume beeinflussen, ist immer ein gewisser Grad der Abhängigkeit von Kindern gegenüber Erwachsenen vorgegeben.
2) Die Betonung von kindlicher Autonomie meint aber auch den Aspekt von selbstbestimmter Persönlichkeitsentwicklung: selbst wenn im materiellen Sinne Kinder (alters- und kompetenzmäßig abgestuft) auf Erwachsene verwiesen bleiben, sind sie im Hinblick auf ihre personale Entwicklung als eigenständige Subjekte zu betrachten. Allerdings sind sie auch hierbei auf das Wechselspiel von gedeihlicher Förderung und (zugestandenen) Autonomiespielräumen angewiesen; dies gilt für alle Kinder. In unserem Kontext wird zu fragen sein, inwiefern Kinder in Armutslagen materiell und immateriell besondere Beschränkungen in ihrer selbstbestimmten Entwicklung erfahren (vgl. Leu 1996).
3) Im Kontext von Armutsbedingungen bekommt der Aspekt der materiellen Abhängigkeit von Kindern – bedingt durch gesellschaftliche Strukturen und der darin eingelagerten generationellen Ordnung – eine besondere Brisanz, weil sie eine negative Abhängigkeit ist, d.h. Kinder sind auf etwas angewiesen (Zugang zu bestimmten Ressourcen), das die für sie zuständigen Erwachsenen ihnen gar nicht zur Verfügung stellen können. Dies gilt nicht nur für materielle, sondern teilweise auch für immaterielle Güter. Dabei ist sicherlich zu beachten, dass das Vorhandensein von sozialen und kulturellen Ressourcen sowie Kompetenzen nicht mit der materiellen Ausstattung und finanziellen Lage zusammenfallen muss, gleichwohl gibt es häufig Entsprechungen. Hierzu lautet die sicherlich nicht einfach zu beantwortende Frage: Welche Auswirkung kann die materielle Notlage auf die Fähigkeit und Möglichkeit des Kindes, seine Autonomie zu entwickeln, haben?

2.6 Kindliche Lebenslage – Übertragung eines Konzeptes

2.6.1 Lebenslage als Lebensgesamtchance

Ausgehend von den bisher erörterten Aspekten haben wir uns in unserer Kinderarmutsstudie konzeptionell von folgenden Überlegungen leiten lassen:
- wir wollen die Auswirkungen von Armut auf die betroffenen Kinder in einer ganzheitlichen Perspektive untersuchen (nicht nur einzelne Erscheinungsformen),
- wir möchten uns mit der komplexen Frage der Wechselwirkungen auseinandersetzen, die Einschränkungen in den verschiedenen Lebenslagebereichen zur Folge haben,
- dabei interessiert uns insbesondere das Wechselwirkungsgefüge zwischen strukturellen Vorgaben und individuell realisierbaren Handlungskonzepten und Bewältigungsstrategien,
- als zeitliche Dimension steht für uns die Befindlichkeit der Kinder im Hier und Jetzt im Vordergrund (Querschnittsperspektive),
- insgesamt geht es uns darum, die „qualitativen Auswirkungen" von Armutserscheinungen auf die Kinder in ihren verschiedenen Lebenswelten (Familie, Schule, Wohnumwelt, Peer-Group) zu erfassen.

Von den vorliegenden Konzepten der Armutsforschung entsprach daher nur das Lebenslage-Konzept diesen Anforderungen; dies wird in unseren folgenden Darlegungen deutlich. Allerdings ist dieses Konzept bislang nicht auf eine spezifische Altersgruppe – insbesondere nicht auf Kinder – angewandt worden. Wir haben uns daher vorgenommen zu überprüfen, inwiefern sich das Konzept der Lebenslage – auf das in der deutschen Armutsforschung der letzten Jahre immer wieder Bezug genommen wird – auf die Lebenssituation von Kindern übertragen lässt. Wirft die Anwendung des Lebenslagekonzeptes in der Armutsforschung hinsichtlich seiner Operationalisierung generell viele offene Fragen auf, so gilt dies um so mehr für seine Übertragung auf die Zielgruppe der Kinder.

Das Weissersche Konzept der Lebenslage ist als zentrales Konstrukt für die Entfaltung einer sozialpolitischen Theorie entwickelt worden. Weisser hat Sozialpolitik als Gesellschaftspolitik im umfassenden Sinne verstanden, d.h. ihren gestalterischen Auftrag betont und diesen mit dem Ziel der Verringerung von sozialer Ungleichheit verbunden (Andretta 1991: 76). Es war nicht in erster Linie seine Absicht, ein Konzept zur wissenschaftlichen Erforschung von Lebenslagen vorzulegen. Seine Intention war es, Kriterien für eine sozialpolitische Handlungsorientierung zu entwickeln, die auf eine Überwindung bzw. Minderung von sozialer Ungleichheit abzielt. Die Schwierigkeiten und

Probleme, die sich bei der Adaption des Weisserschen Konzeptes in der sozialwissenschaftlichen Forschungspraxis ergeben, scheinen uns vor allem in dieser konzeptionellen Handlungsorientierung auf die Sozialpolitik sowie in theoretischen Unklarheiten und methodischen Problemen begründet zu sein. (vgl. Hanesch u.a. 1994: 25, Glatzer/Hübinger 1990). Wir werden uns daher auf die Weiterentwicklungen dieses Konzeptes beziehen, so z.B. auf Ingeborg Nahnsen (1970), aber auch auf die neuere Lebenslagediskussion.

In der Absicht, das Weissersche Lebenslagekonzept für die sozialwissenschaftliche Forschung wieder aufzugreifen und operationalisierbar zu machen, hat Ingeborg Nahnsen eine entscheidende Weiterentwicklung dieses Konzeptes vorgenommen (Andretta 1991: 76ff., Nahnsen 1970). Bei prinzipieller Konzepttreue hat sie versucht, *„die methodischen Voraussetzungen für eine praktische Anwendbarkeit des Lebenslagekonzeptes"* zu schaffen. Nahnsen hatte dabei keine spezifische Zielgruppe im Blick, sondern generell die menschlichen Individuen in ihrer Zugehörigkeit zu einer jeweils konkreten historischen gesellschaftlichen Formation. Auch Nahnsen orientiert ihr Konzept sehr stark auf sozialpolitische Zielsetzungen hin[10].

Wie Weisser geht auch Nahnsen davon aus, dass sich das Konzept der Lebenslage an der Erfüllung von menschlichen *„Grundanliegen"* als gesellschaftlichem Ziel orientiert, d.h. an der Realisierung von grundlegenden menschlichen Interessen. In diesem Sinne versteht Nahnsen *„Lebenslage als Lebensgesamtchance"* der Individuen. Die individuelle Interessenentfaltung und -realisierung wird durch die quantitative und qualitative Beschaffenheit und Ausgestaltung verschiedener Lebenslagebereiche – wie Versorgung, soziale Kontakte, Bildung, Regeneration und Partizipation – abgesteckt, d.h. die (Handlungs-)Spielräume der Subjekte werden dadurch vorstrukturiert. Allerdings sind dabei die verschiedenen Lebenslagebereiche und die jeweils gegebenen Spielräume in ihren Wechselbeziehungen, d.h. in ihrem interaktiven Zusammenwirken, zu betrachten.

So verstanden, kann das Lebenslagekonzept zur Analyse der je individuellen Lebensgesamtchance der untersuchten Subjekte und ihrer Handlungsmöglichkeiten benutzt werden, wobei die unterschiedliche Ausgestaltung verschiedener Spielräume Berücksichtigung findet. Gleichzeitig handelt es sich jedoch um ein Analysekonzept, das die gesamtgesellschaftliche Ebene mit in den Blick nimmt. Indem es auch die strukturellen gesellschaftlichen Bedingungen beachtet, die die Lebenslage eines Individuums, einer sozialen Gruppe oder Klasse entscheidend prägen, stellt es prinzipiell die Verbindung der beiden Ebenen her. Auf der gesellschaftlichen Makroebene ist so von einer Vielfalt von Lebenslagen auszugehen, woraus sich verschiedene Lebenslagetypen ableiten lassen. Die Lebenslage „Armut" kann so als das Zusammen-

---

10 Diese Tradition der sozialpolitischen Orientierung findet auch in der aktuellen Lebenslagen- und Armutsforschung ihre Fortsetzung: siehe z.B. Lompe, Andretta, Hanesch u.a.

wirken von spezifisch restringierten Spielräumen verstanden werden, die sich als solche wiederum in einer Vielfalt präsentieren, die ihrerseits einer Typisierung zugänglich ist.

Mit anderen Worten: In der Armutsforschung geht es darum, sich mit der armutsspezifischen *Restringiertheit der Spielräume* auseinander zu setzen, ihr interdependentes Zusammenwirken zu berücksichtigen. Dies ist auch das Anliegen, das wir mit unserer Studie verfolgen. Den Ausgangspunkt hierfür bilden 14 Fallstudien von Kindern in von Armut und sozialer Benachteiligung geprägten Lebenslagen. Diesbezüglich lauten unsere erkenntnisleitenden Fragestellungen:

- Wie weitgehend erlauben die gesellschaftlichen Umstände, d.h. die strukturellen Rahmenbedingungen (Konstellationen der Spielräume) dem Kind die Entfaltung und Befriedigung seiner (lebens-)wichtigen Interessen? (Verbindung der Makro- und Mikro-Perspektive)
- In welchem Maße sind die Bedingungen zur Entfaltung und Realisation der „Grundanliegen" in den Lebensumständen der Kinder jeweils realisiert?
- Auf welche Interessenerfüllung muss aufgrund äußerer Umstände verzichtet werden?

Die Frage nach der Spezifik in den Lebenslagen von Kindern wird in dem von Weisser und Nahnsen entwickelten Lebenslagekonzept jedoch nicht berücksichtigt; daher werden wir im Folgenden zu klären haben, ob eine Übertragung dieses Konzeptes auf kindliche Lebenslagen möglich ist, bzw. welche Modifikationen in diesem Fall erforderlich wären.

2.6.2 *Lebenslage, Spielräume und Grundbedürfnisse der Kinder*

Den eigentlichen Ausgangspunkt für ihre Überlegungen zur Operationalisierung des Lebenslagekonzeptes in der Forschung bildet folgende Grundhypothese von Nahnsen:

„Die Entfaltung und Erfüllung wichtiger Interessen ist umso wahrscheinlicher, je mehr reale Alternativen der Lebenslagengestaltung dem Einzelnen bekannt und zugänglich sind" (Nahnsen zit. n. Andretta 1991: 91).

Erkenntnisleitend ist somit die Fragestellung nach den *Bedingungen für die Entfaltung und Realisation „wichtiger Interessen" bzw. der Grundanliegen der Individuen*. Diese Bedingungen lassen sich konkreter anhand von fünf unterschiedlichen Spielräumen untersuchen, deren Größe (Niveau) und Beschaffenheit (Struktur) die Gesamtlebenslage charakterisieren. Es handelt sich dabei um folgende Spielräume (Krieger/Schläfke 1987, 98):

1) *den Einkommens- und Versorgungsspielraum*, d.h. den Grad möglicher materieller Versorgung und Verfügbarkeit materieller Güter (auch unter Berücksichtigung des lebenszeitgemäßen Ablaufes der Verfügbarkeit);
2) *den Lern- und Erfahrungsspielraum*, d.h. das Maß der Entwicklung von Denk- und Bildungsmöglichkeiten, von Vorstellung und Phantasie, auch der lebensabschnittgerechten Verfügbarkeit von Kenntnissen und Verhaltensmöglichkeiten;
3) *den Kontakt- und Kooperationsspielraum*, d.h. das Maß sozialer Kontakte und Kooperation mit anderen, auch hinsichtlich ihrer Dauerhaftigkeit;
4) *den Regenerations- und Mußespielraum,* d.h. das Maß notwendiger Regeneration und möglicher Muße, um sich auf wichtige Interessen besinnen zu können;
5) *den Dispositions- und Entscheidungsspielraum,* d.h. das Maß des möglichen eigenen Einflusses auf die Lebenssituation und Lebensgestaltung sowie die relevanten gesellschaftlichen Prozesse.

Mit der Formulierung dieser, die Lebenslage konstituierenden Spielräume hat Nahnsen ein Konzept vorgelegt, das sich u.E. vor allem für die qualitative sozialwissenschaftliche Forschung eignet, um konkretere Aussagen über die Beschaffenheit von restringierten Lebenslagen zu machen. Deshalb haben wir uns in der Anlage unseres Forschungsvorhabens und insbesondere bei der Auswertung unserer Fallstudien an dem Spielräumekonzept orientiert. Allerdings konnten wir dieses Konstrukt nur unter dem Vorbehalt in unser Forschungskonzept integrieren, dass es sich auf die Lebenslage von Kindern übertragen lässt.

Das von Nahnsen entwickelte Spielräumekonzept hat in der qualitativen Armutsforschung der letzten Jahre noch eine weitergehende Konkretisierung erfahren. Krieger u.a. (in: Lompe 1987) haben eine Reihe von Variablen zusammengestellt, anhand derer die fünf Spielräume differenzierter betrachtet und untersucht werden können. Allerdings sind diese Variablen – die als *differenzierte Bedingungskomplexe der Lebenslage* angesehen werden können – wiederum weitgehend im Hinblick auf die Lebenslage von Erwachsenen, allenfalls von Jugendlichen, formuliert worden. Will man das Spielräumekonzept auf die Lebenssituation von Kindern übertragen, so gilt es zunächst zu klären, was wir unter „*Grundanliegen*" und „*wichtigen Interessen*" der Kinder – ihrer jeweiligen Alters- und Entwicklungsstufe entsprechend – zu verstehen haben. Dabei möchten wir die von Weisser und Nahnsen in Anlehnung an eine anthropologische Sichtweise benutzte Begrifflichkeit von „*menschlichen Grundanliegen*" und „*grundlegenden menschlichen Interessen*" durch eine Semantik ersetzen, die sich an gegenwärtigen sozialisationstheoretischen Diskursen orientiert, d.h. an der grundsätzlichen Fragestellung: Wie können kindliche Grundbedürfnisse definiert werden? Was braucht ein Kind, um sich wohl zu fühlen? Was sind gedeihliche Bedingungen für das Aufwachsen von Kindern?

Da es sich dabei um Begrifflichkeiten handelt, die nicht in ein ausformuliertes theoretisches Konzept eingebunden sind, bedarf es zunächst einiger Klärungen. So wie wir das Lebenslagekonzept verstehen, sind damit nicht nur die Grundbedürfnisse von Kindern im Sinne von überlebenswichtigen Ressourcen gemeint. Vielmehr ist auch im Hinblick auf die Kinder davon auszugehen, dass damit physische, psychische, soziale und kulturelle Bedürfnisbefriedigung gemeint ist, wobei es zwischen diesen Kategorien keine trennscharfen Abgrenzungen, sondern viele Überlappungen geben dürfte. Dabei gehen wir von einem Grundverständnis aus, das kindliche Grundbedürfnisse als historisch und kulturell geprägt begreift. In der Regel vermischen sich bei den Bedürfnis-Modellen deskriptive mit normativen und präskriptiven Vorstellungen (Woodhead 1990 und 1997). In diesem Sinne werden kindliche (Grund-)Bedürfnissen (needs) in sozialpädagogischer Perspektive wohl im Kontext von Kindeswohl (child welfare) oder von gelingender Entwicklung (optimal development) diskutiert; auf politischer Ebene mischen sich diese Vorstellungen mit der Formulierung von Kinderrechten (siehe: UN-Kinderrechtskonvention 1989).

Bei der Bezugnahme auf kindliche Grundbedürfnisse gilt es also einerseits zwischen unterschiedlichen Arten von Bedürfnissen zu unterscheiden und andererseits wäre auch zu fragen, aus welcher Perspektive sie formuliert werden bzw. wer sie definiert. Zu fragen ist, in welcher Weise in die Formulierung z.B. pädagogische Vorstellungen einfließen und damit kindliche Bedürfnisse aus der Perspektive von Erwachsenen vorgegeben werden. Auch hier gilt es zumindest die Frage aufzuwerfen, in welcher Weise sich die formulierten Bedürfnisse auf die Befindlichkeit der Kinder im Hier und Jetzt bzw. auf deren Entwicklungsperspektive beziehen. Dieses Grunddilemma kann nur und wird in der Regel wohl auch in einer sinnvollen Verbindung der Perspektiven gelöst.

Aber wenden wir uns den inhaltlichen Aspekten und damit der Frage zu, in welcher Weise derzeit in der Bundesrepublik in der sozialpädagogischen und sozialpolitischen Fachdiskussion inhaltlich auf kindliche Grundbedürfnisse Bezug genommen wird. Hierfür bieten sich zumindest zwei Diskussionsstränge als Anknüpfungspunkte an:

- die Diskussion um das „Kindeswohl", wie sie bezogen auf das KJHG geführt worden ist,
- und die Erörterung von Kinderrechten bezogen auf die UN-Kinderrechtskonvention.

In der Diskussion um das KJHG ist verschiedentlich der Versuch unternommen worden, eine aktualisierte Formulierung kindlicher Grundbedürfnisse sowie angemessener Bedingungen für eine gelingende Sozialisation vorzunehmen. Es handelt sich dabei um Definitionsversuche auf der Basis sozialpädagogischer bzw. human- wie sozialwissenschaftlicher Erkenntnisse. Die Bezugnahme auf die fachöffentliche Auseinandersetzung um das „Kindeswohl" bietet sich auch insofern an, als dieses Konzept viele Entsprechungen zum Lebenslagekonzept aufweist. Ausgehend vom Begriff des „Kindeswohls" haben wir es mit einem vergleichbar komplexen begrifflichen Konstrukt wie mit dem der Lebenslage zu tun. Wenn wir uns in den folgenden Ausführungen vor allem auf Seithe (2001) beziehen, so weil sie den aktuellen Stand der Diskussion wiedergibt. Wenn Seithe das „Kindeswohl" als „*Gesamtheit der erforderlichen Sozialisationsbedingungen*" (Seithe 2001: 81ff.) definiert, so kann darin durchaus eine Entsprechung zur Definition der Lebenslage als „Gesamtlebenschance" gesehen werden.

In ihrer Kritik folgen möchten wir Seithe, wenn sie in Anlehnung an die Kindeswohlbestimmung des BGB die Unterscheidung von drei Ebenen: des körperlichen, geistigen und seelischen (sozialen, emotionalen) Wohls des Kindes[11] als eher einem Alltagsverständnis geschuldet sieht denn einer sozialwissenschaftlichen Erkenntnis. Uns erscheint die von Seithe (in Anlehnung an Harnach-Beck 1997) vorgenommene Ausformulierung einer Vielzahl von Merkmalen, die sich mit den Leitbildern einer „guten Kindheit" verbinden, für unser Vorhaben, das Spielräumekonzept von Nahnsen im Hinblick auf die Lebenslage von Kindern inhaltlich zu füllen, hilfreich und sie kann insofern als Bezugspunkt dienen.

Dabei handelt es sich um einen sehr umfangreichen Katalog, mit dem die Bedingungen für ein gedeihliches Aufwachsen bzw. Kinderleben formuliert werden. Diese reichen von guter Ernährung, ausreichender körperlicher Pflege, angemessener Kleidung, geschütztem Wohnraum, Platz für Spiel und Bewegung, ausreichender medizinischer Versorgung, Anleitung zur Körperpflege über förderliche Bedingungen für Aneignungs-, Lern- und Erfahrungsprozesse, strukturierte Alltagsbedingungen, Interesse an der geistigen Entwicklung des Kindes bis hin zur Förderung von sozialen Beziehungen, einer förderlichen Eltern-Kindbeziehung, sowie Verlässlichkeit und Sicherheit und was sonst noch für das Wohlbefinden sowie die Entwicklung des Kindes insgesamt förderlich sein mag. Seithe weist ihrerseits darauf hin, dass diese Aufstellung um weitere Aspekte ergänzt werden könnte. Unseres Erachtens geht es an der Stelle auch nicht um Vollständigkeit, sondern um eine Skizzierung dessen, was in der Fachdiskussion um das „Kindeswohl" gemeinhin als Merkmale angemessener Sozialisationsbedingungen angesehen werden[12].

---

11 Die Unschärfe in der Abgrenzung ist der Komplexität der Faktoren und ihres Zusammenspiels geschuldet. Überschneidungen sind kaum vermeidbar.
12 Einzelne Aspekte wie z.B. die „*Konstanz der Elternbeziehungen*" sind u.E. durchaus diskussionsbedürftig, da die Pluralisierung der Familienformen zu einer allgemeinen Tendenz der heutigen Differenzierung der Lebensformen gehört. Das „*Verschwinden des Vaters aus dem Leben des Kindes*" kommt bei unseren Kindern nicht selten vor und gehört manchmal zu den Faktoren materieller, emotionaler und sozialer Benachteiligung.

Damit erscheint uns eine sicherlich auch normative Festlegung vorgegeben zu sein, die als Bezugspunkt für eine wünschenswerte Normalität kindlichen Aufwachsens gelten kann. Dazu im Kontrast heben sich dann teilweise die realen Lebenslagen der von uns untersuchten Kinder ab und werden so die Bedingungen deutlich, die kindlichen Alltag und kindliches Erleben infolge von Armutslagen beeinträchtigen und qualitativ beschränken können.

Allerdings werden dabei – in einer eher traditionellen sozialisationstheoretischen Orientierung – die Anforderungen an das Aufwachsen von Kindern in einer anwaltlichen und aus einer „Wächter"-Perspektive (des Staates bzw. der Jugendhilfe) formuliert. Dabei geht es in erster Linie um die strukturellen Bedingungen des Aufwachsens, die die Gesellschaft gewährleisten soll. Der Jugendhilfe obliegt gleichsam der disziplinäre Auftrag, diese unterschiedlichen Ebenen kindlicher Lebensbedingungen in ihrem Zusammenspiel (wissenschaftlich) zu beobachten und sie auch anwaltlich „anstelle" der Kinder zu vertreten. Das Wächteramt bezieht sich insofern auf eine Relativierung des Elternrechts (Art 6 GG) durch die Gesellschaft, den Staat. Die kindliche Eigenaktivität und sein Anspruch auf Autonomie und Partizipation wird eher vernachlässigt, in diesem Sinne erscheint uns das Konzept grundsätzlich korrekturbedürftig. Uns erscheint das Konzept des „Kindeswohls" in zweierlei Hinsicht als ungenügend bzw. unangemessen: zum einen fehlt uns die partizipatorische Dimension, die wir für eine zentrale Kategorie angemessener Sozialisationsbedingungen halten. Kinder haben ein Recht auf Anerkennung (ihrer sich entfaltenden Persönlichkeit), d.h. ein Recht auf Anerkennung ihrer Autonomie und Selbstbestimmungsmöglichkeiten. Insofern möchten wir auf die im Kontext der UN-Konvention geführte Debatte um Kinderrechte verweisen und auf die damit vorgenommene Fokussierung des Partizipationsaspektes. Deshalb wäre es wohl auch angemessener statt auf den Begriff des „Kindeswohls" auf den in der UN-Charta geprägten Begriff *„im besten Interesse des Kindes"* („the best interest of the child") zu rekurrieren; dieser hat sich in der bundesdeutschen Fachdebatte bisher wenig etabliert (Hurrelmann 2001)[13]. Er könnte aber mit einer aktualisierten Idee von „grundlegenden Interessen" oder „Grundanliegen" von Kindern korrespondieren, die im Lebenslagekonzept angelegt ist. Zum anderen kommt uns bei der in der Fachdiskussion vorgenommenen Formulierung des „Kindeswohls" die Perspektive der Kinder zu kurz, d.h. bei der Definition der Merkmale überwiegt die Sicht der Erwachsenen. Hier tut sich ein Dilemma auf, das uns auch bei der Auswertung unseres

---

13 Die allgemeine Diskussion über Kinderpolitik und Kinderrechte in Deutschland ist überaus unübersichtlich. Aus der Sozialisationsperspektive der Kindheitstheorie ergibt sich eher ein Kindheitsbild, das sich an Schutz und Sorge orientiert; aus der Akteursperspektive der Kindheitstheorie eher eine Position, die stärker Rechte der Kinder auf Menschen- und Bürgerrechte einfordert. Die Kinderrechtsposition wird zwar häufig propagiert, ist aber konzeptuell nicht ausgestaltet und nicht theoretisch fundiert. Sünker/Swiederek schlagen als Grundlage dafür den Bildungsbegriff vor, als Desiderat stehe die Frage nach den sozialen Bedingungen von Bildung in der modernen Gesellschaft an (1997: 185).

Materials, d.h. bei der Analyse der Spielräume weiter begleiten wird und das sich insgesamt als zentrales Thema von Kindheitsforschung darstellt. Die entscheidende Frage ist dabei: Wie ernst meinen wir es mit der Perspektive der Kinder? Wie weitgehend können wir diese nachvollziehen? Wo weichen wir – mit welchen Begründungen – von dieser Perspektive ab? Diese Fragen wollen wir einerseits im Rahmen der materialen Analyse in Kapitel 4 anhand der kindlichen Interessen- und Bedürfnisaussagen, zum anderen in Kapitel 5 auf einer allgemeineren Ebene aufgreifen.

2.6.3 Übertragung des Spielräumekonzeptes auf Kinder

Im nächsten Schritt wollen wir eine Übertragung des Spielräumekonzeptes auf die Lebenslage von Kindern vornehmen. Entscheidend für die Orientierung am Lebenslage-Konzept ist für uns die Erkenntnis, dass alle Dimensionen von Lebenslage, die für Erwachsene eine Rolle spielen, auch für die Kinder eine eigenständige Bedeutung haben. Zu beachten ist dabei allerdings, dass die verschiedenen Dimensionen – wie z.B. der Lern- und Erfahrungsspielraum oder der Muße- und Regenerationsspielraum – aus der Wahrnehmung und Perspektive der Kinder andere Ausprägungen haben und teilweise auch eine andere Gewichtung erfahren.

Wie schon erörtert, geht es bei der Frage nach den Grundbedürfnissen und lebenswichtigen Interessen der Kinder darum, ob und inwieweit die für das Wohlbefinden des Kindes (im Hier und Jetzt) sowie die für seine Entfaltung und Entwicklung benötigten Ressourcen bzw. Bedingungen vorhanden sind. Inhaltlich orientieren wir uns dabei an der dargelegten Diskussion über das „Kindeswohl" und an der internationalen Auseinandersetzung über Kinderrechte bzw. an der Erörterung von „childrens' needs" wie sie von Woodhead (1997) im Kontext von Kindheitsforschung geführt worden ist.

Bei der Übertragung des Lebenslage-Konzeptes auf Kinder sind des weiteren folgende grundsätzlichen Aspekte zu beachten:

- Die bislang im Hinblick auf die Erwachsenen berücksichtigten Dimensionen (d.h.: Einkommen, Arbeit, Wohnen, Bildung, Gesundheit, soziokulturelle Teilhabe) sind für Kinder zum Teil nur indirekt (im Sinne von Bronfenbrenners Exo-Ebene relevant (Bronfenbrenner 1981).[14]
- Den einzelnen Dimensionen kommt aus der Kinderperspektive teilweise sicherlich eine andere Bedeutung zu – auch in ihrer Rangfolge.
- Die Unterscheidung zwischen direkter und indirekter Betroffenheit (z.B.

---

14 Der Bereich Arbeit, der für Kinder in unserem Alter völlig ausfällt, bekommt seinen Stellenwert indirekt. Kinder sind von der Erwerbslosigkeit der Eltern sowie deren Folgen ebenfalls betroffen, die elterliche Bewältigung wirkt sich auf die elterliche Partnerbeziehung, auf die Eltern-Kind-Beziehung, auf die Ermöglichungs- und Motivationsleistungen der Eltern in Bezug auf kindliche Lern- und Aneignungsprozesse aus.

elterliche Bewältigung von Erwerbslosigkeit) ist für die Analyse der Lebenslage von Kindern ausschlaggebend.
- Die von Nahnsen formulierten Spielräume sind aus der Perspektive von Kindern in ihrer Konvergenz und Divergenz zu den elterlichen Spielräumen zu sehen.

Im Folgenden versuchen wir – auf der Basis der oben angerissenen Diskussionsstränge – eine Übertragung des von Krieger u.a. (in: Lompe 1987) entwickelten Variablen-Tableaus auf die Lebenslage unserer Zielgruppe, d.h. von Kindern im Grundschulalter vorzunehmen. Dabei ordnen wir konkrete Dimensionen kindlicher Grundbedürfnisse und Bedingungskomplexe kindlicher Sozialisation den verschiedenen Spielräumeebenen des Lebenslagenkonzeptes zu. Die tabellarische Übersicht auf Seite 62 soll die von Nahnsen vorgenommene Konzeptualisierung der Spielräume aus der Perspektive von Kindern abbilden, wobei die vorgenommene Konkretisierung unseren Schwerpunkten in der Auswertung der Kinderinterviews entspricht.

Mit Rücksicht auf die Operationalisierbarkeit unseres Vorhabens mussten wir uns bei der Erhebung und Auswertung unseres empirischen Materials auf eine begrenzte Anzahl von Aspekten beschränken, anhand derer wir die Beschaffenheit der kindlichen Spielräume (= Dimensionen der Lebenslage) analysieren. In unserem Untersuchungs- und Auswertungsraster konzentrieren wir uns auf folgende Fragestellungen:

1. Einkommens- und Versorgungsspielraum

- Inwieweit ist die Versorgung der materiellen Grundbedürfnisse (Ernährung, Kleidung, Wohnen, Gesundheit und Umgang mit Taschengeld) der Kinder gesichert?
- Ist diese Sicherstellung dauerhaft gewährleistet bzw. wie lange schon sind diesbezüglich Defizite hinzunehmen?
- Wo sehen die Eltern, wo die Kinder Defizite?
- Welche Belastungen resultieren für die Eltern einerseits und die Kinder andererseits aus diesbezüglichen Einschränkungen?

Da die Versorgung mit materiellen Gütern weitgehend über das familiäre Einkommen gewährleistet wird, ist dieser Aspekt auch entsprechend zu berücksichtigen, d.h. der Einkommens- und Versorgungsspielraum des Kindes ist in seiner Abhängigkeit von der familiären Lebenslage zu betrachten.

2. Lern- und Erfahrungsspielraum

- Inwiefern werden die Lern- und Erfahrungsmöglichkeiten des Kindes durch die materiellen und immateriellen Dimensionen seiner (von den Eltern zu unterscheidenden) Lebenslage strukturiert? In der Familie und seiner außerhäuslichen Lebenswelt? In der Schule?
- Welche Erfahrungsräume sind dem Kind zugänglich bzw. im Vergleich zu anderen verschlossen? (Aktionsräume)
- Welche kulturellen Muster werden ihm vermittelt? Hat es Zugang zu kinderkulturellen Normalstandards?

Auf dieser Spielraumebene geht es um die Qualität und Struktur von Lern- und Aneignungsmöglichkeiten, die für die Kinder in ihrer aktuellen Lebensphase, d.h. in ihrem Alltag, eine zentrale Bedeutung haben. Sie eignen sich dabei jenes soziale und kulturelle Kapital an, das auch für ihre spätere Entwicklung prägend sein wird.

3. Kontakt- und Kooperationsspielraum

- Inwiefern profitiert das Kind vom familiären sozialen Netz?
- Wie gestalten sich die sozialen Beziehungen des Kindes in seiner Lebenswelt (in: Schule, Familie, Wohnumfeld usw.)?
- Inwiefern werden seine sozialen Kontakte – vor allem zu Gleichaltrigen – durch die materielle Lebenslage der Familie beeinflusst?
- Wo bieten sich dem Kind Möglichkeiten zu stabilen sozialen Kontakten bzw. wird es dabei behindert oder unterstützt?
- Macht das Kind soziale Ausgrenzungs- und Diskriminierungserfahrungen?

Der Bereich der sozialen Kontakte und Kooperationsmöglichkeiten ist ein weites Feld und würde sicherlich genügend Stoff für eine eigenständige Untersuchung bieten. In unserem Kontext können wir diesen Aspekt daher nur bezogen auf unsere engere Fragestellung berücksichtigen. Uns interessiert vor allem, inwiefern die materiellen Rahmenbedingungen unserer Kinder ihre soziale Integration beeinträchtigen.

Das Spielraum-Konzept von Nahnsen übertragen auf Kinder

1. Einkommens- und Versorgungsspielraum
a) innerfamiliäre Ressourcenaufteilung bezogen auf die Grundversorgung (Ernährung, Kleidung, Wohnen)
b) Taschengeld für Kinder, verfügbares Geld
c) Kindliche Wahrnehmung des Einkommensspielraumes der Familie

2. Lern- und Erfahrungsspielraum
a) allgemeine und spezifische Anregung bzw. Förderung des Kindes durch Eltern und Umfeld/Netzwerk,
b) außerschulische Freizeitaktivitäten (wie z.B. Musikschule, Sport, kulturelle Angebote u.a.)
c) räumlicher Aktionsradius und sozialräumlicher Erfahrungsraum
d) Schule als bildungsmäßiges Lern- und Erfahrungsfeld
e) Schule als sozialer Erfahrungsraum

3. Kontakt- und Kooperationsspielraum
a) familiäres soziales Netzwerk
b) kindliches Netzwerk (v.a. zu Gleichaltrigen in Schule, Nachbarschaft)
c) soziale Teilhabemöglichkeiten (Schulfahrten, Geburtstage, Einschränkungen durch die Eltern u.a.)
d) Nutzungsmöglichkeiten von sozialer Infrastruktur (z.B. öffentliche oder private Angebote für Kinder und Jugendliche, Vereine)
e) Spiel- und Freizeitmöglichkeiten (kann auch zu anderen Spielräumen zugeordnet werden)

4. Regenerations- und Mußespielraum
a) Wohnumfeld und Wohnsituation (Überschneidung mit Punkt 1)
b) Freizeitaktivitäten (z.B. Ausflüge, Sport, freie Zeit zum Spielen)
d) Alltagsstrukturen (Entlastungen/Belastungen)
e) familiäres Klima und Qualität der Eltern-Kind-Beziehungen
f) besondere familiäre Belastungen

5. Dispositions- und Entscheidungsspielraum
a) inwiefern sind Kinder an der Ausgestaltung der sie betreffenden Dimensionen von Lebenslage beteiligt? (bezüglich Kleidung, Nahrung, Freizeitgestaltung, soziale Kontakte u.a.m.)
b) welche Wahlmöglichkeiten haben Kinder? (z.B. was sie tun möchten, was sie interessieren würde).

4. Muße- und Regenerationsspielraum

- Welche Spiel- und Regenerationsmöglichkeiten hat das Kind in der Familie und in seinem Wohnumfeld?
- Über welche Möglichkeiten der Freizeitgestaltung verfügt es? (in: Familie, Wohnumfeld, im Zugang zu sozialer Infrastruktur) Gibt es gemeinsame Muße und Regeneration? (z.B.: Urlaub)
- Wie gestaltet sich der kindliche Alltag und wie sind seine familialen Umweltbedingungen? (z.B.: seine Alltagsstrukturen, auch in bezug auf die kindliche Gesundheit)
- Wie wirkt sich das familiäre Klima auf die Muße- und Regenerationsmöglichkeit des Kindes aus?

Muße und Regeneration stellen ein wichtiges Bedürfnis von Kindern dar. Auch Kinder haben in ihrem Alltag durch die von ihnen zu bewältigenden Lern- und Entwicklungsaufgaben (z.B. in der Schule, aber nicht nur dort) erhebliche Belastungen zu tragen. Die Frage nach Entspannungs- und Ruhemöglichkeiten ist daher auch aus ihrer Perspektive relevant.

5. Entscheidungs- und Dispositionsspielraum

- Inwieweit hat das Kind Einflussmöglichkeiten auf seine Alltagsgestaltung?
- Welchen Einfluss hat es auf seine materielle Versorgung? Welche Optionen stehen ihm offen?
- Welche Möglichkeiten hat es, seine Erfahrungs- und Lernmöglichkeiten seinen Neigungen und Fähigkeiten entsprechend zu beeinflussen?
- Ist es in der Lage seine sozialen Kontakte – vor allem zu Gleichaltrigen – seinen Wünschen entsprechend zu gestalten?
- Hat es Wahlmöglichkeiten in seiner Freizeitgestaltung, in seiner Muße und Regeneration?

Der Dispositions- und Entscheidungsspielraum kann aus der Kinderperspektive als Möglichkeit interpretiert werden, inwiefern diese die eigenen Interessen und Wahlmöglichkeiten – auch gegenüber Erwachsenen – zu verfolgen in der Lage sind. Angesprochen ist damit die grundsätzliche Frage nach kindlicher Autonomie sowie nach Partizipations- und Gestaltungsmöglichkeiten von Kindern. Hierbei geht es uns unter anderem um eine zusammenfassende Sicht auf die anderen vier Spielräume, unter Berücksichtigung der Fragestellung: Welche Dispositionsspielräume haben die Kinder? Da wir es mit Kindern zu tun haben, deren Lebenslage von der spezifischen Lebenslage der Eltern mit geprägt wird, muss dies in die Betrachtung mit einbezogen werden. Wir werden also auf den verschiedenen Spielraum-Ebenen darzustellen haben, in welcher Weise sich die (restringierte) Lebenslage der Eltern auf die Lebenslage, d.h. auf die Spielräume der Kinder auswirkt.

2.7 Methodische Aspekte einer Fallstudie mit Kindern

2.7.1 Methodologische Vorüberlegungen zu Kinderinterviews

Bei der Konzeptionierung der Kinderinterviews mussten wir davon ausgehen, dass Kinder in dieser Altersgruppe – und speziell Kinder in benachteiligten Lebenslagen – bisher zu den uns leitenden Fragestellungen in der von uns intendierten Art und Weise noch nicht befragt worden sind. In dieser Hinsicht haben wir mit unserer Studie weitgehend Neuland beschritten. In Bezug auf die direkte Befragung von Kindern – vor allem mit qualitativen Methoden – gab es im deutschsprachigem Raum längere Zeit Vorbehalte (vgl. Petermann/Widmann 1993). Dabei wurden unter anderem folgende Bedenken vorgetragen:

- dass Kinder aufgrund ihrer Position im Familiensystem stärker dazu neigen könnten, sozial erwartete Antworten zu geben, d.h. sie sich in ihren Antworten auf konflikträchtige Fragen an den sozialen Normen der Eltern orientieren oder sich – im Sinne sozialer Erwünschtheit – an den vermuteten Erwartungen der Interviewenden ausrichten würden,
- dass ihnen, je nach Entwicklungsstufe, nur begrenzte Möglichkeiten des sprachlichen Ausdrucks zur Verfügung stünden,
- dass sich, aufgrund unterschiedlicher Wahrnehmung von Kindern und Erwachsenen, erhebliche Schwierigkeiten bei der Interpretation der kindlichen Aussagen ergeben können.

Diese Einwände lassen sich natürlich nicht völlig ausräumen; sie gelten teilweise jedoch auch für andere Zielgruppen von Forschung. Außerdem hat sich durch die moderne Kindheitsforschung die Perspektive auf die Kinder verändert: Kinder werden seitdem grundsätzlich als eigenständige, ihre Lebenssituation gestaltende Subjekte betrachtet und damit auch als InformantInnen zu ihrer eigenen Lebenssituation ernst genommen. Damit wird an die Interviewenden und an die Forschung die Anforderung gestellt, die Lebensrealität der Kinder „*mit den Augen der Kinder (zu, d.A.) sehen*" (Valentin 1991, zit. n. Heinzel 1997: 396). Inzwischen haben vorliegende Untersuchungen zur Genüge den Beweis erbracht, dass ein solches Vorgehen bei Kindern im Grundschulalter möglich ist (Heinzel 1997). Richtungsweisend sind hierfür Studien aus der Schul-, Sozialisations- und Kindheitsforschung. Die Verwendung von qualitativen Methoden liegt vor allem dann nahe, wenn es – wie in unserem

Forschungsprojekt – darum geht, Denk-, Wahrnehmungs-, Deutungs-, Verhaltens- und Bewältigungsmuster von Kindern in Erfahrung zu bringen.

Zu beachten gilt es sicherlich, dass das Verbalisierungsvermögen von Kindern, d.h. ihre kognitiven und sprachlichen Fähigkeiten, je nach Entwicklungsstufe unterschiedlich ausgeprägt sind. Eine wichtige Rolle spielt zudem auch der Untersuchungsgegenstand: Zweifellos handelt es sich in unserem Fall um eine eher schwierige Fragestellung, da Kinder nach Erlebnissen gefragt werden, die sie emotional belasten dürften und die eher unangenehme Gefühle auslösen (z.B.: Verzicht auf die Befriedigung von materiellen Bedürfnissen, Differenz- und Ausgrenzungserfahrung, Defiziterfahrungen im familiären Bereich usw.).

Entscheidend ist u.E., dass man sich dieser Problematik bewusst ist und sie sowohl bei der Entwicklung der Befragungsinstrumente als auch bei der Konzeptionierung und Durchführung der Interviews entsprechend berücksichtigt. Dies gilt für die Art und Weise der Fragestellungen, für die sprachliche Formulierung, die Berücksichtigung des kindlichen Erfahrungshintergrundes ebenso wie für die kindgerechte Gestaltung der Gesprächssituation und die Gesprächsbedingungen, d.h. den Interviewverlauf.

Neben dem Ort und der Dauer des Interviews ist auch die Einstellung der Interviewerin und des Interviewers zum Kind wichtig: Entscheidend ist vor allem das Interesse am Kind, das als Experte seiner Situation wahr zu nehmen und als originäre Informationsquelle ernst zu nehmen ist. Petermann/ Widmann bringen es wie folgt auf den Punkt:

„Die direkte Befragung des Kindes erfordert demnach erstens Empathie und Feingefühl von Seiten des Untersuchers im Umgang mit den kindlichen Probanden und zweitens besondere Maßnahmen, durch die Untersuchungsmaterial, -bedingungen und -anforderungen kindgerecht gestaltet werden" (Petermann/Widmann 1993: 128).

2.7.2 *Methodische Konzeption der Fallstudie*

Das Herzstück unseres Forschungsprojektes zu den Armutslagen von Kindern (in Ostdeutschland) bilden 14 Fallstudien, die als Querschnittsuntersuchung in einer städtischen Region (eine Stadt mit über 95.000 Einwohnern) und einer ländlichen Region (Landkreis: Kleinstädte mit ca. 10.000 Einwohnern und kleinere Gemeinden) durchgeführt worden sind. Wir haben hierfür Kinder im Grundschulalter zwischen 7 und 10 Jahren interviewt. Die Auswahl der räumlichen Schwerpunkte ist zum einen durch die Nähe zur Hochschule bedingt, zum anderen aber auch Ergebnis der Kooperationsbereitschaft der jeweiligen Sozialverwaltungen

Die Zielgruppe auf das Grundschulalter zu begrenzen, ist der Überlegung geschuldet, dass sich in dieser Altersstufe die Erweiterung des kindlichen Alltags- und Handlungsraumes von der Familie hin zu stärker vergesellschafteten

Bereichen des Aufwachsens (Schule, Gleichaltrigengruppe, Nachbarschaft) vollzieht. In diesem Alter werden kindliche Distanzierungs- und Verselbständigungsprozesse im familiären Kontext sowie beim eigenständigen Gestalten des kinderkulturellen Alltags deutlich. Für das Eingangsalter von sieben Jahren haben wir uns deshalb entschieden, weil unsere Interview-Instrumente eine gewisse Fähigkeit im Umgang mit geschriebenen Texten voraussetzen und weil sie auch ein gewisses Maß an Konzentrationsfähigkeit erfordern, welches erst in der Schule ausgebildet wird.

Kinder im Alter zwischen 7 und 10 Jahren in einer städtischen und einer ländlichen Region Thüringens sind also die von uns untersuchte zentrale Population. Hinzu kommen ihre Eltern, in der Regel allerdings lediglich die Mütter, die in diesem Alter auch die wichtigsten erwachsenen Bezugspersonen für die Kinder sind. Die Väter waren in den von uns interviewten Familien weniger präsent; jedenfalls haben sie sich mit wenigen Ausnahmen nicht für die Befragung zur Verfügung gestellt[15]. Mit der Einbeziehung der Eltern, bzw. der Mütter, erhält unser Projekt eine Generationen vergleichende Dimension, die es uns ermöglicht, Bewältigungsprozesse innerhalb einer Familie aus der Perspektive zweier Generationen zu untersuchen und somit auch Konvergenzen und Differenzen zu beschreiben und zu analysieren.

Unser methodisches Konzept für die Fallstudien basiert überwiegend auf qualitativen Interviewverfahren, aber auch auf soziographischen und spielerischen methodischen Elementen, die wir in den Interviewablauf eingefügt haben. Im Folgenden soll das Forschungsdesign stichwortartig skizziert werden (vgl. Übersicht S. 67):

Mit den Fallstudien haben wir einen methodischen Zugang gewählt, der unserem Untersuchungsgegenstand angemessen erscheint. Damit verfolgen wir das Ziel, das *„Einmalige"* und *„Subjektive"* des Einzelfalls auf das *„Normativ-Allgemeine des Wahrnehmungs- und Beurteilungshintergrundes hin zu prüfen"* (Fatke 1997: 62). In diesem Sinne haben wir uns vorgenommen, die Ergebnisse der Fallanalysen und vor allem des Vergleichs der Einzelfälle im Hinblick auf allgemeine Theorien hin zu überprüfen. Die Methode der Fallstudie ist in den Erziehungswissenschaften in den letzten Jahren wiederentdeckt und aufgewertet worden, v.a. im Kontext des Lebensweltbezugs von Theorie und Praxis. Zu entwickeln ist hierfür auch ein entsprechendes Auswertungskonzept, damit *„aus dem besonderen des Einzelfalles durchaus Allgemeines, mithin Wissenschaft entstehen kann"* (Fatke 1997: 65).

---

15 Ein allein erziehender Vater (Spätaussiedler) wurde aus zielgruppenspezifischen Überlegungen nicht mit in die Untersuchung einbezogen. In einem anderen Fall haben sich beide Elternteile der Befragung gestellt.

Abb. 2: **Forschungsdesign der Fallstudien im Überblick**

Thematischer Schwerpunkt:	Analyse der Lebenslage von Kindern (im Vergleich zur Lebenslage der Familie) sowie der individuellen, sozialen und kulturellen Bewältigungsformen und Handlungsmuster von Kindern in benachteiligten Lebenslagen
Untersuchungsregionen:	Stadt (mit mehr als 95.000 Einwohnern) und Landkreis, Stadt-Land-Vergleich innerhalb von Thüringen
Gesellschaftstheoretischer Bezug:	besondere Berücksichtigung der Transformationsproblematik für kindliche und familiale Lebenslagen sowie der beschleunigten Modernisierung (Ostspezifik)
Zielgruppe:	Kinder im Alter von 7 bis 10 Jahren, sowie deren Eltern bzw. Mütter
Intergenerative Untersuchung:	Kinder und Eltern (fast ausschließlich Mütter)
Methoden-Mix:	qualitativ-narrativ, (bei Eltern Mischung von quantitativen und qualitativ-problemzentrierten Formen), problemzentriert, mit soziographischen und Spielelementen (bei Kindern)
Querschnittstudie:	bei der vorliegenden Studie handelt es sich um eine Querschnittsuntersuchung.

Für die Kinderbefragung haben wir eine Reihe von unterschiedlichen methodischen Teilelementen entwickelt, die nach interviewtechnischen, insbesondere aber kindgemäßen Aspekten konzipiert und aneinandergereiht worden sind. Die Vielfalt des Instrumentariums sollte vor allem kindgemäßere Ausdrucksformen berücksichtigen und der begrenzteren Konzentrationsfähigkeit von Kindern Rechnung tragen. Einzelne Elemente dienten dabei nicht in erster Linie der Gewinnung von Erkenntnissen, sondern der Herstellung von Vertrautheit und der Schaffung einer gelockerten, entspannten Atmosphäre, in der sich die Kinder wohlfühlen sollten.

Bei der Entwicklung unseres Instrumentariums haben wir uns teilweise an bereits vorhandenen empirischen Studien mit Kindern orientiert und diesbezüglich einige methodische Anleihen gemacht. Hilfreich waren uns dabei die Studien von Sabine Lang (1985), Urs Häberlin (u.a. 1989), Dagmar Baldering (1993), Ilona Böttcher (1994), Marta Kos (1995) sowie von Liselotte Wilk und Johann Bacher (1994). Sofern wir uns bei der Entwicklung einzelner Instrumente konkret auf die eine oder andere Studie bezogen haben, wird im Folgenden darauf hingewiesen.

Wir haben also Vorgefundenes aufgegriffen und weiterentwickelt, d.h. das Instrumentarium auf unsere Altersgruppe (der 7 bis 10-Jährigen) und unsere spezifische Problemstellung (Kinder in benachteiligten Lebenslagen) hin ausgerichtet. Unser Hauptanliegen war es, ein aus verschiedenen Elementen zusammengesetztes Befragungsinstrument zu erhalten, mit dem uns eine „*multimodale Erfassung*" des Untersuchungsgegenstandes ermöglicht wurde (Petermann/Widmann 1997). In der Gesamtheit haben wir so ein sehr originäres Set von unterschiedlichen Instrumenten für die Kinderbefragung entwickelt und eingesetzt.

Unser zweiteiliges Kinderinterview, angelegt für zwei unterschiedliche Termine mit dem Kind, besteht aus einem Leitfadeninterview, aus Gesichterskalen, aus einem standardisierten Fragebogen (zur Wohnumwelt), aus Zeichenaufgaben (vertraute Orte, verzauberte Familie), aus Wunschfragen, aus Netzwerkspielen (soziale Kontakte in Schule, Wohnumfeld und darüber hinaus) sowie aus einem Fragebogen mit vorgegebenen Items auf die man alternativ mit „stimmt/stimmt nicht" antworten muss. Es handelt sich also um eine Mischung von:

- halboffenen, narrationsanregenden Abschnitten im Leitfadeninterview (zur kindlichen Lebenssituation und Alltagsgestaltung),
- einem eher quantitativen Befragungsteil (Qualität und Struktur des sozialräumlichen Wohnumfeldes),
- einem standardisierten Fragebogen (zu Alltags-, Familien-, sozialen, kulturellen und Umweltbereichen),
- sowie zeichnerischen und spielerischen Elementen.

Dabei sind einige Fragen im Interviewleitfaden für die Kinder inhaltlich identisch mit Fragen an die Eltern, so dass ein Perspektivenvergleich ermöglicht wird.

Grundsätzlich haben wir mit allen Kindern zwei Interviewtermine durchgeführt (in einem Ausnahmefall sogar drei). Dabei hatten wir nicht nur den zeitlichen Aspekt im Blick – ein Interviewtermin sollte möglichst nicht länger als eine Stunde dauern. Vielmehr sollte durch die Zweiteilung und das damit verbundene Wiedersehen auch ein Stück mehr Vertrautheit zwischen Kind und Interviewerin bzw. Interviewer aufgebaut werden. Bei der Reihenfolge der Interviewelemente wurde vor allem auf einen abwechslungsreichen Verlauf des Interviews geachtet; diese Reihenfolge wurde bei allen Interviews eingehalten.

Abb. 3: **Übersicht über methodische Elemente und den Verlauf der Kinderinterviews**

1. Kinderinterview	2. Kinderinterview
• Leitfadeninterview (Ia) • Gesichterskalen • Fragebogen „Bei uns gibt es ... " • Bekannte Orte zeichnen • Netzwerkspiel Schule • „Stell Dir vor, Du hättest einen Zauberstab ..." • Verzauberte Familie • Fragebogen (Stimmt/Stimmt nicht)	• Leitfadeninterview (IIa) • Netzwerkspiel Soziales Netz • Fragebogen (Stimmt/Stimmt nicht)

Inhaltlich geht es darum, die Perspektive des Kindes zu erforschen:
- die Sicht der Kinder auf ihre Familie
- die Sicht der Kinder auf ihre Umwelt
- die Sicht der Kinder auf andere Kinder
- die Sicht der Kinder auf die Erwachsenen
- die Sicht der Kinder auf die Institutionen
- die Sicht der Kinder auf ihr Alltagsleben.

Die Kindgemäßheit des Vorgehens betrifft natürlich nicht nur die Befragungsphase, wobei wir auf das narrationsgenerierende Verfahren des problemzentrierten Interview von Witzel gesetzt haben, das mit jüngeren Jugendlichen entwickelt worden ist; die Kindgemäßheit ist ebenso in der Auswertung und Interpretation zu berücksichtigen (Witzel 1982). Hierbei geht es um das Verstehen von kindlichem Eigen-Sinn, von kinderkulturellen Praktiken und kindlichen Perspektiven. In gewissem Maße kann – und wird auch in der Kindheitsforschung (Kelle/Breidenstein 1996) – diesbezüglich von einer ethnographischen Perspektive auf die Kinder gesprochen. Auch Scholz/Ruhl (2001) betonen, dass Kinder von Erwachsenen nur in einer ethnologischen Betrachtungsweise beforscht werden können. Die Warnung vor falscher Vertrautheit – wir waren alle einmal Kinder – ist sicherlich ebenso angebracht wie das methodisch bewusste Bemühen um ein zielgruppenspezifisches Verständnis des Gegenübers.

Bei der Auswertung der Fallstudien sind wir in mehreren – sehr aufwendigen Schritten vorgegangen, die sich auch in den hier publizierten Ergebnissen wiederfinden:

- 1. Auswertung der Einzelfälle (Kap. 5),
- 2. Spielräume-Auswertung im Quervergleich (Kap. 4)
- 3. Typisierende Zusammenfassung und Theoriebildung (Kap. 5):

Wir haben alle Fälle anhand eines von uns entwickelten mehrdimensionalen Auswertungsschemas ausgewertet und mit den InterviewerInnen gemeinsam interpretiert. In diese Auswertung wurden alle im Verlauf der empirischen Untersuchung erhobenen Materialien einbezogen, d.h. die Elterninterviews, die leitfadengestützten Kinderinterviews, die Netzwerkspiele, die standardisierten Fragebögen der Kinder und teilweise auch ihre Zeichnungen (z.B. zu „bekannten Orten"). Dabei haben wir drei Perspektiven eingenommen bzw. interpretativ berücksichtigt:

- 1. die Perspektive des Kindes,
- 2. die Perspektive der Eltern,
- 3. die objektive Lebenslage der Familie.

2.7.3 Elternperspektive als Vergleichsmoment

Das Interview mit den Eltern stellt eine Kombination aus einem standardisierten Fragebogen zu Aspekten der Lebenslage und zur elterlichen Berufs- und persönlichen Biographie, sowie einem problemzentrierten qualitativen Interviewteil dar, der stark narrativ ausgerichtet ist.

Das quantitative Instrument des Elterninterviews umfasst standardisierte Fragen zu folgenden Dimensionen der Lebenslage:

- Wohnen: Wohnungsqualität, Wohnzufriedenheit, Ausstattungsmerkmale.
- Arbeit: Erwerbstätigkeit der Interviewpartnerin sowie des Lebenspartners, gegenwärtiger Erwerbsstatus der Interviewten und des Partners, schulische und berufliche Qualifikation und berufliche Biographie (Erwerbsverlauf).
- Einkommen/Einnahmen: Einkommenssituation des Haushalts nach der Höhe sowie der Zusammensetzung des Einkommens in seinen Teilbereichen.
- Ausgaben: Zusammensetzung der monatlichen Belastung, die der Haushalt zu tragen hat sowie den für notwendige Bedürfnisse wie Essen, Kleidung, Freizeit, Auto, Körperpflege, Gesundheit und Hobbys verbleibenden Ausgabenbestandteilen.

- Dauer der Armutsphase: erfragt wird hier neben der Dauer des Sozialhilfebezuges auch seine Einbettung in erwerbsbiographische Verläufe.

An diesen standardisierten Interviewteil schließt sich ein problemzentrierter Interviewabschnitt an. Mit der Frage „Wie sind Sie eigentlich in die Situation gekommen, Sozialhilfe zu beziehen?" soll den Interviewten ein narrativer Einstieg ermöglicht werden, um dann im weiteren Verlauf gezielt auf bestimmte Aspekte einzugehen, wie:

- die elterlichen und familialen Perspektiven,
- das familiale Beziehungssystem,
- die familialen sozialen Netze und sozialen Kontakte,
- die familiäre Freizeitgestaltung mit den Kindern,
- die Sicht der Eltern auf ihre eigene erwerbsbiographische und biographische Situation,
- die Perspektiven in Bezug auf Erwerbsarbeit,
- die gesundheitliche Situation
- und einige andere wichtige Aspekte der Lebenslage.

Insbesondere geht es in diesem Teil des Interviews um die Wahrnehmung, Deutung und Bewältigung der Situation durch die Eltern sowie um Auswirkungen der beschränkten ökonomischen Situation auf die Kinder. Gefragt wird nach den Auswirkungen im Sinne von möglichen Belastungen, wie sie von den Eltern wahrgenommen werden und aus ihrer Sicht für die Kinder nicht oder nur teilweise abgemildert werden können (Geldknappheit, Verzicht im Konsum, Verzicht in der Freizeitgestaltung sowie beim Urlaub und dergleichen). Das heißt:

- Wie sehen die Eltern die Auswirkungen der Belastungen auf sich selbst und auf das Kind?
- Wie nimmt das Kind in elterlicher Sicht die Situation wahr?
- Wie geht das Kind aus elterlicher Sicht damit um?
- Welche Handlungs- und Kommunikationsstrategien haben die Kinder – nach Aussage der Eltern – in Bezug auf die familialen Probleme entwickelt?
- Welche Schwierigkeiten oder Probleme hat das Kind – nach Ansicht der Eltern – bzw. welche Defizite nimmt es möglicherweise wahr?
- Welche Handlungschancen sehen die Eltern für sich, wie sehen sie ihre Rolle als Eltern, wie sehen sie ihre Beziehung zum Kind?
- Über welche personalen, familialen und sozialen Ressourcen verfügt die Familie und das Kind, um mögliche Belastungen auszugleichen bzw. zu bewältigen?

3. Kinder in armen Familien

3.1 Kleine Portraits der untersuchten Kinder

3.1.1 Tina

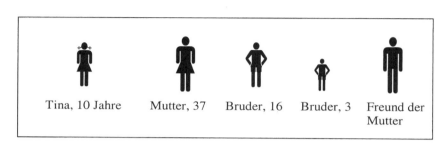

Der erste Interviewtermin mit Tina stand unter keinem guten Vorzeichen. Obwohl Tinas Mutter keine Einwände gegen ein Interview mit ihrer Tochter hatte und einen Termin hierfür vereinbarte, konnte das Interview erst vier Monate später durchgeführt werden. Mehrmals wurde der Termin von Tinas Mutter storniert; zwei Mal standen die InterviewerInnen vor verschlossener Tür. Als das Interview letztlich dennoch zustande kommt, erwartet die InterviewerInnen ein nettes, aufgeschlossenes Mädchen, das mit wachsender Begeisterung die Interviewfragen und -aufgaben meistert.

Tina, die mit ihren kurzen Haaren sehr jungenhaft wirkt, hat besondere Freude an den Malaufgaben im Interview-Verlauf. Sie zeichnet sehr gern, wie sie sagt, allerdings sind nirgends in der Wohnung Werke von ihr zu entdecken. Ein deutlicher Unterschied zwischen dem ersten und dem zweiten Interview ergibt sich daraus, dass Tina beim zweiten Termin, bei dem die InterviewerInnen mit ihr allein sind, in ihrem Antwortverhalten wesentlich selbstsicherer auftritt. Die Anwesenheit der Mutter im ersten Interview bewirkt, dass Tina sich in ihren Antworten öfters zurücknimmt und ihrer Mutter den Vortritt lässt. Tinas Mutter macht hiervon auch Gebrauch und ist immer wieder versucht, an Stelle ihrer Tochter zu antworten und ihre Sicht der Dinge darzustellen. Die InterviewerInnen sehen sich wiederholt gezwungen, darauf hinzuweisen, dass es im Interview um die Meinungen und Ansichten von Tina gehe. Zum Ende des Interviews bekundet Tina, dass es ihr Spaß gemacht habe und sie bedankt sich sogar bei den InterviewerInnen. Sie interessiert sich außerdem auch dafür, wie viele Kinder zu einem solchen Interview Ja sagen würden und was mit den Ergebnissen der Interviews geschieht.

Tina wohnt mit ihrer Mutter und ihren beiden Brüdern im Neubaugebiet einer Kleinstadt. Tina lebt in dieser Wohnung seit ihrer Geburt. Sie teilt sich ein Zimmer mit ihrem dreijährigen Bruder. Ihr großer Bruder hat ein eigenes Zimmer. Insgesamt verfügt die ca. 70 qm große Wohnung über vier zumeist kleinere Zimmer. Die Wohnung ist in einem auffallend sauberen und aufgeräumten Zustand. Selbst die Sofakissen sind akkurat ausgerichtet. Tinas Mutter legt Wert auf Ordnung und Sauberkeit und setzt diesen Standpunkt auch in den Zimmern der Kinder durch.

Die Mutter von Tina befindet sich zum Zeitpunkt der Interviews in einer Umschulungsmaßnahme des Arbeitsamtes. Die gelernte Zerspanungsfacharbeiterin mit Abschluss der 10. Klasse hat schon einige solcher Maßnahmen hinter sich. Sie ist seit 1989, also seit der Geburt von Tina nicht mehr erwerbstätig. Nach Beendigung des Erziehungsjahres wurde Tinas Mutter 1990 erwerbslos. Ihre *„Langzeitarbeitslosigkeit"* (EI, S.4)[1]. wurde unterbrochen von der Geburt des jüngeren Bruders und dem nachfolgenden Erziehungsurlaub sowie von mehreren Arbeitsbeschaffungs- und Umschulungsmaßnahmen. Seit der Geburt des Jüngsten im Jahr 1996 bezieht Tinas Familie Sozialhilfe. Vorher ist man laut Tinas Mutter *„gut hingekommen"*:

> „Hat ma nie Probleme. Und dann stand's mir halt zu, wenn's nach mir gegangen wär, ich wär gar nich da hingegangen, aber, weil die 600 Mark, das Erziehungsgeld wurde nich mit angerechnet und da war ich halt bedürftig." (EI, S.5).

Den Hinweis beim Sozialamt vorzusprechen erhielt Tinas Mutter von ihrer Krankenkasse.

> „na un da bin ich halt hingegangen. Ich mein, wenn ich vielleicht 'n festen Partner gehabt hätte, wär ich o nich hingegangen, aber, einfach is es nich aufs Sozialamt zu gehen, muss ich ehrlich sagen." (EI, S.6)

Zum Zeitpunkt der Interviews gibt es einen festen Partner, den Tina *„Vati"* nennt und bei dem es sich um den leiblichen Vater des jüngeren Bruders handelt. Tinas Mutter verschweigt im Interview die Existenz eines im Haushalt wohnenden Lebensgefährten, wohl weil sie Komplikationen mit dem Sozialamt befürchtet. Tina allerdings thematisiert den *„neuen Vati"*, der als Fernfahrer oft nicht da ist, prinzipiell aber mit im Haushalt lebt. Tinas leiblicher Vater wohnt bei seinen Eltern, in einem ca. 50 km entfernten Ort, und Tina besucht ihn und die Großeltern jedes zweite Wochenende. Über den Vater des 16jährigen Bruders von Tina ist nur bekannt, dass er seinen Unterhaltspflichten nicht nachgekommen ist und kein Kontakt zu ihm besteht.

---

1 Auf Zitate aus den Interviews weisen wir im folgenden mit einer Quellenangabe in Klammern hin: E= Elterninterview; K= Kinderinterview; die fortlaufenden römischen Zahlen beziehen sich auf die Fallstudien.

3.1.2 Theo

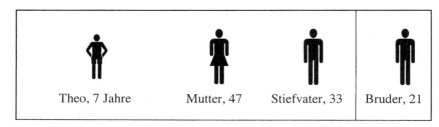

Auf Theo müssen die InterviewerInnen eine halbe Stunde warten. Wie von seiner Mutter zu erfahren, ist Theo noch auf dem Spielplatz. Sie hat ihm zwar ausnahmsweise eine Uhr mitgegeben und ihm eingeschärft, um 18 Uhr zu Hause zu sein, aber Theo kommt nicht. Erst als Theos Mutter ihren ältesten Sohn losschickt, den Kleinen zu suchen, kommt er nach Hause. Das Spiel wiederholt sich beim 2. Interviewtermin.

Theo ist ein hübscher Junge, der eigentlich lieber ein Mädchen sein möchte. Er legt Wert auf das Äußere seiner Spielkameraden, bevorzugt Freundinnen, lobt oder tadelt deren Frisur und Kleidung. Er wirkt einerseits noch sehr kindlich – so benötigt er bei allen möglichen Tätigkeiten (auf Toilette gehen, Brote schmieren) noch die Hilfe der Mutter. Andererseits weiß Theo schon ganz genau, was er will, und kennt Mittel und Wege, Tricks und Listen, um dies zu erreichen. So spinnt er Intrigen gegen seinen Stiefvater, den er nicht mag, versucht seine Mutter auszutricksen, wenn ihm etwas nicht paßt, und sieht bei allem aus, als könnte er kein Wässerchen trüben. Theo hat keinerlei realistischen Zeitbegriff und eine blühende Phantasie.

Nach einer kurzen Aufwärmphase macht es ihm unheimlich Spaß, das Blaue vom Himmel herunter zu holen. Dank Theos Mutter, die beim Interview anwesend ist und ihren Sohn stets ermahnt, wenn er sich den InterviewerInnen und ihren Fragen gegenüber allzu respektlos zeigt, bleiben seine Antworten annähernd an der Wahrheit. Theo beginnt sich beim Interview schnell zu langweilen. Nur die abwechslungsreiche Gestaltung des Interviewverlaufs fängt seine Aufmerksamkeit zunächst immer wieder ein. Zum Ende der Interviews allerdings wird Theo sehr unkonzentriert, genervt und unkooperativ, weil er nach draußen möchte, zum Spielen. Als die InterviewerInnen die Befragung schließlich beenden, ist Theo nicht mehr zu halten und stürzt nach draußen zu seinen Freunden.

Theo lebt mit seiner Mutter und deren wesentlich jüngerem Ehemann in einem Neubaugebiet der Stadt. Der 6-Geschosser, in dem sich die Wohnung befindet, liegt an einer vierspurigen Straße (Autobahnzubringer). Auf der anderen, straßenabgewandten Seite befinden sich Parkplätze mit etwas Grün. Die

Wohnung, die Theos Mutter schon sehr lange bewohnt, hat 3 Zimmer und misst ca. 70qm. Theo hat ein großes Kinderzimmer für sich allein, mit eigenem TV und einer Unmenge von Spielsachen. Sein großer Bruder hat eine eigene Wohnung, kommt aber noch regelmäßig zum Essen und Wäsche waschen nach Hause.

Theos Mutter hat als gelernte Feinoptikerin vom Beginn ihrer Lehre an bis 1989 in einem Volkseigenen Betrieb gearbeitet. Als ihr dort gekündigt wurde, war sie bis zur Geburt von Theo (1991) in einem Hotel als Directrice beschäftigt. *„So und dann kam das Kind na, und dann war ich eben weg vom Fenster"* (EII, S.7). Seither ist Theos Mutter erwerbslos und hat schon einige Arbeitsbeschaffungs- und Umschulungsmaßnahmen des Arbeitsamtes hinter sich. Momentan nimmt sie gerade wieder an einer Integrationsmaßnahme teil. Nach ihrer Aussage ist dies eine Maßnahme

„für Dumme, die lange zu Hause warn, damit die wieder wissen äh, wo's lang geht ... damit wir aus der Höhle raus kriechen, uns ma waschen früh und och wissen, wie das is, früh mit der Straßenbahn zu fahrn" (EII, S.3).

Der türkische Stiefvater von Theo ist ungelernt und arbeitet derzeit als Betonbauer auf Montage. Er hat diese Arbeit seit ca. 2 Monaten und hat seither aber noch kein Geld ausgezahlt bekommen. Es gab schon vorher solcherart Saisonjobs, bei denen er letztlich leer ausging. Theos Mutter bezieht seit 1992 Sozialhilfe. Sie ist zwischendurch immer mal wieder rausgefallen, weil sie, wie sie sagt *„wieder 3,80 Mark zuviel hatte"* (EII, S.6). Auch gegenwärtig bekommt die Familie keine Sozialhilfe, da die Verdienstbescheinigung des Stiefvaters fehlt. Die Arbeitgeber des Mannes *„sin och alles Ausländer"* und weigern sich laut Theos Mutter, eine solche Bescheinigung auszustellen (EII, S.5). Die Familie verfügt zum Zeitpunkt der Untersuchung über ca. 670,- Euro[2] monatlich, was sich aus der Arbeitslosenhilfe von Theos Mutter, sowie dem Kindergeld und dem Unterhaltsgeld für Theo zusammensetzt. Es ist ihnen damit nicht möglich, die Miete zu zahlen. Der Familie droht eine Kündigung der Wohnung, was Theos Mutter schwer zusetzt. Sie hat an dieser Situation um so schwerer zu tragen, als der junge Ehemann ihre Ängste und Befürchtungen nicht nur nicht teilt, sondern als nicht ernst zu nehmende Panikmache zurückweist. Er ist sich sicher, dass *„die"* das nicht machen können, und wenn, hat man ja die türkischen Freunde und Verwandten bei denen man unterkommen kann. Eine Horrorvorstellung für Frau M., die mit der *„Sippschaft"* ihres Mannes nichts zu tun haben will. Aus Angst vor Besuchen hat sie ihrem Mann verboten, *„denen"* zu verraten, wo sie wohnen. Die Beziehung zwischen Mutter und Stiefvater leidet unter der gegenwärtig zugespitzten materiellen Situation.

---

2   Zum Zeitpunkt der Interviews wurde noch in DM gerechnet. Die Beträge wurden jedoch hier wie im folgenden zum gültigen Umrechnungskurs in Euro umgerechnet und gerundet.

„Und da krachen wir uns wieder, und da bin ich immer die böse deutsche Frau, na ja und da red ma drei Tage nich zusamm" (EII, S.9).

Theo hat zu seinem Stiefvater ohnehin ein schlechtes Verhältnis. Er nimmt es ihm übel, dass er die Aufmerksamkeit der Mutter von ihm abzieht. Theo macht aus seiner Abneigung gegen den jungen Mann seiner Mutter keinen Hehl. Er spielt ihm üble Streiche und verleumdet ihn auf gehässige Weise bei seiner Mutter.

3.1.3 Dorothee

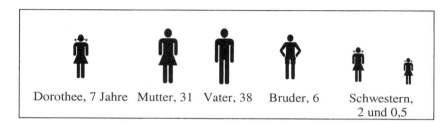

Dorothees Mutter öffnet den InterviewerInnen das Hoftor. Alle vier Kinder der Familie sind im Hof versammelt und kommen neugierig näher. Mit Ausnahme von Dorothee, die sich im Hintergrund hält und die Ankommenden erst nach Aufforderung durch die Mutter begrüßt.

Dorothee macht einen gänzlich verängstigten Eindruck. Infolge des wunderbaren Sommertages lassen sich alle im Hof an einem Tisch nieder. Die Mutter fordert Dorothee auf, sich ebenfalls zu setzen. Die ganze Familie, mit Ausnahme des Vaters, der auf Arbeit ist, ist um den Tisch versammelt. Dorothee sitzt mit gesenktem Blick am Tisch und wirkt, als säße sie vor dem Scharfrichter. Sie schaut nicht auf und antwortet nur einsilbig mit „ja" und „nein" bzw. „weiß nicht".

Auch als es den Geschwistern zu langweilig wird und die Mutter mit ihnen den Tisch verlässt, gelingt es nicht, Dorothees Interesse zu wecken. Sie wirkt verschüchtert, sie spricht sehr leise, überlegt nach jeder Frage unheimlich lang, um dann doch wieder mit einem „weiß nicht" zu antworten. Dorothee sucht immer nach richtigen Antworten, sie ist nicht imstande, ihre Vorstellungen, Gefühle und Wünsche frei zu äußern. Sie nimmt den InterviewerInnen nicht ab, dass es im Interview tatsächlich um ihre Sicht der Dinge geht, und hat stets Angst, etwas Falsches zu sagen. Sie will sich in ihren Antworten nicht festlegen. Selbst als es darum geht, die ihr bekannten Orte zu zeichnen, traut sie sich nicht recht. Sie sitzt minutenlang schweigend mit dem Stift in der Hand, bevor sie mit einfachen Strichen ihre Schule und das Haus ihrer Oma zu Papier zu bringen beginnt. Etwas Mut schöpfen die InterviewerInnen, als Dorothee ihre „Verzauberte Familie"[3] malt. Zum ersten Mal im Interview spricht sie von sich aus und ungefragt ein paar Sätze. Dorothee fasst in den weiteren Interviews[4] zumindest soweit Vertrauen, dass sie ihre Angst vor der Interviewsituation weitgehend ablegt. Was ihre Gedanken und Gefühle betrifft, bleibt sie jedoch mehr oder weniger unzugänglich. Sie hinterlässt den Eindruck eines sehr traurigen und einsamen Kindes.

Dorothee lebt mit ihrer 6-köpfigen Familie auf einem alten Bauernhof mit vielen Nebengebäuden, einem großen gepflasterten Innenhof und einem verwilderten Garten. Die Familie ist vor einem Jahr von der Stadt aufs Land gezogen. Bis dahin hat man beengt in einer städtischen Neubauwohnung gelebt. Die Höhe der Wohnungsmieten und die eigenen Wohnideale veranlassen Dorothees Eltern einen Kredit in Höhe von 30.000,- Euro aufzunehmen, um der Stadt den Rücken zu kehren und einen sanierungsbedürftigen 3-Seit-Bauernhof zu kaufen. Dorothees Eltern machen sehr viel aus eigener Kraft und mit Hilfe von Freunden, um die Kosten der Haussanierung so gering wie möglich zu halten. Zum Zeitpunkt der Interviews ist der Wohnbereich mit ca. 160qm und 6 Zimmern zum größten Teil fertiggestellt. Dorothee teilt sich ihr sehr spartanisch eingerichtetes Kinderzimmer mit ihrem Bruder. Neben den üblichen Möbelstücken, wie Betten, Tisch und Stühlen sind lediglich wenige, dafür aber ausgewählte Spielzeuge vorhanden; so verschiedene Puppen aus Naturmaterialien, eine Modellbahn aus Holz sowie einige Bücher.

Dorothees Mutter befindet sich derzeit im Erziehungsjahr. Sie ist seit der Geburt des dritten Kindes im Jahr 1997 nichterwerbstätig. Vorher hat die studierte Medizinerin eine Halbtagsstelle als Wissenschaftliche Mitarbeiterin inne gehabt. Sie selbst sieht ihre Aufgabe in den nächsten Jahren in der Kindererziehung und dem Haushalt. Wenn sie später einmal wieder arbeiten gehen sollte, dann käme für sie nur etwas Berufsfremdes und auch nur eine Halbtagsstelle in Frage.

„Ich würd' schon wieder was arbeiten wollen, aber nicht volltags ... und dadurch, dass ich eben weder Krankenhaus mir gut vorstellen kann, noch eine eigene Praxis, isses eben auch noch so sehr offen, was es mal sein wird. Also, 's wird wahrscheinlich, mal gucken ob man's vielleicht noch 'n bisschen irgendwie einsetzen kann. Aber dadurch, dass es eben so schwierig ist, jetzt, und jetzt sowieso im Moment nich geht, da denk ich auch noch nich weiter drüber nach." (EIII, S.12)

Dorothees Vater arbeitet als höherer Angestellter in Leitungsposition. Der gelernte KFZ-Schlosser hat sein Abitur an der Abendschule nachgeholt und hat sich dann „*hoch gearbeitet*" (EIII, S.3). Er ist in seiner derzeitigen Tätigkeit

---

3   Es handelt sich hierbei um ein Instrument unserer Erhebung. Das Kind erhält die Aufgabe, seine von einem Zauberer in Tiere verwandelte Familie zu malen bzw. die Verwandlung zu beschreiben (siehe Abschnitt 2.7)
4   Da Dorothee für die Antworten wie für die Mal- und Spielaufgaben jeweils sehr lange Zeit benötigte, war es nötig, das Interview auf drei Termine aufzuteilen.

sehr eingespannt und unter der Woche immer erst spät zu Hause. Für Dorothee und ihre Geschwister bleibt neben der Arbeit und neben den am Wochenende anstehenden Renovierungstätigkeiten am Haus kaum Zeit.

Trotz der relativ gut bezahlten Stelle des Vaters und trotz der vielen Eigenleistungen am Bau hat sich Dorothees Familie bei der Bank verschuldet. Sie gerieten mit ihrem Konto mit nahezu 6.000,- Euro ins Minus, woraufhin sie zum einen vorzeitig in den noch im Ausbau befindlichen Bauernhof umzogen. Zum anderen traten sie den Gang zum Sozialamt an und suchten dort Hilfe. Dorothees Eltern erhalten so seit einem Jahr neben laufender Hilfe zum Lebensunterhalt auch Wohngeld und Hilfe in besonderen Lebenslagen, was etwas zur Entspannung der finanziellen Situation beiträgt. Die Heirat der bis vor kurzem unverheiratet zusammenlebenden Eltern soll die finanzielle Situation verbessern. Man hat sich ausgerechnet, dass sich durch den Wechsel der Lohnsteuerklasse das Familieneinkommen noch einmal effektiv erhöht.

3.1.4 Rebecca

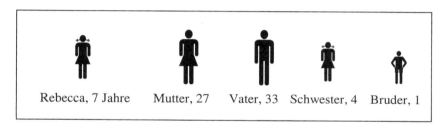

Rebecca, 7 Jahre   Mutter, 27   Vater, 33   Schwester, 4   Bruder, 1

Als die InterviewerInnen zum ersten Interview kommen, öffnet Rebeccas Mutter die Tür. Rebecca, die bis dahin im Wohnzimmer fern sehen durfte, schaltet murrend das Gerät aus. Mit zur Schau getragener Übellaunigkeit nötigt sie ihrer Mutter das Versprechen ab, nach dem Interview wieder einschalten zu dürfen. Sobald das geschehen ist, wandelt sich Rebeccas Übellaunigkeit in erwartungsvolles Interesse an den BesucherInnen und dem Interview.

Rebecca ist ein munteres, selbstbewusstes, aufgewecktes Kind. Sie ist es gewohnt, sich ihre eigenen Gedanken zu machen, und antwortet offen und unabhängig von der Mutter, die während der gesamten Zeit anwesend ist, und nicht selten versucht, sich in das Interviewgeschehen einzumischen. Rebecca lässt sich davon meist nicht beeindrucken, ab und zu ficht sie vor den InterviewerInnen mit ihrer Mutter eine kleine Debatte aus. So macht sie ihrer überraschten Mutter bspw. klar, dass sie um jeden Preis Flöte spielen lernen will. Rebecca weiß, was sie will, und sie tut ihren Willen ohne Umschweife kund. Sie nimmt im Interview, und sicher auch sonst, kein Blatt vor den Mund und weiht die InterviewerInnen, ohne zu zögern, in ihre Welt ein. Beim zweiten Interviewtermin schneidet sie sogar ein ausgesprochenes Tabu-Thema an, als sie, gegen den Willen ihrer in diesem Moment gänzlich machtlosen Mutter, über die gewalttätigen Auseinandersetzungen zwischen ihren Eltern spricht. Rebecca benutzt das Interview, um ihre Vorstellungen, Ängste und Wünsche zu artikulieren. Sie hat keinerlei Schwierigkeiten mit den an sie gestellten Anforderungen zurechtzukommen. Sie wird zum Ende des Interviews zwar immer quirliger und zappeliger und manchmal hat es den Anschein, als könne sie keine Minute länger stillsitzen. Es gelingt ihr dennoch, sich bis zum Schluss, auf die Fragen und Interviewaufgaben zu konzentrieren.

Rebecca und ihre Familie wohnen in einem zehngeschossigen Neubaublock in einem der großen Neubaugebiete der Stadt. Der Neubau wurde kürzlich saniert. Von der nahgelegenen Autobahn geht eine deutliche Lärmbelästigung aus. Die 107qm große Wohnung teilt sich in ein sehr großes Wohn- und Esszimmer sowie 3 weitere kleinere Zimmer. Rebecca teilt sich das Kinderzimmer mit ihren beiden Geschwistern, die beiden anderen Zimmer dienen den Eltern als Schlafzimmer bzw. dem Vater als Arbeitszimmer.

Rebeccas Eltern sind seit 10 Jahren verheiratet. Nach der Wende haben sie gemeinsam versucht, in den alten Bundesländern ihr Glück zu machen:

„Naja, weil wir dachten, wir kriegen hier keinen Job. Das war so kurz nach der Wende und ham halt gedacht, da drüben könnte man das große Geld machen, aber das ist ein Trugschluß, total." (EIV, S.12)

Gescheitert kehrt die Familie mit der in der Zwischenzeit geborenen Rebecca zurück. Zunächst lebt sie bei der Großmutter bis die kleine Schwester von Rebecca zur Welt kommt und die Familie in eine kleine unsanierte und kohlenbeheizte Wohnung umzieht. Die Eltern beziehen laufende Hilfe zum Lebensunterhalt, da sie beide keine Arbeit finden. Mit der Wohnsituation unzufrieden, erstreitet sich Rebeccas Mutter die jetzige Wohnung vom Sozialamt. Die überzähligen Kosten in Höhe von etwa 50,- Euro muss die Familie selbst aufbringen.

Rebeccas Mutter ist momentan wieder im Erziehungsjahr. Sie verdient ein bisschen Geld nebenbei, indem sie 2-3x pro Woche Zeitungen austrägt. Vorher war die gelernte Textilreinigerin (Teilfacharbeiterin) mit Schulabschluss 8. Klasse erwerbslos. Nach Abschluss der Lehre und bevor sie ihr Glück in den alten Bundesländern versuchte, arbeitete sie als Kantinenverkäuferin. In den letzten Jahren hat sich Rebeccas Mutter einer Christengemeinde angeschlossen. Sie verbringt mit den Kindern viel Zeit im Kreis der Gemeindemitglieder. Darüber hinaus hat sie einen leitenden ehrenamtlichen Posten in einem Verein übernommen, der bedürftigen Müttern und Familien hilft und wo sie einige Stunden in der Woche tätig ist. Rebeccas Vater hat zum Zeitpunkt des Elterninterviews eine Arbeit. Seit Mai 1999 arbeitet er auf Montage. Dem ging eine lange Zeit der Erwerbslosigkeit – unterbrochen von Saisonjobs (bspw. als Eisverkäufer) und einer Umschulung zum Telekommunikationselektroniker – voraus. Gelernt hat der Vater von Rebecca Koch. Seinen Schulabschluss der zehnten Klasse hat er an der Abendschule nachgeholt. Zum Zeitpunkt der Interviews kulminieren die familiären Probleme. Rebeccas Vater ist untergetaucht. Wegen betrügerischer Geschäfte wird er von der Polizei gesucht. Zudem gipfeln die Streitigkeiten zwischen den Eheleuten in gewalttätigen Auseinandersetzungen. Rebecca und ihre Geschwister müssen miterleben, wie ihr Vater die Mutter verprügelt. Nachbarn alarmieren die Polizei und einen Krankenwagen. Für Rebecca war dies ein traumatisches Erlebnis, welches sie zur Zeit der Interviews in starkem Maße beschäftigt. Schon vorher war der Vater wohl einige Male handgreiflich geworden, wobei er seinen Jähzorn auch schon an Rebecca ausgelassen hat. Die Mutter von Rebecca zieht nach den jüngsten Ereignissen einerseits eine Scheidung in Erwägung, andererseits verträgt sich ein solcher Schritt für sie nicht mit ihren religiös geprägten Vorstellungen von Ehe und Familie. In jedem Fall bedeutet der mit dem Untertauchen des Vaters verbundene Verlust des Arbeitsplatzes sowie die strafgesetzliche Relevanz seines Tuns für Rebecca und ihre Familie, nun wieder von Sozialhilfe leben zu müssen.

3.1.5 Torsten

Torsten öffnet den InterviewerInnen die Tür. Er platzt fast vor Neugier. Von Scheu und Ängstlichkeit ist bei ihm keine Spur. Er ist einfach voll gespannter Erwartung und glücklich, im Mittelpunkt des allgemeinen Interesses zu stehen. Begeistert führt er die BesucherInnen in sein Reich, wo sich alle zwischen Matchbox-Autos, Plüschtieren und Legosteinen gemeinsam auf dem Fußboden niederlassen. In den Ecken des Kinderzimmers liegen Massen von Spielzeugen zu mittelgroßen Haufen aufgetürmt, an den Wänden hängen Poster von Mickey Mouse und Aladin, auf dem Boden liegt ein Spielteppich mit aufgemalten Straßen, Brücken und Häusern.

Torsten ist den InterviewerInnen und dem Interview gegenüber völlig offenherzig. Als seine Mutter nach einer Viertelstunde das Kinderzimmer verlässt, um im Wohnzimmer fern zu schauen, kann er den InterviewerInnen auch Geheimnisse anvertrauen, die er vor seiner Mutter hat. So nennt er dann zum Beispiel den wahren Grund für die blauen Flecken an seinem Bein, die er von seinen Mitschülern bezogen hat; seiner Mutter hatte er gesagt, er hätte sich gestoßen.

Torsten hat große Schwierigkeiten, Freundschaften zu schließen oder auch nur SpielkameradInnen zu finden. Er ist etwas pummelig und wird deshalb in der Schule sehr viel gehänselt. Die Nachbarskinder wollen auch nichts mit ihm zu tun haben und so wartet er jedes Mal vergeblich im Hof, weil Kevin und Linda immer „*vergessen*", dass sie rauskommen wollten. So offen Torsten alles benennt, was ihn beschäftigt, seine Traurigkeit über die Ablehnung der Gleichaltrigen gibt er nicht zu. Er spricht die negativen Erfahrungen mehr oder weniger gelassen aus und lässt seine Betroffenheit außen vor. Er tröstet sich mit seinen Bergen von Spielzeug und dem eigenen Fernseher. Torsten ist noch überaus kindlich und verspielt.

Er hat viel Phantasie und ist während der Interviews vergnügt und aufgedreht. Manchmal ist er von den Fragen der InterviewerInnen auch überfordert, bspw. ist er noch nicht in der Lage realistische Zeitangaben zu machen. Mit zunehmender Dauer des Interviews fällt es ihm schwer, sich zu konzentrieren, wobei er jedoch keineswegs die Lust am Interview verliert. Er verabschiedet sich sehr herzlich und wünscht sich unbedingt, dass die InterviewerInnen noch einmal wieder kommen.

Torsten lebt mit seiner ledigen Mutter und seiner kleinen Schwester in einem Mehrfamilienhaus in einer Kleinstadt. Das Haus liegt an einer mäßig befahrenen Straße und besitzt einen großen Hof und einen Garten mit einem kleinen Planschbecken. Die 64qm große Wohnung verfügt über drei Zimmer. Eines davon teilt sich Torsten mit seiner anderthalbjährigen Schwester als Kinderzimmer. Torsten ist mit seiner Mutter vor mehr als einem Jahr hierher umgezogen. Sowohl Torsten als auch seine Mutter haben durch den Umzug Freundschaften verloren. Torstens Mutter bereut die Umzugsentscheidung mittlerweile, sie fühlt sich am neuen Wohnort nicht wohl, vermisst die guten freundschaftlichen Nachbarsbeziehungen, die im alten Wohnort bestanden haben. Sie sieht aber auch keine Möglichkeit, die Entscheidung rückgängig zu machen. Der Entschluss umzuziehen, hing mit der sicheren Aussicht auf einen Arbeitsplatz vor Ort zusammen, welche sich allerdings in der Zwischenzeit zerschlagen hat. Die Zweigstelle der Spedition, in der die Mutter nach Ablauf des Babyjahres eine Arbeit bekommen sollte, wurde vor drei Monaten geschlossen.

Torstens Mutter hat den Abschluss der 10. Klasse und eine abgeschlossene Lehre als Elektronikfacharbeiterin. Noch während des Erziehungsurlaubs mit Torsten beginnt sie eine Umschulung zur Berufskraftfahrerin. Nach einem halben Jahr Erwerbslosigkeit hat sie 1 Jahr als Kraftfahrerin gearbeitet, um hiernach wieder 5 Monate erwerbslos zu werden. Nach der Geburt der kleinen Schwester ziehen Torsten und seine Mutter aus den obengenannten Gründen in den jetzigen Wohnort.

Über den Vater von Torsten ist nicht mehr zu erfahren, als dass dieser, im Unterschied zum Vater der Kleinen, Unterhalt für den Sohn bezahlt. Darüber hinaus besteht kein Kontakt. Torstens Familie bezieht zum Zeitpunkt der Untersuchung laufende Hilfe zum Lebensunterhalt.

3.1.6 Konstantin

Konstantin, 10 Jahre   Mutter, 33   Bruder, 14   Bruder, 3   Vater

Konstantin empfängt die InterviewerInnen zum ersten Interviewtermin an der Tür und begleitet sie in das kleine Wohnzimmer, wo seine Mutter schon den Kaffeetisch gedeckt und zusätzliche Stühle um den Tisch gestellt hat. Konstantin wirkt im Unterschied zu den anderen Kindern der Untersuchung schon relativ erwachsen. Er ist groß, ruhig und ein wenig schüchtern. Auf Geheiß seiner Mutter schenkt er höflich Kaffee ein, fragt ob Milch und Zucker gewünscht wird. Er versucht seine Aufregung zu verdecken und antwortet, vor allem anfangs, sehr leise auf die Fragen. Konstantin ist zudem schwer verschnupft und hustet öfters, was die Verständlichkeit seiner Antworten manchmal arg erschwert und die InterviewerInnen zu häufigem Nachfragen zwingt.

Seine Mutter meint, dieser Schnupfen und Husten wäre mittlerweile chronisch. Konstantins anfängliche Befangenheit legt sich im Laufe des Interviews und er antwortet in der Folge offen und überlegt. Manchmal rückversichert er sich auch bei seiner Mutter, die das Interview gespannt verfolgt. Letztere greift auch immer wieder in das Interview ein, um ihren Sohn zu verbessern oder um ihn aufzufordern, lauter zu sprechen. Konstantin macht den Eindruck eines netten und klugen Jungens, der keine Probleme hat. Er strahlt jedes Mal förmlich, wenn er von seinem, von der Mutter getrennt lebenden Vater spricht. Konstantin himmelt seinen Vater an und berichtet mit Begeisterung von den regelmäßigen gemeinsamen Unternehmungen mit ihm. Nach dem Ende des Interviews präsentiert er noch stolz seine Radiergummisammlung sowie einen Katalog, den er für seine Mutter gebastelt hat. In diesem preist er seine „*Sticker*" zum Verkauf an und seine Mutter gesteht, dass sie ihm ab und an als treue „*Kundin*" hilft, sein Taschengeld aufzubessern.

Konstantin wohnt mit seiner geschiedenen Mutter und seinen beiden Brüdern in einer teilsanierten Neubauwohnung. Die Wohnung ist mit ihren

68qm deutlich zu klein für die vierköpfige Familie. Alles wirkt sehr beengt. Konstantins größerer Bruder hat ein eigenes kleines Zimmer, Konstantin selbst muss sich ein Zimmer mit dem Dreijährigen teilen. Konstantin liebt seinen kleinen Bruder und übt viel Nachsicht mit dem Kleinen, obwohl Differenzen in der gemeinsamen Benutzung des Zimmers bei dem bestehenden Altersunterschied vorprogrammiert sind.

Konstantins Mutter ist unterbrochen durch den Erziehungsurlaub für den Kleinen seit 1995 erwerbslos. Nach dem Abschluss der 10. Klasse hatte die Mutter eine Ausbildung an einer Medizinischen Fachschule abgeschlossen, allerdings nicht in dem erlernten Beruf gearbeitet. Eine befristete Stelle in einer Nähstube lief aus, während sie mit Konstantins kleinem Bruder schwanger war. Seither bezieht die Familie Sozialhilfe. Zur Zeit bessert Konstantins Mutter die Familienkasse etwas auf, indem sie ein paar Stunden in der Woche in einer Schule putzen geht.

Trotz der Scheidung von Konstantins Vater besteht ein sehr enger Kontakt. Der Vater wohnt in der gleichen Stadt und Konstantin ist jedes zweite Wochenende bei ihm und seiner neuen Familie. Auch verbringt er einen Großteil der Ferien beim Vater und fährt gemeinsam mit ihm in den Urlaub. Zu den Großeltern väterlicherseits wie mütterlicherseits bestehen ebenfalls rege Kontakte. Sie wohnen gleichfalls in der Stadt und neben Besuchen und Ferienaufenthalten gibt es auch mit den Großeltern gemeinsame Urlaubsfahrten. Konstantin wünscht sich sehnlich, dass sein Vater und seine Mutter wieder zusammenleben. Der große Bruder von Konstantin hat mit seinem Vater sehr viel weniger Glück, was zwischen Konstantin und ihm zu Misshelligkeiten und häufigen Streits führt; der Bruder wirft Konstantin vor, dass er es soviel besser habe. Auch der kleine Bruder von Konstantin hat einen Vater, der wenig präsent ist, der aber zumindest seinen Unterhaltsverpflichtungen nachkommt.

3.1.7 Sarah

Sarah, 7 Jahre   Mutter, 28   Bruder, 1,5

Sarahs Mutter öffnet den InterviewerInnen die Tür. Sarah ist sichtlich aufgeregt und auch ein wenig unsicher. Sie möchte, dass ihre Mutti bei ihr bleibt und sie unterstützt. Ihre Scheu legt sich dann sehr schnell und bereits nach wenigen Minuten ist Sarah emsig bemüht, die Fragen nach bestem Wissen und Gewissen zu beantworten.

Ihre Antworten sind sehr ernsthaft, niemals lax, sie ist sich, sicherlich dank der mütterlichen Vorbereitung auf das Interview, der Bedeutung unserer Untersuchung und der Wichtigkeit ihrer Mitarbeit bewusst. Sarah ist überhaupt ein sehr ernsthaftes Mädchen, manchmal kindlich, manchmal altklug. Sie ahmt in vielem ihre Mutter nach, verwendet exakt deren Gesten: Wenn sie bspw. ihren kleinen Bruder „erzieht", der öfters das Interview stört, stellt sie sich oberlehrerhaft vor ihn hin, hebt den Zeigefinger vors Gesicht und sagt laut und deutlich „*Neiin, Neiin!*". Zu uns gerichtet kommentiert sie, im Ton ihrer Mutter, „*Der nörgelt immer gleich rum*" oder „*Muss ab und zu auch mal schimpfen mit meinem Bruder*" (KIX, S.6). Sie benutzt überhaupt häufig gänzlich unkindliche Formulierungen, die sie ihrer Mutter abgelauscht hat und zitiert manchmal sogar wortwörtlich deren Statements. Sarahs Antworten sind insgesamt sehr ausführlich, beinahe ausschweifend. Es ist ihr wichtig, ihre zumeist recht dezidierte Meinung zu den Dingen abzugeben. Solange ihre Mutter im Raum ist, bedenkt Sarah bei ihren Aussagen auch, dass die Mutter sie hört. Deutlich wird das, wenn ihre Mutter sie auffordert, sich ihre Antwort noch einmal genau zu überlegen, und dass es wirklich darum gehe, dass Sarah sagt, was sie denkt, und nicht was sie meint, was ihre Mutter hören wolle.

Bei aller geschilderten Ernsthaftigkeit mit der Sarah ihre Befragtenrolle einnimmt, lässt sie sich überaus leicht ablenken und es fällt ihr mit zunehmender Interviewdauer schwer, sich auf die Fragen zu konzentrieren. Mit der Zeit wird sie zappelig und unkonzentriert. Sie möchte auch gern einen solchen Schokoriegel, wie ihr kleiner Bruder. Ihre Mutter verweigert ihr dies, mit dem Hinweis darauf, dass sie eine Absprache hätten: Weniger Süßes, denn Sarah leidet darunter, dass sie etwas pummelig ist. Nach eigener Aussage hat Sarah neben dem Naschen von Süßigkeiten auch noch ein zweites Laster: Fernsehen. Prompt wünscht sie auch nach dem Ende des Interviews, den Fernseher anschalten zu dürfen. Auch dies wird ihr verwehrt. Ihre Mutter fordert sie statt dessen auf, bis zum Abendbrot auf den Hof spielen zu gehen. Sarah zeigt sich, wie vordem auch als es um den Schokoriegel ging, einsichtig und verschwindet, nachdem sie sich artig verabschiedet hat, nach draußen.

Sarah wohnt mit ihrer Mutter und ihrem kleinen Bruder in der obersten Etage eines Mehrfamilienhauses. Der frisch sanierte Altbau befindet sich in der Innenstadt an einer vielbefahrenen Durchgangsstraße. Im begrünten Innenhof des Mietshauses gibt es einen kleinen Kinderspielplatz mit Sandkasten, Rutsche und Schaukel. Die Wohnung unterm Dach ist sehr klein und verfügt neben Küche, Bad und winzigem Flur nur über 2 Zimmer. Sarah teilt sich ihr Kinderzimmer mit ihrem kleinen Bruder und ihre Mutter benutzt das Wohnzimmer gleichzeitig als Schlafzimmer.

Sarahs Mutter befindet sich zum Zeitpunkt der Untersuchung im Erziehungsurlaub. Die gelernte Kellnerin wurde das erste Mal erwerbslos, als sie mit Sarah schwanger war. Nach Sarahs Geburt begann sie eine Ausbildung zur Zahnarzthelferin, wurde aber im Anschluss daran erneut erwerslos. Seit diesem Zeitpunkt bezieht die Familie laufende Hilfe zum Lebensunterhalt.

Die Mutter von Sarah ist verheiratet, hat sich aber vom Vater des kleinen Sohnes getrennt. Momentan gibt es zwischen Sarahs Mutter und dem Noch-Ehemann Auseinandersetzungen um das Besuchs- und Umgangsrecht. Sarahs leiblicher Vater, ein verheirateter Zahnarzt, zahlt regelmäßig Unterhalt, sucht sonst aber kaum den Kontakt zu seiner Tochter. Anders die Eltern von Sarahs Vater, ihre Großeltern väterlicherseits. Sie unterstützen Sarahs Mutter in vielerlei Hinsicht, auch materiell, und Sarah verbringt in diesem Jahr zum ersten Mal allein eine Ferienwoche bei ihnen.

3.1.8 Anja

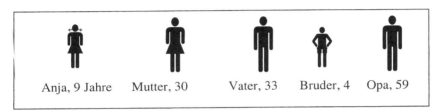

Anja, 9 Jahre   Mutter, 30   Vater, 33   Bruder, 4   Opa, 59

Anja wohnt quasi am Ende der Welt. Ein abgelegenes Dorf, in dem man, will man in die Außenwelt, auf den nicht besonders häufig verkehrenden Bus oder auf Großvaters Entgegenkommen – er hat als einziger in der Familie ein Auto – angewiesen ist. Anja erwartet das Interview im Wohnzimmer sitzend, wo sie gemeinsam mit dem kleinen Bruder und dem Opa Fernsehen schaut. Sie ist etwas ängstlich, ob dem, was da kommt und spricht zunächst sehr leise und mit hilfesuchenden Blicken zur Mutter, die rauchend am Tisch sitzt und das Interview gespannt verfolgt.

Anja ist ein schüchternes, wenig selbstbewusstes Mädchen, zumindest gilt dies Erwachsenen gegenüber. Auch im Zusammensein mit Gleichaltrigen hält sie sich eher im Hintergrund, kann sich aber durchaus, wenn sie von anderen bedrängt wird und sich in die Ecke gedrängt fühlt, mit Kraft zur Wehr setzen. Sie macht den Eindruck eines braven Mädchens und man kann sich kaum vorstellen, dass sie die schlimmen Dinge tatsächlich getan hat, von denen ihre Mutter im Elterninterview berichtet hat.[5] Anja gewinnt schnell Freude am Interview, sie wird sicherer, ihre Stimme wird fester. Allerdings bleiben ihre Antworten im Beisein der Mutter befangen. Immer wieder schaut sie

---

[5] Nach Aussagen ihrer Mutter hat Anja ihre Haustiere gequält, u.a. ihre Springmaus getötet, den Bruder misshandelt und auch schon einmal im Haus Feuer gelegt. Man war mit Anja in psychotherapeutischer Behandlung.

auf der Suche nach der richtigen Antwort zur Mutter. Das Problem löst sich erst, als die Mutter nach einiger Zeit das Wohnzimmer verlässt, um sich den Abendbrotvorbereitungen zu widmen.

Zum zweiten Interviewtermin ziehen sich die InterviewerInnen mit Anja, die sofort begeistert auf den Vorschlag eingeht, in ihr Kinderzimmer zurück. Allein mit ihr in ihrem ungeheizten Kinderzimmer entwickelt sich trotz der Kälte schnell eine entspannte und vertraute Interviewatmosphäre. Dennoch zieht sich Anja bei heikleren Themen zurück. Sie schützt dann stets vor, nichts zu wissen. Anja ist begierig, ihre Schätze (Malarbeiten ihrer Mutter und ein Keyboard, das eine Bekannte ihrer Mutter ausrangiert hat) zu zeigen. Sie genießt die Zuwendung und das Interesse an ihr und ihren Vorstellungen, Wünschen, Problemen. Bei der Verabschiedung zeigt Anja echten Abschiedsschmerz, sie umarmt die Interviewerin, und möchte den Besuch am liebsten nicht gehen lassen.

Anja, ihre Eltern, der kleine Bruder und der Großvater leben in einem etwas heruntergekommenen, ärmlich wirkenden 3-Seit-Hof mit ungepflegtem Hof, verwildertem Garten und baufälligen Nebengebäuden. Ein Kettenhund soll vor Einbrechern, vor allem vor „*Ausländern*" schützen. Das Haupt- und Wohngebäude des Hofes wurde per Kredit und in viel Eigenleistung saniert, wobei es dabei weniger um eine Verschönerung als um eine Schadensbegrenzung im Rahmen der geringen vorhandenen finanziellen Mittel ging. Der Wohnbereich umfasst ca.160 qm und 8 Zimmer, wovon 2 Zimmer von Anjas Großvater bewohnt werden. Der Großvater (väterlicherseits) hat ihren Eltern den Hof gegen ein lebenslanges Wohnrecht überlassen. Die Wohnstube ist niedrig und duster, die Wände und Decke mit Holzpaneelen verkleidet, die kleinen Fenster mit Gardinen verhängt. Anja hat wie ihr kleiner Bruder auch ein eigenes kleines Kinderzimmer, karg ausgestattet mit einem Bett, einem kleinen Tisch, einem Regal mit zahlreichen alten Puppen und Plüschtieren und selbstgemalten (durchgepausten) Bildern an der Wand.

Anjas Eltern sind mehr oder weniger seit 1990 erwerbslos. Beide haben gemeinsam in einer Holzfabrik im Ort gearbeitet und wurden zeitgleich entlassen. Anjas Mutter, die über einen Abschluss der 10. Klasse und 2 Facharbeiterabschlüsse (Damenmaßschneiderin, Textilfacharbeiterin) verfügt, hat zum Zeitpunkt der Interviews eine ABM-Stelle. Es ist die erste ABM, die sie bekommen hat. Anjas Mutter möchte gern arbeiten gehen, aber ihr Bemühen um einen Arbeitsplatz war bisher nicht von Erfolg gekrönt. Ein 3-monatiges Intermezzo in einer Reinigungsfirma für 160,-Euro/Monat, ohne festen Arbeitsvertrag und ohne Krankenversicherung (mit Nachtschichten und auf Abruf) liegt noch nicht lange zurück. Ein andere Arbeitsstelle, um die sie sich bemüht hat, ist an der fehlenden Mobilität gescheitert.

„Mobiler Fahrdienst für Altenpfleger, aber ich hab' ja kein Auto. Und kein Führerschein. Da hätte ich gerne mitgemacht. Da hab ich auch gesagt, ich hätte Schichten mitgemacht sogar. Würde mich gar nicht stören, ge, aber, ging keen Weg rein. Und vom Arbeitsamt sagen 'se, wenn man 'n festen Arbeitsvertrag vorweisen kann, finanzieren sie 'n Führerschein. Der Arbeitgeber sagt, zeigen Sie mir erst den Führerschein, dann kriegen Sie 'n Arbeitsvertrag. Das is doch, und 'n hin und her." (EVIII, S.5)

Anjas Vater hat nach 9 Jahren Erwerbslosigkeit und mehreren ABM-Stellen gerade einen neuen Job bekommen. Der gelernte Maler mit Abschluss der 8. Klasse verliert diesen Arbeitsplatz jedoch schon im Laufe der Untersuchung wieder im Rahmen einer betriebsbedingten Kündigung.

Anjas Eltern, die seit 10 Jahren verheiratet sind, haben sich angesichts ihrer schlechten Position auf dem Arbeitsmarkt mit dem Hauskredit in Höhe von 15.000,- Euro deutlich übernommen. Die Familie ist verschuldet und bezieht seit zweieinhalb Jahren laufende Hilfe zum Lebensunterhalt. Die Familiensituation wurde in der Vergangenheit dadurch erschwert, dass der Vater von Anja Alkoholiker und zudem Epileptiker ist. Mittlerweile hat er eine Entziehungskur gemacht und gilt als trocken, was auch die Gefahr von epileptischen Anfällen vermindert.

3.1.9 Erik

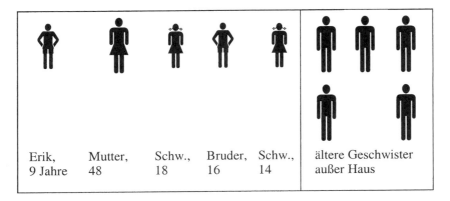

| Erik, 9 Jahre | Mutter, 48 | Schw., 18 | Bruder, 16 | Schw., 14 | ältere Geschwister außer Haus |

Die InterviewerInnen treffen Erik, den sie schon beim Elterninterview kennen gelernt haben im Flur und er bittet darum, einen Moment zu warten, er müsse noch etwas zu trinken holen. Nach wenigen Augenblicken kommt er mit einer Flasche Mineralwasser und drei Gläsern aus der elterlichen Wohnung zurück und fordert seinen Besuch auf, ihm in die gegenüberliegende Wohnung zu folgen, wo sich sein Kinderzimmer befindet.

Eriks Kinderzimmer erweist sich als sonniges freundliches Zuhause, mit einem großen selbst gebauten Bett, welches auf mit Beton ausgegossenen Fußbällen steht. Ein Geschenk von Mutter und Geschwistern. Das Zimmer ist sehr ordentlich, in der Schrankwand steht eine geordnete Sammlung von Legosteinen, Autos und anderen Sammlerstücken. Im Regal finden sich jede Menge Bücher, vor allem auch Sachbücher zu Naturthemen. An den Wänden hängen Fußballposter. Auf dem Tisch steht eine Schale Weintrauben und Erik fordert die InterviewerInnen auf, sich zu bedienen. Er mimt den vollendeten Gastgeber. Beim zweiten Interview hält er eine Schale Erdnussflips bereit. Er achtet auch während des Interviews beständig darauf, dass sein Besuch etwas zu trinken im Glas hat. Erik ist ein sehr selbstbewusster, aufgeweckter, welterfahren wirkender Junge, der großen Wert auf Manieren und Höflichkeit legt. Und auf Ordnung: So schimpft er auf seine 14jährige Schwester, die ihr Zimmer nie aufräumt oder bittet nachdrücklich darum, nicht hinzuschauen, als er den Schrank öffnet, um etwas herauszuholen. Er versucht den Blick in das Innere des Schrankes zusätzlich mit dem Rücken zu verdecken, denn da drin wäre es so schrecklich unordentlich.

Seine anfängliche Nervosität versucht er zu verbergen. Seine Antworten auf die Interviewfragen sind sehr überlegt. Er bedenkt stets, was sozial erwünscht ist. Wenn es um seine Lieblingsthemen geht – Schlangen, Spinnen, Fußball, Pfadfinder, um nur einige zu nennen – wird er richtig gesprächig. Beim letzteren Thema fängt er richtiggehend an zu dozieren, predigt auswendig Gelerntes über die Geschichte der Pfadfinder und verweist auf das Pfadfinderhandbuch und das Pfadfindertuch, das er vorher schon auf dem Tisch bereit gelegt hat. Erik hat ausgesprochene Interessensgebiete, mit denen er sich ernstlich beschäftigt. Nach eigenen Aussagen hat er deshalb auch nicht viel Zeit. Er ist ein Junge, der Termine hat.

Erik bewohnt mit seiner fünfköpfigen Familie zwei gegenüberliegende Wohnungen im Parterre eines 6-geschossigen Neubaublocks. Jedes seiner noch in der Wohnung verbliebenen 3 Geschwister hat ebenfalls ein eigenes Zimmer. Fünf seiner Brüder und Schwestern haben bereits einen eigenen Hausstand gegründet und wohnen nicht mehr in der elterlichen Wohnung.

Eriks Mutter ist seit 1990 erwerbslos. Die gelernte Fernschreiberin mit Abschluss der 10. Klasse hat insgesamt nur vier Jahre in ihrem Beruf gearbeitet. Die große Kinderzahl erforderte zu häufig ihre Anwesenheit und Verfügbarkeit im Haushalt. Bevor Eriks Mutter erwerbslos wurde, arbeitete sie als Altenpflegerin. Sie bemüht sich seitdem erfolglos um eine neue Stelle:

> „Also ich hab's schon oft erlebt, dass ich äh versucht habe zu arbeiten. Und da auch schon verschiedene Angebote bekommen hab'. Und dann hingekommen bin und dann hieß es: Oh, so viele Kinder, tut uns leid, könn' mer nich. Und ich dann gesagt habe, naja Moment mal, die sind groß, die sind selbständig. Ja, aber die wern krank und dann is dies und jenes und das könn' ma nich. ... Ich will es jetzt übers Arbeits-, übers Sozialamt noch mal versuchen ... denn die ham jetzt auch Möglichkeiten, da Stellen zu vermitteln. Da bekommt man zwar nicht viel Geld, also man bekommt 250 Mark. Und kann die Sozialhilfe weiter nehmen. Das is ja auch, wenn ich jetzt arbeiten gehe. Das, was ich arbeite, das wird mir vom Lohn abgezogen, das Geld. Und äh, also von der Sozialhilfe. Und deswegen isses im Grund genommen, also finanziell wird sich da nichts weiter tun. Denn so hoch sind die Löhne hier

nich. Und da is nich viel zu machen. Aber ich krichte dann 250 Mark plus die Sozialhilfe weiter, und hätte dann eventuell 'ne Chance, dann eben einzusteigen und fest angestellt zu werden. Also das kommt doch öfters vor. Und das wär' doch ganz günstig. Dass man wenigstens erst mal 'nen Einstieg hat." (EIX, S.14)

Eriks Eltern haben sich vor zwei Jahren scheiden lassen. Eriks Vater scheint ein Psychosomatiker zu sein. Was vor der Wende keinem wirklich auffiel, brachte mit dem Einzug der Marktwirtschaft Probleme mit sich. Er wurde von den Ärzten abgewiesen und verlor seine Arbeit. Er wurde aggressiv und ging bei der kleinsten Kleinigkeit an die Decke. Dabei verteilte er auch Schläge. Die Situation war in der Familie sehr angespannt und Eriks Mutter setzte die Scheidung durch.

Seit der Vater weg ist, besteht ein großer Familienzusammenhalt. Die erwachsenen Kinder unterstützen die Mutter und die jüngeren seitdem emotional und finanziell. Seit der Scheidung bezieht die Familie laufende Hilfe zum Lebensunterhalt. Erik hat keinen Kontakt mehr zu seinem Vater, da seine Mutter diesem das Besuchsrecht entzogen hat. Sie ist der Meinung, dass der Vater seinen Jüngsten psychisch unter Druck setzt. Die gesamte Familiensituation wird noch durch zahlreiche schwere Erkrankungen einiger Familienmitglieder erschwert. So leidet die noch im Haushalt lebende 18jährige Schwester von Erik unter einer momentan kaum behandelbaren Neuroborreliose. Ein Bruder war zwei Jahre bettlägerig und es wurde ihm beinahe ein Bein amputiert, weil er, wie sich letztlich herausstellte, unter einer Formaldehydallergie litt. Ein anderer Bruder erlitt einen Hirnschlag und hat seitdem epileptische Anfälle.

3.1.10   Anton

Anton ist unheimlich aufgeregt, als die InterviewerInnen zum Interview kommen. Er verhaspelt sich immer wieder und rutscht nervös auf seinem Stuhl hin und her. Seine Aufregung legt sich jedoch, nachdem die ersten Interviewfragen gestellt und von ihm beantwortet sind. Anton ist ein aufgeweckter Junge, der, nachdem sich seine Aufgeregtheit gelegt hat, flüssig und überlegt antwortet. Zum Ende des ersten Interviewtermins ist er beinahe enttäuscht, dass das Interview schon vorbei ist. Es hat ihm Spaß gemacht und er bringt zum Ausdruck, dass er sich schon auf den zweiten Termin freut. Zum zweiten Termin führt er die InterviewerInnen in sein Kinderzimmer. Das einfach eingerichtete Zimmer beherbergt eine große Legostadt, die auf dem Fußboden aufgebaut ist. Anton ist ein leidenschaftlicher Bastler und stolz auf seine ausgeklügelten Bauten, wie auch auf seine selbstgemalten Bilder, welche die Wände seines Zimmers schmücken. Obwohl er sich beim letzten Mal so begierig auf den zweiten Interviewtermin gezeigt hat, möchte er den InterviewerInnen diesmal lieber seine Schätze vorführen. Immer wieder verlässt er seinen Platz auf dem Bett, um seine Briefmarkensammlung zu zeigen, seine Legobauwerke zu erläutern, seine Tagebuchaufzeichnungen hervorzuholen oder die BesucherInnen einen Blick in seine Fotoalben oder gar in seine Liebesbriefsammlung werfen zu lassen. Anton ist bei den Mädchen sehr beliebt.

Anton wohnt mit seiner Mutter und seiner um ein Jahr älteren Schwester in einem sanierten Neungeschosser in einer größeren Kleinstadt. Da der Block dicht neben einer vierspurigen Schnellstraße liegt, ist die Wohnung ziemlich laut. Auch ist die Wohnung mit 57 qm und 3 Zimmern zu klein für die Familie. Einen Umzug in eine größere und weniger laute Wohnung kann sich die Familie nicht leisten. Antons Mutter verzichtet zugunsten der beiden Kinder auf ein eigenes Zimmer und benutzt das Wohnzimmer gleichzeitig als Schlafzimmer. Anton und seine Schwester haben jeweils ein eigenes Kinderzimmer.

Die Mutter von Anton ist erwerbstätig. Sie arbeitet Vollzeit als Konditorin in der Stadtbäckerei. Sie hat diese Stelle seit 1987 als sie ihre Lehre beendet hat. Eigentlich hat sie einen Berufsabschluss als Weberin, hat aber als solche keine Arbeit bekommen. Seit drei Monaten muss die Mutter in Schicht (Frühschicht und Nachtschicht) arbeiten. Sie hätte dies gern abgelehnt, hätte damit aber ihre Stelle verloren.

„Ich muss Schicht arbeiten, ob ich nun will oder nich. Da is jetzt so 'n Großauftrag reingekommen und da muß ich das machen, ob ich will oder nich. Da fragen die einen ja nich danach. Das is denen egal. (EX, S. 4)

Für Antons Familie bringt diese Schichtarbeit große Probleme mit sich. Anton und seiner Schwester wird in noch höherem Maße als vorher Selbstständigkeit in der Organisation des Alltags abverlangt. Beide müssen selbstständig aufstehen und – wenn die Mutter Frühschicht hat – auch selbstständig zur

Schule gehen. Wenn ihre Mutter Nachtschicht hat, kommt sie gerade noch rechtzeitig nach Hause, um Anton und seine Schwester zu verabschieden. Beide sind abends allein und müssen selbstständig ins Bett gehen, wenn ihre Mutter Nachtschicht hat. Von Zeit zu Zeit übernachtet in diesen Fällen der Freund von Antons Mutter in der Wohnung, damit die Kinder nicht allein sind. Der Freund, der Berufskraftfahrer ist, hat eine Wohnung in einem benachbarten Dorf. Anton und seine Familie verbringen dort des öfteren ihre Wochenenden und auch die Urlaubs- und Ferientage.

Antons Vater hat die Familie 1991 verlassen. Seit der Scheidung ist er unauffindbar. Da er für seine Kinder keinen Unterhalt zahlt, erhielt die Familie Unterhaltsvorschuss. Als dieser Anspruch ausgelaufen war, bezog die Familie aufgrund des geringen Erwerbseinkommens laufende Hilfe zum Lebensunterhalt. Seit Antons Mutter in Schicht arbeitet und dadurch etwas mehr verdient, besteht kein Anspruch auf Sozialhilfe mehr. Unter dem Strich hat sich das Familieneinkommen dadurch nicht verbessert.

3.1.11 Karsten

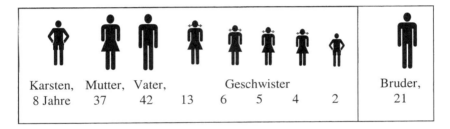

Karsten, 8 Jahre | Mutter, 37 | Vater, 42 | Geschwister 13 6 5 4 2 | Bruder, 21

Als die InterviewerInnen eintreffen, ist Karsten noch nicht zu Hause. Seine Eltern bitten die BesucherInnen ins Wohnzimmer, wo der Fernseher läuft und der Kaffeetisch gedeckt ist. Zehn Minuten später kommt Karsten nach Hause. Er hat seinen Freund Uwe als Verstärkung mitgebracht. Die InterviewerInnen sind mit ihrem Vorschlag, sich ins Kinderzimmer zurückzuziehen, erfolgreich und gehen mit beiden Kindern ins unbeheizte Kinderzimmer. An den Wänden hängen Poster von Stars aus den Vorabendserien wie „Verbotene Liebe" und „Marienhof". Möbliert ist das Kinderzimmer mit sehr alten, teilweise defekten Möbeln. Die 2 Betten und die kleine Schrankwand mit Schreibplatte tragen unverhohlen Sperrmüllcharakter. Ein Fernseher mit integriertem Video, eine Videosammlung mit Kinderfilmen und „Titanic" ähnlichen Kinohits sowie ein Billig-Hifi-Turm mit ca. 30 CDs komplettieren die Einrichtung. Karsten ist eher wenig gesprächig. Er überlegt sehr lange bevor er eine Antwort gibt. Er traut sich z.B. nicht geradeheraus zu antworten und weicht gerne aus: „das weiß ich nicht". Er blickt statt dessen stumm zu Boden, bis man vorsichtig nachhakt. Karsten scheint kein großes Mitteilungsbedürfnis zu haben, er redet quasi nicht von sich aus – mit einer Ausnahme, als er den InterviewerInnen beim zweiten Termin seinen Lerncomputer vorführt. Ihm fällt im Prinzip jede Antwort schwer. Sein Freund Matthias sagt während des Interviews kein einziges Wort; er nickt höchstens einmal, wenn Karsten ihn Zustimmung erheischend anblickt und sagt „*ge Uwe?*". Der Interviewverlauf gestaltet sich sehr zäh. Unterbrochen wird das Interview durch die wiederholte Aufforderung, erst des Vaters, dann der Mutter zum Mittagessen. Als wir dieser etwas widerstrebend nachkommen und in die Küche gehen, stehen dort schon zwei gut gefüllte Teller mit lauwarmem Rindergulasch, Mischgemüse, Mischpilzen und Kartoffeln. Karsten spielt während des Essens mit Uwe und seiner neuen ferngesteuerten Feuerwehr. Die Feuerwehr hat er von seinem Cousin geschenkt bekommen, sie ist defekt, es fehlt ein Rad.

Karsten lebt mit seiner Familie in einem Mehrfamilienhaus mit großem parkähnlichem Garten und großzügig geschnittenen Wohnungen in einer Kleinstadt. Die mit 125qm eigentlich geräumige Wohnung ist für die vielköpfige Familie zu klein. Befördert wird dieser Eindruck noch durch die ungünstige Zimmeraufteilung. Es gibt ein sehr großes Wohnzimmer, ein Elternschlafzimmer und 2 relativ kleine Kinderzimmer. Eines dieser Zimmer müssen sich die 4 kleineren Geschwister von Karsten teilen. Es ist mit den Betten der Kinder nahezu ausgefüllt. Das andere Zimmer bewohnt Karsten zusammen mit seiner 13jährigen Schwester. Der älteste Bruder Karstens hat eine Arbeitsstelle in den alten Bundesländern und lebt nicht mehr im Haushalt.

Karstens Mutter ist seit 1989 Hausfrau. Sie hat nach dem Abschluss der 8. Klasse eine Ausbildung zur Teilfacharbeiterin für Holztechnik abgelegt und später auf dem Schlachthof gearbeitet. In den letzten Jahren hat sie von Zeit zu Zeit in einem Supermarkt gejobbt, um die Familienkasse etwas aufzubessern. Der Vater von Karsten, 7. Klasse Abschluss und ungelernt, ist seit 1994 wegen Berufsunfähigkeit erwerbslos. Nach der Grenzöffnung ist die Familie mit ihren damals noch 2 Kindern in die alten Bundesländer gegangen und Karstens Vater hat als Kraftfahrer gearbeitet bis er 1992 berufsunfähig wurde. Der von ihm gestellte Antrag auf Berufsunfähigkeitsrente wurde allerdings abgelehnt. Die Familie kehrte nach Thüringen zurück. und Karstens Vater jobbte seither bei verschiedenen Firmen, wie z.B. bei einer Fahrschule und einer Sicherheitsfirma, kam aber nirgends auf Dauer unter. Seit 1994 lebt die Familie von Karsten mit laufender Hilfe zum Lebensunterhalt.

„Heut zutage hier im Staat Arbeit zu finden, mit den Kindern, 's ist ganz schwer. Außer man macht sich selbständig. Was wir jetzt machen." (EXI, S.12)

Zum Zeitpunkt der Untersuchung planen Karstens Eltern einen beruflichen Neuanfang. Sie haben an einem Existenzgründerseminar des Arbeitsamtes teilgenommen und möchten ein Lebensmittelgeschäft eröffnen. Für die Geschäftseröffnung haben sie bei einer der großen Banken einen Kredit beantragte, diesen aber nicht bewilligt bekommen. Allerdings haben Karstens Eltern die Bewilligung nicht erst abgewartet, sondern vorab bereits mit der Anschaffung der teuren Ladeneinrichtung begonnen. Die dabei entstandenen Schulden bedienen sie nun, indem sie sich von einer „*Privatfirma*" einen Kredit in Höhe von 42.000,- Euro vermitteln ließen. Ab Februar des kommenden Jahres müssen Karstens Eltern nun monatliche Raten von nahezu 1.000,- Euro zurückzahlen.

3.1.12 *Frank*

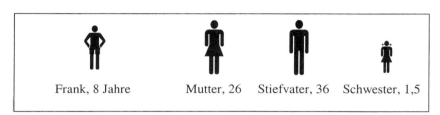

Frank, 8 Jahre   Mutter, 26   Stiefvater, 36   Schwester, 1,5

Die InterviewerInnen lernen Frank schon vor seiner Mutter kennen. Diese ist nämlich zum für das Elterninterview verabredeten Termin nicht zu Hause. Frank öffnet die Tür und lässt die InterviewerInnen ohne Scheu ein. Er rennt vorne weg ins Wohnzimmer, wo der Fernseher läuft. Im Wohnzimmer sitzt ein Mann und beschäftigt sich mit Computerspielen. Er begrüßt die BesucherInnen mit einem Kopfnicken und widmet sich weiter seinem Spiel. Es folgt eine längere Wartezeit, während der Frank auf dem Sofa herumspringt, von einem TV-Programm zum nächsten zappt und gleichzeitig auf die InterviewerInnen einredet. Er weiß nicht, wo seine Mutter steckt.

Nach einer halben Stunde Wartens mit dem ununterbrochen plappernden Frank und einem ziemlich lauten Fernseher mit extrem schlechter Empfangsqualität beschließen die InterviewerInnen, Franks Mutter von einer Telefonzelle aus anzurufen. Sie besitzt ein Handy, das sie im Moment bei sich hat. Frank beschließt, mit zu gehen. Er rennt und hüpft vorweg, spricht unterwegs alle möglichen Leute an, wirft seine Schuhe durch die Luft, holt sich beim Bäcker ein Probierstückchen Brot und bei der Nachbarin ein Bonbon und redet während dessen pausenlos. Die Mutter ist über ihr Handy nicht erreichbar. Die InterviewerInnen kehren mit Frank zur Wohnung zurück. Tatsächlich ist die Mutter in der Zwischenzeit nach Hause gekommen. Sie ist ärgerlich, weil Frank unerlaubterweise die Wohnung verlassen hat, außerdem hat sie mit ihm, wie sie sagt, ohnehin noch ein Hühnchen zu rupfen: Statt von der Schule nach Hause zu gehen, hat er sich an der Tankstelle herum getrieben, wo sie ihn vor zwei Stunden zufällig getroffen hat. Den Interviewtermin hatte Franks

Mutter wegen verschiedener Tagesgeschehnisse nicht pünktlich einhalten können.

Zum Kinderinterview ist Frank wiederum allein zu Hause, d. h. mit seiner kleinen Schwester, auf die er aufpassen soll. Seine Mutter ist irgendwo in der Nachbarschaft unterwegs. Frank ist beim Interview sehr unkonzentriert und zappelig, es fällt ihm schwer zu antworten, er kann sich nicht ausdrücken, hat Verständnisschwierigkeiten und kann keine Minute stillsitzen. Als die Mutter nach Hause kommt, ist es mit seiner Konzentration ganz aus, er wendet sich bei fast jeder Frage seiner Mutter zu und antwortet kaum noch selbst.

Beim zweiten Interviewtermin wird die Situation durch den Rückzug in sein Kinderzimmer nur wenig erleichtert. Er bezeichnet das Zimmer, wie seine Mutter, als „*Buchte*". Es ist ein schmaler Schlauch mit Sperrholzmöbeln sehr spärlich ausgestattet, es gibt nur wenige, allesamt kaputte Spielsachen, die neben Brotkrümeln, Papier- und anderem Müll im Zimmer verstreut liegen. Auch diesmal kommt das Interview dem Versuch gleich, einen Derwisch in die Flasche zu packen. Frank rennt hin und her, hüpft hoch und runter, rennt hier und da hin; mit freundlichen Ermahnungen, gelingt es den InterviewerInnen jedoch immer wieder aufs Neue, ihn an seine „Aufgabe" zu erinnern, die er dann auch tatsächlich wieder für ein, zwei Minuten ernst nimmt.

Frank lebt mit seiner Mutter, deren Lebensgefährten und seiner kleinen Schwester im Neubaugebiet einer Kleinstadt. Vom Neubaublock aus fällt der Blick auf eine vielbefahrene Durchgangsstraße (Autobahnzubringer) und ein Gewerbegebiet. Die 88qm große 4-Zimmer-Wohnung hat Franks Familie erst vor einem halben Jahr bezogen. Dennoch wirkt die Wohnung schäbig und verwohnt: Einige Türen sind kaputt, an verschiedenen Stellen hat sich die Tapete von der Wand gelöst, der textile Fußbodenbelag ist fleckig und von Krümeln übersät. Es gibt nur wenige Möbelstücke und die sind alle in grausigem Zustand und tragen unverkennbar Sperrmüllcharakter. Ein paar kitschige Nippesfiguren stehen in der Schrankwand. Die ganze Wohnung wirkt unordentlich und schmuddelig.

Franks Mutter befindet sich momentan mit der kleinen Tochter im Erziehungsjahr. Sie hat einen Schulabschluss der 8.Klasse und ist gelernte Gärtnerin. Als die LPG nach der Wende aufgelöst wurde, hat sie ein halbes Jahr bei RENO als Schuhverkäuferin gearbeitet, befand sich dann für ein Jahr mit Frank im Erziehungsurlaub und wurde dann erwerbslos. Seither bemüht sich Franks Mutter vergeblich um Arbeit. Mit Ausnahme von zwei ABM-Stellen ist es ihr nicht gelungen, auf dem Arbeitsmarkt Fuß zu fassen. Der Lebenspartner und Stiefvater von Frank hat die 10. Klasse abgeschlossen und laut Franks Mutter „*viele*" Berufe. Er hat Eisenbahnbautechniker und Fleischer gelernt und auch in beiden Berufen gearbeitet. Später hat war ein Jahr lang selbständig als Fuhrunternehmer tätig.

„Ähm, wir hatten 'n Fuhrunternehmen. Und der liebe gute Disponent von der Spedition hat in seine eigene Tasche gewirtschaftet, hat sich mit 'n dicken, fetten Auftrag abgesetzt und dadurch war'n die Kleinunternehmer Hundefutter. Und als wir wieder Aufträge hatten, hatt' mer kee Auto mehr. Das war's." (EXII, S.4)

Das Unternehmen ging vor mehr als einem Jahr pleite und die Familie bezog solange Sozialhilfe, bis der Stiefvater wieder Arbeit erhielt. Er arbeitete drei Monate auf Montage, wo er letztlich jedoch keinen Lohn erhielt. Es folgten vier Monate Haft wegen einer Klage auf Unterhaltszahlung. Zum Zeitpunkt des Elterninterviews ist Franks Stiefvater gerade bei einem Vorstellungsgespräch, welches – wie sich später herausstellt – erfolgreich war: Er hat wieder einen Job auf Montage erhalten. Ob Franks Familie damit tatsächlich aus dem Bezug von Sozialhilfe herauskommt, seit einem Jahr bezog man laufende Hilfe zum Lebensunterhalt, ist zum Zeitpunkt der Untersuchung noch unklar.

Frank betrachtet den Lebenspartner seiner Mutter als seinen Papa. Zu seinem leiblichen Vater, der sich weigert Unterhalt zu zahlen, besteht auch von Seiten der Mutter kein Kontakt.

3.1.13 Steffi

Steffi, 8 Jahre | Mutter, 27 | Bruder, 5 | Schwester, 2 | Bruder, 11

Das Interview mit Steffi findet direkt im Anschluss an das Elterninterview mit ihrer Mutter statt. Steffi hat beim Interview ihrer Mutter lauschend im Sessel gesessen und sich auch einige Male ungefragt ins Interview eingemischt. Sie hat dabei weniger die InterviewerInnen angesprochen, als ihrer Mutter interessante, unaufschiebbare Neuigkeiten anvertraut oder auch mit ihrer Mutter über Dinge gehadert, die diese gerade im Interview erzählt hat. Sie machte den Eindruck eines munteren, gesprächigen Mädchens.

Eine Stunde später allein mit den InterviewerInnen im Wohnzimmer sitzend, gibt sie sich schüchtern. Das Interview verläuft zunächst sehr zäh; Steffi ist wortkarg, spricht nicht von sich aus, antwortet einsilbig. Sie wird zwar im Laufe des Interviews etwas munterer, es gelingt beim ersten Termin jedoch nicht, sie aus der Reserve zu locken. Beim zweiten Termin, der in einem quasi leergeräumten Wohnzimmer zwischen bis an die Decke gestapelten Umzugskartons statt findet, hat sie Vertrauen gefasst. Allerdings haben es die InterviewerInnen dafür nun mit dem „Störfaktor" jüngere Geschwister, vor allem dem fünfjähriger Bruder zu tun. Letzterer unterbricht das Interview mehrfach, gibt seine Meinung zu interviewnahen wie interviewfremden Themen laut kund und mischt sich massiv in das Interviewgeschehen ein, wobei er vor allem von dem Netzwerkspiel begeistert ist. Steffi, die versucht ihre Autorität als ältere Schwester einzusetzen, gelingt es nicht, ihren Bruder zur Räson zu bringen. Steffi ist ein Kind, dass für ihr Alter schon sehr viel Verantwortung übernehmen muss. Abgesehen davon, dass sie die Rolle der ältesten Schwester einnehmen muss – der elfjährige, älteste Bruder lebt nicht im Haushalt, sondern bei der Oma nebenan – ist sie für ihre Mutter die familiäre Ansprechpartnerin und in die massiven Probleme der Familie voll und ganz eingeweiht.

Steffi lebt seit einem Jahr mit ihrer Familie in einem kleinen Dorf auf einer Art altem Gutshof von dem ein Flügel teilsaniert ist. Das Haus ist ein Mehrfamilienhaus, das etwa zehn Familien Platz bietet und im Großen und Ganzen wohl auch bewohnt ist. Vor dem Haus befindet sich ein riesiger, trister, unkrautbewachsener Hof. Gegenüber stehen mehrere halbzerfallene Wirtschaftsgebäude – das Ganze war wahrscheinlich LPG–Gelände. Hinter den Gebäuden fließt ein ansehnlicher Fluss, wo vor allem der 5jährige Bruder von Steffi – zur Sorge seiner Mutter – öfters spielt. Man will in ca. einem Monat umziehen; zurück in die Kleinstadt, in der man vorher gewohnt hat. Die ca. 100qm große 3-Zimmer-Wohnung ist zum Zeitpunkt der Interviews schon ziemlich leer. In den Ecken des Wohnzimmers stapeln sich mit Umzugsgut gefüllte Kartons neben der obligatorischen neuen Schrankwand und einer Polstersitzgruppe mit Sofatisch. Steffi teilt sich ein Zimmer mit ihren beiden kleineren Geschwistern. Auch hier ist mit Ausnahme der Betten und Schränke schon alles Mobiliar für den Umzug vorbereitet. Für den Umzug gibt es mehrere Gründe. Zum einen ist Steffis Mutter mit der Wohnung, in die sie mit ihren Kindern erst vor einem Jahr gezogen ist, sehr unzufrieden. Die Wohnung ist zwar vor zwei Jahren saniert worden, aber trotzdem in schlechtem Zustand. Die Wärmedämmung funktioniert nicht, der Treppenaufgang (eine enge Stiege mit Steinstufen) und der Flur sind noch immer in renovierungsbedürftigem Zustand. Die Vermieterin verweigert die Abstellung der Mängel. Darüber hinaus ist die Wohnung zu teuer. Der Hauptgrund für den Umzug ist allerdings der massive Ärger mit den NachbarInnen. Die Streitigkeiten mit einer Nachbarsfamilie beginnen bei Lärmbelästigung und öffentlicher gegenseitiger Beschimpfung und enden mit der Bedrohung der Kinder. Steffi und ihre kleineren Geschwister verbringen seit einiger Zeit ihre Freizeit nur in der Wohnung, weil sie sich fürchten, auf den Hof zu gehen. Steffi und der Rest der Familie wartet sehnsüchtig auf den Umzugstag. Ein Wermutstropfen dabei ist allerdings, dass man die räumliche Nähe zu den Großeltern und dem älteren Bruder, die einen Grund für den Zuzug gebildet haben, wieder aufgibt.

Steffis Mutter ist seit 1994 ohne Arbeit. Zur Zeit befindet sie sich mit der kleinsten Tochter im Erziehungsurlaub. Sie besitzt einen Abschluss der

8.Klasse und einen Abschluss als Möbelfacharbeiterin (Teilfacharbeiterin). Von Beginn ihrer Lehre an bis 1990 hat sie im Möbelwerk ihres Wohnortes gearbeitet. Dann ist sie entlassen worden, *„weil sie keine Leute gebraucht ham"* (EXIII, S.5). Ende 1991 erhielt sie eine neue Arbeit in der Möbelfabrik, die sie bis zur Geburt des dritten Kindes behielt. Seither gab es lediglich Gelegenheitsjobs wie im Obstbau mithelfen oder im Kindergarten putzen. Seit 1997 bezieht Steffis Familie laufende Hilfe zum Lebensunterhalt. Auch früher, im Erziehungsurlaub mit Steffi, hat sie schon einmal Sozialhilfe bezogen.

Die Familienverhältnisse sind im Falle Steffis reichlich problematisch. Der älteste Bruder von Steffi lebt seit seiner Geburt bei seiner Großmutter. Der derzeitige Freund der Mutter und Vater der kleinen zweijährigen Schwester kümmert sich laut Steffis Mutter – im Unterschied zu den anderen Vätern – um sein Kind. Er hilft bspw. auch beim Umzug mit. Er hat selbst wohl wenig Geld und kann nur 25,- Euro Unterhalt zahlen. Zwischen den Interviewterminen gibt es einen Zwischenfall der mit übermäßigem Alkoholgenuss einhergeht und für den Freund der Mutter im Krankenhaus endet. Solche Erlebnisse sind für Steffi und ihre Geschwister keine Seltenheit. Sowohl der Vater von Steffi und ihrem älteren Bruder, von dem ihre Mutter geschieden ist, wie auch der Vater des fünfjährigen Bruders von Steffi waren gewalttätig gegen die Familie. Letzterer ist noch mit Steffis Mutter verheiratet und sitzt derzeit im Gefängnis. Beide Männer haben der Mutter hohe Schulden hinterlassen und wollen von ihren Kindern nichts wissen.

„Steffi: Seh' ich jemals noch meinen Vati?
Mutter: Kann ich Dir leider nich beantworten. Die Antwort kennst du. Dein Vater will Dich nich sehen." (EXIII, S.17)

3.1.14 Dennis

Dennis, 7 Jahre   Mutter, 27   Oma, 47

Dennis öffnet den InterviewerInnen die Tür. Während seine Oma die BesucherInnen mit ihrer Krankengeschichte unterhält, setzt er sich aufs Sofa und wartet geduldig. Dennis macht einen kranken, beinahe verhärmten Eindruck. Er ist sehr blass, fast durchsichtig und wirkt müde und zerschlagen. Seine Aussprache ist sehr schlecht; ständiger starker Speichelfluss behindert ihn beim Reden, der Speichel fließt ihm förmlich aus dem Mund. Die erste Interviewfrage, nach dem Kinderzimmer nutzt Dennis sogleich zu einem für sein Alter ungewöhnlichen Statement:

„Mmm, na ich krieg 'n Jugendzimmer und das dauert eben noch 'n bissel weil, in W. is noch nich alles fertig und das dauert dann noch 'n bissel und da krieg ich das dann wenn's fertig is und, der Staat der is ungerecht, der hat 'n Haufen Geld und der gibt nix ab den Armen und das is eben ungerecht uuund das, meine Mutti muss es Geld zusammenkratzen, damit se überhaupt genug hat uuund der Schröder der schwimmt in Geld, weil er so viel hat." (KXIV/1, S.1)

Nachdem er seine Meinung auf diese Weise kundgetan hat, lässt sich Dennis auf die Interviewfragen ein. Allerdings hat Dennis sehr schnell Mühe, den Fragen zu folgen. Seine Konzentrationsfähigkeit ist schon nach kurzer Zeit erschöpft, er gähnt, wird zappelig und unaufmerksam. Das Interview verläuft schleppend. Auch beim zweiten Interviewtermin hat Dennis massive Probleme, sich zu konzentrieren. Dennis scheint noch müder zu sein als beim letzten Mal. Es fällt ihm schwer die Fragen zu verstehen und die InterviewerInnen müssen die Fragen häufig wiederholen.

Dennis wohnt zusammen mit seiner geschiedenen Mutter seit ca. einem Jahr in der Wohnung seiner Oma. Es handelt sich dabei um eine Übergangslösung, bis das alte Häuschen der Urgroßmutter, welches von Dennis' Mutter in Eigeninitiative renoviert wird, einzugsfertig ist. Da die Mutter von Dennis – so weit es geht – alles selbst macht, um Geld zu sparen, wird die gegenwärtige Wohnsituation noch einige Zeit anhalten. Die Wohnung der Großmutter befindet sich in einer größeren Kleinstadt in einem teilsanierten Altbau und ist mit ihren 3 Zimmern und 68 qm für die drei Personen eigentlich zu klein. Dennis teilt sich ein Wohn-Schlafzimmer mit seiner Mutter. Es sieht chaotisch aus. Überall liegen und hängen Kleidungsstücke, stehen mit Nippes und allerlei Krimskrams gefüllte Möbelstücke dicht an dicht. In den Räumen hat sich ein unangenehmer Essensgeruch festgesetzt. Bevor sie zur Oma zogen, wohnte Dennis mit seiner Mutter für ein Jahr in einem kleinen Dorf. Dorthin waren sie nach der Scheidung von Dennis' Vater gezogen. Dennis musste in seinem Leben schon einige Male umziehen und er freut sich sehr darauf, in das neue eigene Haus zu ziehen und nie mehr umziehen zu müssen.

Der Wegzug aus dem früheren Wohnort gestaltete sich für Dennis und seine Mutter problematisch. Laut Aussage der Mutter stellte sich das zuständige Sozialamt *„quer"*:

„und sagt, ich könne doch nich einfach da wegziehn und naja, und dadrauf hin hat ich das dann trotzdem gemacht, und hab' dann freiwillig meine Sozialhilfe eingestellt, von mir aus, also, ge, weil dies halt nich gemacht ham" (EXIV, S.3)

Dennis' Mutter beantragte am neuen Wohnort keine Sozialhilfe mehr und hält sich und Dennis seitdem mit zwei Jobs über Wasser. Zum einen geht sie putzen, zum anderen trägt sie Zeitungen aus. Ein Antrag auf Halbwaisenrente

(Dennis' Vater ist in der Zwischenzeit gestorben) wurde abschlägig beschieden.

Dennis' Mutter hatte nach dem Abschluss der 10. Klasse zunächst eine Ausbildung als Grundschullehrerin angefangen, diese dann aber abgebrochen und ca. 2 Jahre lang ungelernt als Verkäuferin gearbeitet. Nach der Wende ist sie gemeinsam mit ihrer Schwester (der Mutter von Rebecca) und ihrem Schwager in die alten Bundesländer gegangen, da sie sich wie diese dort bessere Arbeits- und Verdienstmöglichkeiten erhofft hat. Es gelang ihr nicht, arbeitsmäßig Fuß zu fassen und sie kehrte kurze Zeit später zurück. Nach der Geburt von Dennis im Jahr 1992 befand sie sich zunächst noch drei 3 Jahre im Erziehungsurlaub. Seitdem hat Dennis' Mutter keine feste Arbeitstelle mehr erhalten.

3.2 Die familiäre Situation

Im Folgenden geht es um eine kurze typisierende Darstellung unserer Zielgruppe. Die Familien werden als Lebensraum der Kinder in ihren wesentlichen Merkmalen dargestellt.

Tab. 1: Familientypen

Familientyp	Anzahl
Allein erziehende Mutter davon ledig geschieden getrennt lebend	8 1 6 1
Eltern, verheiratet	5
Eltern, unverheiratet	1

Die Kinder unserer Untersuchung wachsen zum größeren Teil in unvollständigen Familien auf. Acht der Kinder leben bei ihren allein erziehenden Müttern – wobei, mit Ausnahme von Torstens Mutter, alle diese Frauen bereits mindestens eine Ehebeziehung hinter sich haben, also entweder geschieden sind (Tina, Konstantin, Erik, Anton, Steffi, Dennis) oder aber zumindest getrennt leben (Sarah) Auch die schon einmal geschiedene Mutter von Steffi, die nach ihrer Scheidung neu geheiratet hatte, lebt zum Zeitpunkt der Untersuchung bereits wieder in Trennung von diesem Mann. In den Familien von Tina und Anton gibt es einen neuen festen Partner, um den vonseiten der Mütter, wohl aus Angst vor dem Sozialamt, ein Geheimnis gemacht wird. Theo, Rebecca, Dorothee, Anja, Karsten und Frank wachsen in vollständigen Familien auf, wobei die Eltern von Frank nicht verheiratet sind.

Wenden wir den Blick darauf, welche Rolle die Väter jeweils im Familienverband spielen, erhalten wir ein sehr buntes Spektrum an Vater-Mutter-Kind-Beziehungen. Betrachten wir zunächst die Ehepaare: In vier Fällen ist der Ehemann auch der Vater der Kinder und es handelt sich um langjährige Beziehungen. Bei den Eltern von Dorothee, Anja und Karsten scheinen diese intakt, im Fall von Rebecca gibt es derzeit, dies wurde im vorhergehenden Abschnitt bereits ausgeführt, massive Beziehungsprobleme. Theo, dessen Mutter ebenfalls verheiratet ist, hat keine Verbindung zum leiblichen Vater. Die Beziehung zum ausländischen Stiefvater ist – wie ebenfalls bereits ausgeführt wurde – problematisch. Auffällig häufig ist bei unseren Interviewfamilien der Fakt anzutreffen, dass die Geschwisterkinder unterschiedliche Väter haben. Bis auf zwei Ausnahmen – die geschiedenen Mütter von Erik und Anton – trifft dies auf alle untersuchten nichtverheirateten Mehrkindfamilien zu. So haben die beiden Brüder von Tina und Konstantin, die Schwester von Torsten und Frank, der Bruder von Sarah und die Geschwister von Steffi jeweils andere Väter. Während Tina und Konstantin jedes zweite Wochenende bei ihren leiblichen Vätern und deren neuen Familien verbringen – Konstantin fährt zudem mit seinem Vater regelmäßig in den Urlaub – pflegen die Väter von Torsten und Sarah einen eher losen Kontakt zur Mutter der Kinder, verbunden mit kleinen Aufmerksamkeiten für die Kinder. Kein Kontakt zum leiblichen Vater besteht bei Frank und Steffi, wobei sich die Väter auch weigern, Unterhalt zu zahlen. Ebenso verhält es sich bei Anton und seiner Schwester, deren Vater unauffindbar ist. Allerdings übernimmt hier der „geheime" feste Freund der Mutter zum Teil die Vaterrolle. In der Regel wissen die befragten Kinder hierüber Bescheid. Einzige Ausnahme ist Frank, der in dem Glauben aufwächst, dass der nichteheliche Lebenspartner seiner Mutter und leibliche Vater seiner kleinen Schwester auch sein leiblicher Vater ist.

Nur zwei unserer Kinder leben als Einzelkinder in der Familie (Theo und Dennis), wobei Theo einen um 14 Jahre älteren Bruder besitzt, der aber schon längst nicht mehr im Haushalt lebt. Fünf der Kinder haben eine Schwester oder einen Bruder (Torsten, Sarah, Anja, Anton, Frank) und in der Hälfte der von uns untersuchten Familien sind drei (Tina, Rebecca, Konstantin) oder mehr Kinder zu versorgen und zu betreuen. Dorothee und Steffi haben jeweils drei Geschwister, wobei Steffis 11jähriger Bruder bei der Oma aufwächst. Erik ist der jüngste von neun Geschwistern, fünf davon sind schon außer Haus; Karsten lebt mit einer älteren Schwester und vier jüngeren Geschwistern in einem Haus. Der älteste Bruder hat bereits einen eigenen Hausstand gegründet.

Tab. 2: Anzahl der im Haushalt lebenden Geschwister

im Haushalt leben	Anzahl der untersuchten Kinder
keine Geschwister	2
1 Bruder oder 1 Schwester	5
2 Geschwister	4
3 Geschwister	2
5 Geschwister	1

Die Mütter respektive Eltern der in die Untersuchung einbezogenen Kinder sind zum Zeitpunkt der Interviews zum überwiegenden Teil nicht erwerbstätig. Betrachten wir zunächst die allein stehenden Mütter. Bis auf die Mutter von Anton, die voll berufstätig ist, befinden sich alle allein erziehenden Mütter unserer Untersuchung im Status der Nichterwerbstätigkeit. Vier der Mütter sind arbeitslos gemeldet (Tina, Konstantin, Erik, Dennis), wobei die Mutter von Dennis keine Leistungen nach dem Arbeitsförderungsgesetz erhält und die Mutter von Tina derzeit und zum wiederholten Male an einer Umschulungsmaßnahme teilnimmt. Allen gemeinsam ist, dass sie sich bereits lange Zeit von Erwerbslosigkeit betroffen sind. Dies trifft auch auf die drei übrigen allein erziehenden Mütter zu, die sich zum Zeitpunkt der Untersuchung im Erziehungsjahr befinden, vordem jedoch auch schon erwerbslos waren (Torsten, Sarah, Steffi).

Auch die vollständigen Familien unserer Untersuchung sind in der Regel mit dem Problem der Erwerbslosigkeit konfrontiert. Nur in einem Fall, dem des Vaters von Dorothee, besteht ein stabiles Arbeitsverhältnis. Keinem der Väter der anderen Kinder ist es bisher gelungen, einen gesicherten Arbeitsplatz zu erlangen (Theo, Rebecca, Anja, Frank, Karsten). Alle sind und/oder waren in unsicheren wechselnden Arbeitsverhältnissen, in den meisten Fällen handelt es sich dabei um Bau- und Montagefirmen, die nach kurzer Zeit bereits betriebsbedingt kündigen oder Konkurs anmelden, die unpünktlich oder gar nicht Lohn zahlen und die versäumen, Versicherungsleistungen für ihre Arbeitnehmer abzuführen. Karstens Vater kam immer mal wieder in Sicherheits- und Transportfirmen unter und ist nun aber, nach längerer Zeit der aussichtslosen Arbeitssuche, entschlossen, ein eigenes Geschäft zu eröffnen. Die Mütter in unseren vollständigen Familien sind allesamt nicht erwerbstätig. Drei von ihnen befinden sich im Erziehungsjahr (Dorothee, Rebecca, Frank), außer bei Dorothees Mutter bestand vorher Erwerbslosigkeit. Die anderen drei Mütter (Theo, Anja, Karsten) sind erwerbslos gemeldet, alle sind schon seit längerer Zeit erwerbslos. Theos Mutter nimmt zum Untersuchungszeitpunkt zum wiederholten Male an einer Umschulungsmaßnahme teil, Anjas Mutter hat eine ABM-Stelle bekommen und arbeitet jetzt für ein Jahr ganztags in einem Möbelhaus. Karstens Mutter möchte sich gemeinsam mit ihrem Mann selbstständig machen.

Drei der Mütter der von uns untersuchten Kinder bessern zum Zeitpunkt der Interviews die Haushaltskasse mit Nebenjobs auf der Basis geringfügiger Beschäftigung auf. So trägt die verheiratete Mutter von Rebecca Zeitungen aus, während die allein erziehende Mutter von Konstantin in einer Schule putzt. Die ebenfalls allein erziehende Mutter von Dennis geht zwei Jobs nach, da sie keinerlei staatliche Unterstützung erhält (AFG) bzw. in Anspruch nimmt (Sozialhilfe). Zum einen trägt sie Zeitungen aus, zum anderen arbeitet sie als Putzfrau.

Tab 3: Erwerbsstatus der Eltern

Erwerbsstatus der Eltern		Nicht erwerbstätig davon:		in unsicheren Arbeitsverhältnissen	Vollzeit erwerbstätig
		im Erziehungsjahr	arbeitslos gemeldet		
allein erziehende Mütter		3	4		1
Elternpaare, verheiratet/unverheiratet	Mütter	3	3		
	Väter		1	4	1

Betrachtet man das Bildungsniveau unserer Familien, so wird deutlich, dass die überwiegende Mehrheit der Mütter und Väter über berufliche Qualifikationen für einen Platz auf dem Arbeitsmarkt verfügen. Nur drei der Eltern, die Mutter von Dennis und die Väter von Theo und Karsten haben keine Berufsausbildung abgeschlossen. Die meisten Mütter (8) und einige Väter (3) verfügen über eine abgeschlossene Lehre. Dorothees Mutter hat sogar ein Hochschulstudium abgeschlossen. Vier Mütter und ein Vater besitzen einen Teilfacharbeiterabschluss, der erworben werden kann, wenn man über einen Schulabschluss der 8. Klasse verfügt.

Das bedarfsgewichtete Äquivalenzeinkommen (alte OECD-Skala) unserer Familien bewegt sich zwischen 304,- und 479,- Euro. Sie leben damit alle unterhalb bzw. dicht an der Armutsschwelle (50% Schwelle) – das für die Neuen Bundesländer für das 2000 ermittelte bedarfsgewichtete Äquivalenzeinkommen beträgt 936,- Euro, die Armutsschwelle liegt also bei 468,- Euro (Datenreport 2002: 582). Sechs unserer Familien befinden sich am unteren Ende der Skala, d.h. sie müssen ihren monatlichen Lebensunterhalt mit weniger als 225,- Euro pro Haushaltsmitglied[6] bestreiten (Tina, Theo, Rebecca, Erik, Karsten, Dennis).

Die familiären Einkommen setzen sich aus folgenden Positionen zusammen: Zehn der Familien beziehen laufende Hilfe zum Lebensunterhalt; da wir den Zugang zum Feld über das Sozialamt gewählt haben, stand eigentlich zu

---

6   Bei dieser Zahlenangabe handelt es sich um das (nicht bedarfsgewichtete) Pro-Kopf-Einkommen.

erwarten, dass dies in allen Familien der Fall sein würde. Wie sich bei Interviewbeginn herausstellte, war bei drei Familien der Sozialhilfebezug kurz zuvor weggefallen. In einem Fall hatte der Vater gerade einen Job bekommen und die Mutter eine ABM angefangen (Anja), in einem anderen war die Mutter aus betrieblichen Gründen neuerdings dazu gezwungen, Schicht zu arbeiten, wodurch sie etwas mehr Geld verdiente und infolgedessen aus dem Bezug von Sozialhilfe herausfiel (Anton). In einem dritten Fall wurde die Auszahlung von Sozialhilfe seitens des Sozialamtes eingestellt, da der ausländische Ehemann keine Arbeitsbescheinigung des Arbeitgebers vorlegen konnte (Theo). Eine weitere Familie kontaktierten wir dank der privaten Vermittlung einer bereits in die Untersuchung einbezogenen Familie. Hier, im Fall von Dennis' Mutter, wurde aus eigener Entscheidung und aufgrund von negativen persönlichen Erfahrungen mit dem Sozialamt auf den weiteren Bezug von Sozialhilfe verzichtet.

Weitere Einkommenspositionen sind in allen Fällen Kindergeld, in sechs Familien wird zudem Erziehungsgeld bezogen; neun Familien erhalten Wohngeld, drei der Familien haben Einkünfte aus regulärer Erwerbsarbeit. Im Fall von Dorothee stammen diese aus der Erwerbstätigkeit des Vaters, im Fall von Anja verdienen zu Beginn der Untersuchung beide Eltern – die Mutter hat eine ABM-Stelle erhalten, der Vater kam vor ein paar Monaten in einer Baufirma unter, wurde jedoch noch während unserer Interviewphase wieder entlassen. Im drittem Fall handelt es sich um die allein erziehende Mutter von Anton, die einer Vollzeiterwerbstätigkeit (jetzt Schichtarbeit) nachgeht. In drei weiteren Fällen (Rebecca, Konstantin, Dennis) bessern die Mütter das Einkommen mit Nebenjobs (Zeitungen austragen, Putzen) auf. Die Mutter von Dennis finanziert ihren und ihres Sohnes Lebensunterhalt weitgehend, indem sie zwei Jobs nachgeht. In vier unserer Familien werden Leistungen nach dem Arbeitsförderungsgesetz (AFG) bezogen – die Mutter von Konstantin bezieht Arbeitslosengeld, die Mütter von Tina und Theo sowie der Vater von Karsten erhalten Arbeitslosenhilfe. Hilfe in besonderen Lebenslagen nehmen fünf der Familien in Anspruch.

In beinahe allen Familien spielen Schulden ein Rolle. Zwei der an unserer Untersuchung beteiligten Familien zahlen einen Kredit fürs Haus ab. So haben Dorothees Eltern einen alten Bauernhof gekauft und Anjas Eltern einen Kredit zum Um- und Ausbau des elterlichen Wohnhauses, ebenfalls ein kleiner Bauernhof, aufgenommen. In mehreren Familien wurden Möbel (z.B. im Fall Konstantin, Sarah, Erik, Frank, Steffi) oder der Kauf eines Autos (Torsten, Steffi) auf diese Weise finanziert. Steffis Mutter trägt darüber hinaus die Schuldenlast ihres Exmannes ab, der zur Zeit ihrer Ehe in ihrem Namen Möbel gekauft hat. Die Familie von Theo hat Mietschulden. Der Vater von Rebecca hat in undurchsichtigen Geschäften private Schulden aufgehäuft. Die Eltern von Karsten haben einen Kredit aufgenommen, um sich die Eröffnung eines Geschäfts und damit einen wirtschaftlichen Neubeginn zu ermöglichen.

Alle hier betrachteten Familien befinden bzw. befanden sich länger als ein Jahr in ununterbrochenem Sozialhilfebezug, so dass man durchaus von Langzeitbezug sprechen kann. Bei drei der Familien währte der Bezug von Sozialhilfe noch unter zwei Jahren (Dorothee, Anton, Frank), in Franks Fall bezieht die Familie allerdings bereits zum wiederholten Mal laufende Hilfe zum Lebensunterhalt. Acht unserer Interviewfamilien befinden bzw. – im Falle von Dennis – befanden sich insgesamt schon länger als drei Jahre in Sozialhilfe; die Familien von Theo, Rebecca und Dennis beziehen gar, mit Unterbrechungen, über einen Zeitraum von sieben Jahren laufende Hilfe zum Lebensunterhalt. Wir befragten die Familien auch, wie sie in die Situation gekommen sind, Sozialhilfe zu beziehen. Zumeist erweist es sich als schwierig, hier ein einzelnes isoliertes Faktum als verantwortliche Ursache auszumachen. Dennoch kristallisiert sich in der Vielzahl der Fälle jeweils ein Ursachenkomplex heraus: Sieben der befragten Mütter mussten aufgrund der Geburt eines Kindes ihren Arbeitsplatz aufgeben und scheiterten bislang in ihrem Bemühen, wieder auf dem Arbeitsmarkt Fuß zu fassen (Tina, Theo, Torsten, Konstantin, Sarah, Frank, Steffi). Im Falle von Theo und Frank wird diese Situation noch durch die schlechten Aussichten der Stiefväter auf dem Arbeitsmarkt ergänzt; beiden gelingt es nicht, einen sicheren Arbeitsplatz zu erhalten. Auch bei den Familien von Rebecca, Anja (hier kommen noch Hausschulden hinzu), Dennis und Karsten spielt in erster Linie die Tatsache eine Rolle, dass man keinen sicheren Arbeitsplatz findet. Im Fall von Karstens Familie wird dies noch durch den Umstand des Kinderreichtums erschwert. Unzureichendes Erwerbseinkommen der allein erziehenden Mutter zwingt die Familie von Anton in den Sozialhilfebezug. Im Fall von Dorothee sind es die Schulden, die die Familie für den Kauf des Bauernhofes aufgenommen hat. Noch etwas anders liegt die Sache im Fall Eriks: Seine Mutter wurde infolge der Scheidung ihrer langjährigen Ehe zum Sozialhilfefall. Als Mutter von neun Kindern und im vorgerückten Alter von 48 Jahren hatte sie auf dem Arbeitsmarkt keine Chance.

Bei einigen der Familien treffen wir zudem auf eine Kumulation von Problemlagen: So ist der Stiefvater von Theo – dessen Mutter mit ihren 47 Jahren ebenfalls sehr geringe Chancen hat, auf dem Arbeitsmarkt noch einmal Fuß zu fassen – wegen seiner ausländischen Staatsbürgerschaft und seiner fehlenden Berufsausbildung auf Jobs in zwielichtigen Montagefirmen angewiesen, bei denen die Bezahlung nur sporadisch erfolgt und nicht selten gänzlich ausbleibt. Kulturelle und wohl auch altersmäßige Differenzen zwischen den Eheleuten (der Ehemann ist 14 Jahre jünger als Theos Mutter) und Antipathien zwischen Stiefkind und Stiefvater trüben zudem das Familienklima. Die Mutter von Theo ergibt sich in Verzweiflung und Depression, was zusätzlich zu einer Verschlechterung der Familienbeziehungen beitragen dürfte. Von sehr belastenden Aspekten ist auch das Familienklima im Fall von Rebeccas Familie geprägt. Der Vater, der in vielen Dingen – von der allgemeinen Lebenseinstellung bis zur der Kindererziehung – gegensätzliche Auffassungen zu seiner Frau vertritt, prügelt seine Frau wiederholt vor den Augen der Kinder. Zum Zeitpunkt der Interviews in der Familie ist er, nach einem letzten gewalttätigen Ausbruch, von der Familie getrennt und zudem (wegen seiner Geschäfte und daraus erwachsender Schulden) „flüchtig". Ähnlich schlimme Dinge erleben auch Steffi und ihre jüngeren Geschwister seit ihrer Geburt. Die wechselnden Männerbekanntschaften der Mutter und die verschiedenen Väter scheinen sich allesamt saufend und prügelnd durch ihr Familienleben bewegt zu haben. Der Noch-Exmann von Steffis Mutter ist derzeit in Haft, mit dem Vater des jüngsten Kindes und derzeitigen Freund der Mutter scheint sich die Situation nicht wesentlich verbessert zu haben. Steffi berichtet den InterviewerInnen von einem Alkoholexzess des Mannes der zwischen den beiden Interviewterminen stattfand und im Krankenhaus endete. Die Lebenssituation der Familie wird zusätzlich vergällt durch soziale Ausgrenzung in der Nachbarschaft, die mit Psychoterror und der Androhung von physischer Gewalt gegen die Kinder verbunden ist. Auch in Anjas Familie spielte Alkohol zumindest vor einiger Zeit noch eine ungute Rolle – ihr Vater, Alkoholiker und Epileptiker, gilt allerdings seit einigen Jahren als trocken und geheilt.

Wie aufgezeigt wurde, lebten alle Familien zum Zeitpunkt der Untersuchung in einer mehr oder weniger eingeschränkten materiellen Situation, die man im weiten Sinne als Armutslage bezeichnen kann. Die durch die objektive materielle Unterversorgungslage bedingten Einschränkungen variieren dabei in vielerlei Hinsicht: Sie variieren sowohl was die Reichweite der Einschränkungen und Unterversorgungen betrifft, als auch im Hinblick auf die jeweils im Vordergrund stehenden Unterversorgungsbereiche. Im Folgenden geht es nun darum, herauszuarbeiten, wie die prekäre finanzielle Situation, in der sich die Familien befinden, von den Eltern und von den Kindern wahrgenommen wird. Es wird darüber hinaus der Frage nachgegangen, ob und wie die Situation zwischen Eltern und Kindern in unseren Familien kommuniziert wird.

3.3 Die elterliche und die kindliche Sicht auf die Situation

Bei den von uns untersuchten Eltern überwiegt – wenn auch mit vielen Nuancierungen – die Wahrnehmung der Situation als zeitlich begrenzte Übergangsphase, so bspw. im Fall von Dorothees Familie. Hier handelt es sich um einen Fall, in dem die materielle Notlage durch eine Kreditaufnahme in Folge eines Hauskaufes eingetreten ist. Die Mutter von Dorothee sieht die seit etwa zwei Jahren gegebene materiell eingeschränkte Situation als missliches Zwischenstadium an; sie hofft auf eine Entspannung der Situation, sobald sich die

Rückzahlungsbedingungen verbessern und sich für sie selbst Zuverdienstmöglichkeiten ergeben, wenn die vier Kinder (das Jüngste ist gerade einmal ein halbes Jahr) aus dem Gröbsten raus sind. Ob beides tatsächlich eintreffen wird, erschien uns eher fraglich; dennoch wurde die Wahrnehmung der materiellen Lage durch die eher optimistische Zukunftseinschätzung positiv beeinflusst. Verschuldung und Kreditaufnahme spielt in einem anderen Fall eine entscheidende Zuversicht vermittelnde Rolle: Die Familie von Karsten hat sich verschuldet, um sich selbständig zu machen. Obwohl hier u.E. eine völlige Fehleinschätzung der mit der Kreditaufnahme verbundenen Risiken vorliegt, hat die aus der Sicht der Familie bevorstehende Chance einer Existenzgründung eine wesentlich entspanntere (weil hoffnungsvollere) Wahrnehmung der eigenen Situation zur Folge.

Als Übergangs- und Überbrückungsphase wird der Sozialhilfebezug von mehreren der von uns befragten Mütter vor allem deswegen wahrgenommen, weil sie vorübergehend – solange die Kinder klein sind – an einer Erwerbstätigkeit gehindert sind (Dorothee, Torsten, Konstantin, Sarah, Steffi). Auch wenn die zeitliche Perspektive für einen Wiedereinstieg in die Erwerbstätigkeit unterschiedlich gesehen wird, z.B. direkt nach der zweijährigen Phase des Erziehungsurlaubs (Torsten) oder erst wenn der Jüngste in die Schule kommt (Konstantin) – ist für die Wahrnehmung der Situation letztlich entscheidend, dass man sie als vorübergehend betrachtet. Auffällig ist dabei, dass die Mütter sehr vage Vorstellungen im Hinblick auf die eigenen Chancen auf dem Arbeitsmarkt haben und oftmals sehr wohl – dies scheint dem vordergründigen Optimismus der Rede vom Übergang zu widersprechen – eine Ahnung von der Schwierigkeit haben, wieder einen Platz auf dem Markt zu finden. Die meisten der Mütter legen diesbezüglich allerdings eine recht große Flexibilität an den Tag und schöpfen daraus wohl auch Zuversicht.

Das Gegenstück zu diesem Wahrnehmungsmuster, das die Situation als mehr oder weniger vorübergehend betrachtet, ist die mehr oder weniger perspektivlose Wahrnehmung der Situation als ausweglos. Deutlich wird dies vor allem bei der Mutter von Theo, die sich selbst bereits völlig aufgegeben hat, weil sie für sich keine Perspektive sieht. Sie ergeht sich diesbezüglich in beispiellosem Sarkasmus, weil sie auch längerfristig keine Chance sieht, einen Wiedereinstieg ins Erwerbsleben zu schaffen und damit auch keine Möglichkeit, dass sich in absehbarer Zeit ihre finanzielle Lage verbessern könnte. In der gegebenen Perspektivlosigkeit wird weniger die materielle Knappheit, die durch Mietschulden und den damit drohenden Verlust der Wohnung verschärft wird, als besonders belastend empfunden, sondern die Tatsache, dass sie damit vom eigenen Ehemann (der die Situation anders einschätzt) und von den Ämtern (insbesondere vom Sozialamt) allein gelassen wird.

Des Weiteren spielt für die Wahrnehmung der Situation auch die Verortung im Kontext gesellschaftlicher Positionszuweisung sowie das Erleben von gesellschaftlicher Inklusion versus gesellschaftlicher Exklusion eine wichtige Rolle. In dieser Hinsicht wird die Situation von einigen nicht nur als einschränkend, sondern auch als ungerecht und unfair empfunden. Zu denken ist dabei an die Mutter von Anton, deren materielle Situation dadurch geprägt ist, dass sie trotz vollzeitiger Erwerbstätigkeit Sozialhilfe bezieht, weil sie von ihrem Mann keinen Unterhalt für die Kinder bekommt. Dies hat zur Folge, dass sich ihr finanzieller Spielraum auch dann nicht verbessert, wenn sich einzelne Einkommenspositionen positiv verändern (z.B. das Kindergeld oder irgendeine Zulage)[7]. Als ungerecht und unzufriedenstellend wird die eigene materielle Situation vor allem auch von Karstens Eltern wahrgenommen, die den Staat und die Gesellschaft in der Pflicht sehen, für Mehrkindfamilien (in diesem Fall sind es sieben Kinder und der Mann ist teilweise erwerbsunfähig) entsprechend zu sorgen. Eine ähnlich begründete Unzufriedenheit mit der eigenen Situation artikuliert auch die allein erziehende Mutter von Sarah. Sie empfindet die Situation gewissermaßen als Bestrafung für eine Lebenssituation, die sie nicht allein zu verantworten hat. Wie die Eltern von Karsten sieht sie Staat und Gesellschaft stärker in der Pflicht und empfindet die Situation vor allem deshalb als ungerecht, *„weil der Staat Kinder will"*, aber letztlich nicht bereit ist, diejenigen, die Verantwortung für Kinder übernehmen, entsprechend zu unterstützen. In einem weiteren Fall (Anja) wird die eigene materiell eingeschränkte Situation vor allem im Vergleich zu AussiedlerInnen als ungerecht und benachteiligt wahrgenommen, weil davon ausgegangen wird, dass diese Gruppe von LeistungsempfängerInnen vom Sozialstaat privilegiert wird.

Hiermit bewegen wir uns allerdings bereits im Bereich des fließenden Übergangs von Wahrnehmungs- hin zu Deutungsmustern. Wie die eigene Situation gedeutet wird, steht nicht nur in Zusammenhang damit, wie die Einzelnen den Sozialhilfebezug in der eigenen Erfahrung und Wahrnehmung erleben, sondern auch wie sie generell die Konzeption von Sozialhilfe als sozialpolitische Leistung einschätzen. Beides verschränkt sich in der Wahrnehmung und Deutung der eigenen Situation, wobei von den interviewten Eltern (insbesondere Müttern) durchaus auch Abgrenzungen zu anderen LeistungsempfängerInnen vorgenommen werden. So grenzt man sich bewusst z.B. von einem „Sozialschmarotzertum" ab, welches man andernorts vermutet oder feststellt (Rebecca, Torsten) und durch welches man sich selbst diskreditiert fühlt. Hierfür spielen neben den unseren Familien im eigenen sozialen Milieu und Freundeskreis begegnenden Einstellungen zum Sozialhilfebezug auch die positiven oder negativen Erfahrungen mit den Sozialbehörden eine wichtige

---

[7] In Bezug auf die Kindergelderhöhung hat sich seit dem Interview insofern eine Veränderung ergeben, als die Anfang 2000 gewährte Erhöhung des Kindergeldes erstmals nicht auf die Sozialhilfe angerechnet wird. Siehe Familienförderungsgesetz 2000.

Rolle. Die meisten der untersuchten Familien berichten diesbezüglich von unangenehmen Erlebnissen (Tina, Theo, Torsten, Konstantin, Erik, Anton, Karsten, Steffi, Dennis). So fühlen sie sich von den zuständigen Ämtern allein gelassen und herablassend behandelt. Einige berichten auch davon, dass ihnen zustehende Leistungen verweigert wurden.

Es lassen sich fünf verschiedene Deutungsmuster herausarbeiten, die im Folgenden eingehender erörtert werden:

- Sozialhilfebezug wird als legitime Leistung in bestimmten Lebensphasen angesehen (vor allem wenn Erwerbstätigkeit wegen Kindererziehung nicht möglich ist);
- Sozialhilfebezug wird als sozialer Abstieg und als Teufelskreis von Abhängigkeit bis hin zu sozialer Ausgrenzung betrachtet;
- Sozialhilfebezug wird im Kontext von Kindererziehung als bessere Alternative zur Erwerbstätigkeit gewertet;
- Sozialhilfebezug wird als Überbrückung angesehen, um so schnell wie möglich wieder in die Erwerbsarbeit einzusteigen;
- die materiell eingeschränkte Lebenslage als Sozialhilfeempfängerin wird umgedeutet, d. h. im Kontext einer Lebensphilosophie betrachtet, die Konsumverzicht aufwertet.

Sozialhilfebezug wird von einem Teil der von uns interviewten Mütter als legitime staatliche Leistung in der gegebenen Lebensphase betrachtet. Für die Mutter von Konstantin haftet am Bezug von Sozialhilfe kein Makel, wenn dies durch Kindererziehung bedingt ist. Besonders pointiert vertreten wird diese Einstellung auch von Karstens Eltern, die aufgrund ihres Kinderreichtums die Erwartung als legitim ansehen, vom Staat alimentiert zu werden. Allerdings sind sie trotzdem bemüht durch Eigeninitiative (Idee einer Existenzgründung) aus der Situation herauszukommen. Als ziemlich ambivalent ist demgegenüber die Position von Sarahs Mutter einzuschätzen, die einerseits darauf pocht, dass Staat und Gesellschaft für die Leistung der Kindererziehung eine entsprechende materielle Honorierung bereitzustellen hätten, andererseits aber den Sozialhilfebezug als Schritt in die Abhängigkeit und als „Bestrafung" betrachtet. Sie sieht die Situation des familiären Sozialhilfebezugs als einen Teufelskreis, der nicht nur durch materielle Abhängigkeit geprägt ist, sondern in den sozialen Abstieg führt. Für sie ist Sozialhilfebezug vor allem auch deshalb so negativ konnotiert, weil der eigene Entscheidungs- und Dispositionsspielraum sowie die sozialen Kontakte dadurch eingeengt werden. Nicht zuletzt wird in ihren Augen dadurch auch die Möglichkeit begrenzt, einen neuen Partner kennen zu lernen. In diesem Zusammenhang spricht sie von sozialer Ausgrenzung. Ähnlich negativ bewertet und empfunden wird der Sozialhilfebezug von Dennis' Mutter, die deshalb auf eine erneute Antragsstellung verzichtet; sie zieht es daher vor, ohne Sozialhilfe zurecht zu kommen, um unabhängiger zu sein und sich nichts vorhalten lassen zu müssen. Als sozialer Abstieg begriffen und mit Scham verbunden wird das Leben von der Sozialhilfe auch von Torstens Mutter, die ebenfalls teilweise schlechte Erfahrungen mit dem Sozialamt gemacht hat. Soziale Scham ist auch im Spiel, wenn Theos Mutter vor Verwandten und Bekannten den Tatbestand des Sozialhilfebezugs verschweigt und bemüht ist, finanzielle Unbeschwertheit vorzutäuschen. Ebenso behandeln Anjas Eltern die finanziellen Probleme und den Bezug von Sozialhilfe als Familieninterna, und sind bemüht, diese Dinge vor den Nachbarn und der Dorfgemeinschaft verborgen zu halten.

Demgegenüber wird der Sozialhilfebezug von Rebeccas Mutter in der Phase der Kindererziehung als die bessere Alternative zur Erwerbstätigkeit angesehen. In ihrem Fall würde sich die materielle Situation durch eine Erwerbstätigkeit in der Tat kaum verbessern. Im Gegenteil, da sie zu derjenigen Gruppe zählt, die mit der materiell eingeschränkten Lebenssituation sehr produktiv und gestaltend umzugehen weiß, ist eher davon auszugehen, dass verschiedene Kompensationsmöglichkeiten bei einer Erwerbstätigkeit nicht mehr gegeben wären. So explizit wie in diesem Fall wird in anderen Fällen diese Wertung nicht vorgenommen. Mehrere der interviewten Mütter betrachten den Sozialhilfebezug jedoch – wie bereits ausgeführt – als Überbrückungsmöglichkeit bis zu dem Zeitpunkt, zu dem ihnen ein Wiedereinstieg ins Erwerbsleben gelingt. Sie möchten, sobald es die familiäre Situation erlaubt und sich eine Chance bietet, wieder ins Erwerbsleben einsteigen.

Der Wunsch, wieder erwerbstätig zu sein, wird dabei mit unterschiedlichen Strategien verfolgt: Da sind bspw. die Mütter von Konstantin, Sarah oder Erik, die gerne was anderes machen würden, d. h. eine Umschulung oder eine neue berufliche Perspektive anstreben; da ist Torstens Mutter, die gerne wieder in ihrem alten Beruf arbeiten würde, aber wenn sich nichts findet, auch bereit wäre, was anderes anzunehmen. Bei allen diesen Frauen wird jedoch deutlich, dass ihre Pläne nicht von großem Optimismus geprägt sind.

Daneben gibt es aber noch die Gruppe derjenigen, die sich von vornherein nur geringe Chancen auf dem Arbeitsmarkt ausmalen und die daher bereit wären, fast alles anzunehmen (Hauptsache Arbeit und eigenes Geld) und die erklären, dass sie für wenig(er) Geld arbeiten würden, wenn daraus eine Perspektive entstünde. Manch eine erhofft sich auch über eine ABM oder eine Maßnahme im Rahmen der Hilfe-zur-Arbeit einen möglichen Wiedereinstieg ins Erwerbsleben.

Neben diesen Deutungsmustern, die letztlich in der Gesellschaft verankerte Vorstellungen vom Sozialhilfebezug widerspiegeln, haben wir als weitere Umgangsweise einen Deutungstypus ausgemacht, der auf eine Umdeutung der Situation bedacht ist. Besonders ausgeprägt ist dies bei der Mutter von Rebecca festzustellen, die sich auf eine konsumkritische Lebensphilosophie bezieht und sich so von der Wegwerfgesellschaft abgrenzt. Indem sie vorgibt, auf vieles verzichten zu können – was sie sich objektiv auch nicht leisten könnte – deutet sie ihre Situation als scheinbar bewusst gewählten Lebensstil um. Ein ähnliches Deutungsmuster finden wir bei Dorothees Mutter, allerdings wesentlich widersprüchlicher formuliert. Sie benutzt die mit einem alternativ-anthroposophischen Lebensstil verbundene Ablehnung einer konsumorientierten Lebensweise als Hilfsargument, um ihren Kindern gegenüber (und teilweise wohl auch sich selbst) den Verzicht auf bestimmte Dinge zu begründen.

Zusammenfassend kann man festhalten, dass wir letztlich zwei Gruppen von Deutungsmustern festgestellt haben: Einerseits Deutungsmuster, die auf einer Akzeptanz der Sozialhilfe als legitimer staatlicher Leistung in bestimmten Lebenssituationen basieren und andererseits Deutungsmuster, in denen der Sozialhilfebezug negativ besetzt ist, sei es, dass er als sozialer Abstieg betrachtet oder die Situation des Hilfebezugs verleugnet oder umgedeutet wird.

Wie nehmen nun die befragten Kinder die familiäre Situation, genauer die materielle Situation ihrer Familie wahr? Die Mehrheit der Kinder weiß darum, dass ihre Familie nicht genügend Geld zur Verfügung hat. Sie bemerken nahezu alle in irgendeiner Weise, dass ihre Eltern Stress haben, weil zu wenig Geld da ist, bzw. dass sie sich Sorgen machen, ob sie mit dem Geld auskommen. Eine Ausnahme bilden Dorothee, die von den finanziellen Nöten ihrer Eltern nichts mitbekommt, und Anja, die vorgibt, hierüber nichts zu wissen. Im Falle Dorothees geht die Nichtwahrnehmung finanzieller Beschränkungen u. E. damit einher, dass die konsumkritische Einstellung der Eltern den Einschränkungsgrund in den Augen der Kinder verlagert. Hier steht der Wille der Eltern vor der Befriedigung bestimmter Bedürfnisse, von denen dann nicht mehr thematisiert wird, ob man sie sich leisten kann. Ganz anders verhält es sich dagegen mit dem „Nichtwissen" von Anja. Die finanzielle Mangelsituation ist innerfamiliär bekannt, wenn auch nicht offen kommuniziert, so doch zumindest nicht tabuisiert. Nach außen ist die Finanzsituation jedoch ein strenges Tabuthema.

Ambivalenter werden die Aussagen der Kinder in Bezug darauf, ob sie ihre Familie als arm ansehen. Ganz eindeutig Position beziehen hier Rebecca, Steffi und Anton, die sowohl der Aussage zustimmen „Unsere Familie ist arm" (auch wenn Anton hier einschränkend bemerkt „*Mal ja, mal nein, so arm sind wir nämlich auch nicht*"), als auch auf die Frage „Wer ist denn für Dich arm?" eine Selbstzuschreibung in der Form vornehmen, dass sie ihre Mutti (Steffi, Rebecca) bzw. ihre Familie („*Wir*", Anton) benennen. Ebenfalls ziemlich eindeutig beantwortet Dennis beide Fragen in diese Richtung. Im Unterschied zu den vorhergenannten Kindern, kann er zunächst mit der Frage, wer in seinen Augen arm sei, nichts anfangen: „*weiß nich im Moment wer*". Auf die Nachfrage „Seid ihr reich oder arm" hat er wiederum keine Schwierigkeiten sich einzuordnen. Widersprüchliche Aussagen macht einerseits Torsten, der zwar der Aussage zustimmt, dass seine Familie arm ist, auf die

Frage, wer seiner Meinung nach arm ist, aber antwortet „*ich nich*" und „*kenn noch niemand*". Genau gegenteilig verhält es sich bei Tina und Theo, die verneinen, dass ihre Familie arm ist, denen aber auf die Frage, wer für sie arm sei, ihre eigene Familie einfällt.

Von den übrigen Kindern wird der Begriff „arm" für ihre Familie abgelehnt, wobei Sarah, Konstantin und Erik andere Menschen als arm bezeichnen, so bspw. Obdachlose, Menschen in Tschernobyl, in Afrika oder auch eine konkrete Familie aus der Nachbarschaft. Anja und Karsten sagen, dass sie niemanden kennen, der arm ist. Dorothee antwortet mit „*weiß nicht*".

Betrachtet man die Situation in den Interviewfamilien darauf hin, ob eine Eltern-Kind-Kommunikation über die schwierige finanzielle Situation, in der die Familie lebt, stattfindet, so lässt sich Folgendes feststellen: Gegenüber den Kindern ganz offen als problematisch thematisiert wird die Situation von den Müttern bei Steffi, Rebecca und Dennis. Auch Antons Mutter spricht mit ihren beiden Kindern offen über die finanziell schwierige Lage, in der sie sich befinden, wobei diese, aufgrund der bestehenden Arbeitsplatz- und damit Einkommenssicherheit, in den Augen von Mutter und Kind eine etwas geringere Dramatik beinhaltet. Wie wir gesehen haben, sind dies genau die Kinder, die für sich und ihre Familie die Zuschreibung „arm" vornehmen. Konkrete Engpässe in der finanziellen Versorgung sind aber auch Thema in den Familien von Sarah, Konstantin und Erik, wobei hier das Problem von den allein erziehenden Müttern in der Regel nur dann zur Sprache gebracht wird, wenn dem Kind gegenüber begründet werden muss, dass man sich dieses oder jenes Bedürfnis nicht erfüllen könne. Kein Thema ist die materielle Lage dagegen in den Elternhäusern der anderen Kinder. Die Eltern von Tina, Theo, Dorothee, Torsten, Anja, Frank und Karsten vertreten im wesentlichen die Ansicht, dass ihre Kinder zu klein seien und sie diese Dinge noch nichts angingen. Sie gehen davon aus, dass die problematische Situation in der sich die Familie befindet, von ihren Kindern nicht wahrgenommen werde. Diese Einschätzung wird, wie schon erwähnt, von ihren Kindern (mit Ausnahme von Dorothee und Anja) Lügen gestraft. Die Mutter von Theo geht dabei noch einen Schritt weiter, indem sie es sich explizit zum Programm macht, ihrem Sohn nichts merken zu lassen, und die, in ihrem Fall wirklich existenzbedrohende Züge annehmende materielle Situation vor Theo um jeden Preis geheim zu halten. Wie man den Aussagen von Theo entnehmen kann (siehe oben), gelingt ihr dies nicht.

Eltern bzw. Mütter und Kinder nehmen die materielle Situation also unterschiedlich wahr, teilweise wohl auch deshalb, weil sie sich für die einzelnen Familienmitglieder unterschiedlich darstellt. Dies wird im Folgenden näher zu analysieren sowie zu interpretieren sein.

4. Kinderleben in Armutslagen – Ergebnisse einer empirischen Studie

4.1 Analyse der Lebenslagen aus der Perspektive der Kinder

Der Versuch, das Lebenslagekonzept auf Kinder zu übertragen, ist nicht ohne Tücken. Die Hauptschwierigkeit sehen wir darin, dass Lebensumstände, die sich bei Erwachsenen als Einschränkungen ihrer Handlungsmöglichkeiten darstellen, für Kinder in einer benachteiligten Familie zugleich Auswirkungen auf die emotionale, kognitive, soziale und kulturelle Entwicklung, d. h. auf ihre Entwicklungspotentiale haben (können). Indem elterliche Benachteiligung kindliche Entwicklungspotentiale restringiert, hat sie strukturelle Auswirkungen auf Inhalte und Formen der kindlichen Aneignung von sozialer und physischer Welt. Diese dauerhaften und strukturbildenden Wirkungen auf die Identität und die Entwicklung der Person dürften nur in Längsschnitt-Studien genauer zu untersuchen sein (vgl. Walper 1995, 1998, 1999). Auf Grund unseres Forschungsdesigns ist es jedoch möglich, die aktuelle Beschaffenheit kindlicher Erlebens- und Erfahrungsräume in ihrem Verhältnis zur familialen Rahmung und Gestaltung zu analysieren.

Die gegenwärtigen Auswirkungen auf die kindlichen Sozialisationsbereiche von Familie, Schule und Gleichaltrigenbeziehungen lassen sich als Formen und Graduierungen von Benachteiligungen in wichtigen Lebensbereichen des Kindes darstellen und in ihren Wechselwirkungen wie partiellen Selbständigkeiten diskutieren. Auch in Bezug auf die aktuelle Lebenssituation der Kinder gehen wir von einer grundsätzlichen, analytischen Differenz zur elterlichen Lebenssituation aus und untersuchen die kindlichen Spielräume im Kontext gegebener Generationenverhältnisse. Bei der Analyse der kindlichen Lebenslagen werden wir immer auch die Reichweite elterlicher Kompensationsstrategien und die Einflussmöglichkeiten von familialen und kindlichen Netzwerken zu berücksichtigen haben. Die Erweiterungen bzw. Verengungen kindlicher Handlungsspielräume scheinen uns in diesen Strukturierungen zu liegen.

Im Folgenden sollen zur Beschreibung der Lebenslage von Kindern die von uns – in Abwandlung des Spielräumekonzeptes von Nahnsen – entwickelten Kategorien zugrunde gelegt werden.[1] Nahnsen hat das Lebenslagekonzept von Weisser dadurch weiterentwickelt, dass sie es durch die analyti-

---

1   Siehe dazu unsere Ausführungen in Kapitel 2.

sche Unterscheidung verschiedener Spielräume konkretisiert und vor allem zu operationalisieren versucht hat. Zugleich hat sie – stärker als Weisser – dem „subjektiven Faktor" (also dem Handlungs- und Bewältigungsaspekt) dabei eine wichtige Rolle zugeschrieben (vgl. Krieger 1993).

Auch wir gehen davon aus, dass es bei der Erfassung der Lebenslage von Kindern um beides geht, um

a) die objektive Seite, d. h. welche strukturellen Bedingungen sind dem Kind gesetzt, kann es also nur eingeschränkt beeinflussen
b) und die subjektive Seite, d. h. die persönliche Wahrnehmung und Verarbeitung (vgl. Chassé 1998: 31)

In Anlehnung an Nahnsen sind dabei folgende Dimensionen zu berücksichtigen, die wir in der Analyse getrennt darstellen:
1) Versorgungs- und Einkommensspielraum
2) Kontakt- und Kooperationsspielraum
3) Regenerations- und Mußespielraum
4) Erfahrungs- und Lernspielraum
5) Dispositions- und Entscheidungsspielraum.[2]

Bei der Interpretation der Kinderaussagen, die für uns einen zentralen Stellenwert haben, waren folgende Fragen erkenntnisleitend:

- Welche Einschränkungen nehmen Kinder in den unterschiedlichen Dimensionen ihrer Lebenslage bzw. in den unterschiedlichen Spielräumen wahr?
- In welcher Weise nehmen sie diese Einschränkungen als Defizite wahr und wie reagieren sie darauf?
- Was ist ihnen nicht zugänglich an Gegenständen, Beziehungen, Strukturen? Welche Einschränkungen erfahren sie dabei?
- Welche Zugänge zur „Kinderwelt", zur sozialen und physischen Welt sind möglich, welche werden ihnen – aufgrund der benachteiligten Lebenslage – erschwert oder verwehrt?
- Was beeinträchtigt erheblich das gegenwärtige Leben und Wohlbefinden der Kinder bzw. ihre Lebenschancen?
- Welche Bewältigungsstrategien entwickeln sie im Umgang mit der Situation?

---

2 Siehe dazu jeweils auch die Variablen bei Krieger (1993: 117 ff.)

- Wir werden diese Fragen immer auch in eine vergleichende Perspektive stellen, d. h. ausgehend von den Informationen, die wir im Elterninterview erhalten haben, werden wir die Lebenslage der Kinder in Relation zur Lebenslage der Familie betrachten. Als gesichert gelten kann dabei die sozialwissenschaftliche Erkenntnis, dass Familien nicht durch homogene soziale Lagen gekennzeichnet sein müssen. So bezweifelt beispielsweise Rerrich, *„dass Familien einheitliche Gebilde darstellen, die allen Familienmitgliedern in der Regel gleiche Lebenschancen ermöglichen"* (Rerrich zit. n. Wilk/Bacher 1994: 133). Es wird also zu beachten sein, wie die verfügbaren Ressourcen innerfamiliär verteilt bzw. zugeteilt werden.

Vorwegnehmend formulieren wir folgende Hypothesen zur Lebenslage der Kinder:

1) Kinder sind für die Gestaltung ihrer Lebenslage auf die familiären Ressourcen angewiesen; dies gilt in besonderem Maße für die materiellen Ressourcen, aber auch für die sozialen und kulturellen Ressourcen.
2) Ausschlaggebend ist dabei nicht nur, welche Ressourcen gesamtfamiliär vorhanden und zugänglich sind, sondern wie die erwachsenen Familienmitglieder damit umgehen und welche Prioritäten sie bei der Nutzung der Ressourcen setzen, d. h. welche Bedürfnisse von ihnen in welcher Rangordnung befriedigt werden und wie sie die vorhandenen bzw. zugänglichen Ressourcen innerfamiliär zuteilen.
3) Die Lebenslage einer Familie ist daher nicht als homogen zu betrachten, sondern sie kann sich für die einzelnen Familienmitglieder unterschiedlich darstellen – in Folge der unterschiedlichen Zuteilung durch die Erwachsenen, aber auch durch subjektive Gestaltungspotentiale und Bewältigungsmuster der einzelnen Mitglieder. Hiermit wird das intergenerationelle Machtgefälle als analytische Kategorie der Untersuchung familialer Ungleichheit thematisiert.

Die (Handlungs-)Spielräume der Kinder müssen nicht grundsätzlich in gleichgerichteter und gleichstarker Weise wie die der Eltern/Erwachsenen beeinträchtigt und beschränkt werden. Es stellt sich die Frage, welche alters-, netzwerk- und milieuabhängigen Möglichkeiten haben Kinder, ihre Spielräume zu gestalten bzw. zu erweitern? Gelingt es ihnen, einen Selbständigkeitsraum neben der benachteiligten Familie zu schaffen?

4.2 Materielle Einschränkungen

4.2.1 Einschränkungen in den Versorgungsbereichen: Ernährung, Kleidung, Wohnen

A) Allgemeine Betrachtungen

Die Versorgung eines Haushalts bzw. einer Familie mit lebensnotwendigen und anderen Gütern hängt in starkem Maße von ihrer Einkommenssituation ab. Daneben gibt es auch andere Ressourcen – wie z. B. die Unterstützung durch soziale Netzwerke, Tauschmöglichkeiten und die Mobilisierung unwerter Gegenstände, mit denen die Versorgungssituation verbessert werden kann. Die Eltern bzw. Familien unserer untersuchten Kinder partizipieren zum Teil in erheblichem Ausmaß von solchen Ressourcen. Großeltern und andere Verwandte können durch direkte monetäre Transfers, aber auch durch Kleiderkauf für die Kinder, durch Freizeitgestaltung und Urlaub mit den Kindern erheblich zu einer materiellen Entlastung beitragen. Nichteheliche Lebenspartner, die nicht oder nur zeitweise mit im Haushalt wohnen, haben häufig ebenfalls einen Anteil an der Entlastung unserer Familien. Tauschmöglichkeiten zwischen verschiedenen Eltern (Kinderbekleidung, Spielzeug usw.) und organisierte Tauschringe stellen weitere Möglichkeiten dar, die Einkommensspielräume durch Nutzung externer Ressourcen zu verbessern. So ermöglicht es der Zugang zu einer Sammelstelle für Kleidung, Hausrat und Spielzeug einer Mutter unserer Untersuchungsgruppe, in diesen Bereichen fast keine Ausgaben zu tätigen und somit die Ressourcen der Familie zu erhöhen. Auf der anderen Seite gibt es aber auch Familien, die keine Gelegenheit haben, solche Ressourcen zu mobilisieren, so dass die einkommensbezogene Benachteiligung gleichsam „voll durchschlägt" und kaum noch durch elterliches Management von den Kindern abgehalten werden kann.

Die kindliche Lebenslage wird also nicht nur durch die „objektive" Lage der Familie vorgegeben, sondern auch durch das Haushaltsmanagement der Eltern – in der Regel der Mütter – mit gestaltet und über unterschiedliche kommunikative sowie handlungsbezogene Strategien zwischen Eltern und Kindern vermittelt. Die Möglichkeit von Kindern im Grundschulalter – als aktiv ihre Lebenslage mitgestaltende Subjekte – auf ihre Einkommens- und Versorgungssituation Einfluss zu nehmen, halten wir für eher begrenzt. Dennoch tragen die Kinder durch die spezifische Art und Weise, wie sie mit der gegebenen Situation umgehen, zur Ausgestaltung ihrer Lebenslage bei.

Dabei ist zu berücksichtigen, dass aus der Perspektive der Kinder die Versorgung in den Bereichen Ernährung, Kleidung und Wohnen möglicherweise anders gesehen wird, als von den Erwachsenen. Ist es für Erwachsene erstrebenswert, Kindern eine gesunde oder zumindest ausreichende Ernährung anbieten zu können, so fehlt den Kindern möglicherweise gerade das Eis, für das es nicht mehr reicht. Im Rahmen des elterlichen Knappheitsmanagements klagen so manche Kinder mit ihrem Bedarf an Süßigkeiten symbolisch elterliche Zuwendung oder auch bescheidene Spielräume hinsichtlich eines ernährungsphysiologisch sicherlich überflüssigen Gutes ein. Solche Differenzen lassen sich nur im Kontext des familialen Umgangs mit notwendigen Einschränkungen einschätzen, wobei die Offenheit der Kommunikation zwischen Eltern und Kindern eine wichtige Rolle spielt. Auch bezüglich der Kleidung haben Erwachsene – jedenfalls wenn es darum geht, möglichst sparsam zu haushalten – eine eher funktionale Einstellung: Kleidung soll maßgerecht, witterungsangepasst und sauber sein. So haben die meisten Erwachsenen – vor allem vor dem Hintergrund eines knappen Haushaltsbudgets – weniger Probleme, Kinder mit gebrauchten Kleidern auszustatten. Für die Kinder steht jedoch möglicherweise der mit Kleidung symbolisierte soziale Status im Vordergrund, d. h. das positive oder negative Ansehen, das mit dem Tragen bestimmter Kleidung verbunden ist. Wenn alle anderen Markenklamotten und „coole Kleider" tragen, möchte man nicht hinten anstehen. Für einzelne unserer Kinder haben diese (und andere) kinderkulturelle Symboliken eine außerordentliche Bedeutung. Es ist anzunehmen, dass das Gewicht, das die Kinder diesen Symboliken beimessen, mit ihrer Integration in die unterschiedlichen Gleichaltrigengruppen zusammenhängt.

In Bezug auf den Alltag der Kinder spricht man in der modernen Kindheitsforschung von einer Verhäuslichung als allgemeinem Trend der letzten 40 Jahre. Die sozialräumliche Umwelt der Kinder und der kindliche Alltag haben sich insgesamt in der Richtung verändert, dass die Wohnung und speziell der Raum der Kinder innerhalb der Wohnung mit neuen Funktionen versehen wurde. So stellen insbesondere die Mediennutzung, die Erledigung von Hausaufgaben (falls nicht im Hort) und jener Teil kindlicher Spiele, der mit Medien verbunden oder an sachliche Vorgaben wie z. B. Figuren) gebunden ist, neue Anforderungen an die familiären Wohnverhältnisse. Kinder haben in bezug auf die Nutzung des Wohnraums eigene Bedürfnisse.

Spielen aus der Perspektive von Erwachsenen hinsichtlich der Wohnung Aspekte wie Größe, Qualität, Zuschnitt, Lage, Wohnumfeld oder Miethöhe eine wichtige Rolle für die Beurteilung der Wohnqualität, konzentrieren sich aus der Perspektive der Kinder die Beurteilungsmaßstäbe auf andere Aspekte: ob sie ein Zimmer für sich haben, ob sie Rückzugsmöglichkeiten haben (z. B. um Hausarbeiten zu machen) oder ob es in der Wohnung und im Wohnumfeld Spielmöglichkeiten gibt. Teilweise hängt es aber auch von der Einstellung der Eltern bzw. der familiären Situation ab, ob die Kinder in der Wohnung toben, ob sie dort mit Freunden spielen und ob Freunde bei ihnen übernachten dürfen, ob es möglich ist, in der Wohnung Geburtstage zu feiern.

Wir haben den Kindern sowohl im Leitfadeninterview, aber auch in den verschiedenen ergänzenden Befragungselementen die Möglichkeit gegeben, uns mitzuteilen, wie sie ihre Versorgungssituation in den verschiedenen Bereichen (Ernährung, Kleidung, Wohnen) selbst wahrnehmen und werden im Folgenden vor allem ihre Perspektive herausarbeiten.

B) Auswertungsergebnisse

Meist wurde der Aspekt der *Ernährung* durch die Mütter angesprochen, indem sie uns Auskunft über die Einteilung der Haushaltmittel gaben. Insgesamt ist die Ernährung der Kinder derjenige Bereich der familialen Lebenslage, bei dem am ehesten von Seiten der Eltern versucht wird, Einschränkungen zu vermeiden. Die Ernährungsgewohnheiten der untersuchten Familien sind jedoch nach unserer Einschätzung oft auch dann nicht optimal, wenn in der Einschätzung der Eltern keine Einschränkungen vorgenommen werden. Dies bezieht sich sowohl auf die Qualität und Ausgewogenheit der Ernährung wie auf die Regelmäßigkeit und die Einbindung in einen strukturierten Tagesablauf, der den Kindern einen Rahmen von Alltagsstruktur vorgibt. In einigen Fällen wird durchaus zugegeben, dass an der Ernährung gespart werden muss; vereinzelt lässt sich auch beobachten, dass es in finanziell besonders angespannten Situationen echte Versorgungsengpässe gibt. Hinsichtlich ihrer Ernährung sind die Kinder weitgehend davon abhängig, welchen Stellenwert die Mütter ihr angesichts des knappen Haushaltsbudgets einräumen. Insofern ist nachfolgend weniger danach zu fragen, welchen Spielraum die Kinder in diesem Bereich haben, als herauszuarbeiten, wie und ob sie Unregelmäßigkeiten und Einschränkungen in diesem Bereich wahrnehmen und wie sie diese thematisieren.

In Bezug auf die Ernährung haben wir verschiedene Auswirkungen auf die Kinder vorgefunden. So haben wir Fälle, in denen es ganz offensichtlich häufiger Engpässe bei der Versorgung mit Essen gibt, wie in der Familie von Steffi. Ihre Mutter veranschlagt im Interview etwa 150,- bis 200,- Euro monatlich fürs Essen für eine vierköpfige Familie, wobei der älteste Sohn (er wäre das fünfte Familienmitglied) ohnehin bei der Großmutter lebt. Es scheint offensichtlich Unregelmäßigkeiten beim Essen zu geben. So antwortet Steffi auf die Frage, woran sie merke, dass ihre Mutter arm sei: *„Indem sie kein Geld hat"* und vor allem daran, dass *„der Kühlschrank leer is"* (KXIII/2, S.18). Wie sehr das Kind diesen Mangel erfährt, kann man auch daran erkennen, dass es die Tante L. als reich bezeichnet, weil sie mehr zu essen habe. Auch würde Steffi wohl gerne öfters was anderes essen, als vorrätig ist. Dass Essen in der Familie von Steffi ein knappes Gut zu sein scheint, wird auch ein weiteres Mal deutlich, als sie auf die Frage *„Gibt es etwas, was Du und Deine Familie braucht, sich aber nicht kaufen kann?"* wiederum auf das Essen verweist. (KXIII/2, S. 19). In diesem Fall nimmt das Kind eindeutig den Versorgungsengpass wahr und thematisiert ihn verschiedentlich als solchen, d. h. es führt den Mangel auf Geldknappheit zurück.

Häufig thematisiert wird das Essen auch von Karsten – wenngleich nicht so direkt unter dem Aspekt, dass es am Essen mangelt. Karsten lebt in einer kinderreichen Familie mit 6 Geschwistern, da kann das Essen auch deshalb schnell zur Mangelware werden. Auf jeden Fall freut Karsten sich darauf, dass sich die Eltern mit einem Lebensmittelgeschäft selbständig machen wollen. Das findet er praktisch, weil er hofft, dann immer im Geschäft was essen zu können. Karstens Eltern geben an, beim Essen in der Hinsicht zu sparen, dass sie das Billigste vom Billigsten kaufen, damit es reicht. Es ist nicht der einzige, aber wohl der krasseste Fall, in dem die Eltern die Verminderung der Qualität der Ernährung als familiale Bewältigungsstrategie nutzen. Wir haben also auch mehrere Fälle, wo auf Kosten der Qualität, die nötige Quantität an Nahrungsmitteln gesichert wird.

Einige unserer Familien haben Schwierigkeiten, das Essensgeld für Schule oder Hort aufzubringen. Das ist übrigens auch bei Karsten der Fall, der zugibt, dass er nicht immer zu Mittag isst, weil er das Essensgeld nicht regelmäßig bezahlt. Die Kinder räumen das fehlende Mittagessen nur ungern ein; sie versuchen es beispielsweise mit der mangelnden Qualität des außerhäuslichen Essens (*„es schmeckt nicht"*) oder mit ihrem fehlenden Appetit zu rechtfertigen. Das Thema ist ihnen offensichtlich peinlich.

Etwas anders verhält es sich bei auftretenden Unregelmäßigkeiten in der Essensversorgung; hierfür liefern die Kinder unterschiedlichste Begründungen. Unsere Kinder gehen morgens mehrheitlich ohne Frühstück außer Haus und essen erst in der Schule ihr Pausenbrot, sofern sie eines dabei haben. Zu diesen Kindern gehören Steffi, Rebecca, Sarah, Torsten, Frank und Karsten; manchmal vergessen sie aber ihr am Abendbrottisch geschmiertes Pausenbrot im Kühlschrank. Auch Dennis geht morgens ohne Frühstück zur Schule, weil er und seine Mutter – wie er es darstellt – früh los müssen. Er nimmt nicht immer ein Pausenbrot mit, weil er es – seiner Aussage zufolge – vergisst oder manchmal keinen Hunger hat. An den Wochentagen, an denen die Mutter bereits zur Frühschicht ist, gehen ebenfalls Anton und seine Schwester morgens ohne Essen aus dem Haus. Sie vergessen das Frühstücken, weil sie fern sehen oder mit dem Gameboy spielen. Auch Konstantin schaut mit seinen Brüdern vor der Schule fern und knabbert dazu ein paar Kekse; seine Mutter steht wohl erst später auf. In diesen letztgenannten Fällen ist es vor allem die mangelnde Versorgungsstruktur, die bei den Kindern gewissermaßen zu einer "vernachlässigenden" Haltung in der "Esskultur" führt.

Wir haben auch Fälle, in denen Engpässe bei der Ernährung durch den Rückgriff auf verwandtschaftliche Netzwerke ausgeglichen werden. Wenn nichts zum Essen im Hause ist, dann springt bei Steffi und ihren Geschwistern häufig die Oma ein, die zum Glück um die Ecke wohnt. Dennis Mutter zahlt der Oma, bei der sie vorübergehend mit ihrem Sohn lebt, ein Essensgeld. Franks Mutter bekommt von ihren Eltern, die auf dem Dorf leben, häufig Lebensmittel aus eigenem Anbau.

In einem Fall werden öffentliche Angebote genutzt – Dennis geht ab und zu mit seinem Opa zu einer kostenlosen Essensausgabe (Tafel), die auf der Basis eingesammelter Nahrungsreste in Restaurants oder Läden bedürftigen Menschen Essen zur Verfügung stellt. Auch von ihm wird das Thema Essen im Interview problematisiert. Auf die Frage, warum seine Mutter wenig Geld habe, antwortet er:

„Weil, wir haben nicht so viel Geld wie die anderen und find ich eben blöd, weil wir das ganze Geld fürs Essen ausgeben müssen und für den Hausausbau in W., und dann haben wir nichts mehr zum Essen dann. Und das find ich blöd." (KXIV/2, S.14).

Während die Eltern/Mütter bei der *Kleidung* häufig eher sparsam sein möchten – so im Fall von Tina, Theo, Dorothee, Rebecca, Torsten, Anja, Anton, Frank und Dennis – und auch auf getragene Kleider aus der Kleiderkammer oder Tauschbörse, auf Sonderangebote oder gefälschte Markenklamotten vom Tschechenmarkt zurückgreifen wollen, haben die Kinder – weil sie sich mit Gleichaltrigen vergleichen – eher Probleme damit, dass sie diesbezüglich zurückstecken sollen. Häufiger als bei der Ernährung äußern die Kinder in der Kleiderfrage, dass sie hier Wünsche hätten, die nicht erfüllt werden können. Drei Mädchen und vier Jungen äußern explizit, dass sie auch gerne so „coole Klamotten" hätten wie die anderen Kinder. Altersmäßig sind dies keineswegs nur die größeren Kinder, sondern auch die Sieben- und Achtjährigen (Rebecca, Torsten, Frank, Dennis) würden sich offensichtlich gerne anders kleiden, als es die familialen Verhältnisse zulassen. Das Thema „Markenklamotten" scheint dabei sowohl die Mütter als auch die Kinder in erheblichem Maße zu beschäftigen.

Die Eltern haben unterschiedliche Strategien. Ein großer Teil der Mütter erkennt die symbolische Bedeutung, die Kleidung für die Kinder in kinderkultureller Hinsicht einerseits und bezogen auf ihre soziale Integration allgemein hat, an und versucht, den Kindern den Besitz solcher Kleidungsstücke zu ermöglichen. Einzelne Eltern verfolgen die Strategie, ihren Kindern einige wenige besondere Kleidungsstücke zu kaufen, die dann auch teurer sein dürfen; andere versuchen mit dem Kauf von gefälschter Markenware, mit gebrauchten oder vom Verein gesammelten Kleidern das Problem zu bewältigen. Für manche Kinder übernehmen Großeltern und andere Verwandte die Anschaffung teurer Kleidungsstücke, so dass sich für die Kinder deswegen das Problem nicht oder nur in abgemilderter Form stellt. Es gibt aber auch Eltern, die glauben, für ihre Kinder spiele die kinderkulturelle Aufladung bestimmter Kleidungsstücke noch keine Rolle und die sich etwas vormachen, sowie Eltern, die in einer konsumkritischen Einstellung den Kauf von besonderen Kleidungsstücken ablehnen.

Tinas Mutter schafft jeden Monat abwechselnd für eines der drei Kinder das Wichtigste an und ist dabei bestrebt, Kleidung möglichst günstig zu erstehen (EI, S.4 und S.7). Tina dagegen beklagt sich, dass sie das „*Spaghettihemd*", das sie sich so sehr wünscht, nicht bekommen hat, obwohl es inzwischen im Preis herabgesetzt ist (KI/1, S.12). Sie hat das gewünschte Kleidungsstück offensichtlich derart im Auge behalten, dass sie die Preisentwicklung beobachtet hat; das verdeutlicht, wie gezielt die zehnjährige Tina den Kleiderwunsch verfolgt, und, wie wichtig ihr der Besitz des besonderen Kleidungsstückes wäre. Die Mutter sieht aber nicht ein, weshalb sie dafür soviel Geld ausgeben soll, wenn sie es billiger haben kann, indem sie den Stoff kauft und die Großmutter daraus ein Hemd nähen lässt. Tina wird auf den Kleiderwunsch wohl verzichten müssen. Es ist zudem unwahrscheinlich, dass sie sich den Wunsch von ihrem Taschengeld erfüllen kann, weil sie nur sehr unregelmäßig welches bekommt.

Dass es ihrem Sohn an nichts mangelt, weil sie nicht an ihm spare, meint dagegen Theos Mutter. Sie geht davon aus, dass der Junge noch gar nicht weiß, was Markenklamotten sind: „*Ich will mal sagen, Hauptsache es ist halbwegs und sauber ne, also läuft nicht rum wie so 'n Lumpensack.*" (EII, S.14). Allerdings gibt sie zu, dass sie derzeit kein Geld für Kleidung ausgeben kann (EII, S.6); ihre ganze Sorge ist, dass sie die Miete nicht bezahlen kann, weil sie befürchtet, deshalb vor die Tür gesetzt zu werden. Sie selbst trägt im übrigen auch abgetragene Kleidung von ihren Freunden und Freundinnen, weshalb sie ihr älterer Sohn kritisiert. Der siebenjährige Theo, der viel Wert auf Äußeres legt, fühlt sich jedoch in seinen Klamotten nicht wohl.

Wie Theos Mutter ist auch die Mutter von Rebecca der Meinung, dass ihre Kinder alles haben, was sie brauchen. Rebeccas Mutter spart vor allem an Kleidung und Schuhen, weil sie abgetragene Kleider über einen von ihr geleiteten Verein oder von Freunden beziehen kann. Die Tochter wünscht sich jedoch genau die Klamotten, die sie bei den „*doofen Reichen*" sieht: Schlaghosen, Plateauschuhe und modische Pullis. Bei Rebecca werden gerade in diesem Zusammenhang Ambivalenzen deutlich, die darauf hindeuten, dass sie mit dem von ihrer Mutter übernommenen Deutungsmuster "Reiche sind doof" – letztlich überfordert ist. Einerseits findet sie – in Anlehnung an die mütterliche Haltung – dass die Reichen doof sind; andererseits gehen ihre Wünsche – zumindest bezüglich Kleidung – dahin, auch so modisch eingekleidet zu sein. Als „*reich*" werden hier offensichtlich diejenigen wahrgenommen, die etwas haben, was man selbst nicht hat, aber haben möchte.

Auch die Mutter von Torsten gibt für Kleidung so wenig wie möglich aus: höchstens ein oder zwei Hosen im Jahr für Torsten; ansonsten bekommt sie getragene Kleidung oder tauscht mit ihrer Schwester; allenfalls gibt es mal ein T-Shirt vom Tschechenmarkt. Sie ist wohl der Auffassung, dass für die Schule Markenklamotten wichtig sind, versucht ihrem Kind jedoch zu erklären, dass sie sich diese nicht leisten können. In dem Fall scheint es dennoch die Mutter zu sein, die kleidungsmäßig gerne mithalten möchte. Jedenfalls trägt sie selbst gefälschte Markenklamotten und auch Torsten hat einen gefälschten Adidas-Anzug (EV, S.8). Die Sorge um die Kleidung scheint hier allerdings auf bereits gemachte negative Erfahrungen zu verweisen: So wurde Torsten in der Schule ausgelacht, weil die Mutter ihm Mädchenturnschuhe im Angebot gekauft hat. Wie Theo fühlt sich Torsten in seinen Klamotten nicht wohl und möchte genau so tolle Kleider tragen wie die anderen (KV/1, S.18). Da er von seinen Klassenkameraden ohnehin eher gemieden wird und keine Freunde hat, dürfte ihm das zusätzlich zu schaffen machen.

Anjas Mutter spart ebenfalls an Kleidung: vorher hat sie Kleidung über die Tauschbörse bezogen, abgesehen von Schuhen, weil sie das Übernehmen von getragenen Schuhen für schädlich hält (EVIII, S.9). Seit neuerem kaufen die Großeltern manchmal Kleidung für die Kinder, weil es ihnen finanziell etwas besser geht, d. h. die Kinder bekommen dann auch mal Markenjeans (EVIII, S.18) oder eine modische Kette, wie Anja sich eine wünscht. Anja stimmt ebenfalls der Aussage zu „*Ich hätte auch gern so coole Klamotten, wie manche aus meiner Klasse*"; für sie, die in der Klasse eine Außenseiterposition einnimmt, scheint das kleidungsmäßige Outfit wichtig zu sein.

Markenklamotten sind – laut Aussage der Mutter – in Antons Familie ebenfalls nicht drin. Da die beiden Geschwister fast gleich groß sind, d. h. beide gleichzeitig eingekleidet werden müssen und nicht eins die Kleider des anderen auftragen kann, verteuert bzw. erschwert dies die Versorgung mit Kleidern (EX, S.4). Allerdings hat Antons Mutter eine Umgangsweise mit dem Problem gefunden. Sie versucht insofern auf den Geschmack der Kinder beim Kleiderkauf einzugehen, als sie Kleidung ablehnen dürfen, die ihnen nicht gefällt. Umgekehrt kann sie ihnen die Kleiderwahl jedoch nicht tatsächlich überlassen, außer wenn die Oma mit ihnen einkaufen geht (KX/1, S. 6 und 11). Im Endeffekt scheint auch Anton kleidungsmäßig zurückstecken zu müssen: jedenfalls beantwortet er die entsprechende Frage dahingehend, dass auch er auf „coole Klamotten" verzichten muss.

Franks Mutter versucht das Kleidungsbudget niedrig zu halten: sie hat – solange es dort noch günstiger war – zweimal im Jahr auf dem Tschechenmarkt eingekauft. Das Bekleidungsgeld, das sie vom Sozialamt bekommt, muss sie teilweise für Schulsachen ausgeben (EXII, S.10). Sie findet Kleidung schon wichtig und weiß, dass Frank diesbezüglich Einschränkungen hinzunehmen hat und dass dies in der Schule von den Mitschülern zur Kenntnis genommen wird (EXII, S.12). Frank hätte gerne „*Armeeklamotten*" wie andere Jungen in der Schule und er wünscht sich einen Fußballanzug. Er hat also ganz explizite Kleidungswünsche, die nicht erfüllt werden. Obwohl er gerade zum Geburtstag die Erfahrung gemacht hat, dass seinen Wünschen nicht entsprochen werden konnte, hofft er dennoch, dass er einen Fußballanzug wie auch den gewünschten Fußball bekommt, wenn die Mutter wieder Geld hat (KXII/1, S.9f.).

Dennis' Mutter gibt fast das ganze Geld für Essen und die Hausrenovierung aus; sie nimmt an, dass Dennis wegen der Kleidung keine Probleme hat, wohl aber wegen des häufigen Umziehens und aktuellen Wohnens bei der Großmutter. Sie befürchtet allerdings, dass sich das mit zunehmendem Alter ändern wird (EXIV, S.12). Allerdings kreuzt auch Dennis als Antwort an, dass er sich so coole Klamotten wünscht, wie die anderen haben.

Wohnen ist der Bereich, in dem die Kinder am häufigsten Defizite (9 von 14 Kindern) wahrnehmen und zum Ausdruck bringen. Die Kinder legen in ihren Äußerungen vor allem Wert auf ein eigenes Zimmer. Sie wollen einen Raum für sich haben, den sie selbst gestalten und wohin sie sich zurückziehen können. Von den interviewten Kindern hat die Mehrzahl kein eigenes Zimmer, d. h. sie müssen dieses mit einem (Tina, Dorothee, Torsten, Konstantin, Sarah, Karsten) oder sogar mehreren Geschwisterkindern (Rebecca, Steffi) teilen. Dabei entstehen u.a. Probleme, weil es zu Differenzen zwischen den Geschwistern wegen der Zimmereinrichtung und der gemeinsamen Zimmernutzung kommt. So geben Torsten, Konstantin und Karsten z. B. an, dass sie in ihrer Wohnung nicht ungestört lernen können. Dennis bewohnt mit seiner Mutter ein Zimmer; allerdings handelt es sich hierbei um eine vorübergehende Lösung, wobei hoffnungsvoll auf den baldigen Umzug in das selbst renovierte Häuschen gewartet wird. Kein eigenes Kinderzimmer haben somit neun der interviewten Kinder; mit Ausnahme von Dorothee formulieren alle Kinder den Wunsch nach einem eigenen Zimmer. Die meisten von ihnen äußern darüber hinaus auch den Wunsch nach einer größeren Wohnung. Tina, Rebecca, Torsten, Konstantin, Sarah und Karsten wünschen sich größere Küchen und Bäder und eine größere Stube, die mehr Platz zum Spielen bietet; hierin stimmen auch Anton und Frank überein, die im Unterschied zu den vorgenannten Kindern über ein eigenes Kinderzimmer verfügen.

Rebecca und Sarah wünschen sich nicht nur für sich ein Zimmer allein, sondern auch für ihre Mütter. Rebecca begründet dies im Hinblick auf die angespannte familiäre Situation damit, dass sich die Mutter bei Streitigkeiten (mit ihrem Mann) zurückziehen können solle. Sarah möchte statt in einer 3- in einer 5-Raum-Wohnung leben, damit sie selbst und auch ihre Mutter ein eigenes Zimmer bekommen könnten. Die Mutter schläft momentan im Wohnzimmer. Letzteres ist auch bei der Mutter von Anton der Fall, die ihren beiden Kindern dadurch jeweils ein Zimmer ermöglicht; auch Anton möchte eine größere Wohnung.

Wie wichtig den Kindern eine Verbesserung der Wohnsituation ist, wird am Beispiel von Torsten deutlich, der im Lotto gewinnen möchte, um sich dann ein tolles Haus (mit Schwimmbad!) kaufen zu können. Auch Konstantin und Karsten finden ihre Wohnverhältnisse zu beengt. Beide klagen darüber, dass sie ihr Zimmer mit einem Geschwisterkind teilen müssen. Karsten, der sechs Geschwister hat, wünscht sich ein eignes Zimmer, eine große Wohnung mit großem Garten und größeren Räumen. Er teilt mit seiner Schwester ein Zimmer, die seiner Meinung nach stärker bestimmen konnte, wie das Zimmer eingerichtet wurde („*... und ich hab nur meine Knuddeltiere immer hier stehen. Meine Autos auch immer.*" KXI/1, S.1). Hier einzureihen ist ebenfalls Frank: auch er wünscht sich eine größere Wohnung, vor allem sollten Küche und Bad größer sein. Franks Zimmer ist ein langer Schlauch mit defekten alten Schränken und einem Bett; das Zimmer ist voll mit Müll, d. h. mit kaputtem Spielzeug, Klamotten und Essensresten. Das scheint aber nicht Franks Problem zu sein, im Gegensatz zu Dennis, den die Unordnung in der Wohnung seiner Großmutter stört. Letzterer thematisiert nicht die Enge als Problem, obwohl er sich ein Zimmer mit seiner Mutter teilen muss. Für den siebenjährigen Dennis ist vor allem das viele Umziehen zu einem - andauernden - Problem geworden. Seine Mutter ist mit ihm schon sehr häufig umgezogen, worüber er sich im Interview beklagt. Die enge Übergangswohnsituation bei der Oma stört ihn nur scheinbar nicht: „*Oh, ja, eigentlich gefällt's mir und das is eigentlich schön.*" KXIV/1, S.1), wenn da nicht der ganze Müll und Staub wäre, wie er sagt. Dennoch wird deutlich: Er freut sich darauf, dass er im neuen Haus, das seine Mutter derzeit renoviert, ein eigenes Kinderzimmer haben wird. In dem Zusammenhang äußert er dann doch, dass er gerne ein Zimmer hätte mit einer Tür zum Zuschließen, wo er auch mal alleine sein und nur den reinlassen kann, den er möchte (KXIV/1, S.7). Von ihm nicht problematisiert wird die Tatsache, dass er offensichtlich keine positiven sozialen Kontakte im Wohnumfeld hat; Kinder zum Spielen kennt Dennis in der Nachbarschaft nicht, und es gibt nur Nachbarn, die "*nöhlen*".

Ebenfalls unter wenig positiven Wohnumfeldbedingungen leiden Dorothee, Anja und Steffi, die alle drei ziemlich abseits und ländlich gelegen wohnen. Anja wohnt auf einem kleinen Dorf in einem ziemlich heruntergekommenen, ärmlichen 3-Seit-Hof mit baufälligen Nebengebäuden. Das Wohn- und Hauptgebäude wurde auf Kredit, dabei aber mit geringsten Mitteln saniert. Als Problem erweist sich vor allem, dass die Familie in ihrer Mobilität ziemlich eingeengt ist, d. h. sie ist auf öffentliche Verkehrsmittel oder den ebenfalls im Haus wohnenden Großvater angewiesen, da die Eltern von Anja kein Auto und auch keinen Führerschein haben. Die beiden Kinder haben zwar jeder ein eigenes, kleines und etwas karg eingerichtetes Zimmer. Diese Zimmer werden aber aus Sparsamkeitsgründen trotz Winterskälte nicht beheizt. Anja thematisiert weder die Abgeschiedenheit noch die Tatsache, dass ihr Zimmer kaum geheizt wird, offen als Problem. Sie spricht an anderer Stelle jedoch an, dass sie häufig schlecht schlafen würde, weil es so kalt wäre in ihrem Zimmer. Anja erweist sich – wie schon bezüglich der Kleidung – als sehr zurückhaltend mit der Äußerung von Wünschen bzw. von Defiziten. Dies trifft gleichermaßen für Dorothee zu, die ebenfalls kein eigenes Zimmer hat. Noch stärker als für Anja (die wünscht sich einen Garten mit Blumen und einen Spielplatz ohne Scherben) gilt für Dorothee, dass sie in Bezug aufs Wohnen keinerlei Änderungswünsche vorbringt. Beide äußern sich auch nicht zu den augenscheinlich fehlenden Kontakten zu Gleichaltrigen, die eine Folge ihrer abgelegenen Wohnsituation sein können.

Anders ist dies bei Steffi, die seit zwei Jahren auf einem kleinen Dorf in einem teilsanierten Flügel einer ehemaligen LPG wohnt. Haus und Wohnung sind in eher schlechtem Zustand. Steffi spricht im Unterschied zu Dennis, Anja und Dorothee offen an, dass ihr Spielkameradinnen und -kameraden fehlen. Der Spielplatz ist weit entfernt im Nachbardorf und Steffi ist davon abhängig, dass ihre Mutter oder ihre Oma mit ihr zum Spielplatz fahren. Ein großes Problem für die Familie und auch für Steffi ist das sehr negative Nachbarschaftsklima; es gibt heftigen Streit mit den Nachbarn. Steffi und ihre zwei jüngeren Geschwister – sie bewohnen ein gemeinsames Kinderzimmer – dürfen deshalb häufig nicht auf den Hof und müssen in der Wohnung bleiben. Wegen der Nachbarschaft und sicherlich auch wegen der häuslichen Enge dürfen keine Kinder zu Besuch kommen. Mit dem Zauberstab würde Steffi ihr Zimmer und die gemeinsame Stube verändern wollen[3], und auch die „*bösen Nachbarn*" wegzaubern. Allerdings ist ein Umzug schon geplant und vieles bereits in Kisten gepackt, obwohl es bis dahin noch einen Monat dauert. Es besteht also die Aussicht auf Verbesserung; sie ziehen zurück in die Stadt.

Tina artikuliert als einziges Kind eindeutig das Bedürfnis, ihren Lebensraum stärker selbst gestalten zu können. Es stört sie sehr, dass sie ihr Zimmer nicht einrichten kann, wie sie es möchte, weil sie es mit ihrem kleinen Bruder teilen muss (KI/2, S.13). Sie hätte zudem gern eine größere Wohnung und äußert in dieser Richtung auch Differenzwahrnehmungen. So antwortet sie an anderer Stelle auf die Frage, warum es ihrer Freundin besser geht als ihr: „*Mmm, die ham 'n großes Haus und 'n Garten*".

Zufrieden mit ihrer Wohnsituation äußern sich eigentlich nur Erik und Theo. Ersterer bewohnt ein großes, helles, individuell eingerichtetes Zimmer in einer der beiden Neubauwohnungen, die die Mutter für die große Familie gemietet hat; die beiden Wohnungen liegen gegenüber, nur durch den Treppenaufgang getrennt. Die Mutter hat das Wohnungsengeproblem (insgesamt 9 Kinder, jetzt sind noch 4 davon im Haus) auf diese Weise gelöst. Auch für Theo, der ebenfalls ein großes eigenes Kinderzimmer voller Spielzeug sein eigen nennt, bleiben, mit Ausnahme eines Gartens, keine Wünsche offen. Al-

---

[3] Im ersten Teil des Kinderinterviews wurden die Kinder mit der Aufforderung „Stell' dir vor, du hättest einen Zauberstab und könntest drei Dinge in deiner Familie verändern; was würdest du verändern?" dazu ermutigt, drei Wünsche zu äußern.

lerdings, gibt er an, in der Wohnung nicht gut spielen zu können, was wohl eher mit der depressiven Stimmung seiner Mutter zu tun haben dürfte, als mit der Größe und Qualität der Wohnung. Theo ist ein Kind, das seine gesamte außerschulische Zeit auf den Straßen und Plätzen des Neubaugebietes verbringt. Was er nicht weiß, ist, dass über der für ihn als positiv wahrgenommenen Wohnsituation ein Damoklesschwert schwebt. Für diese Familie besteht die akute Gefahr einer Wohnungskündigung wegen hoher Mietschulden.

Die Wohnung als Spiel- und Aufenthaltsort für Gleichaltrige fällt für die meisten unserer Kinder weitgehend aus (10). Zum einen ist dies der Wohnungsgröße bzw. -enge geschuldet, zum anderen spielen in manchen Fällen aber auch die elterliche Ablehnung von Kinderbesuchen eine Rolle (Tina, Anja, Anton[4], Steffi).

C) Fazit

Im Versorgungsbereich lassen sich die Auswirkungen der materiellen Situation in verschiedenen Bereichen und mit unterschiedlicher Reichweite feststellen. Im Bereich der Ernährung fallen vor allem Unregelmäßigkeiten auf, die teilweise durch die familiären Alltagsstrukturen bedingt sind, aber auch echte Versorgungsengpässe. Aus der Perspektive der Kinder gilt es das Augenmerk darauf zu richten, dass es ihnen schwer fällt, nicht vorhandene Ressourcen (wie z. B. das von der Familie nicht auf zu bringende Essensgeld) einzugestehen. Dies fällt ihnen offensichtlich dann schwer, wenn sie keine Möglichkeit sehen, den wahrgenommenen Mangel selbst zu kompensieren und wenn sie gleichzeitig befürchten müssen, dass dieser zu sozialer Ausgrenzung führen kann. Gravierendere Auswirkungen auf den kindlichen Alltag hat es sicherlich, wenn Versorgungsengpässe einher gehen mit einer durch Überforderung bedingten vernachlässigenden Haltung der Mütter bzw. Eltern. Eine solche Situation haben wir aber nur in einer Minderzahl der Fälle vorgefunden. In der Regel werden von den Müttern – unter Aufwendung von viel Energie und Phantasie – unterschiedlichste Kompensationsstrategien verfolgt. Teilweise können materielle Defizite in der Versorgung hinsichtlich Ernährung und Kleidung durch familiäre und andere Netzwerke ausgeglichen werden. Bezüglich der Kleidung fällt eine divergierende Wahrnehmung von Erwachsenen und Kindern ins Gewicht: Während für die Eltern/Mütter eher deren funktionale Aspekte im Vordergrund stehen, überwiegen im Erleben der Kinder sozio-kulturelle Aspekte und die damit verbundenen Differenzerfahrungen. Ähnliches gilt für den Bereich des Wohnens. Hierfür spielen nicht nur die materiellen Gegebenheiten (Größe, Ausstattung, Wohnlage, Wohnum-

---

4 Die Mutter von Anton erlaubt keinen Kinderbesuch, wenn sie nicht da ist, also z. B. immer dann, wenn sie auf Arbeit ist. Auch können keine anderen Kinder mit in die Wohnung, wenn sie tagsüber schlafen muss, weil sie Nachtschicht hat.

feld, eigenes Zimmer) eine wichtige Rolle, sondern auch die familiäre Nutzung, d. h. inwiefern die Wohnung und die Wohnumgebung für die Kinder als selbstgestaltbarer Lebensraum (zum Spielen, Lernen, Ausruhen usw.) zur Verfügung steht. Diesbezüglich entstehen teilweise Einschränkungen, die Kinder dieser Altersgruppe nur schwer selbst ausgleichen können, mit entsprechenden Auswirkungen auf ihr Wohlfühlen, auf die Entwicklung von sozialen Beziehungen sowie auf ihre Lern- und Entwicklungsmöglichkeiten.

4.2.2 Sicht der Kinder auf die familiäre Einkommenssituation und den Umgang mit Geld

A) Allgemeine Betrachtungen

Kinder wachsen in der Bundesrepublik in einer Konsumgesellschaft auf und werden schon sehr früh zur Zielgruppe von Werbung und konsumorientierten Absatzstrategien der Wirtschaft. Die verschiedenen Phasen der gesamtgesellschaftlichen Konsumentwicklung haben ihren Niederschlag in der Konsumorientierung von Kindern und in der Ausdifferenzierung von Kinderkulturen gefunden. Da es dabei nicht mehr um die Befriedigung von Grundbedürfnissen geht, ist eine symbolische Aufladung von Konsumgütern festzustellen und wird der Ausschluss von altersspezifischen Kulturwaren und kulturellen Praktiken als soziale Differenzwahrnehmung erfahren (Lange 2000). In einer Gesellschaft, in der die Teilhabe am Massenkonsum die Lebensstile und Lebensführung prägt, werden auch kindliche Erfahrungsbereiche dadurch mit gestaltet. Angesichts von Entwicklungen, die sich als Kommerzialisierung von Kindheit und Monetarisierung von kindlicher Lebenswelt charakterisieren lassen, bekommt auch aus der Perspektive von Kindern die Ressource „Geld" einen entsprechenden Stellenwert.

Wenngleich Kinder im Grundschulalter die Einkommenslage der Familie nicht konkret erfassen, so machen sie doch direkt oder indirekt Erfahrungen, die ihnen Rückschlüsse auf die familiäre Einkommenssituation ermöglichen, so dass sie sich und ihre Familie im sozialen Raum verorten können. Vermittelt werden diese Erfahrungen zentral über die Eltern und deren Umgang mit Geld, wobei deren Sorgen, Stress- und Überlastungsanzeichen von Kindern aufmerksam wahrgenommen werden. Nachzuvollziehen, wie diese Prozesse in den von uns untersuchten Familien ablaufen, war für uns ein wichtiger Aspekt, so dass wir ihm in der Kinderbefragung auch einen entsprechenden Raum zugewiesen haben. Wir wollten wissen, wie die Kinder die Einkommenssituation ihrer Familie einschätzen und vor allem, ob und wie sie die finanzielle Notlage der Familie wahrnehmen.

Es liegt auf der Hand, dass über eigenes Geld zu verfügen – insbesondere im Umgang mit Gleichaltrigen – eine wichtige Rolle spielt, wenn man zur Kenntnis nimmt, in welchem Maße Kinder dieser Altersstufe bereits als gezielte Adressatinnen und Adressaten von Konsumwerbung angesprochen werden. Das Verfügen oder Nicht-Verfügen über eigenes Geld dürfte daher schon sehr früh zu Differenzerfahrungen bei Kindern führen. Daher wollten wir auch in Erfahrung bringen, ob und in welchem Umfang unsere Kinder über eigenes Geld verfügen und wie sie damit umgehen, vor allem, ob sie Taschengeld bekommen. Unter Taschengeld verstehen wir Geld, das den Kindern von ihren Eltern regelmäßig oder unregelmäßig, eigentlich ungebunden, manchmal aber auch mit der Auflage, es zu sparen, gegeben wird. Laut einer Befragung des Kinderbüros der Stadt Hamm verstehen Kinder darunter „*Geld von Eltern für die Kinder, damit sie sich etwas kaufen können*" (Helbig 1999: 26). Kinder im Grundschulalter erhalten in der Bundesrepublik in der Regel ein wöchentliches oder monatliches Taschengeld; allerdings fällt dieses in einkommensschwachen Familien meist niedriger aus als in gutsituierten und wird dort auch eher unregelmäßig zur Verfügung gestellt (Rosendorfer/Waldherr 1999: 34). Regelmäßiger Bezug von Geld hat für die Kinder den Vorteil, dass sie damit rechnen und – wenn sie es zweckungebunden erhalten – damit kalkulieren und disponieren können. Auf diese Weise lernen Kinder, mit Geld umzugehen. In einkommensschwachen Familien kann der Bezug von Taschengeld – Rosendorfer und Waldherr zufolge – darüber hinaus auch ein probates Mittel sein, um Geldkonflikte in der Familie zu reduzieren.

Abgesehen vom mehr oder weniger regelmäßigen Taschengeldbezug erhalten Kinder in der Bundesrepublik von ihren Eltern sporadisch Geld, um sich z. B. ein Eis zu kaufen oder andere kleine Wünsche zu erfüllen. Zu diesen sporadischen „Einkünften" der Kinder gehören auch außergewöhnliche Geldgaben aus dem verwandtschaftlichen oder freundschaftlichen Netzwerk der Eltern. Aus diesem Kreis erhalten Kinder oft „größere Geldgeschenke" (z. B. zwischen 10 und 25 Euro) zum Geburtstag oder ähnlichen Anlässen bzw. bei Besuchen. Nicht selten werden die Kinder dabei dazu angehalten, das Geld zu sparen, um sich zu einem späteren Zeitpunkt etwas kostspieligere Wünsche erfüllen zu können. Des Weiteren ist es durchaus üblich, dass Kinder von ihren Eltern Geld als Belohnung für gute Noten oder anerkennenswerte Leistungen erhalten.

Weitere Geldquellen können durch Eigeninitiative erschlossen werden: So können Kinder beispielsweise durch kleine Tauschgeschäfte, kleine Hilfsarbeiten (Einkäufe für Nachbarn, Pfandflaschensammeln usw.), Flohmarktverkäufe und andere Strategien eigene Einnahmen haben, über die sie frei verfügen können. Abgesehen von kleineren Hilfstätigkeiten haben wir aber nicht Eindruck, dass die Kinderarbeit in dem Sinne eine Rolle spielt, dass die Kinder damit Geld hinzu verdienen. Das hat sicherlich auch mit der von uns untersuchten Altersgruppe (7 bis 10 Jahre) zu tun.

Seltsamerweise gibt es in der Bundesrepublik nur wenig Literatur über Gelderziehung und den Umgang von Kindern mit Geld, wohl aber Befragungen von Kindern, die durch große Unternehmen in Auftrag gegeben werden, um den Kinder-Markt zu beforschen (Kidsverbraucheranalyse 1999, Rosendorfer/Waldherr 1999). Kinder im Grundschulalter sammeln im Alltag indirekt eine Menge Erfahrung im Umgang mit Geld: durch Beobachtung, aktive Teilnahme oder Vermittlung durch die Eltern. Für das Erlernen des Umgangs mit Geld spielt also nicht nur die bewusste Erziehung durch die Eltern, sondern auch das elterliche Vorbild eine wichtige Rolle. Interessanterweise scheint der Umgang mit Geld und die Offenlegung des Haushaltsbudgets nicht nur in einkommensschwachen Familien eher tabuisiert zu werden, d. h., dass mit Kindern nicht über Geldangelegenheiten gesprochen wird (Rosendorfer/Waldherr 1999: 77).

Wir haben in unseren Eltern- und Kinderinterviews diese Problematik aus dem Grund angeschnitten, weil wir uns davon wichtige Hinweise auf die familiären Bewältigungsstrategien im Umgang mit der knappen Ressource „Geld" versprochen haben. Dabei haben wir festgestellt, dass die Kommunikation über die Einkommenslage und den Umgang mit Geld für die Kinder eine wichtige Hilfestellung bei der Bewältigung der Situation sein kann.

B) Auswertungsergebnisse

Wir haben uns zunächst durch das Eltern- bzw. Mütterinterview einen detaillierten Einblick in die finanzielle und materielle Situation der Familien verschafft. Obwohl alle der von uns untersuchten Familien im Sinne des relativen Armutsbegriffs als „arm" zu bezeichnen sind (siehe Kapitel 3.2), variiert das bedarfsgewichtete Äquivalenzeinkommen (alte OECD-Skala) unserer Familien deutlich zwischen 304,- und 479,- Euro pro Kopf, bei starken Schwankungen, wenn Lohneinkünfte ausbleiben. Wir haben die Kinder vor allem mit Hilfe des standardisierten Fragebogens nach ihrer Einschätzung der familiären Einkommenssituation befragt; zu manchen Aspekten haben wir sie aber auch im Leitfadeninterview um ihre Beurteilung gebeten.

Der Aussage, „Meine Familie ist arm", stimmen sechs der Kinder zu (Torsten, Dennis, Steffi, Rebecca, Frank und Anton). Nach den Auskünften der Mütter sind dies – mit Ausnahme von Rebecca und Steffi – aber nicht die Familien mit dem geringsten Pro-Kopf-Einkommen. Anton schränkt seine Aussage mit *„Mal ja, mal nein, so arm sind wir nämlich auch nicht"* ein. Auch Theo, Sarah und Tina nehmen wahr, dass ihre Familien nicht genug Geld haben und sich ihre Eltern deswegen Sorgen machen und Stress haben. Die Aussage, arm zu sein, verneinen sie jedoch. Im Unterschied zu den beiden anderen gibt Tina an, über die materielle Situation der Familie nicht traurig zu sein. Konstantin, Karsten und Erik nehmen zwar wahr, dass ihre Eltern ab und zu Stress bzw. Sorgen haben, dass das Geld nicht reichen könnte; sie verneinen aber eine finanzielle Benachteiligung ihrer Familie. Dorothee bekommt von den finanziellen Nöten gar nichts mit und bildet gewissermaßen einen Sonderfall, da sie jede klare Antwort zur finanziellen Situation der Familie vermeidet und sich auf Unwissenheit beruft.

Um nachvollziehen zu können, was die Kinder unter „arm" verstehen, haben wir sie an anderer Stelle danach gefragt, wer für sie „arm" ist. Darauf gab es im Prinzip vier unterschiedliche Reaktionsweisen, d. h. Kinder,

- die auf die eigene Familie verwiesen haben (nur zum Teil identisch mit den Kindern, die an anderer Stelle ihre Familie als arm bezeichnet haben – Rebecca, Steffi, Anton, Dennis, Tina, Theo),
- die auf Gruppen von Armen verwiesen haben, die landläufig dafür gelten (z. B. Arme in Afrika, Kosovo),
- die Armut zu umschreiben versucht haben („kein" oder „wenig Geld", keine angemessene Wohnung, Kleidung usw.) und
- die keine Antwort darauf wussten oder geben wollten.

Wir haben die Kinder auch danach gefragt, ob sie wissen, wie viel Geld ihre Familie zur Verfügung hat. Dabei wurde deutlich, dass die meisten Kinder keine konkrete Vorstellung davon haben. Anders verhält es sich mit der Frage, ob ihre Familie genug Geld habe. Diesbezüglich kam es teilweise zu widersprüchlichen Aussagen. Im Interview direkt danach gefragt, ob ihre Familie genug Geld habe, verneinten das nur drei Kinder, während fünf der Auffassung waren, dass das Geld (irgendwie) reiche. Dagegen haben neun Kinder im Fragebogen die Aussage „Wir haben nicht genug Geld" als zutreffend empfunden; nicht alle Kinder haben diese Frage beantwortet. Der scheinbare Widerspruch erklärt sich wohl dadurch, dass es den Kindern leichter gefallen sein mag, einer vorformulierten Aussage zuzustimmen als selbst eine Antwort zu formulieren, mit der sie die familiäre Notlage zugeben. Allerdings erfährt die Mehrzahl der Kinder die alltäglichen Schwierigkeiten des Finanzmanagements nicht nur über elterlichen Stress und Sorgen, sondern auch in bezug auf die (Nicht-)Erfüllung eigener Bedürfnisse.

Als Ursache für die häusliche Geldknappheit geben die Kinder unterschiedliche Erklärungen an: Zum einen wird auf den Vater oder die Väter verwiesen, die für die Geschwister keinen Unterhalt bezahlen (können); zum anderen wird angegeben, dass die Mutter nicht so viel verdiene (Anton und Konstantin). Konstantin stimmt zwar der Aussage *„Wir haben nicht genug Geld"* nicht zu, weil er meint, das Geld reiche dann doch immer irgendwo, weil *„irgendwo halt immer gespart (wird)"* (KV/2, S.21). Er weiß aber dennoch um die Knappheit der finanziellen Mittel seiner Familie und äußert sich dezidiert zur Ursache der Knappheit:

129

„Also, weil Mutti nicht so den besten Beruf hat und Arbeitslosengeld auch nicht soviel ist und so. Sie arbeitet zwar, vielleicht bald, unten in dem An- und Verkauf und so, bei 'ner Freundin, aber das scheint auch nicht der beste Beruf zu sein." (KV/2, S. 21)

Theo und Dennis antworten weniger spezifisch: Theo meint, dass sie zu wenig Geld hätten, *„weil uns niemand Geld gibt"* (KII/2, S.12) und Dennis: *„weil, wir haben nich so viel wie die andern"* (KXIV/2, S.14). Im Grunde vermögen die meisten Kinder diese Frage nicht zu beantworten.

Die Mehrzahl der Kinder nimmt aber direkt oder indirekt über elterliche Belastungen wahr, dass die Familie Geldsorgen hat. Insgesamt bemerken zwölf unserer Kinder, dass die Eltern wegen Geld Sorgen oder Stress haben. Gefragt danach, woran sie dies merken, sagen die Kinder, weil die Mutter immer schlecht gelaunt sei oder rummeckere, weil die Mutter traurig sei oder weine, oder weil der Vater Angst habe, dass das Geld *„nicht mehr reicht"*. Rebecca antwortet, dass ihr die Mutter das mitteilt, wenn das Geld nicht reicht: *„Dann sagt Mama zu mir: 'Rebecca, du kannst nich alles haben, sonst reicht unser Geld nich'* "(KIV/2, S.15). Es gibt nur zwei Kinder, die angeben, keine elterlichen Belastungen wahrzunehmen. Dorothee verneint, dass ihre Eltern sich Sorgen wegen Geldangelegenheiten machen bzw. deswegen Stress haben. Anja beantwortet alle Fragen, die sich auf die finanzielle Situation der Familie beziehen, stets mit *„weiß nicht"*. Dies ist erstaunlich, da Anjas Mutter uns berichtet, dass diese wohl im Bilde sei. Als *„'de Oma das gekooft hatte, was 'se wollte"*, habe Anja das anschließend kommentiert: *„die Oma hat's mir gekooft, die hat ja mehr Geld wie Du."*. Anja hat also nach Ansicht ihrer Mutter bereits geschlußfolgert, *„dass wir wenig ham"* [EX, S. 19]. Dies lässt sich unserer Meinung nach wohl so interpretieren, dass Anja hier eine Art „Schutzbehauptung" (weiß nicht) aufstellt. Sie hüllt den Mantel des Schweigens über einen von der Familie nach außen und nach innen (gegenüber den Kindern) tabuisierten "Missstand", für den man sich schämt.

Insgesamt wird deutlich, dass die Kinder die finanzielle Knappheit, in der die Familie lebt, häufiger wahrnehmen, als die interviewten Eltern dies annehmen. In immerhin sechs Fällen glauben die Mütter bzw., im Fall von Karsten beide interviewten Eltern, dass ihre Kinder keine Einschränkungen wahrnehmen (Tina, Theo, Rebecca, Konstantin, Sarah, Karsten).

Eigenes Geld, sei es in Form von regelmäßigem *Taschengeld* oder sporadischer Geldzuwendung durch die Erwachsenen, bietet den Kindern die Möglichkeit, sich Konsumwünsche – wenn auch in begrenztem Maße – selbst zu erfüllen. Wichtig ist dabei vor allem die mit dem Besitz von eigenem Geld verbundene Dispositionsmöglichkeit. Leben in eingeschränkten materiellen Verhältnissen hat für die von uns interviewten Kinder überwiegend zur Folge, dass sie – im Vergleich zu Gleichaltrigen – weniger und häufig nur unregelmäßig eigenes Geld zur Verfügung haben.

Von den befragten Kindern bekommen nur vier regelmäßig Taschengeld, das sich zwischen 2,- und 8,- DM pro Woche bewegt.[5] Steffi, die ebenfalls angibt bis zu 5 Mark Taschengeld zu bekommen, hat das Geld noch nie direkt erhalten; anscheinend wandert es in eine abgeschlossene Sparbüchse[6]. In zwei Fällen wird das prinzipiell wohl als regelmäßige Leistung gedachte Taschengeld aus verschiedenen Gründen nicht immer ausgezahlt. Anton bekommt sein wöchentliches Taschengeld nur, wenn er lieb war. Manchmal erhält er aber auch Extrageld für gute Noten. Bei Tina liegt die Unregelmäßigkeit darin begründet, dass, wie sie sagt, *„manchmal ... nich genug"* Geld da ist (KI/2, S.14). Sie erhält deswegen auch mal eine und mal zehn Mark, je nach verfügbarem Familienetat.

Offensichtlich überwiegt in unseren Familien eher *das situative Geben von Geld*, was zweifellos auf die eingeschränkte finanzielle Situation der Familien zurückzuführen sein dürfte. Zwei unserer Kinder erhalten manchmal oder zu bestimmten Anlässen Geld von den Eltern, so bspw. anlässlich einer Klassenwanderung (Anja) oder wenn sie mit der Mutter auf den Rummel geht (Sarah). Karsten erhält für bestandene Schultests einen Geldbetrag als Belohnung; ansonsten bekommt er immer mal was, wenn er was braucht. Theo erhält kein Taschengeld, aber zur Zeit des Interviews im Sommer bekommt er von seiner Mutter täglich Geld für ein Eis. Das Binden von Geldgaben an Leistungen dürfte wohl eher mit dem Erziehungsstil der Eltern zusammenhängen, d. h. mit ihren Vorstellungen, wie sie die Leistungsmotivation der Kinder bestärken zu können glauben. Das tägliche Eis dagegen – im Falle von Theo – soll dem Kind den Eindruck vermitteln, dass es ihm an nichts mangele

In einem weiteren Fall hat das Taschengeld angesichts der Tatsache, dass das Kind seine Mutter bestohlen hatte, noch eine ganz andere Konnotation; in dem Zusammenhang stellt der regelmäßige Taschengeldbezug einen Teil der Konfliktbewältigung dar, die die Mutter auf Ratschläge der Kindertreff-Erzieherinnen hin verfolgt (Anton).

Der Aussage *„Mein Taschengeld reicht mir aus"* stimmt nur ein einziges Kind, nämlich Theo, explizit nicht zu. Möglicherweise überspielen die anderen Kinder an der Stelle eine Mangelsituation, die sie durchaus wahrnehmen, aber nicht zugeben wollen. Selbst Kinder, die von ihren Eltern gar kein Geld

---

5   Wir benutzen an dieser Stelle die DM-Beträge, da die nachfolgend zitierten Empfehlungen zur Taschengeldhöhe in DM ausgewiesen sind.
6   Laut Rosendorfer/Waldherr sollten 7jährige (Rebecca) wöchentlich 4,- DM bekommen, für 8jährige (Steffi) empfehlen sich nach Ansicht der Autoren 4,- bis 5,- DM pro Woche. 10jährige (Erik und Konstantin) sollten monatliche Taschengelder von 25,- DM erhalten. (1999: 37) Dass in den Neuen Bundesländern prinzipiell andere Maßstäbe gelten, zeigt allerdings die „Empfehlungsliste der Verbraucherzentrale Sachsen". Hier wird empfohlen „Siebenjährigen wöchentlich eine Mark zu geben, Acht- und Neunjährigen mindestens zwei, Zehn- und Elfjährigen vier oder fünf Mark. Für Zwölf- und Dreizehnjährige sollte das Taschengeld schon monatlich gezahlt werden" (zitiert nach der Leipziger Volkszeitung vom 11./12.8.2001).

erhalten, geben an, dass ihnen das Taschengeld reiche. Teilweise signalisieren die Kinder auf diese Weise, dass sie damit umgehen können. So bspw. Dennis, der kein eigenes Geld bekommt, weil er es nicht annimmt: *"Nee, weil meine Mutti nicht so viel hat. Da will sie immer was anbieten, da sag ich, nee behalt das Geld für dich."* (KXIV/2, S.14) Auch Tina hat, wie oben schon angedeutet, Verständnis für knappe oder gar ausbleibende Taschengeldzahlungen. Die Unregelmäßigkeit des Taschengelds wird von Tina in den Zusammenhang der elterlichen Probleme bzw. der Unmöglichkeit, einen planbaren Umgang mit dem zu knappen Einkommen zu erreichen, gestellt. Sie sieht die Schwierigkeit ein, dass feste Ausgabenposten mit der Notwendigkeit kollidieren, mit Geldressourcen situativ umzugehen. Inwieweit auch die Antworten der anderen Kindern von einem ähnlichen Verständnis für die finanziellen Nöte der Eltern getragen sind, kann hier nicht beantwortet werden.

Abgesehen vom Taschengeld, das sie von den Eltern bekommen, fließt den Kindern wohl auch unregelmäßig Geld von anderer Seite zu. Dabei handelt es sich weitgehend um das verwandtschaftliche Umfeld. Meist sind es die Großeltern, die den Kindern sporadisch ein paar Euro zu kommen lassen oder die erwachsenen Geschwister. Einige Kinder berichten, dass sie versuchen, durch Eigeninitiative Geld zu erwerben: So verdient sich Konstantin mit Stickerverkauf oder dem Verkauf von Spielzeug u.ä. auf dem Flohmarkt Geld; Frank bekommt vom Opa Geld, wenn er zu Hause mithilft, ebenso Dennis von seiner Oma. Dennis verkauft außerdem Bilder und Knetfiguren an seine Mutter oder an den Opa.

Es fällt auf, dass die meisten der von uns befragten Kinder, das (Taschen)Geld, das sie mehr oder weniger regelmäßig bekommen, sparen. Sie sparen, um Wünsche zu realisieren, d. h. sich Dinge zu kaufen, die sie sonst offensichtlich nicht bekommen. Sie sparen für eine Playstation, auf eine Diddl-Maus oder eine bestimmte heiß begehrte Puppe, auf ein neues Fahrrad, auf einen Neun-Volt-Akku oder auf Schienen für die Modelleisenbahn. Deutlich wird, dass die Kinder, die auf außerfamiliale Ressourcen von Großeltern, erwachsenen Geschwistern oder vom getrennt lebenden Vater zurückgreifen können (Konstantin, Erik), in einem viel größeren Erreichbarkeitshorizont sparen, weil sie von Unterstützungsleistungen des Netzwerks ausgehen können, während die Kinder, die solche Unterstützung nicht erwarten können, allenfalls kleinere und preisgünstigere Anschaffungen planen (Anton, Anja, Dennis).

Soweit wir es übersehen können, wird in der Hälfte unserer Familien mit den Kindern über die Geldknappheit kommuniziert. Die Eltern vertreten gegenüber den Kindern kommunikativ verschiedene Strategien. Teilweise werden die Kinder in die gesamtfamilialen Sparstrategien einbezogen, d. h. es herrscht eine offene Kommunikation über Geldprobleme und Geldmangel sowie über die Notwendigkeit von Einschränkungen (Rebecca, Konstantin, Sarah, Erik, Anton, Steffi, Dennis). Pädagogische Intention ist dabei, die

Kinder an Sparstrategien heranzuführen und diese einzuüben, so dass den Kindern Handlungsmöglichkeiten im Sinne eines Umgangs mit knappen Ressourcen vermittelt werden. Innerhalb dieser Fälle gibt es unterschiedliche kindliche Autonomieräume, je nach Alter, Taschengeldverwendung, Philosophie der Bedürfnisverlagerung oder -Einschränkung, Altersangemessenheit der elterlichen Strategien usw. Dies fällt in zwei Fällen zusammen mit einer weiteren elterlichen Strategie – die Kinder werden dazu angehalten, sich im Umgang mit Geld zu üben. Man legt den Kindern einen sich-selbst-einteilenden Umgang mit ihrem Taschengeld nahe und setzt auf Ansparen oder Mitsparen der Kinder auf aktuell nicht erschwingliche Dinge.

Ebenso häufig wie die offene Kommunikation ist die elterliche Tabuisierung des Themas anzutreffen. In mehr als der Hälfte unserer Fälle schätzen wir die häusliche Situation so ein, dass die materielle Lage kein Thema ist, in das die Mütter oder Eltern die Kinder einbeziehen. Dabei gehen die Mütter in der Regel davon aus, dass die Kinder noch zu klein sind (Torsten, Frank), um damit befasst zu werden. Im Falle von Theo verfolgt die Mutter bewusst die Strategie, das Kind abzuschirmen und hofft so, dass es die materiellen Probleme nicht mitbekommt. Inwieweit ähnliche – eher fürsorgliche – Motive auch für eine weitere Gruppe von Eltern eine Rolle spielen, die der Auffassung sind, dass die Kinder „dies" nichts angehe, konnten wir nicht überprüfen. Allerdings deutet das, was wir über den Erziehungsstil in diesen Familien wissen (Anja, Dorothee und Karsten), eher darauf hin, dass die Kinder aufgrund eines wenig partnerschaftlichen Verständnisses nicht miteinbezogen werden. In einem Fall (Dorothee) wird gegenüber dem Kind die Ablehnung der Konsumgesellschaft propagiert, die Eltern stellen die Konsumwünsche des Kindes in diesen Zusammenhang und begründen so ihre Ablehnung bestimmter Wünsche. Dinge, die das Kind nicht haben kann, sind nicht aus finanziellen Gründen verwehrt, sondern sind keine erstrebenswerten Dinge. Auch die Mutter von Rebecca benutzt diese Strategie von Zeit zu Zeit ihrer Tochter gegenüber, wobei letztere die Halbherzigkeit der Argumente der Mutter bereits durchschaut.

In manchen Fällen wird die materielle Situation den Kindern gegenüber als problematisch dargestellt. Die Eltern vermitteln den Kindern, dass die finanzielle Versorgung der Familie schwierig ist und dass letztere sie häufiger vor Probleme stelle. Dies kann sich jedoch, so unser Eindruck, auf die Kinder belastend auswirken (Rebecca, Steffi, Dennis). In anderen Fällen kommunizieren die Mütter eher in konkreten Situationen, dass nicht genügend Geld vorhanden sei, um bestimmte Wünsche zu realisieren (Konstantin, Sarah, Erik und Anton). Damit können die Kinder offensichtlich besser umgehen. Entscheidend dürfte hierbei sein, ob ihnen alternative Wege aufgezeigt werden, wie man vorhandene Wünsche vielleicht doch realisieren könnte.

C) Fazit

Kinder der untersuchten Altersstufe haben keine allzu konkrete Vorstellung davon, wieviel Geld eine Familie zum Leben braucht. Dennoch haben sie mehr oder weniger konkrete Vorstellungen davon, was es bedeutet „arm" zu sein und immerhin bringt fast die Hälfte unserer Kinder ihre Familie mit „Armut" in Verbindung. Fast alle Kinder nehmen die Geldsorgen ihrer Eltern wahr und haben dazu eigene Deutungen bzw. entwickeln einen eigenen Umgang mit der Situation. Insgesamt gehen wir davon aus, dass die innerfamiliäre Kommunikation über die materielle Situation für die Kinder dann hilfreich sein kann, wenn die Eltern diese nutzen, um die Kinder bei deren Bewältigung zu unterstützen. Vor allem eine innerfamiliäre Tabuisierung der Armutslage scheint die Kinder zusätzlich zu belasten, weil sie im Umgang mit der Situation alleine gelassen werden. Was die Verfügung über eigenes Geld betrifft, so scheinen unsere Kinder – aus nachvollziehbaren Gründen – eher knapp gehalten zu werden; nicht alle können auf regelmäßiges Taschengeld zählen. Auffällt, dass dies von den Kindern selbst kaum als wahrgenommener Mangel artikuliert wird. Dies dürfte sicherlich eine Altersfrage sein, da erst mit zunehmender „Selbständigkeit" der Kinder der Bedarf an selbstverfügbaren Geldmitteln steigt. Es mag auch sein, dass von Kindern dieser Altersstufe nicht der Anspruch erhoben wird, über eigenes Taschengeld in einer bestimmten Höhe zu verfügen.

4.3 Auswirkungen auf die Lern- und Erfahrungsmöglichkeiten

4.3.1 Schule in der ambivalenten Wahrnehmung der Kinder

A) Allgemeine Betrachtungen

„Die Ausprägung des Lern- und Erfahrungsspielraums wird wesentlich beeinflusst durch Form und Inhalt von Sozialisationsprozessen, formellen und informellen, allgemeinen und beruflichen Bildungsmöglichkeiten, Möglichkeiten sozialer Erfahrung und Mobilität." (Andretta 1991: 121)

Diese Definition lässt sich – obwohl nicht im Hinblick auf Kinder formuliert – gut auf ihren Lern- und Erfahrungsspielraum übertragen. Entsprechend dem Lebenslage-Konzept, das die Lebensbedingungen von Individuen in ihrer Ganzheitlichkeit begreift, gilt es auch den Lern- und Erfahrungsspielraum der Kinder möglichst ganzheitlich zu betrachten. Selbstredend geht es dabei nicht nur um den Erwerb von schulischer Bildung, schulischen Kenntnissen und

Fähigkeiten, sondern um den Erwerb von kulturellen und sozialen Kapitalien in einem umfassenderen Sinne. Für Kinder unserer Altersgruppe sind diesbezüglich unterschiedliche Lebens- und Sozialisationswelten zu berücksichtigen, die teilweise auch ineinander übergehen: So der häuslich familiäre Bereich, der außerhäusliche (z. B. Nachbarschaft, soziales Umfeld) und der schulische Bereich. Neuere Studien weisen explizit auf die Wechselwirkungen zwischen diesen unterschiedlichen Erfahrungsbereichen hin (Büchner/Krüger 1996).

Die Schule ist für die Kinder unserer Altersgruppe sicherlich der wichtigste Erfahrungsbereich neben der Familie. Gleichzeitig gewinnen in der mittleren Kindheit neben Eltern, Geschwistern sowie dem unmittelbaren häuslichen und verwandtschaftlichen Lebensumfeld auch die Gleichaltrigen in Schule, Nachbarschaft und in Freundschaftsbeziehungen zunehmend an Bedeutung. Auch Schule ist nicht nur als bildungsmäßiger Lern- und Erfahrungsraum zu sehen, sondern als kindliche Lebenswelt, in der Kinder einen erheblichen Teil ihres Alltags verbringen, in der sie Lebensbewältigung leisten müssen, in der Lehrerinnen und Lehrern als neue erwachsene Bezugspersonen auftreten und in der die Kinder positive und negative Erfahrungen durch ihre sozialen Kontakte zu Gleichaltrigen machen (können).

Schule ist in Ostdeutschland ein Lebensbereich, der sich mit dem Transformationsprozess stark verändert hat. So hat vor allem die Integrationsfunktion, die das Schulsystem der DDR kennzeichnete, an Bedeutung gegenüber ihrer Differenzierungsfunktion verloren. Der 9. Jugendbericht charakterisiert den Wandel des Schulsystems nach der Wende als markanten Systembruch:

„Die Strukturveränderungen im allgemeinbildenden Schulwesen sowie deren Voraussetzungen und Auswirkungen umfassen einen fundamentalen Wandlungsprozess, der von einem einheitlichen, zentralstaatlich gelenkten, politisch kontrollierten und geplanten Schulwesen zu einem differenzierten, föderal strukturierten, weltanschaulich pluralistischen und pädagogisch offenem Schulsystem führt." (BMFSFJ 1994: 101)

Aspekte des Wandels sind die Vergrößerung des Einzugsbereichs der Schulen, der den Kontakt zu Nachbarschaft und Stadtteil als sozialräumlichem Umfeld der Schule erschwert, die stärkere Leistungsorientierung und -differenzierung, die stärkere Verlagerung von schulergänzenden Aufgaben an die Familie und von Problemen der Lebensbewältigung an die Kinder- und Jugendhilfe. Zudem lastet ein höherer Problemdruck auf der Schule angesichts der Veränderungen in den Lebenslagen von Familien und Kindern. Gerade die Benachteiligungen unserer Familien und Kinder wirken sich verstärkt auf ihre Schulsituation aus. Vor allem ist die herkömmliche Schule, die vornehmlich als Unterrichtsschule konzipiert ist, wenig imstande, auf die Probleme der Lebensbewältigung von Schülerinnen und Schülern angemessen einzugehen.

Betrachtet man Schule nicht nur als Lern-Ort, sondern auch als Lebenswelt der Kinder, dann interessiert nicht nur, was die Kinder in der Schule lernen, sondern wie sie Schule erleben und wie sie sich dort fühlen.

„Die Schule hält offensichtlich mit ihrer Leistungsorientierung und dem Wettbewerb untereinander ein 'Stresspotential' für Kinder schon von der ersten Klasse an bereit, auf das diese unterschiedlich reagieren. Häufig ist eine Beeinträchtigung ihres Wohlbefindens die Folge. Für einen nicht geringen Prozentsatz von Kindern wird die Schule nicht als ein Ort eigener Interessen, selbstgewählter Zeit, sinnerfüllten Tuns und allgemeinen Wohlbefindens erlebt." (BMFSFJ 1998: 212)

Generell ist davon auszugehen, dass hinsichtlich der Schule drei Faktoren zu berücksichtigen sind, die das Wohlfühlen der Kinder beeinflussen können: die Leistungen, das Verhältnis zu den Lehrpersonen und die Integration in die Klasse bzw. in die Gruppe der Gleichaltrigen. Daneben können aber auch schulexterne Faktoren das Wohlfühlen in der Schule und die Leistungen der Kinder beeinflussen. Das Mitbringen von Problemen wie „Arm-Sein" in die Schule und die dortigen Möglichkeiten, die eigene benachteiligte Lebenslage zu bewältigen, ist ein solcher Aspekt, den wir untersuchen wollen.

Da wir Schule als Lern- und Erfahrungsspielraum im weiteren Sinne begreifen, d. h. als Lebenswelt von Kindern, sind wir vor allem folgenden Fragestellungen nachgegangen:

- Wie stehen die Kinder leistungsmäßig? Und wie ordnet sich dies in das Gesamtbild ein, das die Schule als Lern- und Erfahrungsfeld für die Kinder abgibt?
- Wie sehen die sozialen Kontakte der Kinder zu Lehrerinnen und Lehrern[7], vor allem aber zu den Gleichaltrigen aus? Wie gestalten sich dort ihre Freundschaften und Kameradschaften?
- Fühlen sich die Kinder in den Klassenverband integriert oder eher ausgeschlossen?
- Ist der Lebensort Schule sozial eher positiv oder negativ besetzt?

Wir haben die Kinder in mehrfacher Hinsicht zu ihrem Erleben von Schule befragt: Schule hat im narrativen Teil der Kinderinterviews einen wichtigen Raum eingenommen. Die Kinder wurden aufgefordert, ihr Verhältnis zur Schule zu beschreiben[8]. Sie wurden gebeten, anhand einer Gesichterskala auszudrücken, ob sie sich in der Schule wohl fühlen. Mithilfe eines Netzwerkspiels konnten sie ihre sozialen Beziehungen im schulischen Kontext veranschaulichen. Wir haben die Kinder auch im Fragebogenteil noch einmal

---

7   Man kann davon ausgehen, dass die Beziehung zu Lehrerinnen und Lehrern im Grundschulalter noch eine große Rolle hinsichtlich des Wohlfühlens in der Schule und in bezug auf die Selbstwahrnehmung als Schüler bzw. Schülerin spielt.
8   Bspw. mit Fragen wie: „Gehst Du montags früh gern in die Schule?" oder „Gibt es in der Schule jemanden, mit dem Du über Deine Probleme reden kannst?" oder „Wie fühlst Du Dich in der Schule?".

nach ihren schulischen Leistungen, schulischen Erfahrungen und ihren schulischen Sozialkontakten befragt. Dabei ergaben sich weitgehend Übereinstimmungen mit den Antworten, die wir im leitfadengestützten narrativen Interview bekommen haben; teilweise traten aber auch einige Abweichungen auf. Letzteres könnte auch darauf hindeuten, dass unsere Fragen von den Kindern in manchen Kontexten situativ beantwortet wurden.

B) Auswertungsergebnisse

Leistungsmäßig vertreten die von uns befragten Kinder – dabei gehen wir von ihrer Selbsteinschätzung aus – das gesamte Spektrum. Die Hälfte der Kinder schätzt sich selbst als sehr gute oder mittelgute Schülerinnen und Schüler ein (Konstantin, Erik und Tina als sehr gute, Karsten, Rebecca, Dorothee und Sarah als gute). Drei weitere Kinder sind in ihrer Einschätzung eher unsicher (Anton, Anja und Dennis); vier der Kinder sind bzw. bezeichnen sich eher als schlechte Schülerinnen und Schüler (Theo, Frank, Steffi und Torsten). Von Schule überfordert fühlen sich die meisten Kinder, d. h. auch leistungsmäßig gute Schülerinnen und Schüler erleben die Schule unter Umständen als einen Ort, wo ihre Anstrengung und Mühe nicht entsprechend gewürdigt und belohnt wird.

Eine erste Gruppe von Kindern beschreibt die Schule überwiegend als positiven Lebensort. Es wundert wahrscheinlich nicht, dass dies vorwiegend die sehr guten Schülerinnen und Schüler sind (Konstantin, Erik und Tina*)*. Sie sagen, dass ihnen Lernen Spaß macht; sie melden sich oft, arbeiten im Unterricht mit, machen regelmäßig ihre Hausaufgaben und haben ein gutes Zeugnis bekommen. In der Familie und in ihrem (familialen) Netzwerk erhalten diese Kinder relativ viel Anregungs- und Aneignungsimpulse. Auch ist ihre familiale Situation über die materielle Armut hinaus nicht z. B. durch ernsthafte familiäre Konflikte belastet, so dass sie in diesem Sinne keine schweren Konflikte „in die Schule mitbringen", auf die die Schule systemisch nicht reagieren kann. Es sind dies zugleich die Kinder, die über vergleichsweise vielfältige und vielgestaltige Freizeitaktivitäten verfügen und einen – im Gesamtvergleich unserer Kinder – weiten sozialräumlichen Aktionsradius haben. Sie sind in ihrer Freizeitgestaltung in gewisser Weise souverän, weil sie weniger die Erfahrung machen, dass ihre Freizeitaktivitäten (z. B. musische Betätigung, Sport usw.) aus materiellen Gründen eingeschränkt sind. Tina ist es zwar finanziell nicht möglich, Klavier spielen zu lernen, aber dank ihrer Eigenaktivität erschließt sie sich – wenn auch über die Institution Schule – Freizeitmöglichkeiten wie einen Zeichenkurs und Aktivitäten in einem Biologieverein. Vor allem Konstantin und Erik können ihre vielfältigen Aktivitäten (Fahrradclub, Pfadfinder, Fußball) als Gegenpol zur Schule organisieren und erwerben damit zugleich kulturelles Kapital, das ihnen schulisches Lernen erleichtert. Sie bringen auch aus ihrem familialen Hintergrund eine gute Motivation für die Schule mit. So hatte Erik zeitweise Schwierigkeiten mit dem Lesen – was ihn sehr unzufrieden gemacht hat. Mit Hilfe seiner älteren Schwester und ihres PC-Lernprogramms hat er zu Hause geübt, bis er besser wurde. Er hat insgesamt eine positive Einstellung zum Lernen und auch zu seinen eigenen Fähigkeiten in der Schule.

Im Unterschied zu Erik und Tina gibt Konstantin allerdings an, nicht gern zur Schule zu gehen. Dies ist sicher im Zusammenhang mit seinem eher negativen Verhältnis zu seiner Klassenlehrerin zu sehen. Bei Tina gibt es ebenfalls Lehrerinnen und Lehrer, die sie „doof" findet; das scheint für sie aber nicht entscheidend zu sein, weil es auch Lehrpersonen gibt, mit denen sie gut zurechtkommt. Anders als Konstantin fühlt Tina sich manchmal überfordert und bekommt dann auch schlechte Noten, obwohl sie sich anstrengt. Was die Kontakte zu den Mitschülerinnen und Mitschülern betrifft, kann man diese drei Kinder als in den Klassenverband integriert bezeichnen. Sie fühlen sich in der Schule wohl und von ihren Mitschülern und Mitschülerinnen akzeptiert, sie haben alle drei viele Freundinnen und Freunde in der Schule; teilweise sind dies auch die Freundinnen und Freunde, mit denen sie sich in ihrer Nachbarschaft treffen.

Eine zweite Gruppe von vier Kindern (Karsten, Rebecca, Dorothee, Sarah) bezeichnet sich ebenfalls als gute Schülerinnen und Schüler; diese Kinder verbinden mit Schule jedoch nicht so eindeutig positive Gefühle wie die erste Gruppe. Ambivalente Gefühle resultieren dabei nicht so sehr aus dem Leistungszusammenhang, sondern aus den sozialen Kontakten. Karsten ist in Bezug auf seine Leistungen eigentlich ein sehr guter Schüler; in seinem Zeugnis hat er jedenfalls nur Einser und Zweier. Im Unterschied zur ersten Gruppe scheint ihm der Erfolg allerdings nicht zuzufallen. Er muss ihn sich durch Fleiß und Strebsamkeit erarbeiten, d. h. er erreicht seine guten Leistungen eher durch Disziplin. Deshalb wohl sagt er, dass er nicht gern lernt. In der Klasse sieht sich Karsten akzeptiert und er hat insgesamt das Gefühl, anerkannt zu sein. Dennoch fühlt er sich manchmal in der Schule nicht wohl. Er gibt zu, zur Zeit in der Schule keinen guten Freund zu haben, und dort manchmal gehänselt zu werden. Insgesamt erlebt er seine schulischen Sozialkontakte eher als ambivalent und als teilweise nicht von ihm beeinflussbar. Hinzu kommt, dass er wegen einer Unklarheit bezüglich des Essensgeldes einen Konflikt mit dem Lehrer hat.

Zu den guten Schülerinnen zählt auch Rebecca. Sie hat (in der ersten Klasse) noch keine Zensuren bekommen, aber eine gute Beurteilung. Sie kann dem Lernen zwar nichts abgewinnen, hat aber keine Probleme mit dem Schulstoff. Ihre Lehrerin findet sie klasse, auch ihre Kontakte zu den Mitschülerinnen und Mitschülern sind durchweg positiv. Sie fühlt sich akzeptiert und bei Jungen und Mädchen beliebt, auch ihre beste Freundin ist bei ihr in der Klasse. Dass sie sich dennoch manchmal als Außenseiterin fühlt, mag mit ihren besonderen familiären Belastungen zusammenhängen, die sie aktuell in voller Dramatik erlebt (Vater prügelt Mutter und ist verschwunden) und die sie wohl mit niemandem besprechen und „teilen" kann.

Dorothee ist leistungsmäßig ebenfalls eine gute Schülerin; sie verbindet aber sonst wenig Positives mit ihrer Schule. Sie lernt nicht gern, geht – nach eigener Aussage – nicht gern zur Schule und fühlt sich vom Schulstoff manchmal überfordert. Ihre schulischen Sozialkontakte stellt sie wenig positiv oder zumindest ambivalent dar. Sie hat in der Schule zwar eine beste Freundin. Im Gegensatz zu Rebecca zählt sie aber wohl nicht zu den sozial integrierten Kindern. Sie verneint, dass sie von Mitschülern und Mitschülerinnen gemocht wird.

Sarah ist sich nicht ganz sicher, ob sie eine gute Schülerin ist, weil sie bisher keine Noten bekommen hat. Ihre Mutter ist allerdings der Auffassung, dass dies zutrifft. Sie selbst äußert sich aber sowohl in bezug auf ihre Leistungen in der Schule als auch in bezug auf ihre Sozialkontakte recht ambivalent. Sarah hat zwar mehrere Freundinnen und Freunde in der Klasse, fühlt sich von den meisten Schülerinnen und Schülern gemocht und ist Mitglied einer Mädchenbande. Sie macht aber auch unangenehme Erfahrungen, so gibt sie z. B. an, manchmal Angst zu haben, in die Schule zu gehen, sich dort manchmal nicht wohl und alleine zu fühlen, manchmal gehänselt und ausgelacht zu werden sowie ab und zu in Raufereien und Schlägereien verwickelt zu sein.

Zu ihren Lehrerinnen und Lehrern haben diese Kinder vorwiegend ein gutes Verhältnis. Die Ausnahme bildet Karsten, der wegen des Essensgeldes Stress hat und deshalb in der Schule nicht mit essen darf. Wir haben dies als mangelnde Sensibilität des Lehrers für die familiäre Situation des Jungen interpretiert.

Eine dritte Gruppe von drei Kindern (Anton, Anja und Dennis) lässt sich als Gruppe mit schwankenden und heterogenen Leistungen in der Schule kennzeichnen. Anton ist wohl nur in manchen Fächern gut, obwohl er gern lernt. Er bekommt nach seinen Aussagen oft schlechte Noten, auch wenn er sich anstrengt. Seine Schulleistungen schwanken offensichtlich, was mit der wechselhaften Situation zu Hause zusammenhängen dürfte. Seine vollerwerbstätige Mutter hat nicht immer Zeit, ihn durch Hausaufgabenbetreuung sowie durch Anleitung zu einem disziplinierten Verhalten in Schulangelegenheiten zu unterstützen. Er hat einen Schulwechsel hinter sich und ist erst seit kurzem in der jetzigen Schule. Seine Mutter hatte ihn wegen Verhaltensauffälligkeiten (Stören des Unterrichts, Aggressivität gegenüber Mitschülern und Mitschülerinnen) aus der alten Schule herausnehmen müssen. Er galt dort als „nicht mehr tragbar". Seine uneindeutigen Antworten im Fragebogen hängen sicherlich mit der von ihm erlebten Veränderung der Schulsituation zusammen. Wir erfahren von ihm, dass er früher gehänselt wurde, was aktuell nicht mehr der Fall zu sein scheint; dass er manchmal von den anderen Kindern ausgelacht wurde und des öfteren in Raufereien oder Schlägereien geraten war. Aktuell fühlt er sich in der Schule wohl; er kommt mit seinen Schulkameraden und Schulkameradinnen besser klar und fühlt sich in der Klasse anerkannt und integriert. Aber auch die neue Schulgegenwart bleibt ambivalent. So gibt er einerseits an, viele Freunde zu haben und dass die Mitschüler und Mitschülerinnen ihn mögen; andererseits darf er nicht immer mitspielen. Mit seinen neuen Lehrern und Lehrerinnen scheint er gut auszukommen.

Anja gibt zwar an, ein gutes Zeugnis bekommen zu haben (ihre stolze Mutter zeigt uns das letzte Zeugnis mit vier Dreien, vier Zweien und einer Eins); ihr Selbstbewusstsein in Bezug auf ihre Schulleistungen scheint aber doch eher gering. So sagt sie, sie wäre *„nicht immer"* eine gute Schülerin und würde sich *„nicht immer"* melden; sie fühle sich überfordert und bekäme schlechte Noten, obwohl sie sich anstrenge. Auch bereitet ihr Lernen keinen Spaß. Sie hat aber wohl ein gutes Verhältnis zu den Lehrpersonen. Dies, zusammen mit der Tatsache, dass die Schule für Anja im Prinzip die einzige Möglichkeit für Sozialkontakte zu Gleichaltrigen darstellt, ist wohl auch der Grund, weshalb sie gern in die Schule geht, obwohl sie das Gefühl hat, von Mitschülerinnen und Mitschülern gehänselt und ausgelacht zu werden und manchmal auch in Handgreiflichkeiten verwickelt ist.

Auch Dennis kann zu dieser Gruppe der hinsichtlich ihrer Schulleistung mittelmäßigen bzw. schwankenden Schüler gezählt werden. In seiner Selbstwahrnehmung ist er *„nur manchmal gut"*, vor allem das Rechnen fällt ihm schwer. Seine Mutter hat die Einschätzung, dass er in der Schule nicht ganz mitkommt. Die familiale Alltagsorganisation (die Mutter geht abends putzen oder renoviert ihr zukünftiges Haus) trägt dazu bei, dass er oft spät ins Bett und unausgeschlafen in die Schule kommt. Sicher ist Dennis auch deshalb eher *„bummlig"* in Schulangelegenheiten. Die Hausaufgaben macht er nicht immer. Er fühlt sich in der Schule überfordert und geht nicht gerne dorthin, obwohl ihm das Lernen an sich eigentlich Spaß macht. Dennis ist ein Kind, das kaum Freunde hat; deswegen zählen für ihn die wenigen schulischen Spielkameradschaften und Kontakte umso mehr. Er hat in der Schule einige Spielkameraden, fühlt sich in der Klasse akzeptiert, wird aber auch manchmal ausgelacht und fühlt sich bisweilen in der Schule als Außenseiter. Zu letzterer Empfindung trägt sicherlich auch bei, dass er an der Klassenfahrt nicht teilnehmen *„durfte"*. Auf die Frage, wer ihm dies *„verboten"* hätte, antwortete Dennis *„die Schüler und meine Mutti"*. Es gelang im Interview nicht, die Gründe für seine Nichtteilnahme offenzulegen, da Dennis auf weiteres Nachfragen hin ausgewichen ist: *„Weiß nicht warum?"* (KXIV/2, S.16).

Die vierte Gruppe bilden vier Kinder, die den Leistungsanforderungen der Schule offensichtlich nicht genügen und landläufig als sogenannte „schwache" Schülerinnen und Schüler gelten würden (Theo, Frank, Steffi, Torsten). Theo hat zu Hause keine Lebenssituation, die schulisches Lernen befördert. Er erhält dort keine motivationale und keine alltagspraktische Unterstützung (wie Schulranzen packen, Ordnung in den Sachen halten). Wenn seine Mutter verschläft, schwänzt er die Schule. Er schwänzt die Schule auch ab und zu, wenn er selbst wegen späten und langen Fernsehkonsums nicht aus dem Bett kommt. Dass er dadurch leistungsmäßig ins Hintertreffen gerät, erscheint zwangsläufig. Er bekennt sich ziemlich offen zu seiner „Abneigung" gegen die Schule und das Lernen, obwohl er seine Klassenlehrerin mag. Er fühlt sich überfordert und bekommt schlechte Noten, obwohl er sich anstrengt. Er fühlt sich in der Klasse zwar wohl, hat aber keine Freunde und ist nicht der Meinung, dass seine Mitschülerinnen und Mitschüler ihn mögen. Er selbst kann einige Kinder aus der Klasse gut leiden und wäre gern mit ihnen befreundet. Er wird wohl nicht regelrecht ausgeschlossen und hat auch keine Außenseiterposition, ist aber nicht sozial integriert und ist kein beliebter Spielpartner oder Freund.

Auch Steffi macht keinen Hehl aus ihren schlechten Leistungen, die aber wohl erst in der letzten Zeit so schlecht geworden sind. Sie ist versetzungsgefährdet. Ihre Mutter begründet ihr leistungsmäßiges „*Absacken*" mit dem Psychoterror, dem ihre Kinder in der neuen Wohnung durch den Streit mit den Nachbarn ausgesetzt sind. Es wird zudem deutlich, dass Steffi nach dem Wohnungswechsel in der neuen Schule in sozialer Hinsicht nicht zurecht kommt. Sie hat dort zwar zwei Freundinnen; die Freundschaft beschränkt sich allerdings auf die Schule. Sie war noch nie bei ihnen zu Hause und die Freundinnen haben sie noch nie besucht, obwohl sie lediglich ein bis zwei Kilometer entfernt im Nachbardorf wohnen. Steffi scheint aber auch keine Möglichkeiten zu haben, Freundinnen zu sich nach Hause einzuladen. Es gibt zwei weitere Mädchen in der Klasse, die Steffi gern als Freundinnen gewinnen würde, die dieses Ansinnen jedoch rundweg ablehnen. Insgesamt fühlt sich Steffi in der Klasse nicht wohl: sie wird gehänselt, sie streitet und prügelt sich und macht die Erfahrung, manchmal ausgelacht zu werden. Aufgrund der materiellen Probleme der Familie konnte sie bisher an Klassenfahrten nicht teilnehmen, was ihre soziale Nichtintegration verstärkt und sie traurig stimmt. Auch mit den Lehrerinnen und Lehrern gibt es offensichtlich Schwierigkeiten. Nach Aussage der Mutter sind hier Stigmatisierungsprozesse im Gange. Die Mutter ging früher teilweise bei den selben Lehrerpersonen in die gleiche Schule und war nach eigenem Eingeständnis nicht gut angesehen. Zu ihrer Klassenlehrerin scheint Steffi jedoch ein gutes Verhältnis zu haben.

Frank hat ebenfalls massive Schwierigkeiten in der Schule. Seine Mutter erhielt den Rat, ihn in die Förderklasse zu geben; ihrer Meinung nach würde er dort aber „*ganz krachen*" gehen (EXII, S.11). Ungeachtet dessen macht Frank zunächst uneingeschränkt positive Aussagen zu seinen Schulleistungen. So gibt er an, ein guter Schüler zu sein und ein gutes Zeugnis bekommen zu haben. Im weiteren Interviewverlauf widerspricht er diesen Angaben allerdings; er gibt zu, überfordert zu sein, trotz Anstrengens schlechte Noten zu bekommen und ein schlechtes Zeugnis zu haben. Frank hat auch wie Steffi die Erfahrung machen müssen, dass er aufgrund des für die Familie damit verbundenen finanziellen Aufwands nicht an der Klassenfahrt teilnehmen konnte.

Torsten ist ebenfalls kein guter Schüler. Er schätzt sich selbst als schlechten Schüler ein und fühlt sich von den schulischen Anforderungen überfordert. Sie bleiben ihm undurchsichtig und erscheinen ihm ungerecht, denn subjektiv strengt er sich an, beteiligt sich am Unterricht und gibt sich Mühe, bekommt aber trotz seiner Anstrengungen schlechte Beurteilungen und schneidet in Tests schlecht ab. Für Torsten sind die schulischen Kontakte -ähnlich wie für Anja und Steffi – überaus wichtig, weil er zu Hause keine Spielkameraden und Freunde hat. Aber auch er scheint in der Schule einen schweren Stand zu haben. Zwar gibt er an, dass er dort Freunde hat und sich in der Klasse wohl fühlt. Dem widerspricht aber die Tatsache, dass ihn seine Mitschüler und Mitschülerinnen – seiner Aussage zu Folge – nicht mögen, dass er gehänselt und ausgelacht und mitunter sogar körperlich gepeinigt wird.

Insgesamt wird bei den ambivalenten und den schlechten Schülern und Schülerinnen deutlich, dass die familiäre Situation stark mit den schwankenden oder schlechten Schulleistungen zu tun hat. Schulwechsel und Umzüge (Anton, Steffi, Torsten, Frank), häuslicher Stress (Steffi), fehlende Alltagsstruktur in der Familie (Dennis, Theo, Frank, Steffi und teilweise auch Anton) sowie fehlende elterliche Aufmerksamkeit für die Anforderungen der Schule erschweren den Kindern die Bewältigung der schulischen Leistungsanforderungen oder machen ihre Erfüllung unmöglich.

C) Fazit

Das „Wohlfühlen in der Schule" stellt einen – nach unserem Verständnis – komplexen Sachverhalt dar, in den zahlreiche Faktoren einfließen. Unser Material erlaubt uns nicht immer eine eindeutige Einschätzung, welche Aspekte ausschlaggebend für die Befindlichkeit und das Erleben der Kinder in der Schule sein mögen. Doch insgesamt scheinen es weniger situative als strukturelle Faktoren zu sein, die den Kindern die Schule zu einem eher angenehmen oder aber zu einem eher belastenden Lebensort werden lassen. Es sind insgesamt wohl das Zusammentreffen von guten Schulleistungen mit überwiegend positiven Integrationserfahrungen, die Schule als Lebenswelt für die Kinder zu einem angenehmen Lebensort machen. Umgekehrt lassen, je mehr Überforderungsgefühle und Probleme der sozialen Integration oder gar Ausschlusserfahrungen vorkommen, diese Erfahrungen die Schule zu einem ungeliebten sozialen Ort werden.

Die von uns vorgenommene Gruppenbildung – die eine Systematisierung von Erkenntnissen erleichtern soll – bezieht sich auf ein Gesamtsample von Kindern, die alle in benachteiligten familiären Lebenslagen leben. Kinder aus nicht-armen bzw. nicht-benachteiligten Familien haben wir nicht berücksichtigt, d. h. wir haben insgesamt nur einen begrenzten Ausschnitt der sozialen Realität von Schule im Blick. Bezogen auf die von uns untersuchte Kindergruppe möchten wir folgende Beobachtungen resümierend festhalten: Wir haben sowohl leistungsmäßig als auch hinsichtlich der sozialen Integration bei unseren Kindern ein breites Spektrum vertreten. Wenn wir das Mittelfeld zunächst außen vor lassen – fallen zwei Extrempole auf: einerseits eine Gruppe von Kindern, die Schule rundum als positiven Lebensort erfahren und sich gleichzeitig als gute Schülerinnen und Schüler bezeichnen; auf der anderen Seite haben wir eine Gruppe, die leistungsmäßig überfordert und sozial eher ausgegrenzt zu sein scheint bzw. zumindest erkennbare Probleme hinsichtlich ihrer sozialen Kontakte hat. Im Mittelfeld haben wir wiederum zwei Gruppen, von denen die eine gute Schulleistungen vorzuweisen hat, während die andere eher heterogene und schwankende Leistungen erbringt. Hinsichtlich ihrer sozialen Kontakte und Integration scheinen es beide Gruppen nicht einfach zu haben.

Wir wollen diese Beobachtungen hier nur resümierend festhalten, um sie an anderer Stelle wieder aufgreifen und analysieren zu können (siehe dazu Kapitel 5.3). Dabei geht es uns nicht darum, die Kinder zu kategorisieren, sondern die strukturellen Bedingungen aufzuzeigen, die das Bewältigungshandeln von Kindern beeinflussen, die sich – von der materiellen Notlage abgesehen – förderlich oder belastend auf die Kinder auswirken (belastende Faktoren wären z. B.: familiäre Konflikte, häuslicher Stress, fehlende Alltagsstruktur, fehlende elterliche Aufmerksamkeit, fehlende soziale Netzwerke, nicht adäquate Hilfestellung und Förderung durch Schule und Hort usw.).

4.3.2 Bildungsmäßige Förderung – Freizeitaktivitäten in Familie und häuslichem Umfeld

A) Allgemeine Bemerkungen

Fördernde Bedingungen für die Herausbildung von Selbstwertgefühl, Leistungsmotivation, Spracherwerb und Schulleistungen, für soziale Kompetenzen und moralische Entwicklung werden in der Literatur immer wieder beschrieben (vgl. Oerter/Montada 1995, Schneewind 1994, Tausch/Tausch 1991). Sie lassen sich abstrahierend auf Aspekte von familiärer Kommunikation und Alltagsorganisation beziehen. Kommunikation meint die Eltern-Kind-Interaktion bzw. die Eltern-Kind-Beziehung, Organisation die Gestaltung des kindlichen Alltags und somit die Bereitstellung von materiellen, sozialen und emotionalen Ressourcen (Hansen 1993). Die implizite These ist dabei, dass über weite Strecken der Kindheit die kindliche Gegenwart und die kindlichen Entwicklungschancen von den Vermittlungs- und Ermöglichungsleistungen der Familie gerahmt bleiben. Kindliche Eigengestaltung ist daher in unserem Fall im Kontext intergenerationell vermittelter sozialer Benachteiligungs- und Ungleichheitsstrukturen zu analysieren.

Familie bildet für die Kinder den primären Sozialisations-, Erfahrungs- und Lernbereich. Wie bereits in den siebziger Jahren Studien nachgewiesen haben, spielt der soziale Status und Bildungshintergrund der Eltern für die Kinder hinsichtlich des Erwerbs von kulturellem und sozialem Kapital eine wichtige Rolle (*vgl. Kapitel 3 zu unseren Familien*). Einkommen und Bildungsstand der Eltern erweisen sich auch heute noch als zentrale Einflussfaktoren für den Schulerfolg der Kinder; in Verbindung mit diesen sozialstrukturellen Merkmalen sind auch die Familienform und der Erwerbsstatus der Eltern zu berücksichtigen (vgl. Schlemmer 1998: 145f.). Die sogenannte schichtspezifische Sozialisationsforschung hat zu Recht die Bedeutung betont, die der familialen Interaktion im Kleinkindalter für die Bewältigung schulischer Leistungsanforderungen zukommt. Die Einstellung der Eltern zu kindlichem Spiel, zu seiner Aneignung von körperlichen, geistigen, emotionalen und sozialen Fähigkeiten, zu seiner Aneignung von Körper, Raum und Welt sind für die kindliche Entwicklung von ausschlaggebender Bedeutung. Es ist wichtig, dass das Kind die elterliche Beziehung als wertschätzende, bestätigende und anerkennende erlebt, dass es sprachliche Förderung erfährt. Die Ausformung einer insgesamt ermutigenden und fördernden Elternbeziehung wird für das Aneignungsverhalten und die Leistungsmotivation des Kindes als bestimmend angesehen. Dieser vorgängigen Interaktionsstruktur gegenüber tritt die explizite Einstellung der Eltern zur Schule sowie zu schulischen Leistungsanforderungen eher zurück, während gleichzeitig die Gestaltung des kindlichen Alltags und gemeinsame Freizeitaktivitäten einen höheren Stellenwert bekommen.

Der kindliche Sozialisationsprozess spielt sich nicht nur in der Familie ab; der Anteil der Familie kann aber von anderen Sozialisationsinstanzen nicht übernommen werden. Daher kann dieser letztlich als bestimmend für eine „gelingende Sozialisation" angesehen werden. Die bildungsmäßige Förderung im Elternhaus kann den Lern- und Erfahrungsspielraum der Kinder beträchtlich erweitern. Neben der direkten Unterstützung schulischer Leistungen (z. B. durch Hausaufgabenhilfe) geht es hierbei um die Förderung kindlicher Interessen, Begabungen und Hobbys (z. B. sportliche Aktivitäten, das Erlernen eines Musikinstrumentes), aber auch um Anleitung zu einem konstruktiven Umgang mit Medien und die Einbindung in außerhäusliche Freizeitaktivitäten. Das Freizeitverhalten der Kinder wird in der von uns befragten Altersgruppe noch in starkem Maße durch elterliche Haltungen geprägt und gelenkt. Diesbezüglich interessiert auch die Frage, in welcher Weise außerhäusliche und insbesondere öffentliche Angebote eine kompensatorische Funktion übernehmen können.

Da im Grundschulalter der Einfluss außerfamilialer Sozialisationsinstanzen, d. h. der Einfluss der Medien, der Kinderkultur, der Schule, der Gleichaltrigen nach und nach wächst, nehmen die kindlichen Möglichkeiten der Eigengestaltung und Unabhängigkeit von der Familie zu. Die Familien müssen verstärkt individuell und situativ auf die von den Kindern ausgehenden Anforderungen und Veränderungsimpulse reagieren. In dieser Hinsicht ist elterliche Flexibilität gefordert, d. h. das Aufnehmen und Bearbeiten vielfältiger Impulse von außen, von Eigenaktivität und spezifischen Bewältigungsleistungen des Kindes. Kinder im Grundschulalter in ihren Lern- und Erfahrungsprozessen zu begleiten, bedeutet, ihnen den Zugang zu bestimmten Erfahrungen zu ermöglichen und gleichzeitig zu akzeptieren, dass Kinder eigene Wege gehen.

Sozialökologische und andere Ansätze haben auch auf die sozialisatorische Bedeutung des sozialen und sozialräumlichen Umfelds der Familie aufmerksam gemacht. Anzahl und Qualität der sozialen Strukturen, die das Kind außerhalb der Familie kennen lernt, sind als weitere Faktoren zu betrachten, die den bildungsmäßigen Horizont der Kinder prägen. Neuere Studien unterstreichen die Wechselwirkungen der verschiedenen kindlichen Lern- und Erfahrungswelten von Familie, sozialem Umfeld und Schule, die sich gegenseitig ergänzen oder sogar kompensieren (vgl. Büchner/Krüger 1996). In diesem Sinne haben wir auch das soziale Umfeld der Kinder und ihren räumlichen Aktionsradius in die Untersuchung mit einbezogen.

Da wir in unserer Querschnittstudie Kinder im Grundschulalter betrachten, erfassen wir nur einen sehr engen biografischen Ausschnitt. Bezogen auf die Entwicklungsstufe unserer Kinder interessiert uns vor allem die elterliche Bereitschaft und Fähigkeit, die Kinder in ihren altersgemäßen Lern- und Erfahrungsprozessen anerkennend zu begleiten. Dabei gilt es, die allmähliche Verlagerung kindlicher Sozialisationsräume nach „draußen", d. h. in soziale Räume und Orte außerhalb der Familie zu berücksichtigen. Wir untersuchen also die Frage, in welcher Weise die Eltern ihre Kinder bei der Aneignung von Fähigkeiten und Kompetenzen zur Lebensbewältigung unterstützen, sie bei ihrem schulischen (formellen) und außerschulischen (informellen) Bildungserwerb fördern und ihnen bei der Aufnahme von sozialen Kontakten außerhalb der Familie und insbesondere zu Gleichaltrigen Hilfestellung bieten. Gleichzeitig geht es um die Erweiterung des räumlichen Erfahrungsbereichs, um die Eroberung von sozialer Umwelt und um Möglichkeiten für kindliche Streifzüge und räumliche Mobilität. Familie fungiert demzufolge als Ermöglichungs- und Vermittlungsinstanz, die Zugänge zur sozialen und dinglichen Welt herstellt und die kindlichen Aneignungsweisen mit formt. Im Mittelpunkt der Betrachtung stehen jedoch die Kinder selbst, wie sie sich im Kontext von Familie, Wohnumfeld, Gleichaltrigenbeziehungen und moderner Kinderkultur ihre Lern- und Erfahrungsmöglichkeiten erschließen, wie sie ihre Wünsche und Interessen artikulieren und zu realisieren versuchen.

B) Auswertungsergebnisse

Die meisten Kinder bekommen häusliche oder institutionelle Unterstützung bei der Erledigung ihrer schulischen Aufgaben. Dabei fällt der hohe Anteil der Kinder auf, die nach der Schule einen Hort besuchen, wo sie in der Regel ihre Hausaufgaben erledigen und – bei Bedarf – Rat und Hilfe bekommen dürften. Demnach machen sieben der vierzehn Kinder (Theo, Rebecca, Torsten, Sarah, Anja, Karsten und manchmal auch Dennis) ihre Hausaufgaben im Hort. Anton macht sie teilweise im Kindertreff, bekommt ansonsten Hilfestellung von seiner Schwester oder seiner Mutter, die allerdings vollzeitig erwerbstätig ist (Schichtarbeit). Vier weitere Kinder geben an, dass sie zu Hause Unterstützung bekommen: Karsten von Mutter oder Vater, Steffi von Mutter oder Familienhelferin, Erik von Schwester und Tina von Mutter oder Bruder. Frank muss seine Hausaufgaben alleine machen; die Mutter kontrolliert diese dann lediglich und stellt dies als ihr Erziehungsprinzip dar. Bei Dennis ist es unklar, ob er Unterstützung bekommt; sofern er seine Aufgaben nicht im Hort erledigt, ist er eher auf sich allein gestellt. Nur Konstantin gibt an, keine Hilfestellung zu bekommen, wobei er diese nicht so nötig haben dürfte, weil er ein guter Schüler ist.

Wie bereits dargelegt, beschränkt sich die schulische Förderung durch das Elternhaus nicht auf die Hausaufgabenhilfe. Dennoch fällt auf, dass die Mütter nur in drei Fällen explizit als Ansprechpartnerinnen dafür erwähnt werden – bzw. in einem Fall sind sowohl der Vater als auch die Mutter ansprechbar. Von ihrem bildungsmäßigen Hintergrund her wären sicherlich die meisten Mütter dazu in der Lage (siehe Kapitel 3). Es ist somit anzunehmen, dass andere Aspekte wie das knappe Zeitbudget, die arbeitsmäßige Belastung und die familiäre Situation hierfür ins Gewicht fallen. Aufgrund der Tatsache, dass ein vergleichsweise hoher Anteil der Kinder (7 von 14) die Nachmittage im Hort verbringt, übernimmt dieser offensichtlich für die Kinder in dieser Hinsicht eine kompensatorische Funktion. Zweifellos handelt es sich hierbei um eine Ostspezifik, wo das Hortsystem – im Vergleich zu Westdeutschland – immer noch stärker ausgebaut ist. Den Hort besuchen sowohl Kinder von Müttern, die in einer Umschulungsmaßnahme sind oder jobben, als auch von solchen, die erwerbslos oder im Erziehungsurlaub sind.

Wir gehen davon aus, dass die generelle Einstellung der Eltern zur Schule sowie die elterlichen Vorgaben zur Alltagsstrukturierung der Kinder einen wichtigen Stellenwert für kindliches Lernverhalten hat. Bei der Alltagsstrukturierung geht es unter anderem darum, die jeweils richtige Balance herzustellen zwischen schulischen Verpflichtungen, Regeneration, Spiel und Raum für kindliche Interessen, soziale Kontakte und gemeinsame familiäre Freizeitaktivitäten. Kinder im Grundschulalter sind hierfür in der Regel auf die organisatorische Unterstützung der Eltern angewiesen.[9] Hierzu haben wir die Kinder nach strukturierenden Momenten ihres Alltags gefragt wie: Wer weckt die Kinder? Wie wird gefrühstückt? Wer macht das Schulbrot? Gibt es andere gemeinsame Mahlzeiten? Wie wird das Zubettgehen gestaltet?

Die meisten unserer Kinder dürften einen geregelten Tagesablauf haben, wobei wir unterschiedliche Grade der Strukturiertheit und der Selbständigkeitsanforderungen an die Kinder oder auch der Autonomiebedürfnisse der Kinder festgestellt haben. Dies entspricht teilweise auch ihrem unterschiedlichen Entwicklungsstand, aber auch der Vielfalt der familiären Alltagskonstellationen. Allerdings haben wir eine Gruppe von fünf Kindern, die ziemlich sich selbst überlassen bleiben (Theo, Torsten, Steffi, Frank und Dennis), auch wenn der Tagesablauf – was die physische Versorgung betrifft – wohl einigermaßen geregelt sein dürfte. Dies sind gleichzeitig die Kinder, die Schlafschwierigkeiten angeben, die teilweise unkontrolliert fernsehen (Theo, Steffi und Dennis) und insgesamt zu der Gruppe der Kinder zählen, die wir als „pädagogisch vernachlässigt" bezeichnen würden, und die bei der Frage, wie viel Zeit die Mütter bzw. die Eltern für sie haben, durch eindeutig negative Antworten aufgefallen sind.

Als weiteren wichtigen Aspekt von Alltagsstrukturierung sowie von familiärer Beziehungsgestaltung und Anteilnahme an den Kindern haben wir die familiäre Freizeitgestaltung betrachtet.[10] Bezogen auf die Freizeitaktivitäten haben wir nicht systematisch Daten erhoben, sondern die Kinder sollten im offenen Interview Aktivitäten benennen, die ihnen erwähnenswert erschienen. Bis auf einen Fall (Dennis), in dem sich das Kind beklagte, dass die Mutter meistens keine Zeit habe, fanden alle Kinder gemeinsame Aktivitäten mit den Müttern oder Eltern erwähnenswert: Aufgeführt wurden einerseits Beispiele für gemeinsame Freizeitbeschäftigung zu Hause wie gemeinsames Fernsehen, gemeinsame Gesellschaftsspiele, basteln, malen usw. Andererseits wurde auch eine Vielzahl von außerhäuslichen gemeinsamen Aktivitäten angeführt, wie spazieren gehen, zum Fußballspiel, einkaufen, ins Bad, in den Tierpark, zum Gottesdienst, auf den Rummel, auf den Spielplatz, in die Stadt gehen sowie weg fahren und gemeinsame Besuche bei Verwandten oder Freunden.

---

9 Da wir auf diese Aspekte ausführlicher im Zusammenhang mit dem Muße- und Regenerationsspielraum eingehen, werden sie im Folgenden nur knapp behandelt.

10 Auch hier gibt es eine Überschneidung mit dem Muße- und Regenerationsspielraum, die sich nicht vermeiden lässt – allerdings sind hier die Freizeitaktivitäten stärker unter dem Aspekt der Förderung und elterlichen Anteilnahme zu betrachten, während wir diese an späterer Stelle stärker hinsichtlich ihres regenerativen Charakters berücksichtigen werden.

Das Spektrum der aufgezählten Aktivitäten entspricht wohl dem, was landläufig „Durchschnittsfamilien" mit ihren Kindern in der Freizeit machen. Wie nicht anders zu vermuten, handelt es sich dabei jedoch vorwiegend um kostengünstige Freizeitaktivitäten. Der Aspekt der Kostenintensität stellt natürlich kein Gütekriterium in Bezug auf gemeinsames Erleben und die Ausgestaltung der Eltern-Kind-Beziehung dar. Allenfalls können sich hier Differenzen zu anderen Kindern ergeben, die in materiell besser ausgestatteten Familien aufwachsen und die ein breiteres Spektrum an förderlichen Aktivitäten geboten bekommen. Entscheidend sind diesbezüglich jedoch nicht allein die vorhandenen Ressourcen und die damit potentiell gegebenen Möglichkeiten, sondern es kommt auf die tatsächliche Realisation der gemeinsamen Aktivitäten an.

Neben den gemeinsamen Aktivitäten spielt die Förderung kindlicher Interessen und Begabungen im Hinblick auf die Struktur des Lern- und Erfahrungsspielraums eine wichtige Rolle. Modernes, insbesondere mittelschichtgeprägtes Kinderleben zeichnet sich gerade in dieser Hinsicht durch eine große Vielfalt aus. Es geht dabei um musische, kulturelle, sportliche und sonstige Aktivitäten, die teilweise von öffentlichen Trägern, teilweise von Vereinen und teilweise rein kommerziell angeboten werden. Unsere naheliegende Annahme, dass materiell benachteiligte Kinder diesbezüglich in der Regel auf öffentliche, d. h. auf kostenlose Angebote angewiesen sind, hat sich weitgehend bestätigt. Das Spektrum der unseren Kindern zugänglichen Angebote ist eher begrenzt und es wird deutlich, dass es oft nicht ihren Wünschen entspricht bzw. dass manche Wünsche der Kinder nicht erfüllt werden können.

Als musische Aktivitäten werden von den Kindern an erster Stelle das Spielen eines Musikinstrumentes genannt. Häufig handelt es sich dabei um Flöte: Konstantin lernt Flötespielen bei der Oma, die Musiklehrerin ist; Anja lernt Flöte und Keyboard in der Schule; Rebecca hatte Flötenunterricht, fand ihn aber zu langweilig und möchte Geige spielen lernen; dies ist jedoch ein Wunsch, der sich nicht so leicht realisieren lässt, da er nicht nur neue, sondern höhere Kosten verursachen würde. Tina möchte gerne Klavier, Sarah und Steffi möchten Flöte spielen lernen, aber bei allen dreien scheitert der Wunsch von vorn herein an den eingeschränkten Haushaltsbudgets. Torsten spielt Melodica in der Musikschule und Karsten hat dieses Instrument im Hort spielen gelernt (in der ersten Klasse). Erik hat etwas Gitarrespielen von seinem Bruder beigebracht bekommen. Theo war nur kurz in einer Tanzgruppe; ob der weitere Verbleib dort letztlich an den Finanzen scheiterte oder, wie seine Mutter sagte, allein daran, dass er keine Lust mehr hatte, weil er als einziger Junge ausgelacht wurde, konnten wir nicht eindeutig in Erfahrung bringen.

Abgesehen von solchen musischen Aktivitäten, die teilweise in der Schule, im Hort, in der Musikschule oder in der Familie laufen, ist die Palette der bildungsmäßigen Freizeitaktivitäten, die von den Kindern erwähnt werden, nicht sehr groß. Genannt werden wohl auch sportliche Aktivitäten wie Fußball spielen (Konstantin, Erik), reiten (Rebecca, wird durch Eigenarbeit der Mutter ermöglicht), Fahrrad fahren (Erik). Vor allem können nur wenige unserer Kinder das Freizeitangebot von Vereinen oder gewerblichen Anbietern nutzen: Rebecca profitiert von den Angeboten der Kirchengemeinde, in der die Mutter Mitglied ist; Konstantin ist in einem Fußballverein und Erik macht bei den Pfadfindern mit. Karsten wird, wenn er das entsprechende Alter hat, auf Betreiben des Vaters sicherlich zur Jugendgruppe der Feuerwehr gehen. Tina ist in einem Biologieverein der Schule aktiv und besucht dort einen Zeichenkurs, außerdem macht sie beim Schülercafé mit. Es wird hieran deutlich, dass auch die Eigenaktivität der Kinder für die Erweiterung ihres Lern- und Erfahrungsbereiches eine wichtige Rolle spielen kann.

Insgesamt fällt auf, dass unsere Kinder wenig feste Termine am Nachmittag haben, abgesehen vom Hort oder Kindertreff. Hier tut sich eine Differenz auf zu dem, was als „Normalität moderner Kindheit" diskutiert wird. Gemeinhin gilt als Merkmal für ein modernes Kinderleben, dass es sich in voneinander getrennten Sozialräumen und Gesellungsformen von Gleichaltrigen abspielt. So gesehen sind die von uns interviewten Kinder keine typischen Vertreter und Vertreterinnen moderner (verplanter) Kindheit. Unsere Kinder verbringen einen großen Teil ihrer Freizeit mit Spielen auf dem Spielplatz und auf den Straßen des Neubaugebietes – so z. B. Tina, Erik und Theo oder sie strolchen herum (z. B. Frank). Theo ist in seiner Freizeit ziemlich sich selbst überlassen und verbringt jede freie Minute, solange noch irgendein anderes Kind draußen ist, im Wohngebiet. Die Kinder spielen im Garten und im Hof (z. B. Dorothee, Torsten und Sarah), sehen viel fern (z. B. Theo, Rebecca, Torsten, Anja, Frank, Steffi), fahren mit dem Fahrrad (z. B. Karsten, Erik und Dennis), spielen Fußball (z. B. Konstantin und Erik), und seltener spielen sie in der Wohnung mit Freunden oder Geschwistern (z. B. Rebecca, Steffi) mit Spielzeug.

Soweit wir mit unseren Fragen und den Antworten der Kinder tatsächlich deren hauptsächliche Freizeitaktivitäten erfasst haben, kann man wohl vorwiegend von einer eher *traditionell geprägten Kinderkultur* sprechen.

Um das Spektrum zu ergänzen, möchten wir noch kurz auf weitere Aspekte wie die Lese- und Fernsehgewohnheiten der Kinder eingehen, möchten untersuchen wie es sich mit Kinobesuchen verhält und ob sie Zugang zu PC-Spielen haben. Auf die Frage nach ihrem Lieblingsbuch oder ihrer Lieblingszeitschrift benennen immerhin neun Kinder ein oder zwei Lieblingsbücher oder einen Interessenschwerpunkt: Dabei werden von den Mädchen eher Erzähl- und Märchenbücher und von den Jungen eher Sachbücher (Fußball, Natur, Tiere) genannt. Bei den Lieblingszeitschriften werden Bravo, Micky Mouse und Wendy erwähnt, wobei diesbezüglich die Altersspanne der Kinder (7-10 Jahre) auch eine Rolle spielen dürfte. Wir haben allerdings nicht erfasst, ob und wie häufig die Kinder die angeführten Zeitschriften lesen bzw. ob sie sich diese auch kaufen können. Hinsichtlich der Lesegewohnheiten kamen unsere beiden Interviewenden zu der Einschätzung, dass nur eine kleinere Gruppe zu denjenigen gehört, die gerne lesen (Dorothee, Rebecca, Sarah, Erik und Anja ein wenig). Die Mädchen scheinen eher eine Leseneigung zu haben; unsere Jungen gehören eher zu denjenigen, die nicht gerne lesen (Theo, Torsten, Konstantin, Karsten, Dennis, aber auch Steffi); dabei ist sicherlich auch zu beachten, dass es sich – abgesehen von Konstantin und Steffi – um die kleineren, d. h. 7- bis 8-Jährigen handelt.

Dass unsere Kinder erschwerten Zugang zu Freizeitangeboten haben, die Geld kosten, wird auch daran deutlich, dass immerhin sieben von ihnen (Tina, Dorothee, Torsten, Anja, Karsten, Frank, Steffi) noch nie im *Kino* waren. Theo ist auch erst einmal im Kino gewesen. Dennis geht selten einmal mit seiner Mutter zusammen ins Kino. Anton hat dank des Kindertreffs häufiger die Möglichkeit zu Kinobesuchen. Auch Rebecca, Konstantin, Sarah und Erik gehen ab und an einmal ins Kino. Auf fällt, dass alle Kinder der ländlichen Untersuchungsregion noch nie im Kino waren.

Was elektronische Medien betrifft, haben wir Hinweise zur Nutzung von PC-Spielen und zu den Fernsehgewohnheiten der Kinder ausgewertet: In den meisten Fällen (9) ist gar kein PC im Hause vorhanden; in zwei Fällen haben wohl die Väter einen PC, der aber für die Kinder nicht zugänglich ist. Nur eine kleine Minderheit hat also Zugang zu einem PC: Erik, der ab und zu mit dem Lernprogramm seiner größeren Schwester arbeitet, auch Karsten hat einen kleinen Lerncomputer (kein richtiger PC) und Anton spielt mit einem Nintendo-Gerät. Insgesamt dürften unsere Kinder – insbesondere offensichtlich die Mädchen – somit erschwerten Zugang zu einem Medium haben, das mittlerweile bereits Aufnahme in das allgemeine Lernprogramm von Grundschulkindern gefunden hat. Allerdings haben wir nicht danach gefragt, inwiefern die Kinder in der Schule dazu Zugang haben.

Anders sieht es mit dem Fernsehkonsum und Sehgewohnheiten der Familien und der Kinder aus. Bis auf eine Familie (Dorothee), die infolge ihres Lebensstils Fernsehkonsum generell ablehnt und deshalb kein Fernsehgerät besitzt, ist in allen anderen Haushalten mindestens ein Fernsehgerät vorhanden; in einzelnen Fällen verfügen die Kinder über ein eigenes Gerät im Kinderzimmer (Theo, Torsten, Karsten, Steffi). Generell ist dabei die Frage, inwieweit die Eltern die Kinder auch in dieser Hinsicht bei ihren Lern- und Erfahrungsprozessen unterstützend begleiten, d. h. es geht um die Frage des mehr oder weniger kontrollierten Umgangs mit dem Medium durch die Kinder. Fast alle Kinder sehen regelmäßig täglich abends fern. Ausnahmen bilden Dorothee, deren Familie kein Fernsehgerät besitzt, Erik, dem wegen seiner Hobbys nicht so viel Zeit bleibt, Anton, der nur manchmal abends und am Wochenende fernsieht und Rebecca, die angibt, nur drei mal wöchentlich abends fernsehen zu dürfen. Daneben gibt es die Gruppe derjenigen, die viel fernsehen, aber einigermaßen kontrolliert, d. h. vor allem Vorabendserien: Dazu gehören Tina, Sarah, Anja, Karsten und Dennis. Eine dritte Gruppe zu der vorwiegend Jungen zählen (Frank, Theo, Torsten und Steffi), sieht übermäßig viel und weitgehend unkontrolliert fern. Das Extrem bilden hier Theo und Steffi, die ein TV-Gerät für sich in ihrem Zimmer haben (Steffi teilt ihr Zimmer noch mit zwei jüngeren Geschwistern) und oft bis spät in die Nacht fernsehen. Auch Frank gehört offensichtlich zu den Kindern, die vor dem Fernseher sich selbst überlassen sind und nicht nur „ständig" vor der Glotze sitzen, sondern auch ewig herum zappen. Bei Konstantin ist es eher die zeitliche Ausdehnung, die insofern überrascht, als er das Fernsehen nicht nur abends zum Einschlafen, sondern auch zum Aufwachen „braucht". Steffi darf ebenfalls morgens schon vor der Schule fernsehen. Insgesamt kann man sagen, dass bei unseren Kindern das gesamte Spektrum von Sehgewohnheiten vertreten sein dürfte, wie es generell in dieser Kindergeneration anzutreffen ist. Allerdings fällt auf, dass die unkontrollierten Fernsehguckerinnen und Fernsehgucker gleichzeitig wiederum diejenigen Kinder sind, die wir zu den „pädagogisch vernachlässigten" gruppiert haben.

Während uns im vorigen Abschnitt stärker die inhaltliche Seite der Freizeitbeschäftigungen interessiert hat, geht es uns im Folgenden um den räumlichen Aktionsradius. Das heißt, uns interessiert, wie das Wohnumfeld der Kinder aussieht, was sie dort unternehmen können, wie weit bewegen sie sich – vor allem auch selbständig – von zu Hause weg? Was lernen sie dabei kennen? Welche markanten Orte kennen sie in der Stadt oder im Dorf und anderswo? Wie erweitert sich ihr örtlicher Radius z. B. durch Verwandtenbesuche u.ä.?

Dabei sind wir – in Anlehnung an Studien zur modernen Kindheit – davon ausgegangen, dass es ein Merkmal moderner Kinderkultur ist, verschiedenste kulturelle, sportliche und andere bildungsmäßig relevante Angebote außer Haus in Anspruch zu nehmen (vgl. Du Bois-Reymond 1994: 91ff.). Wir wissen, dass die freie Zeit von Kindern in der „modernisierten Kindheit" dadurch geprägt ist, dass sie durch die Wahrnehmung solcher Angebote weitgehend verplant ist und sich die Kinder so teilweise in verinselten Lebenswelten bewegen. Es handelt sich dabei nicht nur um öffentliche bzw. kostenlose Angebote, sondern auch um Angebote von Vereinen und Initiativen, deren Inanspruchnahme zumindest eine Mitgliedschaft voraussetzt; teilweise sind dies auch kostenpflichtige und kommerzielle Angebote. Zu diskutieren wäre die Frage, inwiefern die Nicht-Teilhabe oder der Ausschluss von solchen Angeboten eine Benachteiligung für die Kinder darstellt. Daher wollten wir in Erfahrung bringen, ob und inwieweit die von uns untersuchten Kinder diesem Muster von moderner Kindheit entsprechen oder ob dies eher nicht der Fall ist.

Um etwas über ihren räumlichen Aktionsradius zu erfahren, haben wir die Kinder danach gefragt, wo sie sich aufhalten, wenn sie nicht zu Hause sind.

Wir haben keine Vorgaben gemacht, sondern die Kinder gebeten, Orte frei zu benennen, an denen sie sich aufhalten, d. h. die Kinder zählten zunächst die Orte auf, die ihnen mehr oder weniger spontan einfielen. Die Interviewerin und Interviewer haben dann nachgehakt[11], um auch Informationen zu Orten zu erhalten, die den Kindern spontan nicht in den Sinn kamen. Dennoch, so unser Eindruck, sagen die benannten Orte einiges über die Vorlieben der Kinder aus. Es ist allerdings nicht davon auszugehen, dass wir die Reichweite und Dichte des räumlichen Aktionsradius der Kinder voll erfasst haben.

Da wir in dieser Hinsicht – wegen der unterschiedlichen infrastrukturellen Ausstattung – Differenzen zwischen Stadt- und Landkindern angenommen haben, soll im Folgenden diesem Aspekt bei der Gruppenbildung Rechnung getragen werden, d. h. wir betrachten auf der einen Seite unsere Stadt-Kinder und auf der anderen Seite unsere Landkreis-Kinder, wobei wir bei letzteren noch einmal die Dorfkinder von den Kleinstadtkindern unterscheiden.

Ausgehend vom unmittelbaren häuslichen Wohnumfeld, halten sich die Stadtkinder wohl eher auf den Straßen des Wohngebietes auf, während die Landkinder die Möglichkeit haben, in Hof und Garten direkt am Haus zu spielen. Von den Stadtkindern nennen zwar auch einige die Möglichkeit, einen Hof oder Garten nutzen zu können: nur in einem Fall ist dieser direkt am Haus, in zwei Fällen handelt es sich um den Garten der Großeltern, einmal um den Garten des getrennt lebenden Vaters oder des Freundes der Mutter. Einige Stadtkinder (5) erwähnen, dass sie einen Spielplatz in der Nähe haben; ob und wie intensiv jedoch die Spielplätze von den Kindern unserer Altersstufe genutzt werden, haben wir nicht erfragt. Von mehreren Kindern wird der Hort als ein markanter Orientierungspunkt im Stadtgebiet, genannt. Neben den typischen Streifgebieten der Kinder im näheren Wohnumfeld und dem obligatorischen Schulweg wird der räumliche Aktionsradius der Kinder auch stark durch personale Beziehungen geprägt.

Am häufigsten halten sich unsere Kinder bei den Großeltern auf (zwölf Kinder); teilweise verbringen die Kinder das Wochenende oder ihre Ferien bei den Großeltern oder verreisen in den Ferien mit diesen. Manche Kinder haben die Großeltern vor Ort und können damit teilweise deren räumliche Ressourcen mit nutzen, wie z. B. den Garten oder gar ein Schwimmbad. Teilweise wohnen die Großeltern von Stadtkindern auf dem Land und umgekehrt, wodurch sich den Kindern bei Besuchen und längeren Aufenthalten ein jeweils anderer Sozialraum erschließt. An zweiter Stelle – nach den Großeltern – werden Freunde und Freundinnen genannt, bei denen man einen Teil der freien Zeit verbringt (acht Kinder); bei den Stadtkindern ist dies wohl leichter möglich (fünf Kinder von sieben) als auf dem Lande, wo die Entfernungen schwieriger zu bewerkstelligen sind (drei Nennungen). Seltener werden Besuche bei Tanten und Onkels oder Freunden der Mütter/Eltern ange-

---

11 Mit Fragen wie: „Und wo bist Du denn sonst noch?" „Wo warst Du denn bspw. gestern?"

führt. Zwei Kinder (Konstantin, Tina) sind regelmäßig bei ihrem getrennt lebenden Vater zu Besuch, wo sich ihnen sozial und räumlich ein zusätzlicher Aktionsraum bietet. In einem anderen Fall verbringen die Kinder das Wochenende regelmäßig beim Freund ihrer Mutter im Nachbardorf (Anton).

Der räumliche Lern- und Erfahrungsbereich der Kinder erweitert sich auch durch Ausflüge in die nähere oder weitere Umgebung, z. B. zu einem nahegelegenen See oder Wald. Meist werden solche Ausflüge mit der Familie unternommen. In einem Fall werden solche Unternehmungen mit dem Kindertreff in Verbindung gebracht (Anton). Auffällig selten – so lassen sich jedenfalls die kindlichen Angaben interpretieren – nutzen unsere Kinder institutionelle Angebote; dies gilt sowohl für die Stadt- als auch für die Landkinder. Dies bildet sicherlich ein zentrales Moment der sozialen Differenzierung und wohl auch der Benachteiligung für die von uns untersuchten Kinder, im Vergleich zu Kindern aus sozial besser gestellten Familien.

Innerhalb ihres Wohnumfeldes spielen eine Reihe von Bezugspunkten als Anlaufstellen ihrer Streifzüge eine Rolle. Auch wenn derartige Bezugspunkte lediglich einmal genannt wurden, sollen sie im Folgenden aufgeführt werden, um das Spektrum der kindlichen Anlaufpunkte aufzuzeigen. Es sind dies Orte, an denen eingekauft wird, wohin die Kinder unter Umständen auch von den Eltern geschickt werden, z. B. Bäcker oder Tankstelle; Orte, an denen sportliche Aktivitäten laufen: der Sportplatz, Fußballplatz, Fahrradclub, Motocross-Platz; Orte, an denen es Angebote für Kinder gibt: wie Kindertreff, Kirchengemeinde, Pfadfinder; Orte, an denen Aktivitäten laufen, die für die Kinder von Interesse sind: Biologieverein, Zeichenkurs, Musikschule usw.

Was den räumlichen Aktionsradius betrifft, vor allem seine Vielfalt, fällt allerdings auf, dass die Land(kreis)kinder durchweg weniger Aktionsräume benennen als die Stadtkinder. Aber auch insgesamt ist das Spektrum der Aktionsräume unserer Kinder, sowohl was ihre Dichte und Vielfalt als auch was ihren Radius betrifft, nicht sehr groß. Die Betrachtung der Aktionsräume in Verbindung mit dem sozialen Netz hat ergeben, dass mit Ausnahme von Tina alle Landkinder unter Kontaktarmut leiden, dass ihnen teilweise sowohl Spielkameradinnen und -kameraden als auch beste Freundinnen und Freunde fehlen, was sie auch in ihrem Aktionsradius einschränkt. Sicher spielen hierfür die räumlichen Entfernungen auf dem Lande eine nicht zu unterschätzende Rolle. Die Land(kreis)kinder sind bezüglich ihrer Mobilität in größerem Maße als die gleichaltrigen Kinder in der Stadt auf elterliche Unterstützungsleistungen angewiesen; die Gleichaltrigenkontakte sichernde räumliche Mobilität ist zudem auf dem Lande kostenintensiver.

Wir haben die Kinder des Weiteren danach gefragt, wie viel Zeit die Eltern bzw. die Mütter für sie haben, weil uns dies u.a. als wichtiger Gradmesser für die elterliche bzw. mütterliche Zuwendung erscheint. Ausgehend von den Antworten der Kinder erhält man den Eindruck, dass aus ihrer Perspektive in den wenigsten Fällen soviel gemeinsame Zeit zur Verfügung steht, wie sie sich wünschen würden. Jedenfalls werden von einer Reihe von Kindern Einschränkungen gemacht, bspw. von Rebecca, die sagt, Mama nimmt sich immer Zeit, außer sie *„kann nich, weil sie irgendwas machen muss oder gerade telefoniert oder irgendwas macht halt, da hat sie nicht so viel Zeit"* (KIII/1, S.7). Erik meint, es *„kommt drauf an, was se am Tag machen muss eben. Wenn se jetzt zum Beispiel auf verschiedene Ämter muss, dann hat se eben kaum Zeit für uns"* (KIX/1, S.6). Letzteres gibt einen Hinweis darauf, dass der Alltag mancher unserer Familien doch stark durch die Kontakte mit verschiedensten Ämtern geprägt sein dürfte. Oft deuten die Antworten auch kindliche Ambivalenzen an, so bei Karsten: *„Manchmal hat Mutti und Vati keine Zeit. Weil sie noch was machen müssen. Und sonst haben sie immer Zeit."* (KXI/1, S.8) oder bei Anton, der angibt, Mutti hat *„viel Zeit"*, außer in der Woche, *„wenn sie arbeiten muss"* (KX/1, S.6). Dorothee antwortet auf die Frage *„Wie viel Zeit hat Mutti/Vati am Tag für Dich?"* einschränkend mit *„manchmal nicht viel"*. (KIII/1, S.8). Fast die Hälfte der Kinder äußert sich eindeutig, dass die Mütter oder beide Eltern zu wenig Zeit haben. Nur in einem Fall wird der (getrennt lebende) Vater als derjenige erwähnt, der im Gegensatz zur Mutter immer Zeit habe (Konstantin); allerdings handelt es sich dann um eine Besuchssituation am Wochenende.

C) Fazit

Wie Schule nicht nur als Lernort zu begreifen ist, bieten umgekehrt auch die anderen kindlichen Lebenswelten (Familie, Wohnumfeld, Freizeitorte usw.) den Kindern Möglichkeiten, Fähigkeiten unterschiedlichster Art zu erwerben. Es sind daher vor allem die Wechselwirkungen zwischen diesen unterschiedlichen Lebenswelten zu betrachten. Bezogen auf die Familie sind es vor allem die häusliche Unterstützung kindlicher Lernprozesse, eine verläßliche Alltagsstruktur und die Ermöglichung von Freizeitaktivitäten bzw. die gemeinsame Freizeitgestaltung, die für die Kinder in ihren Lernprozessen förderlich sein können. In dieser Hinsicht sind die Ressourcen unserer Familien eindeutig begrenzt; teilweise fehlt es – infolge der sonstigen Arbeitsbelastung – an den entsprechenden zeitlichen Ressourcen. Begrenzt sind aber eindeutig die materiellen Ressourcen, d. h. die finanziellen Mittel, um Kindern den Zugang zu entsprechenden Freizeitaktivitäten (z. B.: musischer Art oder sportliche Betätigung) zu ermöglichen.

Insgesamt fällt auf, dass die von uns untersuchten Kinder in mancher Hinsicht eher in Strukturen leben, die eine traditionelle Kindheit kennzeichnen. Auch der sozialräumliche Radius unserer Kinder ist infolge materieller Einschränkungen eher begrenzt. Hierfür spielt das Wohnumfeld, aber auch die – im Vergleich zu anderen Familien – eingeschränkte räumliche Mobilität eine Rolle. Ausgeglichen werden kann dies teilweise durch soziale bzw. familiäre Netzwerke, aber auch durch soziale Kontakte der Kinder.

4.4 Soziale Kontakte und Netzwerke – Soziale Integration oder Ausschluss?

4.4.1 Soziale Netzwerke der Eltern in ihrer Bedeutung für die Kinder

A) Allgemeine Betrachtungen

In einer ganzheitlichen Betrachtung der Lebenslage sind nicht nur die materiellen, sondern auch die sozialen Ressourcen, d. h. die sozialen Kontakte und Netzwerke der Kinder und Familien in den Blick zu nehmen.

„Die Möglichkeit, wichtige Interessen zu entfalten und zu realisieren, hängt maßgeblich ab von der Gewährleistung sozialer Kontakte und der Chance zur Kooperation mit anderen Menschen" (Andretta 1991: 131).

Die Ausprägung sozialer Kontakte sowohl zu Erwachsenen als auch zu Gleichaltrigen nimmt im Sozialisationsprozess von Kindern einen hohen Stellenwert ein. Soziale Kontakte sind Ausdruck von Bindungen, sie ermöglichen Erfahrungen und den Austausch von Gefühlen. Sie vermitteln vor allem die für die Entwicklung der Persönlichkeit notwendige Erfahrung von Anerkennung und sozialer Integration oder – im negativen Fall – von verweigerter Anerkennung, von Ablehnung, Ausgrenzung und Diskriminierung. Über positive soziale Kontakte können Kinder Unterstützung bei der Bewältigung von Entwicklungsaufgaben erfahren; und wir gehen davon aus, dass sie auch für die Bewältigung von materieller und sonstiger Benachteiligung eine Rolle spielen (vgl. Richter 2000b).

Ein wichtiger Aspekt ergibt sich in unserem Forschungszusammenhang daraus, dass die Möglichkeit, soziale Kontakte zu knüpfen und zu pflegen, auch abhängig ist von der Verfügbarkeit finanzieller und materieller Mittel, von der Wohnung mit den gegebenen räumlichen Bedingungen und dem Wohnumfeld sowie von den jeweils zugänglichen sozialen Milieus. Diese Erkenntnis scheint in der bisherigen Forschung unbestritten zu sein (vgl. Andretta 1991). Schwieriger zu beantworten ist die Frage, wie weitgehend soziale Kontakte die Bewältigung sozial benachteiligter Lebenslagen positiv oder negativ beeinflussen. Dabei interessiert nicht nur die Intensität und der Umfang der sozialen Kontakte, sondern auch die Frage nach deren Vielfalt und Funktion sowie nach den Auswirkungen von sozialen Abstiegs- und Verarmungsprozessen auf deren Gestaltung.

Für Kinder im Grundschulalter spielt das familiäre soziale Netzwerk, d. h. die über die Mütter/Eltern vermittelten sozialen Kontakte und Kooperationen, eine sehr bedeutsame Rolle. In Einzelfällen ist – wie auch unsere Studie zeigt – das familiäre Netzwerk sogar prägend für diesen Spielraum der Kinder. Gleichzeitig bewegen sich die Kinder dieser Entwicklungsstufe auch zunehmend in eigenen, von den Eltern unabhängigen Lebenswelten. Dabei eröffnet sich ihnen die Möglichkeit zu eigenständigen Kontakten, vor allem zu Gleichaltrigen, aber auch zu Erwachsenen. Dies ist beispielsweise im Wohnumfeld, in der Schule, im Hort und bei außerhäuslichen, institutionell vermittelten Freizeitaktivitäten der Fall.

Ehe wir jedoch in die Analyse des elterlichen und kindlichen Kontakt- und Kooperationsspielraumes einsteigen, möchten wir an dieser Stelle einige Bemerkungen zur spezifischen Rolle von Netzwerken im ostdeutschen Transformationskontext einfügen. Zu DDR-Zeiten war die Integration in viele halbformelle Netzwerke (Betrieb, Nachbarschaft) Voraussetzung für die Kompensation von Versorgungsengpässen und materiellen Defiziten. An diese Tradition anknüpfend sind sowohl die potentiellen Hilfeangebote wie deren faktische Beanspruchung in den neuen Ländern immer noch umfänglicher als in den alten. Je nach Art der Hilfeleistung bieten zwischen 60 und 80% der ostdeutschen Haushalte Unterstützungsleistungen an andere an, während dies im Westen nur bis ca. 30% tun. Dabei spielt natürlich auch der sozialräumliche Aspekt eine Rolle, d. h. die geringere räumliche Mobilität und somit häufigere räumliche Nähe von unterschiedlichen Familiengenerationen (zumindest zu DDR-Zeiten). Vor allem bei der Kinderbetreuung kommt den Verwandten eine sehr große Bedeutung zu (FES 1994: 95ff.). Die Großeltern stellen in der Regel den Kern des Unterstützungsnetzwerks für Familien dar. Gerade bei den Hilfebeziehungen zwischen Großeltern, Eltern und Enkelkindern ist in Ostdeutschland eine große Stabilität und wechselseitige Unterstützung vorhanden; dies können wir auch für die von uns befragten Familien bestätigen. Junge Familien rechnen oft fest mit der Hilfe ihrer Eltern; dabei sind die Erwartungen leicht höher als die faktische Hilfeleistung. Insgesamt erbringen die Eltern für verheiratete Kinder erhebliche Solidarleistungen, so z. B. zu 67% als Hilfe bei der Kinderbetreuung und zu 59% als finanzielle Unterstützung (vgl. FES 1994: 95ff.; Backes 1996: 33; Vascovics 1993: 192ff.). Gleiches gilt für Paare in nichtehelichen Lebensgemeinschaften, die fast zur Hälfte Unterstützung durch ihre Eltern erhalten.

Das Ausmaß und die Qualität der erfahrenen Unterstützung durch Netzwerke – sowohl durch Verwandte als auch durch Freunde – hat für allein Erziehende ein besonderes Gewicht. Durch die Lebenssituation des allein Erziehens verändern sich sehr häufig die Netzwerke und ihre Funktionen. Während die Großeltern stärker für die materielle Unterstützung und die Kinderbetreuung einspringen, bleiben Freunde und Bekannte wichtig für die psychosoziale Unterstützung, etwa für Lebensprobleme und Erziehungsfragen. Freunde sind wichtig, da man mit ihnen offenere Gespräche führen kann als mit Verwandten und unter Umständen von diesen auch mehr emotionale Zuwendung erfährt.

Ausgehend von diesen Vorüberlegungen wollen wir im ersten Abschnitt die Kinder in ihrem familiären Kontext betrachten, d. h. die Bedeutung ermitteln, die das verwandtschaftliche oder über die Eltern vermittelte sonstige soziale Netzwerk (Freunde, Bekannte und Nachbarn) für die Kinder hat. Dabei betrachten wir die sozialen Netzwerke der Familien als soziale Umweltfaktoren, die die Familien bei der Erfüllung ihrer Funktionen unterstützen können. Diesbezüglich unterscheidet man im Fachdiskurs zwischen primären bzw. informellen und sekundären bzw. formellen Netzwerken: Von primären oder informellen Netzwerken spricht man, wenn die Beziehungen in einem sozialen Netzwerk durch gemeinsame Interessen und Aktivitäten zustande kommen; dies trifft meist für Verwandte, Freunde und Freundinnen, Bekannte, Nachbarn und Nachbarinnen zu. Dabei kommt es zu gegenseitiger Unterstützung und Hilfeleistung, also zu einem Austausch. Als sekundäre oder formelle Netzwerke bezeichnet man demgegenüber professionell vermittelte Hilfen, z. B. von Kirchen, Wohlfahrtsverbänden, Kommunen bereitgestellte Infrastruktureinrichtungen wie Horte, Kindertreffs u.ä., aber auch soziale Dienstleistungen wie beispielsweise die sozialpädagogische Familienhilfe. Diese dienen unter anderem dazu, die Mängel informeller Netzwerke zu kompensieren. Sie beruhen nicht im gleichen Ausmaß wie diese auf gegenseitiger Verpflichtung, sondern haben oft Dienstleistungscharakter, sind meist schwerer zugänglich bzw. erreichbar und können Hilfesuchende auch stigmatisieren. Zudem sind sie oft viel spezialisierter, also weniger ganzheitlich, als das primäre soziale Netzwerk.[12]

In unserer Studie stehen die primären sozialen Netzwerke im Vordergrund und werden daher auch in der Auswertung entsprechend gewichtet. Diese Netzwerke lassen sich unter zwei Aspekten charakterisieren, dem der Struktur und dem des Inhalts. Daraus ergeben sich folgende zentrale Fragestellungen:

a) Durch welche Größe, welche Zusammensetzung und welche Dichte ist das Netzwerk gekennzeichnet?
b) Welche „Leistungen" werden in diesen Netzwerken ausgetauscht?
c) Welche Funktionen übernehmen sie für die Eltern und in welcher Weise profitieren die Kinder davon? (z. B. in Bezug auf Weltaneignung, soziale Unterstützung, sozialisatorische Relevanz usw.)
d) Welche Informationen haben wir darüber, ob und wie sich die sozialen

---

12 Die Rolle der sekundären Netzwerke haben wir in unserer Untersuchung nicht explizit erfasst; von daher möchten wir an der Stelle auch keine abschließende Bewertung abgeben. Einen besonderen Stellenwert nehmen sicherlich die Horte oder als Alternative dazu Kindertreffs ein; in einem Fall haben wir es auch mit Sozialpädagogischer Familienhilfe zu tun.

Kontakte und Kooperationen durch die materielle Situation (d. h. durch den Sozialhilfebezug) verändert haben?

Wir haben die Eltern/Mütter sowie die Kinder nach Art und Beschaffenheit des primären familiären Netzwerkes befragt. Im Falle der Kinder wurden Informationen hierzu mit der Frage „Wer gehört denn alles zu Deiner Familie?" und mit konkreten Nachfragen gewonnen. Die Mütter/Eltern wurden, sofern sie nicht von selbst auf ihr Verhältnis zu Verwandten und Freunden zu sprechen kamen (was aber in der Regel zutraf), danach gefragt, ob sie in irgendeiner Weise Unterstützung erhalten. In beiden Fällen wurde dann das Verwandtschafts- und Freundschaftsnetz durch Nachfragen weiter ausgelotet. Immer gestellt wurde die Frage, ob sich im Freundeskreis der Familie durch den Sozialhilfebezug etwas geändert habe.

B) Auswertungsergebnisse

Ausgehend von dem uns vorliegenden empirischen Material wird das Hauptaugenmerk auf der inhaltlichen Beschreibung der informellen sozialen Netzwerke liegen, d. h. es wird beispielhaft zu erörtern sein, welche „unterstützenden Funktionen" diese für die Alltagsbewältigung der Eltern und Kinder haben. Es kann und soll hier also nur eine auf ihre Netzwerkfunktion beschränkte Betrachtung des familiären Kontakt- und Beziehungsnetzes erfolgen.

Im Rahmen der *verwandtschaftlichen familiären Netzwerke* kommt in unserem Zusammenhang eindeutig den Großeltern eine zentrale Bedeutung zu. Alle Kinder haben in irgendeiner Form Kontakte zu Großeltern oder zumindest zu einer Großmutter; in manchen Fällen spielen sowohl die Großeltern mütterlicher- als auch die väterlicherseits eine Rolle. Neben den Großeltern sind es Onkel und Tanten, d. h. aus der Perspektive der Eltern/Mütter sind es einzelne Geschwister, mit denen gute Kontakte und Austauschbeziehungen gepflegt werden und wodurch familiärer Rückhalt erfahren wird. Für die Kinder ergeben sich in diesen Fällen auch Kontakte zu gleichaltrigen Cousinen und Cousins.

Hinsichtlich der Dichte und Intensität dieser Kontakte spielen unter anderem räumliche Entfernungen eine Rolle, aber dies ist nur ein (praktischer) Aspekt, der wohl eher die Häufigkeit der Kontakte beeinflussen mag, nicht jedoch die Qualität der Beziehungen und die Bereitschaft, bestimmte Unterstützungsfunktionen anzubieten oder zu übernehmen. Sofern es sich um materielle Unterstützung handelt, ist dies beispielsweise auch in Relation zur materiellen Situation zu sehen, in der sich die Großeltern oder Verwandten ihrerseits befinden. Inwieweit durch die materielle Notlage unserer Familien die Unterstützungsleistungen des verwandtschaftlichen Netzes eine Intensivierung (oder umgekehrt: eine Rücknahme) erfahren haben, können wir allerdings anhand der von uns ermittelten Daten nicht nachvollziehen. Außerdem betrachten wir die Netzwerkfunktionen mit einer spezifischen Fokussierung auf den Aspekt, ob und in welcher Weise für die Kinder aus dem familiären, verwandtschaftlichen Netzwerk Kompensationen resultieren, d. h. wie sich in dieser Hinsicht die Beziehungen zwischen Großeltern und Enkeln gestalten.

Bis auf einen Fall, in dem das Verhältnis zur Großmutter eher angespannt ist, weil sich die Mutter des Kindes im Vergleich zu ihrem Bruder zurückgesetzt fühlt (Theo), treten die Großeltern in allen anderen Familien in einer kompensierenden oder unterstützenden Funktion auf.

Ein Teil der Kinder hat regelmäßige oder häufige Kontakte zu ihren Großeltern, der größere Teil besucht sie zumindest manchmal; für die Intensität und Häufigkeit dieser Kontakte und Besuche mag die räumliche Entfernung eine Rolle spielen, aber sie ist nicht allein ausschlaggebend: So besuchen Tina und Konstantin ihre Großeltern, die in einem anderen Ort wohnen, alle zwei Wochen. Für Konstantin verbindet sich dieser Besuch mit dem Wochenende bei seinem getrennt lebenden Vater und seiner neuen Lebensgefährtin mit gleichaltrigem Sohn. Auch Rebecca besucht ihre getrennt lebenden Großeltern, die beide in derselben Stadt wohnen, regelmäßig und profitiert bei dieser Gelegenheit im Sommer von deren Garten und Schwimmbad. Ähnlich verhält es sich auch bei ihrem Cousin Dennis. Der gemeinsame Opa wohnt direkt in seiner Nachbarschaft: Auch Dennis erzählt davon, dass er in Opas Garten spielt und das Schwimmbad nutzen kann. In drei Fällen leben die Großeltern oder ein Großelternteil mit in der Wohnung oder nebenan: Dennis wohnt mit seiner Mutter bei der Oma, der Großvater von Anja wohnt mit auf dem Bauernhof, Steffis Großeltern wohnen im selben Haus, so dass die Enkelkinder öfter bei ihnen essen.

Andere Kinder besuchen die Großeltern vor allem in den Ferien: Sarah und Anja sind in den Ferien bei der Oma und Frank verbringt die Ferien bei seinen Großeltern im Nachbardorf. Gelegentlich bei ihren Großeltern zu Besuch ist Dorothee, die vor ihrem Wegzug aus der Stadt regelmäßig bei ihrer Oma war; Torsten ist ab und zu übers Wochenende bei seinen Großeltern, auch Anton übernachtet mal beim Opa oder ist übers Wochenende bei der Oma. Erik und Karsten sehen ihre Großeltern nur ab und zu, obwohl sie in derselben Stadt wohnen.

Durch das Beziehungsnetz zu den Großeltern sowie durch die Besuche und Aufenthalte bei ihnen erweitert sich der räumliche Aktionsradius der Kinder. Die Kinder lernen so andere soziale Milieus kennen und es eröffnet sich ihnen der Zugang zu einer Generation, die einen ganz anderen Erfahrungshintergrund vermittelt. Für die Eltern bedeuten diese Aufenthalte vorübergehende Entlastung bei der Kinderbetreuung. Die Großeltern übernehmen darüber hinaus in vielen Fällen – sofern sie dazu in der Lage sind – auch materielle und finanzielle Unterstützungsfunktionen, die häufig direkt den Enkelkindern zugute kommen. Sie kaufen ihnen z. B. sehnlichst gewünschte Kleidungsstücke (z. B. Anja), die sie von den Eltern nicht bekommen könnten; sie unternehmen mit den Kindern Dinge, die sich die Mütter nicht leisten könnten (Kino, Eisessen, Ausflüge usw.); sie machen mit ihnen Urlaubsreisen, die sonst nicht drin wären (z. B. sogar ins Ausland bei Konstantin). In einem Fall bezahlen die Großeltern die Kosten für die Musikschule (Dorothee). Auch Konstantin erhält musikalische Förderung, indem er bei der Oma, die Musiklehrerin ist, ein Instrument spielen lernt.

Weniger dicht scheint in den meisten Fällen das übrige verwandtschaftliche Netz zu sein, z. B. zu Onkeln und Tanten oder zu Cousins und Cousinen; diesbezüglich werden in selteneren Fällen von den Kindern regelmäßige oder auch nur sporadische Kontakte angeführt: Rebecca ist manchmal bei ihren beiden Tanten und spielt mit deren Kindern. Torsten findet – wie seine Mutter – Rückhalt in deren Familie, d. h. er mag die Tanten und seine fast gleichaltrigen Cousinen; da er sonst eher kontaktarm ist, spielen diese sicherlich eine wichtige Rolle für ihn. Auch Konstantin erwähnt einen Onkel, den er manchmal besucht und Karsten eine Tante, die im Nachbardorf wohnt und bei der er mit seiner Familie öfters zu Besuch ist. An der Stelle sei noch einmal auf die besondere Bedeutung von Netzwerken für allein Erziehende hingewiesen. Diese sehen wir auch bei unseren Fällen von allein erziehenden Müttern (Torsten, Erik, Anton, Dennis) dadurch bestätigt, dass bei ihnen das verwandtschaftliche Netz eine besondere Vielfalt von unterstützenden Funktionen übernimmt. Neben der materiellen Unterstützung spielen hierfür auch gegenseitige Besuche, gemeinsame Unternehmungen, Freizeitgestaltung und Familienfeiern eine wichtige Rolle.

Ähnlich wie das verwandtschaftliche Netzwerk lassen sich die elterlichen *Kontakte zu Freunden, Bekannten und Nachbarn* einerseits bezüglich Umfang, Vielfalt und Dichte, andererseits in bezug auf ihre Funktionen näher beschreiben. Wenn wir zunächst Aussagen zur quantitativen Beschaffenheit dieses Netzwerkes treffen, so möchten wir damit lediglich typisierend einige Strukturmerkmale aufzeigen. Letztlich erscheint uns auch hierbei wiederum der Aspekt, welche Funktionen dieses Netzwerk für die Eltern und die Kinder übernimmt von ausschlaggebender Bedeutung zu sein. Um ein ganzheitlicheres Bild zu vermitteln, bemühen wir uns um eine integrative Betrachtungsweise, indem wir die unterschiedlichen Netzwerke (verwandtschaftliche und andere) in ihrem Zusammenspiel betrachten. Zudem interessiert uns, ob sich durch die Veränderung der materiellen Lebenslage (z. B. durch Erwerbslosigkeit, Sozialhilfebezug, Trennung, Umzug usw.) der Freundschafts- und Bekanntenkreis der Familien verändert hat.

Im Hinblick auf das Freundschafts- und Bekanntennetz der Eltern lassen sich – basierend auf den Auskünften der Mütter – folgende Strukturen erkennen, die zur Veranschaulichung in Gruppen zusammengefasst werden:

1. Familien mit eher dünnem Freundschafts- und Bekanntenkreis (Tina, Torsten, Steffi, Anton, Dennis, Konstantin, Erik),

2. Familien mit einem großen Bekanntenkreis wozu auch die dörfliche Nachbarschaft gezählt wird (Theo, Rebecca, Karsten, Anja),
3. Familien mit einem kleinen, aber festen Freundschaftskreis (Dorothee, Sarah, Frank).

Bei der *Gruppe mit einem eher dünnen Freundschaftskreis*, zu der immerhin sieben der vierzehn untersuchten Familien zu rechnen wären, fällt auf, dass es sich fast ausschließlich um Familien von allein erziehenden Müttern handelt. Allein Erziehen scheint insbesondere im Kontext von materieller Benachteiligung die Gefahr sozialer Isolation zu verstärken. Betrachtet man jedoch ergänzend auch jeweils die Struktur des verwandtschaftlichen Netzwerkes dieser Gruppe, relativiert sich der Eindruck von sozialer Isolation. Nur im Fall von Tina ist das gesamte Netzwerk der allein erziehenden Mutter sehr dünn; außer ihrem festen Freund und den Fußballfreundschaften gibt sie keine engen Kontakte an, auch nicht zum verwandtschaftlichen Netz.

Etwas dünn ist das Netzwerk insgesamt ebenfalls bei Anton und Dennis: In der Familie von Anton übernimmt allerdings der feste Freund der Mutter – neben den Großeltern – eine wichtige Rolle, bei der Kinderbetreuung (abends, wenn die Mutter Spätdienst hat) und bei der Wochenendgestaltung. Bei Dennis verkehren wohl häufiger Bekannte seiner Mutter im Hause; daraus ergibt sich jedoch kein Unterstützungsnetz, von dem Dennis profitieren könnte. Über den Verlust von Freundschaften klagt insbesondere Steffis Mutter. In ihrem Fall handelt es sich insgesamt um eine sehr komplizierte familiäre Konstellation: die Mutter lebt mit ihren vier Kindern (die unterschiedliche Väter haben) von ihrem zweiten Ehemann getrennt. Ihr ältestes Kind ist bei den Großeltern aufgewachsen, die nebenan wohnen und die – gerade was die Versorgung mit Mahlzeiten betrifft – schon mal mit einspringen. Das verbliebene Netzwerk von Freunden, Freundinnen und Bekannten scheint zwar in mancher Hinsicht unterstützende Funktionen (z. B. beim bevorstehenden Umzug) zu übernehmen; ansonsten vermittelt diese Familie eher das Bild von Außenseitern. Diese Position wird durch die abgelegene Wohnlage und den ständigen Streit mit den Nachbarn noch verstärkt. Die familiäre Außenseiterposition überträgt sich wohl auch auf die Kinder, zumal Steffi in der Schule teilweise auf negative Voreingenommenheit des Lehrkörpers zu stoßen scheint, keine Freundinnen hat und sozial ziemlich isoliert ist.

In den anderen drei Fällen scheint das verwandtschaftliche Netz so gut zu funktionieren, dass es den Kontaktmangel bezüglich Freund- und Bekanntschaften etwas auszugleichen vermag: Für Torstens Mutter spielen die Kontakte zu ihren Geschwistern eine wichtige Rolle; für Konstantin ist es der getrennt lebende Vater mit seiner Lebensgefährtin und seinen Eltern, der jedenfalls vieles zu kompensieren vermag. Bei Erik sind es die erwachsenen Geschwister, die nicht nur für die Mutter, sondern auch für Erik unterschiedlichste Kompensationsmöglichkeiten (z. B. günstige Einkaufsmöglichkeiten, Teilnahme an Freizeiten, materielle Unterstützung) bieten. Insgesamt wird deutlich, dass es sinnvoll ist, die verschiedenen Netzwerkkreise in ihrem Zusammenspiel zu sehen.

Zu berücksichtigen gilt es des Weiteren, inwiefern die Eltern ihre Kinder bei der Kontaktaufnahme und bei der Pflege von eigenständigen Kontakten unterstützen. Fällt die Kontaktarmut der Mutter mit mangelnder Unterstützung des Kindes zusammen, hat dies unweigerlich negative Auswirkungen auf die Kontakt- und Kooperationsmöglichkeiten der Kinder. Dies trifft in drei Fällen dieser Gruppe (Torsten, Dennis, Steffi), die wir als Familien mit eher dünnem Freundschafts- und Bekanntenkreis charakterisiert haben, zu. Zum einen ist dies der Fall bei Torsten: Die allein erziehende Mutter hat durch einen Umzug in einen neuen Wohnort ihren alten Bekanntenkreis verloren. Mit dem Umzug hat sie die Hoffnung verbunden, nach dem Erziehungsurlaub wieder eine Arbeitschance bei ihrem alten Arbeitgeber zu erhalten. Sie versucht wohl ihre Kontakte zu Freundinnen, Freunden oder Bekannten in ihrem ehemaligen Wohnort zu halten; aber im Grunde gelingt dies nur bei den familiären, geschwisterlichen Beziehungen. Auch Torsten hat durch den Umzug seine früheren Freunde verloren; im neuen Wohnort hat er weder in der Schule noch in der Nachbarschaft richtig Anschluss gefunden. Es fehlt ihm diesbezüglich die Unterstützung der Mutter, die ihn zu sehr behütet und ihm wenig Bewegungsfreiheit lässt. Torsten hat kaum Freund- oder Spielkameradschaften im Wohnumfeld; seine Gleichaltrigenkontakte außerhalb der Schule beschränken sich weitgehend auf den familiären Kreis (z. B. Cousinen). Mutter und Sohn haben ein stark auf verwandtschaftliche Kontakte eingeschränktes Netzwerk. Ähnlich gelagert ist der Fall von Dennis: Er ist in den letzten Jahren mit seiner Mutter häufig umgezogen und wohnt zum Zeitpunkt der Befragung bei seiner Großmutter. Die Mutter ist arbeitsmäßig sehr eingespannt; sie hat zwar keine feste Anstellung, aber verschiedene Jobs nebeneinander und renoviert zudem in der ihr verbleibenden Zeit das Haus ihrer Mutter in einem benachbarten Ort. Es gibt wohl einige Freunde oder Bekannte, die sie bei der Renovierung des Hauses unterstützen. Ansonsten spielen Freundschaften im familiären Alltag kaum eine Rolle. Der Mutter fehlt offensichtlich die Zeit, sich um Dennis' Kontakte zu kümmern. Obwohl seine Äußerungen zu seinen Sozialkontakten eher ambivalent sind, gehört er, wie auch Steffi, zu der Gruppe von Kindern, die auf sich allein gestellt sind und kaum Freunde oder Spielkameraden zu haben scheinen. Das ungünstige Wohnumfeld (dies auch im Falle von Steffi) – die Familie wohnt in einer Nachbarschaft mit wenigen Kindern und wenigen Spielmöglichkeiten – erschwert es ihm zusätzlich, Kontakte zu Gleichaltrigen aufzubauen. Auch in diesem Fall spielt neben der materiell unterstützenden Funktion der Großmutter der Kontakt zu den beiden ebenfalls in der Stadt wohnenden Schwestern der Mutter und deren Kindern (u.a. Rebecca) eine ausgleichende Funktion. Ansonsten erscheinen Dennis und seine Mutter sozial eher isoliert.

In den vier weiteren Fällen, die wir dieser Gruppe zugeordnet haben, scheint die Tatsache, dass die allein erziehenden Mütter wenig Kontakte außerhalb der Familie und Verwandtschaft haben, die Kinder in ihrem Kontaktverhalten und ihren Kontaktmöglichkeiten nicht negativ zu beeinflussen. Wir haben es hier im Gegenteil teilweise mit kontaktfreudigen und bei Gleichaltrigen durchaus beliebten Kindern zu tun. Dies trifft jedenfalls für Konstantin und Erik zu; beide wirken offen für vielfältige Kontakte und haben viele Freunde in der Nachbarschaft und in der Schule. Dabei spielen u.a. die sportlichen Aktivitäten dieser beiden Jungs eine Rolle: bei Konstantin ist es der Fußball und bei Erik ist es beispielsweise das Radfahren. Erik tummelt sich viel auf dem Sportplatz herum und eine weitere Kontaktmöglichkeit bietet ihm seine Mitgliedschaft bei den Pfadfindern. In beiden Fällen kann davon ausgegangen werden, dass die eigenständigen Kontakte der Kinder von den Müttern bzw. der näheren Verwandtschaft – bei Konstantin durch den getrennt lebenden Vater und bei Erik durch das Netzwerk der größeren Brüder – mit initiiert, gefördert oder auch materiell unterstützt werden. Vor allem bei Erik scheint der familiäre Zusammenhalt in einer Weise zu funktionieren, dass sich die Mutter durch die erwachsenen Kinder in starkem Maße entlastet fühlt.

Wir haben aber auch Fälle, in denen die Kontaktmöglichkeiten der Kinder durch institutionelle Angebote gefördert werden und so einen Ausgleich für die soziale familiäre Kontaktarmut herstellen. Auch Antons und Tinas Mütter geben an, dass sie kaum Freunde und Bekannte haben. Tinas Mutter erwähnt explizit nur Freunde, mit denen sie ab und zu – zusammen mit den Kindern – zum Fußball geht. Antons Mutter ist wegen Schichtarbeit viel außer Haus und das Wochenende verbringt sie mit den Kindern und ihrem Freund (bzw. Lebenspartner) auf dem Dorf. Während es im Falle von Anton ein relativ gut funktionierendes Unterstützungsnetz durch die Großeltern gibt, kann Tinas Mutter wohl nicht auf ein solches Netz zurückgreifen. Allerdings verbringt Tina jedes zweite Wochenende bei ihrem getrennt lebenden Vater und hat so ihrerseits Kontakt zu den Großeltern väterlicherseits. Insgesamt scheint sich die Kontaktarmut der Mutter nicht auf Tina zu übertragen: Sie hat offensichtlich viele Spielkameradinnen und -kameraden in Schule und Nachbarschaft und ist in vieler Hinsicht selbst aktiv. Sie nutzt dabei vor allem die Angebote und Möglichkeiten im schulischen Kontext und schafft sich selbst einen Ausgleich zu der eher passiven und kontaktarmen Mutter: so besucht sie z. B. einen Zeichenkurs, macht in einem Biologieverein mit und ist im Schülercafé engagiert. Auch für Anton ergeben sich in den institutionellen Kontexten, in denen er sich bewegt, Möglichkeiten zur Kontaktaufnahme und -ausgestaltung, die er zu nutzen weiß. Anton hat – nach eigener Aussage – sowohl im Kindertreff als auch in der Schule Freunde und Freundinnen, die ihn seine Sozialkontakte insgesamt positiv schildern lassen.

Eine *zweite Gruppe von Eltern/Müttern gibt an, viele Freundschaften bzw. Bekannte zu haben*, wobei zwischen Freund- und Bekanntschaften sicherlich zu unterscheiden wäre. Hierbei fällt auf, dass es sich zumeist um Bekanntschaften handelt, die aus Aktivitäten in Vereinszusammenhängen (Rebecca, Karsten) resultieren oder die durch nachbarschaftliche Milieus gegeben sind, z. B. im dörflichen Kontext (Anja). Bezeichnend ist einerseits, dass der Bekanntenkreis durch gezielte Interessen und Aktivitäten eines Elternteils erschlossen wird (z. B. Feuerwehr, Kirchengemeinde, Vereinstätigkeit); daraus resultieren wohl in erster Linie gemeinsame Freizeitgestaltung (z. B. Feiern, Unternehmungen, Freizeiten), aber darüber hinaus entsteht auch ein Unterstützungspotential, welches auf Gegenseitigkeit beruht (z. B. Tausch von getragenen Kleidern, sonstige praktische Hilfen). Im ländlichen Kontext scheint demgegenüber der Rückgriff auf die Nachbarschaft ein derartiges Unterstützungspotential bereitzuhalten; allerdings wäre zu prüfen, inwiefern hier nicht gleichzeitig auch verstärkt Momente von sozialer Kontrolle und sogar von Ausgrenzung bei von der „Normalität" abweichenden Lebensverhältnissen zum Tragen kommen (z. B. im Fall von Anja).

Die Familie von Karsten (die einzige Familie, in der der Vater aktiv in das Interview einbezogen war) hat über das Engagement des Vaters bei der Freiwilligen Feuerwehr einen größeren Bekanntenkreis. Das dörfliche Netzwerk der Familie umschließt sowohl alltagspraktische Hilfeleistungen wie auch Freizeitgestaltung: Man feiert und grillt zusammen und unterstützt sich wohl auch gegenseitig mit kleinen Dienstleistungen. Karsten wächst mit mehreren Geschwistern auf; der Kinderreichtum dürfte die Sozialkontakte der Familie stark prägen und unter den gegebenen engen materiellen Verhältnissen eine gewisse Immobilität der Familie zur Folge haben. Hinzu kommt, dass die Eltern eine Wagenburgmentalität entwickelt haben, die zu einer ausgeprägten Abgrenzung nach außen führt, vor allem zu einer negativen Einstellung gegenüber Behörden. Dies bleibt sicherlich nicht ohne Auswirkung auf Karsten, zumal die Eltern, infolge der großen Kinderzahl, nicht in der Lage sind, das Kind in seiner Individualität zu fördern. So erscheint uns Karsten als ein Einzelgänger, der wohl einen besten Freund hat, mit dem er vieles teilt, aber sonst eher auf sich gestellt ist. Welche Rolle die vielen Geschwister spielen, konnten wir im Einzelnen nicht ermitteln, außer dass das Teilen des gemeinsamen Kinderzimmers ziemlich konfliktbeladen zu sein scheint. Seine Sozialkontakte in der Schule schildert Karsten allerdings nur positiv, so dass davon auszugehen ist, dass er sich dort sozial integriert fühlt.

Die Mutter von Rebecca gibt ihrerseits an, einen großen Freundschafts- und Bekanntenkreis zu haben, den sie wohl über ihre unterschiedlichen sozialen Aktivitäten gewonnen hat. Sie ist Vorsitzende eines Selbsthilfevereins, der gegenseitige Unterstützung für benachteiligte Familien mit Kindern organisiert. Über diese Funktion und die mit dem Verein verbundenen Aktivitäten gelingt es ihr, viele materielle Vorteile bzw. Ausgleiche für sich und ihre Kinder zu sichern. Es geht dabei insbesondere um materielle Unterstützung, wie z. B. die Weitergabe von getragenen Kleidern, Möbelstücken und sonstigen Gebrauchsgegenständen. Des Weiteren ist die Mutter als Mitglied einer Kirchengemeinde engagiert, über die viele soziale Aktivitäten und Freizeitangebote für die Kinder laufen. Der Bekanntschafts- und Freundschaftskreis ist so in gewisser Weise durch „Wahlverwandtschaften" und entsprechende gemeinsame Aktivitäten geprägt. Neben der psychosozialen Funktion, dem Zugehörigkeitsgefühl und der Selbstaufwertung, haben diese Aktivitäten sicherlich einen hohen kompensatorischen Stellenwert durch die materielle und alltagspraktische Unterstützung, die daraus für die Mutter, aber auch für die Kinder in Form von Freizeitangeboten resultiert. Rebecca ist ihrerseits ein beliebtes Mädchen mit vielen Freundinnen; ihre schulischen Sozialkontakte beschreibt sie ausschließlich positiv. Allerdings scheint sie – ähnlich wie ihre Mutter – eine Tendenz zu haben, Kontakte für sich zu funktionalisieren.

Etwas anders stellt sich der Fall von Anjas Familie dar: Die Mutter gibt zwar an, dass sie viele gute Bekannte und Kontakte in der Nachbarschaft haben, dennoch nimmt die Familie – aufgrund der familiären und sozialen Probleme – im dörflichen Leben wohl eher eine Außenseiterrolle ein. Kennzeichnend für die Einstellung der Mutter/Eltern ist es, familiäre Probleme nach außen zu verdecken; diese Haltung wird an die Kinder weitergegeben. Es ist jedoch fraglich, inwiefern es in dem dörflichen Milieu, in dem sie leben, tatsächlich möglich ist, solche Langzeitprobleme wie den Alkoholismus des Vaters (der zum Zeitpunkt des Interviews allerdings überwunden scheint) zu verheimlichen. Auch dürften die materiellen Probleme, die vor allem mit dem Restaurationsbedarf des alten Hofes und der dadurch notwendig gewordenen Kreditaufnahme zusammenhängen, aber auch durch die Erwerbslosigkeit der beiden Eltern bedingt sind, in dem ländlichen Milieu nicht zu verbergen sein. Konkrete Unterstützungsleistungen erhält die Familie eher aus dem verwandtschaftlichen Netzwerk. Hierfür spielt die Oma mütterlicherseits eine wichtige Rolle, bei der Anja die Ferien verbringt (da werden dann Ausflüge gemacht und Kleidungswünsche erfüllt) und die Anjas Familie schon des öfteren materiell ausgeholfen hat. Auch der Opa väterlicherseits, der mit auf dem Hof lebt, hat eine wichtige ausgleichende Funktion; er übernimmt häufig die Kinderbetreuung und sorgt für ein wenig mehr Mobilität – er ist der einzige in der Familie, der einen Führerschein und ein Auto besitzt. Anja ist eher kontaktarm; sie hat wohl eine Freundin, die sieht sie jedoch nur im Hort, da die Freundin in einem anderen Dorf wohnt und nicht in ihre Klasse geht. In der Schule hat Anja offensichtlich keine positiven Sozialkontakte. Es gibt aber zumindest zwei Mädchen in der Klasse, die sie nicht „schneiden". Anja würde diese beiden gern als Freundinnen gewinnen, was ihr jedoch nicht zu gelingen scheint. Insgesamt nimmt Anja aufgrund ihrer häuslichen Situation in der Schule eher eine Außenseiterinnenposition ein. Hinzu kommt, dass die Familie sehr abseits wohnt und von daher nur wenige Kontaktmöglichkeiten in der unmittelbaren Nachbarschaft hat.

Zu dieser Gruppe kann noch ein Sonderfall angeführt werden: Viele gute Bekannte zu haben, gibt auch die Mutter von Theo an. Sie beschwert sich allerdings darüber, dass diese ihr das Herz ausschütten, während sie mit ihren Problemen hinterm Berg hält. Tatsächlich scheint sie keine guten Freunde und Freundinnen zu haben. Obwohl sie aufgrund ihrer ausweglosen Situation auf dem Arbeitsmarkt und der Mietschulden sehr verzweifelt ist und ihre Situation als ausweglos empfindet, versucht sie nach außen „Normalität" vorzutäuschen, um wenigstens den Kontakt zum Freundschafts- bzw. Bekanntenkreis nicht zu verlieren. Sie lebt mit ihrem ausländischen und wesentlich jüngeren Ehemann (Theos Stiefvater) zusammen, der viel unterwegs (auf Montage) ist; sie meidet jedoch den Kontakt zu seinem Verwandten und Freundeskreis. Auch zu ihrer eigenen Verwandtschaft – zu ihrer Mutter und zu ihrem Bruder – sind die Kontakte eher gestört. Obwohl der äußere Schein ein anderes Bild ergeben könnte, da sie oft Besuch von Bekannten hat, ist kein unterstützendes soziales Netzwerk gegeben. Theo hat im Wohnumfeld auffallend viele Kontakte zu älteren Mädchen, aber kaum zu Jungen in seinem Alter. Er hat zum Zeitpunkt des Interviews keinen guten Freund und seine Sozialkontakte in der Schule beschreibt er eher negativ. Es trifft hier wohl die Vermutung zu, dass ähnlich wie die Mutter, auch das Kind eher nur oberflächliche (d. h. nicht kontinuierliche, häufig wechselnde und eher funktional ausgerichtete) Beziehungen zu Spielkameradinnen und -kameraden zu haben scheint, weniger Kontakte, die als emotional unterstützend betrachtet werden könnten.

Die dritte Gruppe bildet die der *Familien, die über einen kleinen, aber festen Freundeskreis* verfügen. Trotz des sozialen „Absturzes" ist es diesen Familien gelungen, einen engen Freundschaftskreis beizubehalten. Dabei handelt es sich in der Regel um Freundinnen und Freunde, die selbst in ähnlicher materieller Knappheit leben. Zu dieser Gruppe gehört bspw. Sarahs Mutter. Sie klagt zwar über die Schwierigkeiten, die sie in ihrer Situation als allein Erziehende habe, neue Kontakte zu knüpfen und darüber, wie sehr sie frühere Aktivitäten im Freundschaftskreis (Motorradfahren, Zelten, Ausflüge) vermisse. Sie verweist jedoch auch darauf, dass manche der alten Freundinnen und Freunde sie nicht im Stich gelassen haben und ihr in schwierigen Situationen (z. B. Kinderbetreuung während eines Krankenhausaufenthaltes, beim Umzug) beistehen. Etwas anders verhält es sich im Fall von Dorothee. Die Mutter gibt einerseits an, dass sie alte Freundschaften weiterhin pflege. Sie sagt aber auch, dass sie nur deshalb weiterhin miteinander zurechtkämen, weil sich diese Freunde ebenfalls materiell einschränken müssten. Das deutet darauf hin, dass möglicherweise eine Einengung der sozialen Kontakte erfolgt ist, bzw. dass diese auf den Umgang im „eigenen Milieu" begrenzt wurden. Auch die Familie von Frank verfügt über einen eher kleinen aber engen Freundeskreis, wobei die gegenseitige Unterstützung eine große Rolle spielt; wenngleich man selbst in materiell eingeschränkten Verhältnissen lebt, hilft man sich gegenseitig, weil es den anderen ebenso geht.

Im Vordergrund stehen insgesamt gemeinsame Unternehmungen, Besuche und gemeinsames Feiern, aber eben auch praktische Unterstützung wie Kinderbetreuung oder Austausch von getragenen Kleidern u.ä. Das besonders Prägende des Netzwerkes dürfte aber wohl auf der psychosozialen Ebene angesiedelt sein, d. h. die mehr oder weniger bewusst geteilte gemeinsame Erfahrung der veränderten Lebenssituation und die daraus resultierende Unterstützung bzw. gegenseitige Anerkennung. Dieses freundschaftliche Netzwerk wird in den von uns hier zugeordneten Fällen zudem durch ein mehr oder weniger gut funktionierendes verwandtschaftliches Netz ergänzt, so dass sich in der Kombination eine nicht zu unterschätzende Ressource für die Alltagsbewältigung dieser Familien ergibt.

Die in diesen Familien lebenden Kinder weisen in Bezug auf ihre Sozialkontakte kaum Gemeinsamkeiten auf: Dorothee scheint ein eher kontaktarmes Kind zu sein; in ihrer unmittelbaren Umgebung – sie wohnen erst seit kurzem in einem eigenen Haus auf dem Land – scheint es, außer den eigenen Geschwistern, keine Spielkameradinnen für sie zu geben. In der Schule hat sie eine gute Freundin, mit der sie sich in wichtigen Dingen austauscht, die sie außerhalb jedoch nicht sieht. Dorothee ist eher ein zurückgezogenes Kind. Es hat nicht den Anschein, als ob sie durch die Mutter/die Eltern in ihren außerhäuslichen Kontakten zu Gleichaltrigen gefördert würde.

Sarah hat eine Freundin in der Nachbarschaft, mit der sie häufig im Hof gemeinsam spielt; auch in der Schule hat sie Freundinnen. Ihre schulischen Sozialkontakte beschreibt sie überwiegend positiv, d. h. sie ist sozial integriert und gehört einer Mädchenbande an.

Frank tut sich sehr schwer, Freunde zu finden. Er findet weder in der Nachbarschaft noch in der Schule Anschluss. Die anderen Kinder mögen ihn nicht; laut seiner Mutter liegt das an seiner zappeligen, plappernden Art. Zwar gibt es in der Nachbarschaft Kinder, die er ab und zu besucht, allerdings scheinen die Aktivitäten stets von Frank auszugehen, und meist auch schnell an der Unlust der anderen Kinder zu scheitern. Freundschaftliche Kontakte hat er lediglich zu den Kindern einer Freundin mütterlicherseits, die allerdings an einem anderen Ort wohnt. Der Kontakt ist damit auf die elterliche Kontakthäufigkeit begrenzt.

Insgesamt lässt sich diese *Gruppe durch die Verkleinerung und Verengung ihres sozialen Netzwerkes durch den Hilfebezug bzw. teilweise durch die Erwerbslosigkeit* charakterisieren. Im Unterschied zu anderen führt der Hilfebezug aber nicht zu einem maßgeblichen Verlust sozialer Kontakte. Auch wenn sich im Fall von Dorothees Familie andeutet, dass sich der Freundschaftskreis etwas verengt hat, ist dies aus unserer Sicht nicht das Typische dieser Gruppe. Eher zeigt sich hier, wie es Sarahs Mutter ausdrückt, dass es sich eben um wirkliche Freundschaften handelt, die sich nicht angesichts der Verschlechterung der finanziellen Situation zurück gezogen haben.

Von einem Verlust alter Freund- und Bekanntschaften zeigt sich vielmehr die erste Gruppe mit eher dünnem sozialen Netzwerk betroffen. Sowohl die Mutter von Torsten, als auch die Mütter von Steffi und Erik beklagen den Abbruch vormaliger Beziehungen. Im Fall von Steffi wird auf den Zusammenhang mit der materiellen Lage explizit verwiesen: Dass man seinen Freunden nichts bieten könne, da sich die eigenen Konsumgewohnheiten bzw. -möglichkeiten verändert hätten. Bei Torstens Mutter tangiert die durch den Umzug entstandene räumliche Entfernung die Reziprozität des Netzwerks und macht den Austausch von Hilfeleistungen mit der Zeit unmöglich. Die dadurch entstehende oder verstärkte soziale Isolation der Mütter überträgt sich auf die Kinder, und zwar einmal als Verlust von sozialen Kontakten, die zuvor bestanden haben, im anderen Fall gleichsam in einem Umschlagen der sozialen Kontakte von einer integrativen zu einer ausschließenden Form. Diesen Aspekt gilt es in bezug auf die Kinder in nächstem Abschnitt – bei der Betrachtung der Gleichaltrigenbeziehungen – noch einmal aufzugreifen.

C) Fazit

Das verwandtschaftliche Netzwerk übernimmt bei der Mehrzahl unserer Familien eine breite Palette von Hilfe- und Unterstützungsfunktionen: Finanzielle Unterstützung, Zuwendungen in Naturalien (z. B. Ernährung), Entlastung bei der Kinderbetreuung, Abwechslung durch Besuche und Familienfeiern, Erweiterung der Freizeitgestaltung und Ermöglichung von Kinderwünschen (z. B.: spezielle Kleider- oder Spielzeugwünsche) und von Urlaub. Die Palette von großelterlichen Aktivitäten zugunsten der Enkel reicht also von Kompensationen bei Grundbedürfnissen (z. B. Ernährung, Kleidung) über die Ermöglichung von bestimmten Freizeit- und Urlaubsgestaltungen bis hin zur Erweiterung des Aktionsradius und des Erfahrungshorizonts der Kinder. Nicht zu übersehen ist dabei die sozialisatorische Funktion, die den Kindern zumindest teilweise einen Ausgleich für Einschränkungen in der Familie zu bieten vermag.

Primäre soziale Netzwerke zeichnen sich zudem – wie wir dargelegt haben – gegenüber professionellen Hilfen und Dienstleistungen durch ihre Ganzheitlichkeit und Multifunktionalität aus. Vor allem in der Beziehung zu den Großeltern werden unterschiedliche Hilfe- und Unterstützungsleistungen ausgetauscht, die von alltagspraktischen und materiellen Dingen bis hin zu Kommunikation und Beratung in Erziehungsfragen oder zu emotionaler Unterstützung (bei Beziehungsproblemen) reichen.

Uns interessierten vor allem die Auswirkungen der Netzwerke auf die Lebenslage der Kinder: In dieser Hinsicht spielen die Großeltern die größte

Rolle, weil sie in ihren Unterstützungsleistungen meist auch konkret die Enkel im Blick haben. Die Geschwister – d. h. die Onkel und Tanten – ergänzen häufig das ansonsten öfters eher dünne Bekannten- und Freundschaftsnetz. Allerdings haben wir diesbezüglich eine unterschiedliche Dichte und Breite des elterlichen bzw. mütterlichen Netzwerkes ausgemacht. Die Gefahr sozialer Isolation und Ausgrenzung sehen wir vor allem in jenen Familien – insbesondere von allein Erziehenden – gegeben, in denen kein oder nur ein sehr dünner Freundes- und Bekanntenkreis besteht und wo gleichzeitig die verwandtschaftlichen Netze nicht funktionieren.

Während für das Verwandten-Netzwerk eher materielle Unterstützung und personenbezogene Hilfen wie Kinder- und Krankenbetreuung typisch sind, kennzeichnen die Freundschafts-Netzwerke eher Hilfen bei persönlichen Problemen oder bei alltagspraktischem Unterstützungsbedarf wie bei Umzug oder Wohnungsrenovierung. Solche Hilfeleistungen setzen ein hohes Maß an räumlicher Nähe voraus; mit der Entfernung nimmt die Wahrscheinlichkeit von Unterstützungsbeziehungen ab, da der Aufwand zu groß wird. Es geht aber nicht nur um praktische Hilfeleistung und gegenseitige Unterstützung, sondern auch um Geselligkeit, gemeinsame Unternehmungen und gemeinsame Freizeitgestaltung; dies zeigt sich anhand unserer Auswertung.

In der Zusammenschau von elterlichen und kindlichen Netzwerken läßt sich Folgendes festhalten: Wir haben zum einen Fälle, in denen ein enges Verwandtschaftsnetzwerk existiert, das vieles auszugleichen vermag; zum anderen tragen auch die Mütter/Väter, indem sie die Kinder in ihrer sozialen Kontaktaufnahme anregen und unterstützen in förderlicher Weise dazu bei, dass sich diese ein eigenständiges Kontakt- und Kooperationsnetz erschließen. Aber auch durch sozialpädagogische Einrichtungen (wie z. B. den „Kindertreff") oder schulische Aktivitäten können die sozialen Kontakte von Kindern gefördert werden, die von zu Hause aus eher eingeschränkt sind bzw. eher sozial isoliert leben. Manche unserer Kinder können den institutionellen Rahmen eigenständig nutzen, um sich soziale Kontakte zu Gleichaltrigen aufzuschließen, für manche ist dies sogar der einzige Rahmen.

4.4.2 Gleichaltrigenkontakte der Kinder in Schule und Nachbarschaft

A) Allgemeine Betrachtungen

Die Beziehungen von Kindern zu Gleichaltrigen haben grundsätzlich einen anderen Charakter und andere Funktionen als Beziehungen zu Erwachsenen. Neben Kommunikation, Gestaltung und Bewältigung von Alltagssituationen, Spiel und Freizeitgestaltung können vor allem enge Freundschaften wichtige

Momente in der Persönlichkeits- und Identitätsentwicklung darstellen; sie können auch der sozialen und emotionalen Unterstützung dienen – wie zuletzt die an Piaget anknüpfenden konstruktivistischen Forschungen etwa von Youniss (1994)[13] gezeigt haben. Wir fragen weiterhin danach, inwieweit die Netzwerkbeziehungen für die Kinder eine Ressource darstellen, die ihnen bei der Bewältigung ihres Alltags und insbesondere angesichts der materiellen Einschränkungen ihrer Familien dienlich sich, d. h. ob von ihnen die Chance salutogener Wirkungen ausgeht, in dem sie emotionale Unterstützung bieten und eine gewisse Unabhängigkeit von der Familie ermöglichen.

Die Gleichaltrigenbeziehungen können für Kinder unserer Altersgruppe unterschiedliche Funktionen und Bedeutungen haben. Sie stellen generell einen nicht von der Macht der Erwachsenen besetzten sozialen Raum dar. Daher können sie den Kindern andere Entwicklungsfelder eröffnen, als dies in Eltern-Kind-Beziehungen oder in der Beziehung zu anderen Erwachsenen möglich ist. Sie können zugleich als Medium für eine partielle Ablösung und Unabhängigkeit von der Familie dienen. Beziehungen zu Gleichaltrigen können in unterschiedlichen Sozialformen zum Ausdruck kommen, indem sie sich auf situationsspezifische Bedürfnisse der Kinder (Spielen, Zeitgestaltung), auf Interessenverfolgung und Interessenentwicklung, auf die Entwicklung von sozialen oder anderen Handlungskompetenzen (z. B. Gruppenaktivitäten wie Fußball, Pfadfinder) beziehen usw. Die Kinder können dabei eine teilweise Selbständigkeit in Bezug auf soziale Rollen entwickeln, die sie nur in solchen Peer-Gruppen einnehmen können. Sie können Sozialverhalten einüben, Konfliktbewältigungen lernen, Handlungsorientierungen entwickeln usw. In Freundschaften können sicherlich auch familiale und soziale Probleme und Belastungen bewältigt werden; Freundschaften sind zudem eine besondere Form von Anerkennungsbeziehungen, in denen die Kinder Perspektivenübernahme (i.S. Meads) erlernen können, weil ihnen die Beziehung zum anderen Kind wichtig ist.

In der mittleren Kindheit beginnen die Kinder allmählich zwischen Spielkameradschaften und mehr oder weniger engen Freundschaften zu differenzieren. Es ist also nicht mehr jedes Kind, mit dem man spielt, gleich ein Freund bzw. eine Freundin. Die Kinder beginnen Freundschaft als reziproke Beziehung zu verstehen, in der jeweils auf die Bedürfnisse des anderen eingegangen wird. Dabei klaffen Wunsch und Wirklichkeit manchmal auseinander wie auch unsere Befragung zeigt (z. B. bei dem siebenjährigen Torsten oder dem ebenfalls siebenjährigen Frank, die auch Gleichaltrige Freunde nennen, die nur manches Mal mit ihnen spielen und die sie nicht zu ihrem Geburtstag einladen). Vor allem von unseren älteren Kindern wird dagegen Freundschaft als eine Beziehung außerhalb der Familie verstanden, in der ein Zusammengehörigkeitsgefühl besteht, die nicht nur situative gemeinsame Ak-

---

13 Vgl. zu Freundschaftsbeziehungen auch den Überblick in Offenberger 1999.

tivitäten im Spiel und der Freizeitgestaltung beinhaltet, sondern auch Streit und Auseinandersetzungen überdauert.

Zu berücksichtigen sind auch geschlechtsspezifische Unterschiede im Netzwerk der Gleichaltrigenkontakte. Nach einer Untersuchung des Deutschen Jugendinstituts (DJI) gibt es freilich bis zum Alter von etwa acht Jahren kaum Unterschiede zwischen Mädchen und Jungen in Zahl und Art der Gleichaltrigenkontakte; nach diesem Alter werden die Netzwerke der Jungen größer im Vergleich zu denen der Mädchen eingeschätzt (vgl. Herzberg 1992: 87ff.). Während die 8- bis 11-Jährigen zu etwa 45% vier bis fünf Kinder zu ihrem Freundeskreis zählen, wobei es sich dabei teilweise auch um Spielkameradschaften handelt, werden mit zunehmendem Alter (etwa mit 10 Jahren) die engen Freunde und Freundinnen eher weniger (vgl. Herzberg 1992: 105f.). Bei fast allen unseren Kindern überwiegen geschlechtshomogene und altershomogene Peer-Kontakte Eine Ausnahmen stellen Theo und Tina dar: Ersterer spielt überwiegend mit älteren Mädchen aus der Nachbarschaft, Tina hat auch einige Jungen als Spielkameraden.

Wir haben die Kinder nach ihrem sozialen Netzwerk in der Schule und in ihrem Wohnumfeld befragt und insbesondere danach, ob sie dort eine beste Freundin oder einen besten Freund haben. Über die Qualität dieser freundschaftlichen Beziehungen können wir aufgrund unserer Befragungen nicht allzu viel aussagen, wohl aber können wir eine Einschätzung der Beziehungsstrukturen der von uns interviewten Kinder geben. Dabei sind wir folgenden Fragen nachgegangen:

- Wie sehen die Gleichaltrigenkontakte bei unseren Kindern (nach Struktur, Dichte und Vielfalt) aus?
- Wie gestalten sich diese Kontakte in den unterschiedlichen Lebenswelten der Kinder, im familiär-verwandtschaftlichen Kreis, im Wohnumfeld, in der Nachbarschaft, in institutionell vermittelten Kontexten wie Schule, Hort, Kindertreff, bei Freizeitaktivitäten?
- Inwiefern erfahren die Kinder dabei Unterstützung durch die Eltern?
- Wo gibt es Überschneidungen zwischen den verschiedenen Lebenswelten?
- Welche Funktionen haben diese Beziehungen für die Kinder?
- Welche Erfahrungen von sozialer Integration bzw. von sozialem Ausschluss sind für die Kinder damit verbunden?

B) Auswertungsergebnisse

Auch bei den Kindern lassen sich auf Grund der Anzahl der angegebenen Gleichaltrigenkontakte drei Gruppen mit fließenden Übergängen bilden:

- Kinder mit einem großen und dichten Beziehungsnetz,
- Kinder mit mittlerem bis kleinerem Beziehungsnetz,
- eher isolierte und einsame Kinder.

Beginnen wir mit der ersten *Gruppe der kontaktfreudigen und ihrerseits beliebten Kinder*; dies sind Konstantin, Erik, Tina und mit Einschränkungen Rebecca. Alle diese Kinder haben gute Freundinnen und Freunde. Konstantin hat sehr viele Freunde sowohl in der Schule als auch in der Nachbarschaft, darunter hebt er einige engere Freunde hervor. Er hat wohl das größte Beziehungsnetz unserer Kinder, da er neben Schule und Nachbarschaft im Fußballverein Gleichaltrige trifft. Auch bei seinem geschiedenen Vater, bei dem er die Wochenenden und die Ferien verbringt, hat er Spielkameraden und Spielkameradinnen; er bezeichnet den Stiefsohn des Vaters, den er dort trifft, als seinen Freund.

Auch Erik hat viele – teilweise identische – Spielkameraden und Freunde in Schule und Nachbarschaft; er hebt zwei als enge Freunde hervor, mit denen er täglich zusammen ist. Darüber hinaus hat er in der Pfadfindergruppe und im Fahrradclub zusätzliche soziale Kontakte zu Gleichaltrigen, die neben den eher milieu- und stadtteilbezogenen bestehen. Tina hat viele Spielkameradinnen und Spielkameraden in der Nachbarschaft ebenso wie in der Schule, wo sie wohl nur mit Mädchen spielt. Darüber hinaus hat sie bei ihrem getrennt lebenden Vater und den väterlichen Großeltern, weitere Spielkameradinnen und -kameraden. Ihre beste Freundin ist vor kurzem weggezogen; die Mädchen halten Briefkontakt miteinander. Eine weitere beste Freundin hat sie in der Schule. Beschränkt sind ihre Möglichkeiten, Kinder zu sich einzuladen und auch Geburtstage mit ihnen zu feiern.

Rebecca hat im Vergleich dazu einen kleineren, eher mittleren Kreis von Spielkameradschaften und Freundschaften in Schule und Nachbarschaft, die sich ebenfalls z. T. überschneiden. Sie hat eine enge Freundin in der Schule und nennt auch einen Jungen aus der Schule, der zugleich in der Nachbarschaft wohnt, als Freund. Zwei weitere Jungen, die in sie verliebt sind, nehmen in der Schule eine Beschützerrolle ein. Sie scheint beliebt zu sein und kann sich ihre sozialen Beziehungen aussuchen. Auch über ihre Verwandtschaft hat sie Kontakte zu Kindern (wie z. B. zu Dennis, ihrem Cousin).

Charakteristisch für die meisten dieser Kinder ist offenbar, dass sie über ein kompensatorisches Netzwerk verfügen, d. h. teilweise Verwandte in besserer materieller und sozialer Lebenslage haben, die sich des Kindes annehmen und ihm Aktivitäten ermöglichen, die ihm sonst aufgrund der familialen Lebenslage nicht zugänglich wären. Entscheidend ist jedoch, dass es sich dabei um Familien handelt, in denen die Eltern (bzw. Mütter) die Kinder in ihren sozialen Kontakten fördernd unterstützen. Diesen Kindern mit einem differenzierten und relativ unabhängigen Netz an Gleichaltrigenbeziehungen scheint es zu gelingen, der kindlichen Verwiesenheit auf ihre benachteiligte Familie und deren netzwerklichen Kontakten ein selbstgestaltetes Beziehungsnetz in ihren Gleichaltrigenbeziehungen entgegenzusetzen. Dies hat zweifellos sozialisatorische Wirkungen und deswegen auch salutogene, weil den Kindern ein vergleichsweise eigenständiger Bereich des Kinderlebens ermöglicht wird, der von der materiellen Mangelsituation der Familienumwelt offenbar wenig betroffen ist.

Daneben haben wir *Kinder mit einem mittleren bis kleineren Beziehungsnetz* wie z. B. Sarah, Karsten, Anton, Dorothee und Theo. Bei diesen Kindern beschränken sich die Kontakte zu Gleichaltrigen überwiegend auf Schule und Nachbarschaft. Kennzeichnend für diese Gruppe ist weniger die Anzahl der Kontakte, sondern deren lebensweltliche Begrenzung. Sarah ist ein sozial gut integriertes Kind in Schule und Nachbarschaft, das mehrere Gleichaltrige als Spielkameradinnen und Spielkameraden nennt und auch auf einige Freundinnen verweisen kann. Ihre beste Freundin wohnt in der Nachbarschaft und geht in dieselbe Schule; Sarah ist in der Schule Mitglied einer Mädchenbande, die sich mit einer Jungenbande Auseinandersetzungen liefert. Sie berichtet, dass sie sich mit Freundinnen streitet und sie scheint Konflikte häufiger auch körperlich auszutragen. Außerhalb von Schule und Nachbarschaft hat sie keine Kontakte, weil sich ihr sozialräumlicher Aktionsradius weitgehend auf diese Lebenswelten beschränkt.

Karsten hat einen engen Freund, der nach einem Schulwechsel nicht mehr in die gleiche Schule geht, aber in der Nachbarschaft wohnt. In der Nachbarschaft spielt er wohl häufiger mit Kindern und in der (neuen) Schule nennt er zwei weitere Kinder, mit denen er Kontakt hat. Da er viele Geschwister hat und die Familie wohnungsmäßig sehr beengt ist, dürften sich seine Gleichaltrigenkontakte weitgehend im außerhäuslichen Bereich abspielen – eine Ausnahme bildet sein bester Freund Uwe, den er zum Interview hinzugezogen hat.

Für Anton, der vor seinem Schulwechsel schulische Integrationsprobleme hatte, scheint vor allem der Kindertreff eine wichtige Rolle für seine neuen Kontakte zu Gleichaltrigen zu spielen. Zum einen verbringt er dort einen Großteil seiner freien Zeit und zum anderen wohnen die Kinder, die er dort kennen gelernt und mit denen er sich teilweise angefreundet hat, in seiner Nachbarschaft (es handelt sich um einen städtischen Plattenbaustadtteil). Er kann seine Freunde besuchen, bei ihnen spielen und umgekehrt. Auch wenn er am Wochenende beim Freund und Lebenspartner seiner Mutter auf dem Dorf ist, hat er dort Freunde oder zumindest Spielkameraden. Einen engen Freund hat Anton jedoch nicht.

Dorothee ist als Landkind in ihren Kontakten durch die Lage der elterlichen Wohnung eingeschränkt. Sie hat eine beste Freundin in der Schule; diese kann sie allerdings in ihrer Freizeit – außerhalb der Schule – kaum treffen, da sie in unterschiedlichen Orten wohnen. Dorothee hat in ihrer dörflichen Nachbarschaft, wo ihre Familie erst seit kürzerem zugezogen ist, kaum Spielkameradschaften; ab und zu spielt sie mit einem Mädchen von nebenan, ansonsten mit ihrem Bruder. Allerdings gibt sie eine Reihe von Kindern an, darunter auch Cousins, die sie mehr oder weniger leiden mag.

Theo, den wir ebenfalls dieser Gruppe zuordnen wollen, ist eher ein Sonderfall. Er erscheint uns in vielerlei Hinsicht ein depriviertes Kind zu sein: ohne Alltagsstruktur, mit eingeschränkter Lernmotivation, mit vielen Schulproblemen bis hin zum Schulschwänzen, übermäßigem und unkontrolliertem Fernsehkonsum, ohne enge Freunde und Freundinnen. Er hat zwar viele Spielkameradinnen und -kameraden im Viertel, doch scheinen uns diese Beziehungen eher flüchtig und oberflächlich zu sein. Auf die Frage nach Freunden hat er sehr widersprüchlich geantwortet; neben den Spielkameradschaften in der Nachbarschaft – vor allem ältere Mädchen – nennt er auch mehrere Kinder in der Schule, die er leiden mag; er fühlt sich aber auch manchmal allein. Einen besten, engen Freund oder eine beste, enge Freundin besitzt Theo nicht.

Für die Kinder dieser Gruppe lässt sich sagen, dass sie zwar über ein mittelgroßes Netzwerk von Spielkameradschaften verfügen, in der Regel auch über Freunde oder Freundinnen; eine autonome Gestaltung der Kontakte – d. h. eine von Eltern und Institutionen unabhängige Form – ist ihnen allerdings nur sehr eingeschränkt möglich, weil auch ihr Aktionsradius sehr begrenzt ist.

Als letztes haben wir eine *Gruppe von Kindern, die wir eher als einsam oder sogar sozial isoliert* bezeichnen würden. Diese Kinder – Anja, Steffi, Torsten, Frank, Dennis – haben insgesamt wenig Spielkameradschaften und Freundschaften in Schule und Nachbarschaft. Auch über elterliche Netzwerke ergeben sich kaum zusätzliche Gelegenheiten, Gleichaltrige kennen zu lernen und mit ihnen zu spielen. Bei diesen Kindern kommen zudem kaum andere Aktivitäten, wie musische Förderung oder sportliche Freizeitaktivitäten vor, über die Kontakte geknüpft werden könnten. Mit Ausnahme von Anja besitzt keines dieser Kinder einen besten Freund bzw. eine beste Freundin. Aber auch Anja wünscht sich mehr Freundinnen und Freunde; sie hat das Gefühl, dass es an ihr liegt, dass sie zu wenige hat. Allerdings wird ihr der Kontakt zu Kindern durch das abgelegene Wohnen erschwert; sie darf andere Kinder nicht zu Hause besuchen und umgekehrt scheint es schwierig zu sein, dass sie von Kindern besucht wird. Auch in der Schule scheint Anja sozial nicht integriert zu sein. Anjas einzige und beste Freundin ist durch Neuaufteilung der Klassen in die Parallelklasse gekommen, so dass sie sich nur noch im Hort sehen. Hier zeigt sich, dass für die Landkinder, die abgelegen wohnen und deren Eltern wenig mobil sind (kein Auto) oder die aus sozialer Scham die Kinderkontakte einschränken, Schule oder Hort die institutionalisierten Orte für Gleichaltrigenbeziehungen sind.

Steffi hat so gut wie keine Spielkameradschaften in ihrem Wohnumfeld. Sie hat zwar in der Schule zwei Freundinnen, aber sie kann diese nur dort sehen. Beide wohnen im Nachbarort, ein bis zwei Kilometer entfernt; die Mädchen haben sich jedoch gegenseitig noch nie besucht. In der Nachbarschaft gibt es keine altersgleichen Kinder als Spielkameradinnen; der Kontakt zu einem Mädchen, das sie manchmal besuchte, wurde von dessen Eltern unterbunden. Die Familie von Steffi ist sozial stigmatisiert.

Torsten, der ebenfalls zu den eher einsamen Kindern gehört, hatte im Kindergarten zwei gute Freunde; diese hat er aber vor zwei Jahren durch einen Umzug verloren. In der neuen Umgebung hat er (noch) keine Freunde oder Freundinnen gefunden und die gleichaltrigen Nachbarskinder spielen nicht mit ihm. Den Grund dafür kennt er nicht. In der Schule benennt er zwar zwei Freunde, zu seinem Bedauern wird er von diesen nicht zum Geburtstag eingeladen (*„die haben mich vergessen"*).

Auch Frank scheint nur schwer Anschluss an Gleichaltrige zu finden, ein bester Freund fehlt ihm. Er wird von anderen Kindern abgelehnt und hat in der Schule keine Freunde; dennoch gibt er im Netzwerkspiel an, viele Freunde und Freundinnen zu haben. In der Tat sind seine einzigen gleichaltrigen Freunde jedoch Kinder aus dem Bekanntenkreis seiner Freundin, die allerdings nicht am gleichen Ort wohnen.

Dennis hat ebenfalls keinen besten Freund und auch keine Freunde oder Spielkameradschaften in der Nachbarschaft. In der Schule scheint er wohl ein paar Spielkameraden bzw. Freunde zu haben; dort gibt es aber auch Kinder, vor denen er Angst hat. Außerhalb der Schule hat er nur die Cousinen und Cousins, die mit ihm spielen, die aber nicht in der unmittelbaren Nachbarschaft wohnen.

Bezogen auf diese Gruppe der eher einsamen Kinder, fällt auf, dass diese Kinder sowohl in ihrem häuslichen Umfeld als auch bezogen auf die Lebenswelt Schule Schwierigkeiten haben, verläßliche Gleichaltrigenkontakte aufzubauen und somit sozial als ziemlich isolierte Kinder ins Auge fallen, zumindest ist ihre soziale Integration im Klassenverband eher zweifelhaft. Die Ursachen hierfür mögen unterschiedlich sein, und wir konnten sie mit unserer Untersuchung auch nicht ausreichend erfassen. Gewisse Zusammenhänge sehen wir allerdings mit der eher auch isolierten Situation der Familien; verschärfend kommt hinzu, dass die Eltern nicht in der Lage zu sein scheinen, außerhäusliche Spiel- und Kontaktaktivitäten der Kinder zu fördern und zu unterstützen.

C) Fazit

Wir sind davon ausgegangen, dass für die Kinder unserer Altersgruppe die Quantität und Qualität ihrer Gleichaltrigenkontakte eine wichtige Ressource darstellt. Dabei differenzieren wir zwischen sporadischen, eher situativen Kontakten, die wir als Spiel- oder Schulkameradschaften bezeichnen und engen Freundschaften. Jedenfalls scheinen auch die Kinder – je nach Alter mehr oder wenig ausgeprägt – eine solche Unterscheidung vorzunehmen. Unsere Aufmerksamkeit galt in erster Linie den strukturellen Merkmalen von Gleichaltrigenbeziehungen, d. h. den Zugängen und den Gelegenheiten sowie der Frage nach förderlichen oder einschränkenden Aspekten, die insbesondere aus der Lebenslage der Familien resultieren.

Wir haben bei unseren Kindern eine kleinere Gruppe von sozial gut integrierten Kindern mit engen Freundschaftsbeziehungen ausgemacht, deren sozialen Kontakte zu Gleichaltrigen zudem über Schule und Nachbarschaft hinausreichen, eine weitere Gruppe von Kindern mit einem mittelgroßen Netzwerk, deren Freundschaften vorwiegend in Schule und Nachbarschaft angelegt sind und eine letzte Gruppe von eher sozial isolierten Kindern mit wenigen bis fast gar keinen Gleichaltrigenkontakten außerhalb von Schule bzw. Hort.

Insgesamt überwiegt bei unseren Kindern der Anteil der schulisch und nachbarschaftlich hergestellten Kontakte zu Gleichaltrigen.[14] Auffällig ist auch, dass unsere Kinder vergleichsweise wenig enge Freundschaften haben. Sechs Kinder geben an, im Moment gar keine engen Freundschaften zu haben (Theo, Torsten, Anton, Frank, Steffi, Dennis), zwei weitere Kinder haben nur in der Schule bzw. im Hort eine enge Freundin, die sie in ihrer Freizeit jedoch nicht sehen (Dorothee, Anja).

Bei den sozial gut integrierten Kindern lässt sich von einer relativ autonomen Form kindlicher Gleichaltrigenbeziehungen sprechen, demgegenüber ist dies bei der mittleren Gruppe nur teilweise zu erkennen und bei der letzten Gruppe gar nicht mehr. Elterliche Scham, elterliche Belastungen und die Lage der Wohnung, aber auch problematisches Verhalten der Kinder selbst tragen bei dieser letzten Gruppe dazu bei, dass es diesen Kindern wenig bis kaum gelingt, sich sozial zu integrieren und Gleichaltrigenkontakte als Ressource für eine bessere Bewältigung ihrer Situation zu nutzen.

Im Überschreiten der sozialen und sozialräumlichen Grenzen von Familie und Nachbarschaft zeigen sich bei den gut integrierten Kindern Ansätze einer „modernen" Kindheitsstruktur. Die Kinder können auf kompensierende verwandtschaftliche und Freundschaftsnetzwerke zurückgreifen und haben neben der Schule und der Nachbarschaft weitere lebensweltliche soziale Orte für Gleichaltrigenbeziehungen. In zwei Fällen bieten Freunde der Eltern bzw. deren Kinder die Möglichkeit für positive Gleichaltrigenkontakte. In einem Fall ermöglichen ältere, erwachsene Brüder Freizeitaktivitäten, die dem Kind sonst nicht möglich wären. Aber nur dort, wo die über Verwandten oder (ehemalige oder jetzige) Partner vermittelten Gleichaltrigenkontakte regelmäßig sind und von den Kindern positiv ausgestaltet werden (können), haben sie ei-

---

14   Zu den Funktionen der Institutionen als Kontaktstifter und zur Relativierung der These von der Entwertung des Wohnumfelds als sozialem Ort für Gleichaltrigenkontakte siehe Herzberg 1992: 111 ff.

nen fördernden Charakter und ermöglichen dem Kind eine gewisse Unabhängigkeit von der familiaren Lebenslage.

Bei dieser Gruppe von Kindern gehören auch organisierte Aktivitäten (z. B.: Pfadfinder, Fußballverein; Musikunterricht) zu den Orten, an denen weitere Gleichaltrigenkontakte hergestellt werden. Eine Sonderstellung nimmt dabei der neunjährige Erik mit seinem selbstorganisierten Fahrradclub für Kinder ein, mit dem er Ausflüge und Touren durchführt. Zum Teil erweitern diese Aktivitäten den räumlichen und sozialen Aktionskreis der Kinder. Es sind überwiegend die gut integrierten Kinder, die es schaffen, differenzierte Beziehungsnetze aufzubauen, d. h. sowohl unterschiedliche Freundschaften wie auch Spielkameradschaften in der Schule, in der Nachbarschaft und evtl. zusätzlich an anderen sozialen Orten zu erhalten und darüber hinaus teils institutionalisierte, teils informelle andere Gleichaltrigenkontakte zu haben.

Auf der anderen Seite des Pols haben wir die sozial eher isolierten Kinder. Die Einschränkung der Gleichaltrigenkontakte durch die Eltern spielt bei drei Kindern eine Rolle. Dies passiert wohl aus Scham und dem Bedürfnis, die Mangelsituation zu verbergen. Teilweise erfolgen diese Einschränkungen auch, wenn Kontakte mit finanziellen Aufwendungen verbunden wären wie z. B. Geburtstagsfeiern, Kinobesuche oder ähnliches. Darüber hinaus gibt es einige Eltern, die auf Grund ihrer Belastung oder eigener sozialer Isoliertheit nicht in der Lage sind, die Kinder bei der Kontaktaufnahme und –pflege zu Gleichaltrigen zu unterstützen. Hier scheint es nicht die Scham, sondern die Belastung der Eltern mit der eigenen Erwerbslosigkeit und die Überforderung in anderen Lebensbereichen zu sein, die ihnen die Unterstützung ihrer Kinder erschwert.

Angesichts der Armutslagen der Familien ist es nicht verwunderlich, dass es in unserer Kindergruppe einige Kinder gibt, denen es offenbar nicht gelingt, die heute notwendigen Eigenleistungen für Sozialbeziehungen zu erbringen. Es fehlen ihnen die Zugänge zu entsprechenden sozialen Orten oder auch die entsprechenden Ermöglichungsleistungen der Eltern (Transport, Treffen in der Wohnung), die wegen deren materieller Situation nicht machbar sind. In solchen Fällen ist die Schule oft der einzige soziale Ort für eigenständige Kontaktaufnahme, vor allem bei unseren Landkindern, die abseits wohnen.

Viele unserer Kinder spielen in der unmittelbaren Nachbarschaft mit anderen Kindern, dies gilt zunächst einmal für Stadt- und Landkinder gleichermaßen; allerdings sind einige unserer Landkinder durch die abgelegene Wohnlage der Familie und einige Stadtkinder durch das Fehlen von Gleichaltrigen im Wohnumfeld daran gehindert, in unmittelbarer bzw. für sie – ohne elterliche Hilfe – erreichbarer Nähe Spielkameradschaften zu finden. „Terminkinder" – also Kinder, die ihre Gleichaltrigenkontakte ausschließlich durch Verabredungen organisieren, gibt es bei unseren benachteiligten Kindern so gut wie gar nicht. Allenfalls bei den sozial sehr gut integrierten Kindern stellen wir Ansätze zu einer verinselten Kindheit fest, die allerdings neben der eher dominanten traditionellen Kindheitsform von Straßen- bzw. Nachbarschaftskindheit und teils sogar Milieukindheit stehen.

4.5 Zugang zu Kinderkultur, Erholung und Freizeit

4.5.1 Wohnsituation, Familienalltag, Freizeitaktivitäten

A) Allgemeine Bemerkungen

Der Muße- und Regenerationsspielraum stellt im Hinblick auf Erwachsene hauptsächlich einen Gegenpol zur Arbeit – insbesondere zur Erwerbsarbeit – dar. Insofern mag es zunächst befremdlich wirken, in Bezug auf Kinder einen solchen Spielraum zu erörtern, zumal wenn man Spielmöglichkeiten, soziale Kontakte und Freizeitaktivitäten der Kinder teilweise auch dem Lern- und Erfahrungsspielraum zuordnen kann. Begreift man kindliche Entwicklung jedoch – vor allem in der Schule, aber nicht nur dort – als „Lern*arbeit*", dann macht diese Betrachtungsebene im Kontext kindlicher Lebenslagenbeschreibung Sinn. Kindliche Entwicklung erfordert auch Ruhe- und Regenerationsphasen, d. h. Entspannungs- und Rückzugsmöglichkeiten. Voraussetzung dafür sind entsprechende räumliche und atmosphärische Rahmenbedingungen; dazu gehören verlässliche häusliche Alltagsstrukturen, ein positives Familienklima, Stabilität der familiären Lebensbedingungen sowie der familiären Beziehungen (insbesondere der Eltern-Kindbeziehungen). So verstanden bezieht sich der Muße- und Regenerationsspielraum auf körperliche, geistige und seelische Entspannung. Ausschlaggebend ist hierbei für Kinder der Aspekt der Entlastung hinsichtlich ihrer Lern- und Bewältigungsaufgaben. In einem gleichsam übergreifenden Sinne ist hierfür auch das Gegebensein von Kontinuität und Verlässlichkeit elementarer Beziehungen und Strukturen von Bedeutung. Dazu gehört die Abwesenheit von kumulativen Belastungen, d. h. die Abwesenheit von überfordernden Strukturen im Alltag, also in Familie, Schule und in den kinderkulturellen Zusammenhängen.

Als Muße- und Regenerationsspielraum definieren wir jenen Lebensbereich oder jene Aktivitäten der Kinder, in denen sie sich erholen, entspannen oder austoben, regenerieren oder zurückziehen können. Wenngleich sich manche Bereiche – wie z. B. das Spielen – teilweise mit dem Lern- und Erfahrungsspielraum überschneiden, geht es um die spezifische Betrachtungsweise, d. h. um die Funktion von Aktivitäten und Möglichkeitsräumen. Dass sich hierbei nicht immer eine trennscharfe Zuordnung vornehmen lässt, erschwert zwar die Operationalisierung, spricht aber nicht gegen eine Betrachtung des Regenerationsspielraums aus der Kinderperspektive. Sozialhistorisch und gesellschaftsdiagnostisch lässt sich zum Relevanzspektrum eines Ruhe- und Regenerationsspielraums für Kinder folgendes sagen: Vieles, was in der Vergangenheit für die Identitäts- und Persönlichkeitsentwicklung von Kindern wichtig war und in seiner relativen Stabilität eine konstruktive und funktionale Bedeutung hatte, wird gegenwärtig brüchig oder gar obsolet – so vor allem der Eigensinn und der Schutz der Familie. Die kindliche Fähigkeit zur personellen Entfaltung wird überwiegend in der Auseinandersetzung mit der Wirklichkeit und ihrer Aneignung erworben. Dies geschieht zunächst in der Familie, aber auch im weiteren Lebensumfeld und setzt entsprechende Bedingungen des Aufwachsens voraus. Dies sind Lebensbedingungen wie relative Verlässlichkeit und Sicherheit, Normen zur Orientierung, alltägliche und feierliche Rituale, aber natürlich auch entsprechende materielle Bedingungen. Damit sind ideale Voraussetzungen formuliert, die so – auch in Anbetracht gesamtgesellschaftlicher Entwicklungen (z. B. von Modernisierungstendenzen oder von Folgewirkungen des Transformationsprozesses in Ostdeutschland) – selten real gegeben sein dürften. Neben den deutlich veränderten familiaren Konstellationen kommt insbesondere in den neuen Bundesländern hinzu, dass vor allem für Frauen die Sicherheit eines kontinuierlichen beruflichen Lebens nicht mehr planbar ist. Aus der gewohnten gesellschaftlichen Situation vor der Wende, die allein erziehenden Müttern einen Arbeitsplatz verbürgte, wurde für viele Frauen die Langzeiterwerbslosigkeit oder – abgemildert – eine berufsbiografische andauernde Unsicherheit neue Realität. Ähnliches gilt für viele männliche Berufsbiografien wie gerade auch unsere Väter/Partner zeigen. Zu dem oft verunsicherten familialen Umfeld kommt die Umstrukturierung im öffentlichen Bereich, in den Schulen und in den Horten, hinzu. Dies erschwert es den Kindern zusätzlich, Schule als identifikatorisches Angebot und als sozialisatorische Orientierungshilfe zu erleben.

Als Bewältigungsanforderung ergibt sich in diesem Zusammenhang für die Eltern die Aufgabe, neue Balancen zwischen Familie, Schule, Freizeit und Kinderkultur zu finden bzw. zu organisieren. Viele unserer Familien sind damit überfordert, d. h. sie können die Kinder bei der Herstellung dieser Balance nicht ausreichend unterstützen. Wenn unterschiedliche Zeit- und Arbeitsrhythmen von Eltern und Kindern letztere kaum zum Zuge kommen lassen, wenn Familien desorganisiert sind und deswegen dem Kind selbst noch emotionale Energie und psychosoziale Bewältigung abfordern, die es bräuchte, um sich zu erholen und für die Schule zu regenerieren, wenn Konflikte in der Familie das Kind belasten, fehlt den Kindern die notwendige Struktur zur Muße und Regeneration. Kinder bekommen, gemäß der sozialen Lage ihrer Familie, die Widersprüche der Erwachsenen sowie die Widersprüche zwischen den Generationen zu spüren. Sie sind berührt von den Wünschen und

Ängsten der Eltern, aber auch von deren objektiver Situation. Der oft fehlende oder widersprüchliche Zusammenhang zwischen Berufstätigkeit und Freizeittätigkeit, die Trennung der Lebensräume der verschiedenen Familienmitglieder, die räumliche Trennung von Wohnen, Arbeiten und Freizeit, die Bewertung der Arbeit nach Kriterien der ökonomischen Effizienz und die Suche nach Selbstverwirklichung in der Sphäre von Familie und Freizeit, kennzeichnet nicht nur das Leben der Erwachsenen, sondern auch das Ökosystem der Kinder. Kinder bekommen diese Widersprüche zu spüren, da auch die Eltern-Kind-Beziehungen davon tangiert sind:

„Die Pflege- und Erziehungsdienste gehen auf Kosten der eigenen Reproduktion der Frau und auch des Mannes (z. B. Schlaf, Gesundheit, Bindung ans Haus, Sorgen). Moralia sind Verantwortung, Furcht vor Versagen, Leistung ..." (Albrecht 1993: 21).

Die Eltern haben zwar vom Staat den Erziehungsauftrag bekommen, wie Albrecht anmerkt, d. h. aber nicht, dass sie damit auch schon über die Bewältigungskapazität verfügen, die namentlich in Umbruchslagen und den sich aus ihnen ergebenden familiären Konflikten und Konstellationen notwendig wäre, um mit den belastenden Ereignissen fertig zu werden. Der Staat und die Allgemeinheit sind hier gefordert, die Eltern durch entsprechende Rahmenbedingungen zu fördern und zu unterstützen.

Fasst man die gesellschaftliche Strukturierung von Kindheit mit Havighurst (1972) als Entwicklungsaufgaben – z. B. für unsere Altersgruppe als Erwerb von Grundtechniken des Leistungsverhaltens, des Umgehens mit Erfolg und Misserfolg, als Erlernen der Kulturtechniken und soziokultureller Verhaltensformen – so zeigen sich typische Spannungsfelder, wo das Fehlen eines Muße- und Regenerationsspielraums die notwendige innere Balance für die Kinder unmöglich macht. Kinder brauchen differentielle Formen des zwecklosen, weil nicht erzieherisch konzipierten oder gestalteten Eigenlebens. Im Spannungsverhältnis zwischen Eigenleben des Kindes und Erziehung erfordern die alltägliche Zeitnormierung, der Lerngeschwindigkeitsdruck, die Probleme in der Organisation der Kinderfreizeit, die Verplanung oder Erwachsenenzentrierung des Familienlebens grundsätzlich Muße- und Regenerationsspielräume für die Kinder, die in unterschiedlichem Maße und verschiedenen Strukturen ausgestaltet sein müssen. Auch das Spannungsverhältnis zwischen der meist zukunftsorientierten Schule und der Gegenwartsorientierung der Kinder macht einen emotionalen und sozialen Ausgleich zwischen Schule und außerschulischem Leben erforderlich. Ebenso kann die Diskrepanz zwischen den institutionellen und organisatorischen Anforderungen der Schule und den alltäglichen, alltagspraktischen Kompetenzen des Kindes Bewältigungsprobleme hervorrufen, weil eine Balance oder ein Ausgleich nicht herzustellen ist. Aus diesen Spannungsverhältnissen entsteht ein von vielen Faktoren abhängiges Bewältigungsverhalten des Kindes (vgl. Böhnisch 1997: 114ff.).

Der Fokus der Betrachtung des Muße- und Regenerationsspielraums liegt nun darauf, ob und inwieweit sich die Kinder bei bestimmten Aktivitäten allein oder mit anderen von Lern-, Verhaltens- und Bewältigungsanforderungen (sowohl räumlich als auch sozial) zurückziehen bzw. entlasten können. Paradoxerweise ist dieses Sich-Zurückziehen-Können oder diese Entlastung zugleich auch eine Bedingung für die Bewältigung der Entwicklungsaufgaben selbst. Dies trifft sicherlich für einen Teil des kindlichen Spiels und der kindlichen Sozialkontakte zu. Darauf können wir allerdings in der Analyse dieser Spielraumebene nicht sehr ausführlich eingehen, weil wir die Kinder dazu nicht ausreichend differenziert befragen konnten. Wir wollen uns deshalb auf eindeutigere Bereiche beschränken und dabei folgende Schwerpunktsetzung vornehmen:

1) Wie ist die Wohnsituation und das Wohnumfeld der Kinder unter dem Muße- und Regenerationsaspekt zu bewerten?
2) Wie sieht es mit der Regeneration und Muße in der Familie aus?
3) Welche Rolle spielen die familiäre Freizeitgestaltung, Familienrituale und Feiern?
4) Sind Urlaube möglich?

B) Auswertungsergebnisse

Beschäftigen wir uns zunächst mit den räumlichen Bedingungen für Ruhe und Entspannung. Der Bereich des Wohnens und des Wohnumfeldes wurde unter dem Aspekt von Größe und Angemessenheit des Wohnraums bereits im Kontext des Versorgungsspielraums erörtert. Wohnen und Wohnumfeld gilt es jedoch nicht nur unter dem funktionalen Versorgungsaspekt zu betrachten; ihnen kommt im sozialökologischen Sinne auch eine sozialisatorische und gleichzeitig eine regenerative Funktion zu. Im Folgenden soll daher die Frage im Mittelpunkt stehen, inwiefern die Wohnverhältnisse den Kindern Muße und Regeneration ermöglichen. Wir haben die Eltern/Mütter und die Kinder ziemlich ausführlich zu den Wohnverhältnissen und ihrer Zufriedenheit damit befragt. Dennoch lässt unser Erhebungsmaterial nur eine Einschätzung auf einer sehr allgemeinen Ebene zu, d. h. wir können damit allenfalls die Frage beantworten, inwiefern Muße- und Regenationsräume überhaupt vorhanden sind. Wir konnten allerdings nicht spezifisch ermitteln, wie weitgehend die Kinder in der Lage sind, diese auch tatsächlich als Regenerationsmöglichkeiten zu nutzen.

Unserer Untersuchungsanlage entsprechend wohnt die Hälfte der Kinder in der zur Untersuchung ausgewählten Stadt und dort zumeist (bis auf zwei Ausnahmen) in den Plattenbausiedlungen, die nach der Wende zunächst als weniger attraktiv galten; zum Zeitpunkt der Untersuchung haben sich diese Siedlungen aber bereits in unterschiedliche Straßen und Wohnblocks ausdifferenziert. Die andere Hälfte unserer Kinder wohnen im ausgewählten Landkreis; wobei vier Kinder in Kleinstädten mit einer Einwohnerzahl von ca. 10.000 und drei in sehr kleinen Gemeinden (mit einer Bevölkerung von ca. 1000 Personen und weniger) leben. Sieben Kinder wohnen in einem Neubaublock, fünf in einem Mehrfamilienhaus und zwei auf einem Bauernhof bzw. in einem ehemaligen Bauernhaus. Die meisten Kinder (11 von 14) haben die Frage, „*da, wo wir wohnen, ist es schön*", positiv beantwortet. Dennoch wurden gerade in bezug auf das Wohnen und die damit verbundenen Bedürfnisse von den Kindern besonders viele Defizite benannt.

Inwieweit die Kinder in der Wohnung Rückzugs- und Spielmöglichkeiten finden, hängt von den tatsächlich gegebenen Räumlichkeiten, aber auch von deren Nutzung, d. h. von der Alltagsgestaltung durch die Eltern und die Kinder ab. Bezogen auf die Wohnungsgröße liegt die gegebene Raumkapazität bei den von uns untersuchten Fällen zwischen 15 und 26qm pro Person. In der überwiegenden Mehrzahl der Fälle haben die Wohnungen so viele Räume, wie Personen in der Wohnung leben (in drei Fällen weniger, bei Karsten eklatant weniger – im Fall von Anja mehr). Dennoch verfügt nur eine Minderheit, d. h. fünf Kinder von vierzehn, über ein eigenes Kinderzimmer – was nahe liegt, wenn man davon ausgeht, dass es in der Regel ein Wohnzimmer sowie ein Elternschlafzimmer und damit doch zu wenig Räume für alle gibt.

Die Tatsache, dass die Mehrzahl der von uns interviewten Kinder kein eigenes Zimmer hat, kann durchaus als ein Indiz gewertet werden, dass es den Kindern an einer Rückzugsmöglichkeit fehlt. Dies wird von den Kindern auch häufig beklagt. Verstärkend kommt hinzu, dass die meisten Kinder den Wunsch nach einer größeren Wohnung, nach größeren Räumen oder einem eigenen Zimmer im Interview geäußert haben. Nach Ansicht der Interviewenden wohnen zumindest sechs Kinder in offensichtlich beengten Wohnverhältnissen, die den Kindern nur sehr bedingt Raum für eine Rückzugsmöglichkeit bieten. Zumindest in einem Fall (Karsten*)* liegt es eindeutig auf der Hand, dass kein ruhiger Platz für jedes einzelne Kind in der viel zu kleinen Wohnung vorhanden ist; in dieser Familie leben 6 Kinder.

Befragt haben wir die Kinder danach, ob sie in der Wohnung gut spielen und herumtoben können und ob sie Freunde mitbringen dürfen. Die Mehrzahl der Kinder hat die Frage nach den Spielmöglichkeiten in der Wohnung positiv beantwortet und hat angegeben, dass die Möglichkeit besteht, mit Freunden und Freundinnen dort zu spielen. Ob die Kinder darauf tatsächlich zurückgreifen können, erscheint in den meisten Fällen aber eher unwahrscheinlich, wenn man die angegebene Raumnot berücksichtigt. Hinsichtlich der Spielmöglichkeiten ist sicherlich neben dem räumlichen Aspekt auch die jeweils gegebene Ausstattung (z. B. der Kinderzimmer) zu berücksichtigen. Nach Einschätzung unserer beiden Interviewenden ist die Ausstattung der Kinderzimmer in sechs Fällen kindgemäß, in ebenfalls sechs Fällen eher sehr sparsam. Vor allem zwei Kinder fielen dabei auf (Anja und Frank), die kaum über Spielzeug verfügten bzw. über eine extrem karge und unkindliche Zimmereinrichtung. Auch in manchen anderen Fällen kann die Ausstattung als nicht unbedingt den Wünschen der Kinder entsprechend gelten. Bezogen auf Spielmöglichkeiten geben die meisten Kinder an, nicht nur in der Wohnung, sondern vor allem draußen spielen zu können; in vielen Fällen mag dies einen Ausgleich darstellen. Wenngleich in der Wohnung nicht getobt werden darf – was mehr als die Hälfte der Kinder angegeben hat – , so haben fast alle Kinder die Möglichkeit nach draußen zu gehen und sich zu bewegen (von neun Kindern werden explizit auch Bewegungsspiele angeführt).

Was die Wohnumgebung betrifft, so gibt es nach Aussage der Kinder in den meisten Fällen einen Wald, Felder, Wiesen oder einen Spielplatz in der Nähe. Wir haben die Kinder allerdings nicht danach gefragt, ob sie diese Umgebung tatsächlich spielmäßig nutzen können. Angesichts der realen Wohnlage des städtischen Neubaugebietes scheint „Nähe" von einigen Kindern allerdings recht weit gefasst zu werden. Zu den dort vorhandenen Spielplätzen gibt es häufige Klagen, dass die Ausstattung wenig attraktiv oder kaputt sei; andererseits vermissen diejenigen Kinder einen Spielplatz, die keinen in der Nähe haben. Einen Park oder Sportplatz, Garten oder Innenhof haben etwa die Hälfte in ihrer Nähe; leider wissen wir auch diesbezüglich nicht, wie weitgehend diese Räume für das Spiel der Kinder genutzt werden können. Mehr als die Hälfte der Kinder geben an, dass es eine Straße mit viel Verkehr und Lärm in ihrem Wohnumfeld gibt, außerdem insgesamt viel Schmutz und Müll und dass sie Angst vor größeren Cliquen haben, die das Wohnumfeld verunsichern. Jeweils fünf Kinder sehen keine Möglichkeit zum Ballspielen oder Radfahren und ebenso viele klagen über zu wenig Spielkameraden und -kameradinnen oder über die schimpfende Nachbarschaft im Wohnumfeld. Letztere Angaben lassen nicht gerade auf eine beschauliche und zum kindlichen Spiel einladende Wohnumgebung schließen. Tatsache ist, dass wir es durchweg mit Kindern zu tun haben, die nicht in Einfamilienhäusern mit „gepflegtem" Wohnumfeld leben. Dennoch haben die Kinder wohl in den meisten Fällen die Möglichkeit, der häuslichen Enge (bei entsprechender Witterung) nach draußen zu entfliehen.

Muße und Regeneration bedarf auch eines zeitlichen Spielraumes. Die zeitliche Tagesstruktur ist bei Kindern in dem von uns untersuchten Alter stark durch die schulischen Anforderungen vorgeprägt. Unter dem Muße- und Regenerationsaspekt gilt es daher vor allem die Nachmittags- und Wochenendgestaltung zu berücksichtigen. Die Hälfte unserer Kinder ist nachmittags im Hort (bzw. in einem Kindertreff), diese Kinder haben, wenn sie nach Hause kommen, „keine Termine" (bis auf Torsten), d. h. sie können über die restliche Zeit frei verfügen; allerdings verbleibt ihnen bis zum Abend nicht mehr allzu viel Zeit. Die andere Hälfte unserer Kinder kommt direkt nach der Schule nach Hause; auch bei diesen Kindern fällt auf, dass sie die ihnen verbleibende Zeit – von Hausaufgaben abgesehen und eventuellen kleineren häuslichen Verpflichtungen – relativ „ungebunden" verbringen können. Nur eine Minderheit unserer Kinder hat – nach eigenen Angaben – am Nachmittag „feste Termine": Torsten geht einmal wöchentlich zur Musikschule, Dorothee geht zur Geigenstunde, Erik trifft sich einmal wöchentlich mit den Pfadfindern. Nur zwei Mädchen fallen durch regelmäßigere Aktivitäten am Nachmittag auf. Das ist zum einen Tina, die einen Biologieverein aufsucht, zum Zeichenkurs geht oder Zeit im Schülercafé verbringt; zum anderen Rebecca. Letztere geht zweimal in der Woche zum Reiterhof, wo die Mutter mithilft, so dass das Mädchen dort kostenlos die Möglichkeit zum Reiten hat; außerdem besucht sie ein- bis zweimal in der Woche Gemeindestunden oder Gottesdienste in der Kirche. Ansonsten werden von unseren Kindern kaum regelmäßig öffentliche, vereinsmäßige oder gar gewerbliche Freizeitangebote genutzt. Dies ist sicherlich ambivalent zu bewerten: Einerseits verbleibt ihnen mehr freie Zeit für Spiel und Regeneration, andererseits fehlt ihnen möglicherweise auch die Förderung und Anleitung zur Entfaltung unterschiedlichster musischer, kultureller oder sportlicher Aktivitäten.

Die Entfaltung von kindlicher Muße und Regeneration setzt in gewissem Maße einen strukturierten Familienalltag voraus. Dies gilt für die Zeitstrukturen vor allem im Hinblick auf die Anforderung eines regelmäßigen Schulbesuches. Verlässliche *Alltagsstrukturen* beziehen sich auf die alltägliche Versorgung, so z. B. auf Rituale des Weckens, des Aufstehens, der Körperpflege, des gemeinsamen Essens, des Zu-Bett-Gehens. Daneben bildet sicherlich auch die gemeinsame Gestaltung von Freizeit und Abwechslung, von Wochenenden und Urlaub eine wichtige Rolle.

Im Hinblick auf den Alltag der Kinder wollten wir vor allem in Erfahrung bringen, inwiefern sie sich auf verlässliche und sie in ihren Entwicklungsaufgaben unterstützende Strukturen stützen können. Sofern es um die Sicherstellung eines geregelten Tagesablaufes für die Kinder geht, um morgendliches Wecken, geregelten Schlaf, verlässliche häusliche Versorgung mit Mahlzeiten und Körperpflege, haben wir den Eindruck gewonnen, dass dies für eine Mehrzahl unserer Kinder gesichert zu sein scheint. Teilweise haben wir dies – z. B. die Einnahme von Mahlzeiten – bereits unter dem Versorgungsaspekt betrachtet. Im Zusammenhang mit Muße und Regeneration interessiert uns nun aber mehr der Aspekt, ob der Alltagsverlauf für die Kinder eher entlastend oder belastend strukturiert ist. Auch zeigt sich darin, wie bestimmte Rituale ablaufen, ob es gemeinsame Ruhepunkte im Familienalltag gibt. Diesbezüglich lassen sich erhebliche Unterschiede feststellen, die nicht nur unterschiedliche Selbstständigkeitsgrade bei den Kindern erkennen lassen, sondern sich teilweise auch als belastend für diese auswirken dürften.

Beginnen wir mit dem Wecken, dem Frühstück und dem Pausenbrot: Die meisten Kinder wachen morgens von alleine auf, erwarten aber doch geweckt zu werden. Nur zwei Kinder sagen von sich, dass sie immer alleine aufwachen und alleine aufstehen (Rebecca, Erik), wobei sich Erik selbst als Frühaufsteher bezeichnet. Anton und Konstantin werden vom Wecker geweckt und stehen gemeinsam mit ihren größeren Geschwistern auf. Alle anderen werden entweder von ihren Müttern oder Vätern geweckt (jedenfalls in der Regel). Tina und Sarah erzählen von Schwierigkeiten beim Aufstehen, wobei Tina wohl nur manchmal von ihrer Mutter geweckt wird. In den meisten Fällen scheint die Zeit für ein gemeinsames Frühstück nicht zu reichen: Nur drei Kinder geben an, an Schultagen gemeinsam mit der Mutter (Theo) oder dem Vater (Dorothee, Anja) zu frühstücken; für Anton trifft dies nur dann zu, wenn die Mutter morgens von der Nachtschicht kommt. Erik frühstückt gemeinsam mit den Geschwistern, Konstantin im Prinzip auch, was im Klartext heißt, dass bei eingeschaltetem Fernseher Kekse gegessen werden. Tina frühstückt wohl meist alleine. Mindestens sieben unserer Kinder gehen regelmäßig ohne Frühstück aus dem Haus; bei Anton und seiner Schwester ist dies auch der Fall, wenn die Mutter nicht da ist. Nicht selten wohl vergessen die Kinder über Fernseher und Gameboy das Frühstücken.

Wie auch andere Studien annehmen und die Literatur zu den Gepflogenheiten von Schulkindern generell erkennen lässt, scheint es weit verbreitet zu sein, dass Kinder ohne Frühstück in die Schule gehen, was mit den morgendlichen Aufstehritualen und dem relativ frühen Schulbeginn zu tun haben dürfte. Als Unterversorgungsaspekt und Beeinträchtigung des körperlichen Wohlbefindens erscheint es uns jedoch dann von Relevanz zu sein, wenn auch im weiteren Tagesverlauf die Kinder ernährungsmäßig nicht verlässlich versorgt sind: wenn die Kinder kein Pausenbrot oder kein Getränk dabei haben und sich den Schulkakao nicht leisten können und wenn auch ein warmes Mittagessen nicht die Regel ist. Das Pausenbrot schmieren sich manche Kinder (oder ihre Eltern) schon abends vorher. Bei der Hälfte der Kinder sorgt dafür morgens die Mutter oder der Vater und bei Konstantin der größere Bruder. Unklar bleibt die Versorgung diesbezüglich bei Dennis. Kein oder nur unregelmäßig ein warmes Mittagessen gibt es für fünf unserer Kinder (Tina, Theo, Dorothee, Anton und teilweise Karsten). Steffi gibt diesbezüglich eine unklare Auskunft. Von den restlichen acht Kindern bekommen fünf eine warme Mahlzeit im Hort oder in der Schulspeisung (Rebecca, Torsten, Sarah, Anja, Dennis), nur drei essen mittags warm zu Hause (Erik, Konstantin, Frank). Abends warmes Essen gibt es wohl bei Tina, manchmal bei Dorothee, Rebecca und Steffi. Bei Anja scheint es wegen des Essens öfter Stress zu geben, sowohl morgens, weil sie kein Brot mag, als auch abends, weil sie gerne warm essen würde, dies aber nur für die Eltern vorgesehen ist, die mittags keine warme Mahlzeit haben. In den meisten unserer Familien scheint in der Woche das Abendessen die eigentliche gemeinsame Malzeit zu sein; offen oder ungeklärt ist das Abendessen bei Torsten, Erik und Theo (essen, wann sie wollen oder auch gar nicht). Das gemeinsame Einnehmen von Mahlzeiten ist dabei auch als Möglichkeit für familiäre Kommunikation zu sehen. Dies ist z. B. der Fall bei Konstantin, wenn er mittags aus der Schule nach Hause kommt, bietet das gemeinsame Mittagessen den Ort, an dem er sich über seinen Tag und die Erlebnisse in der Schule auslassen kann.

Insgesamt ist der Alltag der Kinder ziemlich heterogen strukturiert, was sowohl durch die unterschiedlichen Zeitstrukturen der Erwachsenen (Erwerbstätigkeit, Erziehungsurlaub, AB-Maßnahmen), als auch durch die familiären Konstellationen bedingt sein dürfte. Auch die Tatsache, ob die Kinder nach der Schule im Hort betreut werden oder nicht, spielt dafür eine ausschlaggebende Rolle. Dadurch ergeben sich unterschiedliche Alltagsstrukturen; entscheidend für die Kinder dürfte dabei die Verlässlichkeit sein und die Frage, inwiefern sie durch die Eltern/Mütter ausreichend Unterstützung bekommen, um ihren (Schul)Alltag zu bewältigen.

Diesbezüglich tauchen – nach Aussage der Kinder und Einschätzung unserer Interviewenden – bei einer Gruppe von immerhin fünf Kindern, die an anderer Stelle schon durch stärkere Benachteiligungen aufgefallen sind, Probleme auf. In zwei Fällen ist die alltägliche Versorgung nur durch die Unterstützung der Großmütter (Dennis und Steffi) gewährleistet; in vier Fällen scheint ein strukturierendes Alltagskonzept nicht zu funktionieren, d. h. die Kinder sind weitgehend sich selbst überlassen (Theo, Dennis, Frank, Steffi); in drei Fällen (Theo, Steffi, Dennis) scheint das geregelte zu Bett gehen – vor allem durch unbeschränktes und teilweise unkontrolliertes Fernsehen – nicht zu funktionieren. Zumindest in einem Fall hat das zur Folge, dass dadurch der Schulbesuch schon mal unterbleibt (Theo). In einem weiteren Fall (Anton) ist die Mutter zwar bemüht, regelmäßige Alltagsstrukturen herzustellen; wegen Schichtarbeit muss sie die Kinder jedoch häufig sich selbst überlassen, was die Kinder zusätzlich belastet.

Nach körperlichen Symptomen von Belastung befragt, geben acht Kinder an, dass sie manchmal Einschlafstörungen haben bzw. nicht gut schlafen können. Auffällt, dass jene Gruppe von fünf Kindern, die insgesamt stark von Einschränkungen und Benachteiligungen betroffen sind (Theo, Anton, Steffi, Frank, Dennis), hier wiederum vertreten ist und auch ausnahmslos angibt, manchmal gereizt, nervös, zerstreut zu sein, nicht lange stillsitzen und sich nicht konzentrieren zu können. Zwei von ihnen geben auch an, dass sie oft krank sind und zum Arzt müssen (Steffi und Frank). In ähnlicher Häufung kommen diese Symptome nur noch bei Karsten und etwas abgeschwächt bei Anja vor. Darüber hinaus hat auch Rebecca angekreuzt, dass sie manchmal nicht gut schlafen kann, was sicherlich mit der angespannten familiären Situation zusammenhängen dürfte (Vater ist gewalttätig und zum Zeitpunkt des Interviews verschwunden). Daneben haben möglicherweise zwei weitere Kinder gesundheitliche Probleme, die leicht übergewichtige Sarah, deren Mutter „bulimisch" ist und der ebenfalls zur Übergewichtigkeit neigende Torsten.

Neben den Alltagsstrukturen spielen *Familienrituale* wie gemeinsame Freizeitaktivitäten für das Familienklima eine wichtige Rolle. Gemeinsames Feiern und gemeinsame Wochenenden können gerade bei belasteten oder bei erwerbstätigen Eltern wichtig sein, um einen gemeinsamen Rahmen für die Kommunikation und die Pflege der familialen Beziehungen zu finden, der sonst im Alltag oft kaum zur Verfügung steht. Solche Rituale können auch das elterliche Interesse am Kind symbolisieren und von den Kindern als Möglichkeit für Muße und Regeneration empfunden werden. Wir haben nicht bei allen Kindern solche festen Formen innerfamilialer Muße gefunden. Allerdings haben wir die Kinder nicht systematisch danach gefragt, sondern lediglich erhoben, ob und wie viel Zeit die Eltern/Mütter für sie haben, was die Kinder gemeinsam mit den Eltern unternehmen und wie sie die Wochenenden verbringen.

Alle Kinder nennen irgendwelche gemeinsamen *Freizeitaktivitäten* mit den Eltern oder Müttern; von spezifisch kindbezogenen gemeinsamen Aktivitäten berichtet aber nur etwa die Hälfte der Kinder. Allerdings muss diesbezüglich angemerkt werden, dass sich in manchen Fällen keine trennscharfe Abgrenzung vornehmen lässt. So erzählen die meisten Kinder von gemeinsamem Spazieren- oder Rausgehen, auch in die Stadt gehen oder einkaufen gehen wird als gemeinsame Freizeitaktivität angegeben. Von einigen werden konkrete Orte benannt, die für Kinder attraktiv sind wie z. B. zu McDonald, auf den Rummel, auf den Weihnachtsmarkt, Eis essen gehen usw. Manche benennen das gemeinsame Aufsuchen von (kind-)spezifischen Orten wie auf den Spielplatz, in den Tierpark, ins Bad, auf den Rummel gehen, Enten füttern, in den Wald, in den Garten oder zum Fußballspiel gehen. Mehr als die Hälfte der Kinder benennt darüber hinaus kindbezogene gemeinsame Aktivitäten wie miteinander sprechen oder herumsitzen (Erik, Anton, Konstantin), ein Spiel spielen (Erik, Karsten, Rebecca, Konstantin), basteln (Torsten, Anja), malen (Anja), herumtoben (Anton), ein Lagerfeuer machen (Karsten). Häufiger wird auch gemeinsames Fernsehen genannt, wobei zwei unserer Kinder einzig das Fernsehen als gemeinsame Freizeitaktivität mit den Müttern angeben (Tina und Torsten). Nur eindeutig nicht kindbezogene gemeinsame Aktivitäten nennen Steffi (Freibad, Spazieren im Wald), Dennis (Zeitung austragen, Aufwaschen) und Frank (manchmal wegfahren, weggehen oder zu Besuch bei Großeltern sein). Unklar äußert sich Dorothee: *„Immer was anderes"*, *„weiß nicht mehr was, ist schon zwei Wochen her"* (KIII/1, S.8). Diese ausweichende Antwort dürfte aber eher mit der zurückhaltenden und zögerlichen Art zusammenhängen, mit der das Kind auf viele Fragen reagiert hat und uns wenig Aufschluss über die familiäre Freizeitgestaltung geben.

Die Wochenenden zeichnen sich bei vielen unserer Kinder nicht durch gemeinsame Unternehmungen mit der Familie aus. Wenn man nicht wegfährt, verläuft der Tag am Wochenende weitgehend ereignislos. Die Kinder spielen selbsttätig oder beschäftigen sich selbst im Freien oder Drinnen. Dorothee klagt, dass der Vater die Zeit nur zum Zeitungslesen nutze. Gemeinsame und auch kindbezogene Unternehmungen berichten Rebecca, Konstantin, Erik, Anton und Karsten von ihren Familien; Dennis erwähnt sporadische Aktivitäten, teils mit der Oma, bei der er mit seiner Mutter zur Zeit wohnt. Besuche bei Verwandten (oder Freunden) scheinen bei einigen Familien häufiger zum sonntäglichen Repertoire zu gehören, so bei Anja und Frank. Öfter zu Bekannten und Verwandten geht auch Torsten mit seiner Mutter. Keine sonstigen gemeinsamen Aktivitäten am Wochenende benennen Theo und Frank. Konkret am letzten Wochenende haben fünf Kinder nichts mit ihrer Familie bzw. Mutter gemacht, aus unterschiedlichen Gründen (Erik war mit der Schwester im Schwimmbad, Anton war mit der Schwester auf dem Spielplatz – die Mutter hatte Nachtschicht, Karsten war beim erwachsenen Freund, Frank war beim Opa, Dennis' Mutter war weg zum Renovieren).

Zur generellen Einschätzung, wie sich die Kinder Zuhause und in der Familie fühlen, haben wir ihnen drei "Smilies" vorgelegt. Dabei haben elf generell mit einem lachenden Smily geantwortet. Nur drei Kinder haben hierzu eine ambivalente (Dorothee und Dennis) bzw. eine negative Antwort (Rebekka) gegeben. Wenn sie mit einem Zauberstab ihre Familie verändern könnten, würden aber vier Kinder die Eltern verändern wollen: Tina und Rebecca wollen den elterlichen Streit weg- und Harmonie zwischen den Eltern herbeizaubern; Frank möchte, dass sich sein Vater mit ihm statt mit dem PC beschäftigt und Dennis signalisiert im Weghexen von Dreck, Müll und Unordnung den Wunsch nach stabilen und kindzentrierten Alltagsstrukturen. Die schwer gegen Geschwister zu erreichende Muße benennen in diesem Kontext ebenfalls vier Kinder (Rebecca, Konstantin, Karsten, Sarah).

Abschließend soll in diesem Kontext noch das Thema *Urlaub* aufgegriffen werden. In Wohlstandsgesellschaften wie der bundesrepublikanischen gehört es zur gesellschaftlichen Normalität, dass Familien in den Schulferien einen gemeinsamen Urlaub verbringen und zu diesem Zwecke mehr oder weniger weit verreisen. Dies erfolgt vor allem unter dem Aspekt der Erholung, d. h. das Ferienziel soll bessere Möglichkeiten der Regeneration bieten als ein Verbleib zu Hause. Neben diesem körperlichen, geistigen und seelischen Regenerationsaspekt bieten Ferien und Urlaub – vor allem für Kinder –neue Erfahrungsmöglichkeiten und eine Erweiterung ihres räumlichen Horizonts. Wie in vielen anderen (Konsum)Bereichen verbindet sich damit jedoch Sozialprestige, d. h. Kinder, die nicht so weit und toll verreisen können, erleben dies als Differenz und soziale Benachteiligung.

Ferien in Form von Urlaub und Verreisen zu erleben, hat zweifellos auch für Kinder einen hohen Regenerationswert – vor allem wenn dies mit viel Bewegung in der frischen Luft, gemeinsamen Aktivitäten mit Geschwistern und Eltern sowie insgesamt mit einer entspannteren Atmosphäre als im gewöhnlichen Alltag verbunden ist. Bei den von uns interviewten Müttern/Eltern haben wir gerade in bezug auf Freizeitgestaltung und Urlaubsmöglichkeiten die meisten Hinweise erhalten, dass diesbezüglich zurückgesteckt und verzichtet werden muss. Und dies wird sowohl von den Erwachsenen als von den Kindern mehr oder weniger explizit als Verzichten müssen bzw. nicht Mithalten können erlebt.

In der Tat verwundert es nicht, dass vor allem diejenigen Kinder, die in vielerlei Hinsicht die meisten Einschränkungen erfahren, auch in diesem Bereich zu kurz kommen. Insgesamt ist mehr als die Hälfte der Kinder noch nie (gemeinsam mit der Familie) im Urlaub gewesen (Sarah, Anja, Anton, Karsten, Frank, Steffi, Dennis und auch Erik, jedenfalls nicht mit der Familie). In den meisten Fällen sieht es nicht so aus, als ob in unmittelbarer Zukunft ein gemeinsamer Urlaub drin wäre. Aber auch bei denjenigen, die schon mal im Urlaub waren, ist dies keineswegs eine Selbstverständlichkeit bzw. gibt es keine diesbezügliche Planung für die Zukunft. Die in der Vergangenheit realisierten Urlaubsziele bewegen sich eher in bescheidenem Rahmen: So war Tina vor zwei Jahren mit ihrer Familie in Bayern auf einem Bauernhof, Theo hat mit seiner Mutter vor einigen Jahren für ein paar Tage seine Tante in Hamburg besucht, Anton war für zwei Wochen bei seinem Onkel an der Ostsee und Rebecca war mit der Christengemeinde, der ihre Mutter angehört, auf einem Camp in Thüringen. Eigentlich war nur Dorothee mit ihren Eltern schon in Italien, Frankreich und Polen, was vielleicht mit der Mittelschichtorientierung des teilweise akademisch geprägten Elternhauses zu tun haben dürfte. Auch Konstantin ist dank seines Vaters und seiner Großeltern schon etwas in der Welt herumgekommen. Mit seiner Mutter und seinen Geschwistern war er jedoch noch nie im Urlaub. Torsten war ein einziges Mal in der Türkei und Erik war verschiedentlich mit den Pfadfindern unterwegs, einmal auch in Italien.

Ersatzweise können einige Kinder ihre Ferien bei den Großeltern verbringen (Sarah, Anja, Anton). Dennis war einmal Weihnachten für drei Tage mit der Mutter und Großmutter im Erzgebirge. Relativ Glück hat Konstantin, der mit seinem getrenntlebenden Vater sowie dessen Eltern regelmäßig in Urlaub fährt und schon mehrere Länder bereist hat. Mehrere der Mütter betonen im Interview ausdrücklich, dass ein gemeinsamer Urlaub nicht drin sei und geben zu erkennen, dass sie das beschäftigt. So erzählt die Mutter von Erik, dass sie im vergangenen Jahr einen Urlaub mit der gesamten Familie in Ungarn ins Auge gefasst hatte, diesen dann jedoch nicht realisieren konnte, weil die Miete für das Haus – trotz finanzieller Beteiligung ihrer erwachsenen Kinder – doch zu teuer war. Antons Mutter plant einen Bulgarien-Urlaub, der allerdings nur deshalb machbar zu sein scheint, weil die Großeltern dafür Mittel zuschießen wollen. Dennis' Mutter hätte mit ihrer Schwester nach Italien reisen wollen, musste diesen Plan jedoch mangels Finanzen aufgeben.

Vor allem die Kinder, die noch nie im Urlaub waren (Anton, Karsten, Frank, Steffi), wünschen sich verreisen zu können und nennen teilweise konkrete Reiseziele als Wunsch (Disney-Land bei Paris, Nordsee). Tina möchte nach Mallorca und Torsten ein weiteres Mal in die Türkei. Interessanterweise nennt auch Dorothee, die sonst mit Wünschen völlig zurückhaltend ist, konkrete Reisewünsche (Russland und England); sie ist allerdings diejenige, die schon am meisten gereist ist.

Insgesamt lässt sich wohl festhalten, dass der Muße- und Regenerationsspielraum bezüglich Urlaubsmöglichkeiten deutlich eingeschränkt ist und dass dies durchaus so wahrgenommen wird, sowohl von den Eltern als auch von den Kindern. Daraus resultieren zum einen sicherlich Differenzwahrnehmungen bei den Kindern und das Gefühl benachteiligt zu sein, weil man Wünsche nicht realisieren kann, die für andere Kinder zur Normalität gehören. Inwieweit das Fehlen von bestimmten Regenerationsmöglichkeiten zu gesundheitlichen Nachteilen und Belastungen führt, dazu können wir auf der Basis unserer Untersuchung keine Aussagen machen.

C) Fazit

Kinder brauchen Regeneration und Muße, um sich von ihrer „Lernarbeit" (insbesondere in der Schule) und ihren vielfältigen Entwicklungsaufgaben zu entspannen. Sie brauchen Möglichkeiten der Muße und Regeneration, um ihre Persönlichkeiten und Fähigkeiten auszubilden, die im stark leistungsorientierten Schulsystem zu kurz kommen.

Um die Regenerationsbedingungen unserer Kinder zu beschreiben, haben wir v.a. ihre Wohnverhältnisse, ihre häusliche Alltagsstruktur und die familiale Freizeitgestaltung untersucht. Unsere Stadtkinder wohnen vorwiegend in Plattenbausiedlungen am Stadtrand oder in kleinstädtischen Randgebieten in ländlicher Region. Daneben haben wir einige Landkinder, die ziemlich isoliert wohnen. Mehrere Kinder wohnen in einer Wohnumgebung, in der es kaum oder keine Spielkameradschaften gibt oder die kindliches Spiel nur begrenzt zuläßt. Dennoch finden die meisten Kinder, dass es dort, wo sie wohnen, schön ist.

Die familiären Wohnverhältnisse sind vorwiegend beengt; viele unserer Kinder haben kein eigenes Zimmer, um sich zurückziehen zu können, bzw. sie müssen ein solches mit Geschwisterkindern teilen. Dies wird von den meisten Kindern bedauert; ein Ausgleich wird häufig darin gesehen, dass man auch draußen spielen kann.

Aber auch die zeitlichen Strukturen sind im Hinblick auf Regenerationsmöglichkeiten zu berücksichtigen. Die Schule nimmt einen großen Raum im Alltagsleben der Kinder ein; hinzu kommt, dass die Hälfte unserer Kinder den Nachmittag im Hort verbringt. Es bleibt ihnen also nicht viel Zeit zur freien Verfügung. Unsere Kinder kennen kaum eine Verabredungskultur (wie sie für die mittelschichtspezifische Kindheit eher typisch ist). Dabei spielt auch die Frage nach der Alltagsstrukturierung und ihrer Verläßlichkeit für den regenerativen Aspekt eine wichtige Rolle. In den meisten Familien unserer Kinder sorgen die Eltern bzw. Mütter für einen solchen Rahmen, bis auf eine kleinere Gruppe von Kindern, die wir als pädagogisch vernachlässigt bezeichnen würden. Es sind dies die auch in anderer Hinsicht vielfältig belasteten Kinder, die auch entsprechende psychosomatische Symptome aufweisen (z. B.: Schlafstörungen, Kopf- und Bauchschmerzen, Nervosität, Konzentrationsprobleme usw.).

Was die gemeinsame Freizeitgestaltung der Familien betrifft, fällt auf, dass hierzu häufig die materiellen, teilweise auch die kulturellen Ressourcen fehlen. Gemeinsame kindbezogene Freizeitgestaltung findet eher selten statt. An den nicht ausreichend vorhandenen materiellen Ressourcen scheitern aber vor allem Wünsche nach gemeinsamen Urlauben, die einen Rahmen für familiäre Erholung bieten könnten. Hierin liegt im übrigen auch eine der von den Kindern häufig angesprochenen Differenzerfahrungen; diesbezüglich tun sich entsprechend nicht erfüllbare Wünsche auf.

Insgesamt kann man zweifellos festhalten, dass der regenerative Spielraum für unsere Kinder durch die materiellen Rahmenbedingungen eindeutig eingeschränkt ist.

4.5.2 *Familienklima, familiäre Belastungen, Eltern-Kindbeziehungen – Auswirkungen auf das Wohlbefinden der Kinder*

A) Allgemeine Betrachtungen

Wir gehen davon aus, dass der Muße- und Regenerationsspielraum von Kindern im Grundschulalter durch die familiäre und häusliche Atmosphäre insgesamt mit beeinflusst wird. Daher wollen wir im Folgenden die Familiensituation der Kinder daraufhin analysieren, ob bzw. inwiefern sie die für das kindliche Wohlfühlen und die kindliche Entwicklung förderliche Struktur von Geborgenheit, Sicherheit und Kontinuität in den grundlegenden Beziehungs- und Alltagskonstellationen aufweist. Damit beziehen wir uns implizit auf interdisziplinäre Erkenntnisse zu den Grundbedingungen für kindliches Aufwachsen und Wohlfühlen. Wir betrachten im Einzelnen das Familienklima, das Generationenverhältnis nach Erziehungsstil, Strafformen und Belohnungen, aber auch Faktoren wie familiale Problembelastungen, die über die materielle Armutssituation hinaus die jeweilige Situation prägen. Dabei zeigt sich, dass es nicht einzelne, sondern die Summe und das Zusammenwirken verschiedener belastender oder entlastender Faktoren sind, die für die Qualität der Familiensituation und des Familienklimas – aus der Perspektive des Kindes – entscheidend sind.

Wir haben die Kinder danach gefragt, wie sie sich zu Hause und in der Familie fühlen, wobei sie zwischen drei Smilies als Antwort wählen konnten (☺ ☻ ☹). Darüber hinaus haben wir mit Hilfe eines standardisierten Fragebogens versucht, die häusliche Atmosphäre zu ermitteln, indem wir den Kindern eine Reihe von Fragen vorgelegt haben, die aus unserer Sicht ein positives bzw. ein negatives Familienklima charakterisieren. Wir haben aber auch im Leitfadengespräch die Kinder nach der häuslichen Atmosphäre und familiären Besonderheiten befragt. Durch den Einsatz unterschiedlicher methodischer Elemente wollten wir den Kindern verschiedene Möglichkeiten bieten, sich zu diesem Aspekt zu äußern, da es sich hierbei um eine sehr intime Frage handelt. Ein solches Vorgehen ermöglicht es, die Informationen zu verdichten. Es kann natürlich auch zur Folge haben, dass die Kinder – je nach Tagesform, Stimmungslage und aktuellem Erlebnishintergrund – widersprüchliche Informationen geben. In diesem Fall sind dann die Interviewenden gefordert, ihre Gesamteinschätzung der Situation so zu reflektieren, dass sich widersprüchliche Äußerungen der Kinder in das Gesamtbild einfügen lassen. Ergänzend kommen die Informationen hinzu, die wir im Elterngespräch über die familiäre Situation, die elterliche Sicht auf die Kinder und aktuelle Problemlagen erhalten haben. Diesbezüglich erkenntnisleitend muss für uns allerdings die Fragestellung bleiben, inwiefern Zusammenhänge zwischen der materiellen Lebenslage der Familie, den familiären Problemlagen, der Eltern-Kindbeziehung, dem Familienklima und den Muße- und Regenerationsmöglichkeiten der Kinder zu erkennen sind.

In der Auswertung gilt es zudem die unterschiedliche Wahrnehmung – insbesondere von belastenden Faktoren – aus der Perspektive der Kinder einerseits und der Eltern/Mütter andererseits herauszuarbeiten.

B) Auswertungsergebnisse

Auf die Frage, wie sich die Kinder zu Hause und in der Familie fühlen, haben fast alle Kinder mit einem „lächelnden Smily" (☺) geantwortet. Nur ein Kind (Rebecca) hat hier in beiden Fällen mit der eher indifferenten Mittelposition (☻) geantwortet. Zwei Kinder (Dorothee und Dennis) haben zwischen verschiedenen Möglichkeiten geschwankt. Unterm Strich bliebe hier die Aussage, dass sich zwei Kinder zu Hause und in der Familie manchmal schlecht fühlen und ein Kind die häusliche Atmosphäre eher verhalten einschätzt; alle anderen Kinder haben sich hierzu nur positiv geäußert. Demgegenüber zeichnen die Ergebnisse des Fragebogens, mit dem wir positive und negative Merkmale des Familienklimas abgefragt haben, ein wesentlich differenzierteres Bild. Wir haben dabei u.a. nach folgenden Aspekten gefragt: Stimmung und Gemütslage der Eltern, Beziehung der Eltern zueinander, Eltern-Kind-Beziehung, Erziehungsstil der Eltern.

Eine erste Auswertung zum Familienklima, bei der wir die positiven und negativen Antworten der Kinder gegenübergestellt haben, ergibt – bis auf einen Fall, in dem das Familienklima fast durchgehend nur positiv charakterisiert wurde (Erik) – dass alle Kinder sowohl positive als auch negative Aspekte benennen. Dem steht kein Kind gegenüber, das fast nur negative Aspekte angekreuzt hätte. Insgesamt überwiegen die positiven Charakterisierungen – bei acht Kindern überwiegen die positiven Merkmale, bei fünf halten sich positive und negative Nennungen weitgehend die Waage und nur bei einem Kind (Rebecca) überwiegen die negativen Aspekte. In letzterem Fall handelt es sich um eine Familie, in der es kurz vor dem Zeitpunkt unserer Befragung zu einer Verschärfung der familiären Problemlagen gekommen ist und für die eine traumatische familiäre Zerrüttung das zentrale Problem darstellt; dies belastet das Kind sehr. Interessant ist des Weiteren, dass wiederum diejenigen Kinder mit den meisten negativen Nennungen (Frank, Dennis, Steffi) auffallen, bei denen sich die materiellen Einschränkungen in den anderen Spielräumen besonders negativ auswirken.

Das familiäre Klima wird aus der Sicht der Kinder – neben den schon ausgeführten Aspekten wie Alltagsstruktur, Familienrituale und gemeinsame Aktivitäten – ganz entscheidend durch den Erziehungsstil und die darin zum Ausdruck kommende Eltern-Kind-Beziehung geprägt. Eine allgemeine Tendenz zur Veränderung des Erziehungsstils von autoritären hin zu eher partnerschaftlichen Erziehungsformen wird in der neueren Kindheitsforschung als zentrales Merkmal gegenwärtiger Generationenverhältnisse identifiziert (vgl. z. B. Du Bois-Reymond u.a. 1994, Sünker 1993, Honig 1999). In unseren Familien können wir aufgrund der uns von den Kindern und den Müttern gelieferten Informationen davon ausgehen, dass ein breites Spektrum von Erziehungsstilen anzutreffen sein dürfte:

- In einer Reihe von Fällen haben wir einen eher partnerschaftlichen Erziehungsstil festgestellt (bei Erik, Konstantin, Rebecca, Sarah und teilweise auch bei Anton), d. h. die Elternbeziehung ist durch Anteilnahme und Interesse am Kind gekennzeichnet.
- Bei Karsten, Steffi und Anja deutet einiges darauf hin, dass es sich eher um traditionell-autoritäre Erziehungsstile handelt, d. h. dass die Kinder z. B. weniger in sie betreffende Entscheidungen einbezogen werden.
- Daneben haben wir Eltern-Kindbeziehungen vorgefunden, die wir eher als gleichgültig oder gar vernachlässigend bezeichnen würden (Theo,

Frank, Dennis, Torsten), wobei Theos Mutter zum Teil überbehütend, aber auch inkonsequent erscheint.
- Schwer einzuordnen ist dagegen das häusliche Klima und der Erziehungsstil bei Dorothee, wo wir einerseits eher ein mittelschichtbezogenes alternatives Bildungsmilieu antreffen und gleichzeitig Anzeichen eines eher lieblosen Umgangs mit dem Kind.

Dabei muss einschränkend gesagt werden, dass wir keine detaillierte Untersuchung zu den Erziehungsstilen durchgeführt haben, sondern nur einzelne Aspekte im Blick hatten. Wichtig erschien uns z. B. die Frage, in welcher Weise die Kinder Anerkennung und Lob erfahren oder ob bzw. in welcher Weise sie in Entscheidungen einbezogen werden. Wir haben die Kinder nach Lob, Belohnungen sowie nach Tadel und Bestrafungen gefragt. Dabei ist uns aufgefallen, dass man in unseren Familien insgesamt mit Lob sparsamer umzugehen scheint als mit Bestrafung; jedenfalls nehmen es die Kinder so wahr. So geben weniger als die Hälfte der Kinder an, öfters mal gelobt zu werden (Tina, Theo, Rebecca, Konstantin. Anton, Dennis), zwei weitere Kinder schränken die Aussage etwas ein (Sarah und Anja); die übrigen sechs verneinen, öfters gelobt zu werden. Als Belohnungen gibt es: Süßes, Geschenke (Spielzeug), was zu essen (auch Eis) oder was zu trinken; es werden Wünsche erfüllt und Überraschungen gemacht. Demgegenüber haben die Kinder recht offen – und wie wir meinen – eher häufig über vorkommende Strafen gesprochen. Dabei lassen sich nicht immer klare Zusammenhänge zwischen Erziehungsstil und Strafverhalten der Eltern erkennen. Auffällt, dass auch Körperstrafen von den Kindern relativ häufig angegeben werden (Rebecca, Torsten, Sarah, Anton, Karsten, Dennis): „'n paar auf'n Arsch", „'n paar aufn Arsch und härter", „ene geklatscht", „einmal hinter die Ohren gehauen", „Popoklatsche", „blau gehauen". So lauten einige Antworten der Kinder, die vermuten lassen, dass sich mit körperlicher Züchtigung in manchen Familien nicht zurückgehalten wird. Ansonsten überwiegen Hausarrest und Fernsehverbot als elterliche Sanktionen; vor kommen auch Gameboy- und Fahrradverbot (Erik), den ganzen Tag auf dem Sessel sitzen bleiben müssen (Dennis), in den Ferien im Bett bleiben müssen (Anja) und in einem Fall kommt es sogar vor, dass das Abendbrot gestrichen wird (Dorothee). Auffällig ist hier, dass negative Sanktionen von den Kindern häufiger genannt werden als Belohnung und Lob.

Abgesehen von der Tatsache, dass wir es insgesamt mit Familien zu tun haben, die in eingeschränkten materiellen Verhältnissen mit den daraus resultierenden Belastungen leben, kommen in den meisten Fällen gravierende zusätzliche Probleme hinzu, die das Familienleben und die häusliche Atmosphäre belasten und somit auch Auswirkungen auf den Muße- und Regenerationsspielraum haben dürften. Neben der häuslichen Mangelsituation spielen zusätzlich vor allem Erwerbslosigkeit, Miet- und andere Schulden, soziale Isolation, Stigmatisierung, Partnerkonflikte und Gewalt in der Familie in die Eltern-Kind-Beziehung hinein, ebenso wie kindliche Belastungen durch Schulstress, soziale Isolation, Stigmatisierung, Differenzerfahrungen und gesundheitliche Probleme. Sicherlich tragen in mehreren Fällen auch dauerhafte Konflikte in den Beziehungen zwischen den Eltern dazu bei, dass die häusliche Atmosphäre von den Kindern als belastend erlebt wird (Tina, Rebecca, Theo), aber auch die von einem Kind beklagte Gleichgültigkeit eines Elternteils (Frank). Dorothee scheint ebenfalls unter der eher distanzierten Haltung ihrer Eltern zu leiden.

Deutlich wird dabei, dass die häusliche Atmosphäre – und damit auch der Muße- und Regenerationsspielraum – dadurch spürbar beeinträchtigt werden dürfte, da die Bewältigung der Probleme u. E. erhebliche materielle und immaterielle bzw. psychosoziale Ressourcen beansprucht. Als familiäre Belastungsfaktoren kristallisieren sich vor allem zwei Problemkomplexe heraus: Die existenzielle Verunsicherung der Erwachsenen infolge ihres Erwerbsstatus und die teilweise sehr komplizierten Kindschaftsverhältnisse.

Nur in wenigen Fällen kann man die familiäre Situation als frei von weiteren Belastungen über die materielle Notsituation hinaus charakterisieren. Für fast alle Eltern stellt ihr *Erwerbsstatus* ein Problem dar (eine Ausnahme bildet hier Dorothees Mutter). Aber auch bei vielen der Väter lässt sich sagen, dass die Nachwendezeit für sie zu einer nachhaltigen und anhaltenden beruflichen Verunsicherung ihrer Lebensbiografien geführt hat. Häufig stellen Maßnahmekarrieren, unsichere und rasch wechselnde Beschäftigungen, öfters auch prekäre Beschäftigungen (Theo, Dennis, Frank, Rebecca, Anja) die einzige Chance für die Betroffenen dar. Dies gilt ebenfalls für viele der Mütter, insbesondere für die allein Erziehenden. Für die meisten Frauen ist das Festhalten an der Erwerbsarbeit kennzeichnend – nach unserer Einschätzung eine Ostspezifik, die durch die Wahrnehmung der Erwerbslosigkeit und das Erleben der nachhaltig verunsicherten Lebensperspektive geprägt ist. Antons Mutter hält angesichts der Arbeitsmarktlage sogar an einer Vollzeitstelle fest, die ihr seit einigen Monaten Schichtarbeit – auch am Wochenende – aufnötigt und ihr materiell – im Vergleich zum vorher, wo sie statt dem Schichtzuschlag zum knappen Lohn ergänzend Sozialhilfe bezog – keine Vorteile bringt. Sie weiß aber, dass sie die Stelle verliert, wenn sie sich nicht anpasst.

Wie die an anderer Stelle gezeichneten Portraits der Familien erkennen lassen (siehe Kapitel 3), sind die Kindschaftsverhältnisse in vielen unserer Familien kompliziert und zeigen – nicht nur bei den allein Erziehenden – das Janusgesicht der Modernisierung von Lebensformen für die benachteiligten Kinder. Es gibt biologische Väter, die sich um ihre Kinder kümmern, wenn sie von ihnen getrennt leben, aber auch solche, die ganz aus dem Leben der Kinder verschwunden sind und manchmal nicht einmal Unterhalt zahlen (können). Es gibt andererseits neue Lebenspartner der Mütter, die die soziale Vaterrolle einnehmen und von den Kindern als Väter oder als erwachsene

Bezugspersonen akzeptiert werden. Aber selbst in den Familien, in denen die Kinder mit ihren beiden (verheirateten) Eltern leben, ist die Rolle der Väter sehr unterschiedlich: Sie reicht von unterstützend (Dorothee) und bestimmend (Karsten) bis hin zu problemverschärfend (Rebecca, Anja). Je nach Alter der Kinder und anderen Umständen kann eine solche Beziehung aber sehr spannungsreich sein, wie Theos Anschuldigungen gegen seinen Stiefvater zeigen.

Angesichts der vielfältigen Belastungen unserer Familien ist nicht verwunderlich, dass sich bei den meisten kaum ein Familienklima einstellt, bei dem das Interesse am Kind und die elterliche Anteilnahme an seinem Leben und förderliche Lebens- und Alltagsbedingungen im Vordergrund stehen. Zusammenfassend kann man sagen, dass wir in mehreren Fällen das häusliche Klima als stark belastet einschätzen. Dies steht nur scheinbar in Widerspruch zu der Tatsache, dass die meisten Kinder angegeben haben, dass sie sich zu Hause wohl fühlen. Immerhin ist für Kinder dieses Alters die Familie und das familiäre Zusammenleben der wichtigste emotionale Bezugspunkt.

C) Fazit

Insgesamt ist das familiäre Klima in manchen unserer Familien nicht nur durch die materiellen Einschränkungen, sondern auch durch zusätzliche Probleme – zum einen durch die unsichere und unstete Erwerbsperspektive und zum anderen durch schwierige familiäre Konstellationen (z. B.: komplizierte Kindschaftsverhältnisse) – belastet. Tatsache ist, dass die Kinder diese Belastungen weitgehend mitbekommen, auch wenn im Vergleich zwischen der Kinder- und Erwachsenenperspektive jeweils unterschiedliche Probleme im Vordergrund stehen.

Dass für die Kinder vor allem das elterliche Erziehungsverhalten und die Eltern-Kind-Beziehungen sowie die Auswirkungen von materieller Einschränkung auf die sozialen Kontakte im Vordergrund ihres Erlebens stehen, wird durch eine Gegenüberstellung deutlich, mit der wir ermittelt haben, in welcher Weise zusätzlich belastende Probleme von Eltern und Kindern wahrgenommen werden. Aus der Perspektive der Kinder sind dies in erster Linie Aspekte wie die Strukturlosigkeit des Alltags, dabei auch die Überforderung durch erzwungene Selbständigkeit, und in Einzelfällen das unterkühlte Familienklima sowie die fehlende elterliche Zuneigung. Des weiteren haben wir auch Kinder für die familiäre Krisen und Gewalt in der Familie im Vordergrund ihre Erlebens stehen. Manche unserer Kinder leiden aber auch eindeutig darunter, zu wenig Freundinnen und Freunde zu haben, sowie die Erfahrung von sozialer Ausgrenzung und Stigmatisierung machen zu müssen.

Demgegenüber resultieren die zusätzlichen Belastungen der Eltern – neben schwierigen familiären Konstellationen und komplexen Kindschaftsverhältnissen – in erster Linie aus den Folgen, die mit ihrem unsicheren Erwerbsstatus zusammenhängen, d. h. aus der Erwerbslosigkeit, aus der Frustration über Maßnahmekarrieren, die nicht zum Ziel führen, aus der Perspektivlosigkeit auf dem Arbeitsmarkt, aus der Unstetigkeit und Prekarität der Beschäftigungsverhältnisse sowie aus den sich daraus ergebenden materiellen Einschränkungen und Unsicherheiten, wie drohendem Wohnungsverlust, zu vielen Umzügen und Verschuldung. Daneben spielen Überforderung, soziale Isolation und Ausgrenzung sowie Beziehungsprobleme aus der Sicht von Eltern bzw. Müttern eine bedeutende Rolle. Sowohl für die Kinder wie für die Eltern/Mütter sind daher neben den materiellen Einschränkungen diese weiteren Belastungen für die Lebenslage und ihre subjektive Wahrnehmung sehr prägend. Die existenzielle Verunsicherung der Erwachsenen kann von diesen nur teilweise so bewältigt werden, dass sie nicht auch das familiäre Klima mit prägen.

Dennoch gilt es aus der Kinderperspektive Folgendes festzuhalten: Mit wenigen Ausnahmen haben alle Kinder ausgesagt, dass sie sich Zuhause wohlfühlen. Auch diesbezüglich differenzierter nach dem Familienklima befragt, überwiegen bei den Kindern die positiven Charakterisierungen. Allerdings fällt wiederum eine kleine Gruppe von Kindern durch negative Nennungen auf; es sind dies die Kinder, bei denen sich die materiellen Einschränkungen – verbunden mit sonstigen Problemkonstellationen – am deutlichsten bemerkbar machen.

Auch hinsichtlich der Erziehungsstile haben wir in unseren Familien ein breites Spektrum vertreten (sofern wir dies anhand unseres Materials einschätzen konnten). Allerdings ergibt sich hierbei eine Polarisierung:
 Auf der einen Seite haben wir eher partnerschaftliche Eltern-Kind-Beziehungen, mit ausgeprägter elterlicher Anteilnahme und Aufmerksamkeit für die Kinder. Dies trifft vor allem für die Familien zu, in denen auch die materielle Situation durch unterschiedlichste Kompensationsleistungen der Eltern bewältigt und abgefedert wird.
 Auf der anderen Seite haben wir vielfältig belastete und dadurch überforderte Familien, so dass ebenfalls die Eltern-Kindbeziehungen darunter leiden. Dies führt teilweise zu Überbehütung und gleichzeitig zu Vernachlässigung der Kinder in diesen Familien.
 Dazwischen haben wir ein breites Mittelfeld, das sich in vielerlei Hinsicht stark ausdifferenziert und auf das wir an späterer Stelle noch ausführlicher eingehen werden.

4.6 Gestaltungs- und Entscheidungsspielraum der Kinder

A) Allgemeine Bemerkungen

Der Lebenslageansatz, den wir hier verfolgen, zeichnet sich gegenüber anderen Armutskonzepten auch dadurch aus, dass er zu einer ganzheitlichen Sicht auf die Lebenssituation der Betroffenen anleitet. Das ist jedenfalls in der Ausformulierung dieses Konzeptes durch Ingeborg Nahnsen der Fall. Dies legt es nahe, bei der Betrachtung des Entscheidungs- und Dispositionsspielraumes noch einmal grundsätzlich die Frage nach den Dispositions-, Options- und Entscheidungsmöglichkeiten der Kinder zu stellen. Damit soll der Blick darauf gelenkt werden, in welcher Weise die Folgewirkungen von Armut und Benachteiligung die Gestaltungsmöglichkeiten der Kinder beeinflussen, d. h. inwiefern sie im Vergleich zu Kindern in anderer Lebenslage Einschränkungen erfahren. Unweigerlich wird sich dadurch unser Blick verschärft auf Einschränkungen und Begrenzungen konzentrieren, die diese Kinder auf Grund ihrer benachteiligten Lebenslage erfahren; dennoch dürfen die vielfältigen Stärken und Potentiale, die diese Kinder bei der Bewältigung ihrer Lebenslage mobilisieren, nicht aus dem Blick geraten.

Andretta (1991) definiert den Entscheidungs- und Dispositionsspielraum als die mögliche Einflussnahme von Individuen auf die gesellschaftlichen Prozesse, um wichtige Interessen entfalten und realisieren zu können. Wir haben dies – bezogen auf die Kinder – als Möglichkeit interpretiert, die eigenen Interessen und Wahlmöglichkeiten (auch gegenüber Erwachsenen) zu verfolgen. Insofern geht es hierbei um kindliche Autonomie, um Partizipations- und Gestaltungsmöglichkeiten der Kinder in ihrem Alltag und in ihren Sozialisationsumwelten.

Wie bei allen Spielräumen sind diesbezüglich in erster Linie die materiellen (familiären) Rahmenbedingungen zu berücksichtigen, d. h. inwiefern diese Gestaltungs- und Optionsmöglichkeiten zulassen oder einschränken. Aus der Perspektive der Kinder spielt hierfür jedoch auch das intergenerative Verhältnis (oder Machtgefälle) eine entscheidende Rolle. So liegt es auf der Hand, dass Kinder beispielsweise bei einem verhandlungsorientierten Erziehungsstil der Eltern/Erziehungsberechtigten eher eigene Gestaltungsmöglichkeiten wahrnehmen können als bei Vorherrschen eines sogenannten „Befehlshaushaltes". Es gilt also zu fragen, wie weitgehend kindliche Dispositionsspielräume durch elterliche Erziehungsstile gefördert oder eingeengt werden. Allerdings kann auch die elterliche Autonomie durch die materiellen Rahmenbedingungen und vielfältige Belastungen erheblich eingeschränkt sein!

Es gibt materielle Faktoren in der Lebenslage der Familie, in der Struktur von Netzwerken, in den familialen Kompensationsmöglichkeiten, in der Umwelt des einzelnen Kindes (Stadt/Land/Umfeld) sowie im Milieu der Eltern (Bildung, Ermöglichung, Erziehungsstil), die hier zusammenfassend zu interpretieren sind. Daneben gibt es sicherlich auch personale Faktoren, die an der Persönlichkeit der Kinder festzumachen wären; diese konnten in unserem Forschungskontext jedoch nicht Gegenstand der Untersuchung sein. Unsere zentrale Fragestellung lautet in diesem Abschnitt: Inwieweit können Kinder der untersuchten Altersstufe in der Gestaltung ihrer Lebenslage eine relative Unabhängigkeit von den Eltern gewinnen? Und inwiefern gelingt dies auch unseren Kindern?

In der Auswertung dieses übergreifenden Spielräume-Aspektes geht es also auch um die Strukturierung von Kindheit innerhalb des Generationenverhältnisses, das sich als Spannungsverhältnis von (kindlicher) Abhängigkeit und (relativer) Autonomie darstellt. Die zusammenfassende Interpretation kindlicher Spielräume darf daher nicht nur die einzelnen Spielräume und die in ihnen gegebenen Handlungsmöglichkeiten betrachten, sondern muss immer auch die Bezogenheit auf das Generationenverhältnis mit seinen Institutionen Familie, Schule, Tagesbetreuung berücksichtigen; diese Bezogenheit gibt den Kindern Strukturierungs- und Entwicklungsanforderungen vor. Diese Sozialisationsinstanzen prägen auch die Teilhabemöglichkeiten der Kinder und strukturieren zugleich ihre Handlungsmöglichkeiten, d. h. sie können sie erweitern oder restringieren.

Ob bzw. inwieweit unsere Kinder in der Lage sind, vergleichsweise eigenständige Gestaltungsmöglichkeiten aufzubauen, ist nicht nur für ihre aktuelle Einbindung und Ausgestaltung ihres Kinderlebens von Bedeutung, sondern ist zugleich auch von entscheidender Relevanz für ihre Zukunftschancen. Ihre aktuelle Einschränkung oder Benachteiligung in zentralen Lebenslagebereichen, und somit in Bereichen des Aufwachsens und Aneignens bedeutet nicht nur aktuelle Begrenzungen, sondern hat absehbare zukünftige Folgen für den Platzierungsprozess in der Gesellschaft, so z. B. durch die Zertifizierung und Positionierung im Schulsystem.

Die Gestaltungs- und Optionsmöglichkeiten unserer Kinder lassen sich unseres Erachtens am besten heraus arbeiten, indem wir die einzelnen Lebenslagedimensionen noch einmal in einer Gesamtschau betrachten (bezogen auf die verschiedenen Lebenswelten). Erkenntnisleitende Fragen sind folglich:

- Wie weitgehend haben die Kinder in den einzelnen Spielraum-Ebenen Gestaltungsmöglichkeiten?
- Wie weitgehend sind diese durch die materiellen Rahmenbedingungen eingeschränkt?
- Können die Kinder beispielsweise ihre Kontakte und Kooperationen selbst gestalten? Welche Optionsmöglichkeiten haben sie dabei?
- Inwieweit können sie ihre Lern- und Erfahrungsmöglichkeiten den eigenen Interessen und Neigungen entsprechend nutzen? Dasselbe gilt für den Muße- und Regenerationsspielraum.

- Welche Ressourcen stehen den Kindern zur Verfügung und welche (Bewältigungs-)Potentiale entwickeln sie selbst?

Letztlich lässt sich die Beschaffenheit des Entscheidungs- und Dispositionsspielraumes wohl nur – bezogen auf die einzelnen Fälle – als Resümee und Einschätzung der Gesamtlebenslage beantworten. Festzuhalten gilt es, dass diesbezüglich nicht nur die materiellen und immateriellen Einschränkungen mit all ihren Folgewirkungen zu diskutieren sind. Es geht vielmehr, in einem weiteren Sinne, auch um die gesellschaftliche Stellung des Kindes mit seinen Rechten, die nicht nur die intergenerative Eltern-Kind-Beziehung tangieren, sondern ebenso in allen anderen kindlichen Lebenswelten als strukturierendes Prinzip zum Ausdruck kommen.

Da es in diesem Teil der Auswertung darum geht, die Beschaffenheit der Spielräume zu beschreiben, d. h. aufzuzeigen, ob und in welcher Weise diese durch die Armutslage der Familien restringiert sind, ist unser Blick in diesem Zusammenhang stärker auf die Einschränkungen gerichtet. Wie die Kinder und Familien mit ihrer jeweiligen Situation umgehen, welche Potentiale und Ressourcen sie dabei entwickeln, werden wir in der Auseinandersetzung mit den Bewältigungsformen erörtern (vgl. Kapitel 5).

B) Auswertungsergebnisse in ganzheitlicher Perspektive

Dies ist sicherlich der am schwierigsten zu erörternde Spielraum – wir haben eine Reihe von Fragen an die Kinder gestellt, die Rückschlüsse auf die elterlichen Erziehungsstile zulassen und die uns einen Einblick vermitteln konnten, in welche Richtung kindliche Veränderungs- und Gestaltungswünsche gehen: z. B. in bezug auf die Nutzung der Wohnung oder des Wohnumfeldes, ob sie Wahlmöglichkeiten beim Essen haben, ob ihre Wünsche bezüglich der Kleidung gehört werden, ob ihre Meinung gefragt ist, in welcher Weise sie ihre sozialen Beziehungen gestalten können usw.

Über Spielräume in ihrem Alltag zu verfügen, heißt für Kinder nicht nur, Entscheidungen über ihr Alltagsleben und ihr Kinderleben zu treffen, sondern immer auch, über Aneignungschancen zu verfügen und Entwicklungsaufgaben bewältigen zu können. Familiale Armutsbetroffenheit führt in vielen Fällen offensichtlich dazu, dass die kindlichen Spielräume – verglichen mit Gleichaltrigen in besserer Lebenslage – anders zugeschnitten und enger sind, weniger Gestaltungsmöglichkeiten bieten und somit insgesamt dem Kompetenzerwerb in vielfältigen Lebensbereichen hinderlich sind. Bei Kindern geht es also nicht nur um Gestaltungs- und Wahlmöglichkeiten (wie bei Erwachsenen), sondern immer auch um den Entwicklungsaspekt.

Beginnen wir mit dem *Versorgungsspielraum*: Diesbezüglich sind Kinder stark auf die Erwachsenen verwiesen; in dem von uns betrachteten Alter können Kinder wohl ihre Wünsche äußern und beeinflussen generell das Konsumverhalten von Familien, wie entsprechende Studien zeigen. Auch unsere Kinder versuchen das natürlich in unterschiedlicher Weise und unterschiedlicher Intensität; dabei haben für sie die verschiedenen Versorgungsbereiche unterschiedliches Gewicht.

Hinsichtlich der Ernährung äußern sich die Kinder eher zurückhaltend; zudem entzieht sich der eher „objektive" und funktionale Aspekt von Ernährung weitgehend der kindlichen Anschauung und Wahrnehmung, da Kinder unserer Altersgruppe in aller Regel kein ausgeprägtes Verständnis von einer gesunden und ausgewogenen Ernährung haben.

Kinder nehmen diesbezügliche Versorgungsengpässe und Notlagen wohl als Einschränkungen ihrer Wahlmöglichkeiten wahr, wenn ihnen z. B. das geliebte Eis oder Ähnliches vorenthalten wird. In den Fällen, in denen die Einkommenssituation der Familie ungefiltert auf die Ernährung der Kinder durchschlägt – wird dies allerdings auch so wahrgenommen und artikuliert. Betroffen ist jedoch häufiger die Regelmäßigkeit der Mahlzeiten und die Einbindung in einen strukturierten Tagesablauf, der den Kindern einen Rahmen von Alltagsstruktur vorgeben könnte. Unregelmäßigkeiten finden sich beim Frühstück und Pausenbrot und teilweise auch beim Mittagessen; einige Familien bringen das Geld für das Schulmittagessen nicht auf. Diesbezüglich haben sich die Kinder, bei denen Probleme erkennbar waren, eher indirekt, zurückhaltend oder ausweichend geäußert, z. B.: dass ihnen das Essen in der Schule nicht schmeckt, oder dass sie das Pausenbrot bzw. das Geld für den Schulkakao vergessen haben. Dennoch war bei einigen Kindern erkennbar, dass wir mit unseren diesbezüglichen Fragen einen sensiblen Bereich tangiert haben.

Insgesamt kann man sagen, dass die materielle Lage einiger Familien dazu führt, dass sie bestimmte Grundfunktionen – wie die Gewährleistung einer Grundversorgung mit Nahrung einerseits, deren Einbindung in eine Alltagsstruktur andererseits – nicht mehr voll (oder nur eingeschränkt) wahrnehmen können; dies ist oft selbst dann der Fall, wenn die Eltern erklärtermaßen die Auswirkungen der Armutssituation von den Kindern fernhalten wollen.

Häufiger oder für sie bewusst wahrnehmbarer als bei der Ernährung müssen unsere Kinder in der Kleiderfrage erfahren, dass sie unerfüllbare Wünsche haben. Etwa die Hälfte der Kinder äußert dies explizit und sie tun dies, obwohl die Mehrzahl der Eltern mit unterschiedlichen Strategien – Sparen, gefälschter Markenkleidung, Rückgriff auf Verwandte usw. – versucht, zumindest einige der gewünschten Kleidungsstücke verfügbar zu machen. Erstaunlich ist ferner, dass die Kinder diesbezüglich Wünsche bzw. Differenzerfahrungen äußern, obgleich viele kommunikativ in die elterlichen Sparstrategien eingebunden sind und sich damit einverstanden zeigen. Dies hat sicherlich auch mit der kinderkulturellen Aufladung von Kleidung zu tun – d. h. dass bestimmte Kleidungsstücke eben „in" sind – und mit der davon ausgehenden Auswirkung auf die soziale Integration der Kinder. Die Kinder dürften dies als inneren Zwiespalt und entsprechende psychische Belastung erfahren. So kann man wohl sagen, dass die meisten unserer Kinder in diesem Bereich Einschränkungen hinnehmen müssen, wobei sich diese weniger auf funktionale Aspekte von Kleidung beziehen.

Besonders deutlich nehmen die Kinder das Fehlen von Selbstgestaltungsmöglichkeiten im Wohnbereich wahr und bringen dies in ihren Antworten deutlich zum Ausdruck. Dies bezieht sich vor allem auf ein fehlendes Kinderzimmer oder darauf, kein Zimmer für sich allein zu haben. Die gemeinsame Zimmernutzung wird von den Kindern teilweise als Konfliktpotential erlebt; dies kann sicherlich teilweise zu einem angespannteren Tagesablauf in den Familien und zwischen den Geschwistern führen. Wir haben die Enge der Wohnung und das häufig nicht vorhandene eigene Kinderzimmer als Einschränkung der Muße- und Regenerationsmöglichkeiten der Kinder gedeutet. Darüber hinaus spielen auch andere funktionale Aspekte für die Kinder eine Rolle. Einige Kinder können in ihrer Wohnung nicht ungestört lernen oder Hausaufgaben machen. Aber auch andere Bereiche der Selbstgestaltung und der sozialen Integration ins Gleichaltrigenmilieu sind von der Wohnungsenge vieler unserer Familien betroffen. So ist die Möglichkeit, im Kinderzimmer oder in der Wohnung mit anderen Kindern zu spielen oder sie bei sich übernachten zu lassen, bei einigen Kindern nicht wunschgemäß gegeben.

Insgesamt fällt im Bereich Wohnen auf, dass die Kinder sehr eindeutig und vergleichsweise bewusst die zahlreichen Einschränkungen ihrer alltäglichen Gestaltungschancen wahrnehmen, und dass sie dies auf den verschiedenen Ebenen konkret benennen können. Einige Kinder finden im Verhältnis zur Personenzahl der Familie die Wohnung insgesamt zu klein, teils unter funktionalen (Küche und Bad müssten größer sein), teils unter personalen (Eltern sollten sich bei Streit aus dem Weg gehen können), teils unter sozialen Aspekten (Mutter braucht eigenes Zimmer). Als Umfeldbedingungen werden vor allem Spielplätze bzw. Spielmöglichkeiten draußen, aber auch Spielkameradinnen und Spielkameraden vermisst – letzteres trifft insbesondere für die Landkinder zu. Dies wirkt sich teilweise sehr einschränkend auf ihre sozialen Kontaktmöglichkeiten mit Gleichaltrigen aus, zumal in diesen Fällen meist auch die Mobilität der Kinder begrenzt ist, weil sie auf „Bringdienste" der Eltern nicht zählen können.

In Verbindung mit dem Versorgungsaspekt haben wir den familiären Umgang mit Geld thematisiert. Während den meisten Kindern wohl eine konkrete Vorstellung davon fehlt, wie viel Geld man zu einem auskömmlichen Leben braucht, haben sie real natürlich die Erfahrung gemacht, dass wenig Geld zu haben den Erwachsenen Sorgen, Probleme und Stress bereitet. Sie erleben diese Knappheit der Mittel an ihren eigenen Bedürfnissen und Wünschen. Fast alle Kinder geben an, dass die Eltern Geldsorgen und Probleme haben; nur in Ausnahmefällen wird dies von den Kindern nicht wahrgenommen, was sich meist dadurch erklärt, dass in diesen Familien der Umgang mit Geld gegenüber den Kindern tabuisiert wird. Erstaunlich ist, dass immerhin sechs Kinder ihre Familie als arm bezeichnen; drei weitere sind der Auffassung, dass die Familie wenig Geld habe, eine weitere Gruppe von drei Kindern nimmt zwar die Geldsorgen der Eltern wahr, verneint aber eine generelle Benachteiligung der Familie und zwei vermeiden eine Antwort auf diese heiklen Fragen.

Die Kinder nehmen die materiell belastete Lebenssituation der Familie jedoch häufiger wahr, als die Eltern dies glauben. Mehr als die Hälfte unserer Eltern kommunizieren die eingeschränkte finanzielle Lage der Familie aus den unterschiedlichsten Motiven – fürsorgliche Abschirmung oder eher paternalistischer Erziehungsstil – nicht mit ihren Kindern. Dennoch lassen die Kinder in der Befragung sehr wohl erkennen, dass sie die elterlichen Sorgen und Belastungen sowie die familiären Einschränkungen wahrnehmen. Es zeigt sich, dass der Einbezug der Kinder in kommunikative und bewältigende Strategien der Eltern – vor allem dann, wenn ihnen alternative Wege der Realisierung von Wünschen und Bewältigungsformen aufgezeigt werden – für diese eher entlastend und hilfreich ist als die Tabuisierung dieses Themas.

Zum Thema Geld noch ein weiterer Aspekt: Beim Taschengeld zeigen sich die Benachteiligungen unserer Kinder – im Vergleich zu ihrer Altersgruppe – in erster Linie darin, dass nur wenige überhaupt regelmäßig Taschengeld zu ihrer eigenen Verfügung erhalten. Das situative Geben von Geld an die Kinder ist offensichtlich auf die Einkommenslage der Eltern zurückzuführen; in einigen Fällen verbindet es sich mit Belohnungen. Die Kinder selbst geben aber – mit einer Ausnahme – an, dass ihnen ihr Taschengeld ausreiche. Da diese erstaunliche Aussage selbst von Kindern ohne regelmäßigen Taschengeldbezug gemacht wird, nehmen wir an, dass sie in dieser Hinsicht die Mangelsituation – die sie in anderen Bereichen des kindlichen Lebens sehr wohl konkretisieren – nicht zugeben (können). Dies kann unterschiedliche Gründe haben: Es kann sein, dass die Kinder das Verfügen über Taschengeld nicht als einen gegebenen Anspruch wahrnehmen oder dass sie gerade hierin eine Differenz zu anderen Kindern sehen, die sie nur ungern zugeben und daher zu überspielen versuchen.

Kommen wir nun zum Bereich der *Lern- und Erfahrungsmöglichkeiten* der Kinder, den wir sehr umfassend als Aneignung von kulturellem (und sozialem) Kapital verstanden haben. Das bedeutet, dass kindliches Lernen in den unterschiedlichen Sozialisationsräumen von Familie, Schule und sozialem Umfeld stattfindet. Bei Kindern unserer Altersstufe ist davon auszugehen, dass sie in ihren Aneignungsprozessen eine Vielfalt von eigenen Interessen, Fähigkeiten und Bedürfnissen zu entdecken vermögen. Für die Realisation von Aneignungsprozessen unterschiedlichster Art sind sie aber in erheblichem Maße auf Anerkennung, fördernde und unterstützende Begleitung durch Erwachsene, insbesondere durch die Eltern oder Lehrerinnen und Lehrer angewiesen. Dies gilt generell für Kinder dieser Altersstufe; in Bezug auf Kinder in benachteiligten Lebenslagen geht es vor allem darum, aufzuzeigen, welche Einschränkungen des kindlichen Lern- und Erfahrungsspielraumes durch die Lebenslage der Familie bedingt sind.

Vom elterlichen Bildungsniveau her haben – mit einer Ausnahme – alle unsere Kinder keinen bildungsbürgerlichen Hintergrund. Mehrheitlich haben die Eltern – wir wissen dies vor allem von den Müttern – mittlere Schulabschlüsse, eine Minderheit hat Hauptschulniveau. In den meisten Fällen haben die Eltern/Mütter wohl Interesse am schulischen Erfolg ihrer Kinder; nur wenige Kinder erfahren aber zu Hause eine konkrete Förderung – sei es bei der Erledigung von Hausaufgaben, sei es durch die Ermöglichung von lernfördernden Freizeitaktivitäten. So fällt beispielsweise auf, dass – abgesehen von einigen musischen und wenigen sportlichen Aktivitäten – die Palette der bildungsmäßigen Freizeitaktivitäten unserer Kinder nicht sehr groß ist. Dies gilt sowohl für die Stadt- wie für die Landkinder, für die Mädchen wie die Jungs. Nur wenige Kinder können das Freizeitangebot von privaten Vereinen oder gar gewerblichen Anbietern nutzen.

Generell gilt somit, dass der außerschulische Lern- und Erfahrungsspielraum unserer Kinder – im Vergleich zu Gleichaltrigen in anderer Lebenslage – eher eingeschränkt ist. Wir haben allerdings eine kleinere Gruppe von Kindern, die in der Lage ist – entweder gefördert durch einen Elternteil oder Netzwerkpersonen aus der Verwandtschaft oder durch Eigeninitiative – ihre Lern- und Erfahrungsräume über das unmittelbare soziale Umfeld hinaus zu erweitern bzw. institutionelle Angebote zu nutzen. Einzelbeispiele von kindlicher Eigenaktivität zeigen, dass es Kindern durchaus möglich ist, ihren Interessen und Neigungen teilweise ohne elterliche Unterstützung nachzugehen; dabei wirkt sich die elterliche Anteilnahme an dem, was die Kinder tun, in jedem Fall förderlich aus. Auch in diesem Bereich artikulieren fast alle Kinder Bedürfnisse (z. B.: ein Instrument spielen lernen, sportliche Aktivitäten betreiben zu können), die sie in der gegebenen Lage nicht realisieren können.

Wir haben in der Spielräume-Auswertung die Kinder – auf der Basis ihrer Selbsteinschätzungen – leistungsmäßig einzugruppieren versucht. Dies ist sicherlich ein problematisches Unterfangen. Uns ging es dabei weniger darum, eine Einstufung ihrer schulischen Leistungen vorzunehmen, als die Entwicklungsmöglichkeiten der Kinder in einer umfassenderen Perspektive in den Blick zu nehmen. Dabei fällt z. B. auf, dass die leistungsmäßig starken Kinder, die generell auch Spaß am Lernen haben, gleichzeitig auch vielfältige Freizeitaktivitäten entwickeln. Sie legen dabei eine gewisse Eigenständigkeit an den Tag und es gelingt ihnen auch offensichtlich, ihre außerschulischen Interessen relativ souverän zu verfolgen

Dem gegenüber fällt ins Auge, dass die leistungsmäßig als schlecht eingestuften SchülerInnen auch sonst zu den in vielerlei Hinsicht benachteiligten Kindern gehören. Allerdings lässt sich nicht generell sagen, dass deren Eltern bzw. Mütter kein Interesse am schulischen Lernerfolg dieser Kinder hätten. Es sind wohl eher die vielfältigen Belastungen und fehlende eigene Ressourcen, die den Eltern eine förderliche Unterstützung der Kinder nicht ermöglicht. Betrachtet man schulisches Lernen und die Entwicklung von Fähigkeiten durch musische, sportliche und sonstige Aktivitäten im Freizeitbereich als sich gegenseitig ergänzend, ist hier die Bedeutung von kostenlosen und niedrigschwellig zugänglichen kompensatorischen Angeboten für unsere Kinder zu betonen.

Die meisten unserer Kinder haben eine ambivalente Haltung zur Schule; dies trifft nicht nur für die leistungsmäßig schwachen oder unsicheren Schülerinnen und Schüler zu, sondern teilweise auch für die mit guten Schulleistungen. Wir haben Schule als kindliche Lebenswelt betrachtet, d. h. als Sozialisationsfeld, das die kindliche Entwicklung durch neue soziale Erfahrungen, durch neue Kontakte zu Erwachsenen und zu Gleichaltrigen, aber auch durch Leistungsanforderungen und Konkurrenzerfahrungen prägt. Neben den Gefühlen und Wahrnehmungen, inwieweit man den leistungs- und verhaltensmäßigen Anforderungen der Schule gewachsen ist, spielt der Grad der sozialen Integration sicherlich für das Wohlbefinden der Kinder in der Schule eine wichtige Rolle. Dabei fällt auf, dass es vor allem die Kinder mit sehr guten Leistungen sind, die als sozial gut in den Klassenverband integriert zu bezeichnen sind. Der größte Teil unserer Kinder bewegt sich allerdings eher in einem ambivalenten Mittelfeld: Sie geben sowohl positive als auch negative Erfahrungen im Lebensbereich Schule an. Dabei reichen die negativen Erfahrungen von ausgelacht oder gehänselt werden über „in Raufereien verwickelt zu sein", bis hin zu Ausschlusserfahrungen; positiv werden dagegen Freundschaften erlebt und das Gefühl, anerkannt und integriert zu sein. Als problematisch hat sich uns die Situation einer Gruppe von zwei bis drei Kindern dargestellt, „die auf der Schattenseite" zu stehen scheinen und die wir als sozial isoliert bezeichnen würden. An der Stelle wäre wohl anzumerken, dass die sozial isolierten Kinder gleichzeitig die Gruppe bilden, die auch sonst zu den besonders Deprivierten zählen.

Im Kontext der Lern- und Erfahrungsmöglichkeiten haben wir auch den räumlichen Aktionsradius der Kinder betrachtet. Dieser wird zum einen durch das unmittelbare Wohnumfeld bedingt, aber auch durch Freizeitaktivitäten der Kinder und ihre Mobilität (Rad, ÖPNV, elterlicher Transport). Dabei haben wir festgestellt, dass eine Erweiterung der Aktionsräume – über den obligatorischen Weg zur Schule und zum Hort sowie das unmittelbare Wohnumfeld hinaus – den Kindern vor allem durch personale Beziehungen möglich ist. Bildende Funktionen des Aktionsraums oder Sozialraumes kommen über ermöglichende Funktionen des sozialen Netzwerkes der Familie bzw. des Kindes zustande. Soziale Netzwerke der Familie, insbesondere verwandtschaftliche Netzwerke, aber auch soziale Kontakte und Freundschaften der Kinder selbst wirken sich förderlich im Sinne einer Ausweitung des kindlichen Aktionsradius aus. Im Einzelfall sind es auch institutionelle Angebote wie der Kindertreff, die den räumlichen Aktionsradius des Kindes bereichern.

Einzelnen Kindern gelingt es jedoch durch Eigeninitiative (insbesondere durch sportliche Aktivitäten bei den Jungs) ihren Aktionsradius auszuweiten. Im Vergleich zwischen Stadt und Land haben die Land(kreis)kinder durchweg weniger bzw. weniger abwechslungsreiche Aktionsräume benannt. Insbesondere bei den Landkindern fällt auf, dass ihr Aktionsradius durch fehlende soziale Kontakte eingeschränkt ist, während umgekehrt wiederum durch fehlende (eltern-unabhängige) Mobilität auch die Möglichkeit für soziale Kontakte begrenzt ist.

Wie viel Gestaltungsspielraum haben die Kinder hinsichtlich ihrer *sozialen Kontakte*? Charakter, Grad und Intensität sozialer Kontakte zu Erwachsenen und insbesondere zu Gleichaltrigen haben im Sozialisationsprozess von Kindern einen sehr hohen Stellenwert. Wir sind insgesamt von einer erheblichen Bedeutung der Gleichaltrigenbeziehungen für die Kinder und ihre Lebenslage ausgegangen, da in den Gleichaltrigenbeziehungen ein in der mittleren Kindheit wesentlicher Teil der Identitätsentwicklung, der sozialen Integration und des sozialen Lernens vollzogen wird. Zudem haben Gleichaltrigenbeziehungen einen wichtigen Anteil bei der Alltagsgestaltung der Kinder, für Spiel, Freizeit und Interessenverfolgung. Sie können die Kinder in ihren Entwicklungsaufgaben unterstützen und fördern, und wir gehen davon aus, dass sie bei der Bewältigung von Benachteiligung für die Kinder eine wichtige Rolle spielen können.

Insgesamt lässt sich auch diesbezüglich – mit den entsprechenden Differenzierungen – eine Interdependenz zwischen dem *Kontakt- und Kooperationsspielraum* und der Verfügbarkeit von finanziellen und materiellen Mitteln konstatieren. Das familiäre Netzwerk kann unter bestimmten Bedingungen vielfältige positive Funktionen sowohl für die materielle wie die soziale und bildungsbezogene Lebenslage der Kinder ausüben, die ihren unmittelbaren Handlungsspielraum sowie mittelbar ihren Entwicklungshorizont in vieler Hinsicht erweitern. Dies bewirkt für die Kinder selbst eine unmittelbare Spielraumerweiterung, da ihnen nicht nur eine Kompensation für die materiellen Einschränkungen, sondern auch eine größere Autonomie gegenüber der Lebenslage der (engeren) Familie geboten wird. Freilich ist diese Wirkung von Netzwerken als ambivalent einzuschätzen, denn nur ein Teil unserer Kinder profitiert davon, bei einem anderen Teil sind die Netzwerke entweder kaum vorhanden oder wenig zu unterstützenden oder kompensatorischen Wirkungen in der Lage. Dies polarisiert gleichsam die Lebenslagen unserer Kinder sekundär.

Bei der Betrachtung der Netzwerke hat sich gezeigt, dass zwischen elterlichen und kindlichen Netzwerken in Bezug auf Größe, Dichte und Inhalt zu unterscheiden ist. So verfügt zwar ein großer Teil unserer Eltern, vor allem die allein Erziehenden, nur über einen vergleichsweise kleinen Freundschafts- und Verwandtenkreis, aber nur ein Teil der betroffenen Kinder erscheint uns als sozial isoliert. Umgekehrt kommen bei den Eltern mit großem Freundes- und Bekanntenkreis dessen Unterstützungspotentiale nicht unbedingt auch den Kindern zugute. Bei den Eltern, die infolge von Erwerbslosigkeit oder durch Umzug ihren Freundes- und Bekanntenkreis verloren haben, scheint dies eher auf die Kinder durchzuschlagen.

Bei jenen Kindern, die in ihrem Kontaktverhalten und ihren Kontaktmöglichkeiten nicht oder wenig durch die materielle Situation negativ beeinflusst erscheinen, kommen mehrere Faktoren zusammen, die ihnen einen relativen Handlungsspielraum eröffnen. Einmal ist es ein intensives Verwandtschaftsnetz, das vieles auszugleichen vermag; hierfür spielen vor allem mehrere und unterschiedliche Unterstützungspersonen eine Rolle (Großeltern, getrennt lebende Väter, erwachsene Geschwister). Ein ausgeprägtes Interesse der Eltern oder auch der weiteren Bezugspersonen an der Unterstützung kindlicher Kontakte und Aktivitäten kommt in einigen Fällen hinzu, des weiteren regelmäßige organisierte oder informelle Aktivitäten der Kinder mit eigenständigem Anregungs- und Förderungsgehalt. Einige Kinder können durch verwandtschaftliche Kontakte ihre in Schule und Nachbarschaft fehlenden Gleichaltrigenkontakte ein wenig ausgleichen, sie bleiben dabei allerdings auf ihre Mütter angewiesen, weil sie diese Kontakte nur mit mütterlicher Begleitung realisieren können.

Kindliche Gleichaltrigenbeziehungen haben gleichsam materielle Voraussetzungen: Neben der Schule und dem Hort, wo sie institutionalisiert sind, setzen sie sozialräumliche Bedingungen des Aufwachsens von Familien voraus, die bei einigen unserer Kindern nicht oder nur eingeschränkt gegeben sind. So sind einige unserer Landkinder durch die abgelegene oder ungünstige Lage der elterlichen Wohnung oder des Elternhauses, aber auch einige Stadtkinder durch das Fehlen von Gleichaltrigen im unmittelbaren Wohnumfeld daran gehindert, in Wohnnähe Spielkameradinnen und Spielkameraden zu finden. Diese Kinder bleiben so stärker auf die elterliche Hilfe und Unterstützung bezüglich ihrer Gleichaltrigenkontakte angewiesen. Bei den Landkindern sind den Eltern oft die erforderlichen Transportleistungen nicht möglich, bei den Stadtkindern fehlt manchmal das soziale Netzwerk. Außerdem scheint in manchen Fällen auch die elterliche Motivation zu fehlen, ihre Kinder bei der Aufnahme und Ermöglichung von Gleichaltrigenkontakten zu unterstützen. Von einem anderen Teil der Eltern werden die Gleichaltrigenkontakte ihrer Kinder aus Scham eingeschränkt oder bei Kindergeburtstagen wegen der damit verbundenen Aufwendungen gescheut. Diese Kinder haben es eindeutig schwerer sozialen Anschluss zu finden und werden von den Gleichaltrigen ebenfalls eher außen vor gelassen (z. B.: nicht eingeladen).

Wir haben die Kinder bezogen auf ihre Gleichaltrigenbeziehungen in drei Gruppen unterteilt: Bei den wenigen Kindern mit einem großen und dichten Beziehungsnetz verbindet sich soziale Integration in Schule und Nachbarschaft oft mit weiteren lebensweltlichen Schwerpunkten, mit einer Teilnahme an organisierten Aktivitäten, vor allem im Freizeitbereich und in den Ferien. Hinzukommen ermöglichende Eltern- oder Verwandtenbeziehungen sowie fördernde Anteilnahme. Für die Kinder mit einem mittleren Beziehungsnetz scheinen vielfältige Belastungen im Kinderleben eine vergleichsweise größere Rolle zu spielen, so Elternkonflikte, Trennungen, Gewalt in der Familie, aber auch Schulstress, Stigmatisierungs- und Ablehnungserfahrungen unter Gleichaltrigen. Bezogen auf die sozial eher isolierten Kinder spielen einerseits Umzüge, aber auch elterliche Überforderung oder Unfähigkeit zur sozialen Förderung der Kinder eine Rolle, mit der Folge dass diese Kinder kaum Anschluss an Gleichaltrige finden. Die Erfahrung von Ablehnung durch Gleichaltrige – Hänseleien, Streit, Auslachen – machen Kinder aller drei Gruppen, doch verfügen sie jeweils über abgestufte Ressourcen und unterschiedliche Möglichkeiten, diese Erfahrung zu verarbeiten.

Zusammenfassend lässt sich bei der Mehrzahl der Kinder wohl von einem kindlichen Handlungsspielraum in Bezug auf ihre sozialen Kontakte sprechen. Vor allem bei den integrierten Kindern wird eine vergleichsweise selbständige Form des Kinderlebens mit vielfältigen Inhalten und Ebenen möglich. Bei der mittleren Gruppe ist dies teilweise auch zu erkennen. Die Gruppe der sozial eher isolierten Kinder bleibt stärker an die eher kleinen Sozial- und Handlungsräume ihrer Eltern gebunden.

Beim *Muße- und Regenerationsspielraum* sind wir davon ausgegangen, dass die Kinder auf entsprechende Unterstützungsleistungen der Familie angewiesen sind. Für unsere Kinder machen sich diesbezüglich sowohl die räumlichen Einschränkungen als auch die häufig mehrfach belastete familiäre Situation bemerkbar. Allerdings findet kindliche Muße und Regeneration auch in sozialen Räumen und in Bereichen statt, die sich Kinder dieser Entwicklungsstufe selbst erschließen können. Wir haben Kinder im Grundschulalter untersucht, d. h. in einer Entwicklungsphase, in der sie vor allem durch die Anforderungen der Schule häufig unter Stress stehen. Geht man von gegebenen Normalitätsstandards in unserer Gesellschaft aus, so haben Kinder in diesem Alter ein eigenes Zimmer und damit eine Rückzugsmöglichkeit, die ihnen Raum für unterschiedlichste, selbstbestimmte Aktivitäten und eigene Gestaltungsmöglichkeiten bietet. Dies ist bei unseren Kindern in der Mehrzahl nicht der Fall.

nur fünf von ihnen verfügen über ein eigenes Kinderzimmer. Insgesamt überwiegt bei unseren Kindern das Gefühl von wohnungsmäßiger Enge; so wünschen sie sich nicht nur ein eigenes Zimmer für sich, sondern teilweise auch für die Erwachsenen (z. B. die Mutter); mehr als die Hälfte der Kinder gibt explizit an, dass sie sich eine größere Wohnung wünschen.

Nun wäre es sicherlich verkürzt, würde man die Muße- und Regenerationsmöglichkeiten der Kinder zu sehr an räumliche Rückzugsmöglichkeiten gebunden sehen. Kindliche Regeneration erfordert sicherlich nicht nur Ruhe, sondern gerade – als Ausgleich zur schulischen Disziplin (stillsitzen und sich konzentrieren müssen) – auch Bewegungsmöglichkeiten (z. B. herumtoben) und freies Spiel. Neben den mehr oder weniger beengten Wohnverhältnissen ist in dieser Hinsicht das gesamte Wohnumfeld aus der Kinderperspektive zu betrachten.

Was das mehr oder weniger kinderfreundliche Wohnumfeld betrifft, gilt es sicherlich Differenzen zwischen Stadt und Land zu berücksichtigen. Allerdings ist nicht davon auszugehen, dass die Landkinder ihr Wohnumfeld in jedem Fall als kindgerechter erleben. So sind es ausgerechnet vier Landkinder, die angeben, dass sie ihre Wohnumgebung nicht schön finden. Offensichtlich hat die soziale Situation – z. B. Konflikt mit der Nachbarschaft oder die soziale Isolation auch Auswirkungen auf die Nutzung des Wohnumfeldes; vor allem aber wirken sich die fehlenden sozialen Kontaktmöglichkeiten der Kinder, das Fehlen von Spielkameradschaften und Freundschaften auf die kindlichen Nutzungsmöglichkeiten des Wohnumfeldes aus. Demgegenüber mag das städtische Wohnumfeld zunächst weniger kinderfreundlich wirken. Dennoch vermögen die Kinder dieses für ihr Spiel durchaus zu nutzen, seien es die Straßenzüge im Neubaugebiet oder die Spielplätze, auch wenn diese für unsere Kinder häufig nicht attraktiv ausgestattet sind.

Wir sind ferner davon ausgegangen, dass Kinder in der von uns untersuchten Entwicklungsstufe in ihrer Alltagsgestaltung auf elterliche Unterstützung und auf Verlässlichkeit angewiesen sind. Grundsätzlich haben wir festgestellt, dass die Tagesabläufe in den Familien sehr unterschiedlich sind, es aber doch gemeinsame Merkmale gibt. Insgesamt scheint der Alltag in den Familien sehr heterogen strukturiert zu sein (infolge unterschiedlicher familiärer und erwerbsmäßiger Konstellationen). Allerdings haben wir – in der Gesamteinschätzung – wiederum eine kleinere Gruppe von Kindern, deren Alltag wenig strukturiert ist, die eher auf sich gestellt sind und die dadurch teilweise überfordert sein dürften. Allerdings fallen einzelne Kinder auf, die ein höherer Grad an Selbständigkeit nicht zu überfordern scheint.

Muße und Regeneration realisiert sich insbesondere auch in entspannenden (kindbezogenen) Freizeitaktivitäten wie gemeinsamen Wochenenden und Urlauben. Wir wollten daher auch in Erfahrung bringen, inwieweit Muße und Regeneration der Kinder in Familienritualen und gemeinsamen Aktivitäten, in der Pflege von familialer Kommunikation und familialen Beziehungen gezielt gefördert wird. Die meisten Kinder nennen unterschiedliche gemeinsame Freizeitaktivitäten – nur eine kleine Gruppe benennt hierbei keine kindspezifischen Aktivitäten, zwei führen nur das gemeinsame Fernsehen an. Eine Minderheit von Kindern fällt dadurch auf, dass ihre Wochenenden ziemlich ereignislos ablaufen. Von gemeinsamen – vor allem auch kindbezogenen – Unternehmungen berichten dagegen vor allem die Kinder, die wir auch sonst für die weniger benachteiligten halten.

Insgesamt ist das familiäre Klima in manchen unserer Familien nicht nur durch die materiellen Einschränkungen, sondern auch durch zusätzliche Probleme – die zum einen durch die unsichere und unstete Erwerbsperspektive und zum anderen durch schwierige familiäre Konstellationen bedingt sind – belastet. Tatsache ist, dass die Kinder diese Belastungen weitgehend mitbekommen, obwohl im Vergleich zwischen der Kinder- und Erwachsenenperspektive jeweils unterschiedliche Probleme im Vordergrund stehen.

Fast alle Kinder geben an, dass sie sich zu Hause und in der Familie wohlfühlen; nur wenige Kinder äußern diesbezüglich Ambivalenzen, die unterschiedlich begründet sein mögen. Für die Kinder ist das Familienklima natürlich sehr stark durch den elterlichen Erziehungsstil und das damit mit geprägte Eltern-Kind-Verhältnis bestimmt. Dabei haben wir in bezug auf die Erziehungsstile ein breites Spektrum vorgefunden, das von eher partnerschaftlich, über teils partnerschaftlich und eher traditionell-autoritär bis hin zu beinahe lieblos und sogar teilweise vernachlässigend reicht. Auch hier wiederum lässt sich eine Dreiteilung vornehmen, bei der wir die deprivierten Kinder als vernachlässigte auf dem einen Pol und die von der Armutslage weniger oder kaum beeinträchtigten Kinder als partnerschaftlich erzogene auf dem anderen Pol wiederfinden und dazwischen das eher heterogene Mittelfeld.

Dass für die Kinder vor allem das elterliche Erziehungsverhalten und die Eltern-Kind-Beziehungen sowie befriedigende Gleichaltrigenkontakte im Vordergrund ihres Erlebens stehen, wird durch die Gegenüberstellung der zusätzlich belastenden Probleme deutlich. Aus der Perspektive der Kinder sind dies in erster Linie Aspekte wie eine Strukturlosigkeit des Alltags, Überforderung, erzwungene Selbständigkeit, ein unterkühltes Familienklima, zu wenig Anregung und Förderung durch die Eltern, fehlende Zuneigung, familiäre Krisen und Gewalt in der Familie, aber auch Aspekte wie zu wenig Freundinnen und Freunde, soziale Ausgrenzung und Stigmatisierung. Dies sind die Probleme, die von den Kindern neben den materiellen Einschränkungen benannt werden. Sowohl aus der Perspektive der Eltern als auch aus der Perspektive der Kinder sind daher – neben den materiellen Einschränkungen – diese weiteren Belastungen für die Lebenslage und ihre subjektive Wahrnehmung sehr prägend.

C) Fazit der Spielräume-Auswertung

Wir möchten abschließend unsere aus der Spielräume-Auswertung gewonnenen Erkenntnisse zur Lebenslage der Kinder wie folgt thesenhaft formulieren:

- Kinder sind für die Gestaltung ihrer Lebenslage in starkem Maße auf die familiären Ressourcen angewiesen; dies gilt in besonderem Maße für die materiellen, aber auch für die sozialen und kulturellen Ressourcen.

- Neben dem Aspekt, welche Ressourcen gesamtfamiliär vorhanden und zugänglich sind, ist zu berücksichtigen, wie die erwachsenen Familienmitglieder damit umgehen und welche Prioritäten sie bei der Nutzung der Ressourcen und deren innerfamiliarer Ver- bzw. Zuteilung setzen.

- Die Auswertung der vorangegangenen Spielräume zeigt, dass elterliche und kindliche Armut kategorial unterschiedlich sind. Sowohl die jeweiligen Ebenen der Betroffenheit, als auch das Erleben und die Wahrnehmung, die (objektive) Rangfolge der Bereiche wie die (subjektive) Relevanz von Armutsaspekten und der Umgang damit sind empirisch unterschiedlich. Daher sind sie auch analytisch differenziert zu betrachten.

- Wir vertreten die These, dass sich innerhalb einer Familie die Lebenslagen unterschiedlich gestalten; das kann bedeuten, dass die Spielräume der einzelnen Familienmitglieder unterschiedlich beeinträchtigt bzw. gestaltbar sind, nicht zuletzt durch subjektive Gestaltungspotentiale und Bewältigungsmuster der einzelnen Mitglieder.

- Von kindlichen Handlungsspielräumen kann immer nur relational ausgegangen werden, d. h. in Bezug zu den Erwachsenen und in Bezug zu der familialen Situation. Eine entscheidende Rolle spielt dabei sicherlich das Alter der Kinder, da mit steigendem Alter einerseits die Fähigkeit der Kinder zunimmt, Autonomiespielräume nutzen zu können und ihnen andererseits von den Erwachsenen mehr Autonomie eingeräumt wird.

5. Lebenslagen und Bewältigungsstrategien – Theorie und Typologie

5.1 Elterliche Lebenslagen: Benachteiligung und Bewältigungsformen

Armut hat sich in unserer Studie als komplexe und vieldimensionale Lebenslage gezeigt, die unterschiedliche Facetten sowohl bei den Eltern wie bei den Kindern hat. Im Folgenden sollen zunächst mit Blick auf die Mütter und Väter die wichtigsten Aspekte ihrer Lebenslage betrachtet werden; dabei sollen die Strukturen ihrer Benachteiligungen und Belastungen, aber auch die Wahrnehmung und Interpretation durch die Erwachsenen sowie ihre Handlungsmöglichkeiten und Bewältigungsstrategien herausgearbeitet werden. Es zeigt sich eine strukturelle Labilität der Lebenslagen, die in den meisten Fällen auch so wahrgenommen wird. Wir unterscheiden dabei als wichtigste Bereiche die berufliche Perspektive und die damit verbundene Lebensplanung, den Sozialhilfebezug, die Familiensituation und die damit verbundenen Fragen der biografischen Lebensplanung, des Weiteren die Netzwerke, die Erziehungsstile, die Bewältigungsstrukturen im Kontext der Lebenslagen. Diese Aspekte sollen danach mit den Lebenslagen und Bewältigungsformen der Kinder verglichen werden. Wir gehen dabei von einem strukturellen Zusammenhang elterlicher und kindlicher Wahrnehmung sowie Bewältigung aus, der allerdings nicht einlinig zu sehen ist. Was kindliche Armut sei, ist unsere Forschungsfragestellung, der wir zunächst mit einem offenen Verständnis entgegentreten. Wenn wir Armut hypothetisch als zugespitzte Form kindlicher Benachteiligung sehen, sind empirisch ihre Formen und Strukturen zu klären.

Der folgende Teil 5.1 thematisiert die wichtigsten Belastungen, Ressourcen und Bewältigungsformen der Eltern. Auf dieser Basis können im nächsten Abschnitt 5.2 die Zusammenhänge mit den Belastungen, Ressourcen und Bewältigungsformen der Kinder deutlich werden.

5.1.1 Erwerbsstatus und Erwerbslosigkeit

Wir gehen bei der folgenden Betrachtung davon aus, dass sich Erwerbslosigkeit analytisch nicht mit dem Problem der Armut deckt, obgleich es Überschneidungen gibt. Die Eigenständigkeit des Problems sehen wir hauptsächlich darin begründet, dass es nicht in erster Linie das Einkommen ist, durch das sich die soziale Lage und das Bewusstsein davon bestimmt. Es handelt sich bei Erwerbslosigkeit also um ein eigenständiges Problem, das wir zunächst abgegrenzt von den anderen Dimensionen der Armut ansehen wollen. Wir betrachten Erwerbslosigkeit unter dem Aspekt, dass sie auf verschiedenen Ebenen (Identität der Erwachsenen, Rollenverteilung in der Familie, Lebensplanung der Familie usw.) in die Eltern-Kind-Beziehungen und die Kommunikation zwischen den Generationen hineinwirkt.

Für fast alle unsere Eltern stellt der Erwerbsstatus ein Problem dar. Von Erwerbslosigkeit sind biografisch bis auf zwei (Antons Mutter und Dorothees Vater) alle, aktuell die meisten unserer Familien betroffen. Der Vater von Dorothee hat nach einer Berufsausbildung die Hochschulreife nachgeholt und sich auf eine anscheinend sichere Angestelltenposition hochgearbeitet; freilich reicht das Erwerbseinkommen für die vielköpfige Familie nicht aus. Antons Mutter hat unter dem Druck des drohenden Arbeitsplatzverlustes einer Schichtarbeit zustimmen müssen, die das Familienleben und ihre erzieherischen Einflussmöglichkeiten auf ihre beiden Kinder im Schulalter erheblich beeinträchtigt. Doch ist Erwerbslosigkeit auch für die meisten derjenigen Mütter ein Thema, die derzeit nicht erwerbstätig sind. Die meisten Frauen halten, ungeachtet der Alternativrolle, die ihnen die Kinderbetreuung bietet, an Erwerbstätigkeit als Lebensperspektive fest. Zugleich verbindet sich für diese Männer und Frauen bzw. allein erziehenden Mütter mit der Erwerbslosigkeit ein grundsätzliches Wiedereinstiegsproblem, da fast alle Biografien durch berufliche Entwertungsprozesse gekennzeichnet sind.

Von den allein erziehenden Müttern sind (Antons Mutter nicht gerechnet) 4 erwerbslos gemeldet und 3 wollen nach dem Erziehungsjahr wieder eine Tätigkeit annehmen. Von wenigen Ausnahmen abgesehen, unterscheiden sich die Wahrnehmungen der Erwerbslosigkeit von Männern und Frauen auch dann nicht, wenn die Frauen durch die Notwendigkeit der (Klein-)-Kinderbetreuung eine Alternativrolle zur Erwerbstätigkeit haben.

Erwerbslosigkeit als Prozess der Dequalifizierung: Nimmt man unsere Fälle, so arbeitet kein Vater und keine Mutter gegenwärtig oder arbeitete zuletzt in dem erlernten Beruf. In ihrer Biografie haben viele unserer Eltern – und zwar auch dann, wenn sie einen vergleichsweise guten Berufsabschluss haben (10. Klasse plus Berufsausbildung auf dem Niveau der Lehre) – einen beruflichen Abstiegsprozess hinter sich, der keinem erkennbaren Ziel und keiner inhaltlichen Linie folgt. Sie haben offenbar unter dem Druck der Erwerbslosigkeit fast jede Tätigkeit annehmen müssen, die sich anbot. Eine berufliche Identität zu bewahren, so sie vorhanden war, ist offenbar seit der Wende nicht mehr möglich gewesen.

Unsere Eltern kennzeichnet – zumindest in der Mehrzahl – dass ihre berufliche Qualifikation in der Nachwendezeit entwertet worden ist. Dies gilt nicht nur für die niedrig qualifizierten Abschlüsse (8. Schuljahr und Teilfacharbeiterausbildung – wie bei 4 unserer Mütter und einem Vater), sondern auch dann, wenn sie – wie 8 unserer Mütter und 3 der Väter – über einen guten Schulabschluss und eine vollwertige abgeschlossene Berufsausbildung verfügen. Betrachtet man die erlernten Berufe dieser Gruppe (Zerspanungsfacharbeiterin, Feinoptikerin, Elektronikfacharbeiterin, Hygieneinspektorin, Maßschneider und Textilfacharbeiterin, Fernschreiberin) so zeigt sich tendenziell, dass sie an Branchen oder Betriebe vor Ort gebunden waren, die teils im Zuge des ökonomischen Übergangs verloren gegangen sind oder starken Rationalisierungsprozessen unterlagen, die mit Personalabbau verbunden waren. Vor allem unsere Mütter, die wegen der Kinder die Erwerbsarbeit aufgeben mussten, haben danach keine Möglichkeiten mehr in ihrem gelernten Beruf gehabt. Konstantins Mutter z. B. hat zwar eine relativ hohe Fachschulausbildung im Bereich der Arbeitshygiene, hat aber dennoch realisieren müssen, dass sie in ihrem erlernten Beruf nicht mehr arbeiten kann. Bei den meisten Eltern – Vätern wie Müttern – haben die beruflichen Dequalifizierungsprozesse offenbar zu einer instrumentellen Einstellung zum Beruf bzw. zur Erwerbstätigkeit geführt. Für viele andere sei hier Steffis Mutter, die neben Steffi und ihrem 5-jährigen Bruder noch ein zweijähriges Kind zu betreuen hat, zitiert. Sie verfügt über realistische Einschätzungen der Arbeitsmarktlage und der eigenen Qualifikation (sie hat nur einen Teilfacharbeiterabschluss als Möbelfacharbeiterin, den sie wohl außerhalb des Möbelwerks, in dem sie bis 1990 und dann noch einmal von 1991-1994 gearbeitet hat, nicht verwerten kann) und dies führt dazu, dass sie fast jede Tätigkeit annehmen will:

„Ich will wieder arbeiten gehen. Also ich will unbedingt wieder ins Möbelwerk zurück. Und wenn das nicht hilft, möchte ich irgendwas mit Tieren arbeiten. Entweder im Saustall oder, dafür bin ich mir nicht zu schade. Ich mach eigentlich alles. Hauptsache, es bringt mir Geld ein und ich kann wieder arbeiten gehen. Ich sage mal, fast alles" (EXIII, S.13).

Die beiden Entwicklungen – Dequalifizierung und Deberuflichung – haben bei den meisten unserer Eltern – Männern wie Frauen – dazu geführt, dass die berufliche Sicherheit und ihre Planbarkeit, die Verlässlichkeit und Berechenbarkeit beruflicher Lebenswege nachhaltig verloren gegangen ist. Den Vätern von fünf unserer Kinder (Theo, Rebecca, Anja, Frank, Karsten) ist es seit vielen Jahren (seit der Wende) nicht gelungen, wieder eine sichere, dauerhafte und die Familie ernährende Erwerbsarbeit zu erhalten. Sie sind auf prekäre Arbeitsverhältnisse verwiesen. Die Frauen haben in den meisten Fällen wegen der Kinder ihre Arbeitsstelle verloren und dadurch entsprechende Prozesse der beruflichen Entwertung hinnehmen müssen. Ihre beruflichen Biografien sind seither durch dequalifizierte Tätigkeiten gekennzeichnet, durch den Wechsel von Erwerbsarbeit, ABM-Maßnahmen und Umschulungen.. Die 47jährige Mutter von Theo (7 Jahre) sieht ihren Ausstieg durch die Geburt des Kindes gegeben, sie rechnet sich wegen ihres Alters kaum noch Chancen auf dem Arbeitsmarkt aus. Aber auch andere Mütter, die neben unseren Grundschulkindern noch weitere und auch jüngere Kinder haben, weisen eine deutlich negative berufliche Karriere auf. Sieben unserer Mütter (Tina, Theo, Torsten, Konstantin, Frank, Sarah, Steffi) haben wegen der Geburt eines Kin-

des (das ist zum Teil unser Untersuchungskind, zum Teil sind es jüngere Geschwister) ihren Arbeitsplatz aufgeben müssen oder verloren und es seitdem nicht vermocht, auf dem Arbeitsmarkt wieder Fuß zu fassen.
Wahrnehmung und Bewältigung der Erwerbslosigkeit: Von der großen Mehrheit unserer Eltern – Männern wie Frauen – wird die Erwerbslosigkeit als Bedrohung wahrgenommen, als tief reichende Verunsicherung der Lebensperspektive, der personalen Identität, der sozialen Integration. In dieser Verunsicherung macht sich die Furcht vor einem weiteren sozialen Abstieg und die eigene Ohnmächtigkeit, die Erwerbsbiografie beeinflussen zu können, bemerkbar. Die Spielräume, die sich die Erwerbslosen erhalten können, sind auf den Bedrohlichkeitsstufen unterschiedlich und reichen von der begrenzten und befristeten Selbstverwirklichung im Alltag bis zur Verzweiflung.

Im folgenden haben wir versucht, den Umgang mit der Erwerbslosigkeit nach erkennbaren Mustern zu interpretieren. Mit dieser Charakterisierung können wir kein Entwicklungsmuster darstellen, wohl aber zeigen, wie sich die Erfahrungen und die Bewältigungsformen mit der Bedrohlichkeit der Erwerbslosigkeit verändern und mit welchen personalen und sozialen Ressourcen sowie anderen sozialen Bedingungen dies zusammenhängt. Besser gerüstet sein heißt z. B., subjektive Gegengewichte zur Orientierung an formeller Erwerbsarbeit mobilisieren zu können, dabei soziale Unterstützung durch Personen zu finden, die im eigenen Leben wichtig sind, mit materiellen und immateriellen Ressourcen ausgestattet zu sein, die es erlauben, im Sinne der eigenen Orientierungen zu handeln. Das Ausmaß des Verfügens über diese Voraussetzungen und deren spezifische Ausprägung beeinflussen in starkem Maße, wie sich die Erwerbslosen mit der Gefährdung ihrer Erwerbsbiografie auseinandersetzen.

Typ 1: Der Erwerbslosigkeit werden Ressourcen und Alternativen entgegengesetzt

Hier handelt es sich um eine allein Erziehende und ein Ehepaar: die Mutter von Dennis und die Eltern von Karsten. Sie haben ihre Arbeitssuche aufgegeben. Dennis Mutter ist dabei, ihre Lebensführung auf Dauer so einzurichten, dass sie von einer bezahlten (Voll-)Erwerbstätigkeit und von Sozialleistungen unabhängig wird. Sie hat ihre Berufsausbildung abgebrochen und dann ungelernt gearbeitet. Chancen am Arbeitsmarkt werden von ihr wegen der fehlenden Qualifikation nicht mehr gesehen, sie bringt sich mit Jobs durch. Sie hat die Möglichkeit, das Haus ihrer Großmutter zu übernehmen und baut es in Eigenarbeit aus, um es für sich und Dennis bewohnbar zu machen. Mit Hilfe dieser weiteren Ressource will sie eine Unabhängigkeit gegenüber dem Arbeitsmarkt und der Sozialhilfe erreichen.

Die Erwerbslosigkeit wird von Karstens Eltern deswegen als besonders drückend erlebt, weil sich ihre Familie sonst damit abfinden müsste, für immer unter dem Diktat des Verzichts zu leben. Der Vater hat berufliche Abstiegsprozesse hinter sich und ist berufsunfähig, so dass seine Chancen auf dem Arbeitsmarkt von ihm als gering eingeschätzt werden. Doch kann Karstens Vater der Erwerbslosigkeit einige Ressourcen entgegensetzen. Er verfügt einerseits eine große soziale Einbindung in die Verwandtschaft, andererseits in die Gemeinschaft und Nachbarschaft im Dorf. Er verfügt über ein breites handwerkliches Repertoire, das er sowohl auf dem eigenen Anwesen – hier gibt es immer viel zu tun – wie im Rahmen von Nachbarschafts- und Kumpelhilfe und in der Feuerwehr einsetzt. Da dies alles nicht für einen Ausweg aus der Erwerbslosigkeit ausreicht, setzt er auf ein Projekt der Selbständigkeit. Zwar ist die kompensatorische Funktion dieser sozialen Ressourcen begrenzt, aber sie erlauben ihm doch, ein positives Gegengewicht zur Erwerbslosigkeit zu setzen, das sich auf allen Ebenen der Alltagserfahrung, der sozialen Beziehungen und des persönlichen Umgangs mit Erwerbslosigkeit auswirkt. Auch der Kinderreichtum stellt für ihn eine Identitätsstütze dar, er sieht sich als nützlich für die Gesellschaft.

Karstens Vater verfügt – sicherlich auch vor dem Hintergrund dieser Ressourcen – über ein starkes Selbstbewusstsein, das er auch im Umgang mit Behörden nutzt. Er weiß um seine Rechte, die er auch mit einem gewissen Nachdruck zu vertreten imstande ist – meist erfolgreich.

Seine Berufsbiografie ist im letzten Jahrzehnt von Wechseln und Unsicherheiten geprägt. Die Familie versuchte Anfang der 90er Jahre erfolglos, im Westen Fuß zu fassen, wo man sich beruflich bessere Chancen versprach. Er war als Kraftfahrer tätig. Wegen Krankheit und anschließender Berufsunfähigkeit musste er diese Tätigkeit -. die Familie war 1992 zurückgezogen – aufgeben und hat seitdem nur kurz eine Erwerbsarbeit gefunden. Er hat begonnen, in der nahegelegenen Kleinstadt ein Lebensmittelgeschäft zu eröffnen. Wir haben freilich den Eindruck, dass die Marktchancen für eine solche Selbständigkeit nicht günstig seien, dass Karstens Vater die Probleme unterschätzt und auf leichtsinnige Weise finanzielle Risiken eingeht (er orderte die Einrichtung für das Geschäft, bevor der Kreditvertrag abgeschlossen war). Er scheint auch vom Arbeitsamt, das ihn im Rahmen eines Existenzgründerseminars auf diese Alternative gebracht und das ihn in seinem Vorhaben begleitet hat, schlecht beraten zu sein.

Für seine soziale Identität sind dies freilich zentrale Stützen: einerseits der Kinderreichtum (wir sind nützlich für die Gesellschaft) und die Geschäftsgründung (wir sorgen für uns selbst). Wichtig für diese Identität ist auch vor allem die Kommunikation in der großen Familie, die ein Wir-Gefühl entstehen lässt, es verdichtet und der Familie einen starken Schutz gibt. Sie ist eine Familiendeutung, die auch die Kinder übernehmen.

Typ 2: Erwerbslosigkeit als Fatum

Resignation kennzeichnet die Reaktion der Mutter von Theo auf ihre langjährige Erwerbslosigkeit. Als objektive (Frau B. ist 47 Jahre alt) wie subjektiv wahrgenommene Chancenlosigkeit gewinnt die Erwerbslosigkeit die Oberhand in ihrem Leben. Ihre Hoffnung schwindet, obwohl sie zur Zeit des Interviews gerade an einer Maßnahme des Arbeitsamtes teilnimmt, die sie allerdings für nutzlos hält, da es nur eine Trainingsmaßnahme ohne Aussicht auf eine anschließende Beschäftigung ist. Ihr typisches Verhaltens- und Erlebensmuster ist Resignation, und diese Bewältigungsform ist als Produkt der Gesellschaft zu verstehen, weil deren Ordnung übermächtig und so das auf Veränderung zielende Verhalten des einzelnen unzulänglich wird. Allerdings mischt sich in ihren Versuch, den Widerspruch zwischen gesellschaftlichen Anforderungen und deren Realisierungsmöglichkeiten, zwischen objektiver und subjektiver Wirklichkeit, durch eigenes Stillhalten gleichsam „stillzustellen", auch eine aktive Komponente: Ihr Sarkasmus ermöglicht ihr, dies nach außen zu vertreten.

Die Erwerbsarbeit hat zuvor das Leben der Frau geprägt, die durch die Geburt von Theo ausgelöste Erwerbslosigkeit beendete kontinuierliche Berufsverläufe. Das Alter von 47 ist auf dem gegenwärtigen Arbeitsmarkt ein K.O.-Faktum. Die wechselhaften ABM-Karrieren der letzten Jahre haben sie erfahren lassen, dass ihr der Arbeitsmarkt verschlossen ist; ihr jüngerer Mann, Ausländer, hat anscheinend keine formale Qualifikation und kann bislang für die Familie keine ökonomische Sicherheit als Alternative einbringen. Das Alter kommt ihr in seiner Zwiespältigkeit zum Bewusstsein: Auf dem Markt bedeutet es eine Leistungsgrenze, für sie selbst angehäufte Lebens- und Arbeitserfahrung. Diese soziale Grenze hat sich erst in den letzten Jahren so verschoben, da heute als „zu alt" gilt, was zuvor das beste Arbeitsalter war. Alt sein bedeutet damit eine besondere persönliche Infragestellung. Es entwertet die berufliche Biografie und das Erfahrungswissen, es stellt eine Zuschreibung dar, der man sich durch eigenes Handeln nicht mehr entziehen kann, es wird zum Fatum, gleichwohl es dem eigenen Selbstbild und den eigenen Fähigkeiten widersprechen mag. Der Ehemann hat zudem von seiner mehrmonatigen Tätigkeit auf dem Bau bisher kein Geld nach Hause gebracht. Die Konsequenzen für Einkommen und Konsum sind hier gegenüber anderen Familien verschärft bis hin zur Not. Man muss bei den Nahrungsmitteln sparen und muss befürchten, wegen der Mietschulden aus der Wohnung gekündigt zu werden. Für die soziale Identität von Theos Mutter war die Erwerbsarbeit zentral, der Stolz auf die eigene Leistung, die Anerkennung durch KollegInnen und Vorgesetzte, das Gefühl, gebraucht zu werden; allem was sich fraglos am Status der eigenen Erwerbsarbeit bemaß, ist nun die Grundlage entzogen. Diese Verunsicherung führt in ihren sozialen Kontakten zum Vermeiden aller Themen, in denen die Erwerbslosigkeit zur Sprache kommen könnte sowie zu Strategien des Verbergens der finanziellen Notsituation.

Typ 3: Erwerbslosigkeit als Bedrohung durch Ausschluss und als Destabilisierung der Erwerbsbiografie

Im Unterschied zu Theos Mutter sind die meisten unserer Eltern aber nicht in der Lage und nicht bereit, den Wunsch und die Hoffnung nach einer Erwerbsarbeit biografisch zu verabschieden. Dies gilt sowohl für die Männer unserer Studie, für die Väter von Frank, Anja, Rebecca und Theo wie für die 4 verheirateten erwerbslosen Frauen (die Mütter von Rebecca, Anja, Karsten und Frank). Es gilt auch für einen Teil der allein Erziehenden, nämlich die Mütter von Tina, Konstantin, Sarah, Steffi. Lediglich Dennis' Mutter sucht nach einem Neuanfang, einer neuen Berufsausbildung als Alternative.

Diese Väter und Mütter sind meist mittleren Alters (um 30 Jahre) und verfügen über typische Fachqualifikationen in handwerklichen, industriellen (seltener kaufmännischen) Berufen. Ab einem bestimmten Zeitpunkt in der Erwerbsbiografie – in der Regel Betriebsschließungen oder Entlassungen wegen Beschäftigungsabbau – folgten auf den Verlust einer zuvor stabilen Beschäftigung immer kürzere Beschäftigungsphasen. Es entwickelt sich ein Wechselspiel von Beschäftigung, Nichtbeschäftigung und Maßnahmen. Die Phasen der Beschäftigung werden kürzer und zunehmend durch längere Phasen der Erwerbslosigkeit und durch Maßnahmen des Arbeitsamtes durchbrochen. In wachsendem Maße sahen sich die Erwerbslosen genötigt, weitgehende Zugeständnisse an die Arbeitsinhalte durch unterqualifizierte Beschäftigung, an die Form der Beschäftigung und die Bezahlung zu machen. Damit kam ein Prozess beruflicher Dequalifizierung und sozialen Abstiegs in Gang, dessen Ausgang gegenwärtig noch nicht absehbar ist.

Diese Gruppe reagiert auf die Erwerbslosigkeit mit einem Beharren auf Erwerbsarbeit. Die Arbeitssuche – oft um jeden Preis, d. h. unter Aufgabe der inhaltlichen und formalen Anforderungen an die Art der Arbeit und die Befriedigungen durch Arbeit – wird unter dem Druck der materiellen Not und teilweise des sozialen Umfelds weitergeführt.

Die Arbeitssuche ist mit einer weitreichenden Konzessionsbereitschaft verbunden (Qualifikation: Bereitschaft zur beruflichen Selbstherabstufung, formale Arbeitsbedingungen: bis hin zur Akzeptanz prekärer Beschäftigungen, Einkommensverluste); dies dürfte einerseits mit der niedrigen Berufsausbildung bei einigen der Frauen, andererseits mit den erlebten beruflichen Abstiegsprozessen und zum Teil mit frauenspezifischen Problemen (jung verheiratet; jüngere Kinder im Haushalt, allein erziehend) zusammenhängen. Auch die Beziehungen zum Arbeitsamt gestalten sich zwiespältig: Teils bezieht sich das auf manche Prognosen und Ratschläge, die als Nackenschläge wahrgenommen, teils auf manche Maßnahmen, die insgesamt als wenig hilfreich angesehen werden, so dass das Arbeitsamt oft als bedrohliche und ausgrenzende Institution erlebt wird, die wenig im Interesse der Arbeitssuchenden handelt.

Ein Leben ohne Erwerbsarbeit ist für diese Gruppe weder in der Vergangenheit noch in der Zukunft vorstellbar. Erwerbsarbeit stellt für sie das Zentrum für ihren persönlichen Rückhalt, ihre soziale Integration und für soziale Anerkennung dar. Der Wunsch, aus der Arbeit auch materielle Sicherheit zu gewinnen, ist dabei bereits am Bröckeln. Den Frauen gilt die Haus- und Erziehungsarbeit nicht als Entlastung, sondern ist nur als zeitlich begrenzte Auszeit hinnehmbar; oft wird sie auch von den jüngeren Müttern, die wieder Erwerbsarbeit suchen, als zusätzliche Belastung und Vereinseitigung ihrer Lebenssituation wahrgenommen.

Obwohl belastende Arbeitsbedingungen wie Montage, Schichtarbeit, Zeitdruck und schlechte Arbeitsbedingungen zu ihren Arbeitserfahrungen gehören, wird Kritik hierzu nur verhalten geäußert. Nur wenige äußern Frustration über perspektivlose Aushilfsjobs oder als sinnlos wahrgenommene Maßnahmen der Arbeitsverwaltung, die in dieser Gruppe überdurchschnittlich häufig sind. ABM-Stellen werden eher als vollwertige Tätigkeiten denn als Warteschleife wahrgenommen, die nah am Abstellgleis steht.

Die finanziellen Folgen der Erwerbslosigkeit sind erheblich, sie stellen sich durchweg als negative Belastung der Lebenssituation bis hin zur Notlage dar, so dass in allen Lebensbereichen rigorose Einsparungen vorgenommen werden müssen, bei Nahrungsmitteln, bei Freizeitgestaltung, beim Ersatz langlebiger Konsumgüter. Soziale Aktivitäten wie Vereinsleben oder Bewirtung von Freunden müssen aufgegeben werden, so dass sie „nicht mehr mithalten" und am sozialen Leben teilnehmen können. Das betrifft auch den familialen Alltag (Geschenke und Anschaffungen für die Kinder, Alltagsgestaltung, Urlaub, Reisen, Kino, Friseur) und teilweise das Familienklima.

Typ 4:   Anerkannte Alternative zur Erwerbsarbeit: Mutterschaft und Kinderbetreuung

Ein kleiner Teil unserer Mütter nimmt eine anerkannte temporäre oder dauerhafte Alternativrolle für sich in Anspruch: Eine zeitlich begrenzt gedachte Auszeit, in der sich Frauen der Erziehung der Kinder und familiären Aufgaben widmen wollen. Während bei den Frauen der anderen Typen der Rückgriff auf Kinder und Familie der Erwerbslosigkeit nicht die Schärfe nahm – also keine Alternative darstellte – trifft dies auf diese Teilgruppe zu. Für diese Sondergruppe ist kennzeichnend, dass sie vorübergehend die Arbeitssuche eingestellt hat, die finanziellen Einschränkungen erträglich (Ehepartner arbeitet: Dorothee; Krankheit der Kinder: Erik: aber viel Unterstützung durch die erwachsenen Kinder) bleiben und sie sich nicht durch das Gefühl der Nutzlosigkeit oder Langeweile belastet fühlt.

Neben diesen beiden Müttern, die eine Alternativrolle explizit beanspruchen, kann man von einigen der anderen Mütter sagen, dass sie in ihrem Umgang mit der Erwerbslosigkeit zwischen den Rollen changieren. Sie sehen die Erwerbslosigkeit nicht als „nutzlos" an. In den Zwischentönen wird aber bei den Frauen doch eine Verunsicherung bezüglich der Arbeitsmarktchancen nach der Babyphase deutlich; einige gehen einer kleinen Nebentätigkeit nach, alle melden sich beim Arbeitsamt wegen Teilzeit.

5.1.2 Armut und Sozialhilfebezug

Während es bei Erwerbslosigkeit um die Bewältigung des Nichtteilhabenkönnens an der Erwerbstätigkeit als dem in unserer Gesellschaft zentralen Integrationsmerkmal geht, steht Sozialhilfebezug für das Nichtverfügen über objektiv und subjektiv essentielle Lebensgrundlagen und Lebenschancen, verminderte oder beschnittene Zugangsmöglichkeiten zu gesellschaftlicher Teilhabe und die Abhängigkeit von Institutionen des Sozialstaats (vgl. Dietz 1997: 112; Chassé 1988: 47ff.). Armut – im Sinne von Bedürftigkeit hinsichtlich sozialstaatlicher Leistungen – bzw. Sozialhilfebezug stellt im Vergleich zur Erwerbslosigkeit einen Status minderen Rechts und verminderter Anerkennung (vgl. Marshall 1992; Kronauer 2002) dar, der von unseren Müttern und Vätern auch so wahrgenommen wird. So sind Anjas Eltern erleichtert, wieder von eigener Erwerbstätigkeit zu leben, obwohl sie dadurch keineswegs mehr Geld als im Hilfebezug haben.

Da wir in Kapitel 3.3 bereits die Wahrnehmung des Hilfebezugs beschrieben haben, sollen hier nur einige Aspekte des Status als HilfebezieherInnen angesprochen werden. Einmal versuchen wir die Anlässe zum Hilfebezug zu beschreiben, in denen die Zurückhaltung bzw. Ambivalenz der meisten unserer Eltern hinsichtlich der Inanspruchnahme deutlich wird, ihre subjektive Wahrnehmung als PendlerInnen zwischen Erwerbstätigkeit bzw. AFG-Maßnahmen einerseits und Sozialhilfe andererseits; des Weiteren versuchen wir die Problematik der Verzeitlichung, die objektive Funktion der Sozialhilfe im Kontext der elterlichen Berufsbiografie einzuschätzen sowie die Wahrnehmung der Stigmatisierung bzw. der Einschränkung bürgerlicher Rechte.

Anlässe für den Hilfebezug: Die Einstiege in den Sozialhilfebezug lassen sich meist im Kontext der Prekarisierung und Dequalifizierung der Erwerbstätigkeit, bei den Frauen zugleich im Kontext der Kindergeburt und Kinderbetreuung sehen. Sieben Mütter mussten wegen der Geburt eines Kindes ihren Arbeitsplatz aufgeben und konnten bisher trotz Zugeständnissen in Qualifikation und Bezahlung keinen Wiedereinstieg in den Arbeitsmarkt erreichen (die Mütter von Tina, Theo, Torsten, Konstantin, Sarah, Frank, Steffi). Bei den Familien – vor allem den Vätern – von Rebecca und Anja, Frank und Karsten wirkten die beruflichen Abstiegsprozesse sich dahingehend aus, dass zuletzt nur noch prekäre Arbeitsverhältnisse erreichbar waren. Die Folge waren häufige Wechsel zwischen Erwerbsarbeit und Sozialhilfebezug. Bei Karstens Eltern wurde der Wiedereinstieg in die Erwerbstätigkeit durch eine Berufsunfähigkeit des Vaters und bei der Mutter durch die niedrige Qualifikation sowie den Kinderreichtum zusätzlich erschwert; alle Versuche blieben bisher erfolglos. Zu niedriges Erwerbseinkommen der allein erziehenden Mutter führt bei Antons Familie in den Sozialhilfebezug. Bei Dorothees Eltern sind die Schulden der Auslöser für den Hilfebezug, die die Familie für den Kauf des Bauernhofes aufgenommen hat. Eine deutlich andere Einstiegsursache liegt bei Eriks Mutter vor: Sie wurde durch die Scheidung ihrer langjährigen Ehe zur Sozialhilfebezieherin.

Viele unserer Eltern berichten davon, dass sie nur auf die Intervention anderer Institutionen hin den Weg zum Sozialamt gingen; sie brauchten Unterstützung, um die Vorbehalte gegenüber einem solchen Schritt zu überwinden. Tinas Mutter bspw. wäre selbst nicht auf den Gedanken gekommen, Hilfe zu beantragen. *„Die AOK hat's mir gesagt gehabt, na ja und da bin ich halt hingegangen. ... Einfach ist es nicht, aufs Sozialamt zu gehen, muss ich ehrlich sagen"* (EI, S.6). Wenn der Kleinste (3 Jahre) in die Schule kommt, will sie wieder voll arbeiten gehen. Konstantins Mutter: *„ich war früher schon mal Sozialhilfeempfänger, also für mich ist das jetzt kein Makel... weil bei mir ist es aufgrund der Kinder"* (EVI, S.6) Anjas Eltern wären ohne das dringende Anraten des Schuldnerberaters nicht zum Sozialamt gegangen: *„sah' immer aus wie Betteln"*. Es war *„ein mulmiges Gefühl"*, aufs Amt zu gehen, aber der Druck der materiellen Notlage hat sie diese Schranke überwinden lassen. *„Weil aber, man kam ja mit seinem Geld nicht klar, von so einem bissel kann einer nicht leben und nicht sterben."* (EVIII, S.12)

Verzeitlichung: Sozialhilfebezug wird dann als legitime Leistung in bestimmten Lebensphasen angesehen, wenn in Bezug auf Erwerbslosigkeit die Alternativrolle der Kindererziehung eingenommen werden kann. Diese Rolle kann von Frauen auf Dauer oder zeitlich begrenzt, von Männern nur temporär eingenommen werden. Der Hilfebezug wird dann subjektiv verzeitlicht gesehen. Für einen Teil unserer Frauen stellt die Geburt eines jüngeren Kindes, das zur Zeit des Interviews noch im Säuglings- oder Kleinkindalter ist, einen Aufschub der Problematik des Wiedereinstiegs in die Erwerbsarbeit dar. Die Beanspruchung einer gesellschaftlich anerkannten – wenn auch sozialpolitisch nicht originär abgesicherten – Alternativrolle stellt bei den allein Erziehenden den strukturellen Konflikt zwischen Erwerbstätigkeit und Kinderbetreuung zeitweise still. Meist sind biografische Übergänge der Kinder (Kindergarten, Schuleintritt) die Markierungen für den beabsichtigten Wiedereintritt in die Erwerbstätigkeit. Die objektiven Schwierigkeiten der Frauen, einen Wiedereinstieg zu schaffen, stehen dem entgegen. Da einige Mütter nach unseren Interviewkindern noch jüngere Kinder zur Welt gebracht haben und sie als Kleinkinder noch betreuen müssen, pendeln sie auch aus diesem Grund zwischen wiederholten Perioden des Hilfebezugs. Kurze Phasen der Erwerbsarbeit oder von Maßnahmen des Arbeitsamts bringen sie zusätzlich zeitweise aus dem Hilfebezug heraus.

Im Erziehungsjahr befinden sich Dorothees, Rebeccas, Torstens, Sarahs, Franks und Steffis Mutter. Nur Dorothees Mutter möchte für längere Zeit die Hausfrauenrolle einnehmen, die meisten Mütter möchten den Hilfebezug auf die Zeit der Säuglings- und Kleinkindbetreuung beschränken. Je älter die Kinder werden und je selbstverständlicher mit dem Alter der Kinder das Angebot der Kinderbetreuung wird, desto stärker rücken bei den Frauen die Auseinandersetzung mit der gesellschaftlichen Alimentierung durch Sozialhilfe und die Versuche, wieder Erwerbsarbeit zu finden, in den Vordergrund. Sozialhilfe soll nur vorübergehend sein, sie wird in der Funktion der biografischen Ermöglichung der Kleinkinderbetreuung gesehen. Bezogen darauf ist sie eine legitime Leistung. Aber die Ambivalenz der Sozialhilfe tritt stärker in den Blick dieser Mütter. Torstens Mutter (1½-jährige Tochter): *„Also zwei Jahre (Sozialhilfe) reicht"*, aber es war für sie und die Kinder die einzige Möglichkeit. Sozialhilfe bedeutet für sie *„Einschränkung, Abstieg, Scham, Sozialschmarotzer"* (EV, S.6). Sarahs Mutter (1½jährige Tochter):

„Weil, ich denk, ich bin nicht schuld an dieser Situation. Ich bemühe mich um Arbeit. Ich bin nicht so, dass ich jetzt sage, äh, ich finds schön, von Sozialhilfe zu leben. Ich finds im Gegenteil überhaupt nicht schön. Aber ich sage auch, okay, wenn der Staat mir keine Möglichkeit gibt (zu arbeiten), ja, dann soll er bitteschön auch dafür gerade stehen. Weil, ich hab meine Steuern lange lang bezahlt (EVII, S.3)

Zugespitzt formuliert, verändert sich hier die Wahrnehmung des Sozialhilfebezugs in Richtung einer Deutung als Prozess der stufenweisen subjektiven Realisierung von Ausgrenzung und Stigmatisierung.

Subjektiv wahrgenommen wird der Sozialhilfebezug biografisch unterschiedlich, hier möchten wir auf die Typisierungen in 3.3 verweisen. Faktisch sind unsere Familien überwiegend „Pendler": die meisten unserer allein Erziehenden und auch der Familien sind schon mehrfach für unterschiedlich lange Zeiten im Hilfebezug gewesen, sei es wegen wiederholter Erwerbslosigkeit, wegen des Wechsels zwischen Maßnahmen und Erwerbsarbeit, sei es wegen der Geburt eines Kindes, die in der Regel die Erwerbstätigkeit abbrach, sei es wegen unzureichendem Arbeitseinkommen (bei Antons Familie verbunden mit Unterhaltsvorschuss durchs Sozialamt). In diesem Sinne sind die meisten Familien im Langzeitbezug. „Ausbrecherin" ist nur eine Mutter, die auf Sozialhilfe „freiwillig" verzichtet, da sie sich den damit verbundenen Zumutungen nicht länger aussetzen will. Sie verbessert damit ihre Lebenssituation freilich nicht.

Funktion des Sozialhilfebezugs: Zu fragen ist hier, welcher Zusammenhang zwischen den Erwerbsbiografieverläufen und dem Sozialhilfebezug besteht und wie er wahrgenommen wird. Sieht man den Sozialhilfebezug in seiner Verbindung zur Erwerbslosigkeit und den biografischen Verläufen unserer Eltern, erweist er sich zum Teil als Bewältigungsform von beruflichen Abstiegsprozessen. Die oben genannten Einschätzungen des Sozialhilfebezugs können als Stufen der subjektiven Realisierung dieser Bedrohung angesehen werden. Gemildert wird die Bedrohung durch die Notwendigkeit der Kindererziehung in den ersten Lebensjahren des Kindes. Betrachten wir den Hilfebezug rückblickend in seiner biografischen Funktion, drängt sich in den meisten Fällen der Eindruck auf, dass er – vor allem für die Frauen – den berufsbiografischen Übergang in weniger qualifizierte, geringer bezahlte und unsicherere Arbeitstätigkeiten vermittelt und – meist erzwungene – Zeit gibt, diesen sozialen Abstiegsprozess subjektiv zu verarbeiten. Je nachdem, wie weit diese Ausgrenzungsprozesse bereits vorangeschritten sind, mischt sich unter die grundsätzlich positive Einstellung zur Sozialhilfe weniger oder mehr Ambivalenz, Widerstand und Protest oder Verzweiflung.

Alle hier betrachteten Familien befinden oder befanden sich länger als ein Jahr in ununterbrochenem Sozialhilfebezug, so dass man von Langzeitbezug sprechen kann. Bei drei Familien dauerte der Bezug von Sozialhilfe bis zu zwei Jahren (Dorothee, Anton, Frank). Franks Familie bezieht allerdings bereits zum wiederholten Mal laufende Hilfe zum Lebensunterhalt. Acht unserer Interviewfamilien sind extreme Langzeitbezieher und leben oder lebten insgesamt länger als drei Jahre von Sozialhilfe; die Familien von Theo, Rebecca und Dennis beziehen mit Unterbrechungen sogar über einen Zeitraum von sieben Jahren laufende Hilfe zum Lebensunterhalt.

Wir können annehmen, dass unsere Familien zu jenen Teilen der Bevölkerung gehören, bei denen sich in der Betrachtung der Einkommensmobilität gegen Ende der 90er Jahre *„sich verfestigende Lebenslagen im unteren Einkommensbereich"* zeigten. Nach den Berechnungen des Sozioökonomischen Panels hat sich *„der Anteil der Abstiege vom mittleren in das untere Einkommensquintil am Ende der 90er Jahre erhöht, der Anteil der Aufstiege ins oberste Einkommensquintil aber (ist) zurückgegangen"* (Goebel/Habich/Krause 2002: 593f.). Als weitere Befunde, die auf eine Persistenz von Armut im unteren Einkommensbereich hindeuten, werden von den Autoren genannt: 85% der Personen, die im Jahr 2000 in der untersten Einkommensschicht lebten, waren zumindest einmal von Armut betroffen, etwa die Hälfte der Personen ist dauerhaft (3-4mal) arm. Knapp *„die Hälfte der Personen sind mehr oder weniger permanent arm, 37% haben einen transitorischen Verlauf in und aus der Armut und weitere 15% der Armen sind Neuzugänge"* (S. 596).

Dass Sozialhilfebezug zwischen Erwerbstätigkeit und Kindererziehung ein mit einem diskriminierenden Status versehener Kompromiss ist, wird vielen der Frauen anhand von Erfahrungen im sozialen Umfeld, oft auch an den Amtspraxen deutlich. Steffis Mutter, die freilich einen größeren Konflikt mit ihren NachbarInnen hat, berichtet über vielfache Stigmatisierungen, z.B. berichtet sie von der Vermieterin folgende Aussage: *„Ihr als Hilfeempfänger könnt froh sein, wenn ihr überhaupt ein Dach überm Kopf habt"* (EXIII, S.8).

Zudem hat sich eine Nachbarin wegen Möbelanschaffungen durch Steffis Familie denunziatorisch ans Amt gewandt. Der Ermessensspielraum, vor allem bei den einmaligen Beihilfen, wird von unseren Müttern oft personalisiert. Steffis Mutter: „ *das hängt von der Laune des Sachbearbeiters ab, da hab ich gute und schlechte Erfahrungen gemacht*" (EXIII, S.16)

Sozialhilfebezug wird neben der positiven Funktion der Bewältigung von familialen und erwerbsbiografischen Brüchen zugleich als sozialer Abstieg, als erzwungene Abhängigkeit mit Folgen der Stigmatisierung bis hin zu sozialer Ausgrenzung betrachtet.

5.1.3 Schulden und weitere Belastungen

In vielen unserer Familien kommen Schulden zu der Einkommensarmut hinzu und spielen im Familienbudget eine große Rolle. In zwei Familien stellen der Hauskauf bzw. der Kredit für den Hausumbau den Hintergrund von größeren Zahlungsverpflichtungen dar. Dorothees Eltern haben einen alten Bauernhof gekauft, den sie in Eigenarbeit renovieren, und Anjas Eltern hatten einen Kredit aufgenommen, um den – wegen der engen finanziellen Situation ohnehin nur halbherzig durchgeführten – Um- und Ausbau des elterlichen Wohnhauses, ebenfalls ein kleiner Bauernhof, zu finanzieren. In mehreren Familien wurden Möbel (z.B. im Fall Konstantin, Sarah, Erik, Frank, Steffi) oder der Kauf eines Autos (Torsten, Steffi) auf Kreditbasis finanziert. Steffis Mutter hat einen erheblichen Schuldenberg aus ihrer früheren Ehe. Ihr Ehemann hat sie in ihrem Namen aufgehäuft. Sie kann davon derzeit nichts abzahlen. Die Familie von Theo hat Mietschulden. Der Vater von Rebecca hat in undurchsichtigen Geschäften private Schulden aufgehäuft. Die Eltern von Karsten haben einen Kredit für eine Ladeneinrichtung aufgenommen, um sich durch die Eröffnung eines Lebensmittelgeschäfts einen wirtschaftlichen Neubeginn zu ermöglichen.

Die Anschaffungen von Möbeln auf Kredit hängen mit der Praxis der Sozialverwaltung zusammen, nur Gutscheine fürs Möbellager auszustellen. Diese Einschränkung ihrer Wahlmöglichkeiten wollen nicht alle Eltern hinnehmen. So sagt Sarahs Mutter:

„Im Prinzip wird man schon irgendwie ausgegrenzt. Wenn ich nicht noch das Erziehungsgeld kriegen würde, was ich für mich jetzt momentan verwenden kann, ich hätt mir nicht mal ne Couch kaufen können. Da hätt' ich 'n Berechtigungsschein für die Arbeitsloseninitiative bekommen." (EVII, S.15)

Die Schulden verschärfen in den meisten Fällen die Einkommenssituation, weil sich das frei verfügbare Einkommen teils merklich vermindert. Überwiegend bewegen sich die Raten in einer Höhe von 10-20% des verfügbaren Haushaltseinkommens, nötigen also den Familien gesteigerte Einsparungen in anderen Lebensbereichen und ein striktes Ausgabenmanagement ab. Andererseits entschärft in einigen Fällen das auf die Sozialhilfe nicht angerechnete Erziehungsgeld die Situation temporär wiederum. Haushaltsbuch führen und strikte Einteilung der Ausgaben (Konstantin), Verzicht auf Bekleidungskäufe – es werden zum Teil gebrauchte Sachen von Verwandten und Freunden getragen von Mutter und Kind (Torsten) –, Sparen bei der Ernährung, Vorratskäufe von günstigen Lebensmitteln (Karsten), nur kostenlose Freizeitaktivitäten, zu denen Essen mitgenommen wird (Steffi), allgemeine Umstellung auf billigere Dinge (Sarah) sind die von den Eltern genutzten Formen, um eine Balance zwischen den als notwendig angesehenen Anschaffungen von Gebrauchsgütern auf Raten, und den Folgen in der alltäglichen Bewältigung der Mangelsituation zu finden.

Bei den beiden Familien mit großen Schulden ist, wie oben bereits angemerkt, der Hauserwerb und der Umbau eines alten Hauses der Anlass. Die Häuser waren im einen Fall vergleichsweise günstig (Dorothee), im anderen Fall durch Schenkung erworben (Anja), so dass sie als Alternative zur Miete angesehen werden können; die finanziellen Belastungen sind jedoch hoch. Wenn Anjas Eltern nicht – wie gerade zur Zeit des Interviews – beide eine Erwerbsarbeit (bzw. ABM) haben, bleibt der Familie kaum genug zum Leben. Generell sind die Wohnkosten unserer Familien sehr hoch und machen prozentual oft über ein Drittel des gesamten Familieneinkommens aus. Die Familie von Anja zahlt ca. 40% ihres Einkommens für das Haus, sie muss deswegen bei den Heizkosten sparen und fährt insgesamt eine rigide Sparstrategie, die die Nutzung des Kinderzimmers und selbst Kindergeburtstage einschließt, so dass die Kinder erhebliche Einschränkungen hinnehmen müssen.

5.1.4 Familienformen und familiale Biografie

Nicht nur sind die verschiedenen Lebensformen mit Kindern unterschiedlich anfällig für materielle Verarmung, sie können zudem strukturell auf unterschiedliche Ressourcen zurückgreifen und sind unterschiedlich stark angewiesen auf private oder infrastrukturelle Unterstützung bei der Kinderbetreuung. Auch für die Kinder bieten die familialen Lebensformen unterschiedliche Strukturen, vor allem in Bezug auf die leiblichen und die sozialen Väter.
Von unseren 14 Fällen[1] sind in der städtischen Untersuchungsregion zwei Ehepaare und fünf allein Erziehende und im Landkreis drei Ehepaare, drei al-

---

1 In unseren Untersuchungsregionen haben insgesamt die Haushaltsgemeinschaften mit Kindern bis 1998 kontinuierlich zugenommen; im Jahr 1999 – dem Zeitpunkt unserer Erhebung – leicht abgenommen. Allein erziehende Frauen stellen mit 29% bzw. 31,4% für 1999 den insgesamt häufigsten Haushaltstyp dar (allein erziehende Männer spielen mit 0,5% und 0,9% eine verschwindende Rolle); nimmt man noch Ehepaare mit Kindern (7,3% und 11,5%) sowie die Nichtehelichen Lebensgemeinschaften mit Kindern (5,4% und 4,6%) hinzu, so ergeben sich insgesamt für Bedarfsgemeinschaften mit Kindern im Haushalt hohe Anteile von 42,2% und 48,4% an allen hilfebeziehenden Haushalten.

lein Erziehende und eine Nichteheliche Lebensgemeinschaft. Von den Familien im Landkreis leben vier in Kleinstädten und drei auf dem Dorf. Insgesamt haben wir also fünf Ehepaare, acht allein Erziehende und eine Nichteheliche Lebensgemeinschaft. Von den acht allein Erziehenden haben einige Lebenspartner (3), die teils im Haushalt wohnen, teils eigene Wohnungen haben. Von den fünf Ehepaaren sind vier als „Normalfamilien" zu bezeichnen, d.h. es handelt sich um die erste Ehe und alle Kinder sind leibliche Kinder. Eine Familie ist eine Stieffamilie – beide Kinder sind nicht die leiblichen Kinder des Ehemanns, der ältere Sohn ist erwachsen und außer Haus. Drei der Ehepaare sind kinderreich (mit sieben, vier und drei Kindern). In einer Familie gibt es erhebliche Konflikte zwischen den Partnern, bis hin zur Gewalt. In der Nichtehelichen Lebensgemeinschaft ist der Partner der Vater des jüngsten Kindes, die Mutter ist ledig. In den Familien von allein Erziehenden leben einmal ein Kind, dreimal zwei Kinder, zweimal drei Kinder, und zweimal vier Kinder im Haushalt. Auch hier sind Familien mit vielen Kindern stark vertreten. Die Mehrzahl der allein Erziehenden hat eine Ehe hinter sich und ist geschieden (6) oder lebt noch getrennt (1), eine ist ledig. Die allein erziehende Mutter, in deren Haushalt noch vier Kindern leben (fünf erwachsene Kinder sind schon außer Haus), hat eine lange Ehe hinter sich, die vor zwei Jahren geschieden wurde. Steffis Mutter, die 4 Kinder hat, hat bereits zwei Ehen hinter sich und lebt zur Zeit getrennt, ihre Kinder sind von verschiedenen Vätern.

Die Darstellung der Familien zeigt eine breite Pluralisierung der Lebensformen auf. Fast alle modernen Familienformen finden sich: Ehe mit leiblichen Kindern, Stieffamilien und Fortsetzungsfamilien mit neuem Lebenspartner, ledige allein Erziehende, nachfamiliale allein Erziehende, nichteheliches Zusammenleben teils mit eigenen Kindern, teils mit gemischten Elternschaften. Kinderreichtum ist überproportional vertreten.

Scheidung beendet nur die Beziehung zwischen den Ehepartnern, nicht aber die zwischen Eltern und Kind. Das Kind hat weiterhin zwei Eltern, auch wenn es nur mit einem Elternteil zusammenlebt. Die Beziehung zum leiblichen, nicht mehr im Haushalt wohnenden Elternteil, kann ein Belastungsfaktor für das Kind sein, etwa wenn kein Kontakt besteht oder die Beziehung – auch vermittelt durch den verbliebenen Elternteil, konflikthaft ist. Sie kann die Identität und die Selbständigkeit des Kindes fördern, wenn den Eltern ein Arrangement des Umgangs miteinander und mit dem Kind gelingt, das ihm Kontakt zur Hauptfamilie (in der Regel der Mutterhaushalt) und der Nebenfamilie (der Vaterhaushalt) ermöglicht.

Wir haben in unseren Familien einige solche Kinder mit modernen Familienstrukturen von geteilter Elternschaft. Die Kinder leben sowohl in der Mutterfamilie (teils mit neuem Lebenspartner), haben aber auch regelmäßigen Kontakt zu ihrem Vater. Bei Konstantin kann man von einer Zweitfamilie sprechen, da der Vater mit seiner neuen Partnerin und deren Kindern lebt.

Zwei Kinder haben regelmäßigen Kontakt zu ihren leiblichen Vätern, es sind Familien, in denen die Eltern ehemals verheiratet waren. Tina und Konstantin besuchen ihre Väter regelmäßig (in der Regel jedes zweite Wochenende). Ihnen wird eine aktive Rolle bei der Ausgestaltung des Familien- und Kinderlebens in zwei Familien abverlangt. Sie werden bei dieser Aufgabe von den Eltern aktiv unterstützt.

Während bei Tina und Konstantin die Absprache zwischen den Eltern offenbar konfliktfrei und offen funktioniert, gibt es bei Erik, dessen Mutter sich vor 3 Jahren scheiden ließ, nacheheliche Konflikte um die Umgangsregelung, die das Kind auch belasten (die Mutter ist der Meinung, der Vater setze Erik unter psychischen Druck). Bei Sarah gibt es ebenfalls Konflikte um das Umgangsrecht für ihren anderthalbjährigen Bruder, nicht bei ihr selbst. Sie sieht ihren Vater aber wohl selten; er wohnt in einer entfernten Großstadt und wird vom Kind nicht erwähnt, dieses Kind scheint aber an dem Kontakt zum Vater nicht interessiert zu sein. Dennis Vater ist nach der Trennung der Eltern gestorben.

Allerdings haben viele unserer Kinder, vor allem in den allein erziehenden Familien, ihren leiblichen Vater nicht kennen gelernt. Die Ehe von Antons Mutter wurde geschieden, als er noch ein Säugling war, der Vater ist nicht auffindbar und zahlt auch keinen Unterhalt. Ähnlich ist es bei Frank, Theo und Steffi, deren leibliche Väter keinen Kontakt zu ihren Kindern haben. Für die Kinder ist dieser Aspekt ihrer Identität oft problematisch.

Die soziale Vaterrolle wird in einigen Fällen von den neuen Lebenspartnern eingenommen. Frank und Tina betrachten die neuen Lebensgefährten als „Vati" und sehen ihre Lebensform als Elternfamilie an; auch Anton hat ein gutes Verhältnis zum Freund der Mutter. Theo hat dagegen eine sehr gespannte Beziehung zu seinem Stiefvater.

Zur Lebenslage von allein Erziehenden

Alleinleben mit Kindern ist in der Regel eine Lebensform von Frauen, unabhängig davon, ob sie subjektiv gewollt oder objektiv erzwungen ist. Allein erziehende Männer gab es in der DDR praktisch nicht, weil in der Rechtspraxis das Sorgerecht der Mutter zugesprochen wurde; Ausnahmen gab es nur bei Tod oder Erziehungsunfähigkeit der Mutter (vgl. Häsing/Gutschmidt 1992: 11f.).

Stärker noch als Partnerfamilien ist diese Lebensform auf äußere Rahmenbedingungen angewiesen, die innerhalb dieser Lebensform eine adäquate Grundlage für ein Gefühl der elementaren Kontrolle über das eigene Leben geben können. „Das Bindeglied ist wohl die ausreichende materielle Basis in den zentralen Lebensbereichen Arbeit, Wohnen, Kinderbetreuung und soziale Teilhabe. Gibt es große Einschränkungen in einer oder sogar mehreren dieser Lebenslagedimensionen, gerät oft das psychische Gleichgewicht in Gefahr und die Lebensgestaltung wird zu einer Gratwanderung zwischen Kontrolle und Kontrollverlust." (Stiehler 1997: 207). Psychische Stabilität ist sicherlich auch von ökonomischer Existenzsicherung abhängig. Die ökonomische Situation wird teilweise zum primären Bedingungsfaktor für eine Alltagsbewältigung unter Armutsbedingungen. Die Möglichkeiten der Lebensgestaltung werden eingeschränkt durch die Erwerbslosigkeit und ihre Bewältigung, durch die Wohnsituation als Grundlage des Zusammenlebens mit Kindern, durch die Trennungsverarbeitung und die Dauer des Alleinlebens, die Art der Familien- oder Lebensformenorientierung, die Zahl und das Alter der Kinder (Stiehler 1997: 207f.; Niepel 1994). Stärker als andere Familien müssen allein Erziehende Einbrüche in der Wohnungsqualität und vor allem deren Größe, in der finanziellen Situation der Familie, in der sozialen Kontakt- und Bewegungsfähigkeit und in der sozialen Partizipation hinnehmen.

Als belastende Faktoren zeigen sich bei den allein Erziehenden unserer Untersuchung die meist schlechte ökonomische Situation (in einigen Fällen wird diese vorübergehend etwas entschärft durch den nicht angerechneten Bezug von Erziehungsgeld, der etwas größere Spielräume ermöglicht, in anderen Fällen verschärft durch Schulden, das Ausbleiben von Unterhaltszahlungen usw.), die Alleinverantwortlichkeit für alle Belange des täglichen Lebens mit ihrer Rollenüberlastung (in einigen Fällen abgemildert durch neue, noch selbständig lebende Lebenspartner), die Anwesenheit weiterer sehr kleiner Kinder im Haushalt, die eine Rund-um-die-Uhr-Betreuung erfordern, der Mangel an persönlicher Zeit, und die sowohl durch die materielle Situation wie durch die Kinder eingeschränkten Möglichkeiten sozialer Kontakte und sozialer Teilhabe.

Eine bedeutende Rolle spielen in diesem Kontext einerseits die personalen Bewältigungsstrategien, die auch von sozialen Ressourcen und Kompetenzen abhängig zu sein scheinen. So sind etwa Eriks und Sarahs Mütter sehr kompetent in Bezug auf Interessenwahrnehmung gegenüber Ämtern, aber auch in den Strategien des Haushaltsmanagements. Solche Strategien stärken auch die personale Identität, weil ein Gefühl der Gestaltbarkeit der Situation (in Grenzen) aufrechterhalten werden kann.

Andererseits sind allein Erziehende stärker auf kinderfreundliche und die Erziehung stützende kontextuelle Strukturen angewiesen, sowohl auf die Qualität des Wohnumfelds für Erwachsene und Kinder (mit seiner Infrastruktur und seinen sozialen Möglichkeiten, auf kindgerechte Infrastrukturangebote im Stadtteil und auf den kindlichen Nachbarschaftskontext, d.h. SpielkameradInnen und Spielgelegenheiten), als auch auf das Vorhandensein und die Erreichbarkeit von Betreuungsmöglichkeiten für Kinder. Das Wohnumfeld erweist sich in einigen Fällen als hinderlich für soziale Kontaktmöglichkeiten der Kinder außerhalb der Institutionen Schule, Hort und Kindergarten.

Im Vergleich zu Paarhaushalten ergibt sich, wenn man die Ressourcen Einkommen und Zeit betrachtet, strukturell ein geringerer Gestaltungsspielraum. Das geringere Zeitbudget bei gleichzeitig mangelnder Zeitsouveränität bringt größere Anpassungsprobleme an die Anforderungen von Beruf, an die Betreuungs- und Bildungseinrichtungen der Kinder sowie Versorgungseinrichtungen und Ämter mit sich.

Stärker als Elternfamilien sind allein Erziehende auf Hilfe bei der Kinderbetreuung angewiesen, einmal generell, aber auch, um erwerbstätig sein zu können. Andere Personen und auch Institutionen nehmen – in unterschiedlichem Ausmaß – diese Erziehungs- und Betreuungsaufgaben wahr. Das sind konkret die Schulen (bei Kindern im Schulalter deckt der Unterricht selbst einen Teil des Betreuungsbedarfs ab; doch benötigen die meisten allein Erziehenden institutionelle oder private Betreuung nach dem Schulschluss), häufig Tagesstätten (Hort), aber auch Verwandte, Freunde, der leibliche Vater. Bei Kleinkindern, die wir in einigen unserer Fälle in den Familien haben, können allerdings die meisten allein Erziehenden im normalen Alltag auf keine anderweitige Hilfe zurückgreifen. Wenn ihnen überhaupt Betreuungsmöglichkeiten zur Verfügung stehen, hat die private Hilfe einen weit überdurchschnittlichen Stellenwert. Bei älteren Kindern rückt dagegen die institutionelle Betreuung durch den Kindergarten und bei Schulkindern durch den Hort in den Vordergrund und private Hilfen haben dann eher den Charakter der Ergänzung und Entlastung. Mütter mit kleinem sozialen Netzwerk sind ausschließlich auf institutionelle Betreuung verwiesen; können sie Netzwerkhilfen nutzen, wechseln sie zumeist zwischen institutioneller und privater Betreuung.

5.1.5 Veränderungen von Netzwerken in Armutslagen

Die Veränderung der Netzwerke von Erwerbslosen und HilfebezieherInnen ist in der Forschung vielfach belegt (vgl. Kronauer/Gerlach/Vogel 1993). Die Aufrechterhaltung informeller Netzwerkeinbindungen, vor allem der selbst gewählten, ist zu einem beträchtlichen Maße von der Einkommenssituation abhängig. Neben der quantitativen Abnahme hinsichtlich der Zahl der wahrgenommenen Kontakte spielt auch die Veränderung der sozialen Zusammensetzung der Kontaktpersonen eine wichtige Rolle. Der Verlust vieler (bisheriger) Kontakte und die Einschränkung oder deren Begrenzung auf benachteiligte Menschen in gleicher Lebenslage dürften Stufen eines Ausgrenzungsprozesses darstellen. Die Abfolge von zeitlich begrenzten Beschäftigungsverhältnissen, Umschulungen, ABM-Maßnahmen und Weiterbildungen dürfte einen gegenläufigen Effekt bewirkt haben, da diese einerseits mit neuen beruflichen Kontakten, andererseits teilweise mit einer Verbesserung der Einkommenssituation und jedenfalls mit einer Statuserhöhung verbunden waren. Bei vielen unserer Familien hat die Maßnahmenkarriere aber die schrittweise Ausgrenzung aus sozialen Netzwerkbeziehungen – vor allem den selbstgewählten – nur aufgehalten; nicht gestoppt, sondern nur verlangsamt. Bei einigen Familien haben Umzüge, die zum Teil der Suche nach Erwerbsarbeit geschuldet waren, die Aufrechterhaltung von Kontakten zusätzlich erschwert und die Häufigkeit verringert.

Die materielle Situation erzwingt häufig zusätzlich eine aktive Einschränkung der Kontakte, weil die Gegenseitigkeit nicht durchgehalten werden kann. So stellt Steffis Mutter fest:

> „Also seitdem ich von Sozialhilfe lebe, hab ich viele Freunde verloren. ... Ich konnte den Leuten das nich mehr bieten, was sie gewollt haben, wenn sie hierher gekommen sind. Da gab's eben nicht jedes Mal Torte oder so was zum Kaffeetrinken oder ich konnte se mal nich mehr zum Abendbrotessen mit einladen oder so. Oder zum Beispiel, wir ham immer gerne gegrillt, Wurst und alles, das ging dann nicht mehr. Wir grillen zwar immer noch, aber nicht mehr so oft" (EXIII, S. 17).

Der Freundeskreis hat sich wegen der nicht mehr möglichen Reziprozität in den Beziehungen verkleinert. Strategien der kulturellen Peripherisierung (Tobias/Boettner 1992: 88) stellen eine Strategie der Gesichtswahrung dar. Beziehungen, die auf Reziprozität beruhen (z.B. Einladungen von Erwachsenen, aber in der Folge auch Kindergeburtstage bei Kindern) sind durch die Verschlechterung der Einkommenssituation asymmetrisch geworden und werden daher aufgegeben. Prozesse der sozialen Verengung und Isolierung werden so von den armen Familien selbst vorangetrieben. Andererseits ist zu fragen, durch welche Umstände dies bei einigen Familien nicht zutrifft, welche Faktoren also dazu beitragen können, solche sozialen Prozesse des Ausschlusses zu verhindern oder abzumildern. Zu nennen wären hier Aspekte wie:

- Dorfgemeinschaft und handwerkliches Geschick bei Karstens Vater; dörfliche Nachbarschaftshilfe (Anja). Sicherlich wichtige Momente sind dabei auch das Gefühl, die soziale Integration durch Anerkennung mittels praktischer Gegenseitigkeitshilfe zu bewahren.
- Alte Freunde sind in ähnlicher Lebenslage (Dorothees und Franks Eltern, Steffis Mutter)
- Bei allein Erziehenden: die Solidarität von und mit anderen allein Erziehenden.

In Bezug auf allein Erziehende unterscheidet Niepel (1994) drei Netzwerktypen dieser Familienform:

- ein Teil kann die erhaltene Unterstützung mit den eigenen Ressourcen in Einklang und Balance bringen,
- ein Teil kann den Mangel an Unterstützung nicht durch eigene Initiative kompensieren
- und ein Teil erhält keine Hilfe.

Entsprechend sind die Bewältigungsstrategien unterschiedlich. Die häufigste Strategie ist der wechselseitige Unterstützungsaustausch, bei dem Geben und Nehmen in einem als ausgewogen empfundenen Verhältnis stehen; an zweiter Stelle rangiert das aktive Einfordern von Unterstützung, wobei das Zugehen auf andere oft einen Lernprozess erfordert. Bei der dritten Form werden die Unterstützungsforderungen auf das Notwendigste beschränkt (Niepel 1994: 120ff.). Niepel weist auch darauf hin, dass Unterstützung belastende Aspekte haben kann, z.B. durch ein Übermaß an Unterstützung, durch problematische Beziehungsformen (Mangel an Reziprozität, Kontrolle) und durch belastungsbedingte Ineffektivität (überforderte Großeltern) oder indem sie vorenthalten wird. Allein Erziehende, die nicht auf ein verwandtschaftliches Netzwerk zurückgreifen können, sind stärker benachteiligt, nicht nur weil bestimmte elterliche Betreuungs- und Haushaltsfunktionen nicht unterstützt werden können (bei Dennis und Steffi ist die alltägliche Versorgung nur durch die Hilfe der Großmütter gesichert), sondern auch weil ihnen in der Regel die emotionale Unterstützung fehlt. Sie stehen in Gefahr, einen Kontrollverlust in Bezug auf elementare Gestaltungsmöglichkeiten des Alltag und der psychosozialen Balance hinnehmen zu müssen. Diese Belastung wirkt sich in der Regel auch auf die Kinder aus.

In der Zusammenschau kann vor allem das verwandtschaftliche Netzwerk in einigen Fällen eine massive Unterstützung von bedrohten Familienfunktionen leisten. Dies geschieht durch Unterstützung bei der Ernährung, durch Geld, durch den kompensatorischen Kauf von Bekleidung für Kinder, durch die Ermöglichung von Kinderwünschen in Form von Geschenken naturaler und monetärer Art, durch Unterstützung bei Interessenverfolgung der Kinder, durch Freizeitunternehmungen, durch Urlaub und Reisen, aber auch – auf niedrigerer Ebene – durch Besuche und Familienfeiern und durch Entlastung bei der Kinderbetreuung. Auch die Geschwister – also die Onkel und Tanten unserer Kinder – leisten oft alltagspraktische Hilfe, durch Kinderbetreuung und Bekleidungstausch. Weil diese primären Netzwerke ganzheitlich und multifunktional sind, nehmen sie für die Kinder auch eine Sozialisationsfunktion wahr.

Anders betrachtet, verschärft ein fehlendes, ein dünnes oder ein – wegen eigener Erwerbslosigkeit und Armut – nicht leistungsfähiges verwandtschaftliches Netzwerk die familiale materielle und erziehungsbezogene Belastung und Überforderung. Den Erwachsenen mangelt es dann nicht nur an materieller, sondern auch an alltagspraktischer und psychosozialer Unterstützung. Sie sind auf Freunde, Bekannte sowie Nachbarn – also ein viel stärker an Reziprozität orientiertes – Netzwerk verwiesen. Den Kindern fehlen die Kompensationsfunktionen des verwandtschaftlichen Netzwerks in materieller, psychosozialer wie auch sozialisatorischer Hinsicht; sie bleiben dann viel stärker auf die direkten Unterstützungs- und Ermöglichungsfunktionen ihrer Familie verwiesen, die sich jedoch unter dem Druck der materiellen Lage stark vermindern.

Hinsichtlich dessen, wie die Eltern bzw. Mütter die Veränderungen der gewählten Netzwerke wahrnehmen, kommen wir zu folgender Aufgliederung:

Typen von Netzwerken für Erwachsene und für Kinder

1a: Verengung des Netzwerks auf Menschen in gleicher oder ähnlicher Lebenslage (Dorothee, Sarah, Frank), die von den Betroffenen positiv eingeschätzt wird. Hier spielt die praktische Unterstützung noch eine Rolle (Kleidertausch, Kinderbetreuung); entscheidender dürfte aber die Erfahrung einer gemeinsam geteilten Lebenslage sein, d.h. die psychosozialen Aspekte des mentalen milieumäßigen Zusammenhanges. Bei zwei Kindern dieser Familien ergeben sich über die kleinen elterlichen Netzwerke kaum Kontakte zu anderen Kindern; Frank und Dorothee haben eher wenige Kontakte zu anderen Kindern (Dorothee ist allerdings wegen des Umzugs erst kurze Zeit in ihrer neuen Umgebung).
1b: Verengung des Netzwerks von Freunden und Bekannten auf Menschen in gleicher oder ähnlicher Lage (die Mütter von Torsten, Steffi, mit Einschränkungen Erik und Konstantin), die negativ wahrgenommen und beklagt wird. Es sind hier nur allein Erziehende, die durchweg unter dieser Veränderung leiden. Sie führen diese teils auf die Erwerbslosigkeit, die engen materiellen Mittel und teils auf die Situation des allein Erziehens zurück. Bei einem Teil dieser Gruppe können Verwandte einige der Netzwerkfunktionen übernehmen. Für die Kinder (bei Torsten verbunden mit einem Umzug) bedeutet dies zum Teil, dass sich aus den elterlichen Netzwerken kaum Möglichkeiten ergeben, mit anderen Kindern in Kontakt zu kommen; bei einem anderen Teil der Kinder dieser Gruppe werden zum einen auch die Eltern durch Verwandtenhilfe emotional gestützt (vor allem bei Erik), zum anderen erfahren die Kinder (Konstantin) die Väter und Großeltern als kindbezogenes Netzwerk.
2. Bei einer weiteren Gruppe existiert fast kein Freundes- und Bekanntenkreis mehr, oft nur lockere situative Bekanntschaften (Dennis, Anton, Tina, Theo). Hier spielen Umzüge (Dennis), Berufstätigkeit in Schichtarbeit (Anton), wegen Geldmangels fehlende Freizeit- und Kontaktmöglichkeiten und allein Erziehen (Tina) sowie Scham über Erwerbslosigkeit und Sozialhilfebezug (Theo) in der Wahrnehmung der Mütter eine Rolle. Während bei Anton die Großeltern und der neue Lebenspartner der Mutter eine stützende Wirkung auf Mutter und Kind haben und der Kindertreff dem Kind Kontakte zu Gleichaltrigen ermöglicht, hat Dennis nur über den Opa Möglichkeiten, den Folgen der mütterlichen Isolation zu entgehen. Bei Tina gelingt es dem Kind, sich in der Schule Brücken zu

eröffnen. Theo hat anscheinend keine über elterliche Beziehungen vermittelten Kinderkontakte.
3. Als relative Integration lässt sich die Netzwerksituation der letzten Gruppe charakterisieren, denn Karstens und Anjas Eltern partizipieren an einem relativ großen dörflichen Netzwerk, das über Nachbarschaftshilfe ein gutes Maß an Integration verbürgt. Karstens Vater scheint davon mehr zu profitieren als Anjas Eltern; während im Fall von Rebecca die Mutter mit der Kirchengemeinde ein neues, unterstützendes Umfeld gefunden hat, das sowohl die Mutter wie das Kind einbezieht.

Die Veränderung – meist Verengung und Verkleinerung – des gewählten Netzwerks spielt bei allen Familien sowohl in der Folge von Erwerbslosigkeit, Sozialhilfebezug, materieller Armut, Alleinerziehung kleiner Kinder, Kinderzahl bzw. Kombinationen dieser Momente eine Rolle. Als positiv wahrgenommene Faktoren können dabei in einigen Fällen die praktische Solidarität unter Menschen in gleicher oder ähnlicher Lebenslage wirken – dann wird die Verengung der Netzwerke positiv wahrgenommen und erlebt, vor allem von den allein Erziehenden. Ist die Unterstützung dagegen nur spärlich und begrenzt, tritt der Verlust früherer Kontakte stärker in den Vordergrund. Viele Eltern können dann verwandtschaftliche Hilfe mobilisieren und intensivieren. Oft werden so Hilfe und Unterstützung durch Verwandte als bedeutsame Ressource erfahren, bis hin zum Autokauf durch die Großeltern (Sarah).

Während die Unterstützungen durch gewählte Netzwerke stärker alltagspraktische und materielle Leistungen (Kleidertausch, Hilfe beim Umzug oder bei der Hausrenovierung) und nur in Einzelfällen die Kinderbetreuung betreffen, nehmen die primären Netzwerke der Verwandten einige Male eine faktisch kompensatorische Rolle in Bezug auf die Haushaltsfunktionen der Familie sowie die Betreuungs-, Unterstützungs-, Ermöglichungs- und Förderaufgaben der Eltern wahr. Für die Kinder ergibt sich ein Ausgleich und eine nicht zu unterschätzende sozialisatorische Relevanz.

5.1.6 Eltern-Kind-Beziehung in belasteten Lebenslagen

Bewältigungen in der Eltern-Kind-Beziehung

Was brauchen Kinder? Die entwicklungspsychologische und pädagogische Forschung ist sich hier weitgehend einig; die zentralen Faktoren sind verlässliche, stabile und emotional befriedigende Beziehungen zu mindestens einer Person, Ermutigung und Bestätigung durch eine an sozialen und sachlichen Anregungen reiche Umgebung. Diesen hohen Anforderungen können belastete Familien in Armutslagen nur schwer genügen. Inwieweit kann es den Eltern angesichts ihrer zahlreichen Belastungen und Stressfaktoren gelingen, die elterliche Aufgabe von Erziehung und Alltagsgestaltung, die für die kindliche

Entwicklung notwendig sind, zu bewältigen, bzw. inwieweit und inwiefern sind sie darin beeinträchtigt? Im Kapitel 4.5 sind bereits viele dieser Aspekte mit Blick auf die Kinder betrachtet worden. Es zeigte sich, dass es das Zusammenwirken verschiedener belastender oder auch entlastender Faktoren ist, das für die Qualität der Familiensituation und des Familienklimas aus der Perspektive des Kindes entscheidend wird.

Erstens: Die Armutssituation nötigt die Familie zu Veränderungen in ihrer etablierten Ordnung. Konkret: Was tun die Familien (bzw. die Eltern), um das Leben der Familie den veränderten materiellen und sozialen Bedingungen anzupassen? Dass Freizeitgestaltung, die mit Geldausgaben verbunden ist, Urlaub und Reisen nicht mehr möglich sind, wurde schon dargestellt. Nun müssen Familien in Armutslagen aber versuchen, gewisse elementare Familienrituale vor allem hinsichtlich der Kinder aufrechtzuerhalten, wenn auch in reduzierter Form, wie z.B. Kindergeburtstage, Feiertage, kindbezogene Aktivitäten und andere Formen der Kommunikation und Interaktion, die dem Kind elterliches Interesse und Anerkennung symbolisieren. Elterliche Aufmerksamkeit und Zugewandtheit kann durch Familienrituale, die einerseits das Interesse am Kind und am Familienleben, andererseits die gemeinsame Bewältigung der Mangelsituation dokumentieren, ausgedrückt werden. Ebenso sind klare Kommunikations- und Handlungsstrukturen im Hinblick auf die Mangelsituation erforderlich, die ja auch das Leben des Kindes nachhaltig prägt und ihm vermittelt werden muss. Kreative Lösungen sind etwa die Begrenzung der eingeladenen Freunde und der Geschenke bei Kindergeburtstagen, die einige Familien entwickeln, um die finanziellen Belastungen und die Verpflichtung der Reziprozität in Grenzen zu halten. Andere Familien sind – möglicherweise aus einer nur situativen Überlastung heraus – nicht zur Gestaltung von Kindergeburtstagen in der Lage. Auch kindbezogene Aktivitäten, vor allem am Wochenende, müssen zu kostenfreien Unternehmungen umstrukturiert werden. Die Alltagsstruktur wurde im Kapitel 4.5 schon beschrieben, hierbei zeigen sich ebenfalls teils sehr deutliche Überforderungen.

Welche Strukturen spielen hier eine Rolle, die dazu beitragen, dass die Eltern in unterschiedlichem Maße in der Lage sind, auf wichtige Bedürfnisse des Kindes einzugehen und eine für das Kind – in den Grenzen der Lebenslage – zufriedenstellende Lösung zu finden. Auch fragt sich, ob es Hinweise darauf gibt, dass sich das Erziehungsverhalten der Eltern unserer Untersuchung unter dem Druck der materiellen, sozialen und persönlichen Belastungen verändert hat. Diese Zusammenhänge standen bei der Anlage unserer Studie nicht im Mittelpunkt. Doch lassen sich – neben den in Kap. 4.5 beschriebenen – einige weitere Faktoren erkennen: elterliche und familiale Belastungen bzw. elterlicher Stress, die subjektive Zeit der Eltern für die Kinder und eine gewisse Vergleichgültigung in Bezug auf kindliche Bedürfnisse.

Zweitens: Bei vielen unserer Familien gibt es deutliche Anzeichen für elterliche Überlastung, für Stress. Neben der häuslichen Mangelsituation spielen offenbar vor allem kumulative Belastungen der Eltern oder Elternteile durch Erwerbslosigkeit, Mietschulden, andere Schulden, soziale Isolation, Stigmatisierung, Partnerkonflikte, Gewalt usw. hinein, ebenso wie kindliche Belastungen durch Schulstress, soziale Isolation, Stigmatisierung, Differenzerfahrungen und gesundheitliche Symptome. Die meisten Kinder nehmen die elterlichen Sorgen und den Stress wahr und einige von ihnen berichten über „schlechte Laune", „Traurigkeit" und „Weinen" der Eltern; auch spielen Konflikte der Eltern eine wichtige Rolle in der Wahrnehmung der Kinder.

In solchen belastenden und überfordernden Kontexten, vor allem bei allein Erziehenden, erscheinen die Kinder selbst manchmal als Belastung (was sie ja auch sind) und üben auf die Eltern entsprechende Einflüsse aus. So wirft Theos Mutter in einer Überforderungsreaktion dem Kind vor, es sei schuld an ihrer Erwerbslosigkeit (sie ist seit seiner Geburt ohne Erwerbsbeschäftigung). Sarahs Mutter sieht mit Bedauern die Annehmlichkeiten der späten Jugend (Motorradfahren, Clique, Disco, Ausgehen) als nicht mehr erreichbar an, seit sie Kinder hat und ohne Erwerbstätigkeit Sozialhilfe beziehen muss. Auch Tinas Mutter sieht ihre drei Kinder als Ursache dafür an, dass sie keine Arbeit findet. Bei Theos und Tinas Eltern sind deutliche Tendenzen hin zu einer Vergleichgültigung gegenüber den Kindern zu finden. Auf der anderen Seite ermöglicht die Zufriedenheit mit dem Kind und seiner Entwicklung einigen Müttern, die Zumutungen und Einschränkungen, die mit Erwerbslosigkeit und materieller Not verbunden sind, besser zu bewältigen. So ist ein gewisser mütterlicher Stolz z.B. bei Eriks und Konstantins Müttern auf ihre Kinder nicht zu übersehen.

Drittens: Zeit. Dass die Eltern Zeit für die Kinder haben, ist von Seiten der Kinder eine wichtige Anforderung, die keineswegs von der objektiven gemeinsamen Zeit, sondern eher von deren Qualität abhängt. Die Wahrnehmung unserer Kinder ist hier sehr gespalten, doch ist auffällig, dass viele der Kinder sich mehr elterliche Zuwendung in diesem Sinne wünschen. Von den stark benachteiligten Kindern und den Kindern des Mittelfelds sprechen einige deutlich einen solchen Mangel an: Torsten erklärt, er und seine Mutter hätten „*beide für uns keine Zeit, wir gucken dann alle beide Fernsehen*". Dorothee findet, dass vor allem der Vater am Sonntag keine Zeit für die Kinder habe (er liest Zeitung); auch Dennis Mutter hat in der Wahrnehmung des Kindes keine Zeit; Franks, Steffis, Sarahs Eltern bzw. Mütter haben wenig Zeit für die Kinder. Andere Zeichen einer Vergleichgültigung in der Eltern-Kind-Beziehung sehen wir darin, dass an den Wochenenden (auch an Werktagen) keine spezifisch kindbezogenen Aktivitäten[2] unternommen werden. Nur bei einem kleineren Teil der Familien gehören sie zum Familienleben.

Viertens: Welche Faktoren spielen für diese Vergleichgültigung eine Rolle? Es fehlen bei Familien mit einem kleinen verwandtschaftlichen Netzwerk

---

2 Darunter verstehen wir Aktivitäten, die sich im Fokus auf das Kind und eine kindorientierte gemeinsame Freizeitgestaltung beziehen, wie zum Spielplatz gehen, Spiele spielen, usw.

schlicht die Gelegenheiten, etwa Großeltern, Tanten, Cousinen usw. zu besuchen. Partnerschaftskonflikte zwischen den Ehepartnern spielen ebenfalls bei einigen Familien oder Lebensgemeinschaften eine Rolle. Eine strukturelle Überforderung liegt bei Antons Mutter durch ihre Schichtarbeit vor. Wir können aufgrund unseres Materials die sicherlich komplexe Genese von Vergleichgültigungsprozessen nicht rekonstruieren. Deutlich sind die zahlreichen Belastungen der Eltern, die offenbar stärker dann durchschlagen, wenn diese selbst, aufgrund kaum beeinflussbarer Rahmenbedingungen, nicht mehr das Gefühl haben, einen Kern von Gestaltbarkeit des eigenen und des familialen Lebens bewahren zu können. Das ist am extremsten bei den stark belasteten Familien der Fall, deren Lebenssituation sich zusätzlich durch Mietschulden (Theo), Erwerbslosigkeit, Jobben und die Belastungen eines Hausumbaus (Dennis) dramatisiert. Ferner scheinen Eltern, die in ihrem sozialen Umfeld auf wenig Unterstützung zurückgreifen können und auch in wenig kinderfreundlichen Wohnumfeldverhältnissen leben (Steffi, Torsten, Dennis z.B.) weniger kindorientierte Aktivitäten zu entfalten. Allgemein wirkt sich die Armutssituation sicherlich ungünstig aus, doch sind hier große Spannbreiten aufgrund der Belastungskombinationen einerseits, und der Entlastungskombinationen (wie den sozialen Netzwerken und dem Wohnumfeld) andererseits zu verzeichnen.

Belastungsgrade der Familien

Zusammenfassend zu allen genannten Ebenen von Belastungen wollen wir im Folgenden einige Typen familialer Belastungen herausarbeiten. Als sozialhistorischer und sozialstruktureller Hintergrund kann der soziale Abstieg ganzer Teilmilieus infolge der Transformation gelten. Hier spielen einmal die ökonomische und infrastrukturelle Benachteiligung der Region – verstärkt im ländlichen Raum – eine Rolle. Familiale Pluralisierung bzw. Modernisierung der Familienstrukturen stellen – vor allem für allein Erziehende – einen verstärkenden Faktor für solche Abstiegsprozesse dar, insbesondere bei größerer Kinderzahl. Viele Frauen, die schon zuvor die Konsequenzen der Instabilität zu tragen hatten, gerieten in eine Abwärtsspirale; die Prozesse materieller und moralischer Destabilisierung beobachten wir in unseren Interviews.

Hinsichtlich der bildungs- und ausbildungsmäßigen Ressourcen stellt ein Teil unserer Eltern eine Gruppe mit vergleichsweise guten Kapitalien dar, hier dominiert die Benachteiligung durch externe (ökonomische, infrastrukturelle) und interne (Familienform, Kinderzahl, Armut) Faktoren. Eine zweite Gruppe hat durch niedrige Schul- und Berufsausbildung schlechtere ökonomische Chancen auf dem Arbeitsmarkt, ist vermutlich auch mentalitätsmäßig und hinsichtlich der Problemlösungskapazität weniger in der Lage, den Anforderungen der heutigen Gesellschaft zu entsprechen.

Als Hinweise auf eine Herkunft der Eltern aus traditionell randständigen Milieus können bei Steffi die Existenz einer sozialpädagogischen Familienhilfe und die Armut der Großelterngeneration sowie die Hinweise, dass schon Steffis Mutter in der Schule als Randgruppenkind wahrgenommen wurde, gelten. Ansonsten lassen sich einige Familien aufgrund ihres Bildungs- und Ausbildungsstatus der Unterschicht zurechnen, mit entsprechend an- und ungelernten Tätigkeiten bzw. häufigem Wechsel der Tätigkeiten.

Die Mehrzahl der Familien kann jedoch als dem Arbeiter- oder Angestelltenmilieu (vgl. Vester u.a. 2001) entstammend angesehen werden; hier liegen eher Abstiegsprozesse infolge des Zusammentreffens ökonomischer und infrastruktureller regionaler Bedingungen mit die Verwertung der Arbeitskraft beeinträchtigenden Faktoren vor wie Erwerbsausstieg infolge Kindergeburt und Kinderbetreuung, Qualifikationsverlust bzw. Entwertung, Kinderzahl, Alter usw. Diese Familien trifft das Schicksal der Armut bzw. des sozialen Abstiegs besonders hart, weil diese biografische Entwicklung in der Lebensplanung nicht vorgesehen ist und bislang überhaupt nicht zum Möglichkeitsspektrum gehörte.

Als Faktoren von Belastungen gelten uns hier die Erwerbslosigkeit, die durch längere Dauer und Entregelung des Alltags als stark belastend wahrgenommen wird, Schulden, drohender Wohnungsverlust wegen Mietrückständen, Partnerschaftskonflikte, Verlust der sozialen Integration (konkret wenig Freunde, Bekannte, kaum verwandtschaftliches Netzwerk), Drogenkonsum (kommt aktuell nicht vor), Gewalt bzw. starke Konflikte in der Familie, die Familienform im Kontext der anderen Belastungen, einsame und überlastete Mütter, usw.

Als *stark belastete Familien* gelten uns solche, die mehrere dieser Faktoren aufweisen und deren Bewältigungsmöglichkeiten offensichtlich gering sind. Konkret sind es überwiegend die Familien, bei denen wir die Lebenssituation der Kinder als stark benachteiligt in allen wichtigen kindlichen Lebensbereichen einschätzten. Gemeinsame Aktivitäten mit den Kindern sind selten oder kommen nicht vor, der Alltag und die Bewältigung der materiellen Not – im Sinne eines „Managements des Mangels" – überfordert diese Familien oder ist schlicht nicht möglich.

Als *belastete Familien* gelten uns jene, von denen wir den Eindruck haben, sie wiesen zwar keine auffälligen Probleme des Familienlebens auf, vernachlässigen aber zentrale kindliche Bedürfnisse auf Geborgenheit, Unterstützung und Förderung oder stellen die Kinder viel zu früh auf sich selbst. Teilweise kann hier die ungünstige Familiensituation durch den anderen Elternteil, andere Familienmitglieder oder Verwandte ausgeglichen werden.

Eine weitere Gruppe von Familien lässt sich als *ausgeglichen* kennzeichnen, d.h. hier stehen belastende und benachteiligende Faktoren wie sie oben dargestellt wurden neben förderlichen (im Sinne der kindlichen Entwicklung):

Gemeinsame und kindbezogene Unternehmungen und Aktivitäten finden statt, Interesse an kindlichen Belangen und Kontrolle der kindlichen Aktivitäten ist vorhanden.

Bei den beiden Kindern, die wir als wenig von elterlicher Armut beeindruckte Kinder kennzeichnen, lässt sich von einem Überwiegen förderlicher Aspekte in den Beziehungen und Aktivitäten der Familie sprechen. Wir erinnern daran, dass dies den Eltern unter Armutsbedingungen nur durch Rückgriff auf wirksame externe Ressourcen – Verwandte und ehemalige Partner – möglich ist, d. h. unter „normalen" Armutsbedingungen häufig nicht möglich ist.

5.1.7 Bewältigungsformen der Eltern

Die materiellen und sozialen Folgen der Armut sind bei fast allen Familien erheblich. Bei allen Eltern wirkt sich die materielle Mangellage auf die Grundversorgung aus. Nicht nur die meist viel zu kleinen Wohnungen sprechen hier eine deutliche Sprache. Alle Familien müssen an der Ernährung sparen und wir können davon ausgehen, dass sie sich nicht besonders gesund ernähren. Bei der Bekleidung stehen die Eltern überwiegend zugunsten der Kinder zurück. Einige Familien verzichten nahezu ganz auf Kleiderkäufe und verwenden nur gebrauchte und geschenkte Teile. Die meisten Eltern verzichten auf Urlaub und eigene Freizeitgestaltung. Hobbies mussten von den Eltern aufgegeben werden; die Mütter und Väter unserer Kinder haben keine Hobbies, die mit Kosten verbunden sind. Vor allem diejenigen Eltern, die wenig soziale Unterstützung und Einbindung in verwandtschaftliche oder andere Netzwerke haben, stehen in der Gefahr, einer passiven Freizeitgestaltung zu erliegen. In der Regel wirkt sich dies im Sinne einer Vergleichgültigung der Eltern-Kind-Beziehung aus.

Lassen sich Zusammenhänge zwischen den elterlichen Ressourcen und ihren Formen der Bewältigung erkennen? Wenn wir versuchen, die Bewältigungsformen der Eltern zu ordnen, ergeben sich – die Gliederung ist eher systematisch als trennscharf – drei große Formen. Dabei umfassen die Strategien und Bewältigungsformen der Familien ein sehr breites Spektrum; wenn wir sie nach dem Grad der Gestaltungsmöglichkeiten ordnen, den sie elterlichen und auch kindlichen Bedürfnissen bieten, können wir reduktive (Aufgabe von Bedürfnissen, Verzicht als dominante Bewältigungsleistung), adaptive (Bedürfniserfüllung in veränderter, aber reduzierter Form ermöglichend – für Eltern und Kinder) und konstruktive (Bedürfnisse durch Ressourcenmobilisierung teilweise ermöglichende) Strategien unterscheiden.

Reduktiv: Diese Bewältigungsformen zeichnen sich dadurch aus, dass die Eltern Bedürfnisse und Bedürfniserfüllung qualitativ und quantitativ reduzieren. Dies gilt für die Ernährung und Bekleidung, aber auch für die kinderkulturellen Aktivitäten. Familienrituale werden abgebaut oder schlafen ein. Teilweise ist die Alltagsorganisation von der Mangellage hart betroffen. Der Grad der elterlichen Gestaltungsmöglichkeiten ist aus unterschiedlichen Gründen klein.

Adaptiv: Hier suchen die Eltern interne und externe Ressourcen zu mobilisieren, um eigene und kindliche Bedürfnisse erfüllen zu können. Teilweise wird nach Lösungen gesucht, die Kompromisse bei kindlichen Bedürfnissen ermöglichen, wie z.B. bei der Auswahl der Bekleidung, der Gestaltung von Geburtstagen, bei den Familienritualen. Das Ausmaß an Gestaltungsmöglichkeiten der Eltern erscheint im Vergleich größer als bei der ersten Gruppe.

Konstruktiv: Konstruktive Bewältigungsformen der Eltern zeichnen sich durch eine erfolgreiche Mobilisierung leistungsfähiger Ressourcen aus, die für Eltern und Kinder eine stärkere Realisierung von Bedürfnissen bzw. das Eingehen auf kindliche Bedürfnisse erlauben. Gelegenheitsjobs verbessern die Einkommenssituation, neue Netzwerke werden erschlossen (Rebecca); Hilfeansprüche werden aktiv durchgesetzt (Konstantin), Netzwerke werden mobilisiert (Erik). Offensichtlich wird hier ein Wechselspiel von elterlicher Entlastung durch Netzwerke und aktiver elterlicher Ressourcenmobilisierung möglich (vgl. Abb. S. 240).

Bei der Zuordnung der Fälle ist auffallend, dass die Familien mit reduktiven Strategien überwiegend diejenigen sind, die uns schon mehrfach durch zahlreiche Belastungen ins Auge gefallen sind. Der Druck der Erwerbslosigkeit, niedriger Bildungsgrad der Eltern, Scham und Zurückhaltung gegenüber der Sozialhilfe, Schulden, kleine und wenig leistungsfähige Netzwerke und die dadurch oft problematische Haushaltsführung tragen in ihrer Kombination offenbar dazu bei, dass diesen Familien – bei denen z. T. die materielle Lage extrem eng ist – mehr als ein (teilweise phantasievolles?) Verwalten des Mangels nicht möglich wird. Auf die Kinder wirkt sich diese Strategie insofern nachteilig aus, als hier in vielen Fällen eine Kompromisssuche des abgespeckten Eingehens auf kindliche Bedürfnisse nicht mehr versucht wird. Überwiegend tragen offenbar mehrfache und starke Belastungen zu der Verengung des Bewältigungsspielraums bei. Es sind einmal Eltern mit sehr kleinen und weniger leistungsfähigen Netzwerken, die nicht über kindbezogene Netzwerkressourcen verfügen; Familien, die man zum Teil als sozial isoliert ansehen kann (vgl. Kap. 4.3), die unter dem Mangel an Kommunikationsmöglichkeiten leidenden allein Erziehenden (Torsten, Tina), die durch Schulden stark belasteten Familien (Anja, Theo), durch die beengte Lebenssituation des

1. Reduktive Bewältigungsstrategien

Dennis: gänzlicher Verzicht auf Kleiderkäufe, nur Geschenktes. Sonst keine bewusste Strategie. Weihnachten muss sich in Grenzen halten: ein Geschenk.

Anja: sparen am Telefon, an der Heizung (Kinderzimmer kalt); kein Kleidungskauf, sondern Tauschbörse und Kleiderkammer, nur Schuhe werden gekauft; bewusster Verzicht auf Freizeit. Keine Kindergeburtstage.

Theo: lebt in den Tag hinein, da keine Regelmäßigkeit im Einkommen; keine Markenklamotten; sonst keine ersichtliche Strategie.

Steffi: Vorratskäufe; nur kostenlose Freizeitaktivitäten (Proviant wird mitgenommen); zur Bekleidung keine Aussage.

Frank: Kleidung auf dem Tschechenmarkt, Bekleidungsgeld wird in Anspruch genommen; keine Ausgaben für Freizeit, sparen an Telefon und Auto; Naturalien von Großmutter (Nutzgarten), Ernährung: Großeinkäufe.

Torsten: Kleidung auf dem Tschechenmarkt, gebrauchte Kleidung; keine Freizeitaktivitäten.

Tina: keine klare Strategie erkennbar, starke Einschränkungen in der Freizeit (nur Fußball).

2. adaptive Bewältigungsstrategien

Sarah: Großeltern zahlen Auto; Freundeskreis (Studierende) kocht sonntags gemeinsam. Sonst: Sparen, Reduzieren, Großeinkäufe im Supermarkt, nicht in der Stadt; keine Markenkleidung; keine Freizeit mit Kindern.

Dorothee: kein Fleisch; Kuchen nur selbst backen; Telefon einschränken; Sparen an Kleidung für die Erwachsenen, Tragen von abgelegter Kleidung, Grobmüllsammlung; keine Geldeinteilung.

Karsten: Eltern verzichten zugunsten der Kinder; gezielte Sparstrategien durch Auswahl bei Sonderangeboten und dann Großeinkauf; bei Bekleidung offenbar Beihilfe und sonstige Antragstellung (Kirchenstiftung). Nachbarschaftshilfe. Begrenzung bei Geburtstagen.

Anton: Mutter kann sich kein Auto leisten (Weg zur Arbeit), Garten mit Gartenhaus als Alternative zur engen Wohnung. Kleidung wird im Sonderangebot und saisonwidrig gekauft; keine Marken, Kinder können aber abwählen; aktive Suche nach Sonderangeboten im Supermarkt, Substitution der Kinderwünsche (billigerer Ersatz); Begrenzung bei Geburtstagen

> **3. konstruktive Bewältigungsstrategien**
>
> Erik: Großeinkauf beim Großhandel mit Rabatt; Bekleidung ebenso, Schnäppchenjagd; Marken nur zu Feiertagen von Verwandten; viel Naturalgeschenke von den erwachsenen Geschwistern; Mitbringfeten; Freizeit und Urlaub durch Verwandte ermöglicht.
>
> Rebecca: es wird am Essen gespart, wenig Obst-Gemüse; es wird an Kleidung gespart (gebraucht vom Verein); Sperrmüll wird genutzt; Nebenerwerb; Freizeit wird durch Eigenarbeit erschlossen (Reiten); zusätzliche Ressourcen werden durch Kirchengemeinde mobilisiert (Freizeit, Urlaub).
>
> Konstantin: Mutter spart an sich selbst, Kleidergeld für Kleiderkauf, striktes Finanzmanagement, sehr aktiv im Aufschließen von Ressourcen: z.B. Ferienplätze, (Sozialamt?), bewusste Ernährung: jeden Tag frisches Gemüse; Bekleidung billig, aber auch Markensachen billig; Geld borgen; spart an Heizung.

provisorischen Wohnens bei der Oma und den Hausumbau belastete Mutter von Dennis sowie die durch prekäre Arbeitsverhältnisse mit unsicherem Einkommen belasteten Familien (Theo, Frank).

Die Familien mit adaptiven Strategien verfügen teils über ein größeres, teils über ein leistungsfähigeres Netzwerk (Karsten, Sarah, Dorothee), haben die derzeitige Lebenssituation bewusst herbeigeführt (Dorothee), können auf eine verlässlichere und kontinuierliche Einkommenslage setzen, haben keine Schulden, die die Einkommenssituation zuspitzen, können auf Ressourcen im Alltag (Datsche bei Anton, Nachbarschaftshilfe bei Karsten) zurückgreifen und sind von der Eltern-Kind-Beziehung her ansatzweise in der Lage, den Kindern entgegenzukommen oder vertretbare Kompromisse zu machen (Übernachtungen, Kindergeburtstage, kinderkulturelle Wünsche).

Über das Haushaltsmanagement hinaus sind einige Eltern sehr kreativ darin, die Lebenssituation dadurch zu entlasten, dass sie sich zusätzliche Ressourcen erschließen. Allerdings scheinen solche konstruktiven Strategien an günstige Faktoren gebunden zu sein. Sie sind offenbar nur möglich, wenn die Eltern auf ein sehr leistungsfähiges Netzwerk (Zweitfamilie: Konstantin; Geschwister: Erik) zurückgreifen oder sich ein solches aufbauen können. Am deutlichsten und erfolgreich ist das bei Rebeccas Mutter, die sich über die Kirchengemeinde und die Leitung eines Unterstützungsvereins Kontakte zu anderen sozialen Milieus erschließt, die auch alltagspraktische Unterstützung leisten. Sie hat dadurch zudem Zugang zu Bekleidung und Spielzeug für Kinder. Hinzu kommen aktive Strategien der materiellen Entlastung (Jobs: Rebecca), der Realisierung von Ansprüchen gegenüber Ämtern und der Suche nach günstigen Alternativen bei Freizeit und Urlaub (Konstantin).

5.1.8 Bewältigungsanforderungen an die Kinder

Wichtig ist allerdings auch die Kommunikation und Interaktion zwischen Eltern und Kindern in Bezug auf die vielfältigen Probleme der familialen Lebenslage. Es ist Aufgabe der Eltern, nicht nur die materielle Mangelsituation für die Kinder verstehbar und in gewissen Grenzen handhabbar zu machen, sondern auch andere typische Kinderprobleme, wie etwa Einschränkungen bei Geburtstagen, bei Feiern, bei Ausflügen und Urlaub, aber auch Probleme in der Schule, mit Gleichaltrigen, mit FreundInnen usw. zu kommunizieren und den Kindern dabei Möglichkeiten der emotionalen Bearbeitung und einer handlungsorientierten Bewältigung zu vermitteln. Der Umgang mit knappem Geld ist also nur ein Aspekt, wenn auch ein gewichtiger.

Von Seiten des Kindes ist eine Erklärung der Lage, der familialen Lebenssituation nötig, die für das Kind nachvollziehbar und verständlich ist. Ferner geht es darum, dass die Eltern den Kindern Bewältigungsmuster – auf den unterschiedlichen Ebenen – vermitteln, aber auch praktisch vorleben und den Kindern selbst bei der Umsetzung oder auch bei eigenen Formen der Bewältigung Anleitung geben. Dies muss in einer kindgerechten Form geschehen. Nicht zuletzt ist die Anerkennung kindlichen Bemühens und die Hilfestellung bei der Bewältigung von Verzicht wichtig.

Unsere Rekonstruktion zeigte (vgl. Kapitel 4), dass es als Folge der Erziehungsbemühungen (oder Nicht-Bemühungen) der Eltern oft eine gewisse Gleichgerichtetheit im Denken und Handeln von Eltern und Kindern gibt, die Armutssituation zu bewältigen. Die Lebenssituation der Eltern und ihre oft zahlreichen Belastungen stellen nicht nur für die Eltern selbst eine Erschwernis ihrer Erziehungsfähigkeit dar, sondern oft auch eine Beeinträchtigung ihrer psychischen Stabilität und Identität. Erwerbslosigkeit, Sozialhilfebezug, Stigmatisierung, soziale Isolation. Armut – als Oberbegriff für die vielfältigen Aspekte dieser Lebenslage - ist in allen Familien virulent und wird mehr oder weniger bewusst thematisiert und bewältigt, abhängig auch von den jeweils zugänglichen Unterstützungs- und infrastrukturellen Möglichkeiten. Die Kinder ihrerseits sind genötigt, sich mit den Erziehungs- und Bewältigungsvorgaben der Eltern und deren Interpretation von Wirklichkeit sowie ihrer eigenen (kindlichen) Wirklichkeit auseinander zu setzen.

Verhaltensweisen der Eltern, die diese Transparenz der Lebenslage und einen entsprechenden Umgang damit nicht herstellen wollen oder können, erschweren dies auch den Kindern, d.h. deren Umgang mit wichtigen Rahmenbedingungen und Situationen ihrer kindlichen Lebenswelt. Den Kindern fehlen zentrale Bausteine zum Verständnis und zur Erklärung der Lebenssituation. Wir haben Erziehungskonzepte der Eltern vorgefunden, die auf Kommunikation, Transparenz und kindliche Bewältigung der materiellen Lage ausgerichtet sind. Sie scheinen auf die Kinder eine hilfreiche und unterstützende Wirkung zu haben und es den Kindern ermöglich, eigene Bewältigungsformen zu entwickeln. Wir fanden aber auch Erziehungsvorstellungen des Verschweigens oder des Nicht-Unterstützens bei praktischen Bewältigungsformen, durch die Kinder allein gelassen, irritiert und verwirrt werden.

Die folgende Darstellung trennt analytisch auf, was im konkreten Familienalltag nicht immer so deutlich unterscheidbar wird. Zum Teil fehlt den Eltern die Empathie für das Kind, Scham spielt eine Rolle; zum Teil fehlt es auch an erzieherischen Kompetenzen und dem Blick darauf, was Eltern durch ihre Form der Erziehung beim Kind bewirken, zum Teil sind solche Verhaltensmuster eingebettet in traditionale Erziehungsstile. Einige Eltern leiden selbst so stark unter ihrer Lebenslage, dass sie zu angemessener Erziehung und Betreuung kaum in der Lage sind. Vor allem dann, wenn die Eltern selbst nicht über eine bewusste Bewältigungsstrategie verfügen, können sie keine Vorbildfunktion ausüben und das Vorleben von Strategien nicht praktizieren.

Der Umgang mit der Armutssituation hat auch eine Identitätsebene: Die Nichtkommunikation über die elterliche Armutslage enthält dem Kind eine wichtige Interpretationsebene für viele Situationen im Kinderleben vor, die auf der Seite des Kindes zu Desorientierung, Verwirrung, Überforderung und dem Gefühl des Alleine gelassen Seins durch die Eltern führen können. Auf der Seite der Eltern liegen dann Fehldeutungen kindlicher Bedürfnisse, mangelnde Handlungsorientierung im Hinblick auf die Kinder zu Grunde; im Ergebnis zeigen sich fehlende reflexive Kompetenzen von Eltern und Kindern in Bezug auf die Lebenssituation, sowohl was die Interpretation der Lage wie die Bewältigungskompetenzen angeht.

Positive Strategien:

Die Kombination von Erklären (Kommunikation) sowie Vorleben von Bewältigung und emotionaler und alltagspraktischer Unterstützung des Kindes beim Umgang mit finanziellem Mangel: Erik, Konstantin, Rebecca

dem Kind Handlungsräume eröffnen: Sparen, selbst Geld verdienen, Brücken nutzen (Erik, Konstantin, Rebecca).

Ambivalente Strategien:

Es besteht zwar eine Kommunikation über die Notwendigkeit von Einschränkungen zwischen Eltern und Kindern (Tina, Rebecca, Sarah, Anton, Steffi, Dennis). Die materielle Situation wird den Kindern gegenüber als problematisch dargestellt. Die Eltern vermitteln den Kindern, dass die finanzielle Versorgung der Familie schwierig ist und dass sie häufig Probleme damit haben. Diese Kommunikation wird aber nicht oder nicht konsequent in Handlungsstrategien mit den Kindern umgesetzt. Im Unterschied zur ersten Gruppe werden teils keine Kompromisse mit den Kindern gesucht, werden kindliche Bedürfnisse nicht immer aufgegriffen und diskutiert und vor allem wird den Kindern keine handlungspraktische Unterstützung (Sparen auf bedeutsame Dinge, Ansprüche reduzieren, Bedürfnisse zeitlich aufschieben, Tauschen mit anderen Kindern usw., Flohmarktverkäufe zum Geldverdienen usw.) gegeben. Dies kann sich, so unser Eindruck, auf die Kinder belastend auswirken (Rebecca, Steffi, Dennis).

- Übergehen bzw. Nichtwahrnehmen oder Nichtgeltenlassen kindlicher Bedürfnisse (Anja, Tina, Rebecca)
- Keine Konkreten Bewältigungs- und Handlungsstrategien mit dem Kind zusammen entwickeln und einüben (Anja, Steffi, Dennis, Anton, Sarah)

Negative Strategien:

Verschweigen der Finanzmisere: Kinder seien zu klein (Theo, Torsten, Frank) z.B.: Karstens Problem mit dem Essensgeld in der Schule (vermutlich elterliche Scham und fehlendes Klärungsinteresse)
Bagatellisierung/Banalisierung[3]: Antons Schulprobleme und seine Diebstähle (Verleugnung); dicke Kinder; abgelehnte Kinder (Sarah ‚Torsten); Umdeutung der Lage (Rebecca) und elterliche Kontrolle: Dorothee;
Überforderung als manifeste Struktur, d.h. unangemessene Ansprüche an Kinder und unangemessene Verhaltensweisen von Eltern: Anton (Überforderung der Mutter), Anja (Scham der Mutter), Dennis (Vernachlässigung durch die Mutter, viele Umzüge),

---

3   Die elterlichen Bewältigungsformen hinsichtlich des Umgangs mit dem Geldmangel haben in einigen Fällen Parallelen im Umgang mit anderen Problemen des Kindes.

5.2 Kindliche Bewältigung unter armutsbelasteten Lebensbedingungen und Restriktionen des Aufwachsens

Mit dem Lebenslagenansatz haben wir einen theoretischen und methodischen Zugang zur Kinderarmut gewählt, der sich zentral auf Lebenslagebereiche als Integrationsbereiche bezieht, d. h. danach fragt, wie es um die Teilhabe- und Handlungsmöglichkeiten der Subjekte steht, damit sie in ihrer Existenz als integrierte Mitglieder der Gesellschaft akzeptiert werden (Baum 1999: 38). Für die Arbeit mit Kindern in Armut ermöglicht der Lebenslagenansatz, die spezifische Lebenslage, also die Individualität des Kindes – auch hinsichtlich seiner Entwicklung als Subjekt – in den Blick zu nehmen und die Aspekte seiner Lebenswelt, die hinderlich oder förderlich für seine aktuelle Situation und seine Entwicklung sind, zu berücksichtigen. Im Kapitel 4 ist beschrieben worden, wie sich die Lebenslage der Kinder im einzelnen darstellt und abschließend, welche Handlungsmöglichkeiten sie haben.

Hier soll nun stärker abstrahierend auf die Zusammenhänge und die Differenz von elterlicher und kindlicher Lebenslage, ihre Wahrnehmung und ihre Bewältigung eingegangen werden. Dabei gilt ein wesentliches Augenmerk der Frage, wodurch Eltern – bewusst oder unbewusst – Bewältigungen ihrer Kinder unterstützen oder nicht unterstützen, sie ermöglichen oder sie restringieren. Die kindlichen Handlungsmöglichkeiten werden hier also stärker im Kontext der elterlichen Lebenslage und der elterlichen Bewältigung, des elterlichen Verhaltens und der Kommunikation sowie im weiteren Sinn der Strukturierung der kindlichen Lebenswelt – die sich auch in Armut sehr unterschiedlich darstellen kann – gesehen. Wie die Erwachsenen sehen wir auch die Kinder nicht nur unter der Opferperspektive, sondern grundsätzlich als Subjekte, die mit ihrer Lage sehr unterschiedlich umgehen.

Nicht zuletzt kann gerade die Betrachtung der subjektiven Faktoren auf Seiten der Kinder, wie biografische Muster und Strukturen, Erfahrungen und Bewältigungsstrategien sowie Lernfelder und Lernprozesse für eine sozialpädagogische Auseinandersetzung mit Kinderarmut hilfreich sein.

Unser Anliegen wird nun sein, nicht in einer advokatorischen Perspektive des Kindeswohls, sondern unter einer vom Subjektstatus des Kindes ausgehenden Betrachtung eine sozialpädagogische Perspektive auf das Problem Kinderarmut zu gewinnen. Dabei ist die innerdisziplinäre Kategorie des Subjekts der Ausgangspunkt (Winkler 1988: 98; Förster 2002: 90ff.). Es ist Gegenstand der Sozialpädagogik, das Verhältnis von Subjekt und Gesellschaft unter der Perspektive der Aneignung von Subjektivität zu betrachten; für das Problem Kinderarmut bedeutet dies analytisch, abstrakt gesprochen, sich auseinander zu setzen mit den

„Strukturen von (im weitesten Sinn des Ausdrucks) sozialen Zusammenhängen, die dazu führen, dass ein potentielles menschliches Subjekt aufgrund der ihm entstandenen Schwierigkeiten bei der Aneignung von Lebensbedingungen seiner Subjektivität verlustig geht und die Kontrolle über sich und seine Verhältnisse verliert" (Winkler 1988: 114).

Diese These müsste natürlich noch historisch konkreter gefasst werden: Gehen wir davon aus, dass der gegenwärtige Umbau der Gesellschaft nicht nur regulativ die größeren Ungleichheitsstrukturen absichert, sondern dass im Zusammenhang damit auch die Kindheit als Institution im Umbau ist, stellt sich die Frage nach dem Stellenwert von Kinderarmut und kindlicher Benachteiligung im Kontext der Umgestaltung von Kindheit als sozialpädagogisches Problem in neuer Weise. Dies soll aber im Kontext des Kapitels 5.4 aufgegriffen werden. Zunächst ist das Problem zu beschränken auf die Frage, welche Auswirkungen elterliche Armut – die im Kontext der Ausweitung der gesellschaftlichen Bereiche der Unsicherheit und der Entkoppelung steht, auf die Subjektchancen der Kinder hat.

Betrachten wir dies als die originäre sozialpädagogische Fragestellung, so sind Belastungen als soziale Umstände – auf unterschiedlichen Ebenen – anzusehen, die die Aneignung von Subjektivität durch das Kind behindern oder einschränken. Bewältigungen sind subjektive Aneignungsleistungen, mit denen das Kind versucht, Optionen zu gewinnen.

Zum Bewältigungsbegriff

Lebensbewältigung wird hier nicht psychologisch im Sinne der Stress- Forschung und des Coping verstanden. Wir lehnen uns hier an Böhnisch/Schefold (1985) an. Die Veränderungen der modernen Gesellschaft kennzeichnen Böhnisch/Schefold durch den Verlust der Selbstverständlichkeit von Sozialintegration als gesellschaftlichem Modell und als subjektivem Lebensentwurf. Die Betonung liegt dabei auf der Korrespondenz von Lebensbewältigung und sozialer Lebenslage (1985: 86). Die gesellschaftliche Analyse Sozialer Arbeit bezieht sich auf die strukturelle Differenz individueller Handlungen und gesellschaftlicher Strukturen. Aus der Sicht der Subjekte und ihrem Erleben handelt es sich bei Bewältigung um die Herstellung von Handlungsfähigkeit in kritischen Lebenssituationen.

Lebensbewältigung ist vor allem durch die Lebenslage des einzelnen und die damit vorhandenen – oder nicht vorhandenen – Ressourcen für die individuelle Lebensgestaltung bestimmt. Die in der Lebenslage verfügbaren strukturellen Muster von Bewältigung stellen Spielräume dar, die vom einzelnen unterschiedlich, auch biografisch, genutzt werden können. Das Zusammenwirken von sozialstrukturellen und psychosozialen Faktorenbündeln lässt sich nach Böhnisch (2001) in drei Grunddimensionen analysieren: Die Ebene der Selbstwerts (Selbstwertverlust), die Ebene der Anomie (fehlende soziale Einbindung) und die Ebene der Integration (Suche nach neuen Formen der Integration). Es ist als ein Mehrebenen-Modell zu verstehen, in dem unterschiedliche theoretische Konzepte aufeinander bezogen werden können.

Kindheit ist einerseits als historisch spezifisch strukturierte Bewältigungskonstellation zu interpretieren, Lebensbewältigung von Kindern[4] bezieht sich andererseits strukturell einmal auf die elterliche Lebenslage sowie auf die elterlichen Bewältigungen. In Bezug auf die Entwicklungsaufgaben von Kindern ist nach der (relativen) kindlichen Eigenständigkeit und Bewältigungskompetenz (vor dem Hintergrund der Faktoren, die diese vermindern, einschränken oder verhindern) zu fragen. Familie und Peers sind dabei wichtige Vermittler (Mediatoren) dieser Selbständigkeit. Entwicklungsaufgaben werden in Formen sozialräumlicher Aneignung zu bewältigen versucht, die im Spannungsverhältnis von Kind und sozialräumlicher Umwelt stehen, in dem sich Kinder hauptsächlich in ihrem Eigensinn und ihrem Eigenleben entfalten und entwickeln können. Aneignung bedeutet dabei das Abarbeiten an immer neuen – sich erweiternden – Vergegenständlichungen der Gesellschaft (der Erwachsenenwelt) und der in ihnen enthaltenen Bedeutungen und Symbolisierungen.

Während Kleinkinder in ihrem Erfahrungsraum stark auf die Familie und ggf. Betreuungseinrichtungen verwiesen bleiben, haben Kinder im Grundschulalter mehrere tendenziell unabhängige Erfahrungsräume: Neben der Familie (im weiteren Sinn) und ihren Ermöglichungsleistungen, was soziale Kontakte und Förderung der Kinder angeht, leben sie nun einen beträchtlichen Teil des Kinderalltags in der Schule; ferner spielen die Gleichaltrigenbeziehungen, wenngleich oft noch angebunden an und verwiesen auf die elterlichen und die schulischen Gelegenheiten und Ermöglichungen, eine größere und zunehmend eigenständigere Rolle. Die Erfahrungen, die Kinder in diesen Erfahrungsfeldern machen können, sind auch als mögliches Gegengewicht zur familialen Benachteiligung, aber auch in ihrer Komplementarität zu prüfen.

---

4 Es ist vor allem diese Differenz des Bewältigungsbegriffs von Coping-Konzepten aus der Psychologie, die uns den sozialpädagogischen Begriff der Lebensbewältigung bevorzugen lässt. Wobei dort auch eine theoretische und konzeptuelle Heterogenität festzustellen ist. Laux und Weber schlagen integrierend die Unterscheidung von aktionalen und intrapsychischen Formen von Bewältigung vor (Laux/Weber 1990). Zentral sind für uns die Betonung der strukturellen Rahmungen von Lebenslagen, die die Handlungsspielräume und -horizonte begrenzen bzw. vorstrukturieren, so dass Lebenslagen auch „*als ein Set von sozialökonomischen und soziokulturellen Bewältigungsmustern*" (Böhnisch/Schefold 1985: 93) zu sehen sind. Für unsere Fragestellung sind zugleich die Prozesse des biografischen Erlernens von Bewältigungsformen sowie die Vermittlungen zwischen elterlicher und kindlicher Lebenslage und Lebensbewältigung interessant. Hier spielen vor allem auch die Reichhaltigkeit und die Phantasie unserer Familien bzw. Mütter bei der Suche nach Bewältigungsmöglichkeiten hinein.

5.2.1 Auswirkungen der elterlichen Armut auf die Kinder – Unterschiede und Gemeinsamkeiten elterlicher und kindlicher Lebenslage

Alle von uns betrachteten Familien leben in relativer Armut, die meisten erhalten auch zum Zeitpunkt der Untersuchung Sozialhilfe (HLU), ihr Einkommen liegt überwiegend schon lange auf diesem Niveau bzw. bewegte sich um die Sozialhilfeschwelle. Dass dies erhebliche Einschränkungen in wichtigen Lebensbereichen (und den Spielräumen der Lebenslage) zur Folge hat, wurde im Kapitel 4 ausführlich beschrieben. Erstaunlich sind jedoch die teilweise starken Unterschiede sowohl im Ausmaß wie in der Struktur und den Konstellationen dieser Einschränkungen.

Nicht nur die materiellen Probleme der Familien unterscheiden sich grundlegend, auch die Strategien, mit denen die Eltern sie zu bewältigen suchen, sind sehr unterschiedlich und reichen von der Erwartung einer zeitlich vorübergehenden Armutslage über vielfältige Formen der Verwaltung und des Managements des Mangels bis hin zur selbstgewählten Alternativexistenz. Das konkrete Alltags- und Bewältigungsmanagement, das die Eltern zur Abwendung oder Abmilderung von Armutsfolgen von den Kindern entwickeln, bewahren die Kinder teilweise vor den direkten Folgen der materiellen Belastungen. Die Reichweite dieser Strategien ist natürlich begrenzt, sie sind hauptsächlich auf die materiellen, weniger auf die sozialen und die bildungsbezogenen Folgen ausgerichtet. Zum Teil lässt sich auch nur eingeschränkt von elterlichen Strategien sprechen, da einige der Familien eher situativ – eher mit spontanen und von Situation zu Situation wechselnden Formen – , andere tatsächlich im Sinne einer bewussten und überlegten Bewältigung mit dem Problem umgehen, wie innerfamiliär die Prioritäten in der Mangelsituation gesetzt werden. Ob dann eher an Essen und Bekleidung oder an der Förderung des Kindes oder bei sozialen Kontakten gespart wird, ist also nur teilweise Ergebnis elterlicher Entscheidungen im bewussten Sinne. Die krisenhafte Zuspitzung der materiellen Not lässt z. B. Theos Mutter keinen Spielraum.

Die materielle Notsituation macht in einigen Fällen das Management in Haushalt und Alltag zum fruchtlosen Bemühen, dementsprechend sind die Eltern verzweifelt und haben teilweise selbst diesen Bereich von Alltagsbewältigung aufgegeben. Hintergrund des Mangels sind Erwerbslosigkeit und Hilfebezug, langfristig erfahrene berufliche Abstiegsprozesse als biografisch bedeutsame Erfahrungen, die zum Teil in Bildungswünsche für die Kinder übersetzt werden, wobei die Möglichkeiten der Eltern, ihr Kind bei der schulischen „Karriere" zu unterstützen, eher begrenzt bleiben.

Entscheidend für das Kind – also die Struktur der kindlichen Armutslebenslage – sind die Kumulationen von Belastungen in der elterlichen Lebenslage (insbesondere in den Aspekten, die der Bewältigung kaum zugänglich sind, wie Erwerbslosigkeit, soziale Netze, Schulden) und die Möglichkeiten, durch Bewältigungsstrategien Folgen für das Kind abzumildern. Während so die Prioritätensetzung bei den Eltern teilweise erzwungen ist – jedenfalls kann nicht immer von einer freien Wahl der Bewältigungsformen ausgegangen werden – sind die Prioritäten bei den Kindern weitgehend von den elterlichen Lagestrukturen und den damit gegebenen Bewältigungsformen abhängig.

Noch eine weitere wichtige Differenz ist hier genauer zu betrachten: Die Kinder sind einerseits in die Lebenslage der Familie einbezogen und haben in vieler Hinsicht nur sehr begrenzte Möglichkeiten der Einflussnahme. Dennoch unterscheiden sich elterliche und kindliche Lebenslage faktisch und analytisch. Verallgemeinernd kann man sagen, dass elterliche und kindliche Armut nicht grundsätzlich zu gleichgerichteten und gleichstarken Benachteiligungen bei Eltern und Kindern führen (müssen). Diese Unterschiede haben wir im Kapitel 4 z. B. in Bezug auf die Wohnung, wo sie von den Kindern sehr häufig thematisiert werden, die Bekleidung (Eltern, die sich selbst in der Bekleidung einschränken, während die Kinder eher Kleidung bekommen) oder auch die soziale Integration (sozial isolierte Eltern und Kinder mit großem Kontaktnetz) ausführlich angesprochen.

Wie erwähnt, hängt die Unterschiedlichkeit im elterlichen Ressourcen- und Alltagsmanagement mit der Schwere und der Dauer der materiellen Mangelsituation und den differentiellen Möglichkeiten zusammen, diese teilweise durch Erschließung außerfamiliärer Ressourcen zu kompensieren. Wir unterscheiden zunächst heuristisch zwischen direkten Folgen elterlicher Einkommensarmut sowie indirekten Folgen – die sich hauptsächlich aus den elterlichen Belastungen durch die Einkommensarmut sowie durch weitere betroffene Lebensbereiche ergeben (z. B. Wohnung, soziale Integration, Ermöglichungsleistungen, Förderung, Konflikte in der Familie).

Indirekte Auswirkungen sehen wir vor allem dort, wo weitere Belastungen hinzutreten (wie Schulden, drohender Wohnungsverlust, Konflikte mit den Nachbarn, Stigmatisierungen auf Ämtern, Konflikte in der Partnerschaft usw.), und wo sich durch die Dauer der Problemlagen Erwerbslosigkeit und Armut der Handlungs- und Kontakthorizont, mithin die Bewältigungsmöglichkeiten der Eltern vermindern.

Indirekte Auswirkungen bestehen weiter in der Verminderung der sozialen Kontakte der Eltern in Folge von sozialen Abstiegsprozessen – sowohl durch anhaltende Erwerbslosigkeit und Armut, manchmal vermittelt durch Umzüge –, so dass dementsprechend Kontakte der Kinder zu anderen Kindern nicht ermöglicht werden können. Diese Ermöglichung hängt einmal direkt mit dem sozialen Kontaktkreis der Eltern zusammen, über den die Kinder Gleichaltrigenbeziehungen aufbauen könnten. Sie hängen ferner direkt mit den erschwerten Ermöglichungsleistungen der Eltern zusammen – etwa durch Transport ins Nachbardorf. Die Verminderung der sozialen Kontakte der

Kinder durch die Eltern ist zum Teil als direkte Folge – etwa durch die Anforderung der Reziprozität – an die materielle Lage gebunden, wie Strategien des Rückzugs aus Kindergeburtstagen oder Begrenzung der Zahl der eingeladenen Kinder (als positive elterliche Strategie) zeigen, zum Teil indirekt vermittelt, wenn elterliche Scham die Oberhand gewinnt und zu Strategien des umfassenden sozialen Rückzugs der Familie führt. Einige (wenige) Eltern haben hier sehr produktive Strategien der Bewältigung (so erweitert Rebeccas Mutter mit der Kirchengemeinde ihren und des Kindes Sozialkreis erheblich).

Direkte Auswirkungen beziehen sich auf die unmittelbaren Konsequenzen der finanziellen Not für die Haushaltsführung, das Familienleben und die Möglichkeiten der Unterstützung sowie Förderung der Kinder durch die Eltern. Diese Auswirkungen haben wir im Kap. 4 z. B. in Bezug auf die Ernährung, die Möglichkeiten der Interessenförderung der Kinder, der Vereinsintegration, der kindbezogenen Aktivitäten innerhalb der Freizeitgestaltung der Familien, Urlaub und Reisen usw. dargestellt.

Direkte wie indirekte Auswirkungen der Armutssituation beeinträchtigen bestimmte Elternfunktionen, wie Ermöglichen, Vermitteln, Unterstützen. Dass die Eltern-Kind-Beziehung auf der emotionalen wie sozialen Ebene davon nicht unbeeinflusst bleibt, wäre im Folgenden die zu prüfende These.

Grundversorgung: dass durch direkte und indirekte Folgen der elterlichen Lebenslage die Grundversorgung in der Ernährung, beim Wohnen (vor allem Wohnungsgröße und -qualität) und teilweise bei der Bekleidung in vielen Fällen Einschränkungen erfährt (Eltern nicht möglich ist), hatten wir im Kapitel 4 ausführlich dargestellt.

Mit *Ermöglichen und Unterstützen* lassen sich grundlegende elterliche Funktionen beschreiben. Sie beziehen sich auf die weiten Felder der sozialräumlichen Aneignung ebenso wie auf Interessenverfolgung, Entwickeln und Unterstützen von Begabungen und die Vielfalt der Welt- und Sozialerfahrung des Kindes. Stärker als die Brückenfunktionen hängen sie von der Verfügbarkeit materieller und immaterieller Ressourcen der Eltern ab. Sie sind auch durch das soziale Kapital der Eltern bestimmt. Das Spektrum ist weit gespannt und reicht beim kleineren Kind von der physischen Begleitung etwa zum Spielplatz, zu Verwandten, dem Verabreden mit Gleichaltrigen sowie u. U. dem Hinbringen und Abholen bis hin zur entsprechenden Organisation mit den Beteiligten. Beim größeren Kind kann das die Ermunterung und Motivation zu Aktivitäten wie Pfadfinder, Fahrradclub, Feuerwehr usw. sein. Diese elterlichen Funktionen sind in ein Familienklima eingebunden, das stärker oder weniger ausgeprägt auf die Unterstützung des Kindes ausgerichtet ist, hängen also sicherlich auch vom sozialen Kapital der Eltern, aber auch deren Belastungsgrad ab.

Brücken, ein Begriff aus der Netzwerkforschung, sind solche Personen, die eine Vermittlerfunktion zwischen verschiedenen Netzwerken ausüben können. Als Brücken gelten sie, weil sie einander unähnliche Personengruppen miteinander verknüpfen können (Keupp 1987: 32ff.). Solche Brückenfunktionen nehmen etwa die Erwachsenen und Kinder aus der Kirchengemeinde in Bezug auf Rebecca und ihre Mutter ein, die in gänzlich anderen Lebenslagen stehen; oder die bessergestellten Großeltern von Konstantin, die ihm auch andere Gleichaltrigenkontakte vermitteln. Der geschiedene Vater von Konstantin, der mit dem Sohn sehr viel unternimmt und auch ins Ausland verreist, stellt eine Brücke für Kontakte zu Erwachsenen und Gleichaltrigen einer anderen sozialen Schicht bzw. einer anderen Lebenslage dar. Die erwachsenen Brüder von Erik vermitteln Kontakte zum Midnightfun, zum erlebnispädagogischen Bauernhof und dem dortigen sozialpädagogischen Milieu. Wie die Beispiele zeigen, ist die Brückenfunktion an die vorhandenen und mobilisierten Netzwerke der Familie bzw. Eltern angebunden. Sie erfordern kaum materielle, sondern eher motivationale Ressourcen der Eltern. Die Funktionen solcher Brücken für die Kinder liegen einerseits im sozialen Rückhalt und in der Unterstützung durch die brückende Person, in der Ermöglichung neuer sozialer Kontakte zu Erwachsenen und Gleichaltrigen außerhalb der Familie, andererseits in der Ermöglichung von Spiel- und Freundschaftsbeziehungen zu Gleichaltrigen, und nicht zuletzt in der sozialisatorischen Relevanz, die solche Kontakte als Eigenwert darstellen.

Das Spektrum dieser Beeinträchtigungen der Erziehungsfunktionen der Eltern haben wir im Kapitel 4 ausführlich beschrieben. Hier sollen nur einige Aspekte in Erinnerung gerufen werden. Die Unterstützung schulischen Lernens ist vielen unserer Eltern angelegen, generell ist sehr vielen Eltern die Schule wichtig, einige haben mit Bedacht die Schule oder die Schulform ausgewählt, einem Teil (6) der Eltern ist wichtig, dass die Kinder später auf ein Gymnasium gehen (Rebecca, Torsten, Konstantin, Sarah, Erik, Steffi), einem anderen ist mehr am guten Abschneiden ihrer Kinder in der Schule gelegen (6), aber fast alle Eltern achten auf und schätzen gute Zensuren in der Schule. Beim Ermöglichen schulischen Lernens zu Hause, bei der Hausaufgabenhilfe, bei der Alltagsstrukturierung und bei der Motivation für Schule stoßen viele Eltern jedoch an Grenzen. Den Familien gelingt es überwiegend nicht, Alltagsbedingungen herzustellen, die schulisches Lernen unterstützen und die Kinder für die Schule motivieren. Die Wohnverhältnisse und die materiellen Lebensverhältnisse erschweren es den Eltern beträchtlich, den Kindern die familiären Aneignungsprozesse (Anregung, gemeinsame Unternehmungen, kindbezogene Aktivitäten) zu vermitteln, die schulisches Lernen begünstigen können. Das betrifft auch die Funktion von Familie, einen Gegenpol zum schulischen Lernen durch entsprechende Aktivitäten zu vermitteln, d. h. eine nicht leistungsbezogene Anerkennung des Kindes zu organisieren.

Unterstützung in Bezug auf die Schule ist z. B. aufgrund der materiellen Lage bei Frank nicht möglich. Er bräuchte Nachhilfe in Mathematik, sie ist aber nicht finanzierbar. Ermöglichung von Freizeit ist in diesem Fall ebenfalls nicht möglich, so dass der 8jährige Junge nur seinen gegenwärtigen und den vorigen Wohnort kennen gelernt hat. Steffi bekommt Mathe-Nachhilfe von der Familienhelferin.

Wir haben einige Eltern, die ihre Kinder nicht dabei unterstützen, z. B. Gleichaltrigenkontakte im Umfeld wahrzunehmen. Bei einigen Landkindern spielen die fehlenden Transportmöglichkeiten der Eltern eine Rolle, also eher materielle Aspekte.

Die Unterstützung betrifft bei den meisten Eltern Sport- und kulturelle Aktivitäten, die entweder aufgegeben werden müssen oder nicht begonnen werden können, obwohl die Kindern dies wünschen und die Eltern es als pädagogisch sinnvoll ansehen. Viele Eltern erwähnen mit Bedauern, welche Unterstützung sie nicht realisieren können.

Viele Aktivitäten der Freizeitgestaltung, vom Zoobesuch, bis hin zu Reisen, Urlaube und auch Schulausflüge, sind wegen des fehlenden Geldes nicht realisierbar. Reisen und Urlaube kann man einerseits funktional betrachten, dann fehlt der Familie die gemeinsame Erholungsmöglichkeit jenseits des Alltags, man kann sie unter dem Bildungs- und Aneignungsaspekt betrachten, und man kann sie unter dem Aspekt sozialer Anerkennung betrachten. Vor allem bei Schulausflügen spielt der Aspekt der Klassenintegration eine Rolle. Urlaub hat insofern einen sozialen Aspekt, als man auf der Ebene gesellschaftlicher Normalstandards mithalten kann.

Diese Unterstützungs- und Ermöglichungsfunktionen der Eltern lassen sich offensichtlich nur zum Teil durch das Alltags- und Ressourcenmanagement aufrechterhalten. Andererseits werden durch Vermittlungs- und Brückenfunktionen von Erwachsenen den Kindern Handlungsspielräume und sozialisatorische Lernfelder eröffnet, die teilweise deutlich kompensierende Funktionen in Bezug auf die kindliche Lebenslage wahrnehmen können. Vielfältig gestaltete Aktionsräume ermöglichen den Kindern ein reiches und vielgestaltiges Kinderleben, das vergleichsweise differenzierte soziale Kontakte zu Erwachsenen und Kindern in anderer sozialer Lage, Gestaltungsmöglichkeiten der Kinder innerhalb dieser Kontakte, einen weiteren sozialen Horizont (soziales Kapital) und die Kompetenzen, sich auf unterschiedliche Beziehungen einzulassen, umfasst. Diese Spielräume der personalen Entfaltung und der sozial reicheren Identität sind jedoch durchweg an die erwachsenen Netzwerke (Eltern, Verwandte) oder aber an die kindlichen Netzwerke – vor allem geschiedene Väter und erwachsene Geschwister, deren „Leistungen" sich nur auf das Kind richten, gebunden. Sie stellen mithin keinen eigenständigen Spielraum des Kindes dar, den es beeinflussen könnte, sondern ermöglichen kindliche Spielräume. Insgesamt scheinen die Möglichkeiten der Kinder, gestaltend in ihrer Lebenslage und Lebenswelt wirken zu können, recht bescheiden. Sie begrenzen sich auf das häusliche Umfeld (wenn dort Gleichaltrigenkontakte möglich sind) und auf die Nutzung der institutionellen Gelegenheitsstrukturen (Schule, Hort, Kindertreff).

Zusammenfassend lässt sich fragen, welche Faktoren dazu beitragen, dass vermittelnde und ermöglichende Elternfunktionen wahrgenommen werden können?

1) Personen aus dem Netzwerk (teils der Eltern, teils der Kinder) übernehmen solche Funktionen.
2) Der Stadtteil ermöglicht ein teilweise unabhängiges Kinderleben und stellt Infrastrukturangebote bereit, die es teilweise den Kindern ermöglichen, familiale Begrenzungen auszugleichen.
3) Die Eltern oder andere Erwachsene stellen Brücken zu entlastenden und kompensierenden Personen, Beziehungen, Strukturen her (Rebecca, Konstantin, Erik).

Institutionen wie der Hort oder die Schule scheinen in unseren Fällen nur sehr begrenzt eine Funktion wahrzunehmen. Lediglich der Kindertreff scheint hier eine kompensierende Funktion auszuüben (Anton).

Umgekehrt, welche Faktoren erschweren den Eltern Vermittlungen und Ermöglichungen?

- die abgelegene bzw. für die Kinder ungünstige Lage der Wohnung oder des Hauses
- starke monetäre Knappheit, situative Engpässe
- fehlende Unterstützung durch das soziale Netzwerk (vor allem bei allein Erziehenden ohne Partner häufig anzutreffen: Torsten, Dennis, Steffi)
- Konflikte in der Partnerschaft
- Erwerbslosigkeit als anhaltende elterliche Belastung
- Finanzielle Knappheit als anhaltendes Frustrationspotential

Elterliche und kindliche Lebenslagen unterscheiden sich vor allem dann wesentlich, wenn ein kindbezogenes Netzwerk existiert, das fast völlig oder auch partiell die Benachteiligung in den Lebenslagen der Kinder ausgleichen kann und wenn dieses kindbezogene Netzwerk elterliche Funktionen substituieren kann. Eine gute Elternbeziehung und die Kommunikation über Probleme und ihre Bewältigung muss anscheinend hinzukommen. Elterliche und kindliche Lebenslagen sind dann im wesentlichen kongruent, d. h. ähnlich strukturiert, wenn sich keine spezifisch kindbezogenen Entlastungen der Eltern durch personale oder institutionelle Ressourcen mobilisieren lassen. Elterlicher Isolation entspricht dann in der Regel ein sehr kleiner Kontaktkreis des Kindes, elterlicher Armut ein kleines Erlebens- und Erfahrungsspektrum des Kindes, elterlichen mehrfachen Belastungen korrespondieren psychosoziale Symptome und nicht selten Verhaltensprobleme des Kindes. Nur wenige Kinder können diesem Zusammenhang durch Nutzung spezifisch kindbezogener Ressourcen entgegenwirken (Erik, Konstantin, Tina).

5.2.2 Eltern-Kind-Beziehung als Einflussfaktor

Erziehung, als Aspekt der Eltern-Kind-Beziehung, ist ein komplexes Konstrukt, das, weit entfernt, eine Technikanwendung zur Anleitung anderer zu sein, eher die Summe spezieller Beziehungs- und Handlungsaspekte unter pädagogischer Perspektive darstellt. Zuwendung, Grenzen setzen, Struktur schaffen, Belehrung, Anregung, Respekt, Ermöglichung, Sozialisierung sind wichtige Begriffe in diesem Kontext. Letztlich sind die emotionalen Beziehungen zwischen Eltern und Kindern, das Familienklima, Konfliktpotentiale und Konfliktlösungsstrategien sowie das Anregungspotential – d. h. welche Impulse und Anregungen das Kind für seine Persönlichkeitsentwicklung erhält – entscheidend.

Wir betrachten im Folgenden, inwieweit die Lebenslage elterlicher Armut sich auf die Erziehungsbemühungen der Eltern auswirken und in welchen Bereichen Eltern noch gestaltend und mithin positiv Einfluss nehmen können, in welchen aber auch ihre Handlungsmöglichkeiten begrenzt sind und sie negative Auswirkungen der Familienarmut auf sich und die Kinder nicht begrenzen können. Die These ist dabei, dass sich die Elternfunktionen unter dem Druck der materiellen Not und weiterer Belastungen bis hin zur Vernachlässigung vermindern können. Unsere bisherige Darstellung legt die These nahe, dass die Qualität der Eltern-Kind-Beziehung nicht ein unabhängiger Faktor ist, der ohne weiteres der materiellen Not entgegengesetzt werden kann, sondern selbst von den Ressourcen – materiellen, immateriellen und sozialen – der Eltern und der Kinder abhängt. Die Eltern-Kind-Beziehung bzw. die Erziehungsfunktionen der Eltern werden also in den Kontext der elterlichen und kindlichen Lebenslagen gestellt. Wir beschränken uns dabei auf einige Aspekte der Eltern-Kind-Beziehung, nämlich die Alltagsstrukturierung, die gemeinsamen und kindbezogenen Aktivitäten sowie die Kommunikation von Bewältigungsstrukturen zwischen Eltern und Kindern.

Alltagsorganisation: Wir hatten festgestellt (vgl. Kapitel 4), dass der Alltag der Familien sehr heterogen strukturiert wird, wegen der unterschiedlichen erwerbsmäßigen und alltagsbezogenen Konstellationen der Familien. Es gibt dabei eine Gruppe von Kindern, denen die Eltern wenig Alltagsstruktur vorgeben (können) und die damit auch überfordert sind. Diese Kinder geben auch die meisten psychosomatischen Symptome an (z. B. Schlafstörungen, Konzentrationsprobleme, Nervosität, Zerstreutheit, Gereiztheit). Die Lebenssituation dieser Eltern zeichnet sich häufig durch mehrfache Belastungen aus. Gemeinsame Unternehmungen scheinen sich mehr in ihrer Qualität denn in der Menge auf die Wahrnehmung und das Wohlbefinden der Kinder auszuwirken. *Kindbezogene Aktivitäten* als gemeinsame, aber auf das Kind ausgerichtete Tätigkeiten oder Aktivitäten sind eher selten. Vor allem ist hier auffällig, dass nur jene Kinder explizit nicht nur von gemeinsamen Unternehmungen – vor allem am Wochenende – mit den Eltern oder einem Elternteil berichten, sondern auch kindbezogene Aktivitäten anführen, deren Eltern für sich eine Lösung (aktive Bewältigung) für die Erwerbslosigkeit und den Hilfebezug gefunden haben: Rebecca (Integration in die Kirchengemeinde), Erik (Mutter nutzt Zeit für Kinderbetreuung), Karsten (Existenzgründung der Eltern), Anton (Mutter im Schichtdienst erwerbstätig). Konstantin nimmt hier insofern eine Sonderrolle ein, als der geschiedene Vater sehr viel mit ihm unternimmt, allerdings hat auch die allein erziehende Mutter ein ausgeprägtes Interesse am Kind.

Bei den Kindern, die keine kindbezogenen und wenig gemeinsame Aktivitäten mit den Eltern berichten, deren Familienleben also wenig Zuwendung zum Kind einschließt, finden sich mehrfache und unterschiedliche Belastungen. Das Spektrum ist dabei groß: langdauernde (manchmal deutlich perspektivlose) Erwerbslosigkeit, materielle Not, Schulden, drohender Wohnungsverlust, Partnerschaftsprobleme, Bulimie, Mangel an Kommunikation über Familien- und Erziehungsprobleme, schlecht bezahlte Gelegenheitsjobs, Nachbarschaftsstreit usw.): Theo, Frank, Dennis, Torsten, Steffi und Tina sehen anstelle kindbezogener Aktivitäten sehr oft gemeinsam fern mit der Mutter.

Das Spektrum der elterlichen Interaktionen und Einstellungen zum Kind lässt sich in einem Kontinuum zwischen Anteilnahme und Interesse am Kind und Vergleichgültigung als multidimensionale Folge von Armutsbelastungen der Eltern interpretieren. Letztere scheint oft mit Isolation und Vereinsamung der Mütter, mit Partnerschaftskonflikten, mit Überforderung der Eltern in der Lebensbewältigung zusammenzuhängen.

Beziehungsschwierigkeiten und Konflikte zwischen Eltern und Kindern, die teilweise zu massiven Verhaltensauffälligkeiten der Kinder führen oder führten, haben weitere starke, emotionale Belastungen und Irritationen der Kinder zur Folge. Bei Anja hängen sie vermutlich mit traumatischen Beobachtungen des Kindes bei den epileptischen Anfällen und alkoholbedingten Ausfällen des Vaters zusammen, bei einem anderen Mädchen (Rebecca) eher mit dramatisch gewaltförmigen Konflikten zwischen den Eltern, bei Anton vermutlich mit der beruflichen Überbeanspruchung der Mutter, die in der Folge auch erziehungsmäßig überlastet war und zeitweise wohl auch den Alltag ihrer Kinder nicht mehr strukturieren konnte.

Komplexer verursachte psychosomatische Symptome wie Kopfschmerzen, Schlafschwierigkeiten, geringe Konzentrationsfähigkeit, unklare somatische Beschwerden, usw. scheinen die Folge familialer und emotionaler Belastungen eines erheblichen Teils unserer Kinder zu sein. Sie hängen aber offenbar nicht nur mit Belastungen der Familie zusammen, sondern auch mit den belastenden Erfahrungen, die viele unserer Kinder in der Schule machen, sowohl in Bezug auf die Institution Schule selbst, als auch in Bezug auf ihre soziale Integration im Kontext der Schule (d. h. in der Schulklasse, mit SchülerInnen anderer Klassen auf dem Schulhof und auf dem Schulweg) sowie teilweise auch im Hort.

5.2.3 Elterliche und kindliche Strategien – Gemeinsamkeiten und Unterschiede

Der elterliche Umgang mit der Benachteiligungssituation wirkt sich mittelbar und unmittelbar in der familiären Alltagsgestaltung (s.o.), im Familienklima, im Erziehungsstil und im Umgang mit den Kindern aus. Offenbar spielt auch bei den Eltern eine entscheidende Rolle, ob sie in ihrer Suche nach Ersatz- und Kompensationsmöglichkeiten vor allem bei der Interessenförderung der Kinder, der Freizeitgestaltung – auch Ferien und Urlaub – sowie der Gestaltung von Festen und Feiern der Familie und der Kinder zumindest partiell erfolgreich sind. Erleben die Eltern hier ihre Ohnmacht und resignieren an den fehlenden Gestaltungsmöglichkeiten, sind in der Regel alle elterlichen Erziehungsfunktionen und in der Folge die Qualität der Beziehung betroffen.

Eine sehr große Rolle scheint insgesamt (wir müssen uns hier begrenzen auf einige Aspekte) die Vermittlung der Situation und des Managements des Mangels an die Kinder zu spielen. Dort, wo die Eltern selbst positive Erfahrungen der Bewältigung machen können – wie begrenzt diese immer sein mögen – können die Kinder diesen Aspekt einer Familienmentalität (nicht immer ungebrochen) übernehmen. Dies scheint allerdings nur zu funktionieren, wenn eine positive Eltern-Kind-Beziehung gegeben ist. Dort, wo die Eltern die materiellen und andere Probleme nicht mit den Kindern kommunizieren, herrscht meist auch eine – vom Management des Mangels einmal abgesehen, das hier aber oft bereits verzweifelte Züge trägt – faktische Unmöglichkeit von Eltern wie Kinder vor, der Situation mit aktiven Strategien begegnen zu können.

Konstantin und Eric sind Kinder mit einer großen Eigeninitiative in Bezug auf Interessenverfolgung und soziale Kontakte; diesen Mustern entsprechen bei den Müttern ähnliche, teilweise kämpferische, Strategien der Interessenverfolgung gegenüber Ämtern und die Mobilisierung sozialer Unterstützung bzw. ein striktes Ressourcenmanagement.

Sarah kann die Strategien der Konfliktlösung durch Kommunikation, des Hilfesuchens und der Suche nach äußerer Unterstützung von ihrer Mutter übernehmen, setzt aber auch auf Gewalt, wenn sie damit nicht erfolgreich ist. Rebecca übernimmt teils die Strategien der Mutter (Interessenverfolgung, kreative Gestaltung der Lebenssituation, Funktionalisieren von Verbündeten), gibt aber ihre eigenständigen Wünsche nicht auf, wohl weil sie die (konsumkritische) Philosophie der Mutter sozial nicht durchhalten kann. Dennis kann zwar die Strategien der Bedürfnisreduktion und des aktiven Sparens und Geldverdienens von der Mutter annehmen, ist aber wegen der Lieblosigkeit in der Elternbeziehung überfordert. Anton ist ähnlich einzuschätzen.

Steffi übernimmt von der Mutter das sich offensive Wehren gegen Stigmatisierung, ist aber damit überfordert. Sie hat kaum Zugang zu Gleichaltrigen, die Großeltern helfen zwar, verbessern die Lage aber kaum.

Nichtkommunikation über den Umgang mit dem materiellen Mangel bedeutet in Dorothees Familie das Übergehen und Nichtgeltenlassen der Wünsche und Bedürfnisse der Kinder. Sie kann diese Strategien nicht übernehmen und flüchtet notgedrungen in die Innenwelt (Tagebuch), in Schwindeln, in Schweigen und Rückzug.

Bei Anja hat das elterliche Tabuisieren der Notsituation stärker ambivalente Folgen, einerseits zeigt sie Einsicht in die Zwänge der Erwachsenenwelt, andererseits deutet ihr aggressives Verhalten in der Familie und unter Gleichaltrigen daraufhin, dass der elterliche Umgang sie überfordert und in starke Konflikte bringt. Gegenüber den Eltern entwickelt sie Formen des versteckten Protests z.B. in der Auseinandersetzung um das Pausenbrot. Ähnlich, aber gebrochener ist es bei Karsten, der die Strategie fordernder Interessenverfolgung von den Eltern nicht übernehmen kann; er reagiert eher mit Rückzug in seine enge Freundschaft.

Eine besondere Rolle nimmt die Familie von Tina ein, hier übernimmt die Tochter zwar die passive, verdrängende Haltung der Mutter und die Flucht in mediale Seifenopern, sie kann aber in der Schule sehr aktiv ausgleichende Angebote nutzen (Verein, Schülercafé, Musik) und hat zudem beim geschiedenen Vater und den Großeltern ein weiteres Gegengewicht.

Fluchten sind die kindlichen Formen des Umgangs mit der benachteiligenden Situation bei Theo, wenn die Eltern für sich selbst keine Perspektive sehen und die Lage vor dem Kind verschweigen, so dass es keine Kommunikation über die Alltagsprobleme gibt. Ziel der Fluchten sind Phantasiewelten, mediale Fernsehwelten, funktionale Spielbeziehungen. Bei Torsten, dem nur der eigene Fernseher, soziale Kontakte aber nicht zur Verfügung stehen, ist es die gemeinsame Fernsehwelt mit der Mutter, das sich Ablenken durch laute Fröhlichkeit. Auch Frank reagiert so, obwohl die Mutter keineswegs perspektivlos ist und aktive Strategien der Einschränkung betreibt. Insgesamt haben wir bei der Bewältigung teilweise gleichläufige und teilweise gegenläufige (oder zumindest unterschiedliche) Muster von Eltern und Kindern.

Für die Herausbildung dieser unterschiedlichen Reaktionsweisen von Eltern und Kindern spielen offenbar nicht nur die Erziehungsstile und die unterschiedlichen innerfamilialen Formen der Kommunikation mit den Kindern, sondern auch die Frage eine Rolle, ob eine konkrete elterliche Hilfestellung, Anleitung und Unterstützung beim Umgang mit der Mangelsituation geleistet werden kann, die es den Kindern ermöglicht, Bewältigungen zu finden, die positive Erfahrungen bzw. Gestaltungsmöglichkeiten für sie erreichbar machen. Entscheidend und die Lebenslage dominierend scheint dabei oft eher das objektive Unvermögen der Eltern zu sein, entlastende Ressourcen materieller und sozialer Art aufzuschließen. Sie sind schlicht nicht vorhanden oder nicht zugänglich, weil Verwandte nicht in erreichbarer Nähe wohnen, weil sie selber erwerbslos sind, weil Verwandtschaftskonflikte bestehen, wegen infrastruktureller Gegebenheiten usw.

Bewältigung ist also als das Zusammenspiel von individuellen Einstellungen, Haltungen und Aktivitäten mit den objektiv erreichbaren – relativen – Kompensationen und reduzierten Bedürfniserfüllungen zu sehen. Die den Kindern möglichen Formen von Bewältigung hängen nicht nur von der Eltern-Kind-Beziehung und der innerfamiliären Kommunikation über Deutungs- und Handlungsmöglichkeiten, sondern auch von den faktisch erreichbaren Chancen ab, für die Kinder einen aktiven Handlungshorizont ermöglichen zu können.

Welche Elemente der Lebenslage begünstigen nun speziell die kindliche Bewältigung? Wir haben – neben der elterlichen Kommunikation und Interaktion in Bezug auf bewältigende Strategien (vgl. Kap. 5.1.8) – in einigen Fällen Faktoren gefunden, die manchen Kindern vergleichsweise gute Handlungs- und Gestaltungsmöglichkeiten ihres Kinderlebens eröffnen. Sie sind überwiegend an gelingende Ermöglichungs- und Brückenleistungen aus dem kindlichen Netzwerk gebunden. Ferner ist auf die unterschiedliche Wahrnehmung zentraler Belastungen aus elterlicher und kindlicher Sicht aufmerksam zu machen.

Die Möglichkeiten der Kinder, fehlende soziale Kontakte zu Gleichaltrigen und auch Erwachsenen zu kompensieren, oder auf Brückenfunktionen oder Vermittlungen von Erwachsenen zurückzugreifen, sind begrenzt. Es gelingt ihnen nur dort, wo sich an Erwachsene gebundene Gleichaltrigenbeziehungen gleichsam ergeben, so etwa bei den Großeltern, beim geschiedenen Vater, beim allein wohnenden Lebensgefährten der Mutter. Natürlich müssen diese ermöglichenden Gelegenheitsstrukturen auch von den Kindern aktiv wahrgenommen werden, muss also durch die Kinder eine Beziehung der Spielkameradschaft oder der Freundschaft aufgebaut werden. Insofern sind dies Bewältigungsleistungen der Kinder selbst.

5.2.4 *Auf Bewältigung zielende Strategien der Kinder*

Zu einem recht großen Teil nehmen die Kinder die unterschiedlichen Benachteiligungen in den Dimensionen ihrer Lebenslage wahr. Auch wenn sie dies nicht (immer) zu dem Begriff von Armut verdichten, klagen sie – vor allem gegenüber den Eltern und näheren Angehörigen – gewünschte Verbesserungen ihrer Lebenssituation direkt oder indirekt ein. Zum Teil eröffnen sich ihnen Bewältigungsmöglichkeiten, die im Rahmen der übergreifenden Strukturierung ihrer Lebenslage durch die *Familie im weiteren Sinne* aber eher als Substrategien anzusehen sind.

Als aktive und den Kindern Gestaltungsmöglichkeiten eröffnende Strategien lassen sich folgende Aktivitäten der Kinder ansehen:[5]

---

5   Die Unterscheidungen sind nicht trennscharf und die „Muster" kommen auch kombiniert vor.

- Brücken nutzen. Diese in der Regel durch die Kinder nicht kommunizierten Strategien bestehen in der Wahrnehmung und Gestaltung der durch die „brückenden" Personen ermöglichten Erweiterungen des sozialen Handlungsraums (Großeltern, geschiedene Väter, erwachsene Geschwister).
- Institutionen nutzen. Tina erschließt sich in der Schule familien- und stadtteilunabhängige Sozial- und Erfahrungsräume; Anton gelingt über den Kindertreff zumindest aktuell die Bewältigung der schulischen Krise und der Zugang zu neuen Gleichaltrigenkontakten.
- Hilfe und Unterstützung in der Versorgung (Nahrung, Bekleidung, Förderung, Ermöglichung) durch Netzwerkpersonen aktiv (mitbestimmend) nutzen.
- Ermöglichung und Unterstützung von den Eltern oder vom kindlichen Netzwerk einfordern. Dies bezieht sich auf Freizeitgestaltung, Urlaub, Reisen, kindliche Förderung allgemein. Vor allem die Kinder, die im untersuchten Landkreis wohnen, thematisieren sehr häufig (4 von 7) die räumliche Entfernung von anderen Kindern als Problem. Den „Landkindern" fehlen häufig sowohl erreichbare Spielkameradschaften wie beste FreundInnen. Keines unserer Landkreiskinder war schon einmal im Kino, die Stadtkinder dagegen alle.
- Gleichaltrigenbeziehungen in der Schule und anderen institutionellen Orten, in der Nachbarschaft – wo möglich – eingehen, pflegen, weiterentwickeln. Hier sind die Kinder aber auch auf elterliche Unterstützung (z. B. bei Übernachtungen, Kindergeburtstagen, Feiern) und auf infrastrukturelle Gegebenheiten angewiesen.
- Freundschaften entwickeln und pflegen. Den Kindern sind enge Freunde oder Freundinnen sehr wichtig. Meist wird genannt, dass „über alles reden können" und „nett sein" wichtige Eigenschaften von engen Kinderfreundschaften sind. Die Kinder sprechen damit Vertrauen können und Vertrautheit und eine grundlegende Übereinstimmung in Interessen und Gefühlen an.
- Aktive Reaktion auf materielle Mangellagen: In den Familien, wo die Eltern versuchen, eine gemeinsame Strategie des Umgangs mit dem Mangel zu entwickeln, können die elterlichen Sparstrategien von den Kindern übernommen werden. Solche Strategien sind z. B. Einschränkung, Bedürfnisverlagerung (meist auf billigere Dinge), zeitlicher Aufschub; sie ermöglichen Sparen und Mitsparen der Kinder, Eigeninitiative (Flohmarktverkäufe durch die Kinder, kleine Geschäfte der Kinder).

Diese Bewältigungsformen eröffnen den Kindern Handlungsmöglichkeiten. Sie sind als ein Versuch, die eigene Autonomie (Handlungsfähigkeit in Bezug auf ein Problem) zu erhalten oder wiederherzustellen, zu betrachten. Diese Strategien sind an entsprechende in der Lebenslage des Kindes strukturell gegebene Realisierungschancen angebunden.

Als eher ohnmächtige, d. h. den Kindern kaum Einflussmöglichkeiten (im Sinne einer Gestaltung) eröffnende Strategien lassen sich folgende Aktivitäten einschätzen:

- Elterliche Zuwendung und Zeit einfordern und einklagen
- Elterlichen Streit beenden wollen
- Rückzug in die Phantasie(-welten), Fernsehkonsum und wechselnde Gleichaltrigenkontakte

Eine andere Form stellen die eher indirekten Reaktionen einiger Kinder auf Spannungen in der Familie, auf die als belastend erfahrene Schule; auf Ausschluss- und Stigmatisierungserfahrungen unter Gleichaltrigen dar. Sie liegen eher im Psychosomatischen und äußern sich in vielfältigen körperlichen und psychischen Symptomen, bei einigen Kindern in erhöhter Krankheitsanfälligkeit.

Solche Formen der Bewältigung gehen einher mit einer elterlichen und kindlichen Lebenslage, die stark belastet ist und wenig Gestaltungsmöglichkeiten bietet. Die Schule allerdings – wie in Kapitel 4 dargestellt – stellt wohl auch bei weniger belasteten Kindern ein Frustrationspotential dar.

Aggressive Formen des Umgangs mit Sachen und vor allem mit Gleichaltrigen sind ebenfalls als Formen der Bewältigung einzuschätzen, die den Kindern kaum positive Gestaltungsmöglichkeiten im sozialen Bereich eröffnen. Auch sie scheinen Reaktionen auf komplexe Belastungen zu sein (Ablehnung bei Gleichaltrigen, Konflikte in der Familie, kühles Familienklima, zu wenig Aufmerksamkeit durch die Eltern, usw.). Bei einigen Kindern können wir annehmen, dass sie in der Familie ähnliche Formen der Konfliktbewältigung erfahren haben.

Zusammenfassend lassen sich die *Bewältigungstypen* der Kinder wie folgt charakterisieren:

- die von der Armut eher unbeeindruckten mit reichem und vielfältigem Kinderleben
- die Kämpfenden, deren Chancen begrenzt sind (vgl. Kap. 5.3: Mittelfeld Typ b)
- die Leidenden (Mittelfeld Typ a)
- die mehrfach Leidenden (vgl. Kap. 5. 3: Typ 3).

5.3 Strukturen kindlicher Lebenslagen in Armut – Versuch einer Ordnung

Wir betrachten in unserer Untersuchung Armut als mehrdimensionales Merkmal des Kinderlebens, dessen konkrete Ausprägung sich im Zusammenspiel verschiedener Dimensionen und Einflussfaktoren ergibt. Wenn wir hier nun die zentralen Ebenen der Lebensbewältigung in den Blick nehmen, ergibt sich eine etwas andere Betrachtungsweise als im Kapitel 4, in dem wir die Lebenslagebereiche von Eltern und Kindern untersucht haben. Im Vordergrund stehen nun einerseits jene Lebens- und Entwicklungsfelder der Kinder, die für den Aufbau der kindlichen Identität wesentlich sind und die Persönlichkeit des Kindes sowie die Kompetenzen der Lebensbewältigung entscheidend prägen. Zum anderen wollen wir hier die Einflussfaktoren und ihr komplexes Zusammenspiel näher betrachten, auch hinsichtlich der salutogenen und vulnerablen Faktoren, die auf das Kinderleben wirken und die letztlich entscheidend dafür sind, ob es von den Kindern als eher befriedigend oder eher weniger befriedigend wahrgenommen wird.

Einmal rückt mit diesem Blick aus der Bewältigungsperspektive das aktuelle Kinderleben hinsichtlich seiner Strukturen und Gehalte für die kindliche Selbstvergewisserung, das Selbstbild, die Identität und die Zufriedenheit mit diesem Leben in den Vordergrund. Welche Möglichkeiten anerkennender Erfahrungen und kindlicher Eigengestaltung vermittelt oder erschwert es? Zugleich verbindet sich mit der Bewältigungsperspektive die von uns bisher beiseitegestellte Dimension der Betrachtung des Kindes als Werdendes, als sich Entwickelndes, dem durch die Strukturierung der Gegenwart Entwicklungsmöglichkeiten für die und in der Zukunft eher eröffnet oder eher verschlossen werden. Die Dialektik beider Ebenen ist der Kindheit immanent.

Das schon im Kapitel 4 angesprochene Konzept der Entwicklungsaufgaben (z. B. Havighurst 1972) geht davon aus, dass die gesellschaftliche Ordnung von Kindheit den Kindern je nach Altersstufe jeweils unterschiedliche Strukturierungen von Bewältigung vorgibt.

Das Konzept der altersspezifischen Entwicklungsaufgaben bezieht sich also einerseits auf sozialhistorische Bedingungen des Aufwachsens bzw. die generationelle Ordnung der Gesellschaft – auf soziale Strukturierungen von Kindheit – und andererseits auf subjektive Entwicklungsprozesse des Kindes (vgl. z. B. Fend 2000: 210ff.). Unter historisch spezifischen Lebensbedingungen baut sich mithin in der Bewältigung dieser Entwicklungsaufgaben die subjektive Kompetenz des Kindes allmählich – altersspezifisch – auf. Diese zuerst von Havighurst 1972 formulierte Vorstellung einer Verbindung von Subjekt und Gesellschaft impliziert die Idee einer aktiven und produktiven Lebensbewältigung unter sozialhistorisch strukturierten Lebensbedingungen, in der spezifische Kompetenzen entwickelt werden: kindliche Identität und Kompetenz bildet sich nicht passiv durch Übernahme von Erfahrungen, sondern in der täglichen Auseinandersetzung mit Aufgaben und Problemen in den sozialen Kontexten von Familie, von Gleichaltrigen und von Schule.

Die zentralen Bewältigungsaufgaben der mittleren Kindheit lassen sich in drei Bereiche ordnen:

- die intrapersonale Ebene (Persönlichkeitsbildung, Identität, relative Selbständigkeit bzw. Ablösung von der Familie),
- die kulturell-sachliche Ebene, also die Aneignung von Kultur, Wissen, Kulturtechniken (auch in der Schule)
- die interpersonale Ebene, also das Beziehungsgeflecht, hier hauptsächlich die Beziehungen zu Gleichaltrigen und engere Beziehungen wie z. B. Freundschaften.

Die übergeordnete Anforderung der kindlichen Entwicklungsphase (im Grundschulalter) ist jene, ein neues, bewussteres, selbständigeres Verhältnis zu sich selbst, zur Kultur und in den Beziehungen außerhalb der Familie zu gewinnen; d.h. ein autonomeres Verhältnis zu sich selbst und zur dinglichen und sozialen Welt.

Im Folgenden wollen wir versuchen, anhand von ausgewählten Falldarstellungen die Strukturen und Ressourcen herauszuarbeiten, die eine Bewältigung von altersspezifischen Entwicklungsaufgaben fördern bzw. beeinträchtigen. Dabei lassen sich als differente Ebenen personaler Ressourcen emotionale Ressourcen – besonders ein positives Verhältnis zu sich selber, ferner soziokognitive (i. S. von Analyse- und Urteilsfähigkeit) und soziale Ressourcen (Unterstützung von Seiten der Familie, aber auch Einbettung in andere soziale Bezugssysteme, darunter auch Gleichaltrige) unterscheiden (Fend 2000: 214). Diese Ressourcen sind vor allem in der Familie und ihren intra- und interpersonalen Beziehungen, im Bereich der kognitiven und kulturellen Aneignung und des sozialen Lernens – vor allem im Kontext der Gleichaltrigenbeziehungen – zu sehen. Sie sollen im Folgenden näher betrachtet werden.

Familie

Auch in der mittleren Kindheit bleibt die Familie die entscheidende Schaltstelle, die auf verschiedenen Ebenen die Strukturierung des aktuellen Kinderlebens beeinflusst und moderiert, auch wenn das Kind zugleich in der Schule und in Gleichaltrigenbeziehungen zunehmend in tendenziell von der Familie unabhängigen sozialen und sozialisatorisch relevanten Orten sein Leben zu gestalten beginnt. Für die Lebensbewältigung des Kindes sind zunächst vor allem die Gestaltungs-, Ermöglichungs-, Vermittlungs- und Unterstützungsleistungen der Familie entscheidend, weil sie den Rahmen vorgeben und strukturieren, innerhalb dessen das Kind Anerkennung und Autonomie gewinnen und Lebenswelt aneignen kann. Auch wenn bei armen Familien die-

diese Funktionen eingeschränkt sind, ist aus der Sicht der Kinder wesentlich, ob und in welcher Weise innerhalb des engen Rahmens Rücksichten auf das Kind und seine Bedürfnisse nach Eigengestaltung genommen werden und wie dies dem Kind vermittelt wird. Insgesamt dürfte in diesem Zusammenhang die Qualität und die Ausgestaltung der Eltern-Kind-Beziehung entscheidend sein, die sich neben dem Gesamtbild von emotionaler Wärme oder Kälte auch an Ritualen der Familie, an dem Reflektieren der Erziehungsrolle durch die Eltern in der Kommunikation mit dem Kind, im Interesse am Kind, in der Alltagsgestaltung und der elterlichen Anteilnahme (auch Kontrolle) an der Kinderwelt und dem Kinderleben, vor allem auch in der Freizeit festmacht. Die Gestaltung der Eltern-Kind-Beziehung hat Einfluss nicht nur auf die Persönlichkeitsentwicklung des Kindes, sondern auch auf seine Zufriedenheit mit und sein Wohlbefinden in der Familie. Die Art der Kommunikation über die materielle Notsituation bzw. die materiellen Einschränkungen beeinflusst offenbar die Bewältigungsmöglichkeiten und -formen des Kindes entscheidend, weil sie identitätsstützende oder -schwächende Strukturen implizieren kann.

Schule

Schule ist in der mittleren Kindheit ein in mehrfacher Hinsicht wichtiger Lebensort für Kinder. Sie verbringen dort nicht nur einen beträchtlichen Teil ihrer Lebenszeit, Schule eröffnet auch einen neuen Bereich des Kinderlebens, nämlich die Anforderung des Lernens, des Verstehens von Zusammenhängen, von Wissen und Bildung. Kinder lernen Erwachsene in stärker auf Rollen festgelegten Kontexten wahrzunehmen. Schule ist ferner ein Ort der Selektion durch Leistungsbewertungen, Noten und Beurteilungen. Schule wird zu einem wichtigen Ort für das Selbstbewusstsein der Kinder, indem sie Anerkennung vermitteln oder Frustration erzeugen kann.

Wir betrachten im Folgenden das kindliche Wahrnehmen und Erleben von Schule unter verschiedenen Aspekten. Zunächst einmal in Bezug auf die Noten oder die Schulleistungen, ferner in Bezug auf die Lehrerbeziehungen, die Klassenintegration, die Schulintegration, sowie hinsichtlich möglicher Ausgrenzungs- und Diskriminierungserfahrungen im Kontext der Schule. Verbindungen werden herzustellen sein zwischen kindlichem Aktionsradius und Schulmotivation, Schule und Selbstbewusstsein. Auch verfügen unsere Kinder in unterschiedlichem Masse über Möglichkeiten des Ausgleichs zur Schule, wie Sport, musische oder andere Aktivitäten.

Aktivitätsspektrum der Kinder

Unsere bisherige Darstellung hat gezeigt, dass für den kulturellen und sozialen Kapitalerwerb das familiale und kindbezogene Netzwerk mit seinen Teilhabechancen an verschiedenen sozialen Kontexten und Milieus sowie die außerschulischen fördernden und geselligen Aktivitäten der Kinder eine entscheidende Rolle spielen. Offenbar besteht ein starker Zusammenhang zwischen schulischem und außerschulischem Kinderalltag, insofern als es durch die Spielräume der Familie bedingte Ungleichheiten bei außerschulischen Aktivitäten gibt, die zu den herkunftsbedingten sozialen Chancenungleichheiten in der Schule hinzukommen bzw. sie verstärken können. In dieser Thematisierung des Aktivitätsspektrums der Kinder verbinden sich zwei theoretische Interpretationsstränge. Einerseits sind Interessen und Hobbies der Kinder nur scheinbar zweckfrei, es geht dabei, wie Strzoda/Zinnecker betonen,

„immer – wenn auch stillschweigend, um zukünftige Lebenschancen und Lebenslaufbahnen. Um diesen Aspekt hervorzuheben, sprechen wir vom Erwerb ‚kulturellen Kapitals' qua Interessen und Hobbies und deren Förderung in institutionellen Kontexten" (1996: 65f.).

Auch kulturelle/musische und sportliche Aktivitäten lassen sich als Erwerb kulturellen Kapitals interpretieren, weil sie einen Aufbau wechselseitig verpflichtender Netzwerke implizieren und das Ausbalancieren unterschiedlicher Erwartungen erfordern, wie es auch das Leben der meisten Erwachsenen kennzeichnet. Zum anderen drückt sich im Aktivitätsspektrum des Kindes die wachsende Selbständigkeit des Kindes – vor allem gegenüber der Familie, aber auch der Erwachsenenwelt generell – aus, und dies macht sich insbesondere in der Gleichaltrigenkultur als dem Medium der sozialen Selbständigkeit des Kindes fest (vgl. Böhnisch 1997: 81ff.).

Wir betrachten also im Folgenden das (breite oder enge) Aktivitätsspektrum der Kinder in Bezug auf die Vielfalt der Netzwerkkontakte, die Nutzung kinderkultureller Angebote (Sport, Musik, Tanzen usw.), die Interessen und Interessenschwerpunkte der Kinder als kulturelles und soziales Lern- und Erfahrungsfeld mit einer im optimalen Fall eigenständigen Sozialisationsfunktion, das zum schulischen Lernen hinzukommt und zu ihm in einem Interdependenzverhältnis hinsichtlich verschiedener Formen von Bildung steht.

Gleichaltrigenbeziehungen

Die Bedeutung von Gleichaltrigenbeziehungen haben wir oben schon diskutiert (Kapitel 4). Kindern ist die Anerkennung durch Gleichaltrige – in Spielkameradschaften, Schulfreundschaften, in engen Freundschaften – wichtig. Sie stellen einen bedeutsamen Teil kindlicher Lebensgestaltung und kindlicher Identität dar. Hier wird es darum gehen, die Auswirkungen von Armut auf die Beziehungsprofile und die Qualitäten von Gleichaltrigenbeziehungen von Kindern herauszuarbeiten. Auch in diesem Bereich wirkt sich Armut mehrdimensional aus und führt dazu, dass Kinder ein mehr oder weniger fein gestuftes Netzwerk von Peer-Beziehungen aufbauen können, dass sie keinen Anschluss finden, oder dass sie nur wenige oder überwiegend problematische

Gleichaltrigenbeziehungen haben. Allen Kindern mit wenigen oder problematischen Peer-Kontakten mangelt es in ihrer Wahrnehmung an einem unverzichtbaren Teil des Kinderlebens, und sie leiden darunter. Als Merkmale hierfür gelten – ähnlich wie in Kapitel 4 – die Zahl und die Profile der Gleichaltrigenbeziehungen in Schule, Nachbarschaft und institutionellen oder informellen Orten, Zahl und Art der guten Freundschaften, Übernachtungen bei anderen Kindern, Kindergeburtstage sowie das Vorhandensein eines besten Freundes oder einer besten Freundin.

Die folgende Aufstellung gibt unsere Analysekriterien für eine Konkretisierung der Entwicklungsaufgaben in der mittleren Kindheit in den drei genannten Bereichen wieder.

Über einen Vergleich der Einzelfälle anhand dieses Analyserasters werden wir nun unterschiedliche Formen von Kinderarmut bzw. von kindlichen Armutslebenslagen darstellen.

Empirische Ausgangsbasis für die folgenden Überlegungen sind unsere Fallstudien. Bei der Auswertung des Materials werden wir versuchen, unterschiedliche Grade von Benachteiligung der Kinder in Abhängigkeit und in Vermittlung zur elterlichen Armut herauszuarbeiten. Innerhalb der einzelnen Schlüsselbereiche des Kinderlebens (*Familie, Schule, Gleichaltrige*) dienen die Benachteiligungskategorien dazu, für jeden Einzelfall ein Benachteiligungsprofil zu erstellen.

Erste Strukturen, die wir in den Fallstudien vorgefunden haben, lassen sich zwei Extrempolen und einem breiten Mittelfeld von Benachteiligung bei den Kindern mit unterschiedlichen Strukturierungen zuordnen. Den extremsten Pol bezeichnen wir als stark und mehrfach benachteiligte Kinder, den niedrigsten Benachteiligungsgrad nennen wir „von der elterlichen Armut fast unbeeindruckte Kinder". Im dazwischenliegenden Mittelfeld werden wir noch weitere Schwerpunktsetzungen bzw. Differenzierungen vornehmen. Dabei wollen wir unterschiedliche Benachteiligungsprofile und auch Kompensationsmöglichkeiten außerhalb der Familie herausarbeiten.

Analysekriterien für kindliche Lebensbewältigung (hier: unter Armutsbedingungen) in der mittleren Kindheit

Familiensituation und familiäre Unterstützung des Kindes

Sozialer Status der Familie und berufliche Biografie der Eltern
Familienform und –größe, Geschwisterzahl
Ermöglichungen der Eltern
Qualität der Eltern-Kind-Beziehung
Anteilnahme am Kinderleben und Gestaltung durch die Eltern

Schule

Schule und Leistungsanforderungen
Erleben und Wahrnehmung der Schule
Beziehungen zu den LehrerInnen
Klassen- und Schulintegration
Ausgrenzungserfahrungen im Kontext der Schule

Beziehungen zu Gleichaltrigen (Peers)

Familiäre Netzwerke und darüber vermittelte Kontakte zu Gleichaltrigen
Spielkameraden in Schule, Nachbarschaft und anderen Sozialkontexten
Gestaltung dieser Beziehungen (Übernachtung, Geburtstage, Auswahl)
„enge Freunde" und „enge Freundinnen"

Kindliche Aktivitäten und Bewältigungen

Aktivitätsspektrum
Nutzung von kinderkulturellen Angeboten
Interessen und Interessenschwerpunkte, Hobbies
Nachbarschaft und Stadtteil
Beziehungen zu Erwachsenen außerhalb der Familie

5.3.1 Typ 1: Elterliche Armut – Kindliche Kompensation

Falldarstellung Erik (9 Jahre)

Familiensituation und sozialer Hintergrund

Erik lebt mit seiner 48-jährigen Mutter und drei Geschwistern in einem Neubaustadtteil mit niedriger Bebauung in einer ostdeutschen Mittelstadt. Er ist ein munteres, ehrgeiziges Kind mit klaren Vorstellungen im Umgang mit anderen, auch gegenüber den Interviewenden. Er weiß was er will – ist deren Eindruck. Er hat ein ungetrübtes Selbstbild, sieht sich als meist gut drauf, fröhlich und gesund an, weiß um seine Stärken im Vergleich mit anderen Kindern und fühlt sich auch in seinem Outfit wohl. Er hat keinerlei psychosomatische Symptome (wie Nervosität, Schlafprobleme, Zerstreutheit usw.), wie sie viele andere unserer Kinder benennen. Nur die schwere Krankheit einer Schwester betrübt ihn manchmal.

Die Mutter hat insgesamt neun Kinder, von denen fünf schon außer Haus sind. Sie ist zum Zeitpunkt des Interviews seit zwei Jahren geschieden und lebt seitdem als allein Erziehende mit den verbliebenen Kindern. Erik ist das jüngste Kind, im Haushalt leben noch ein weiterer Junge von 16 Jahren und zwei Schwestern von 18 und 14 Jahren. Die Mutter bezieht seit der Scheidung Sozialhilfe, sie ist seit Eriks Geburt erwerbslos.

Die ungewöhnlich große Familie bewohnt zwei nicht zusammenhängende Wohnungen in einem Plattenbau, die trotz ihrer insgesamt fünf Zimmer wohl zu klein sind für die jetzt 5-köpfige Familie. Bis vor kurzem hatte noch ein älterer Bruder mit eigenem Einkommen dort mit gewohnt.

Hinsichtlich ihres *sozialen Status* gehört die Mutter zu den besser Ausgebildeten; ihre Berufsbiografie unterscheidet sich wenig von anderen unserer Mütter: Abschluss 10. Klasse, Berufsausbildung, vier Jahre im erlernten Beruf gearbeitet, danach im sozialen Bereich tätig, sie hat zusätzlich eine fachbezogene Ausbildung gemacht.

Wie die meisten unserer Mütter hält sie an der Erwerbsarbeit als biografischer Option fest; auch für sie „stellen Familie und Erwerbsarbeit zwei unterschiedliche Bezugspunkte der Lebensgestaltung dar, die sich nicht gegeneinander aufrechnen lassen" (Kronauer/Vogel/Gerlach 1993:139f). Es ist die schwere Krankheit der 18jährigen Tochter, welche sie auf Zeit der Erwerbslosigkeit als Begründung entgegensetzt; dies stellt die legitimierende mütterliche Aufgabe dar, die vorübergehend die Erwerbsarbeit zurücktreten lässt; der Rückgriff auf familiale Verpflichtungen als Begründung entlastet sie. Sie ist sich im Klaren, dass sie sich beruflich neu orientieren muss. Aufgrund ihrer erfolglosen Arbeitssuche – die Gründe hierfür sieht sie vor allem in ihrem Alter und in der Kinderzahl – ist ihr deutlich, dass sie nur mit institutioneller Hilfe wieder einen Einstieg in die Erwerbstätigkeit finden kann. Sie hofft, dass ihr vielleicht ein „Hilfe zur Arbeit-Projekt" des Sozialamts einen Wiedereinstieg in die Erwerbstätigkeit ermöglichen würde. Ihre eigenen Versuche, Erwerbsarbeit zu finden, waren bislang erfolglos.

Elternbeziehung

Das Familienklima wird von Erik positiv erlebt und dargestellt. Er nimmt seine Mutter als lustigen, glücklichen Typ wahr, der in seiner Erziehung respekt- und verständnisvoll, in einigen Aspekten auch partnerschaftlich mit ihm umgeht. (Wir haben die Generationenbeziehung in dieser Familie als einen gemäßigten Befehlshaushalt eingeschätzt; vgl. DuBois-Reymond u.a. 1994: 169ff.). Die Mutter hat Zeit für ihn, sie lässt ihm viele altersgemäße Selbständigkeiten (Kleidungsauswahl, Essenswahl). Als gemeinsame Aktivitäten nennt er Bekannte besuchen und spazieren gehen. Vermutlich gibt es aufgrund der sehr breiten Streuung des Alters der Kinder und auch der schweren Krankheit der Schwester keine weiteren „gesamtfamilialen" Aktivitäten, die mit allen Kindern gemeinsam unternommen werden können. Im Gegensatz zu den meisten anderen unserer Kinder nimmt Erik seine Mutter nicht als gestresst wahr. Sie steht zeitig auf, ist „gut drauf" und erscheint nicht wechselhaft oder launisch. Sie hat Zeit für ihn; sie vertritt klare Anforderungen bei Alltagsregeln und auch in Bezug auf seine Schulleistungen, deren Nichterfüllung oder Übertretung mit Strafen (meist Hausarrest) beantwortet werden. Erik nimmt Strafen nicht als Kränkung und nicht als verletzend wahr, sondern als legitime Einschränkung. Zur Strategie der Selbstbehauptung bei Strafen gehört, dass er auch dann noch Vieles weiß, was er machen kann.

Das tägliche Gespräch beim Mittagessen über die Ereignisse in der Schule, über Sorgen und Probleme gehört zur Eltern-Kind-Beziehung, wobei von Erik auch die 18jährige Schwester als weitere Vertrauensperson genannt wird. Er hat Verständnis dafür, dass die Mutter, wenn sie Ämtergänge oder andere Besorgungen zu erledigen hat, nicht immer Zeit für ihn hat. Er hebt hervor, dass er sich gut alleine beschäftigen könne. Gelegentlich hilft er freiwillig im Haushalt mit, beim Abwasch oder beim Saubermachen, manchmal muss er dazu auch angehalten werden. Erik wird in der Familie gelobt, er wird auch belohnt, mit Eis oder mit kleineren Geldbeträgen.

Feste und Feiern sind selbstverständliche Rituale in seiner Familie. Häufig kommen sonntags die erwachsenen Geschwister und die Mutter kocht dann etwas Ausgefallenes. Auch die Feiertage des Jahres werden auf diese Weise im Kreis der großen Familie begangen.

Erik ist für sein Alter ein sehr selbständiges Kind. Er steht alleine auf, kümmert sich um sein Frühstück, streicht sich das Pausenbrot selbst, macht viele Wege in der Stadt und im Viertel alleine, er kauft auch für die Familie ein, wobei er sich die Einkaufsliste merken kann. Mit dem Fahrrad fährt er in benachbarte Stadtteile, an den Fluss, in den Wald. Er übernachtet auch gelegentlich bei Freunden oder den älteren Geschwistern und deren Familien.

Schule

Erik ist eines unserer wenigen Kinder ohne ambivalente Gefühle in Bezug auf die Schule. Er sieht sich als guten Schüler, er lernt gern, er geht gerne in die Schule. Schule wird von ihm unter dem Leistungsaspekt nicht als problematisch erlebt. Eine schlechte Schulnote bedroht sein Selbstbild. Als er in Deutsch eine schlechte Note erhält, ist er sehr unzufrieden mit sich. Er übt mit seiner älteren Schwester täglich das Lesen, er *„paukt"*, wie er sagt, solange, bis er mit seinen Leseleistungen zufrieden sein kann. Auch ein Computer-Lernprogramm, das der Schwester gehört, wird dazu von ihm benutzt. Seine Lernmotivation findet in der Familie eine sowohl allgemeine (mütterliche) wie praktische (geschwisterliche) Unterstützung. Der Einschätzung und Erwartung der Mutter, er könne aufs Gymnasium gehen und Abitur machen, steht Erik selbst eher skeptisch gegenüber.

Seine Sozialbeziehungen in der Schule sieht er überaus positiv. Seine beiden Lehrerinnen betrachtet er als Vertrauenspersonen, die er mag. Eine andere, strenge Lehrerin lehnt er dagegen ab. Er fühlt sich in der Klasse wohl, hat dort viele Freunde, fühlt sich anerkannt und wird oft eingeladen.

Interessen und Hobbies

Erik hat sehr viele Interessen und Hobbies, denen er teils allein, teils mit anderen Kindern nachgeht. Er ist in seiner Freizeit in der Regel so beschäftigt, dass er fürs Fernsehen „*keine Zeit*" hat. Er bastelt und werkt gerne, er repariert und flickt sein Fahrrad, er beschäftigt sich wissensmäßig mit Spinnen und Schlangen, er spielt Fußball, er spielt Gitarre. Er darf den PC seiner Schwester mit nutzen und spielt damit, benutzt aber auch Lernprogramme.

Eine wichtige Bedeutung haben für ihn informelle und formelle Gruppierungen. Er hat selbst einen Fahrradklub von Kindern gegründet, in dem er viel Zeit verbringt und mit dem er viel unternimmt.

Seit einigen Jahren ist er Mitglied bei den Pfadfindern, die neben den wöchentlichen Treffen viel der Zeit am Wochenende und vor allem in den Ferien gestalten, mit Baden, Wandern, Campen und anderen Gruppenaktivitäten. Dadurch kennt er viel von der näheren und weiteren Umgebung (er sagt: „*jeden Wald, jeden Fluß, jede Wiese, Spielplätze und Sportplätze*") und ist mit der Gruppe auch schon im Ausland gewesen.

In der Person seines älteren Bruders, der u. a. offene Jugendarbeit organisiert, hat er eine weitere Brücke zu anderen Sozialkontexten. Er kann Ausflüge und Fahrten mitmachen, die für Jugendliche organisiert werden und ist dadurch schon weit über die Grenzen der Stadt in andere Bundesländer, andere Landschaften und ins Ausland gekommen.

Vor allem die Schulferien werden auf diese Weise organisiert und gestaltet. Erik betrachtet diese Aktivitäten als Urlaub und scheint nicht zu vermissen, dass seine „Familie" nicht mitfahren kann. Die Mutter hat ihrerseits einmal von ihrer Überlegung und der Planung eines Urlaubs mit allen noch im Haushalt lebenden minderjährigen Kindern in Ungarn berichtet. Es zeigte sich aber bei näherer Betrachtung, dass ein solcher Urlaub nicht finanzierbar war.

Bemerkenswert ist hier insbesondere, dass Erik neben der traditionalen Kindheit mit Freundschaften aus dem Viertel zwei ganz andersartige Sozialkontexte mit Gleichaltrigen bzw. altersgemischten Gruppen hat, die mit diesen traditionalen Formen keine Überschneidungen haben. Die Pfadfinder-Kameraden kommen nicht aus dem Stadtteil und der Schule, die Jugendlichen seines Bruders ebenfalls nicht. Diese Erweiterungen seines sozialen Erfahrungsraums scheinen charakteristisch zu sein für diesen Typus von Kindern, die materielle Benachteiligung durch die Weite und Unterschiedlichkeit ihrer lebensweltlichen Räume kompensieren können.

Kindliche Netzwerke

a) Spielkameraden und Freunde
Erik hat sowohl in der Schule wie auch in der Nachbarschaft viele Spielkameraden, diesbezüglich gibt es einen großen Überschneidungsbereich, so dass er einige intensive Freundschaften hat. Die Familie wohnt schon immer in dem Stadtteil und Erik kennt viele Freunde über lange Zeit. Er lebt im Viertel eine traditionelle (Milieu-)Kindheit.

Erik hat zwei enge Freunde, mit denen er in die gleiche Schule geht, sie wohnen in der Nachbarschaft. Bei einem weiteren Schulfreund, der etwas entfernter wohnt, übernachtet er gelegentlich. *„Reden über alles"* kennzeichnet enge Freundschaft für Erik.

Die Pfadfinder stellen demgegenüber eine eigenständige Welt dar, nur ein weiteres Kind aus der Nachbarschaft ist dort mit aktiv, darüber hinaus gibt es keinen Bezug zu den anderen Kindergruppen, mit denen Erik sonst zu tun hat.

Geburtstage werden von ihm und der Familie zu einem großen Fest ausgestaltet. In der Regel lädt er etwa 8-10 FreundInnen ein, die mit Kuchen bewirtet werden. Man spielt dann spontane Spiele im Hause oder im Freien, und seine Mutter hat hier jedes Mal neue Gestaltungsideen. Von der Familie erhält er viele Geschenke, meist Kleidung, Spielsachen und Süßigkeiten.

Alle Kinder der Familie haben einen sehr großen Freundeskreis und pflegen ihre Beziehungen, so dass häufig viele BesucherInnen im Haus sind. Zum Teil hat dies auch einen positiven Bewältigungseffekt, wenn nämlich Mitbring-Feten veranstaltet werden.

b) Verwandte und andere Erwachsene
Das Besondere an Eriks Familie scheint neben der pragmatisch-sorgenden Mutter die große Bedeutung der älteren Geschwister zu sein, die einen Teil

der Elternfunktionen übernehmen, die die Mutter aufgrund ihrer materiellen Benachteiligung nur teilweise ausüben kann. In allen unseren Fällen sind die Elternfunktionen aus den unterschiedlichsten Gründen eingeschränkt; bei der hier betrachteten Teilgruppe von Kindern sind es Personen außerhalb des häuslichen Lebenszusammenhangs, die ergänzende Funktionen der Perspektivenerweiterung und Ermöglichung von Weltaneignung wahrnehmen. Die anderen jugendlichen, noch mit im Haushalt wohnenden Geschwister, unterstützen ihn, wie das Beispiel der Leseübung zeigt, und Erik ist ihnen durch eine zum Teil sehr enge Beziehung verbunden.

Aber auch die erwachsenen älteren Geschwister bieten ihm eine Erweiterung seiner Handlungsmöglichkeiten und seines sozialen Kreises, indem sie einerseits materiell helfen und indem sie andererseits seine Freizeitmöglichkeiten und damit verbunden seine sozialen Kontakte und seinen Erfahrungsraum erweitern.

Zu den Großeltern besteht ebenfalls ein gutes Verhältnis. Sie wohnen in einem anderen Stadtteil und werden häufiger besucht, bzw. sind zu allen wichtigen Familienfesten anwesend. Auch eine Tante und eine Cousine (etwas jünger als Erik) spielen für Erik als wichtige Verwandte eine Rolle, bei denen er einen Teil seiner Freizeit verbringt.

Neben den Verwandten hat Erik noch eine Reihe weiterer Kontakte und Beziehungen zu Erwachsenen, die er als wichtige Vertrauenspersonen betrachtet. Es sind Personen aus dem Viertel, meist Eltern oder Großeltern von FreundInnen. Durch den Opa eines Freundes, der im Orchester spielt, kann er gelegentlich verbilligt ins Konzert gehen. Für zwei ältere Nachbarinnen macht er unentgeltliche Haus-, Wege- und Einkaufsdienste. Er versteht sich gut mit den Nachbarn.

Bewältigungsformen

Die Mutter verfügt über eine nüchterne Einschätzung ihrer Lebenssituation als Erwerbslose und als Sozialhilfebezieherin und ist sich im Klaren über die Einschränkungen und Verzichte, die diese Lage für sie und ihre Familie bedeutet. Da sie diese Situation offen mit ihren Kindern kommuniziert und auch praktische Umgangsmöglichkeiten vermittelt, kann Erik die Armut der Familie in seine Identität integrieren und eigenständige Bewältigungsformen entwickeln. Erik teilt und praktiziert einerseits viele über die Familie vermittelte Bewältigungsformen wie sich Einschränken, Verzicht üben, Sparen usw.. Diese sind andererseits gekoppelt mit subsidiären Strategien (des verbilligten Kaufs von Markenklamotten, Ermöglichung von Ferienfreizeiten, Konzerten, Urlauben durch Pfadfinder und Jugendliche), die viele der Einschränkungen wieder abmildern bzw. zum Teil ausgleichen können. Hier spielen einerseits die verschiedenen Unterstützungssysteme eine sehr große Rolle: die Großeltern, Onkel, Tanten, Cousine, und vor allem die erwachsenen Brüder, zum anderen bei den Gleichaltrigen die Vielfalt und die engen Freundschaften. Die hohe Schulmotivation und der Schulerfolg scheinen durch das Familienklima mit seinen förderlichen Aspekten und ferner i.w.S. der Weltaneignung durch die Weite und Vielfalt von Gleichaltrigen- und Netzwerk-Beziehungen begründet zu sein. Die Vielfalt der Beziehungen – sehr altersgestreute Geschwister, viele Verwandte, einige Erwachsene, die nicht verwandt sind, die milieubezogenen und die informellen Gleichaltrigenbeziehungen (z. B. bei Pfadfindern und im Radclub) – repräsentiert eine für unsere Zielgruppe ungewöhnliche Breite von unterschiedlichen Beziehungen, die einen Bildungswert in sich hat. Sie scheinen ein ungemein identitätsstiftendes, -förderndes und anregendes Arrangement von umwelt- und lebensweltlichen Faktoren zu sein, die sich bei Erik entsprechend in einem stabilen Selbstbewusstsein und einer entwickelten Fähigkeit zur Orientierung und Selbstbehauptung in verschiedenen Sozialkontexten ausdrücken.

Die Familiensolidarität durch die älteren, schon selbständigen Geschwister spielt insgesamt eine große Rolle und ermöglicht auch Bewältigung durch „Beziehungen". Die beruflichen Positionen der älteren Geschwister ermöglichen Sparstrategien, wie z. B. Einkauf beim Großhandel, Markenbekleidung mit Rabatt oder mit leichten Schäden („angeschmuddelt") zu erwerben, so dass die Familie sich diese Ausgaben noch leisten kann.

Ähnlich verhält es sich beim 10-jährigen Konstantin. Auch seine Mutter ist zwar erwerbslos, hat jedoch Erwerbslosigkeit und Sozialhilfebezug als biografische Übergangsphase umgedeutet. In diesem Fall ist es vor allem der geschiedene, aber in erreichbarer Nähe wohnende Vater in besserer sozialer Lage, bei dem Konstantin regelmäßig die Wochenenden, einen Großteil seiner Schulferien und den Urlaub – auch im Ausland – verbringt. Dort hat er auch einen eigenen Kreis von Spielkameraden. Mit dem gleichaltrigen Sohn der neuen Lebenspartnerin des Vaters verbindet ihn eine Freundschaft. Eine weitere, ähnlich ausgleichende Rolle nehmen beide Großelternpaare ein, mit denen er ebenfalls Urlaube in Deutschland und im Ausland verbringt. Vater und Großeltern übernehmen viele ermöglichende und kompensierende Funktionen; Feiertage sind Familienereignisse, die mit den Großeltern zusammen begangen werden. Auch in diesem Fall ist das binnenfamiliale Generationenverhältnis von Aufmerksamkeit, Interesse am Kind und einer emotional warmen Beziehung gekennzeichnet, obwohl die Mutter deutlichere Belastungen zeigt als Eriks Mutter. Konstantin leidet unter der Wohnungsenge, mit seinem kleinen Bruder muss er das Zimmer teilen. Konstantin ist ein in der Schule und der Nachbarschaft gut integriertes Kind, hat einen engen Freund, mit dem er über alles reden kann und einen weit gespannten Kreis von Spielkameraden. Geburtstage werden groß gefeiert und die Mutter denkt sich jedes Mal eine andere Attraktion aus. Auch er verfügt wegen der offenen Kommunikation in der Familie über eher identitätsstützende Bewältigungsstrategien in Bezug auf die materielle Armutslage der Familie und ist in der Lage, aktiv, gestaltend und produktiv damit umzugehen. Er kann Strategien entwickeln, Ziele trotz der materiellen Armut der Familie zu erreichen. Insgesamt ist er mit seinem Leben vor allem deswegen zufrieden, weil er durch die Zweitfamilie zusätzliche und kompensierende Unterstützung, Ermöglichung und Vermittlung hat und weil er ein sozial integriertes Kind mit Spielkameraden und guten Freunden ist. Auf dieser Basis hat er einen vergleichsweise großen Gestaltungsspielraum im Kinderleben.

Zusammenfassung der Faktoren für den Typ 1

Hier haben wir es – bezogen auf unser Sample – mit einer kleinen Gruppe von Kindern zu tun, von denen wir – trotz der Armut der Familie, in der sie leben – sagen können, dass sie einen differenzierten, vielfältigen kindlichen Erfahrungs- und Lebensraum haben, dass sie sozial gut integriert sind und dass sie im Großen und Ganzen in den drei zentralen Lebens- und Entwicklungsbereichen Familie, Schule, Gleichaltrigenkultur gut zurechtkommen. Die Eltern verbinden mit den zu erwartenden positiven Schulkarrieren familiale Aufstiegserwartungen, die ihrerseits stützend und sicherlich positiv motivierend auf die Kinder wirken.

Wie ist dies möglich? Wir haben anlässlich dieser Fälle versucht, die Differenzen zu der Mehrzahl unserer Familien zu bestimmen. Welche Strukturaspekte spielen hierbei eine Rolle?

Vielfache Kompensationen: Die Eltern scheinen neben der materiellen Not nur wenige weitere Belastungen und Probleme in anderen Bereichen der Lebenslage bzw. eine subjektiv befriedigende Bewältigungsform dafür gefunden zu haben. Es gibt vor allem durch Netzwerkbeziehungen der kindlichen Verwandtschaft vieldimensionale Kompensationen (materielle und in Bezug auf soziales und kulturelles Kapital), die zudem durch ermöglichende und fördernde Elternbeziehungen strukturiert werden. Diese Leistungen des Netzwerks sind kindbezogen, d. h. wirken spezifisch stärker auf das Kind. Neben den guten Eltern-Kind-Beziehungen, die in Bezug auf die Erwerbslosigkeit temporär entlastet sind, schaffen es die Mütter dieser beiden Kinder gut, einerseits Alltagsbedingungen und eine Alltagsorganisation herzustellen bzw. zu erhalten, die den Erfahrungsraum der Kinder erweitert, sie für Neues ermutigt und unterstützt. Direkt und indirekt wird dadurch andererseits schulisches Lernen gefördert und das Kind dafür motiviert. Die Kinder haben in der Freizeit einen ausreichenden Ausgleich und Gegenpol zur Schule sowie Unterstützung, z. B. bei den Hausaufgaben. Die Erweiterung des kindlichen Erfahrungs- und Handlungsraums wird hauptsächlich möglich durch differenzierte unterstützende Intergenerationenbeziehungen im erweiterten Familienverband, in dem sowohl die „Zweitfamilie" des Vaters und die Großeltern (im Fall Konstantin) oder die erwachsenen Geschwister (bei Erik) eine entscheidende Rolle spielen. Gerade diese Erweiterung wirkt sich fördernd und anregend auf das kindliche Befinden, die Weltaneignung und die kindliche Entwicklung aus. Die Kinder sind sozial gut integriert. Ihr soziales Netzwerk zu Altersgleichen, die Beziehungen zu Freunden und Spielkameraden, ist stabil und es gibt feste Freundschaften, die teils über die verschiedenen Kindheitsphasen kontinuierlich zu sein scheinen. Insgesamt sind ihre sozialen Beziehungen im Vergleich zu anderen Kindern deutlich vielgestaltiger und konfliktärmer, also belastbarer. Die Kinder sind in der Lage, ein hohes Aktivitätsspektrum und die damit verbundenen Anforderungen an Flexibilität, Zeitökonomie und Belastungen zu bewältigen. Zu einer familiären Mentalitätsebene muss eine hochwirksame netzwerkliche Unterstützung hinzukommen, damit eine Homologie zwischen elterlich-„gesamtfamilaler", schulbezogener und freizeitbezogener Unterstützungs- und Bildungsstrategie zustande kommt, die dem Kind ermöglicht, eine bewältigende, aktive und eigenständige Gestaltungslogik des Kinderlebens zu entwickeln. Insofern sind es hier die Kinder selbst, die eine gelingende Bewältigung in ihrem Kinderleben herstellen.

Belastungen der Eltern/Mütter: Auffällig ist bei beiden Elternteilen dieser Kinder das geringere Gewicht weiterer kumulativer Belastungen der Familien neben der materiellen Not (wie Erwerbslosigkeit, soziale Isolation, Wohnungsenge, Umfeldprobleme u.a.). Die Mütter haben das Problem der Erwerbslosigkeit und des Sozialhilfebezugs gleichsam entschärft, indem sie die Zeit des Hilfebezugs als Übergangs- und Neuorientierungsphase bzw. als (durch die Krankheit eines Kindes erzwungenen) temporären Rückgriff auf den Gegenpol Familie und Haushalt interpretieren. Wohl deswegen gelingt es diesen Müttern besser als in anderen Familien, ein gutes Familienklima und eine positive Generationenbeziehung, einen die Kinder schützenden und unterstützenden Alltag und ein positives Kinderleben zu organisieren. Es scheint die Abwesenheit bzw. das geringere Gewicht von Faktoren, welche die Identität der Erwachsenen in Frage stellen, zu sein, die von Seiten der Eltern eine positive Familienbeziehung begünstigt. Für Konstantin dürfte die durchaus gegebene soziale Isolation der Mutter durch die Zweitfamilie ausgeglichen werden.

Differenz elterlicher und kindlicher Benachteiligung: Insgesamt kann in diesen beiden Fällen, vor allem über die Netzwerkbeziehungen der Familie bzw. der Kinder, den strukturellen Überforderungen der benachteiligten Familien, in diesem Fall von von allein Erziehenden, kindbezogen offenbar recht wirksam begegnet werden. Dadurch geht es in diesen Familien den Kindern besser als den Müttern; bei Konstantin kann man sagen, ihm geht es besser als den Geschwistern (die andere Väter haben). Ein Großteil der belastenden Aspekte der materiellen und sonstigen Lebenssituation der Familie bzw. der Eltern kommen für die Kinder nicht zum Zuge bzw. können kompensiert werden.

Vielfalt kindlicher Aktivitäten und Sozialkreise: Bei den Beziehungen zu Erwachsenen und zu Gleichaltrigen haben die Kinder dieser Gruppe eine größere Vielfalt und eine größere Zahl. Auch kommen hier Vereinsmitgliedschaften und Förderungen von Begabungen (wie Musikunterricht) vor, die bei anderen Kindern nicht möglich sind. Die Kinder haben gute Freunde, mit denen sie alles besprechen können. Sie haben einen breiteren Kreis von Spielkameraden, der sich auf unterschiedliche Bereiche der Lebenswelt bezieht (Schule, Nachbarschaft, Vereine, Nachbarschaft bei den Großeltern, Nachbarschaft beim Vater). Sie haben in ihren Gleichaltrigenkontakten in Schule und Nachbarschaft eine Überschneidung und darüber hinaus weitere damit nicht verbundene Kontakte formeller und informeller Art (Pfadfinder, Fußballclub, Freunde im Umkreis von Verwandten). Hier zeigen sich Ansätze von Wahlmöglichkeiten und von Strukturen einer modernen Kindheit.

Schul- und Nachbarschaftskindheit: Schul- und Nachbarschaftskontakte stehen, im Unterschied zu anderen Kindern, in einem Ergänzungsverhältnis. Diese Struktur des kindlichen Lebensraums ermöglicht bei Armutslagen in stärkerem Maße eine Integration in die Gleichaltrigengruppe und die Entwicklung von Freundschaften, als bei nicht identischen Beziehungen in beiden sozialen Orten. Sie macht die Kinder stärker unabhängig von der Ermöglichung der Eltern (etwa durch den Transport des Kindes). Zudem wird eine biografische Kontinuität von Gleichaltrigenbeziehungen möglich; zugleich besteht die Chance der ständigen – und zwar gewählten – Interaktion. Doch beschränkt sich weder der Aktions- noch der Sozialraum dieser Kinder auf das Quartier, sondern sie überschreiten sowohl in Gleichaltrigen- wie Erwachsenenbeziehungen räumlich und sozial diese Begrenzung.

Anerkennung: Das Zusammenspiel ermöglichender Strukturen von Familie, Netzwerk und Schule kann insgesamt offenbar nicht nur Bildungserfahrungen bewirken, sondern ist auch der kindlichen Autonomie und Identität förderlich, wenn Anerkennung das übergreifende Prinzip in den sozialen Erfahrungsfeldern der Kinder darstellt. Umgekehrt schlagen dort, wo die Persönlichkeit oder die Identität des Kindes nicht gefestigt scheint – wie etwa bei Konflikten in der Familie und bei nicht vorhandener emotionaler Entlastung durch Netzwerkpersonen (etwa Großeltern) – Ausschluss- und Stigmatisierungserfahrungen unserer Kinder in einigen Bereichen stärker „durch", die die Selbstwahrnehmung der Kinder negativ beeinflussen. Auch Konstantin erlebt Erfahrungen von Ausschluss und Gewalt, doch machen diese ihm vergleichsweise wenig aus. Die auch vorkommende Stigmatisierung durch Gleichaltrige gefährdet seine Identität und seine Persönlichkeitsstruktur kaum, weil er „mächtigere" Integrations- und Bildungserfahrungen in zentralen Bereichen seiner Lebenswelt – Familie, Schule, Peers – machen kann, denen auch „objektivierbare" Anerkennungserfahrungen in der Schule (nämlich die Schulleistungen) zur Seite stehen. Vulnerabler scheinen also jene Kinder, die Ausgrenzungserfahrungen keine gegenläufigen und kontinuierlichen Erfahrungen von emotionaler Sicherheit, von Akzeptanz und Anerkennung entgegensetzen können.

Die Besonderheiten der Kinder dieses Typs in Abgrenzung vom Gros der sichtlich und eindeutig benachteiligten Kinder sehen wir in der deutlich positiven Eltern- (bzw. Mutter-)Kind-Beziehung (die Mütter haben eine subjektive Lösung für Erwerbslosigkeit, Sozialhilfebezug und andere Probleme gefunden und sich damit biografisch entlastet; auf dieser Basis ist eine gute Beziehung zum Kind und Anteilnahme an dessen Leben möglich) und im leistungsstarken kindbezogenen Netzwerk (ausgleichende Unterstützung und Ermöglichung der Verwandten bzw. durch geteilte Elternschaft, die zugleich soziale Brücken darstellen). Der erweiterte Familienverband (erwachsene Geschwister und Großeltern oder die Zweitfamilie) übernimmt zentrale Elternfunktionen der Ermöglichung, Unterstützung und von Brücken und kann einen Großteil der Armutsfolgen für das Kind ausgleichen. Die traditionale Schul- und Nachbarschaftskindheit spielt eine wichtige Rolle: die hohe Kontinuität von Erwachsenen- und Gleichaltrigenbeziehungen ermöglicht differenzierte und vielfältige Kontakte; sie wird ansatzweise durch moderne Strukturen der Wahl und der Eigengestaltung – institutionelle und informelle Kinderkultur – erweitert); außerdem sind enge Freunde vorhanden, mit denen man über alles reden kann. Last not least ist die aktive Auseinandersetzung mit der finanziellen Situation zu betonen: offene Kommunikation und vorgelebte Bewältigungsstrategien in Bezug auf die familiale Armut erweisen sich als wichtige Faktoren der Unterstützung für die Kinder bei der Entwicklung von Bewältigungskompetenzen und einer kindlichen Identität, mit der die benachteiligte Lebenslage bewältigbar wird. Sie ermöglichen den Kindern einen produktiven, selbständigen Umgang mit materiellen Einschränkungen und eigenständige Bewältigungsstrategien. Die Summe dieser Faktoren ermöglicht einen relativ breiten Gestaltungsraum für das aktuelle Kinderleben, das quantitativ reichhaltig und qualitativ vielgestaltig ist.

5.3.2 Typ 3: Stark und mehrfach benachteiligte Kinder

Falldarstellung Frank (8 Jahre)

Frank lebt mit seiner Mutter (26), deren deutlich älterem Lebensgefährten (36) sowie seiner Stiefschwester (1,6 Jahre) in einer Kleinstadt von etwa 11.000 Einwohnern. Die Familie ist vor einem halben Jahr vom Dorf hierher umgezogen. Die 4-Raumwohnung in der Nähe eines Autobahnzubringers und mit Blick auf ein Gewerbegebiet wirkt auf die InterviewerInnen eher ärmlich eingerichtet, viele Einrichtungsgegenstände scheinen vom Sperrmüll zu stammen, es ist keine Wohnung, die man „vorzeigen" kann. Auch das Kinderzimmer wirkt wenig einladend, es ist eng, kaputtes Spielzeug, Kleider und Essensreste liegen herum.

Berufsbiografie der Eltern

Franks Mutter ist noch im Erziehungsjahr, der Lebensgefährte/Stiefvater hat gerade eine Arbeit bekommen (auf Montage). Er hat noch einen Sohn, der in Süddeutschland lebt und vor einigen Jahren einmal für ein Wochenende zu Besuch kam.

Franks Mutter hat einen Schulabschluss der 8. Klasse und eine abgeschlossene Lehre als Gärtnerin, sie hat bis zur Wende in einer LPG die Ausbildung gemacht und dort gearbeitet. Als die LPG aufgelöst wurde, fand sie für etwa ein halbes Jahr Arbeit als Verkäuferin, nach dem Erziehungsurlaub (Frank wurde geboren) verlor sie diese Stelle. Seitdem hat sie zweimal eine ABM-Stelle gehabt, einmal für ein Jahr, einige Jahre später für ein halbes Jahr.

Franks „Vater" hat einen Schulabschluss der 10. Klasse und zwei Lehrberufe, in denen er aber schon lange nicht mehr arbeiten kann. Er hat sich seit der Wende mit verschiedenen Arbeiten durchgeschlagen, und ist sogar – etwa zwei Jahre vor den Interviews – als Fuhrunternehmer ein Jahr lang selbständig gewesen. Er musste das Unternehmen 1998 aber mit einem Konkurs aufgeben. Er war dann erwerbslos, verbüßte eine dreimonatige Haftstrafe wegen Unterhaltsverzugs – dies Ereignis wurde Frank verschwiegen – und hatte zur Zeit des ersten Interviews gerade eine neue Tätigkeit auf Montage begonnen, für die er aber noch kein Geld erhalten hatte. Die Familie lebt von ergänzender Sozialhilfe, zusätzlich zum Arbeitslosengeld und anderen Sozialleistungen.

Netzwerke und Ermöglichungen der Eltern

Die Familie hat eher wenige soziale Kontakte. Die Großmutter mütterlicherseits, die auf dem Land wohnt, betreibt ein wenig Gartenbau und unterstützt die Familie durch Naturalien (Kartoffeln und Kaninchen). Sie ist aber ebenfalls erwerbslos, deswegen sind ihre Möglichkeiten der Unterstützung begrenzt. Ein Kontakt zur Familie des Lebenspartners besteht nicht, es gibt dort Spannungen. Der Freundeskreis erscheint eher klein und besteht überwiegend aus ebenfalls Sozialhilfe beziehenden Familien. Kinderbekleidung wird innerhalb dieses Netzwerks weitergegeben; es gibt eine mütterliche Freundin, die gelegentlich die Kinder hütet.

Die Teilnahme Franks an Klassenfahrten konnte die Mutter bis auf ein Mal durch das Sozialamt sicherstellen, aber bei anderen Unternehmungen der Klasse – Theaterbesuche, Zoo – konnte er nicht mitmachen. Frank benötigt Nachhilfe in Mathematik. Da sich die Familie dies nicht leisten kann, versucht die Mutter es einzurichten, dass er zu Hause viel üben kann. Sie hilft aber nicht dabei. Andere Unternehmungen oder Aktivitäten der Familie sind nach Einschätzung der Mutter wegen ihrer materiellen Lage nicht möglich. Frank ist noch nie in Urlaub gewesen, er kennt nur das Dorf, in dem die Familie vorher gewohnt hat und die jetzige Stadt. Selbst die Oma konnte er nicht, wie geplant, in den Ferien für 14 Tage besuchen, weil sie gerade zu dieser Zeit Schicht arbeiten musste. Selten, etwa wenn gerade Zahltag war, fährt die Mutter mit Frank zu McDonalds und spendiert ihm ein Kinderfrühstück. Dies sind Erlebnisse, von denen Frank wochenlang erzählt.

Kindliche Aktivitäten und Aktionsradius

Frank ist ein Kind, das nicht bestimmte Freizeitinteressen verfolgt, sondern sich eher spontan entscheidet, was er tun will. Das hängt damit zusammen, dass er keine richtigen Spielkameradschaften hat, sondern darauf angewiesen ist, Kinder zu finden, die mit ihm etwas gemeinsam spielen wollen. Er treibt sich eher in der Umgebung des Hauses herum, er ist auf der Suche nach Gelegenheiten.

Die Mutter äußert resolut, dass Freizeitgestaltung für die Familie nicht möglich sei. Urlaub hat die Familie noch nie gemacht. Interessenförderung ist weder bei den Eltern noch bei Frank selbst ein Thema. Frank scheint daher auch keine ausgeprägten Interessen oder Hobbies zu haben. Die Mutter spricht recht entschieden davon, dass für dergleichen kein Geld da sei. Frank selbst nennt Fußballspielen als etwas, was er gerne mache, äußert aber keinerlei konkrete Wünsche diesbezüglich.

Allerdings dürften die Eltern ihn bei der Entwicklung und Verfolgung von Interessen auch wenig unterstützen. Seine Äußerungen und Wünsche finden bei den Eltern kein Echo und bleiben ohne Rückhalt. So fehlt ihm die Möglichkeit, Interessen gleichsam vor sich selber wahrzunehmen, zuzulassen und zu entwickeln. Das Wechselspiel zwischen Eltern und Kind bleibt hier aus. So scheint es, dass Frank, gerade weil er ungestützt und insofern abhängig von den Eltern bleibt, wenig Selbständigkeit in Bezug auf sein Kinderleben und die Eigengestaltung entwickeln kann. Im Unterschied zu den Kindern des Mittelfelds kommt es hier nicht erst so weit, dass er Interessen und Bedürfnisse entwickeln könnte, die von der Familie nicht unterstützt werden können, vielmehr lebt er in einem Umfeld, das Interessen gar nicht erst aufkommen lässt.

Elternbeziehung und Familienklima

Die Beziehungen in Franks Familie scheinen uns von einem deutlichen Strukturmangel geprägt – d. h. einer Überforderung der Mutter mit der Haushaltsführung, aber auch der elterlichen Alltagsstrukturierung für sich selbst und die Kinder. Eine empathische, verbindliche und strukturierte Kommunikation über Probleme des Alltags und des kindlichen Lebens scheint nur rudimentär gegeben zu sein. So sind die Eltern für Frank kaum Ansprechpartner.

Es gibt offenbar wenig Regeln und Rituale einer familiären Kommunikation, wie wir sie von anderen Familien kennen gelernt haben, wie etwa das gemeinsame Gespräch, Gute-Nacht-Geschichten, Sonntagsspaziergänge usw. Auch von gemeinsamen Unternehmungen der Familie, kindzentrierten Aktivitäten der Eltern oder gestalteten Festen und Feiern ist keine Rede. Franks Mutter versucht ihm zwar zu vermitteln, dass sehr Vieles materiell nicht möglich ist. Im Unterschied etwa zu Eriks Mutter lebt sie aber keine Strategien vor und leitet ihn auch nicht praktisch dabei an, konkrete Lösungsmöglichkeiten zu entwickeln. So wird Frank kein produktiver, Bedürfnisse und Lage vermittelnder Umgang ermöglicht, etwa von Sparen, Umgang mit Bedürfnisreduktion, Kompensation durch Geldverdienen usw., wie wir es bei anderen Kindern fanden. Die Mutter selbst schränkt sich zwar erheblich ein – so wurden Solariumsbesuche aufgegeben, wird das Telefonieren und Autofahren eingeschränkt, wird die Freizeitgestaltung ganz gestrichen, wird Kleidung nur auf dem Tschechenmarkt gekauft, wird fast das gesamte Haushaltsgeld in monatlichen Großeinkäufen von Lebensmitteln ausgegeben – aber sie versieht alle Einschränkungen gleichsam mit einem strikten Verdikt, dass es anders nicht gehe, und stellt sie so außerhalb von Kommunikation. Diese Struktur des elterlichen Umgangs mit der Armutssituation übergeht kindliche Anerkennungs- und Gestaltungsbedürfnisse, was von Frank auch den Interviewenden gegenüber thematisiert wird.

Deutlich wird dies in den unterschiedlichen Darstellungen des letzten Geburtstags von Frank, der zwischen dem Eltern- und dem ersten Kinderinterview lag. Während die Mutter unter Hinweis auf Kleidung und Schulsachen die Wichtigkeit bestimmter Marken für die Kinder betont, erklärt sie, dass sie für Frank nur einen Schulrucksack als Geschenk habe. *„Mehr is nicht"* erläutert sie ihre Sicht. Frank dagegen lässt den Rucksack als Geschenk nicht gelten. Er äußert sich einerseits über die Gestaltung des letzten Geburtstags zutiefst enttäuscht. Es kamen keine Kinder – die Eltern hatten nichts arrangiert – und andererseits über das pragmatische Geschenk der Eltern, den Rucksack, hat er sich verletzt, enttäuscht, ja wütend gezeigt. Ein *„dämliches, erbärmliches"* Teil nennt er das Geschenk. Der Ausbruch macht deutlich, wie sehr Frank nicht ein notwendiges und nützliches, sondern ein persönliches Geschenk erwartet hatte und das symbolische zweite Geschenk – er bekam auch Blumen – nicht als Ausgleich gelten lässt. Über diese Probleme scheint es zwischen Eltern und Kind keine Kommunikationsebene zu geben. So gibt es Lebensbereiche des Kindes, von denen die Mutter keine Kenntnis hat. Seine Mutter glaubt, dass er in Bezug auf Bekleidung noch keine kinderkulturellen Wünsche habe. Frank selbst sagt aber im 2. Kinderinterview, das ohne Beisein der Mutter durchgeführt wird, dass er auch gerne Armeeklamotten hätte wie andere aus seiner Klasse. Auch dies bleibt aber eine Ausnahmeäußerung; in der Regel verweigert er die Antworten auf Fragen dieser Art: *„Frag mich ja nicht, sonst gibt's ne Kissenschlacht"*. Er gibt zu Verstehen, dass diese Fragen ihm an die Substanz gehen und er darüber nicht reden möchte. Das Nichtthematisieren ist seine Form, die Probleme wegzuschieben, die in der Familie nicht lösbar sind. Frank ist es nach dem Eindruck der InterviewerInnen auch nicht gewohnt, etwas zu erklären und Dinge zusammenhängend darzustellen. Sein Wortschatz ist begrenzt und er kann sich auch im Interview schlecht ausdrücken. In seiner Sicht auf die Eltern wird sehr viel Ambivalenz deutlich. Das Wohlfühlen in der Familie scheint widersprüchlicher empfunden zu werden. Dies bezieht sich einerseits auf die mangelnde Wahrnehmung und Anerkennung seiner Bedürfnisse und Wünsche durch die Mutter; andererseits beklagt er sich ebenfalls deutlich über den emotional und beziehungsmäßig abwesenden Vater: der ist in seiner Wahrnehmung unerreichbar und nicht zugänglich. Frank freut sich zwar sehr, wenn Vati am Freitagabend nach Hause kommt, doch eine Interaktion entsteht nicht – da *„tut der Papa dann Computer spielen"* und Frank *„auf seine Schwester aufpassen"*.

Lob und Ermunterung kommen in Franks Familie kaum vor; Strafen sind aber moderat: Zimmerarrest gibt es häufiger, Körperstrafen scheint es nicht zu geben.

Wie die anderen Kinder dieser Gruppe hat Frank Einschlafprobleme und psychosomatische Symptome (Kopfschmerzen, Bauchweh). Er ist nervös, zerstreut, kann schlecht stillsitzen, kann sich nur kurze Zeit konzentrieren.

Schule

Frank gehört zu den schwachen Schülern und hat erhebliche Schwierigkeiten in der Schule. Er ist in Mathe, aber auch in anderen Fächern leistungsmäßig so schwach, dass sein Verbleib in der Regelschule gefährdet ist. Die LehrerInnen schlagen eine Überweisung auf die Förderschule vor, was die Mutter aber nicht unterstützt, weil sie Frank diese Degradierung nicht zumuten möchte. Freilich hat er mit dem Umzug auch die Schule wechseln müssen. Anscheinend spielen hier aber noch andere Aspekte hinein, denn er fällt im Unterricht durch sein Reden mit anderen Kindern und Stören auf, er kann sich schlecht konzentrieren, er ist in der Schule überfordert. Frank fühlt sich insgesamt in der Schule nicht wohl, er hat auch keine Kontakte in der Klasse gefunden. Dass er einige Aktivitäten der Klasse aus finanziellen Gründen nicht mitmachen konnte, mag hier zusätzlich eine Rolle spielen.

Kindliche Netzwerke

Frank leidet darunter, dass er keinen Anschluss an Gleichaltrige findet. Bereits vor dem Umzug der Familie hatte er, wie die Mutter berichtet, wenig Spielkameradschaften und Ablehnung durch Gleichaltrige in der Schule erlebt.

Sein aktuelles Kinderleben ist davon bestimmt, dass er kaum Spielkameraden und keine Freunde hat. Er hat noch nie bei anderen Kindern übernachtet; seine Geburtstage werden ohne FreundInnen gefeiert. Damit ist er sehr unzufrieden, ohne dass er Möglichkeiten sieht, etwas daran zu ändern. Die Eltern unterstützen ihn hierbei offensichtlich kaum. Auch Beziehungen zu Erwachsenen außerhalb der Familie konnten nicht entstehen.

Bewältigung des Kindes (Aktionsradius und Anregungspotential der Familie)

Durch die fehlenden elterlichen Netzwerke, Gleichaltrigen- und informellen Kontakte hat Frank einen sehr kleinen Aktionsradius und eine sehr begrenzte Lebenswelt. Frank hat kaum Formen, mit seinem wenig befriedigenden Kinderleben umzugehen. Die Eltern fallen als Verhandlungspartner aus, weil es keine elterlichen Formen der Kommunikation und Strukturen der Auseinandersetzung mit der Situation der Familie gibt, die dem Kind Muster von Bewältigung erschließen. Das familiale Anregungspotential erscheint gering; offenbar vermitteln die Eltern ihm auch keinen Umgang mit persönlichen Dingen, so ist sein Spielzeug überwiegend kaputt. Er nimmt wahr, dass über Lebensprobleme in der Familie wenig gesprochen wird und hat für sich selbst eher Formen des Verdrängens und Nichtthematisierens entwickelt. Auf den Klassenausflug angesprochen, an dem er nicht teilnehmen konnte, antwortet Frank, er sei nicht traurig gewesen, sondern hätte endlich mal Ruhe gehabt. Auf die Frage, warum er nicht mitfahren konnte, sagt er, *„weil's mir egal war!"* Frank lebt im Widerspruch zwischen den wohl wahrgenommenen Versagungen und den für ihn keine Bearbeitung (innerlich und handlungsbezogen) ermöglichenden elterlichen Interpretationen und Bewältigungsformen.

Seine Formen der Auseinandersetzung mit diesen Problemen, die auch im Interview sehr deutlich werden, sind Nichtthematisieren und Ausweichen. Die Bewältigungsform – Problemen durch Wechsel der Aktivitäten oder Personen auszuweichen – hat freilich ihre (innere) Rationalität darin, ein Ich-Gefühl aufrechtzuerhalten, weil ihm aktivere Strategien nicht möglich sind.

Diese Merkmale finden sich partiell auch bei anderen Kindern dieser Gruppe:

Theo (7 Jahre): Theos Mutter befindet sich in einer doppelt verzweifelten Lage. Zum einen konnte sie seit Monaten die Miete nicht bezahlen, weil der auf Montage arbeitende Mann noch kein Geld ausgezahlt bekam, zum zweiten ist sie wegen ihrer Chancenlosigkeit auf dem Arbeitsmarkt zutiefst in ihrer Identität verwundet. Da sie aber diese Situation dem Sohn verbirgt, fehlt ihm ein zentraler Baustein zum Verständnis der Schwierigkeiten der Familie, die er gleichwohl wahrnimmt, aber nicht einordnen kann. Zu den materiellen Schwierigkeiten der Familie kommen Beziehungsprobleme der Eltern und Theos Eifersucht auf den Stiefvater hinzu. Die Überforderung der Mutter drückt sich in gelegentlichen Ausrastern aus, so, wenn sie ihr Kind beschuldigt, Ursache ihrer Erwerbslosigkeit zu sein oder droht, den Hamster ins Klo zu spülen. Ihre Aggression sucht sie anschließend mit verwöhnendem Verhalten wieder gut zu machen. Neben diesem stark inkonsistenten Verhalten bestimmt eine fehlende Alltagsstruktur, intensiver Fernsehkonsum und die kindliche Flucht aus der Familie Theos Kinderleben. Doch findet er im Stadtteil offenbar keine hilfreichen Spielkameradschaften, Übernachtung von oder bei anderen Kinder, Kindergeburtstage kommen nicht vor; einen engen Freund oder Freundin hat er nicht. Ebenso wenig stellt sich in der Schule – wo er zu den schwachen Schülern gehört – ein Gefühl, leistungsmäßig und sozial integriert und anerkannt zu sein, ein. Über den Bekanntenkreis der Mutter oder die Verwandten des Vaters ergeben sich für Theo keine weiteren Kontakte – weder zu Kindern noch zu Erwachsenen.

Auch Dennis' (7 Jahre) Mutter rechnet sich zu den Ausgeschlossenen des Arbeitsmarkts, obgleich aus anderen Gründen. Im Unterschied zu Theos Mutter sucht sie sich eine Alternativexistenz aufzubauen, indem sie einerseits ein kleines Haus außerhalb, das der Oma mit gehört, ausbaut und andererseits bewusst auf Sozialhilfe verzichtet und von Gelegenheitsjobs lebt. Die materielle Lage der Familie ist desolat, die Belastungen der Mutter – fehlendes Netzwerk, wenig FreundInnen, Überforderung mit der Alltagsorganisation – und die Belastungen des Kindes – Umzug, Schulwechsel, fehlende elterliche Aufmerksamkeit und Unterstützung – kumulieren in einer recht ungeregelten Alltagsstruktur und einer strukturellen Vergleichgültigung der Mutter gegenüber ihrem Kind, welche die mitwohnende Großmutter nicht ausgleichen kann. Außerhalb der Schule hat er keine Spielkameradschaften, darunter leidet er. Die Mutter hat keine Zeit – auch keine Aufmerksamkeit dafür – ihm Kontakte im Umfeld möglich zu machen. Die familiäre Situation dürfte stark dazu beitragen, dass er in der Schule Schwierigkeiten hat und sich überfordert fühlt. An der Klassenfahrt konnte er nicht teilnehmen. Er hat so gut wie keine Kontakte zu anderen Kindern, auch nicht in den Institutionen, so dass Übernachtungen von oder bei Spielkameraden, Kindergeburtstage nicht vorkommen; Freundschaften können sich nicht entwickeln.

Steffi (8 Jahre) ist ebenfalls mit starken familialen Belastungen konfrontiert, die sich sehr deutlich auf das Kinderleben auswirken. Neben dem Hilfebezug, der abgelegenen Lage der Wohnung und dem Streit mit den Nachbarn, dem die Familie durch einen neuerlichen Umzug entgehen will, sind es wiederum die fehlende Alltagsstruktur zu Hause und fehlende elterliche Netzwerke und Unterstützung, die zu den Belastungen des Kindes – Umzug, Schulwechsel, schlechte Schulleistungen und geringe Integration in der Schule – hinzukommen.

Torsten (7 Jahre) lebt in einem für Kinder wenig geeigneten sozialräumlichen Umfeld (keine Gleichaltrigen, keine Spielmöglichkeiten in der Nähe). Auch er hat einen Umzug und einen Schulwechsel hinter sich. Er kann in der Nachbarschaft kaum andere Kinder finden, und ist bislang in der Schule noch nicht „warm" geworden. Die Mutter ist selbst isoliert. Die aktuelle Kindheit ist durch das Fehlen wichtiger Erlebnisbereiche (keine Spielkameraden, wenig Kontakte zu anderen Kindern, sehr eingeschränkte Freizeitgestaltung, eingeschränkter sozialräumlicher Aktionsradius, kein oder kaum Urlaub), wenige Kontakte über die Familie und einen insgesamt begrenzten Herausforderungscharakter der Lebenswelt für die kindliche Aktivität und Aneignung gekennzeichnet. Die Mutter ist durch ihre Isolation als allein Erziehende belastet, leidet stark unter der Erwerbslosigkeit und hat fast nur zu den Großeltern und Geschwistern Kontakte, aber keine AnsprechpartnerInnen für Lebensprobleme und Erziehungsprobleme. Torsten beklagt sich darüber, dass keine gemeinsamen Aktivitäten der Familie existieren und dass sie zwar viel fernsehen, aber jeder vor seinem eigenen Gerät (er hat eines im Kinderzimmer). Die Mutter unterstützt und ermöglicht wenig für Torsten. Geburtstage wurden nicht gefeiert. Er macht zudem Ausschlusserfahrungen. In der Schule hat Torsten leistungsmäßig große Probleme, er ist ein eher schlechter Schüler. In Bezug auf kinderkulturelle Ansprüche, die Torsten auch hat, besteht ein Manko, denn die Mutter kommuniziert kaum über die Situation (sie hält das Kind für zu klein), lebt nicht vor und leitet auch nicht an.

Zusammenfassung Typ 3 : Elterliche strenge Armut – starke und mehrfache Belastung der Kinder

Bei dieser Gruppe von stark benachteiligten Kindern (Theo, Frank, Dennis, Torsten und Steffi) kamen wir zu der Einschätzung, sie lebten in Bezug auf die für Kinder dieser Altersgruppe entscheidenden Lebensbereiche, die zugleich auch Entwicklungsaufgaben einschließen, nicht in befriedigenden und fördernden, sondern eher belastenden und problematischen Strukturen. Es handelt sich um eine schlechte, stark benachteiligte Kindheit (vgl. Hock/Holz/Wüstendörfer 2000). Dies betrifft die Eltern-Kind-Beziehungen, die familiale Alltagsgestaltung und Alltagsbewältigung, das Aktivitätsspektrum und die Schule (leistungsmäßig wie sozial) sowie die Gleichaltrigenbeziehungen. Die Kinder erleben alle diese Lebensbereiche als problematisch. Sie können aus ihnen wenig Anregungen und Strukturierungen ziehen, erfahren insgesamt wenig Anerkennung und sie leben in wenig identitätsstiftenden Strukturen. Deswegen haben sie größte Schwierigkeiten, in der Gestaltung ihres Kinderlebens zu für sie aktuell befriedigenden und „erfolgreichen" sowie entwicklungsperspektivisch „erfolgversprechenden" Bewältigungen zu kommen.

Wie ist das möglich? Welche Strukturen in der Familie und im Kinderleben lassen sich als ausschlaggebende Faktoren erkennen?
Elterliche Erwerbstätigkeit bzw. Ausschluss aus dem Arbeitsmarkt: Bei einem Teil dieser Kinder muss man von einer prekären Erwerbstätigkeit der Väter (Theo, Frank) sprechen. Sie wird begleitet vom Ausschluss der Mütter aus dem Arbeitsmarkt; bei den Frauen handelt es sich um typische Nachwende-Frauen-Biografien, bei denen das Zusammentreffen von Kindgeburt, Ar-

beitsplatzverlust und Entwertung der beruflichen Qualifikation auslösende Momente für die anhaltende Erwerbslosigkeit geworden sind. Die Vereinbarkeit von Beruf und Kinderbetreuung ist für diese Mütter seit der Wende nicht mehr gegeben. Während bei Theos Mutter – sie ist Ende Vierzig – das Alter in ihrer Sicht zum Ausschlusskriterium wird, dürfte bei den anderen Müttern auch die niedrige Qualifikation und teils die Kinderzahl die Chancen am Arbeitsmarkt mindern. Für Dennis Mutter bildet diese Einsicht die Motivation dafür, sich eine Alternativexistenz aufzubauen.

Elterlich fehlende Ermöglichung, kein förderndes Netzwerk: Mit Blick auf die Eltern kann man sagen, dass Ermöglichungs-, Vermittlungs- und Unterstützungsfunktionen kaum vorhanden sind. Die materiellen Ressourcen sind im Vergleich zu anderen unserer Familien äußerst gering. Zudem gibt es auch keine oder nur wenig leistungsfähige Netzwerkbeziehungen in der weiteren Familie und Verwandtschaft, die in Bezug auf die Lebenslage der Kinder eine ausgleichende Funktion übernehmen könnten. So schlagen die belastenden Faktoren im Familien- und Kinderleben – fehlende Netzwerke, fehlende Alltagsstruktur, unzureichende elterliche Aufmerksamkeit für das Kinderleben, fehlende Förderung des Kindes auf Seiten der Eltern, Umzüge und Schulwechsel auf Seiten der Kinder – gleichsam ungefiltert auf die Lebenslage der Kinder und ihr Bewältigungshandeln durch. In der Folge dieser Belastungskumulationen gelingt es den Eltern fast nicht (mehr), die Auswirkungen von Armut für die Kinder in wichtigen Alltags- und Lebensbereichen abzufiltern, abzumildern oder zu kompensieren.

Belastungen der Familien: In Bezug auf die familiale Lebenslage könnte man bei einigen dieser Familien von einer Dramatisierung der Situation sprechen. Bei Theos Familie ist es das Ausbleiben der Lohnzahlungen des Vaters, der Wegfall der Sozialhilfe wegen eines nicht beschaffbaren Arbeitsnachweises und der wegen der aufgelaufenen Mitschulden drohende Verlust der Wohnung, bei Frank die bisher ausbleibende Lohnzahlung, bei Dennis richten sich alle Anstrengungen und Hoffnungen auf den Hausumbau, der zu Lasten der Gegenwart vorangestellt wird, bei Steffi ist es die unhaltbar gewordene Situation in der Nachbarschaft, die – neben anderen Motiven – die Familie zum Wegzug drängt.

Die Überforderung der Eltern in Bezug auf die Haushalts- und Elternfunktionen geht also mit einer Vielzahl von Belastungen einher. Die Belastungen der Familien sind durch die langandauernde Erwerbslosigkeit, durch den Sozialhilfebezug, durch zu kleine, teils provisorische und für Kinder wenig geeignete Wohnungen, durch instabile oder problematische Partnerschaften, durch Schulden oder durch drohenden Wohnungsverlust, die fehlende Netzwerk-Unterstützung und die psychosoziale Isolation – vor allem von allein Erziehenden – u.v.m. hoch und haben die Bewältigungskapazitäten der Eltern oder Elternteile erschöpft. In Bezug auf unterstützende, ermöglichende und vermittelnde Funktionen haben diese Eltern nicht nur die geringsten materiellen, netzwerklichen und kulturellen Ressourcen. Es fehlt – vermutlich sowohl wegen elterlicher Kompetenzmängel in Bezug auf Erziehung wie aufgrund der zahlreichen Belastungen – der Blick der Eltern für kindliche Bedürfnisse. Dennis' Mutter ist mit dem Hausausbau und ihren Jobs so stark zeitlich eingespannt, dass sie z. B. keine Versuche unternimmt, dem Kind Kontakte zu anderen Gleichaltrigen – etwa auf einem Spielplatz oder bei anderen Gelegenheiten – zu ermöglichen. Theos Mutter ist verzweifelt und emotional abwesend und besänftigt ihr mütterliches Gewissen mit der Strategie des täglichen Eises, das sich Theo beim fahrenden Eismann holen kann, trotz der Geldnot.

Überforderung in der Alltagsbewältigung: Diese Familien zeigen deutliche Anzeichen einer Überforderung, die sich auf fast alle Ebenen des Familienlebens auswirkt: auf die Strukturierung des Alltags für Erwachsene und Kinder, die Entwicklung von kurz- und langfristigen Strategien für ein Problemmanagement und die Kommunikation zwischen Eltern und Kindern, so dass den Kindern wesentliche Vorgaben für einen kindgerecht geregelten Alltag, Orientierungen für die Lebenslage und deren Bewältigung sowie Vorgaben für die eigenen Aktivitäten fehlen.

Offensichtlich sind die Eltern für sich selbst auf der Mentalitätsebene zu einer strategischen, intentionalen Form der Bewältigung in der Alltagsroutine nicht oder nicht mehr in der Lage, wegen der Vielzahl von Belastungen und Überforderungen, aber auch weil die finanzielle Lage desolat ist. Das Einkommen von Theos Vater ist seit Monaten ausgefallen, das Einkommen von Dennis Mutter ist ebenfalls niedrig, weil sie nur von einigen Aushilfstätigkeiten lebt, aber insgesamt etwas berechenbarer. Bei Steffis Familie ist gegen Ende des Monats der Kühlschrank leer. So sind Strategien der Haushaltsführung teils nicht möglich, teils sinnlos, weil situativ entschieden werden muss. Die Übermächtigkeit der schlechten Einkommenssituation führt gleichsam zum Zusammenbruch der Haushaltsfunktion der Familie. Die Planungen und Strategien in der Haushaltsführung, die ansatzweise vorhanden sind, werden von unvorhersehbaren Entwicklungen, wie dem Ausfall von Einkommensteilen, über den Haufen geworfen.

Eltern-Kind-Beziehung: Eine strukturelle „Vergleichgültigung" in der Eltern-Kind-Beziehung von Seiten dieser Eltern scheint ein wesentliches Kennzeichen von Familien in vielfach belasteten Lebenslagen zu sein. Die Eltern sind vor allem mit sich selbst und ihren Sorgen bzw. ihren Aktivitäten zur Veränderung der Situation beschäftigt, so dass für das Kind wenig Raum bleibt. Diese Tendenz zur „Vergleichgültigung" lässt sich auf verschiedenen Ebenen der Generationsbeziehung deutlich machen. Einerseits haben die Eltern zwar ein Selbstverständnis von Sorge für ihre Kinder. Aber strukturell gelingt eine Rahmung des Kinderlebens nicht, finden die Eltern wenig Zugänge bzw. wenig Ebenen der Kommunikation und Interaktion mit dem Kind, in dessen Kontext dieses sich angenommen sehen kann und ihm Handlungsmöglichkeiten eröffnet werden. Rituale, wie etwa das Gespräch beim gemeinsamen Essen, beim Zubettgehen, am Wochenende, haben sie aufgegeben oder nicht entwickelt. Eine Alltagsstruktur mit kindgemäßen Regelungen – etwa Schlafenszeiten, Essenszeiten, Fernsehzeiten – ist kaum bzw. nur ansatzweise vorhanden. Elementare Haushaltsfunktionen – etwa ein regelmäßiges Essen, ein zeitiges Aufstehen usw. – sind nur zum Teil gewährleistet.

„Vergleichgültigung" müssen wir hier wohl – sie kommt auch im Mittelfeld deutlich vor – als mehrdimensionalen Prozess verstehen, in dem strukturelle Belastungen der Eltern wie fehlendes elterliches und kindbezogenes Netzwerk, materiell, sozial und kulturell bedingte Beeinträchtigungen der Elternfunktionen, infrastrukturelle Versorgungsprobleme vor allem in Bezug auf die Kinder, sich auf die elterlichen Bewältigungsmöglichkeiten und somit die Eltern-Kind-Beziehung negativ auswirken. Während es bei Steffis Familie Hinweise darauf gibt – einerseits die Sozialpädagogische Familienhilfe, andererseits der offenbar langjährige Hilfebezug der Großeltern – , dass Armut hier über die Generationen weitergegeben wird, dürften bei den übrigen Eltern vor allem die starke mütterliche Identitätsgefährdung durch die anhaltende Erwerbslosigkeit und die Armut mit ihren Folgen wichtige Faktoren dieses Prozesses sein. Bei Steffis Familie handelt es sich sehr wahrscheinlich um „chronifizierte Armut" (Esser 1994). Schon die Mutter wuchs in Armutslagen auf, Armut wird offensichtlich intergenerationell weitergegeben.

Starke elterliche Belastungen und das Kind übergehende Bewältigungsversuche sehen wir auch bei Theo, Frank, Torsten und Dennis, sie scheinen hier aber mehr die *Folge von kumulativen Belastungen* und Benachteiligungen der Familien zu sein, die seit der Nachwendezeit eingetreten sind. Auf Seiten des Kindes verschärft „Vergleichgültigung" kindliche Probleme der eigenen Identität – vor allem in der Armutssituation und bei Ausschluss aus Gleichaltrigenbeziehungen, in der zugespitzten Form des alltäglichen Strukturmangels und in dessen Verbindung mit der Anregungsarmut auch Schulprobleme des Kindes.

Kommunizieren der Armutslage: Theos Mutter verheimlicht dem Sohn die Armutssituation und auch die dramatische Zuspitzung durch den drohenden Wohnungsverlust. Während Letzteres verständlich und vielleicht sinnvoll ist, erscheint uns die Nichtkommunikation über die Armutssituation eine Haltung , die es dem Sohn unmöglich macht, zentrale Elemente der Versagens- und Einschränkungslage zu verstehen, zu interpretieren und handlungs- und identitätsbezogen zu bewältigen. Torstens und Franks Mütter halten ihre Kinder für zu klein, um in die Kommunikation über die materielle Lage einbezogen zu werden; hier sind die Folgen für das Kind ähnlich. Steffis und Dennis Mütter kommunizieren zwar die Armutssituation, aber unterstützen die Kinder in konkreten Situationen des verzichten Müssens oder des Aufschubs von Bedürfnissen nicht, so dass die Kinder diesen Aspekt der Familiensituation eher als belastend erleben. Hier können die Eltern offenbar keine realistischen, pragmatischen und altersgemäßen Strategien der Bewältigung und Bearbeitung an die Kinder vermitteln.

Elterliche Gestaltung und Kontrolle des Kinderlebens: Das Aktivitätsspektrum dieser Kinder ist sehr klein, ihre Freizeit überwiegend unstrukturiert. Die Kinder sind in ihrer Freizeit weitgehend sich selbst überlassen. Theo und Frank bleiben bis spät abends weg von zu Hause, verbringen diese Zeit aber wenig strukturiert, sie *„stromern in der Gegend herum"*, wie Frank es ausdrückt. Während aber bei anderen Kindern – vor allem denen des Typs 1 – die Freizeit genutzt wird, verschiedene Pole hat und von den Kindern selbst gestaltet werden kann, gelingt hier eine sozialräumliche Ablösung vom Elternhaus und eine (relative) kindliche Verselbständigung eher nicht, weil es keine oder keine strukturierten Gleichaltrigenkontakte (auch keine Freundschaften), kaum Interessenentwicklung und –verfolgung, kaum Aneignung außerfamiliärer sozialer Räume gibt. Der Aktionsradius der Kinder ist notgedrungen klein, da es ja wenig soziale Bezugspunkte für die Kinder gibt.

Schule: Schule stellt für diese Kinder einen problematischen Lebensort in mehrfacher Hinsicht dar. Einerseits haben sie große Mühe mit den schulischen Leistungsanforderungen. Sie sind kaum motiviert, Lernen macht ihnen keinen Spaß. Andererseits fehlen zum Teil die alltagstrukturellen Voraussetzungen für einen regelmäßigen Schulbesuch (keine festen Zeiten für das Zubettgehen und übermäßiger Fernsehkonsum); auch bringt die Familiensituation wenig Anregungskultur, Unterstützung kindlicher Neugier und Ausbildung einer Lernmotivation im weiten Sinne mit sich. Bei Theo, Steffi, Frank, Torsten und Dennis ist der Fernsehkonsum zeitlich und sachlich unkontrolliert. Theo, Torsten und Steffi haben ein eigenes Gerät im Kinderzimmer. Der Fernsehkonsum dient dabei u.E. der Kompensation für fehlende Strukturen und Qualitäten familialer Interaktion und Kommunikation[6]

Die ambivalenten, ja negativen Einstellungen der Kinder gegenüber der Schule sind vor dem bildungsfernen und Motivation nicht fördernden Elternhaus nachvollziehbar. Hoch belastete Eltern vermitteln offenbar kaum die Internalisierung gesellschaftlich normativer Einstellungs- und Verhaltenserwartungen, vor allem nicht in Bezug auf schulisches Lernen. Die Kinder haben deswegen erhebliche Schwierigkeiten mit der sozialen Identität als Schüler(in), obwohl es teils gute Beziehungen zu LehrerInnen gibt. Die ambivalenten Einstellungen dieser Kinder zur Schule beziehen sich meist auf mehrere Bereiche des schulischen Lebens. Bei Frank wird von den LehrerInnen eine

---

6 Lange/Lüscher (1998: 38) sehen in einer Überblicksdarstellung die Mediennutzung einerseits abhängig von Milieu und Sozialstatus der Familie; andererseits scheint die Mediennutzung aber auch in engem Zusammenhang zum emotionalen Klima in der Familie zu stehen. Kinder sehen dann mehr fern, wenn der emotionale Gefühlsraum der Familie wenig positiv ist und sie weisen mehr Motive zur Fernsehnutzung auf (wie beispielsweise Zeitstrukturierung, Ablenkung, Zerstreuung usw.) als Kinder, die in einem positiven Familienklima aufwachsen.

Versetzung in die Förderschule erwogen, Theo hat auch wegen seines Schuleschwänzens Probleme mit den Schulleistungen, alle diese Kinder haben eine begrenzte Konzentrationsfähigkeit und psychosomatische Beschwerden. Sie sind im Klassenverband nicht gut integriert; Frank, Dennis und Steffi konnten an der Klassenfahrt nicht teilnehmen und Steffi und Torsten haben zusätzliche Ausgrenzungserfahrungen im Kontext der Schule (Hänseleien, Prügeleien), Frank und Torsten sind in der Klasse eher Außenseiter.

Beziehungen zu Gleichaltrigen: In bezug auf ihre Gleichaltrigenbeziehungen stellen diese Kinder eine besondere Gruppe dar. Bei Frank, Torsten und Steffi dürften der Umzug und der Schulwechsel eine Rolle dafür spielen, dass es ihnen bisher wenig gelungen ist, kontinuierliche Spielkameradschaften aufzubauen. Die Eltern unterstützen die Kinder kaum, so werden z. B. Einladungen von anderen Kindern und Übernachtungen nicht ermöglicht. Während bei Dennis und Steffi deutlich wird, dass die Eltern die Kontakte zu SchulkameradInnen nicht unterstützen – so dass die Gleichaltrigenkontakte auf den Ort und die Zeit der Schule begrenzt bleiben – fehlen bei Frank solche Schulfreunde. Einen „besten" Freund oder Freundin nennt keines dieser Kinder. Zu Kindergeburtstagen dürfen diese Kinder nicht – Steffi durfte nur zu einem Cousin und Theos Mutter hatte ein Essen bei McDonalds organisiert.

Zugespitzt lässt sich bei diesen eher isolierten Kindern sagen, dass Gleichaltrigenbeziehungen als wichtiger Sozialisationsbereich fast ausfallen, weil aus den verschiedensten Gründen solche Beziehungen nicht aufgebaut, nicht unterhalten und schon gar nicht in die intensivere Form von Freundschaften weiterentwickelt werden können.

Als wichtigste Aspekte der familialen und kindlichen Lebenslage lassen sich zusammenfassend festhalten, dass die Eltern durch starke, meist kumulative Belastungen unterschiedlicher Art und Struktur (chronischer Geldmangel, drohender Wohnungsverlust, Hausumbau, prekäre Arbeitsverhältnisse, langfristige Erwerbslosigkeit usw.), die Kinder durch Umzüge und Schulwechsel, fehlende Alltagsstruktur und fehlende Gleichaltrigenbeziehungen betroffen sind, dass soziale, vor allem kindbezogene Unterstützungsnetzwerke fehlen oder wenig leistungsfähig sind, so dass die Unterstützungs-, Ermöglichungs-, Vermittlungsleistungen der Eltern stark eingeschränkt sind und weder Eltern noch Kinder über Brücken in andere Milieus oder Lebenswelten verfügen, was zu einem geringen Anregungsspektrum im Familien- und Kinderleben führt. Vergleichgültigungstendenzen in der Eltern-Kind-Beziehung wirken über eine fehlende Alltagsstruktur entstrukturierend und desorganisierend aufs Kinderleben ein, bedingen geringe emotionale und motivationale Unterstützung der Kinder; zugleich wird das Kinderleben von den Eltern wenig strukturiert und nicht kontrolliert. Insgesamt wirken wichtige Kinderlebensbereiche belastend auf die Kinder, so dass das Kinderleben durch mehrfach fehlende Anerkennungsstrukturen gekennzeichnet ist (Familie, Schule, Peers).

Seitens der Eltern gibt es wenig Unterstützung kindlichen Verstehens und Interpretierens der Situation, kindliches Bewältigungshandeln und ein Gestaltungsmöglichkeiten eröffnender Umgang mit der Situation wird von den Eltern nicht gefördert.

5.3 3 Typ 2 (Das Mittelfeld): kindliche Benachteiligungen in unterschiedlichen Kombinationen

Nachdem wir die Extrempole näher beschrieben haben, sollen nun typische Strukturen der Kinder des Mittelfelds vorgestellt werden. Durchweg handelt es sich dabei um Kinder, die durch die Auswirkungen der familialen Lebenslage in ihrem aktuellen Kinderleben und der Realisierung ihrer Bedürfnisse – in Hinsicht auf Anerkennung und Stützung in der Familie, auf Gleichaltrigenkontakte und deren Pflege und Entwicklung sowie auf schulisches und außerschulisches Lernen und Leben – eingeschränkt sind. Den Familien und ihren Netzwerken gelingt es nur teilweise, die Funktionseinbußen zu bewältigen, die mit Armut verbunden sind. Armut schließt diese Kinder von einem Großteil kinderkultureller Praxen und damit von vielfältigen Gleichaltrigenbeziehungen aus. Einerseits liegt keine so eindeutige Kumulation von negativen Faktoren der Lebenssituation wie bei Typ 3 vor, andererseits sind die Kompensationen und Bewältigung ermöglichenden Faktoren weniger zahlreich und deutlich wirkungsschwächer als beim Typ 1. Die meisten Kinder des Mittelfelds verfügen nur über einen vergleichsweise kleinen Aktionsraum und ihre sozialen Kontakte zu Erwachsenen und Kindern beschränken sich eher auf die eigene Lebenswelt; auch Interessenverfolgung ist der Mehrzahl nur eingeschränkt möglich. Innerfamiliale Konflikte gehen zudem offenbar mit oft aggressiv getönten Verhaltensformen der Kinder gegenüber Gleichaltrigen einher, die teilweise die Peer-Beziehungen problematisch machen (Anton, Sarah, Anja).

Eine weitere Teilgruppe des Mittelfelds kann von der Eigenständigkeit kindlicher Lebenslage profitieren, indem sie Kompensationen (Gleichaltrigenkontakte, Interessenförderung) über institutionelle oder informelle (Schule, Kindertreff, Kirchengemeinde) Gelegenheitsstrukturen nutzen können.

Eine emotional fördernde, vorteilhafte Familienkultur kann im Mittelfeld – dies macht insbesondere der Vergleich mit dem Typ 1 deutlich – meist deswegen nicht in konkrete Unterstützung des Kindes umgesetzt werden, weil die materiellen Rahmenbedingungen dies nur unter besonders günstigen externen Bedingungen zulassen (Zweitfamilien und kindbezogene Netzwerke, vgl. Typ 1), was hier nicht mehr – wenn wir dies als Kontinuum interpretieren – der Fall ist. Eine eher kindliche Bedürfnisse übergehende Haltung der Eltern kann sich in faktischer Nicht-Unterstützung des Kinderlebens niederschlagen, so dass kindliche Bewältigung erschwert oder konterkariert wird.

Gute Schulleistungen scheinen als günstige Rahmenbedingungen vor allem für die Integration in Gleichaltrigenbeziehungen zu wirken. Unterschiedliche Infrastrukturbedingungen können kindliche Integration in Gleichaltrigenbeziehungen unterstützen oder erschweren (vor allem in Bezug auf die Kontinuität von Kontakten und die Möglichkeit, dass sich enge Freundschaften entwickeln).

In Bezug auf die Schulleistungen haben wir hier sowohl gute wie mittelmäßige SchülerInnen, die zudem durchweg hinsichtlich ihrer sozialen Integration in der Schule Schwierigkeiten haben.

I. Benachteiligte Kinder mit wenig wirksamen Kompensationsmöglichkeiten

a) Bei einer ersten Gruppe dieses Mittelfeldes liegen nur mittlere oder geringere Möglichkeiten der Kompensation für die kindliche Benachteiligung durch elterliche Unterstützung und Förderung wie durch Netzwerke vor. Diese Rangfolge bezieht sich einmal auf den Typ 1, mit dem verglichen die hier betrachteten Kinder deutlich weniger SpielkameradInnen und FreundInnen haben, vor allem kaum außerhalb von Schule und Nachbarschaft. Sie bezieht sich ferner auf die Wahrnehmung der Kinder selbst, die sich mehr Spielkameradschaften oder auch enge Freundschaften wünschen und dabei elterliche Unterstützung bräuchten. Drittens liegt auch innerhalb des Mittelfelds eine gewisse graduelle Abstufung dieser Ressourcen vor. Auch materielle und kulturelle Unterstützung durch kindbezogene Netzwerke haben eine geringere Kraft, so dass bei den Kindern Bedürfnisse nach Interessenentwicklung und -förderung unerfüllt bleiben, sie bei Spielsachen und Bekleidung, aber auch bei der Freizeitgestaltung und dem Urlaub zurückstecken müssen, weil keine außerfamilialen Ressourcen zugänglich sind, die dies ermöglichen könnten.

b) Eine weitere Ebene stellen die Eigenaktivitäten der Kinder in Bezug auf die Bewältigung ihrer Lebenssituation dar, bei denen sie auf Unterstützung angewiesen bleiben. Während bei den an materielle Mittel gebundenen Bereichen (Freizeitgestaltung, Interessenförderung, Urlaub) die Eltern bzw. die Netzwerke meist keine Möglichkeiten der Unterstützung haben, lassen sich bei anderen Bereichen – vor allem bei den Kontakten zu Gleichaltrigen – doch Variationen zwischen den elterlichen Praxen finden.. Die Bemühungen der Kinder um Eigengestaltung kinderkultureller Aktivitäten erfahren von den Eltern wenig Unterstützung – teils wollen die Eltern dies nicht, teils sind sie außerstande dazu, teils übergehen oder vernachlässigen sie kindliche Wünsche und Bedürfnisse. Für die Kinder ergeben sich zudem unterschiedliche Rahmungen ihrer Bewältigungen durch eine eher emotional fördernde Familienbeziehung oder durch eine eher gleichgültige.

c) Die Gleichaltrigenkontakte der Kinder beschränken sich hier in der Regel auf Schule und Nachbarschaft. Ihre Aufrechterhaltung und Weiterentwicklung (in Richtung engerer Kontakte) ist beeinträchtigt (z. B. kaum oder wenig Übernachtungen, kaum Geburtstage). Bei einigen Kindern kommt eine – von den Kindern so dargestellte – problematische Integration in Gleichaltrigenbeziehungen (aus den verschiedensten Gründen) hinzu. In Bezug auf die Schule haben die Kinder meist einen guten schulischen Leistungsstand.

Dorothee (7 Jahre) wohnt erst seit kurzem auf dem Land, wo die Eltern einen alten Hof gekauft haben und herrichten. Die große Familie (4 Kinder) hat ein vergleichsweise hohes und berechenbares Einkommen durch die anscheinend sichere Erwerbstätigkeit des Mannes; sie dürfte bald wieder aus der Sozialhilfe herausfallen. Dorothee hat – auch durch den Umzug – einige Freundinnen aus dem Kindergarten verloren und in der Schule und im Dorf bislang noch wenige Kontakte aufbauen können. Allerdings dürfen die alten Freundinnen sie gelegentlich besuchen kommen. In der Schule hat sie eine gute Freundin, die sie allerdings wegen der Lage der elterlichen Wohnung in der Freizeit nicht sehen kann. Bei Verwandten hat sie einige etwa gleichaltrige Cousins und Cousinen. Sie ist öfter bei der Oma, und dies ist ihr wichtig, vermutlich weil sie bei der Oma mehr einfühlende Aufmerksamkeit findet.

Sie ist mit den Eltern früher einige Male in Urlaub gewesen, darunter auch im Ausland. Aktuell erscheint ihr Sozialraum eher klein, da er sich auf das Dorf, die in Jena gelegene Waldorfschule und die Oma (Jena) beschränkt.

Nicht nur in Bezug auf ihre kleine Kinderwelt, auch in der Familie hat sie eher ambivalente Empfindungen. Dorothee ist ein Kind, das sich zu Hause nicht recht wohlfühlt, nicht akzeptiert sieht, nicht ernst genommen fühlt, dessen Wünsche oft übergangen bzw. als falsch zurückgewiesen werden. Die Eltern sind durch den Hausumbau, die Mutter ist durch die 4 Kinder, darunter ein Säugling, belastet. Ein eher kühl-liebloser Erziehungsstil der Mutter und Konsumkritik als Philosophie führen zum Übergehen kindlicher Bedürfnisse; die Mutter neigt aus kulturkritischen Einstellungen heraus zu zusätzlichen Beschränkungen im Kinderleben: Kein Kino, Fernsehen, kein Spielzeug wie es die Kinder wollen; der Schwimmkurs, an dem Dorothee teilnehmen möchte, wird wegen Geldmangel aufgeschoben. Der Vater taucht in Dorothees Darstellung eher als physisch und emotional abwesende Figur auf. Gemeinsame Freizeitaktivitäten und kindbezogene Aktivitäten mit den Eltern werden von ihr nicht benannt. Diese Belastung des Kindes durch fehlende elterliche Beachtung, keine gemeinsamen Familienaktivitäten, eine gewisse Gleichgültigkeit der Eltern (beim Vater wohl berufliche Überlastung), durch wenige Gleichaltrigenkontakte, derzeit wenig Förderung und Unterstützung (nur das Geige spielen wird anscheinend aufrechterhalten) wird offenbar nur durch die Oma ansatzweise ausgeglichen, sowohl durch Zuwendung wie durch gemeinsame Aktivitäten, so dass dies insgesamt eine gewisse Alternative zum eher kühlen familialen Klima und der Anregungsarmut zu bieten scheint.

In der Schule ist Dorothee zwar leistungsmäßig gut, sieht sich aber auch oft überfordert und nicht anerkannt. Sie fühlt sich sozial in der Klasse und der Schule nicht integriert, obwohl sie dort eine enge Freundin hat.

Anjas (9 Jahre) Familie kann zumindest rückblickend als eine stark belastete Familie angesehen werden, denn zur doppelten Erwerbslosigkeit kamen erhebliche innerfamiliale Probleme hinzu. In dieser Zeit haben die Eltern wenig Aufmerksamkeit für die Kinder gehabt. Der Vater, schon durch eine Epilepsie betroffen, wurde alkoholabhängig, was seine Anfallskrankheit verschärft hat. Er hatte dadurch schon mehrmals die Arbeitsstelle verloren. Tina hat traumatische Erlebnisse mit dem zu Hause vor ihren Augen zusammenbrechenden Vater gehabt und reagierte in der Folge aggressiv – gegenüber ihren Tieren, ihrem Bruder und gegenüber Gleichaltrigen im Kindergarten. Die Familie hat psychologische Hilfe eingeholt, ihr Familienleben reorganisiert, der Vater ist trocken. Die Familie ist darüber hinaus durch eine Verschuldung belastet, die zur Zeit des Elterninterviews eines der beiden Einkommen aufzehrt und die Familie zu einem harten Sparregime zwingt.

Anja fühlt sich einerseits in der Familie aufgehoben. Obwohl in ihrer Wahrnehmung Mutti und Vati nicht soviel Zeit haben, gibt es Familienrituale des gemeinsamen Bastelns, des gemeinsamen Malens, des sonntäglichen spazieren Gehens. Doch die Eltern erklären Verbote nicht, sie kann nicht selbst entscheiden, was sie anzieht, sie wird nur manchmal gefragt, was sie gern zum Abendbrot hätte, sie kann ihr Pausenbrot allerdings selbst bestimmen. Dieses eher traditionell-autoritäre Erziehungsverständnis dürfte der Hintergrund dafür sein, dass eine offene Kommunikation zwischen Eltern und Kindern über die Bewältigung der Lebenssituation offenbar nicht stattfindet. Einerseits scheinen die Eltern ihre Probleme, wieder Erwerbsarbeit zu finden und mit dem knappen Geld auskommen zu müssen, ihren Kindern zu erklären. Andererseits scheint es kein Vorleben von Bewältigung durch die Eltern und keine Vermittlung handlungsbezogener Strategien an die Kinder zu geben. Auch musste Anja einen Kleinkrieg z.B. um das Frühstück oder das Pausenbrot führen, wo sie mit verstecktem Protest auf die elterliche Missachtung ihrer Wünsche und die Verletzung ihrer Person reagierte (sie gibt ihr Schulbrot dem Hund). Anja wünscht sich mehr Kontakte zu Gleichaltrigen. Die Eltern unterstützen dies aber kaum. Anja darf offenbar ihre Freundin im Nachbardorf nicht besuchen, die Eltern organisieren keine Besuche, vor allem die Mutter scheint sowohl wegen der Not wie aus Scham Übernachtungen anderer Kinder und Kindergeburtstage zu untersagen.

Die Großeltern mütterlicherseits spielen für Anja eine unterstützende Rolle: Sie haben ihr und ihrem Bruder das Kinderzimmer eingerichtet, sie kaufen ihr gelegentlich Markenbekleidung, sie geben ihr die Erfahrung eines besseren Lebensniveaus. Allerdings wohnen sie weit entfernt. Anja hat gerade zwei Wochen der großen Ferien bei der Oma in Sachsen verbracht.

In der Schule hat Anja mittelgute Leistungen; das Lernen macht ihr keinen Spaß. Anjas soziale Kontakte zu Gleichaltrigen bleiben stark auf Schule und Hort begrenzt, im Dorf gibt es keine SpielkameradInnen. Anja ist darüber hinaus offenbar ein Kind, mit dem nicht jeder spielen will, und das von einigen anderen Kindern massive Ablehnung erfährt. Als wichtige Erwachsene außerhalb der Familie werden nur die Nachbarin und die Lehrerin genannt, keine Verwandten. Ihre Schilderungen von Konflikten mit Gleichaltrigen zeigen, dass ihr aushandelnde Konfliktlösungsmuster im Umgang mit Gleichaltrigen nur partiell zur Verfügung stehen, so dass sich ein Teil ihrer Schwierigkeiten mit anderen Kindern daraus erklären dürfte.

Karsten (8 Jahre): Eine ähnliche Strukturierung des Kinderlebens sehen wir bei Karsten, der in einer Familie mit fünf Geschwistern und beiden Eltern lebt. Der älteste Bruder ist bereits ausgezogen. Auch hier sind die kindlichen Sozialräume auf die im Nachbarort gelegene Schule und die Nachbarschaft beschränkt, zudem wird die Aufrechterhaltung von Gleichaltrigenkontakten durch die Enge und die Lage der Familienwohnung erschwert. Allerdings ist das Dorf etwas größer, es gibt Gleichaltrige und Karsten hat einen guten Freund in der Nachbarschaft. Interessenförderung der Kinder ist wegen der finanziellen Lage nicht möglich; auch verwandtschaftliche Unterstützung kommt – wohl auch wegen der großen Kinderzahl der Familie- nicht zum Zuge; eine Tante ist für Karsten als Ansprechpartnerin wichtig (wohl wegen der großen Geschwisterzahl fühlt er sich zu Hause manchmal alleine).

Seine Eltern sind durch die langandauernde Erwerbslosigkeit zu der Einschätzung gekommen, dass nur eine Alternativexistenz durch Selbständigkeit für sie in Frage käme und betreiben dies energisch; auch die Kinder verbinden damit Hoffnungen auf eine Verbesserung der Lebenssituation.

Karsten fühlt sich zu Hause wohl. Das Familienklima scheint eher traditionell autoritär geprägt; Familienrituale sind die sonntäglichen Spaziergänge und Wanderungen; die Eltern suchen in ihren Möglichkeiten Besuche anderer Kinder und Geburtstage zu unterstützen. Die Familie entwickelte ein Geburtstagsmanagement (Grillen) mit einer Begrenzung der Gästezahl, das Karsten erlaubt, dieses Ereignis zu gestalten. Karstens Sozialraum ist als begrenzt auf das dörfliche Milieu anzusehen; es gibt keine Erweiterung durch Verwandte oder auch durch kindliche Sozialkontakte; Urlaub ist dem Kind unmöglich, eine Freizeitgestaltung scheitert an der Mangellage der Familie. Karsten ist ein guter Schüler, auch wenn er sich anstrengen muss. Er hat in der Schule eher wenig Kontakte zu Gleichaltrigen, etwas mehr in der Nachbarschaft. Er wird in der Schule manchmal ausgegrenzt. Durch die materielle Lage der Familie muss Karsten bei der Pflege seiner Beziehungen zurückstecken. Übernachtungen von anderen Kindern sind z. B. wegen der Wohnungsenge und aufgrund der Tatsache, dass Karsten sein Zimmer mit seiner älteren Schwester teilen muss, nicht möglich. Konflikte mit den Geschwistern spielen in der Wahrnehmung von Karsten eine große Rolle. Die positiven – sicherlich auch bei ihm vorhandenen – Aspekte der Geschwisterbeziehungen werden bei ihm – im Unterschied zu Erik etwa – nicht deutlich. Hintergrund dafür dürften die ungewöhnlich große Anzahl der Geschwister, aber auch sein Zusammenleben in einem Zimmer mit altersmäßig sehr unterschiedlichen Geschwistern sein.

Sarah (7 Jahre): Etwas mehr netzwerkliche Unterstützung findet das Stadtkind Sarah. Die Großeltern, die der Mutter auch das Auto zahlen, ermöglichen für Sarah Freizeitunternehmungen und Urlaub (Sarah konnte die Ferien bei der Oma verbringen), die Mutter hat noch einige wenige enge FreundInnen, die alltagspraktisch helfen (Einkaufen, Kinderbetreuung).

Für Sarah ergeben sich aus dem mütterlichen Netzwerk kaum Kontakte, aber sie kann dem eine (von uns mittelgut eingeschätzte) soziale Integration in der Schule entgegensetzen, wo sie in der Klasse integriert zu sein scheint, einer Mädchenbande angehört, und sie hat auch einige wenige Nachbarschaftskontakte, darunter eine enge Freundin, die in die gleiche Schule geht. Im Unterschied zu den Jungen des Typs 1 beschränkt sich ihr Netzwerk zu Gleichaltrigen aber auf Schule und Nachbarschaft. Oft spielt sie im Hof des Hauses auf den dort aufgestellten Spielgeräten.

In der Schule scheint sie leistungsmäßig keine Probleme zu haben (erstes Schuljahr), hat aber wohl wegen widersprüchlicher sozialer Erfahrungen – Anerkennung bei einem Teil der Klasse, Hänseleien und ausgelacht werden durch andere Kinder – ambivalente Gefühle in Bezug auf die Schule. Sie liest zu Hause gerne.

Sarah hat eine gute Mutterbeziehung, die Mutter sorgt für eine geregelte Alltagsstruktur; Feiertage werden im Rahmen der Verwandtschaft begangen; dass ihr letzter Geburtstag wegen Krankheit des Säuglings ausfallen musste und noch nicht nachgeholt wurde, trägt sie der Mutter allerdings nach. Gemeinsame Freizeitaktivitäten und kindbezogene Aktivitäten mit der Mutter werden von Sarah nicht benannt. Die Mutter kann Interessen Sarahs aus finanziellem Grund nicht unterstützen (Flöte spielen lernen), wegen der mütterlichen Isolation ergibt sich für Sarah kein weiterer Kontaktkreis. So ist wenig Ermöglichung und Unterstützung durch die Mutter möglich.

Sarah ist mit ihrem Leben in vielen Punkten unzufrieden: Sie sei zu dick, sehe zu viel Fernsehen, meint sie und sie klagt über die Geburtstage und wünscht sich einen besseren Spielplatz im Hof. Sie sucht bessere Freundschaftsbeziehungen und Kameradschaften; sie wünscht zur Oma zu ziehen.

Die Gemeinsamkeit dieser Gruppe des Mittelfelds ist darin zu sehen, dass die Kinder der familialen Armutslage nur begrenzte kindbezogene Kompensationen entgegensetzen können. Hier haben wir es mit einer Gruppe von Kindern zu tun, die einen engen, überwiegend auf Schule, Hort und Nachbarschaft be-

begrenzten Lebens- und Erfahrungsraum haben, die ihre sozialen Kontakte zu Gleichaltrigen als in Zahl und Qualität verbesserungswürdig wahrnehmen, die in der Schule leistungsmäßig zwar zurechtkommen, aber sozial ambivalente Erfahrungen (von Integration und Ausschluss) machen. Die Rolle der Familie ist recht unterschiedlich. Welche Strukturaspekte spielen hier eine Rolle? Da wir hier z. T. Faktoren wiederholen, die schon bei der Betrachtung der Typen 1 und 3 diskutiert wurden, beschränken wir uns auf neue Aspekte.

Geringere Leistungsfähigkeit des Netzwerks ermöglicht in diesen Fällen wenig kindbezogene Hilfen; dies macht sich vor allem (im Unterschied zu Typ 1) an der Freizeitgestaltung und dem Urlaub fest, die wenig Erweiterung des kindlichen Erfahrungsraums bewirken können. Das Netzwerk selbst bewirkt keine Erweiterung des kindlichen Sozialraums.

Geringere Zahl und Intensität der *Gleichaltrigenkontakte*, teils durch weniger mögliche oder gewollte elterliche und teils durch weniger netzwerkliche Unterstützung (im Vergleich zu Typ 1), teils durch sozialräumliche Trennung von Schule und Nachbarschaft: Die Kinder nehmen einen Mangel an Spielkameradschaften und engen Freunden/Freundinnen wahr. Das Auseinanderfallen von *Schul- und Nachbarschaftskontakten zu Gleichaltrigen* sowie die abgelegene Lage der Wohnung verschärft manchmal dieses Problem.

Alle Kinder machen unterschiedliche Erfahrungen von Ausschluss (Hänseleien, Prügeleien, Ausgelacht werden). Diese Ambivalenz bzw. nur partielle Anerkennung durch Gleichaltrige kennzeichnen diese Kinder des Mittelfelds.

Durch die materielle Lage verschärfte Strukturen des Übergehens kindlicher Bedürfnisse tragen offenbar in einigen Fällen sowohl zu Konfliktpotentialen in der Eltern-Kind-Beziehung wie zu Verhaltensproblemen der Kinder bei. Eher autoritäre Eltern-Kind-Beziehungen scheinen der Entwicklung bzw. Unterstützung kindlicher Bewältigungsstrategien von Benachteiligung nicht förderlich zu sein.

II. Kinder mit Kompensationsmöglichkeiten außerhalb der Familie

Bei der nun darzustellenden zweiten Gruppe von Kindern des Mittelfeldes liegen wirksamere Möglichkeiten der Kompensation für die kindliche Benachteiligung vor, die sich aber von denen des Typs 1 deutlich unterscheiden und neue Aspekte in die Betrachtung einbringen. Die Bemühungen der Kinder um ausgleichende Strukturen zur familialen Benachteiligung und um die Eigengestaltung kinderkultureller Aktivitäten erhalten hier eine *externe* Unterstützung.
Die Gleichaltrigenkontakte der Kinder, meist beschränkt auf Schule und Nachbarschaft, werden durch zusätzliche institutionelle (im Kontext der Schule angesiedelte Arbeitsgemeinschaften; Kindertreff) oder informelle (Kirchengemeinde) Gelegenheits- und Ermöglichungsstrukturen erweitert.

Dadurch verbessern sich Umfang und Qualität der Gleichaltrigenbeziehungen, der Sozialkontakte, teilweise erweitert sich das Erfahrungsfeld über das eigene Milieu hinaus.

In Bezug auf die Schule haben zwei der Kinder keine Probleme, eines ist von der Schule verwiesen worden. Das Familienleben erscheint zwar gut, aber auch hier sehen wir in Bezug auf elterliche Anerkennung und Unterstützung widersprüchliche Strukturen.

Tina (10 Jahre) liegt mit ihrer Lebenssituation nahe bei den zwei Jungen des Typs 1, bleibt aber insgesamt stärker benachteiligt. Wie bei Konstantin gibt es eine geteilte Elternschaft; Tina besucht Vater und väterliche Großeltern regelmäßig. Im Unterschied zu den beiden Fällen des Typs 1 bleibt das Ausmaß des Ausgleichs hier allerdings deutlich geringer. Vater und Großeltern haben materiell keinen anderen Lebensstil zu bieten, sie ermöglichen z. B. keine Urlaube und Reisen, aber sie können in Bezug auf Kleiderausstattung und Unternehmungen einige Elternfunktionen teilweise übernehmen.

Einen zusätzlichen Sozialkreis hat sie bei den mütterlichen Großeltern, die in einem nicht weit entfernt gelegenen Dorf wohnen. Dort gibt es noch weitere Bekannte und Tina hat dort auch einen eigenen Freundeskreis.

Einen weiteren Teil der Ermöglichung kann die Schule beitragen: Tina kann zwar nicht Klavier spielen lernen, aber in der Schule wird sie in einem Biologieverein und einem besonderen Zeichenkurs aktiv, auch ist sie im Schülercafé engagiert. So gelingt es Tina, durch Nutzung schulischer Angebote ihren Lern- und Erfahrungskreis zu erweitern und insgesamt in einem gewissen Maß ein eigenständiges Kinderleben zu gestalten. Hervorzuheben ist die Eigenaktivität des Kindes: Tina suchte sich im Kontext der Schule Alternativen und nutzt diese intensiv.

Tina hat in ihrer Wahrnehmung insgesamt eine gute Elternbeziehung, bei Sorgen und Problemen wendet sie sich an die Mutter. Sie wird in den Haushalt eingebunden, putzt wohl regelmäßig und räumt ihr Zimmer selbst auf. Gelegentlich gibt es deswegen Ärger mit der Mutter. Die Mutter kocht in der Regel abends warm, zum Frühstück ist Tina allein, weil die Mutter noch schläft. Tinas Mutter versucht, ihre Kinder zur Genügsamkeit zu erziehen. Sie macht zwar die Notwendigkeit des Verzichts deutlich, beim Mitsparen der Kinder werden auch teure Wünsche (z. B. eine Hose für DM 100,--) möglich gemacht. Tina bringt die Lage der Familie so auf den Begriff: *„wir ham nich so viel Geld und manchmal ist es auch nicht genug"*.

Die Beziehung der Mutter zum neuen Lebenspartner scheint nicht ohne Probleme zu sein: Tina antwortet auf die Frage, was sie sich für die Familie wünsche, *„dass sie nicht immer streiten, dass sie zueinander lieb sind, dass wir mehr Geld hätten"* (KI/1, S. 4).

Allerdings ist es in der Familie nicht üblich, dass Freunde oder Freundinnen von Tina dort übernachten dürfen. Das mag natürlich auch mit an dem kleinen Bruder liegen, mit dem Tina das Kinderzimmer teilen muss. Aber es scheint keine Kommunikation zwischen Mutter und Tochter über die Gründe und Motive dieser Handhabung zu geben. Auch an den Kindergeburtstagen zeigt sich die Zurückhaltung der Mutter. Tina vermerkt, dass sie eigentlich *„nicht so richtig gefeiert"* hätten und diese Einschränkungen haben auch Auswirkungen auf die Einladungen zu anderen Kindern, wo sie *„sehr selten eingeladen"* werde. Die Mutter kommentiert das mit der Bemerkung, es werde sonst zu teuer. Deutlich wird, dass die Mutter keine Kommunikation über mögliche Kompromisse mit der Tochter sucht. Die Mutter wirkt, was die Beziehung zur Tochter und deren Erziehung betrifft, insgesamt etwas verhalten. Es gibt kaum gemeinsame, vor allem wenig kindbezogene Aktivitäten – eigentlich geht man nur zusammen auf den Fußballplatz, wo die Mutter auch einige Fußballfreunde (eher Bekannte) trifft. Ansonsten verbringt die Mutter viel Zeit vor dem Fernseher. Tina kommt auf diese Weise ebenfalls zu einem altersinadäquaten und zeitlich wohl zu ausgedehnten Fernsehkonsum.

Im Unterschied zu ihrer Mutter, die wenig soziale Kontakte hat, sehr häuslich ist und die berichtet, dass sie selber sich von ihrem Freundeskreis zurückgezogen habe, ist Tina sowohl in der Schule wie in der Nachbarschaft ein beliebtes, wegen seiner Offenheit geschätztes Mädchen, das viele Spielkameradschaften hat. Sie hat FreundInnen in der Schule und ebenfalls in der Nachbarschaft, auch eine enge Freundin, die etwas weiter entfernt wohnt. Ihre beste Freundin ist vor kurzem weit weg (nach München) gezogen. Sie vermisst sie sehr und hält brieflichen Kontakt. Sie bedauert, dass sie zur Zeit keine gute Freundin hat.

Insgesamt lässt sich hier von einem recht unterschiedlichen elterlichen und kindlichen Netzwerk sprechen; im Vergleich zur Mutter hat Tina vielfältige und unterschiedliche Netzwerkkreise zur Verfügung, die offenbar die mütterliche Benachteiligung und familiäre Erfahrungsenge weitgehend ausgleichen können.

Auf der anderen Seite wird dieser Bereich kindlicher Eigengestaltung durch die Mutter insofern nicht gefördert, dass sie Kontakte zu anderen Gleichaltrigen zu wenig unterstützt.

Eine gewisse Vergleichgültigung der Mutter wird sichtbar am eingeschränkten Familienleben, das wenig kindbezogene Aktivitäten enthält, an der Nichtermöglichung von Übernachtungen anderer Kinder und der Nicht-Gestaltung von Kindergeburtstagen.

Rebecca (7 Jahre) nimmt insofern eine Sonderstellung ein, als hier eine Familienkrise die kindliche Lebenssituation prägt. Das Kind profitiert von einem über die Mutter erschlossenen neuen Sozialkreis. Insgesamt liegt hier eine gute Mutterbeziehung, eine gute Gleichaltrigenintegration und eine erfolgreiche Bewältigung schulischer Anforderungen vor.

Die aktuelle Situation von Rebecca ist durch den Auszug des Vaters geprägt – er ist untergetaucht, weil er polizeilich gesucht wird, aber bedeutsamer für Rebecca ist die Zuspitzung der elterlichen Konflikte, die parallel liefen. Der Vater ist mehrfach gewalttätig gegenüber Mutter und Kind geworden; elterliche Konflikte über längere Zeit gingen dieser Krise voran.

Der langjährigen Erwerbslosigkeit haben die Eltern unterschiedliche Strategien entgegengesetzt. Während der Vater undurchsichtige Geschäfte machte – erst zur Zeit des Elterninterviews hatte er wieder eine gering bezahlte Erwerbstätigkeit –, ist die Mutter vor vier Jahren religiös geworden und hat sich einer Kirchengemeinde angeschlossen, die ihr durch die gelebte Solidarität eine deutliche lebenspraktische Entlastung und Unterstützung bietet. Zusätzlich geht sie kleineren Erwerbstätigkeiten nach wie Zeitungsaustragen.

Rebecca profitiert von dem neuen Sozialkreis der Mutter in mehrfacher Hinsicht. Einerseits erweitern sich ihre sozialen Kontakte zu Erwachsenen und Kindern in ein sozial anderes Milieu von auch eher gut gestellten Menschen. Das ist umso wichtiger, als die Verwandtschaft eher in ähnlichen Lebenslagen wie ihre Familie lebt. Darüber hinaus kann sie zusammen mit ihrer Mutter an Ausflügen, Unternehmungen und urlaubsähnlichen Aktivitäten der Gemeinde teilnehmen, die der Familie ohne die materielle Unterstützung der Gemeindemitglieder nicht möglich wären. Ferner kann die Mutter über einen der Kirche nahestehenden Unterstützungsverein Bekleidung und Spielsachen für die Kinder erhalten und die Familie so materiell entlasten. Durch die Aushilfe der Mutter auf einem Reiterhof wird Rebecca kostenloses Reiten ermöglicht.

Rebecca ist eine gute Schülerin, obwohl sie ambivalente Gefühle bezüglich des Lernens und der Schule hat; aber zur Lehrerin hat sie einen guten Kontakt. In der Schule fühlt sie sich akzeptiert, sie hat eine eher mittlere Anzahl von Spielkameradschaften. Die schulischen Kontakte überschneiden sich teils mit anderen in der Nachbarschaft, sie hat einen besten Freund und eine beste Freundin.

Die Mutter-Kind-Beziehung scheint gut zu sein, es gibt Familienrituale, etwa des gemeinsamen Frühstücks, gemeinsamer Unternehmungen und des gemeinsamen Zeitungsaustragens. Der Mutter wird jedoch erst beim Kinderinterview bekannt, dass Rebecca an kinderkulturellen Wünschen festhält (wie Schlaghosen, Plateauschuhen, Tamagotchi usw.), welche die Mutter in ihrer Abgrenzung von der „Wegwerfgesellschaft" ablehnt. Die Mutter neigt offenbar aufgrund ihrer religiösen Überzeugungen und der Lebensphilosophie des Konsumverzichts manchmal zum Übergehen oder Ignorieren kindlicher Äußerungen und Bedürfnisse und zum Funktionalisieren anderer; letzteres findet sich als Haltung auch bei Rebecca wieder.

Die Mutter kommuniziert die materielle Situation mit den Kindern und vermittelt Möglichkeiten, damit umzugehen, wie Verzicht, Sparen, Geldverdienen. Die Ablehnung der „Wegwerfgesellschaft" ermöglicht der Mutter eine Selbstsicht als aktive Gestalterin ihres Lebens; sie hat sich mit der Rolle der Hausfrau und Zuverdienerin arrangiert. Außer dem Reiten ist die Unterstützung kindlicher Interessen der Mutter nicht möglich: etwa dass Rebecca wie gewünscht Geige spielen lernen könnte. Hinsichtlich der benachteiligenden Faktoren dürfte bei Rebecca der Elternkonflikt und die geringen Unterstützungsmöglichkeiten durch die Familie im Vordergrund stehen, teilweise wird dies materiell, sozial und kulturell durch die Kirchengemeinde aber ausgeglichen.

Anton (10 Jahre): In diesem Fall ist die allein erziehende Mutter aufgrund ihrer vollzeitigen Erwerbstätigkeit – seit einigen Monaten auch in Schichtarbeit – offensichtlich bei der Alltagsgestaltung der Familie überfordert. Die Familie hat einen recht kleinen Verwandtenkreis, der (hauptsächlich) in der Kinderbetreuung unterstützend wirkt und die Mutter entlastet; der neue Lebenspartner kann dazu auch beitragen. Die Kontakte der Familie sind jedoch weitgehend auf diese beiden Formen begrenzt. Der Wohnungsenge entkommt man am Wochenende entweder in die in einem nahen Dorf gelegene Wohnung des Partners oder ins Gartenhaus (Datsche) der Mutter. Das Familienleben lässt sich mit Antons Satz kennzeichnen „*Mutti hat viel Zeit, außer in der Woche, wenn sie arbeiten muss*" – allerdings muss die Mutter manchmal auch sonntags arbeiten. Antons Mutter hat werktags kaum Zeit für die Kinder, sie sieht sie dann wenig. Es gibt Rituale der Familie: Man geht mit dem Hund spazieren, man schaut gemeinsam fern, man spielt Nintendo, die Kinder toben oder man sitzt herum. Das Familienklima ist als begrenzt partnerschaftlich zu bezeichnen, doch neigt die Mutter – vielleicht auch aufgrund ihrer beruflichen Belastung – dazu, den Kindern sehr viel Selbständigkeit und Verantwortung aufzubürden, was diese manchmal überfordert. Offenbar hat es vor einem Jahr erhebliche Konflikte zwischen Anton und der Mutter gegeben, in denen es ihr nicht gelungen ist, zu kompromißhaften Lösungen zu kommen, die die Interessen der Kinder berücksichtigen. Anton hat darauf mit starker Aggression, mit Diebstählen und mit schulischen Leistungs- und Verhaltensproblemen reagiert, die zu einem Schulwechsel führten. In der neuen Schule hat er sich wohl gefangen und ist ein mittelmäßiger Schüler, er sieht sich nun aber auch sozial in der Schule als akzeptiert an.

Die durch die Überforderung der Familie mit bedingte Krise in seinen Schulleistungen, seinen schulischen Gleichaltrigenbeziehungen und in seinem schulischen Verhalten scheint durch den Schulwechsel und eine intensivere Betreuung vorerst bewältigt zu werden, seitdem er den Kindertreff besucht, eine offene sozialpädagogische Einrichtung für benachteiligte Kinder, in der er vielfältig gefördert wird und auch weitere erwachsene Vertrauenspersonen schätzen gelernt hat. Dass Anton wenig Freunde außerhalb des Kindertreffs hat, hängt wohl damit zusammen, dass er bei allem Charme und aller Lebendigkeit oft auch recht aggressiv sein kann.

Spielkameraden und Freundschaften hat er nun hauptsächlich innerhalb dieser außerschulischen Einrichtung und damit zugleich in der Nachbarschaft gefunden. Der Kindertreff legt Wert auf die Förderung von Lern- und sozialen Kompetenzen. Diese Einrichtung stellt für ihn – auch durch eine vielseitige Freizeitgestaltung – ein Gegengewicht bzw. eine eigenständig gestaltete Lebenswelt gegenüber der Schule und der Familie dar. In Antons Fall ist nicht zu sehen, wie ohne dieses Angebot der Jugendhilfe Problembewältigung möglich wäre. Hier liegen also institutionelle Bewältigungsformen als Antwort auf strukturelle elterliche Überforderung und daraus resultierende Probleme des Kindes vor.

Als entscheidende Faktoren bei den Kindern mit externen Bewältigungsmöglichkeiten lassen sich erkennen:

- *Erschließung* teils durch die Mütter, teils durch *Eigenaktivität des Kindes*.
- Die *Erfahrungsfelder* der Kinder werden erweitert durch zusätzliche Sozialkreise, die einen Ausgleich zur Situation der Familie (bei Tina auch zur Passivität der Mutter) bieten.
- Die neuen Felder sind zugleich als Sozialisationsfelder anzusehen, in denen Bearbeitung bzw. *Bewältigung der kindlichen Benachteiligung* geschieht.

5.3.4 Strukturen kindlicher Benachteiligung

Die Kinder unserer Studie lassen deutlich unterschiedliche Strukturen ihres Kinderlebens erkennen. Zwar sind alle Familien arm im Sinne des materiellen Einkommens, doch sind die Belastungen der Eltern ebenso unterschiedlich wie die Ausprägungen des Kinderlebens bei elterlicher Armut. Es ergibt sich folgende Ordnung i. S. einer Rangfolge von Benachteiligung:

Typ 1: Elterliche Armut – kindliche Kompensation

> *Eltern sind Typen der (subjektiv, objektiv ist dies fraglich) verzeitlichten Armut*:
> Die Kinder (*Erik* und *Konstantin*) sind zwar familienbezogen materiell arm, doch mit vieldimensionalen und zahlreichen außerfamilialen Kompensationsmöglichkeiten; es sind – subjektiv relativ – wenig belastete Kinder mit großem Sozialraum, Aktionsraum, großer Kontaktvielfalt, vergleichsweise vielen Möglichkeiten der Interessenverfolgung sowie kaum beeinträchtigten Gestaltungsmöglichkeiten des Kinderlebens.

Es folgen die *Kinder des Mittelfelds* mit verschiedenen Strukturierungen bzw. Schwerpunkten bei der Benachteiligung. Diese Gruppe kennzeichnet, dass ein oder mehrere Bereiche von Anerkennung und Entwicklung beeinträchtigt sind und sie dadurch deutlich benachteiligt ist. Merkmale sind: 1. enger Sozialkreis; 2. keine oder kaum Förderung/Ermöglichung durch die Eltern 3. wenige und zudem oft problematische Peer-Kontakte. Eine kleine Teilgruppe von drei Kindern findet in neu erschlossenen Sozialfeldern Kompensationsmöglichkeiten unterschiedlichen Gewichts für die materielle und familiale Armutssituation. Es liegen hier unterschiedliche Profile von Benachteiligung vor, wodurch sich unterschiedliche Lebenslagen der Kinder und Bewältigungsformen ergeben. Auch die Zukunftschancen der Kinder bzgl. der drei Bewältigungsebenen sind unterschiedlich einzuschätzen.

Typ 2 (Mittelfeld): Benachteiligte Kinder mit unterschiedlichen Benachteiligungsmerkmalen und Merkmalszusammensetzungen

I. Kinder mit wenig wirksamen Kompensationsmöglichkeiten im Kinderleben:

> *Dorothee, Anja, Karsten, Sarah*: Die Eltern sind (außer Dorothee) erwerbslos ohne große Chancen auf dem Arbeitsmarkt. Die Kinder sind mäßig, aber unbefriedigend integriert, haben z.T. auch Probleme mit Gleichaltrigenbeziehungen, teils wegen fehlender Unterstützung durch die Eltern, der Lage der Wohnung und teils wegen Hänseleien. Es sind dies:
> - Kinder mit vergleichsweise geringen Kompensationsmöglichkeiten durch Netzwerke
> - Kinder mit geringer Förderung und mäßiger Ermöglichung durch die Eltern
> - Im Einzelfall (*Dorothee*): dennoch wegen der elterlichen Ressourcen gute Entwicklungschancen

II. Kinder mit extern erschlossenen Bewältigungsmöglichkeiten

> *Kinder mit selbst erschlossenen Bewältigungsmöglichkeiten:*
> Nahe bei Typ 1 ist *Tina*, weil auch sie vergleichsweise viele Kompensationsmöglichkeiten hat. Zwar liegen geringere Leistungen des kindbezogenen Netzwerks vor, aber es sind Kompensationsmöglichkeiten in der Schule sowie bei Vater und Großeltern gegeben. Die Eigenaktivität des Kindes steht im Gegensatz zur mütterlichen Resignation. Einsetzende Vergleichgültigung der Mutter.

> *Kind profitiert von der aktiven Erweiterung des mütterlichen Netzwerks:*
> *Rebecca*: Die Eltern sind erwerbslos ohne große Chancen, außerdem Krise in der Elternbeziehung (allerdings gute Beziehung zur Mutter)., Kind ist sozial gut integriert, hat enge Freundschaften. Erweiterung des sozialen Kreises ist durch einen Wechsel des Netzwerkes der Mutter erfolgt sowie Ermöglichung durch Jobs der Mutter. Mütterliche und kindliche Bewältigung sind eher gleichgerichtet:
> - Kind mit vergleichsweise starken Kompensationsmöglichkeiten durch Netzwerke
> - Starkes innerfamiliäres Konfliktpotential: Gewalt gegen Kinder und Mutter durch Vater

> *Kind mit institutionellen Kompensationsmöglichkeiten:*
> *Anton.* Strukturelle Überforderung der allein erziehenden Mutter in Folge von Schichtarbeit sowie kleines elterliches Netzwerk. Die Kinder sind viel sich selbst überlassen, Kind hatte erhebliche schulische und Verhaltensprobleme, allerdings besser gewordene Gleichaltrigenbeziehungen nach Schulwechsel., Hervorzuheben ist die bedeutsame Rolle des Kindertreffs in der schulischen und Peer-bezogenen Krisenbewältigung durch das Kind. Starke Benachteiligung des Kindes wird durch Institution der Jugendhilfe zunächst aufgefangen.

Es folgt eine „Extremgruppe" von Kindern, deren Lebenssituation uns als sehr unstrukturiert und teilweise haltos erscheint, in der die Eltern extremen Belastungen unterliegen und die Eltern-Kind-Beziehung teilweise von starken Vergleichgültigungstendenzen geprägt wird, sowohl was den Alltag als auch was elterliche Ermöglichungs- und Vermittlungsleistungen angeht. Weitere gemeinsame Mermale sind: keine oder wenige Peer-Kontakte in Schule und Nachbarschaft; schlechte Schulintegration; schlechte Schulleistungen.

Typ 3: Kinder in stark und mehrfach benachteiligter Lebenslage

> *Mehrfache Belastung der Familien – stark benachteiligte Kinder:*
> *Theo, Frank, Dennis, Torsten, Steffi:* Die Eltern und Familien sind meist stark belastet; die Kinder sind in allen wichtigen Lebensbereichen stark benachteiligt. Die Kinder selbst sind z. T. zusätzlich durch Umzüge und Schulwechsel belastet. – es sind Kinder ohne Alltagsstruktur (außer *Torsten*) und in vernachlässigenden Elternbeziehungen, wenig elterliche Aufmerksamkeit und Kontrolle des Kinderlebens. Die Kinder haben wenig oder keine Spielkameradschaften und Freundschaften, große Probleme in Schule und Gleichaltrigenbeziehungen. Fast alle Lebens- und Sozialisationsbereiche bieten kaum Anerkennung für die Kinder und insgesamt sind wenig entwicklungsfördernde Strukturen vorhanden.

5.4 Aspekte einer Theorie von Armut und Kinderarmut

5.4.1 Neue Ungleichheiten und die Armut

Die unterschiedlichen empirischen Zugänge und analytischen Deutungen von Armut in der Armutsforschung haben wir im 1. Kapitel im Überblick dargestellt. Hier sollen nun daran anknüpfend einerseits Aspekte einer sozialwissenschaftlichen Deutung und andererseits Aspekte einer veränderten Qualität von Armut skizziert werden. Die Diskussion um Armut ordnen wir dabei ein in die Diskussionen um die Veränderungen der Arbeitsgesellschaft und der Lebensweise.

Eine Diskussionslinie in der Armutsforschung galt der Frage, ob mit den verschärften Ungleichheiten dauerhafte oder nur vorübergehende Formen von Armut oder Exklusion einhergehen. Armut wurde von der einen Position (Leibfried u. a. 1995) als ein Phänomen dargestellt, das in hohem Maße verzeitlicht, individualisiert und sozial entgrenzt sei. Weil einem Großteil der Armen der Übergang in gesicherte Erwerbspositionen und die Realisierung anderer Lebensoptionen keineswegs verbaut sei, stelle die Vervierfachung der SozialhilfebezieherInnen seit den 1980er Jahren keinen Indikator für dauerhafte Ausgrenzung dar, Notlagen und Existenzkrisen seien eher biografische Durchgangsstadien. Diese Diskussion erwies sich weitgehend als falsch gestellte Frage.

Die andere Position nimmt Bezug auf sich neu herausbildende und relativ dauerhafte soziale Spaltungslinien, die vor allem in den neuen, flexiblen Formen von Erwerbsarbeit gesehen werden (Dahrendorff 1994: 209ff.). Neu war das Verständnis, dass diese Prozesse in die Mitte – den Kern – der Gesellschaft hineinreichen und zu einer weitreichenden Verunsicherung lebensbiografischer Entwürfe und Identitätskonstruktionen führen.

In Deutschland wurde die Diskussion um eine neue Qualität von Armut mit dem Begriff der sozialen Ausgrenzung geführt. Ergebnisse der Erwerbslosenforschung wiesen auf die neue Qualität eines sozialen Ausschlusses als Folge von Erwerbslosigkeit hin (Kronauer u. a. 1993; Beck 1999). Neu strukturiere sich die soziale Spaltung in Europa vor allem über das „innen" und „außen" des Arbeitsmarkts. Zwar unterscheiden sich die Folgen der ökonomischen Umstrukturierung von Land zu Land – nach Beschäftigungsstruktur, System der sozialen Sicherung, Struktur der Beziehungen zwischen Kapital und Arbeit, Bildungssystem usw. – doch scheint in den hochentwickelten Ländern eine neue Form der Ungleichheit aufzutreten: Ausschluss auf dem Arbeitsmarkt verbindet sich mit sozialer Ausgrenzung. Das erste kann dabei sowohl Dauererwerbslosigkeit, Unterbeschäftigung oder erzwungener Rückzug vom Arbeitsmarkt sein. Das zweite bedeutet allgemein das Verwehren der Teilhabemöglichkeiten am sozialen Leben, relativ zu den jeweils anerkannten Standards gesellschaftlicher Teilhabe. Es bilde sich eine neue Schicht der Dauererwerbslosen heraus, was drastische Einschnitte in die Lebensbedingungen, Verhaltensweisen, Zielsetzungen und Wertorientierungen der betroffenen Menschen zur Folge habe, wobei es nur wenigen gelinge, durch eigene Bemühungen ins Erwerbssystem zurückzukehren (Kronauer 1998b). Räumliche Segregation scheint in Deutschland bislang nicht kennzeichnend für sozialen Ausschluss zu sein.

Diese wissenschaftlichen Analysen konzentrieren sich einerseits auf die individuelle Wahrnehmung und Verarbeitung materieller Notlagen, zum anderen betrachten sie die strukturellen Ursachen und Auswirkungen von Ausgrenzungen aus dem Erwerbssystem. Übergreifend scheint Einigkeit darin zu bestehen, dass die gesellschaftlichen Umbrüche zu einer neuen Qualität von sozialen Problemen führen.

In der Diskussion um neue soziale Ungleichheiten versuchten andere AutorInnen, an den kritischen Gehalten der Ungleichheitstheorie festzuhalten, etwa der Kritik von ökonomischen und gesellschaftlichen Machtverhältnissen, den Fragen nach den Hegemonie vermittelnden Strukturen und Institutionen (z.B. Staat, Verbände), nach Prozessen und Formen der Herstellung von Legitimität (z. B. im Wandel von Leistungsideologie, Gerechtigkeitsvorstellungen und von Ungerechtigkeitserfahrungen).

In der Sozialstrukturforschung bildeten sich – auch in der Auseinandersetzung mit dem Becks Individualisierungstheorem (Beck 1986) – Konturen einer *relationalen Ungleichheitstheorie* heraus, die eine neue Sicht auf die Zusammenhänge von gesellschaftlicher Mikro- und Makroebene deutlich werden lassen. Hradils Konzept der sozialen Lage (vgl. z. B. 1987; 1992) erweitert einerseits die traditionellen schichtspezifischen Kategorien von Ungleichheit (Einkommen, Status, Prestige, Bildung) um neue, horizontale und teilweise lebensstilspezifische Faktoren (z. B. Geschlecht, Region, Ethnie, Kohorte). Andererseits verbinden sich mit diesen vielfältigen alten und neuen Dimensionen sozialer Ungleichheit nicht nur typische soziale Lagen, sondern auch „*gemeinsame Definitionen der jeweiligen ‚objektiven' Handlungsbedingungen*" (1987: 163), also gemeinsame Lebensstile und Milieus. Aus dieser Beschreibung von vielfältigen Lebensstilen ergibt sich zum einen eine relationale Bestimmung von Armut, die ihren Inhalt im Vergleich mit gesellschaftlich normalen Lebensbedingungen findet. Zum anderen werden die an kollektive Formen geteilter Erfahrung gebundenen Bewältigungsformen als eigenständiger Faktor deutlich, mit denen soziale Selbsthilfe, Gegenwehr und partiell erfolgreiche Bewältigungen mobilisiert werden können.

Berger (1996) kann u.a. zeigen, wie sich die allgemeine Entwicklung – vor allem die Erosion des Normalarbeitsverhältnisses und die Entstandardisierung des Lebenslaufs – aufgrund unterschiedlicher sozialer Kapitalien und Ressourcen der AkteurInnen, in der gesellschaftlichen Mitte durchaus stärker mit erweiterten Ressourcen und Chancen, am unteren Rand dagegen eher mit den Schattenseiten der Modernisierung verbinden. Diese „dynamisierte" Sozialstrukturanalyse kommt zum Ergebnis unterschiedlicher Intensitäten und Richtungen der Bewegung im sozialen Feld, der gleichzeitigen Wirkung unterschiedlicher, ja gegenläufiger Ungleichheitsstrukturen und der unterschiedlichen Betroffenheit nach Geschlecht, Region, Alter usw.

Ausgangspunkt der Überlegungen von Kreckel (1992; 1998) ist, dass zur Analyse sowohl vertikaler wie horizontaler Ungleichheiten ein gemeinsames theoretisches „Dach" notwendig sei, weil es sich dabei um zusammenhängende Probleme handele. Er überführt die vertikale Struktur des „oben und unten" in ein Modell von Zentrum und Peripherie, das als Kräftefeld konzipiert wird und durch Kräftekonzentration im Zentrum und Kräftezersplitterung an der Peripherie gekennzeichnet ist. „Periphere Lagen" sind durch den Ausschluss von den jeweils dominierenden Machtressourcen, die fehlende Konfliktfähigkeit der AkteurInnen und mangelnde Möglichkeit, Fähigkeit oder Bereitschaft zur Bildung von „Gegenmacht" bestimmt. Solche „Machtressourcen" sind die ökonomischen Ressourcen, die sozialen Beziehungen, die hierarchische Stellung und das Wissen – dabei gelten Besitz und Wissen als distributive, selektive Assoziation und hierarchische Organisation als relationale Ungleichheitsdimensionen. Die primären Machtstrukturen – die Beziehungen zwischen Kapital und Arbeit, ihre politischen gesellschaftlichen Organisationsformen wie auch die staatlichen und rechtlichen Institutionen werden von weiteren sekundären Machtverhältnissen überlagert. Die konkreten Formen sozialer Ungleichheiten basieren dann auf einer vielfachen Struktur von Machtasymmetrien. Immer noch bestimme die „meritokratische Triade" (Einkommen, beruflicher Rang und Wissen) die Ungleichheitsstrukturen, d. h. das System der Erwerbsarbeit bzw. der Arbeitsmarkt stelle weiterhin die „zentrale Drehscheibe sozialer Ungleichheit" dar. Lohnarbeit und Kapital als die grundlegenden Kategorien des Arbeitsmarkts strukturieren ihn nur „abstrakt", weil eine empirische Realität von Klassen nicht mehr existiert, wohl aber eine strukturtheoretische Bedeutung des Klassenkonzepts. Da diese primäre Machtasymmetrie verrechtlicht wurde, tritt der Staat als weitere Komponente des „ungleichheitsbegründenden Kräftefelds" hinzu. Seine nähere Analyse spart Kreckel freilich aus, so dass die Frage nach der Bedeutung des Staats im Rahmen hegemonialer Prozesse ungeklärt bleibt. Neben die zentrale Machtasymmetrie des abstrakten Klassenverhältnisses stellt Kreckel das analytisch davon unabhängige „abstrakte Geschlechterverhältnis", für das der Gegensatz von Produktion und Reproduktion konstitutiv wird. Da historisch durch die Trennung von Erwerbs- und Hausarbeit erstere die Dominanz erlangte, stehen beide Sphären in einem spezifischen Verhältnis zueinander, dem eines „Sekundärpatriarchalismus".

Dieser Ansatz ist in der Lage, vertikale wie horizontale soziale Ungleichheit in Beziehung zu setzen und zu integrieren. Er geht davon aus, dass Verhältnisse sozialer Ungleichheit das Resultat von Handlungen der Menschen, sich wandelnder Kräftekonstellationen und damit prinzipiell veränderbar sind. In Bezug auf Armut zeigt er den systematischen Zusammenhang von Armut mit gesellschaftlichen Kräftekonstellationen und versteht Armut als zugespitzte Form sozialer Ungleichheit. Armut, so ließe sich Kreckel weiterdenken, ist zunächst als „*abstrakte Armut*" Zugehörigkeit zur Peripherie, doch innerhalb dieser Peripherie sind sehr unterschiedliche konkrete Formen von Armut möglich. Theoretisch bedeutet dies eine Hinwendung zu Mehrebenen-Modellen sozialer Ungleichheit.

Vester u. a. (1993, 2001) versuchen die Begründung eines auch handlungstheoretisch fundierten Konzepts sozialer Ungleichheit, indem sie eine vor allem horizontale Pluralisierung der Klassengesellschaft aufweisen können. Kulturtheoretisch und lebenslagetheoretisch vermittelt lassen sich ihren Milieuanalysen zufolge sehr wohl Prozesse der Selbsterzeugung unterschiedlicher sozialer Klassenmilieus aufzeigen.

Die Untersuchungen Hradils, Kreckels und Bergers formulieren wichtige Elemente einer relationalen Ungleichheitstheorie, die vom Nebeneinanderbestehen verschiedener Formen sozialer Ungleichheit und von mehrdimensionalen Dynamiken zwischen Strukturen und Personen, gesellschaftlichen Kräftegruppen und institutionalisierten Kräftekonstellationen ausgehen. Im Konzept der dynamisierten Sozialstrukturanalyse wird vor allem die Verzeitlichung sozialer Ungleichheiten thematisiert. Neben das Normalarbeitsverhältnis treten entstandardisierte und deregulierte Arbeitsverhältnisse, wodurch sich vertikale Ungleichheitsstrukturen vergrößern. Zugleich wird das Zeitregime des Standardlebenslaufs aufgeweicht, die Normalbiografie macht diskontinuierlichen und entstandardisierten Mustern von Lebenslauf und Erwerbsbiografie immer mehr Platz. Zugespitzt gilt das für Frauen – verschärft für allein Erziehende – , da ihre Erwerbsverläufe grundsätzlich diskontinuierlicher sind. (Eine Folge davon sind Abwertungskarrieren)

Abschließend lassen sich als Konsequenzen einer relationalen Ungleichheitstheorie folgende Aspekte skizzieren: Neben der eher grundlagentheoretischen Diskussion um den Stellenwert des Klassenbegriffs scheint für unseren Kontext entscheidend die Herausarbeitung einer Pluralität von Ungleichheitsachsen. Tendenzen der Deregulierung setzen sich in der gesellschaftlichen „Mitte" anders durch als im gesellschaftlichen „Unten". Die Gewichtung der ungleichheitsrelevanten Faktoren hängt auch von regulativen Prozessen ab. In der gesellschaftlichen Mitte überwiegen bislang eher ModernisierungsgewinnerInnen, die von Individualisierung im Sinne vermehrter Selbstbestimmung profitieren können. Der Bereich weniger gesicherter Erwerbs- und Lebenslagen verbreitert sich. Die Vielzahl der Ungleichheit beeinflussenden Faktoren (z. B. Erwerbsarbeit, Alter, Bildung und Ausbildung, Region, Geschlecht, Kohorte,

Familienstruktur, Ethnie usw.) führen zu einer Pluralisierung von Armutsursachen, Armutswirkungen und Armutsverläufen. Auf der Seite der ModernisierungsverliererInnen verbinden sich mit Abstiegsprozessen eher (aber nicht zwingend) negative Aspekte der Individualisierung wie Unsicherheit, Fremdbestimmung, Heteronomie, Desintegration usw. als moderne Dimensionen von Ungleichheit.

Armut und Ausgrenzung zeigen sich in sozialwissenschaftlichen Konzepten der Gegenwart als Phänomene, die in vielfacher Hinsicht einem Formwandel unterliegen und deren zukünftige Konturen sich erst undeutlich abzeichnen. Sozialhistorisch haben sich in der Nachkriegszeit Lebenslagen und soziale Risiken in Richtung einer größeren Abhängigkeit von Markt und Geld sowie sozialstaatlicher Absicherung verändert. Armut bedeutet seit dem Wirtschaftswunder das fast ausschließliche Angewiesensein auf monetäre Ressourcen, weil der traditionale Sektor einer nicht profit-, sondern bedarfsorientierten Produktionsweise abgeschmolzen ist, der Unterstützungsmöglichkeiten und Nischen bot (vgl. Chassé 1988). Die epochalen Veränderungen der Ökonomie und der politischen Regulation bringen durch die Globalisierung und die veränderte Sozialstruktur neue Formen von Ungleichheiten mit sich, die man wohl insgesamt mit Castel (2000b) als eine breite „Zone der Unsicherheit" – von gesellschaftlichen Positionen, vor allem auf dem Arbeitsmarkt, aber auch von Lebenslagen und biografischen Perspektiven – interpretieren kann. Ausgrenzung – vor allem vom Arbeitsmarkt – stellt nur eine zugespitzte Form dieser neuen gesellschaftlichen Ungleichheitslinien dar. Armut und Ausgrenzung gefährden insbesondere mit der Aushöhlung sowie Einschränkung sozialer Teilhaberechte[7] die zentralen Integrationsformen von Erwerbsarbeit und – vermittelt – von Konsum und Sozialintegration. Generell bleibt die zentrale Steuerungseinheit von Benachteiligungsprozessen dabei der Arbeitsmarkt, auch weil die politisch-institutionelle Entwicklung dessen Deregulierung und Differenzierung durch Um- und Abbau sozialstaatlicher Sicherungen vorantreibt. Wenn „Kern und Rand" unscharfe Zonen mit fließenden Übergängen werden, pluralisieren sich Phänomene von Armut und Benachteiligung und dynamisieren sich. Die bisher diskutierten Armutsformen (vgl. Kap. 1) der chronifizierten Armut, der verzeitlichten Armut, der

---

7 Ergänzen ließe sich diese Argumentation durch den Hinweis darauf, dass erst diese Nachkriegszeit neben der ökonomischen Integration (im Sinne von Sicherheit) auch die soziale Integration der Lohnabhängigen vervollständigt habe. Marshall (1992) hat darauf aufmerksam gemacht, dass erst die Mitte des 20. Jahrhunderts die Durchsetzung sozialer Rechte bringt, und damit die gesellschaftliche Einbindung der Lohnabhängigen durch das (erkämpfte) Zugeständnis bürgerlicher (persönlicher Freiheit, Eigentum) und politischer (aktives und passives Wahlrecht) Rechte abgeschlossen wird. Erst soziale Rechte realisieren die Teilhabe an den erreichten sozialen und kulturellen Standards der Gesellschaft für tendenziell alle (Mindestmaß an Wohlfahrt und Sicherheit, Recht auf Leben als zivilisiertes Wesen, Zugang zu Bildung und Ausbildung, Chancengleichheit, Anteil am gesellschaftlichen Erbe).

Armut als Prozess des Ausschlusses sowie der Armut als Zustand des Ausschlusses (jeweils mit unterschiedlichen Betroffenheitsebenen) dürften sich tendenziell in übergeordnete Formen und Verläufe der Prekarisierung von Lebenslagen und Lebensverläufen sowie von gesteigerten Dynamiken gesellschaftlicher Spaltungen und Differenzierungen einbinden, deren konkrete Formen noch kaum absehbar sind. Neben der Verschärfung der klassischen Ungleichheitslinien – entlang der traditionellen Kategorien von Ungleichheit „Klasse, Rasse (Ethnie) und Geschlecht" – zeichnen sich als besonders betroffene Gruppen gering Qualifizierte, Familien mit vielen Kindern, allein Erziehende, Familien mit zu geringem Erwerbseinkommen schon gegenwärtig ab (vgl. Kap. 1).

Armutstheoretisch bedeutet dies, dass die Marktabhängigkeit der Arbeitskraft gesteigert und in einer neuen Weise reguliert wird. Die Formen von Armut differenzieren sich aus, bisherige Formen von Armut werden überlagert und neu strukturiert durch die Veränderungen des Beschäftigungssystems, der Sozialstruktur und der sozialstaatlichen Regulierung. Einerseits werden *die alten Armutsformen* durch die Veränderungen des Arbeitsmarkts in Richtung einer generellen „Labilisierung" im Sinne von Castels „Zone der Verunsicherung" erweitert, andererseits treten *neue Armutsformen* – wie langdauernde Erwerbslosigkeit und ungesicherte Beschäftigungsverhältnisse für neue Gruppen von Erwerbstätigen – hinzu. Mit Vester u.a. (2001: 82f.) möchten wir von einem historischen Gestaltwandel der sozialen Frage als dem Kernproblem der Gegenwart sprechen, der – wiederum mit Castel – zu einer Wiederkehr einer Zone der Gefährdung und einer Zone der Prekarität geführt hat.

Für die 1990er Jahre sehen Vester u. a. vier Erscheinungsformen dieser neuen Konstellation:

1) Benachteiligung bestimmter Gruppen, wie der Frauen, der Jugendlichen, der Kinder aus benachteiligten Milieus usw. beim Zugang zur Arbeitnehmergesellschaft
2) Zunahme diskontinuierlicher Lebensverläufe, zugleich Verschärfung der Anforderung von Flexibilität und Belastbarkeit
3) Verfestigung eines Teil dieser unsteten Biografien zur „*dauerhaften Schieflage des ‚Wohlstands auf Widerruf'*", auch für Angehörige der sozialen Mitte
4) Verfestigung sozialer Deklassierung durch Armut bzw. vollständige Exklusion aus dem Arbeitsmarkt, begleitet von der sozialmoralischen Ausgrenzung bestimmter Minderheiten und in bestimmten Wohnvierteln (Vester u.a. 2001: 83)

Für einen Teil der Bevölkerung wurde so das Prinzip der Arbeitnehmergesellschaft, Leistung gegen Teilhabe, durch unterschiedliche Entwicklungen – Prekarität, Destabilisierung der Lebensläufe und soziale Diskriminierungen neuer Gruppen – gefährdet. Wie unsere Untersuchung zeigt, haben sich jedoch die benachteiligten Gruppen keineswegs von der Arbeitsgesellschaft abgewandt. Nach wie vor gehe es sozialmoralisch und symbolisch, so Vester u.a., für eine Mehrheit der Bevölkerung

> um „eine kontinuierliche und geachtete Arbeit, um die Belohnung aufgewandter Mühen durch Erfolg, um die Freiheit von Zukunftsangst, um die Achtung und Anerkennung anderer, um die Kredit- und Glaubwürdigkeit" (2001: 82f.).

Für die Qualität von Armut haben diese historischen Veränderungen erhebliche Konsequenzen, weil die neuen Ungleichheitsstrukturen dazu beitragen, dass Armut sich ihrerseits flexibilisiert, dass biografische Armutspassagen zu Passagen mit offenem Ausgang werden und dass die Grenzen zwischen Integration und Ausschluss durchlässig und flexibel werden. Insofern Armut offenbar zur Begleiterscheinung der „Zone der Prekarität" wird, werden die Übergänge zwischen Armut und Niedrigeinkommen, zwischen prekärer und sicherer Beschäftigung und – vor allem bei Frauen – zwischen Erwerbsarbeit und Kinderbetreuung diffuser. Armut wird weniger eindeutig auf die Ausgrenzung vom Arbeitsmarkt und weniger eindeutig auf die Abhängigkeit von sozialstaatlichen Transfers bezogen werden können. Die Gleichsetzung von Armut mit Sozialhilfebezug – dies zeigt auch unsere Untersuchung – macht in Bezug auf die faktische Lebenslage immer weniger Sinn. Ein weiterer Aspekt der neuen Qualität von Armut ist darin zu sehen, dass infolge der historisch beispiellosen Wohlstandssteigerung der Nachkriegszeit einerseits zumindest kurzfristige Armut (auch im Sinne von Sozialhilfebezug) nicht zu einer sozialintegrativen Abkoppelung von den durchschnittlichen Lebens- und Konsumstandards führen muss – langfristige dagegen sehr wohl, wie unsere Untersuchung deutlich zeigt – , und dass sich andererseits infolge des vieldiskutierten „Fahrstuhleffekts" (Beck 1986: 124f.) die Mentalität der Menschen auf ein gewisses Niveau des Lebensstandards, das Integration symbolisiert (Konsum und soziokulturelle Teilhabe), ausgerichtet hat (vgl. Kronauer 1997).

Die Erkenntnisse hinsichtlich der neuen Qualität und Differenzialität von Armut lassen sich wie folgt zusammenfassen:

1) Dass sich eine gesellschaftliche Schicht herausbilden könnte, die sehr heterogen in ihren Lebenslagen und biografischen Phasen zusammengesetzt ist und teils starker Dynamik unterliegt, eine Armut, deren Gemeinsamkeit der „*Zustand chronisch verminderter Partizipation*" (Böhnisch 1994: 128) sei, erscheint als immer wahrscheinlichere Prognose. Armutsursachen und Armutsverläufe (-karrieren) werden flexibel und multilateral.
2) Armut bleibt zwar zentral gebunden an die Lohnarbeitsexistenz und stellt in der Regel eine zugespitzte Form eines der Lohnarbeit inhärenten virtuellen Pauperismus (Zander 1975) dar, doch haben sich die Rahmenbedingungen (ökonomisch, sozialpolitisch, lebenslaufbezogen) verändert.

3) Während bis zur Zeit des Wirtschaftswunders von einer dualen Ökonomie ausgegangen werden konnte, die konjunkturell „überzähligen" Arbeitskräften Alternativen oder Rückzugsfelder im bedarfswirtschaftlichen Bereich der Ökonomie beließ, ist Armut nun sozusagen reflexiv, ein reines Produkt zugespitzter Modernisierung.
4) Armut bedeutet inhaltlich verminderte Reproduktion, verbindet sich aber auf neue Weise mit Einschränkungen oder Verweigerungen von citizenship, also von Teilhaberechten als BürgerInnen.

5.4.2 Ambivalenzen der Modernisierung von Kindheit

Die neuere Kindheitsforschung hat die Modernisierung von Kindheit, d.h. die Analyse der Veränderungen von Kindheit im epochalen sozialen Wandel der Nachkriegszeit verstärkt in der Blick gerückt. Ausgehend von der kindheitstheoretischen Schlüsselthese Kaufmanns, dass *„Kinder strukturell von allen entscheidenden Lebensbereichen der Moderne ausgeschlossen sind, mit Ausnahme derjenigen Einrichtungen, die speziell für sie geschaffen werden"* (1980: 767), verfolgt diese Diskussion Rationalisierungsprozesse der Institutionen, Formen und Medien der Soziabilisierung. Ein weiteres Motiv einer neuen Reflexion auf Kindheit stellt der Hinweis dar, dass die Strukturierung des Verhältnisses von Erwachsenen und Kindern, ja Kindheit als solche, gegenwärtig im Umbruch ist.

Kindheit in diesem Sinne in einen sozialhistorischen und einen gesellschaftsreflexiven Kontext zu stellen, bedeutet vor allem die unterschiedliche Verteilung von Macht, Ressourcen und Belohnungen „im Hinblick auf die Dimension des Alters" zu berücksichtigen (Hood-Williams, zit. in Honig 1999: 192). Kindheit ist eine historische Konstruktion, wie Ariès betont, und als solche kennzeichnet die Neuzeit:

„Die Vorstellung von Kindheit entspricht dem Bewusstsein von dem eines besonderen Wesens, welche das Kind vom Erwachsenen und sogar vom Jugendlichen unterscheidet. Dieses Bewusstsein fehlte dem Mittelalter." (Ariès 1979: 128)

Kindheit als Konstrukt zu interpretieren, bedeutet u.a., unsere eigenen Vorstellungen davon, was Kinder sind, was kindgerecht und kindgemäß sei, als Momente eines gesellschaftlichen Verhältnisses zu verstehen, in dem Kindheit entsteht und hergestellt wird. Der Gedanke der Konstruktivität stellt die Trennung von Subjekt und Objekt der Forschung selbst in ein reflexives Verhältnis. Insofern ist er Teil eines Wissenschaftsverständnisses, das sich auf Modernisierungsprozesse selbst reflexiv bezieht (vgl. auch Honig 1999: 182ff.).

Bei näherer Betrachtung zeigen sich allerdings auch gegenläufige Momente in der Veränderung von Kindheit, die man als Tendenzen zu einer stärkeren Vergesellschaftung von Kindheit durch übergreifende Individualisierungsprozesse interpretieren kann (vgl. Kap. 2). Unserer Einschätzung nach lässt sich dies vor allem an der Individualisierung und Pluralisierung der Familienformen, der Emanzipation der Frauen hinsichtlich ihrer Beteiligung am Erwerbsleben, der konsumistischen Tönung von Kinderkulturen und der gesteigerten Bedeutung von Gleichaltrigenbeziehungen – über die die Konsumbezogenheit gleichsam noch einmal sekundär an die einzelnen Kinder herangetragen wird – charakterisieren. Kindheit heute ließe sich dann als widersprüchlicher Prozess der Separierung bei gleichzeitiger gesteigerter und unvermittelter – also direkterer – Anbindung des kindlichen Individuums an die Gesellschaft interpretieren. Auf Seiten der Familien ist in Bezug auf die neuen Bundesländer von einer stärkeren Pluralisierung der familialen Lebensformen auszugehen.[8]

Dies reflektiert die realen Veränderungen in der Struktur von Kindheit, die sich auch als gegenläufige Tendenzen zum Konzept „Kindheit als Ausschluss" interpretieren lassen. Die Tendenzen hin zur größeren Autonomie der Kinder, zur direkteren Marktabhängigkeit und zugleich zu mehr Spielräumen bzw. Wahlmöglichkeiten verdeutlichen die Antinomien der modernen Entwicklung.

Als übergreifende Elemente der Veränderung lassen sich eine Verkürzung der Kindheit (analog zur Verlängerung der Jugendphase in die Kindheit hinein), die Pluralisierung der Kinderkulturen, die Veränderung der Eltern-Kind-Beziehungen, die tendenziell stärkere und frühere Selbständigkeit der Kinder, die wachsende Selbstgestaltungsnotwendigkeit von Alltag und Freizeit, die zeitliche Ausdehnung der Schulzeit („Verschulung" von Kindheit), die stärkere Leistungsbezogenheit von Schule, die Medialisierung und die Konsumorientierung anführen. Diese Tendenzen beschreiben aber eher eine Vergesellschaftung von Kindheit, die überaus ambivalent erscheint. Die längeren Bildungswege, die Veränderung der innerfamilialen Generations-

---

8 Auf sozialstruktureller Ebene zeigen sich deutlich stärkere Anteile etwa von allein Erziehenden, und zwar sowohl nachfamiliären wie ledigen Familientypen von Ein-Eltern-Haushalten (vgl. Peuckert 1999: 167), eine stärkere Verbreitung nichtehelicher Lebensformen mit Kindern sowie (S. 182), von Stieffamilien und nichtehelichen Fortsetzungsfamilien (S. 189; 293ff.). Diese sozialstrukturellen Indikatoren zeigen insgesamt in Bezug auf Lebensformen mit Kindern einen stärkeren Modernisierungsgrad an als in den alten Bundesländern. Peuckert sieht sogar eine Polarisierung der Lebensformen in einen Sektor von Familienformen (Ehepaare mit Kindern, nichteheliche Lebensgemeinschaften mit Kindern, allein Erziehende) und einen Nichtfamiliensektor (Alleinwohnende, kinderlose Ehepaare, kinderlose nichteheliche Lebensgemeinschaften usw.), verstärkt bei den jüngeren Alterskohorten (S. 287). Während solche Modernisierungsprozesse in den alten Bundesländern hochgradig schichtabhängig zu verlaufen scheinen, war und ist dies offenbar in den Neuen Bundesländern so nicht der Fall. Die demografischen Einbrüche seit der Vereinigung können als Strategien zur Bewältigung von Übergangsproblemen interpretiert werden (S. 295). Zugleich hat sich an den Lebensführungsmustern und den Einstellungen wenig geändert: die meisten Frauen in den Neuen Bundesländern wollen erwerbstätig sein und lehnen den auch nur befristeten Rückzug in die Familie ab (S. 298).

beziehungen, die Veränderung der Altersnormen, die Anerkennung und Integration der Kinder als gleichberechtigte Konsumenten binden Kinder heute zugleich stärker in das gesellschaftliche Leben ein, legen ihnen mehr Gestaltungsmöglichkeiten (und -notwendigkeiten) auf; freilich sind sie dadurch auch stärker mit den Widersprüchen und Risiken der modernen Gesellschaft konfrontiert. Die Freisetzungsprozesse aus relativ strengen gesellschaftlichen Norm- und Wertvorstellungen, aus der elterlichen Vormundschaft und aus sozialen Milieus haben die Bedeutung von Gleichaltrigengruppen und von Kinderkultur erheblich gesteigert. Kinderkultur hat sich – analog zur Jugendkultur – in Richtung einer Pluralisierung und Differenzierung entwickelt, so dass auch hier Optionen, d.h. Wahl- und Handlungsmöglichkeiten entstehen. *Kindheit ist so nicht mehr als Erziehungs- und Entwicklungsprojekt zureichend zu beschreiben, der veränderte Kindheitsdiskurs reflektiert vielmehr auf die Veränderung von Kindheit, die Veränderung von Subjektivität und des Generationsverhältnisses.*

Die Frage nach Differenzierungen und insbesondere nach strukturell angelegten Benachteiligungen in der Kindheit lässt sich an die Ambivalenzen des Modernisierungsprozesses anbinden. In einem größeren Rahmen sind im Folgenden relevante Veränderungen in den sozialen Lebensbedingungen und Lebensmöglichkeiten, den Aneignungsformen gesellschaftlicher Wirklichkeit und somit in kindlichen Erfahrungsräume sowie den Subjektivitätspotentialen zu analysieren. Wir hatten im Kapitel 2 folgende zentrale Veränderungen festgehalten:

- Veränderungen der Familienformen werden kontrovers diskutiert, lassen sich aber wohl als Formwandel der Kleinfamilie interpretieren: d.h. Zunahme nichtelterlicher Lebensformen, Stieffamilien, vor allem aber Einelternfamilien.Dies kann u. U. zu sehr komplexen Beziehungsgeflechten mit leiblichen oder sozialen Elternteilen führen, möglicherweise auch zu mehrmaligen Wechseln zwischen Familien- oder Lebensformen sowie entsprechenden Ausdifferenzierungen von Beziehungen (z. B. Kontakt zum leiblichen Vater als soziale Vaterschaft) oder deren Verlust. Kinder werden dadurch sowohl mit den Widersprüchen moderner Familienformen und Partnerschaften konfrontiert, aber sie können auch neue Formen der Partnerschaft, der Sinnsuche von Eltern, des gemeinsamen Lebens von Erwachsenen mit Kindern erfahren. In Bezug auf die kindliche Lebenslage erweisen sich diese Kindschaftsstrukturen, wie unser Projekt zeigt, überaus ambivalent, denn sie können kindliche Benachteiligung verstärken, ihr aber auch entgegenwirken.
- Festzustellen ist ferner ein Wandel der Beziehungen zwischen Eltern und Kindern von einem eher direktiv-patriarchalischen hin zu einem partnerschaftlich-aushandelnden Erziehungsverhältnis. Für die Kinder bzw. die Kindheit bedeutet dies die Grundlegung (oder Erschwerung) von Hand-

lungsfähigkeiten wie sozialer Flexibilität, früher Reflexionsfähigkeit, Integrationsfähigkeit unterschiedlicher Erfahrungsbereiche, Kommunikationsfähigkeit, Selbstkontrolle und Affektkontrolle, alles Aspekte, die auch sehr stark in der Kinderkultur aufgegriffen und (weiter-) gestaltet werden. Belastungen der Eltern tragen demgegenüber offenbar eher zur Verstärkung autoritär-kontrollierender, gleichgültig-vernachlässigender und inkonsistenter Stile bei, in denen Kinder offensichtlich (vgl. 5.3) nicht genug Unterstützung und Aufmerksamkeit erfahren.

- Der binnen-familiale Erfahrungsraum verändert sich durch die Lebenslage Armut offenbar eher negativ; dies betrifft neben der Eltern-Kind-Beziehung vor allem – bedingt durch die Wohnungsenge – eine eher negative Geschwistererfahrung, die die förderlichen Aspekte eines Aufwachsens mit Geschwistern (Spielpartnerschaft, soziales Lernen, Konfliktlösung, Hilfe und Unterstützung) zurücktreten lässt gegenüber eher negativen wie Konkurrenz, Streit, Abgrenzung, Rivalität und fehlendem privaten Raum für Regeneration.
- Der familiale Meso-Raum verändert sich, tendenziell wird er kleiner, weil die Geschwisterzahlen schon bei der Elterngeneration abgenommen haben. Auch diese Entwicklungen sind für die kindliche Lebenslage ambivalent. Großeltern und Verwandte können, sofern sie lebenslagebezogen dazu imstande sind und sozialräumlich zur Verfügung stehen, den Erfahrungsraum der Kinder als Vermittlungsglied zwischen Familienwelt und Sozialwelt wesentlich erweitern und können den Kern eines alltagspraktischen Unterstützungsnetzwerks (Betreuung, finanzielle Unterstützung auch des Kindes, weitere Kontakte, Freizeitgestaltung und Urlaub; partieller Elternersatz) bilden.
- Als weiteres Merkmal ist eine Verfrühung der Selbständigkeit zu nennen: Dazu trägt die Symbiose von Kinderkonsumkultur und Kinderkultur bei. Die Kinderkultur wird wichtiger, als Element einer relativen Autonomie des Kindes von der Familie, und als soziale Leistung aktiv zu bildender und zu erhaltender Freundschafts- und Kameradschaftsbeziehungen. Familienarmut wirkt dieser Selbständigkeit entgegen. Armut bedeutet in aller Regel das Verwiesensein auf traditionelle Kindheitsstrukturen, wobei hier infrastrukturelle Gegebenheiten entlastend oder verschärfend wirken können.
- Mit Blick auf die Bedeutung der Wahlmöglichkeiten greifen wir auf eine Unterscheidung von DuBois-Reymond u.a. 1994 zurück. Die AutorInnen unterscheiden zwischen „moderner" und „traditionaler" Kindheit. Armut verweist Kinder offenbar stärker auf traditionale Kindheitsstrukturen[9], die einerseits weniger Wahlmöglichkeiten bieten, anderer-

---

9 Als traditional wird dabei nicht eine Kindheit verstanden, die der Vergangenheit verhaftet ist – etwa der Nachkriegszeit – sondern auch die „traditionale Kindheit" ist eine Kindheit in der Moderne, der allerdings die Chancen der „modernen Kindheit" abgehen. „Moderne

seits aber auch eine deutliche Bewältigungs- und Schutzfunktion für Kinder in benachteiligten Lebenslagen bereitstellen. Die Ambivalenz ist deutlich.

Zusammenfassend lassen sich diese Ambivalenzen der modernen Kindheit als strukturell vermittelt über die elterliche Soziallage, das elterliche soziale Kapital und die damit verbundenen Ressourcen und Kompetenzen interpretieren. Zugleich wird aber die kindliche Lebenslage auch von vielen weiteren gesellschaftlichen – aus der Perspektive der Kinder kontingenten – Faktoren bestimmt.

5.4.3 *Kindheitstheorie und Kinderarmut*

Hinsichtlich der Qualität von Kinderarmut konnten wir aufzeigen, dass sie gegenüber der Armut von Erwachsenen eine in vielfacher Hinsicht eigenständige Form sozialer Ungleichheit darstellt, trotz ihrer multifaktoriellen Rückgebundenheit an die Armut und Benachteiligung der Familie.

In Bezug auf die zentralen sozialisatorischen Instanzen im Kinderleben, – die Familie, die Schule und die Gleichaltrigenkultur – bedeutet die Benachteiligung von Kindern eingeschränkte Gestaltungs-, Beteiligungs- und Wahlmöglichkeiten im *kindlichen Hier und Jetzt*, im aktuellen Kinderleben.

Kinderarmut ist mehrdimensional. Sie wirkt sich auf zentrale kindliche Lebensbereiche restringierend aus. Sie stellt eine spezifische Struktur von benachteiligten Lebensbedingungen dar. Im Unterschied zur Armut von Erwachsenen spielt der Bereich der Entwicklung, des Zugangs zur sozialen und

> Kindheit" zeichnet sich durch ein hohes Aktivitätsniveau (viele Termine in der Woche), individuelle Aktivitätsprofile, und einen hohen Verbindlichkeitsgrad der Aktivitäten der Kinder aus. Die Kinder haben u. a. einen sehr kontrollierten Umgang mit dem Fernsehen und Medien, die Eltern zeigen ein hohes Interesse an der Freizeitgestaltung der Kinder. „Moderne Kindheit" zeichnet sich ferner durch eine hohe Verinselung der kindlichen Aktionsräume aus und setzt eine hohe Selbständigkeit und Mobilität der Kinder voraus. Die Kinder verfügen meist über komplexe soziale Beziehungen, deren Management sie souverän und selbständig betreiben. Sie haben ein fein gestuftes Netzwerk von Kinderbeziehungen und haben klare Vorstellungen von Freundschaften. Die „traditionale Kindheit" unterscheidet sich deutlich, vor allem durch ein niedrigeres Aktivitätsniveau, durch weniger bis keine Termine, ein Zeitmanagement ist dadurch nicht notwendig. Die Kinder haben häufiger Langeweile, das Fernsehen ist oft eine wichtige Beschäftigung, die Aktivitäten haben häufig ungeplanten Charakter. Das Aktivitätsprofil ist eher homogen und wenig individuell gestaltet. Die Kinder bewegen sich meist in festen und überschaubaren Kindergruppen in der Nachbarschaft und Schule. Für sie ist wichtig, viele Freunde zu haben, ein fester Freund oder eine feste Freundin ist dabei nicht zwingend. Das Netzwerk der Kinder ist weniger ausdifferenziert, die Kinderauswahl eher sozial gleich, die Eltern lenken diese eher selten. Traditionale Kindheiten enthalten so weniger Wahlmöglichkeiten. Bei ostdeutschen Kindern ist eine „teilmoderne" und „traditionale Kindheit" häufiger; die Formen der traditionalen Kindheit unterscheiden sich allerdings wenig zwischen Ost und West.

kulturellen Welt (der Erwachsenen) direkt und indirekt – in der Vermittlung durch Erwachsene und der Ermöglichung durch Erwachsene – eine differenzierende Rolle. Der Dualität dieser Perspektive auf Kinder haben wir durch den Vorrang der Betrachtung des *Hier und Jetzt*, der kindlichen Gegenwart, Rechnung getragen. In den oft stark eingeschränkten außerschulischen und schulischen Lern- und Aneignungsmöglichkeiten unserer Kinder und in teils problematischem Verhalten zu Gleichaltrigen zeigen sich jedoch bereits deutliche Auswirkungen auf den Entwicklungsprozess und die Entwicklungschancen.

Kinderarmut hat viele Gesichter. Sie ist – wie unsere Falldarstellungen zeigen – ein in sich höchst differentielles Phänomen. Die Unterschiedlichkeit der Ausprägungen darf aber nicht darüber hinwegsehen lassen, dass es sich hier insgesamt um gesellschaftlich verwehrte oder verminderte Chancen des Aufwachsens und der personalen Entwicklung handelt. Entscheidende Einflussfaktoren auf Form und Art von Kinderarmut sind einerseits die Familie mit ihren emotionalen, ermöglichenden und vermittelnden Leistungen – dies ist wohl der stärkste Faktor -, ferner die zugänglichen sozialen und materiellen Ressourcen der Familie, und nicht zuletzt spielen Umfeldfaktoren – Art und Gestaltung des sozialräumlichen und infrastrukturellen Umfelds der Kinder – eine Rolle.

Kinderarmut ist komplex. Offensichtlich müssen wir hier (vgl. Kap. 2 und 4) von einem komplexen Wechselwirkungsgefüge zwischen strukturierenden Faktoren der kindlichen Lebenslage und individuellen Handlungs- und Bewältigungsmöglichkeiten ausgehen. Freilich zeigt sich ein deutlicher Zusammenhang zwischen Schwere und Dauer der elterlichen Belastungen einerseits und den kindlichen Selbstgestaltungs-, Entwicklungs- und Handlungsmöglichkeiten andererseits.

Kinderarmut impliziert für die Kinder die Schattenseiten der Modernisierung. Ihre Lebenslagen sind von Unsicherheit, struktureller Fremdbestimmung und Heteronomie, fehlenden Gestaltungs- und Wahlmöglichkeiten bestimmt.

Der Umbruch – wie im Abschnitt 5.4.1 dargestellt – des Systems der Erwerbsarbeit, der Strukturen gesellschaftlicher Produktion von Ungleichheit und Exklusion, der gesellschaftlichen Teilhabestrukturen und der Formen sozialer Integration hat selbstverständlich auch Auswirkungen auf Kindheit, die in der Kindheitsforschung noch wenig beachtet sind. Die Diskurse um Kinderarmut können als Diskussionen verstanden werden, in denen die Gesellschaft um ein Verständnis für die Spezifik von Kinder betreffenden Ungleichheits- und Benachteiligungsprozessen ringt, an denen die Betroffenen keinesfalls schuldhaft beteiligt sein können. Es geht dabei aber auch um die moralische Ökonomie von Kindheit in einer zunehmend gespaltenen Gesellschaft, um die Optionen für Sozialpolitik und Sozialpädagogik sowie das Bildungssystem.

Die tiefgreifenden Verunsicherungen in den Lebenslagen und Lebensverläufen von Eltern führen anscheinend zu neuen Armutsstrukturen von Kindheit; dies ist insofern der Fall, als Benachteiligung und Armut – ungeachtet des Hilfebezugs als Indikator – zu Lebenslagestrukturen und Erfahrungshintergründen werden, die die Biografien von Eltern und Kindern überlagern.

Vor allem der Zugang zu den lebenslagebezogen zentralen Ressourcen (Einkommen, Wohnung, Bekleidung, Ernährung, Bildung und soziales Kapital) bleibt sehr stark an die Familie gebunden und unterliegt somit mehrfachen Strukturierungen:

- einmal gebunden an die gesellschaftlichen Ungleichheitsverhältnisse bezogen auf Familien,
- auf die innerfamiliale Ressourcenverteilung,
- auf die Infrastruktur und die Zugangsmöglichkeiten,
- sowie auf die Geschlechterordnung.

So ergibt sich eine starke Anbindung der Struktur von kindlicher Benachteiligung an die Benachteiligungsstrukturen der Eltern – auch hier ist Benachteiligung zugleich als mehrdimensionaler Prozess und Zustand zu sehen. Eine ebenfalls starke Anbindung zeigt sich hinsichtlich der Auswirkungen mehrfach benachteiligter elterlicher Lebenslagen auf die Eltern-Kind-Beziehung und auf die Gestaltung von intergenerationellen Anerkennungsstrukturen innerhalb der Familie. Hier erscheint allein Erziehen als besonders belastete Lebensform, weil sich alle Eltern- und Haushaltsfunktionen auf eine Person konzentrieren. Demgegenüber kann die Pluralität familärer Lebensformen teilweise als eine die Eigenständigkeit des Kindes förderliche Struktur gesehen werden. Die gesteigerte Bedeutung konsumorientierter Kinderkultur stellt eine zusätzliche Ebene dar, die spezifische Benachteiligungen enthalten kann.

Die Diskussion um die Verknüpfung von Mikro- und Makroebene wäre noch zu führen. Von unseren Ergebnissen her gesehen, müssen wir sagen, dass infolge der Enge der Lebenslage und der Begrenztheit von Handlungsalternativen und -chancen unsere Kinder an den positiven Seiten des Individualisierungsprozesses gerade nicht teilhaben. Sieht man von den beiden Jungen des Typs 1 ab, bei denen sich im Ansatz Strukturen modernisierter Kindheit abzeichnen, leben alle unsere Kinder in traditionalen Kindheitsstrukturen. Armut beschneidet die Chancen der Kinder und vergrößert die Risiken des Scheiterns an Entwicklungsaufgaben. Gesellschaftlich muss von sozial gespaltenen Kindheiten und Formen des Kinderlebens ausgegangen werden.

Die Rolle von speziell an Kinder adressierten Angeboten, wie Schule, Hort, Freizeitangebote, Sport usw. erscheint in Bezug auf Armut ambivalent, weil sie nur in wenigen Fällen einen Ausgleich bieten. Vor allem die Schule scheint nur in einem Fall (Tina, vgl. Kap. 5.3), und zwar außerhalb des Regelangebots, eine gewisse Kompensation für die lebensweltliche Benachteiligung des Kindes zu bieten. Grundsätzlich bieten die institutionalisierten Angebote nur begrenzt Raum für selbstorganisiertes Kinderleben und Weltaneignung. In Bezug auf Gleichaltrigenkontakte bleibt die Beziehung zwischen Kind und Institution primär, nicht die zwischen Kindern. Kindliche Aktivitäten können sich nicht spontan in der Kindergruppe – wie in der Nachbarschaft – entfalten. Allerdings stellen die Institutionen, vor allem für die Kinder ohne Alterskameraden in der Nachbarschaft, oft die einzige Möglichkeit des Kontakts zu anderen Kindern dar.

So bleibt die Möglichkeit der Gestaltung durch die Kinder selbst an zeitliche und materielle Ressourcen der Eltern gebunden. Elterliche Benachteiligung beeinträchtigt die Chancen der Kinder, ihr soziales Leben selbst zu planen und zu arrangieren.

Ein theoretisches Konzept von Kinderarmut muss sich einerseits auf die widersprüchliche Vergesellschaftung von Kindheit beziehen, die Chancen und Risiken für die Kindheit – und damit konkret unterschiedliche Strukturen des Kinderlebens – impliziert. Es müsste sich andererseits auf die Ausgrenzung/Prekarisierung eines Teils der Lohnarbeitsbevölkerung beziehen, und „arme Kindheit" im familiären Kontext als abhängig von den Entwicklungen dieser elterlichen Lebenslagen verstehen. Kinderarmut bedeutet, wenn wir unsere Unterscheidung von aktuellem Kinderleben und Zukunftsperspektive aufrechterhalten, einerseits deutlich verengte Spielräume und Gestaltungsmöglichkeiten im Hier und Jetzt – mit den zentralen Ebenen von kultureller und sozialer Teilhabe –, andererseits Begrenzung der Zukunftschancen in den Bereichen Persönlichkeitsentwicklung, Aneignung von Welt (formale und nicht-formale Bildung) und schulisches Lernen sowie Begrenzung der persönlichkeitsbildenden Strukturen und der sozialen Erfahrungsmöglichkeiten, vor allem in der Gleichaltrigenkultur.

Abschließend möchten wir auf den sozialen Ort unserer Untersuchung hinweisen. Unsere empirische Untersuchung ist regional in Thüringen verortet. In den neuen Bundesländern erscheinen uns manche der mit dem Modernisierungsprozess verbundenen Ungleichheitsstrukturen krasser als in den Altbundesländern, zudem treffen sie wegen der unverändert nachdrücklichen Erwerbsbereitschaft der Frauen und des höheren Anteils sozialpolitisch prekärerer Familienformen (z. B. 1/3 aller Familien sind dort Nichteheliche Lebensgemeinschaften mit Kindern) vor allem Frauen.

Es ist wahrscheinlich nicht überzogen, von einem tiefgreifenden Gestaltwandel der Sozialisationsbedingungen in Ostdeutschland auszugehen, d. h. in Familie, außerfamilialer Umwelt und Sozialwelt, in den pädagogischen Institutionen und in den Formen der Kinder- und Jugendkultur sowie des Konsums. Diese Veränderungen haben nicht nur die Ebenen, sondern auch die Formen kindlicher Aneignung von Welt nachhaltig beeinflusst. Während die klassischen Sozialisationsinstanzen Familie und Schule Funktionen verloren haben, müssen kinderkulturelle und vor allem auch jugendkulturelle Formen auf prekäre Weise Sozialisationsfunktionen übernehmen, die sie nur widersprüchlich wahrnehmen können.

Zugespitzt lässt sich sagen, dass es in Ostdeutschland in den Nachwendejahren zu einem grundlegenden Strukturwandel der Kindheit gekommen ist, der Parallelen aufweist zum Strukturwandel der Kindheit in den westlichen Gesellschaften ab den 1960er Jahren. Allerdings hat sich diese Veränderung vor einem grundlegend anderen gesellschaftlichen Hintergrund vollzogen, und zwar in einem gesellschaftlichen Umbruch- und Krisenkontext, während sich diese Veränderung im Westen in einer überwiegend stabilen gesellschaftlichen Situation – von wirtschaftlicher Prosperität, sozialer Sicherheit und bildungsoptimistischem Lebensentwurf – abspielte und sich dies langfristig über einen Zeitraum von etwa 40 Jahren hin vollzogen hat. Die Unterschiede zu den alten Bundesländern sind nach wie vor erheblich. Die Sozialstruktur der Kindheit und damit die Lebenswelten der Kinder waren in der DDR deutlich anders als in westlichen Gesellschaften. Trotz einiger Indikatoren für Modernisierungsprozesse (wie z. B. Mediatisierung) waren die Strukturen der politischen Abschottung und Verregelung des Bildungswesens, die staatliche Verregelung der Kinder- und Jugendverbände sowie des Lebenslaufs, die ideologische Normierung von sozialpädagogischen Institutionen, aber auch die stärkere Familienorientierung und die Einbindung in Schule und Nachbarschaften deutlich anders und gaben der Kindheit eine andere Gestalt.

Der Transformationsprozess seit der Wende brachte einen regelrechten Modernisierungs- und Individualisierungsschub. Innerhalb kürzester Zeit vollzog sich ein Strukturwandel, der bis heute die Schattenseiten von Modernisierung und Individualisierung sowie ihre unmittelbaren Auswirkungen auf das Leben des einzelnen deutlicher spüren lässt als in den Altbundesländern. Die ökonomischen, kulturellen, sozialen und politischen Umbrüche, der Verlust sozialer Sicherheit, die unsicheren Zukunftsperspektiven, der Verlust der Sozialmilieus, die Orientierungskrisen haben nicht nur zu größeren Belastungen der Familien geführt, sie wirken in komplexer Weise direkt oder indirekt über Familie und Milieu auf Lebenslagen, Mentalitäten und Orientierungen von Kindern und Jugendlichen. Der gesellschaftliche Transformationsprozess wurde vor allem auch von Umbrüchen in den Sozialisationsinstanzen Kindergarten, Schule, Hort, Jugendhilfe usf. begleitet, die im Ergebnis erhebliche Verschiebungen zwischen diesen Sozialisationsinstanzen mit sich gebracht haben, insbesondere in Richtung eines Funktionszuwachses der Familien, die aber damit zum Teil deutlich überfordert sind.

5.4.4. Auswirkungen von Kinderarmut

Zu den Auswirkungen von Kinderarmut existieren sehr vollständige Überblicksdarstellungen, die freilich stark auf die amerikanische Forschungslandschaft bezogen sind, weil der Forschungstand dort entwickelter ist (Walper 1995, 1997, 1999; BMFSFJ 1998: 82ff.; Weiß 2000). Hier sollen deshalb nur einige unserer Forschungsergebnisse herausgehoben und im Kontext des Forschungsstands eingeordnet werden. Um Wiederholungen zu vermeiden, ist die Darstellung hier abstrakter und stärker auf die Forschungsdiskussion bezogen als im Kap. 4.6.

Die konkreten Formen der Armutsbetroffenheit von Kindern hängen sehr stark von den Ressourcen der Familie ab, über die diese verfügt oder die sie mobilisieren kann. Dies sind einmal natürlich die materiellen Ressourcen, die sich bei unseren Familien in Bezug auf das Einkommen zwar unterhalb der 50%-Armutsgrenze bewegen, die aber in diesem Bereich stark variieren, teils hinsichtlich der Dauer der Armutslage, teils hinsichtlich der absoluten Einkommenshöhe. Vor allem in Bezug auf die Kinder können materielle Ressourcen einerseits dadurch mobilisiert werden, dass Verwandte (Großeltern, geschiedene Väter, erwachsene Geschwister) einen Teil der materiellen Versorgung übernehmen und so die Haushaltsfamilie unterstützen, teils können nichtmonetäre Ressourcen (Tauschringe, Kleiderkammern; naturale Zuwendungen durch Verwandte; auf Freizeit und Urlaube bezogen: Mitnahme von Kindern in den Urlaub durch Verwandte) genutzt werden.

Als entscheidende Auswirkung von insbesondere anhaltenden Mangelsituationen auf die Familie haben wir die Beeinträchtigung einiger Elternfunktionen herausgearbeitet, die auch von sozialisatorischem Gewicht sind. Herausgearbeitet haben wir so vor allem Beeinträchtigungen in der Unterstützungs-, Ermöglichungs- und Vermittlungsfunktion hinsichtlich der Interessenverfolgung und Begabungsförderung der Kinder, sowie hinsichtlich Umfang und Qualitäten der sozialen Kontakte der Kinder zu Verwandten, anderen Erwachsenen und zu Gleichaltrigen. Während diese Elternfunktionen in einigen Fällen vom sozialen Netzwerk (vor allem von Großeltern und geschiedenen Vätern) eingenommen werden können, schlagen die Beeinträchtigungen dieser Elternfunktionen gleichsam dann fast ungemildert auf die Kinder durch, wenn diese Netzwerke nicht vorhanden oder (wegen eigener Benachteiligung) nicht leistungsfähig sind. Sie wirken sich auf die Kinder als beeinträchtigter Zugang zu sozialen und kulturellen Ressourcen aus, die für die kindliche Entwicklung förderlich wären, und können zu einem wenig befriedigenden Kinderleben führen.

Die Qualität der Beziehungen zwischen Eltern und Kindern wird – wenn sich das überhaupt unabhängig von „externen" Ressourcen betrachten lässt – sehr stark von den zusätzlichen Belastungen über die materielle Armutssituation hinaus bestimmt.

Kindliche „Spielräume" im Sinne von Handlungs- und Aneignungspotentialen können nur relational gesehen werden, einmal in Bezug zu den erwachsenen Familienmitgliedern und ihren Ressourcen sowie im Vermittlungskontext der Familie (d. h. der intergenerationalen Kommunikation und Interaktion über den Umgang mit Benachteiligung)., Ferner sind diese Spielräume relational zu betrachten zu den gleichsam „externen" Ressourcen der Familie sowie zu den nur auf das Kind bezogenen externen Ressourcen und drittens zu den sozialräumlichen und infrastrukturellen Gegebenheiten (Ressourcen) im Lebensumfeld der Familie und des Kindes. Diese Spielräume werden von den Kindern genutzt und ausgestaltet, wobei den Kindern umso mehr relative Autonomie des Kinderlebens gelingt, je mehr kindbezogene Ressourcen innerhalb oder außerhalb der Familie den Kindern verfügbar gemacht werden können.

Die Verminderung der Ressourcen der Familie zeigt sich zunächst bei den Möglichkeiten der Befriedigung von Grundbedürfnissen. Die Ernährung ist hinsichtlich der Qualität, der Regelmäßigkeit und der Einbindung in einen strukturierten Tagesablauf vermindert. Bei der Bekleidung sind es weniger funktionale als kulturelle – und damit integrative – Zurücksetzungen, die von den Kindern stärker als von den Eltern wahrgenommen werden. Im Bereich des Wohnens führen die meist beengten Wohnverhältnisse zu funktionalen, sozialen und lernbezogenen Auswirkungen auf die Kinder.

Sehr drastisch werden durch familiale Armut die Möglichkeiten der Kinder zur Aneignung von kulturellem und sozialem Kapital vermindert. Die meist geringen Möglichkeiten der Kinder, ihre Interessen zu verfolgen und ihre Begabungen zu entwickeln, lassen sich in wenigen Fällen durch Rückgriff auf verwandtschaftliche und institutionelle (Schule, Vereine) Ressourcen kompensieren. Wie auch in anderen Bereichen, zeigt sich hinsichtlich des Schulerfolgs bzw. der Zufriedenheit in der Schule ein starker Zusammenhang zwischen der Qualität des kulturellen und sozialen Kinderlebens und den Schulleistungen. Jene Kinder, die auf Ressourcen im Bereich außerschulischer Anregung und Förderung sowie auf vielgestaltige Gleichaltrigenkontakte zurückgreifen können, haben weniger Schwierigkeiten mit den Anforderungen der Schule und finden auch Spaß am Lernen, während die Kinder, die in einer sehr engen und begrenzten kulturellen und sozialen Welt leben, sich in der Schule schwer tun. Es scheint weniger die direkte elterliche Einstellung zur Schule und dem Schulerfolg zu sein, obwohl dies auch eine Rolle spielt, als die Vielfalt und die Qualität des Kinderlebens außerhalb der Schule, d.h. im familiär vermittelten Kontext, die den Kindern eigenständige soziale und kulturelle Aneignungsverhältnisse und damit Handlungs- und Entfaltungschancen möglich machen. Ein Teil der hier angesprochenen familiären Ressourcen (deutlich wird dies u.a. bei den regelmäßig besuchten geschiedenen Vätern) richtet sich ausschließlich auf das Kind und nicht auf die Familie, so dass die kindliche Lebenslage von der materiellen Lage der Familie teilweise eine gewisse Unabhängigkeit erreichen kann. Als Ressourcen können auch der Zugang zu Gleichaltrigenbeziehungen, vor allem in unterschiedlichen Kontexten wie Schule, Hort, Stadtteil, Verein, Gruppe usw. gelten, die – wenn sie einen Anerkennung vermittelnden Charakter haben – sozialisatorische und bildende Funktionen einnehmen können. Als Faktoren, die dies erschweren oder verhindern, können neben der materiellen Lage der Eltern auch elterliche Vergleichgültigungsprozesse, Konflikte in der Familie, Schichtarbeit allein erziehender Mütter, negative Charakteristika der Wohnumgebung (nicht kindgerecht, keine Spielmöglichkeiten, keine anderen Kinder vorhanden) und nicht zuletzt auch die Stigmatisierung der Kinder gelten.

Die Vertiefung von Gleichaltrigenbeziehungen, die in Institutionen wie Schule oder Hort gestiftet werden, durch engere Kontakte in der Freizeit – die eine Weiterentwicklung der Beziehung und die Entwicklung zur Freundschaft erlauben würde – ist einigen Kindern wegen fehlender elterlicher Ressourcen (Transportmöglichkeiten, elterliches Zeitbudget, soziale Kompetenzen – oder wegen elterlichen Desinteresses bzw. Scham -) nicht möglich.

Als zentrale Faktoren haben sich das Familienklima und in einigen Fällen Prozesse der Vergleichgültigung in den Eltern-Kind-Beziehungen gezeigt, die offenbar sehr stark mit den elterlichen Belastungen in ihrer Kumulation und Dauer zusammenhängen. Vor allem bei den Familien, in denen die Eltern von Erwerbslosigkeit mit der Tendenz zur Identitätsbedrohung betroffen sind, wirken sich die Strukturlosigkeit des Alltags, die Ziellosigkeit der biografischen Perspektiven und der Verlust sozialer Kontakte zusammen mit den materiellen Verengungen auf die Ermöglichungs- und Unterstützungsfunktionen der Eltern aus. Zu Tendenzen der Vergleichgültigung in der Eltern-Kind-Beziehung kann es vor allem dann kommen, wenn Erwerbslosigkeit oder Sozialhilfebezug als subjektiv nicht beeinflussbare Belastung erlebt wird und dies mit weiteren subjektiven Belastungsfaktoren zusammentrifft, wie der Aussichtslosigkeit des eigenen Bemühens um Erwerbstätigkeit, geringen netzwerklichen Unterstützungspotentialen, Beziehungs- oder Partnerproblemen, anhaltender Verengung der elterlichen sozialen Kontakte und Ressourcen, erzwungenem Rückzug der Eltern aus sozialen und kulturellen Feldern, schlechtem – im Sinne von nicht kindgerechtem – sozialem und infrastrukturellem Umfeld, Immobilität, Stigmatisierung im sozialen Umfeld und spezifischen Problemen der Kinder.

In deprivierten Familien belasten die Kinder zusätzlich die Verluste von Haushalts- und Alltagskompetenz durch die Strukturlosigkeit des Alltags und verbinden sich mit einem sehr geringen Anregungs- und Förderungsspektrum innerhalb und außerhalb der Familie. Die Kinder haben wenig Kontakte zu Gleichaltrigen, oft keine Freunde und machen auch soziale Ausgrenzungserfahrungen durch Gleichaltrige. Auch in der Schule können sie in der Regel wenig Erfahrungen der Anerkennung, sowohl leistungsbezogen wie im Klassenverband machen.

6. Sozialpädagogische Konsequenzen

Wir haben aufgezeigt, dass Kinderarmut in Bezug auf die Strukturierung der Lebenslage(n), ihre Wahrnehmung und Deutung sowie auf Handlungsspielräume ein eigenständiges Phänomen darstellt, das von der Armut von Erwachsenen wohl zu unterscheiden ist. Wir konnten zeigen, dass Lebenslagen innerfamiliär sehr unterschiedlich sein können und dass sich – im Zusammenhang damit – die Bewältigungsperspektiven und Bewältigungsmöglichkeiten für Erwachsene und Kinder different darstellen. Unser Augenmerk lag dabei auf der Betrachtung der kindlichen Gegenwart, also der aktuellen kindlichen Lebenslage und Lebenswelt sowie auf der Frage, wie sich diese für die Kinder darstellt. Dies halten wir für eine originär sozialpädagogische Sicht, weil die Kinder ja im kindlichen „Hier und Jetzt" gefördert werden müssen. Für die Soziale Arbeit ist dies ein entscheidender Ausgangspunkt, weil sie sich der Subjektperspektive der Kinder verpflichtet sieht. Wir möchten dieses Buch mit einigen Überlegungen abschließen, welche Herausforderungen Kinderarmut für die Disziplin und die Profession der Sozialpädagogik einschließt. Wir sehen Kinderarmut als Problem, dem in der Praxis, der Theorie und der Forschung bislang kein angemessener Raum gewidmet wurde.

In der Praxis der Sozialpädagogik spielt die Kinderarmut eine große Rolle. Mit dem Fokus von Vernachlässigung, Misshandlung, aggressivem Verhalten, Schwierigkeiten des Sozialverhaltens usw. werden einerseits Erscheinungs- und andererseits Bewältigungsformen von Kindern bearbeitet, die sich teilweise als Armutsfolgen interpretieren lassen. Auf der anderen Seite spiegelt die rudimentäre, unausgereifte Forschungslage zu Kinderarmut wider, dass in diesem Bereich die disziplinäre Theoriebildung und die praktische Handlungsebene nahezu unverbunden nebeneinander stehen.

Gegenwärtig befindet sich Kindheit in einem Umstrukturierungsprozess – gekennzeichnet von neuen Chancen und von neuen Belastungen; der gesellschaftliche Diskurs über Kindheit ist Teil einer Neuregulation von Kindheit als Institution. In der sozialpädagogischen Fachwelt sind es die Diskurse um Tagesbetreuung, Kinderkriminalität, geschlossene Unterbringung einerseits, um Kinderarmut und – neuerdings infolge von PISA – der ungleichen Bildungs- und Entwicklungschancen andererseits, die sich mit den Tendenzen der zunehmenden Polarisierung von kindlichen Lebenschancen und -risiken befassen. Kinderarmut als eigenständiges Forschungsfeld bildet sich gegenwärtig allerdings erst heraus.

Diese Forschung bezieht sich – mit unterschiedlichen Schwerpunkten – auf die zwei interdisziplinären Forschungsstränge von Kindheitsforschung und Armutsforschung. Beide fließen in den sozialpädagogischen Diskurs über Kinderarmut ein. In der Sozialpädagogik ist die Reflexionskategorie des Subjekts zentral, da sie auf die Entwicklungs- und Bewältigungsstrukturen als lebensweltlich vermittelten Formen von Gesellschaftlichkeit reflektiert.

Die Sozialpädagogik konstituiert ihrerseits Bilder von Kindheit und von kindlicher Armut mit, um soziale Bedarfslagen deuten zu können, diese bilden das Fundament, um professionelle Handlungs- und Hilfekonzepte konzipieren zu können. Ferner wird die Funktion der Sozialarbeit/Sozialpädagogik als Teil des sozialen Sektors vor diesen Folien mit bestimmt (Förster 2002).

Die sozialpädagogische Analyse muss die strukturelle und die handlungsbezogene Ebene zu vermitteln suchen. Einmal, weil beim Problem „Armut" oder auch „Kinderarmut" analytisch gerade die Vermittlungen struktureller Rahmungen der Handlungs-, Erlebens- und Bewältigungsmöglichkeiten des Subjekts aufzuklären sind, ferner weil Sozialpädagogik als handlungsorientierte Wissenschaft sowohl Aussagen zu Veränderungen der Strukturen von Lebenslagen wie zur Erschließung subjektorientierter Handlungsansätze machen muss (vgl. Zander 2000).

So stellt sich das Problem Kinderarmut sehr komplex dar, weil Kinderarmut nur in ihrer Differentialität, Heterogenität, Multidimensionalität begriffen werden kann, und weil mit den sich in der Gegenwart herausbildenden kindlichen Identitätsstrukturen auch die Zukunft, die biografischen Chancen sowie die weitere Lebenslaufgestaltung betroffen sind. So muss Soziale Arbeit im Kontext von Kinderarmut vielfältige Ebenen im Blick haben und bearbeiten, keineswegs nur unmittelbaren Mangel.

Da sich vor dem Hintergrund der Vertiefung gesellschaftlicher Spaltungen und Ausgrenzungstendenzen vermutlich das Problem der Kinderarmut verfestigen wird, dürfte Armut in ihren verschiedenen Erscheinungsformen auch in Zukunft Thema der Sozialpädagogik bleiben. Vermutlich kann sich angesichts der komplexen sozialen Benachteiligungsstrukturen die Frage nach positiven, fördernden Lebensbedingungen für Familien und Kinder nicht auf die herkömmlichen Instrumente der Kinder- und Jugendhilfe begrenzen, sondern muss eine Umgestaltung der gesamten Bildungs- wie Hilfelandschaft ins Auge gefasst werden. Demzufolge kann nur eine Neugestaltung der Bildungs- und sozialen Infrastruktur, mit neuen Übergängen und Vernetzungen, und mit einer grundlegend als Integrationspolitik (im Sinne Castels) konzipierten Ausrichtung, für die Probleme strukturell benachteiligter Kinder eine Lösung sein.

6.1 Aufgabenstellung der Kinder- und Jugendhilfe im Hinblick auf Kinderarmut

Die Kinder- und Jugendhilfe gehört zu den gesellschaftlichen Dienstleistungsangeboten, die gleichsam den gesellschaftlichen Auftrag haben, einen Beitrag zur „sozialen Gerechtigkeit" und zur Chancengleichheit zu leisten. Durch ihre Angebote und Dienste werden Kinder und Jugendliche (auch unter Einbezug der Eltern) in benachteiligten Lebenslagen unterstützt, werden ihnen kompensatorische Angebote für Bildungsprozesse, für eine gelingendere Lebensbewältigung sowie für die Entwicklung von Lebensbewältigungsstrategien bereitgestellt. Doch ist die Kinder- und Jugendhilfe – obgleich sie Probleme von Armut als pädagogische Probleme betrachtet und behandelt und dies als Querschnittsaufgabe in fast allen ihren Arbeitsfeldern betreibt – weder die einzige noch die zentrale Instanz für die gesellschaftliche Bearbeitung benachteiligter, prekärer Lebenslagen. Hinsichtlich der Einkommensdimensionen sind andere Sicherungssysteme (AFG, Sozialhilfe), hinsichtlich der Bildungschancen andere Institutionen (das gegliederte Schulsystem), hinsichtlich der sozialräumlichen Ressourcen teilweise andere und komplexe Unterstützungs- wie Bearbeitungsstrukturen (Stadtentwicklung, Stadtplanung, Entwicklungsplanung, Dienstleistungsplanung usw.) „zuständig".

Grundsätzlich stellt die Kinder- und Jugendhilfe das Bestreben dar, das Aufwachsen von Kindern und Jugendlichen in der heutigen, modernen Gesellschaft angesichts der Funktionsverschiebungen von Familie und Schule - als den klassischen Sozialisationsinstanzen – zu gewährleisten. Sie versteht sich disziplinär als Reaktion auf die komplexer werdenden und widersprüchlichen Anforderungen des Aufwachsens in Kindheit und Jugend, einerseits in ihrer Gesamtheit (auf die Strukturen und Probleme heutiger Kindheit allgemein bezogen), wie auch andererseits gerade in Bezug auf benachteiligte Lebenslagen und Lebenschancen von Kindern und Jugendlichen. Nicht erst seit dem 8. Jugendbericht (BMJFFG 1990) versteht sie sich als (infra-)strukturelle gesellschaftliche Antwort auf die Prozesse der Individualisierung und der Pluralisierung der Lebensformen von Familien, Kindern und Jugendlichen ebenso wie auf soziale Benachteiligungs- und Ausschlusstendenzen. Einen wesentlichen Aspekt dieser Funktionszuschreibung nimmt Jugendhilfe als Infrastrukturangebot wahr: sie ist ein Angebot bzw. eine Leistung der Gesellschaft für tendenziell alle Kinder und Jugendlichen, das qua Existenz soziale Risiken vermeiden, ihnen vorbeugen oder sie kompensatorisch bearbeiten soll. Dies stellt eine wesentliche sozialstaatliche Errungenschaft dar, die sich von ihrem Anspruch her gerade auch auf benachteiligende Lebenslagen und Strukturen bezieht; sie realisiert diesen Anspruch, indem sie ein öffentliches Angebot bereitstellt, das Teilhabe- und Kompensationsmöglichkeiten eröffnet und Ausgrenzungen zu begegnen versucht.

Weil sich die Rahmenbedingungen des Aufwachsens verändert haben – zu denken ist an die veränderte Stellung der Familie als zentraler Sozialisationsinstanz und als Lebensort für die Kinder, die gestiegene Bedeutung von Bildung, die Rolle der Gleichaltrigenkultur und der Konsumkultur sowie der Medien – muss die heutige Kinder- und Jugendhilfe deutlich Infrastrukturaufgaben wahrnehmen. Diese Funktionsbestimmung hat den Hintergrund, insbesondere bei den veränderten Lebenslagen von Müttern/Frauen, eine Ergänzung und Unterstützung familialer Lebenswelten zu installieren, damit die legitime Option auf Erwerbstätigkeit und Kinderbetreuung nicht zu einer strukturellen Überforderung von Familien sowie des familialen privaten Netzwerks führt und den Eltern alleine die Verantwortung für die Bewältigung der Widersprüche, Unzulänglichkeiten und Ungereimtheiten der privaten Lebensführung mit Kindern aufgelastet wird.

Im Lichte unserer Forschungsergebnisse sollen im Folgenden einige Aussagen zu den Möglichkeiten der Jugendhilfe im Spannungsfeld zwischen infrastrukturellen Dienstleistungsangeboten und einzelfallbezogenen Hilfen und Maßnahmen – wie sie vor allem die „Hilfen zur Erziehung" darstellen - gemacht werden. Dabei scheint uns angesichts der Begrenztheit und Vorläufigkeit unserer Ergebnisse – die zweifellos durch weitere Untersuchungen vertieft werden müssten und viele Desiderata offen lassen – ein behutsames Vorgehen angebracht, das sich der Grenzen vergewissert, die pädagogische Antworten auf soziale Ungleichheiten unvermeidlich haben.

Benachteiligungen und Armut von Kindern, das haben die bisherigen Ausführungen zu den einzelnen Lebenslagebereichen wie auch die „Gesamtschau" deutlich gemacht, stellt oft eine vielschichtige Gemengelage aus unterschiedlichsten Faktoren auf verschiedenen Ebenen dar. Ihre Ursprünge sind ebenfalls vielschichtig und können in der familialen Situation, dem Milieu (als Teilkultur der Unterschicht) oder auch in der Verkettung entwicklungsbedingter Zusammenhänge (Trennung, Umzüge, fehlende Netzwerke) liegen. Die Differenzierung von Armut und Benachteiligung wird heute deutlicher gesehen, und auch die Vielfalt der Einflussfaktoren, die zur Erklärung ins Spiel gebracht werden, hat zugenommen. Deutlich geworden ist, dass es „ModernisierungsverliererInnen" gibt, dass sich eine neue Peripherie der Gesellschaft herausbildet. Die Kinder der untersuchten Familien können in der Mehrzahl nicht auf familiale Stabilität und Verlässlichkeit, auf kompensierende verwandtschaftliche Netze zurückgreifen; sie verfügen nicht über die Ressourcen, die notwendig wären, um „normale" oder durchschnittliche Sozialisationsverläufe zu ermöglichen. Ihre aktuelle Kindheit ist in den unterschiedlichsten Lebenslagebereichen verarmt.

In unserer Analyse wird deutlich, dass einerseits Prozesse der ökonomischen Ausgrenzung die Labilisierung von familiären Lebenslagen vorantreiben, dass aber auch andererseits die Individualisierung der Lebensverhältnisse und die Pluralisierung der Lebensformen wie der Lebensführungen mit ihren Zuwächsen an Freiheits- und zugleich Risikopotentialen Familien in Situationen bringen kann, in der ihre Bewältigungsmöglichkeiten überfordert sind. Im Falle von Armut und Benachteiligung treffen beide Stränge oft zusammen. Diese Entwicklung führt dazu, dass wir in unserer Untersuchung eine große Heterogenität und innere Differenzierung kindlicher Lebenslagen und Problemlagen vorfinden, so dass wir bei materiell vergleichbaren Lebensumständen der Familien bei den Kindern gleichwohl ein Spektrum vorgefunden haben, das von „harten" Fällen von Deprivation, über in den unterschiedlichsten Lebens- und Sozialisationsbereichen benachteiligten bis hin zu von der elterlichen Armutslage unbeeindruckten Kindern reicht. Einen deutlichen, sozialpädagogisch klar zurechenbaren (etwa im Sinne des § 27 KJHG) Hilfebedarf weisen nur wenige unserer Kinder auf. Wir glauben, dass sich in der Auseinandersetzung mit Kinderarmut die Grenze zwischen fachlich anerkanntem Hilfebedarf (im Einzelfall) und einem Bedarf nach eher infrastrukturell angebotenen Hilfeformen verschiebt.

So gesehen, ist die Kinder- und Jugendhilfe nicht in der Position einer Zuschauerin, die nur auf anderswo geklärte neue Tatbestände von sozialen Problemen reagiert, um diese Problemlagen in den Blick zu nehmen und zu bearbeiten. Vielmehr ist sie sowohl in der disziplinären Diskussion wie auch in der realen Praxis in den Handlungsfeldern, in denen sie sich mit schwierigen oder problematischen Sozialisationsverläufen befasst, längst einbezogen in die sozialen Prozesse der Identifizierung, Definition und Anerkennung oder Nichtanerkennung von Benachteiligungen und Ungleichheit. Insofern ist sie faktisch durch ihr gesellschaftliches Gewicht zu einer sozialen Mitproduzentin hinsichtlich der Verteilung und Gestaltung von Lebenschancen, so auch von benachteiligten Lebenslagen geworden.

„Im Hinblick auf die Lebensbedingungen von Kindern und Jugendlichen verlangt die Modernisierung des Sozialstaats einen Perspektivenwechsel von den Bemühungen um die Reform der Sozialversicherungssysteme hin zu einer politischen Gestaltung und Sicherung der sozialen Infrastruktur für Kinder, Jugendliche und ihre Familien." (BMSFJF 2002: 42)

Durch den Ausbau der Infrastruktur soll nach der Intention des 11. Jugendberichts die Integrationsfunktion der Jugendhilfe verstärkt werden. Mit einer Fokussierung auf die Gestaltung von sozialer Infrastruktur setzt der Bericht Entwicklungslinien fort, die schon in den Diskussionen der letzten Jahre und vor allem auch mit dem 8. und 9. Jugendbericht angesprochen waren. Stärker als bisher muss Soziale Arbeit in den Lebensräumen der Kinder, also den Familien, Kindertagesstätten, Schulen, Horten, im Stadtteil Dienstleistungsangebote bereitstellen, die geeignet sind, Benachteiligungen entgegenzuwirken und abzubauen. Die Einfluss- und Kooperationsmöglichkeiten von Jugendhilfe auf und mit Schule müssten ausgebaut werden. In der stadtteilbezogenen Arbeit, die besonders geeignet ist, niedrigschwellige und nicht stigmatisierende Angebotsstrukturen zu schaffen, sollten neue Angebotsformen aufgebaut werden. In der Form der stadtteilbezogenen Gemeinwesenarbeit kann Soziale Arbeit ihre Zielgruppen sowohl über gruppenspezifische (z. B. Freizeitangebote, aber auch Hilfen zur Erziehung) wie auch über gruppenunspezifische Angebote (Familienzentren, Nachbarschaftszentren, Tauschbörsen u. a. m.) erreichen.

Die Soziale Arbeit wird sich dabei – angesichts der sich in der Kinderarmut zuspitzenden Ambivalenzen der modernen Entwicklung – vermutlich stärker als aktiv gestaltendes Element für erweiterte Lebenschancen von Kindern begreifen müssen.

Darüber hinaus wird sie in den vorhandenen Arbeitsfeldern die Diskussion über lebenslageentsprechende bzw. nicht-entsprechende, lebensweltbezogene oder nicht bezogene, wirksame oder weniger wirksame Hilfen vorantreiben müssen. Kurz: Es geht um die fachliche Qualifizierung der Hilfen – insbesondere mit Bezug auf Armut und Benachteiligung.

6.2 Unzureichendes Armutsverständnis der Sozialen Arbeit

Ansen (1998) sieht die Handlungsmöglichkeiten der Sozialen Arbeit hinsichtlich der Armut und auch der Kinderarmut als weitgehend eigenständig an. Seine Monografie erhebt den Anspruch, ein dem aktuellen Forschungsstand entsprechendes Armutsverständnis für die Soziale Arbeit zu entwickeln. Allerdings existiere keine befriedigende Forschung zu diesem Thema. Ohne die „Klärung ihres Armutsbegriffs läuft die Soziale Arbeit Gefahr, ihren teilweise anachronistischen Vorstellungen über die von Armut betroffenen Menschen mit allen negativen Folgen für das Handlungsniveau weiter aufzusitzen" (Ansen 1998: 175). Im Sozialstaat finde die Soziale Arbeit einen Handlungsraum für begrenzt eigenständige Arbeitsansätze. „Ihre Beiträge (zur Herstellung sozialer Gerechtigkeit, Menschenwürde und der sozialen Integration) sind daran zu messen, inwieweit es mit ihnen gelingt, Betroffene sozial zu integrieren" (Ansen 1998: 176).

Nach Ansen ist die Soziale Arbeit dabei vor zwei Herausforderungen gestellt: einmal kann sie nicht auf ein „fest definiertes Armutsverständnis zurückgreifen", ferner müsse sie ein Armutsverständnis erst entwickeln, das „*für ihre Aufgabenstellung zweckmäßig ist*" und dafür Kriterien benennen (Ansen 1998:101). Wie könnte ein solches sozialpädagogisches Armutsverständnis begründet sein? Bei Armut handele es sich um eine extreme Form sozialer Ungleichheit, bei der die Lebenslage der betroffenen Menschen erheblich vom durchschnittlichen Lebensstandard nach unten abweicht (Hanesch 1995: 10). Relative Armut bezeichnet eine mangelnde Ausstattung mit Ressourcen, die den historisch, sozial und kulturell geprägten typischen Lebensstandard einer Gesellschaft zu teilen erlauben (Hauser; Neumann 1992: 245). Bei der

Suche nach einem relativen Standard der Armutsmessung – ob 40, 50 oder 60% des gewichteten durchschnittlichen Einkommens oder die Sozialhilfegrenze, die monetär keineswegs einheitlich ist – käme es wesentlich darauf an, die Auswirkungen monetären Mangels auf die Lebenslage in den einzelnen Bereichen zu beschreiben. Für die Soziale Arbeit sei also ein soziales, kein ökonomisches, Verständnis von Armut entscheidend. Es müsse untersucht werden, inwieweit die Chancen der Betroffenen beschnitten würden, am Leben der Gemeinschaft teilzunehmen. Zentral gelte dann „die aus einer mangelhaften Versorgung mit Gütern, Leistungen und sozialer Unterstützung resultierende gesellschaftliche Ausgrenzung. Es liegt auf der Hand, dass dieser Schwellenwert von den konkreten sozialen und ökonomischen Lebensbedingungen abhängt." (Ansen 1998: 107). Entscheidend wäre, bei der Untersuchung der konkreten Lebensumstände nach „dem Grad und Ausmaß des Zugangs bzw. Ausschlusses der wichtigsten Reproduktionsbereiche" (Chassé 1988: 35) als wesentlichen Dimensionen des sozialen Lebens zu fragen. Darüber hinaus sind die Dauer der Armutslage und die Auswirkungen dieser Lebensverhältnisse auf die Handlungsmöglichkeiten der Betroffenen (also auch ihre Ressourcen im Blick auf die Bewältigungsmöglichkeiten und -formen) zu berücksichtigen.

Für den sozialpädagogischen Begriff von Armut sind also, so ließen sich diese Überlegungen von Ansen zusammenfassen, die sozialpädagogisch relevanten Folgen von Armut zu thematisieren, und zwar unter dem Aspekt der Beeinflussung der Entscheidungs- und Chancenstruktur der Subjekte. Armut wird in dieser Sicht nicht als ökonomisches Problem (von Einkommensmangel), sondern als soziales mit seinen vorrangig sozialen Konsequenzen und Dimensionen in den sozialpädagogischen Blick gerückt. Armutsfolgen unter dem Aspekt des Sozialen (der Veränderung des Verhältnisses Subjekt-Gesellschaft) sind der Verlust sozialer Kontakte, Stigmatisierung und Scham, also der Komplex sozialer Isolation und sozialräumlicher Ausgrenzung. Die Individualisierung von Armut erschwert deren Wahrnehmung als kollektives Problem. Armut ist aber zugleich ein Problem, an dem mehrere Hilfesysteme ansetzen. Die Vernetzung der Hilfesysteme wäre eine weitere Konsequenz.

Innerhalb einer solchen sozialen Konzeption von Armut spielen für die theoretische Begründung sozialpädagogischer Interventionen[1] die Bewältigungsformen der Betroffenen die entscheidende Rolle, weil alle personenbezogenen Hilfen systematisch an den Deutungsmustern und Erlebnisweisen der Subjekte ansetzen müssen. Diese Deutungen sind die kognitiven Repräsentationen der individuellen Lebenssituation.

Die biografischen Muster, Erfahrungen, Lernprozesse und Bewältigungsstrategien der in benachteiligten Verhältnissen lebenden Menschen spielen deswegen eine entscheidende Rolle, weil sich mit ihnen rekonstruieren lasse,

---

1 Ansen unterscheidet in seinen Überlegungen nicht systematisch zwischen Anforderungen an die Disziplin und solchen an die Profession.

„warum ein Teil der in Armut geratenen Menschen auf gezielte persönliche Hilfen angewiesen ist, ohne die die reine Umverteilung materieller Leistungen ihre beabsichtigte Wirkung nicht entfalten kann" (Ansen 1998: 121).

Die dynamische Armutsforschung habe Armut als Prozess und im biografischen Verlauf untersucht und komme kurz zusammengefasst zu dem Ergebnis, dass Armutsverläufe dann besonders problematisch würden, wenn Benachteiligungen und Lebenskrisen zusammentreffen (Leibfried u.a. 1995: 102). Für die „*armutsbezogene Soziale Arbeit*" bedeute dies, dass eine „*standardisierte Bearbeitung von Armutsproblemen der Realität nicht gerecht wird*" (1998: 125).

Was Soziale Arbeit zur Bewältigung von Armutslagen beitragen kann, ist durch andere sozialpolitische Leistungen oder Regelungen nicht zu ersetzen; doch ist es notwendig,

„die Reichweite sozialpädagogischer Hilfeangebote zu ermitteln, um sich vor Überforderungen ebenso zu schützen wie vor der Verkennung ihrer tatsächlichen Möglichkeiten". (Ansen 1998: 177).

Auch in Bezug auf Armut hängt nach Ansen die Qualität der Hilfen von der Art ihrer personengebundenen Vermittlung ab: nur dann können sie ihre Wirkung entfalten. Zur Verbesserung der subjektiven Handlungsmöglichkeiten besteht die Notwendigkeit der Ressourcenerschließung, der Veränderung armutslagenbezogener Deutungsmuster bei den Betroffenen sowie der Kompetenzerweiterung der Betroffenen; es müssen die bestehenden Ressourcen und Handlungsmöglichkeiten der Betroffenen in ein sozialpädagogisches Konzept integriert werden, wie z. B. berufliche Qualifikationen, bildungsmäßige Voraussetzungen, besondere Interessen und Fertigkeiten, soziale Kompetenzen, persönliche Belastungen usw.

Die Konsequenzen für die Soziale Arbeit sind insgesamt auf zwei Ebenen zu sehen: Soziale Arbeit ist zum einen mit den „*nicht-monetären Beiträge(n) zur Überwindung oder Milderung von Armutslagen*" befasst; zum anderen kommt es insgesamt „*darauf an, die Palette sozialpädagogischer Hilfen armutsrelevant weiterzuentwickeln*" (1998: 156); daneben geht es auch um neue Formen und neue Angebotsstrukturen von Hilfe.

Worin besteht nun die armutsrelevante Weiterentwicklung? Die Jugendhilfe hat den Auftrag (§ 1 KJHG), junge Menschen in ihrer individuellen Entwicklung zu fördern und Benachteiligungen abzubauen oder zu vermeiden. Sie soll dazu beitragen, für die jungen Menschen und ihre Familien positive Lebensbedingungen zu schaffen. Der Jugendhilfe wird im Gesetzestext nicht nur die enge Aufgabe zugesprochen, auf Probleme mit Hilfeangeboten zu reagieren, sondern ihr Aufgabenspektrum umfasst auch die aktive Gestaltung von Lebensverhältnissen. In dieser weiten Bestimmung ist der Jugendhilfe eine Querschnittsaufgabe zugeteilt, die Problemfelder kindlichen Lebens wie Schule und Ausbildung, aber auch Arbeitsmarkt, Wohnen, Umfeld und Quartier sowie Infrastrukturgestaltung umfasst.

In einem ersten Schritt wäre zu prüfen, inwieweit die vorhandene Palette der sozialpädagogischen Hilfen stärker auf Probleme der Kinderarmut und der Armut von Familien zu beziehen ist. Dabei sollte die sog. Öffnungsklausel des § 27 Aufforderung sein, die Hilfeangebote der sog. Erzieherischen Hilfen flexibel und auf den individuellen Bedarf des Einzelfalles bezogen weiterzuentwickeln. Soziale Arbeit muss also flexible, anpassungsfähige und im Ablauf veränderbare Hilfen, ggf. auch Hilfeformen und Settings jenseits der bisher entwickelten und vorgehaltenen Maßnahmen aufbauen. Dies gilt vor allem dann, wenn Armutslagen von Kindern und Familien nur teilweise mit dem standardisierten Repertoire der bislang entfalteten erzieherischen Hilfen überhaupt zu bearbeiten sind.

Gleichwohl sind bislang sozialpädagogische Hilfen systematisch zu wenig auf Armutslagen von Kindern und Familien bezogen. Hierzu ist der Stand der Diskussion und der Forschung unzureichend. *„Angemessene Konzepte der Sozialen Arbeit"* formuliert Ansen nach einer Durchsicht der Literatur, *„die die Armutsprobleme von Kindern und Jugendlichen aufgreifen, liegen bisher zumindest nicht flächendeckend vor"* (Ansen 1998: 157). Lediglich für einzelne Hilfeformen, so die Heimerziehung, oder die Intensive sozialpädagogische Einzelbetreuung (ISE) für Straßenkinder, teilweise für die Tagesbetreuung, liegen Überlegungen vor, die aber als unsystematisch und vorläufig einzuschätzen sind.

Allgemein können wir – bei aller Differenzialität – aufgrund unserer Forschungsergebnisse einige zentrale Erscheinungsformen von Kinderarmut benennen, auf die sich Handlungskonzepte der Sozialen Arbeit beziehen könnten: eine Verengung des Sozial- und Erfahrungsraums der Kinder, wenig Chancen der Entwicklung von Interessen und Begabungen, Einschränkung der Gleichaltrigenbeziehungen in Zahl und Qualität, ein dem Lernen – nicht nur dem schulischen – wenig förderliches Umfeld in Familie und Nachbarschaft, benachteiligende Entwicklungsbedingungen in der Familie – aufgrund von materieller Not, Überforderung der Eltern, Konflikten in der Familie -, ein die Kinder wenig anregendes und förderndes Klima in der Familie, oftmals auch fehlende Grundversorgung im Bereich der Ernährung.

Die Schwäche der bisherigen Hilfen – insbesondere der Hilfen zur Erziehung – sehen wir in Bezug auf Kinderarmut vor allem darin, dass auf einige zentrale Probleme (Verengung des kindlichen Erfahrungsbereichs; Notwendigkeit teilweise umfassender Nachsozialisation im emotionalen und kognitiven Bereich und Bildungswirkungen von gelingenden Gleichaltrigenbeziehungen) innerhalb dieser Hilfen theoretisch, konzeptuell und praktisch kaum eingegangen wird. Dies dürfte einerseits durch eine entsprechende Entwicklung erweiterter fachlicher Konzepte in der Jugendhilfe zu verbessern sein. Hilfen zur Erziehung müssen zudem den Bereich schulischen Lernens und der

Sozialintegration in der Schule sowie den des sozialen Lernens in Gleichaltrigenbeziehungen und verengter kindlicher Erfahrungs- und Sozialräume konzeptuell stärker einbeziehen. Strukturell dürften solche Schwerpunktsetzungen fachlicher Arbeit mit benachteiligten Kindern aber angewiesen sein auf den parallelen Ausbau infrastrukturell angelegter Angebotsformen der Jugendhilfe für Familien und Kinder, die Kindern erlauben, kulturelles und soziales Kapital zu erwerben und Bildungsprozesse auch nachzuholen. Insbesondere die Verschränkung solcher Bildungsbemühungen von Jugendhilfe und Schule könnte armen Kindern neue Chancen eröffnen (vgl. dazu 6.4).

Im Anschluss an unsere Projektergebnisse wäre hier möglicherweise an die Anregung von nichtschulischen Bildungsprozessen zu denken, an Angebote und erweiterte Erlebnisräume, die von der Jugendhilfe formenvielfältig gestaltet werden müssten. Eine zentrale Herausforderung der Sozialen Arbeit durch unsere Forschungsergebnisse sehen wir darin, dass nicht alle von Armut betroffenen Kinder auf individualisierte sozialpädagogische Hilfen – etwa im Sinne der Hilfen zur Erziehung, die eine Antragstellung, ein Hilfeplanverfahren und vor allem die Mitwirkung der Betroffenen implizieren – angewiesen sind. Die Gruppe der Kinder bzw. Familien, die von solchen sozialpädagogischen Angeboten oder Hilfen profitieren könnten, sind offenbar hauptsächlich durch unseren Typ 3 repräsentiert (vgl. Kap. 5.3). Allgemein ist hierzu die Forschungslage unbefriedigend; daher können wir aufgrund unserer Ergebnisse nur erste Überlegungen in diese Richtung anstellen. Angesichts der unterschiedlichen Problemkombinationen scheint ein fachlich breit angelegtes Konzept erforderlich, das sowohl den Entstehungsbedingungen wie den Auswirkungen von Kinderarmut Rechnung trägt. Ähnlich wie die ISS-Studie zur Armut von Vorschulkindern legen unsere Ergebnisse nahe, sowohl die Kinder wie – zumindest für einen Teil der Betroffenen – auch die Familien in den Blick zu nehmen. In Bezug auf die Familien spielen die Bereiche Erwerbsarbeit, Ausbildung, Qualifizierung, soziale Isolation, Alltagsgestaltung und -strukturierung, das Eltern-Kind-Verhältnis sowie die eingeschränkten Möglichkeiten, Kinder in ihren Interessen zu unterstützen sowie (in der Folge) Vergleichgültigungstendenzen gegenüber den Kindern eine Rolle. Hier wären sowohl eine sozialpolitische Verbesserung der Einkommenssituation wie teilweise personenbezogene Hilfen notwendig, die sich auf berufliche Qualifikationen, soziale Kompetenzen und insbesondere auf die soziale Isolation und Scham richten müssten. In Bezug auf die Kinder scheinen die Bereiche Grundversorgung, gesundheitliche Situation, Interessenförderung und Weltaneignung, Schulschwierigkeiten und schulische Förderung, soziale Isolation und damit verbundene persönliche Schwierigkeiten, insgesamt die teilweise verschärften impliziten und expliziten Entwicklungsprobleme von Kindern zentral zu sein. Auch muss berücksichtigt werden, dass bei einem Teil der Betroffenen die Bereitschaft, individuelle Hilfen anzunehmen, aufgrund der negativen Erfahrungen mit sozialstaatlichen Stellen gering sein dürfte.

Insgesamt zeigen diese Überlegungen ein vierfaches Dilemma der Sozialen Arbeit in Bezug auf Kinderarmut.

1. Es fehlt an Theorien und Konzepten, die vorhandenen Hilfestrukturen der Sozialen Arbeit entsprechend der Vielfalt von armutsbedingten Erscheinungsformen weiterzuentwickeln und zu konkretisieren.
2. Ebenso ist die Diskussion über neu zu entwickelnde oder neu zu strukturierende Arbeitsmöglichkeiten der Sozialen Arbeit in Bezug auf Kinderarmut, etwa Sozialarbeit in der Schule, Ganztagsschule, Gemeinwesenarbeit, Kulturarbeit unzureichend. Allerdings sollten dabei auch einschneidende Veränderungen des Bildungswesens (konkret der Schule) und eine Neupositionierung von Jugendhilfe im Hinblick auf Bildungsprozesse diskutiert werden, nicht nur die Intensivierung der Zusammenarbeit von Schule und Jugendhilfe.
3. Angesichts der Komplexität der familialen und kindbezogenen Armutsprobleme sind die Reichweite und die Grenzen dessen, was Soziale Arbeit bewirken kann, (neu) zu bestimmen. Auf den begrenzten Wirkungsbereich Sozialer Arbeit hinzuweisen, bedeutet nicht, sie aus der Verantwortung oder auch Zuständigkeit für Armutsprobleme zu entlassen. Allerdings:
4. Das Verhältnis von Sozialstaat und Sozialer Arbeit verändert sich durch die Umstrukturierung in den Formen und Qualitäten von sozialer Ungleichheit und durch den Um- bzw. Rückbau des Sozialstaats. Gerade in Bezug auf Armut stellt sich daher die Frage nach der gesellschaftlichen Funktion von Sozialer Arbeit neu.

6.3 Armutsbewältigung in Arbeitsfeldern der Kinder- und Jugendhilfe

Da die Angebotsformen der Frühförderung[2] und der Kindertagesbetreuung für unsere Altersgruppe nicht mehr in Frage kommen, sollen hier nur exempla-

---

2 Der 11. Jugendbericht betont, dass eine frühe Förderung, als intensive Betreuung und Unterstützung der kindlichen Entwicklung als eine wirksame Hilfe zur Entwicklung von Kindern in benachteiligten Lebenslagen begriffen werden kann (BMFSFJ 2002: 150). Mayr (2000) hebt die positiven Effekte auf Selbstwertgefühl, Gesundheitszustand und kognitive Entwicklung hervor und referiert präventive Effekte aus den USA für solche Hilfen. Ferner scheint eine intensive Arbeit mit den Eltern die sozio-emotionale Lage in den Familien, vor allem für die Kinder, deutlich zu verbessern (Naggl; Thurmaier 2000). Allerdings scheint dafür ein früher Beginn der Hilfe, eine hohe Kontinuität der Betreuung sowie eine sehr große Professionalität die Bedingung für einen Erfolg zu sein (Mayr 2000).

risch am Beispiel des Kindertreffs Probleme der Hilfen zur Erziehung und ihre Chancen, aber auch ihre Schwierigkeiten und Grenzen trotz einer Ausrichtung hin zu offener Kinderarbeit diskutiert werden.

Die fachpolitische und auch die modernisierungstheoretische Reflexion des Stands der Jugendhilfe bezieht sich auf drei Eckpunkte der fachlichen Selbstverständigung: Professionalisierung, Lebensweltorientierung und Dienstleistungsorientierung. Professionalisierung meint dabei die wissenschaftsbasierte, reflexive und fachlich geplante Form des Berufshandelns. Lebensweltorientierung bezieht sich auf die grundsätzliche und nachhaltige Einbeziehung der Lebensverhältnisse und Wahrnehmungsmuster der Betroffenen in die Angebote und Leistungen, so dass ihre Teilhabe und Mitwirkung, ihre Selbstverantwortung und Beteiligung unterstützt wird. Dienstleistungsorientierung versteht die Beteiligten als KoproduzentInnen an der Leistungserbringung und strebt eine neue Qualität der Interaktion zwischen Fachkräften und AdressatInnen an. Die Leistungen der Jugendhilfe lassen sich als lebensweltunterstützende (SPFH), lebensweltergänzende (KITA, Hort) und lebensweltersetzende (z. B. Heimerziehung, Pflegefamilie) interpretieren. Die methodische Verbindung von fall- und umfeldorientierten Hilfen zielt auf eine verbesserte Integration aller professionellen Hilfen sowie auf deren Vernetzung mit den Ressourcen der Lebenswelt. Ein weiterer Aspekt ist die Flexibilisierung der Hilfen.

Trotz aller Modernisierungsbestrebungen sind die Hilfen zur Erziehung hinsichtlich der Kinderarmut weitgehend eher ein reaktives Angebot der Jugendhilfe, da sie eine Bedarfsüberprüfung durch Fachkräfte, einen Antrag (also Einsicht, Willen und Einverständnis der Eltern) der Sorgeberechtigten und einen Hilfeplan voraussetzen. Sie sind mithin nur zum Teil geeignet, benachteiligten Kindern zu helfen, da sie Anspruchskriterien und innere und äußere Schwellen setzen. Auch wenn im Zuge der Lebensweltorientierung der Jugendhilfe versucht wird, Niedrigschwelligkeit organisatorisch und fachlich zu realisieren – wofür Partizipation der Kinder und Eltern das zentrale Stichwort ist –, und damit die Hemmnisse einer Inanspruchnahme zu vermindern, stellen für benachteiligte Familien und Kinder die institutionellen Schwellen ein Hindernis dar. Fragen wir, ob überhaupt die von uns untersuchten Kinder fachlich einen Hilfebedarf im Sinne des KJHG hätten, so trifft dies offensichtlich nur für einen Teil der Kinder zu, vor allem für die, die wir oben in einem weiten Sinne als „stark belastete Kinder" charakterisiert hatten (Theo, Dennis, Frank, Torsten, Steffi). Für die Kinder im „Mittelfeld" – also mit unterschiedlichen Benachteiligungskombinationen – wäre ein Hilfebedarf eher nicht gegeben. Für die „fitten", dies heißt von der Armutslage der Familie eher unbeeinflußten Kinder trifft dies ohnehin nicht zu.

Vermutlich sind allgemeine – und insofern nicht ausgrenzende – Angebote der Jugendhilfe wie Kulturarbeit in benachteiligten Stadtteilen und GWA für Kinder sowie Angebote, die eine Verbindung zwischen offener Kinderarbeit und Erziehungshilfen schaffen – wie der Kindertreff in Jena – besser geeignet, Benachteiligungen anzugehen. Auch sie bleiben aber in ihrer Wirksamkeit begrenzt.

Der Kindertreff als Beispiel für ein offenes Angebot

Der Kindertreff hat sich als Angebot entwickelt, das von seiner Form zwischen offener Kinderarbeit und einer Hilfe zur Erziehung steht. Die klassischen Hilfeformen der „Hilfen zur Erziehung" laufen bei den hier ins Auge gefassten AdressatInnen ins Leere. Einer sozialpädagogischen Familienhilfe waren in diesen Fällen die Elternhäuser nicht zugänglich. Eine Tagesgruppe kam für diese Kinder auch nicht in Frage, weil sich die Eltern der dazu notwendigen intensiven Elternarbeit verweigert haben.

Gerade bei solchen Kindern aus teilweise vernachlässigenden Familien, die in starkem Maße sich selbst überlassen bleiben und die den größten Teil ihrer Freizeit auf der Strasse verbringen – nicht selten auch am Vormittag, weil sie die Schule schwänzen oder auch in den Schulen nicht gerne gesehen sind/waren – stoßen die Angebote der Jugendhilfe in zweifacher Hinsicht an ihre Grenzen: Einen Grund stellt die nicht bestehende Bereitschaft der Kinder und Familien dar, sich auf Hilfeangebote, auf Abmachungen und Verträge, auf einigermaßen verlässliche Beziehungen einzulassen. In der Regel ist diese kaum vorhanden, was bedeutet, dass eine Arbeit mit dieser Gruppe sehr viel Geduld, Fingerspitzengefühl, Feinfühligkeit und Frustrationstoleranz von den Professionellen erfordert.

Der zweite Grund liegt in der Struktur der Jugendhilfe selbst, die aufgrund ihrer bürokratischen und verwaltungsförmigen Gestaltung Anträge der Eltern, Wartezeiten und Warteschleifen, hohen diagnostischen Aufwand, Verbindlichkeiten einer regelmäßigen Teilnahme, evtl. einen notwendigen Beziehungswechsel u. ä. erfordert, mithin also diese besondere AdressatInnengruppe eher ausschließt.

Das Angebot des Kindertreffs versucht, für diese schwierige Gruppe von Kindern ein spezifisch zugeschnittenes Angebot zu machen, das vor allem eine besondere Förderung der kognitiven, sozialen und emotionalen Kompetenzen ermöglichen soll. Damit ist konzeptuell der Bereich der offenen Kinderarbeit verlassen (nach § 11 KJHG) und gleichzeitig der Anspruch verbunden, eine Hilfe zur Erziehung zu leisten. Ziel ist die Herstellung einer fördernden Sozialisationssituation, ungeachtet des Orts und der Ursachen des Bedarfs. Diese Herstellung einer fördernden Sozialisationssituation durfte sich nicht auf die „kompensatorische Insel" der nachmittäglichen Treffs beschränken, sondern musste versuchen, die Auseinandersetzung mit und die positive Beeinflussung der sozialen Umwelt mit ins Konzept aufzunehmen: d.h. die Eltern, die Schulsituation, die Situation im Wohnumfeld (Stadtteil), den Kontakt zu Gleichaltrigen in Nachbarschaft und Schule usw. Zumindest langfristig und mittelfristig kann ohne die Veränderungen im sozialen Umfeld (der „Lebenswelt" der Kinder) – auch bei einer guten pädagogischen und teilweise heilpädagogischen Arbeit im Treff selbst – nicht viel gewonnen werden, weil in der Lebenswelt der Kinder die notwendigen Voraussetzungen für eine einigermaßen normale Entwicklung und die damit verbundene Gewährleistung des geistigen, körperlichen und seelischen Wohls des Kindes (so die Formulierung des BGB im § 1666) nicht gegeben wären.

Das Angebot „nah bei den Kindern" zu entwickeln bedeutete, auf ihr Bedürfnis nach regelmäßigem (täglichem), sicherem, akzeptierendem Kontakt zu Erwachsenen einzugehen, also ein zweites (vielleicht besseres) zu Hause zu bieten, wo man sich sicher fühlen und vertraut sein kann, wo man den Einzelkontakt zur Bezugsperson suchen und wahrnehmen, aber auch mit anderen Kindern zusammen sein kann. Mehr äußerliche, aber auch wichtige Anreize sind die Ruhemöglichkeit, der Toberaum, Spiel- und Erfahrungsräume, das Freigelände, aber auch eine Grundversorgung – mit Nahrung, manchmal auch mit der Möglichkeit eines Kleiderwechsels. Alles zusammen motiviert die Kinder dazu, nicht nur zu kommen, sondern sich auch auf Regeln einzulassen, Grenzen zu akzeptieren und andere Kinder in Grenzen zu akzeptieren.

Die offene Struktur dieses Angebots führt dazu, dass sowohl Kinder täglich oder fast täglich kommen, die einen – fachlich gesprochen – Bedarf an Hilfe zur Erziehung haben und intensive Einzelzuwendung benötigen. Neben dieser sog. „Kerngruppe" kommen aber auch andere Kinder, kommen FreundInnen und Bekannte bzw. werden mitgebracht, die allerdings nicht so regelmäßig kommen und keinen Hilfebedarf haben. Diese Mischung von Kerngruppe und sog. Freizeitgruppe gehört zum Konzept. Während die sog. „Kerngruppenkinder" beinahe täglich kommen, ist die Anwesenheit der „Freizeitkinder" unregelmäßiger.

Der pädagogische Alltag wird für beide Kindergruppen interessant und attraktiv gestaltet durch eine Mischung von förderlichen und erlebnisreichen Aktivitäten: d.h. mit kreativen Angeboten, lebenspraktischen Aufgaben, Spiel, Bewegung und Entspannung, Ausflügen und Ferienfreizeiten. Innerhalb des Gruppenalltags erhält das einzelne Kind entsprechend seiner benachteiligten Situation und seiner Bedürfnisse ein besonderes Maß an Zuwendung, Unterstützung, Anleitung und Förderung – das können Förderung im schulischen Bereich, heilpädagogische und therapeutische Hilfen und anderes mehr sein. Innerhalb des Hilfeprozesses müssen die Kinder zur Zusammenarbeit bereit sein und ein Problembewusstsein entwickeln, so dass Lösungsstrategien gemeinsam erarbeitet werden können.

Das Konzept des Kindertreffs entspricht keiner der in der exemplarischen Aufzählung des KJHG im § 27ff. genannten Hilfeformen, auch wenn es Ähnlichkeiten – vor allem zur Tagesgruppe (nach § 32) und zur sozialpädagogischen Gruppenarbeit (nach § 29) – gibt. Das Innovative ist einerseits in der unbürokratisch-unkonventionellen Handhabung der Hilfe zu sehen: Die Kinder kommen freiwillig und sind dazu nicht verpflichtet; die Entscheidung zur Annahme der Hilfe wird zunächst vom Kind getroffen und ist nicht vom Einverständnis der Eltern oder deren Einwilligung in eine Hilfeplanung und Hilfeannahme abhängig (obwohl natürlich im Rahmen der Elternarbeit die Zusammenarbeit mit diesen Eltern dauerhaft erreicht werden soll und die Eltern zur Antragstellung einer Erziehungshilfe angeregt werden sollen). Die Offenheit für alle Kinder des Stadtteils bewirkt eine integrativ zusammengesetzte Gruppe und soll die Integration der Kerngruppenkinder in den Stadtteil, in bestehende Gleichaltrigengruppen, Nachbarschaftsstrukturen und in andere Einrichtungen im Stadtteil begünstigen.

Dem Kindertreff als innovativem Angebot für benachteiligte Kinder gelingt es, seine Zielgruppe zu erreichen und für die Kinder eine Alternative für das Zuhause und die Nachmittagsgestaltung zu bieten; er kann einen großen Teil auch in eine regelmäßige Arbeit einbinden. Die Kinder finden kontinuierliche Bezugspersonen und erleben eine Erweiterung ihres Erfahrungsraums. Der Treff bietet eine Umgebung, in der sie aufgefangen werden und einige der vorhandenen Probleme bearbeitet und einige der Defizite kompensiert werden können. Der Hilfeform gelingt es freilich weniger, die Sozialisationsbedingungen in den Familien, aber auch hinsichtlich der Schule und der verengten Lebenswelt positiv zu verändern. Gleichwohl gibt es für diese Gruppe von Kindern bislang sozialpädagogisch keine Alternative.

6.4 Kinderarmut: Bildungsprozesse und Bildungsperspektiven

Wir haben mit unserer Forschungsarbeit versucht, kindliche Lebenslagen in Armut aus der Perspektive von Kindern zu beschreiben und zu analysieren. Mit der Altersgruppe der 7-10-Jährigen haben wir eine Kindergruppe in den Mittelpunkt gestellt, die bisher im Kontext der Armutsforschung noch wenig beachtet worden ist. Neben dem Fokus auf die aktuelle Lebenslage der Kinder haben wir in unserer Studie in ersten Ansätzen auch den Blick auf kindliche Entwicklungs- und Sozialisationsprozesse unter benachteiligten Bedingungen des Aufwachsens gerichtet. Dabei haben sich u. a. auch komplexe Interdependenzverhältnisse von schulischen und außerschulischen Lebenszusammenhängen der Kinder gezeigt. Gerade in der lebensweltlichen Verengung von kindlichen Bildungsprozessen (der materiell und sozial bedingten Unmöglichkeit der Eltern, kindliche Interessen und Begabungen zu fördern, der häufigen Verengung elterlicher und kindlicher Netzwerke und Erfahrungsräume auf benachteiligte sowie sehr kleine Milieus und Aktionsräume usw.) haben wir gesellschaftlich bedingte Ungleichheiten wahrgenommen, die offensichtlich einen wesentlichen Einfluss auf schulische Bildungschancen haben. Es wurde auch sehr deutlich, dass die meisten Kinder in benachteiligten Lebenslagen die Schule bzw. den Schulalltag in mehrfacher Hinsicht als belastend erleben. Wir können nicht nur von einer Konvergenz, sondern von kumulativen Effekten von sozialen Ungleichheiten in schulischen und außerschulischen Lebens- und Lernzusammenhängen sprechen, die stärker als bisher Thema empirischer Forschung werden müssten.

Allerdings hatten wir im Bereich des schulischen Lernens ein breites Spektrum der Auswirkungen vorgefunden. Bei den Kindern aus stark belasteten Familien – meist mit niedrigeren Schulabschlüssen bzw. niedrigerer Ausbildung und beruflichem Status der Eltern/ Mütter – zeigen sich bereits in der Grundschule deutliche Probleme mit den schulischen Leistungsanforderungen, mit Folgeproblemen wie schlechte Noten, Förderschulüberweisungen und Schuleschwänzen. Bei den Kindern des Mittelfelds mit guten bis mittleren Leistungen lässt sich eine derartige Auswirkung nicht so deutlich erkennen, bei den beiden Jungen des Typs 1 liegen dagegen sehr gute oder gute Schulleistungen vor.

a) Für die Kinder des Typs 3 (stark belastete Kinder aus mehrfach und meist kumulativ belasteten Familien) kann man sagen, dass sie durchweg in der Schule erhebliche Probleme haben, sowohl leistungsmäßig wie sozial. Sie bringen in der Regel nicht die Voraussetzungen mit, welche die heutige Schule erwartet (z. B. motivationale, kognitive und sprachliche Voraussetzungen, aber auch „ausgeschlafene und pünktliche" SchülerInnen). Sie fühlen sich in der Schule nicht wohl, sehen sich überfordert und erleben die Schule als einen sozialen Ort, der ihre subjektiven Bemühungen und die Lernanstrengung nicht anerkennt und nicht honoriert.

b) Aber auch die Mehrheit der Kinder des Mittelfelds erlebt den Bereich Schule eher als sehr problematisch. Auch diese Gruppe signalisiert im Interview, dass sie sich trotz eigenen Bemühens in der Schule oft nicht anerkannt sieht; zugleich machen viele dieser Kinder auch die Erfahrung einer zwiespältigen sozialen Integration in der Klasse. Hinzu kommen bei vielen Ausgrenzungserfahrungen im Kontext von Schule.

Beiden Kindergruppen – sowohl den Kindern des Typs 3 wie denen des Mittelfelds (Typ 2a und b) – ist gemeinsam, dass sie in Strukturen traditioneller Kindheit leben (vgl. dazu S. 313f., auch dort Anm. 9); dies dürfte durchaus auch als eine Bewältigungsform dieser Kinder gelten. Das Aktivitätsprofil der traditionalen Kindheit ist niedriger, homogener und die Aktivitäten sind auf den Nahraum ausgerichtet. Der Unterschied zwischen den Kindern des Typs 3 (stark benachteiligte Kinder) und des Typs 2 (unterschiedlich benachteiligte

Kinder) ist u. a. darin zu sehen, dass den stark benachteiligten Kindern der klar strukturierte, sie stützende und eng einbindende familiäre Hintergrund fehlt, den traditionale Kindheit braucht. Die Kinder des Typs 3 sind daher kaum imstande, selbst die Ressourcen eines traditionalen Kinderlebens zu nutzen. Eine solche Kombination von traditionaler Kindheit und familiärer Vernachlässigung liegt bei den Kindern des Mittelfelds nicht vor. Zwischen diesen Kindern und ihren Eltern besteht eine sicherere und fördernde Bindung, allerdings können die Eltern sie wenig unterstützen, so dass diese Kindergruppe auch innerhalb einer traditionalen Form des Kinderlebens benachteiligt bleibt.

Versuchen wir diese Darstellung als Herausforderung sowohl für die Jugendhilfe wie für die Schule zu betrachten.

Erstens:
Kinderarmut – auf den Aspekt der Schwierigkeiten bzw. des sich abzeichnenden Scheiterns in Schule hin betrachtet – darf unserer Einschätzung nach nicht allein der Jugendhilfe zur kompensatorischen oder präventiven Bearbeitung überantwortet werden. Unsere diesbezügliche Argumentation trifft sich mit Überlegungen in der Bildungsdiskussion wie sie innerhalb der Sozialpädagogik seit der Veröffentlichung der PISA-Studien (Baumert u. a. 2001; Prenzel u. a. 2004) geführt wird. Für die Sozialpädagogik geht es darum, die Diskussion über Bildung und Kindheit von der Seite der Schwächsten her anzugehen, d. h. von jenem knappen Viertel deutscher SchülerInnen, die laut PISA (2001: 83) die Voraussetzungen für eine berufliche Ausbildung nicht erreichen. Das ist insgesamt eine komplexe Diskussion, deshalb hier nur einige Anmerkungen dazu.

Eine Reaktion, nämlich der Schule die Zuständigkeit für benachteiligte SchülerInnen abzusprechen und stattdessen die Familie und Sozialpädagogik in die Pflicht zu nehmen (vgl. z. B. Gisecke 1996), greift eindeutig zu kurz; hiermit wird nur das alte bildungsbürgerliche Bildungsverständnis transportiert. Es kann nicht Aufgabe der Sozialarbeit – etwa der Schulsozialarbeit – sein, die Lernmotivation und die Lernfähigkeit der SchülerInnen herzustellen oder wiederherzustellen[3]. Vielmehr sind Schulreform, Schulentwicklung und eine

---

3   Eine solche Position – Bildungsfähige in die Schule, Bildungsunfähige in die Sozialarbeit – verkennt die Aufgabe von Schule und die Möglichkeiten von Sozialarbeit. Schulreform, neue didaktische Methodenentwicklung, pädagogische Gestaltung des Lernprozesses sind zunächst ureigene Aufgaben der Schule. Sozialarbeit kann dies zwar unterstützen, hat aber andere Aufgaben, die sich eher auf die Lebensbewältigung der SchülerInnen beziehen. Sozialpädagogik kann der Schule Hilfestellung leisten in dem Bemühen, in der Schule eine Kommunikations- und Lebenskultur zu entwickeln, die es den benachteiligten SchülerInnen leichter macht, Schule anzunehmen, Schule als wichtig für ihr Leben zu erkennen. Auch kann die Sozialpädagogik ihr Wissen über die benachteiligten SchülerInnen in den Prozess um die Veränderung der Schule einbringen. Sie kann z. B. LehrerInnen bzw. der Schule deutlich machen, dass Schulversagen nicht notwendig Ausdruck und Folge von

andere didaktische Form des Unterrichts schuleigene Aufgaben, zu denen die Sozialpädagogik zwar Unterstützung geben, die sie aber nicht übernehmen kann. Schule ihrerseits muss den Bildungsprozess so gestalten, dass die Voraussetzungen im Prozess selbst hergestellt werden. In diese Richtung äußern sich auch die PISA-AutorInnen hinsichtlich der Lesekompetenz:

„Kinder aus lesefernen Elternhäusern brauchen schulische Kompensationsmaßnahmen. Sie profitieren wenig vom schulischen Literaturunterricht, der bereits voraussetzt, was ihnen aus ihren Familien unbekannt ist. Es geht hier um elementare Leseförderung, die auf ihre Startbedingungen eingeht, sowie auch die Erfahrung, dass Lesen lohnend ist und auch im sozialen Zusammenhang Sinn macht" (Baumert u.a. 2001: S. 77f.).

Zweitens:
Des Weiteren müsste nach unserer Meinung die Jugendhilfe selbstkritisch zugestehen, dass ihre Kompensationsrolle in Bezug auf die Schule nicht ausreicht. Die Gestaltung eines sozialpädagogischen Schutz- und Entlastungsraums (etwa in Einrichtungen wie dem Kindertreff, s. o.) übergeht das elementare Bedürfnis der Kinder, Anerkennungserfahrungen in der Schule selbst machen zu wollen, d. h. in der Schule keine Unterlegenheits-, Ohnmachts- und Demütigungserfahrungen hinnehmen zu müssen. Es geht also um einen auch theoretischen Perspektivenwechsel, der die Bedeutung von Bildungserfahrungen – als Erfahrung von kognitivem Wachstum und als kognitive Erfolgserfahrung für die Alltagsbewältigung – ernst nimmt sowie ihren Stellenwert für die Identität, die emotionale und soziale Stabilität und die Entwicklung von Selbstbewusstsein und Selbstsicherheit der Kinder betont. Das müsste sich konkret – etwa innerhalb der Hilfeplanung (Hilfen zur Erziehung) – im Bestreben ausdrücken, die reale Situation des Kindes in der Schule hinsichtlich seiner Akzeptanz bei LehrerInnen und MitschülerInnen, seine schulische Förderung usw. (durch die Einbindung der LehrerInnen usw. in den Hilfeplan) zu verändern[4]. Allgemein wäre eine Kooperation von Schule und

---

Gleichgültigkeit und Desinteresse der benachteiligten Kinder an Schule ist, sondern dass sie Schule als tägliche Erniedrigung und Demütigung erleben, weil sie die erwarteten Voraussetzungen nicht mitbringen, keinen Erfolg haben, ihre Anstrengungen subjektiv nicht geachtet werden – also weil Schule Rituale der Ausgrenzung und der verweigerten Anerkennung entwickelt.

4   Wenn Jugendhilfe z. B. mit solchen SchülerInnen zu tun hat, wird es nicht reichen, Hausaufgabenhilfe einzusetzen, sondern Jugendhilfe muss sich der Notwendigkeit bewusst sein, dass es hier um das Nachholen elementarer kognitiver und sozialer Kompetenzen geht, also einen umfassenden Prozess der Sozialisation, der im Hilfeplan strukturiert werden muss und der in anderer Weise als bisher die Schule mit einbeziehen muss. Wenn wir dabei von der Sicht des Kindes als Subjekt ausgehen, wird es darauf ankommen, „Anerkennung in der Gegenwart" herzustellen: Selbstbewusstsein und personale Identität durch Befriedigung und Stolz in gelingenden Lernprozessen, innere und äußere Anerkennung durch Verstehen und Bewältigung anzustreben. (Also keine Zukunftsorientierung, sondern radikale Gegenwartsorientierung als Philosophie in Bezug auf Kinder und Kindheit). Hierzu kann die Jugendhilfe einen spezifischen Bildungsbeitrag leisten.

Jugendhilfe wohl nur im Sinne einer *„doppelten Öffnung der Schulsozialarbeit"* für benachteiligte Kinder hilfreich, d. h. wenn Schulsozialarbeit nicht nur *„Räumkommando und soziale Feuerwehr"* für die Schule darstellt, sondern im Kernfeld der Schule, dem Unterricht, Handlungsspielraum und Einfluss gewinnt und sich auch zum außerschulischen Umfeld hin öffnet, also mehr Gemeinwesenorientierung realisiert (vgl. dazu ausführlich Olk; Bathke; Hartnuß 2000: 191ff.).

Die Folgerung kann nur sein, dass die Schule selbst den Bildungsprozess so gestalten muss, dass die (fehlenden) Voraussetzungen von ihr selbst im Prozess hergestellt werden. Die doppelte Öffnung der Schulsozialarbeit kann dabei nur unterstützend wirken, sie kann dies nicht ersetzen.

Drittens:
In Wechselwirkung zum schulischen Lernen zeigten sich ebenfalls deutlich von der Lebenslage der Eltern und deren sozialer Unterstützung durch Netzwerke abhängige Unterschiede bzw. Benachteiligungsstrukturen in den außerschulischen Lernfeldern der Kinder. Dies haben wir anhand des Aktionsradius der Kinder, der fördernden Vereins- und sonstigen Aktivitäten sowie der Art und Anzahl der Gleichaltrigenbeziehungen der Kinder eingeschätzt. Dabei zeigte sich, dass Strukturen moderner Kindheit, wie sie von DuBois-Reymond (1994) beschrieben werden, bei unseren Kindern nicht vorliegen, sondern eher Formen von traditionaler Kindheit.

Die entscheidende Benachteiligung scheint uns dabei darin zu liegen, dass die Lebenswelt unserer Kinder, ihr sozialer Erfahrungsraum als erheblich verengt einzustufen ist, so dass sie – eine Ausnahme bilden sicherlich in unserem Sample die beiden Jungen des Typs 1 sowie teilweise Tina – die Fähigkeiten zur Orientierung in verschiedenen Sozialkontexten und die damit verbundenen Kompetenzen (wie z. b. Zeitmanagement, Konfliktlösungs- und Planungskompetenzen, soziale Konfliktlösungsmuster usw.) nicht entwickeln können. Solche Kompetenzen werden offenbar in einem starken Maße gerade in unterschiedlichen Gleichaltrigenbeziehungen erworben; gerade diese sind aber durch die direkten und indirekten Folgen der elterlichen Armut sehr deutlich eingeschränkt, wenn die Familie nicht über – in der Regel haushaltsexterne – weitere, evtl. auch nur kindbezogene, Ressourcen verfügen kann.

Betrachten wir die verschiedenen Ebenen einer kinderkulturellen Praxis, so sind die von uns vorgefundenen Ungleichheits- bzw. Benachteiligungsstrukturen in mindestens vier Ebenen zu sehen:

1. Kulturelle Aktivitäten im weiten Sinn (musische Förderung, Sport, Freizeitgestaltung) kommen bei unseren Kindern in sehr geringem Maße vor. In der Regel stellt dies eine unmittelbare Auswirkung der familialen Armutslage dar.

2. Mit der Armut der Eltern und deren Erwerbslosigkeit verringert sich häufig der Sozialkreis (das Netzwerk) der Familie, so dass sich für die Kinder hier entweder weniger Kontakte ergeben oder eine Begrenzung auf das gleiche Milieu (d. h. von Familien oder Kindern in ähnlicher Lebenslage) stattfindet.
3. In gleicher Weise sind die Gleichaltrigenkontakte der Kinder betroffen; ihre Pflege bzw. Entwicklung durch wechselseitige Übernachtung, Feiern von Geburtstagen, Treffen in der Freizeit und die Entwicklung von engen Freundschaften werden durch die Armut der Familie in der Regel beeinträchtigt.
4. Offensichtlich kumulieren die Belastungen der Kinder infolge familialer Probleme der Familie, Leistungsprobleme in der Schule und in den Beziehungen zu Gleichaltrigen; dies wirkt sich offenbar negativ auf die Bewältigungsmöglichkeiten der Kinder aus.

Die Breite der Belastungen und der Bedarf an Förderung armer Kinder dürfte von der Jugendhilfe allein nicht anzugehen sein, vielmehr scheint hier eine Um- und (teilweise) Neugestaltung des gesellschaftlichen Bildungsbereichs insgesamt erforderlich zu sein. In aller Kürze wollen wir abschließend skizzieren, welche Herausforderungen sich aus den Ergebnissen unserer Studie für die Kinder- und Jugendhilfe sowie die Schule ergeben.

1. Reform der Schule

Ein Teil der Kinder bringt gewisse alltagsstrukturelle Voraussetzungen für den Schulbesuch offenbar nicht mit, wie einen geregelten Tagesablauf, Kulturtechniken, hinreichende sprachliche (verbale und schriftbezogene) Ausdrucksfähigkeiten. Dies gilt vor allem für die Kinder des Typs 3.

Ein anderer Teil – die große Mehrheit unserer Kinder – leidet offenbar sowohl unter den Leistungsanforderungen der Schule – darauf deuten ihre Aussagen hin, dass sie sich oft „trotz großer Anstrengung" ungerecht beurteilt sähen und dass ihre Anstrengungen nicht gewürdigt würden. Sie leiden auch unter Akzeptanzproblemen in Klasse und Schule oder an Ausgrenzungserfahrungen – so bezeichneten wir Hänseleien, Beschimpfungen und körperliche Übergriffe gegenüber unseren Kindern – offensichtlich nicht singulärer, sondern eher struktureller Art (die genauen Umstände ließen sich mit der Methode einer Kinderbefragung jedoch nicht klar ermitteln).

Der 10. Jugendbericht formuliert in diesem Kontext die Anforderung, bereits die „Grundschule müsse auf das psychosoziale Wohlbefinden der Kinder, auf Schutzbedürfnisse, Bedürfnisse nach einfühlendem Verständnis und sozialer Bindung, nach Wertschätzung und Selbstverwirklichung eingehen." (BMJSFJ 1998: 212)

2. Ganztagsschulen und integrative Schulformen

Die dargestellten Belastungen der Familien und insbesondere der allein erziehenden Mütter sowie die Option auf Erwerbstätigkeit der Mütter – die in den neuen Bundesländern verbreiteter und nachhaltiger sein dürfte – stellt ein deutliches Argument für mehr Ganztagsschulen und auch von Grundschulen mit festen Öffnungszeiten dar. Aus den dargestellten Belastungspotentialen der Kinder ergibt sich weiter die Forderung nicht nur nach einer viel stärker sozialpädagogisch orientierten Schule – d. h. dass sie auf die gegebenen Kompetenzen und Schwierigkeiten der SchülerInnen mehr eingehen müßte –, sondern auch nach einer Gestaltung des Schulnachmittags, die auf die Bedürfnisse und Probleme benachteiligter Kinder mit Hausaufgabenhilfen, Freizeitaktivitäten sowie sozialpädagogischer Gestaltung, Betreuung und Beratung reagieren müsste. Unsere Studie legt angesichts der zunehmenden Belastungen der Familien und der Kinder nahe, eine stärkere Zusammenarbeit und Verzahnung von Schule und Jugendhilfe als zentrale kinder- und schulpolitische Aufgabe anzusehen.

Des weiteren müssten die Profile dieser Schulen und integrativen Schulformen aus der Sicht unserer Forschungsergebnisse zugleich lebenswelt- und erfahrungsbezogen wie wissenschaftsorientiert sein. Fächerübergreifende, interdisziplinäre Lernangebote, exemplarisches Lernen in Projekten und Teilgruppen, selbstorganisiertes Lernen in konstanten Lerngruppen, in denen die Kooperations- und Teamfähigkeit gefördert wird, sind wohl zukunftsweisende Prinzipien für das Bildungswesen generell, wenn die soziale Ungleichheit im Bildungssystem vermindert werden soll.

Angesichts der geringen Möglichkeiten unserer benachteiligten Kinder, Freizeitangebote zu nutzen, müssten sowohl innerhalb der Schule wie innerhalb der Jugendhilfe mehr Freizeitangebote für diese Altersstufe installiert werden, die den Kindern Aktivitäten ermöglichen, die sich die Familie nicht leisten kann (Musikunterricht, Ballett- und andere Sportangebote). Im Stadtteil wären Freizeit- und Bildungsangebote notwendig für die Kinder, die durch die herkömmlichen Vereinsprogramme und die kommerziellen Angebote nicht erreicht werden.

3. Zusammenarbeit von Schule und Jugendhilfe

Die von uns aufgezeigte doppelte Reproduktion sozialer Benachteiligung in Schule und Lebenswelt stellt sowohl die Schule wie die Kinder- und Jugendhilfe vor neue Anforderungen. Dabei sollte statt Konkurrenz und Rivalität eher Kooperation angestrebt werden (vgl. dazu den 10. und 11. Jugendbericht). Öffnungen der Schule gegenüber dem Stadtteil bzw. dem Freizeitbereich könnten einerseits zu einer gemeinwesenorientierten Schule führen. Auf der anderen Seite müssten die Institutionen der Kinder- und Jugendhilfe – sicherlich oft in Kooperation mit den Schulen, vor allem im Kontext von Ganztagsschulen – lebensweltnahe attraktive Freizeit-, Förder- und Bildungsangebote entwickeln, mit denen die Kinder erreicht werden können, die von herkömmlichen Vereinen und kommerziellen Angeboten keinen Gebrauch machen können.

4. Neufassung des Bildungsverständnisses in der Jugendhilfe

Die Lebenslagen benachteiligter Kinder stellen die Jugendhilfe vor die Notwendigkeit, ihr Bildungsverständnis zu reflektieren. Den Verengungen kindlicher Erfahrungsräume, Sozialbeziehungen zu Erwachsenen und Gleichaltrigen sowie den ausbleibenden Anerkennungserfahrungen im Bereich des nicht nur schulischen Lernens wird die Jugendhilfe nur durch das Beschreiten konzeptionell neuer Wege begegnen können. Neben dem konzeptionellen Einbezug dieser Dimensionen der Lebenslage in die Einzelfallarbeit sind offenbar neue Strukturen zu schaffen, die über die bisherigen Querschnittsangebote der Gemeinwesenarbeit deutlich hinausgehen und sich auf die Gestaltung öffentlicher Räume als Erfahrungs- und Erziehungs- bzw. – in Bezug auf die Kinder – als Bildungsraum beziehen müssten.

Die anhaltende Bildungsdiskussion im Gefolge von PISA (vgl. Baumert u. a. 2001 und Prenzel u. a. 2004) hat darüber hinaus gezeigt, wie notwendig insgesamt eine Neustrukturierung des gesamten Bildungs- und Jugendhilfebereichs ist, wenn Bildung nicht auf schulisches Lernen verkürzt werden soll. Soll den Herausforderungen zunehmender und sich sicherlich verfestigender Armut von Kindern wirksam begegnet werden, dürfte eine Neugestaltung der Bildungslandschaft in diesem weiteren Sinne auf der Tagesordnung stehen. Die Jugendhilfe wird ihren Bildungsauftrag neu bestimmen müssen. Eine Neubestimmung des Verhältnisses von Bildung und Jugendhilfe muss sich an einer übergreifenden Integrationsperspektive orientieren und wird vermutlich nur im Zusammenwirken der unterschiedlichen Bildungsinstitutionen und dem Ausbau kommunaler Infrastrukturangebote für benachteiligte Kinder, Jugendliche und Familien zu erreichen sein.

Literaturverzeichnis

Albrecht, R. (1993): „Patient Familie" – Einblicke in mikrostrukturelle Lagen. In: Böllert, K.; Otto, H. – U. (Hrsg.): Die neue Familie, Lebensformen und Familiengemeinschaften im Umbruch, Bielefeld: Böllert, KT-Verlag, S. 10-32
Andreß, H.-J.; Lipsmeier, G. (1995): Was gehört zum notwendigen Lebensstandard und wer kann ihn sich leisten? Ein neues Konzept zur Armutsmessung. In: Aus Politik und Zeitgeschichte. H. 31/32, S. 35-49
Andreß, H.-J.; Lipsmeier, G. (2000): Lebenslagen in Deutschland. Der erste Armuts- und Reichtumsbericht der Bundesregierung. Forschungsprojekt Armut und Lebensstandard. Bonn/Berlin: Bundesministerium für Arbeits- und Sozialordnung.
Andretta, G. (1991): Zur konzeptionellen Standortbestimmung von Sozialpolitik als Lebenslagenpolitik. München: DJI, Verlag Deutsches Jugendinstitut
Ansen, H. (1998): Armut. Anforderungen an die soziale Arbeit: eine historische, sozialstaatsorientierte und systematische Analyse aus der Perspektive der Sozialen Arbeit. Frankfurt a. M.: Peter Lang
Ariès, Ph. (1979): Geschichte der Kindheit. München: dtv
Bacher, J. (1997): Einkommensarmut von Kindern und deren Auswirkungen auf das Wohlbefinden. Eine Sekundäranalyse des österreichischen Kindersurveys 1991. (abstract zur Tagung „Soziale Ungleichheit und Armut im Kindes- und Jugendalter" vom 19.-21.Februar an der Universität Bielefeld)
Bacher, J. (1998): Einkommensarmut von Kindern und subjektives Wohlbefinden. Bestandaufnahme und weiterführende Analysen. In: Mansel, J.; Neubauer, G. (1998): a.a.O., S. 173-189
Bacher, J.; Beham, M.; Wilk, L. (1996): Familienstruktur, kindliches Wohlbefinden und Persönlichkeitsentwicklung – Eine empirische Analyse am Beispiel zehnjähriger Kinder. In: Zeitschrift für Sozialisationsforschung und Erziehungssoziologie, H. 3, S. 246-269
Backes, G. (1996): Familienbeziehungen und informelle soziale Netzwerke im sozialen Wandel. In: Zeitschrift für Gerontologie und Geriatrie, Jg. 29, H. 1, S. 29-33
Barlösius, E.; Ludwig-Mayerhofer, W. (2001): Die Armut der Gesellschaft. In: dieselben (Hrsg.): Die Armut der Gesellschaft. Opladen: Leske + Budrich, S. 11-67
Baum, D. (1999): Armut – Definitionen und theoretische Ansätze. In: KJuG (Kind Jugend und Gesellschaft). Zeitschrift für Jugendschutz, Jg. 44, H.2, S. 35-40
Baumert, J. u.a. (2001): PISA 2000. Basiskompetenzen von Schülerinnen und Schülern im internationalen Vergleich. Opladen: Leske + Budrich
Beck, U. (1986): Risikogesellschaft: Auf dem Weg in eine andere Moderne. Frankfurt a.M.: Suhrkamp

Beck, U. (1997): Das Zeitalter der Nebenfolgen und die Politisierung der Moderne. In: Beck, U.; Giddens, A.; Lash, S.: Reflexive Modernisierung. Eine Kontroverse. Frankfurt a.m.: Suhrkamp, S. 19-112

Beck, U. (1999): Schöne neue Arbeitswelt. Frankfurt a. M./N.Y.: Campus

Becker, R.; Nietfeld, M. (1999): Arbeitslosigkeit und Bildungschancen von Kindern im Transformationsprozess. In: KZfSS, Jg. 51, H. 1, S. 55-67

Beisenherz, G. H. (2002): Kinderarmut in der Wohlfahrtsgesellschaft. Das Kainsmal der Globalisierung. Opladen: Leske + Budrich

Beisenherz, H. G. (2007): Wohlbefinden und Schulleistung von Kindern armer Familien. In: Alt, Chr. (Hrsg.) (2007): Kinderleben – Start in die Grundschule. Bd. 3: Ergebnisse aus der zweiten Welle, Wiesbaden: VS Verlag.

Berger, P. A. (1996): Individualisierung, Statusunsicherheit und Erfahrungsvielfalt. Wiesbaden: Westdeutscher Verlag

Bertram, H. (2006): Zur Lage der Kinder in Deutschland: Politik für Kinder als Zukunftsgestaltung, UNICEF, Innocenti Working Paper, IWP-2006-2

Bieback, K. J.; Milz, H. (Hrsg.) (1995): Neue Armut. Frankfurt a. M./N.Y.: Campus

Bieling, H.-J. (2000): Dynamiken sozialer Spaltung und Ausgrenzung. Gesellschaftstheorien und Zeitdiagnosen. Münster: Westfälisches Dampfboot

BMAS (2001): Lebenslagen in Deutschland. Der erste Armuts- und Reichtumsbericht der Bundesregierung. Bonn

BMAS (2005): Lebenslagen in Deutschland. 2. Armuts- und Reichtumsbericht der Bundesregierung. Bonn

BMAS (2008): Lebenslagen in Deutschland. 3. Armuts- und Reichtumsbericht der Bundesregierung. Bonn.

BMFSFJ (2002): 11. Kinder- und Jugendbericht. Bericht über die Lebenssituation junger Menschen und die Leistungen der Kinder- und Jugendhilfe in Deutschland. Bonn

BMFSFJ (1998): 10. Kinder- und Jugendbericht. Bericht über die Lebenssituation von Kindern und die Leistungen der Kinderhilfen in Deutschland. Bonn

BMFSJ (1994): 9. Jugendbericht. Bericht über die Situation von Kindern und Jugendlichen und die Entwicklung der Jugendhilfe in den neuen Bundesländern. Bonn

BMSFJ (1990): 8. Jugendbericht. Bericht über Bestrebungen und Leistungen der Jugendhilfe. Bonn

Böhnisch, L. (1994): Gespaltene Normalität. Lebensbewältigung und Sozialpädagogik an den Grenzen der Wohlfahrtsgesellschaft. Weinheim: Juventa

Böhnisch, L. (1997): Sozialpädagogik der Lebensalter. Eine Einführung. Weinheim: Juventa

Böhnisch, L. (2001): Lebensbewältigung. In: Otto, H.-U.; Thiersch, H. (Hrsg.): Handbuch Sozialarbeit – Sozialpädagogik. 2. Aufl. Neuwied: Luchterhand, S. 1119-1121

Böhnisch, L.; Schefold, W. (1985): Lebensbewältigung. Weinheim: Juventa

Bründel, H.; Hurrelmann, K. (1996): Einführung in die Kindheitsforschung. Weinheim: Beltz

Büchner, P.; Fuhs, B.; Krüger, H.-H. (Hrsg.) (1996): Vom Teddybär zum ersten Kuss. Wege aus der Kindheit in Ost- und Westdeutschland. Opladen: Leske + Budrich

Büchner, P.; Krüger, H.-H. (1996): Soziale Ungleichheiten beim Bildungserwerb innerhalb und außerhalb der Schule. In: Aus Politik und Zeitgeschichte, B 11/96, S. 21-30

Buhr, P. (1995): Dynamik von Armut. Dauer und biographische Bedeutung von Sozialhilfebezug. Opladen: Westdeutscher Verlag

Butterwegge, Ch. (2002): Hintergründe der (Kinder-)Armut in Deutschland. In: Zenz, W. M.; Bächer, K.; Blum-Maurice, R. (Hrsg.): Die vergessenen Kinder. Köln: PapyRossa

Butterwegge, Ch.; Klundt, M. (Hrsg.) (2002): Kinderarmut und Generationengerechtigkeit. Opladen: Leske + Budrich

Butterwegge, Ch.; Holm, K.; Zander, M. (2003): Armut und Kindheit. Ein regionaler, nationaler und internationaler Vergleich. Opladen: Leske + Budrich

Butterwegge, Ch.; Klundt, M.;Zeng, M. (2004): Kinderarmut in Ost- und Westdeutschland. Wiesbaden: VS Verlag

Castel, R. (2000a): Die Fallstricke des Exklusionsbegriffs. In: Mittelweg 36, 9. Jg., Juni/Juli, S. 11-25

Castel, R. (2000b): Metamorphosen der sozialen Frage. Konstanz: Universitätsverlag

Chassé, K. A. (1988): Armut nach dem Wirtschaftwunder. Lebensweise und Sozialstaat. Frankfurt a. M./New York: Campus

Chassé, K. A. (1998): Kindheit und Armut im Spiegel der Forschung. In: Iben, G. (Hrsg.): Kindheit und Armut. Münster: Lit Verlag, S. 26-37

Corsaro, W.A. (1997): The Sociology of Childhood. Thousand Oaks/Calif.: Pine Forge Press

Dahrendorf, R. (1994): Der moderne soziale Konflikt. Essay zur Politik der Freiheit. München: Piper

Datenreport 2008: Stat. Bundesamt; ZUMA, Bundeszentrale für politische Bildung (Hrsg.): Datenreport 2008. Ein Sozialbericht für die BRD. Bonn 2008

Dietz, B. (1997): Soziologie der Armut. Frankfurt a. M./New York: Campus

Döring, D.; Hanesch, W.; Huster, E.U. (1990): Armut als Lebenslage. Ein Konzept für Armutsberichterstattung und Armutspolitik. In: Döring, D.; Hanesch, W.; Huster, E.U. (Hrsg.): a.a.O., S.7-27

Döring, D.; Hanesch, W.; Huster, E.U. (1990): Armut im Wohlstand. Frankfurt a.M.: Suhrkamp

Du Bois-Reymond, M. u.a. (1994): Kinderleben: Modernisierung von Kindheit im interkulturellen Vergleich. Opladen: Leske + Budrich

Esser, G. (1994): Ablehnung und Vernachlässigung im Säuglingsalter. In: Kürner, R.; Nafroth, R.(Hrsg.): Die vergessenen Kinder. Köln: Papy-Rossa, S. 72-80

Fend, H. (2000): Entwicklungspsychologie des Jugendalters. Opladen: Leske + Budrich

FES (Forschungsstelle für empirische Sozialökonomik) (1994): Haushalt und Familie in den neuen Bundesländern. Ergebnisse einer Längsschnittuntersuchung (1990-1993). Frankfurt a. M./New York: Campus

Förster, N. (2002): Kinder in Armut. Sozialpädagogischer Diskurs ohne theoretisches Konzept? Frankfurt a. M.: ISS-Eigenverlag

Giesecke, H. (1996): Wozu ist die Schule da? In: Fauser, P. (Hrsg.): Wozu die Schule da ist. Eine Streitschrift der Zeitschrift Neue Sammlung. Seelze: Friedrich, S. 5-16

Grapka, M./Frick, J. (2008): Schrumpfende Mittelschicht – Anzeichen einer dauerhaften Polarisierung der verfügbaren Einkommen? In: DIW-Wochenbericht 10/2008, S. 101-108.

Habermas, J. (1998): Die postnationale Konstellation und die Zukunft der Demokratie. In: Habermas, J.: Die postnationale Konstellation. Frankfurt a. M.: Suhrkamp, S. 91-169
Hanesch, W. (1995): Sozialpolitik und das Armutsproblem. In: Hanesch, W. (Hrsg): Sozialpolitische Strategien gegen Armut. Opladen: Leske + Budrich, S. 5-18
Hanesch, W. u.a. (1994): Armut in Deutschland. Der Armutsbericht des DGB und des Paritätischen Wohlfahrtsverbands. Reinbek, Hamburg: Rowohlt
Hansen, K.-P. (1993): Das Recht der elterlichen Sorge nach Trennung und Scheidung. Neuwied: Luchterhand
Harnach-Beck, V. (1997): Psychosoziale Diagnose in der Jugendhilfe. Weinheim: Juventa
Häsing, H. (1996); Gutschmidt, G. (1992): Handbuch Alleinerziehen. Reinbek: Rowohlt
Haupt, H. (1998): Umbruchsarmut in den neuen Bundesländern? In: Lutz, R.; Zeng, M. (Hrsg.): a.a.O., S. 48-67
Hauser, R.; Hübinger, W. (1993): Arme unter uns. Teil 1: Ergebnisse und Konsequenzen der Caritas-Armutsuntersuchung. Freiburg i. Breisgau: Lambertus
Hauser, R.; Neumann, U. (1992): Armut in der Bundesrepublik. In: KZfSS Sonderheft 32; S. 237-271.
Hauser, R.; Becker, I. 2007: Integrierte Analyse der Einkommens- und Vermögensverteilung. Abschlussbericht der Studie im Auftrag des BMAS. Frankfurt, Bonn.
Havighurst, R. J. (1972): Developmental tasks and education. New York: Mackay
Helbig, A.(1999): Konsum und Geld als Lebensmittelpunkt von Kindern in einkommensschwachen Familien. (Diplomarbeit: FH Münster)
Hengst, H. (2002): Ein internationales Phänomen: Die neue soziologische Kindheitsforschung. In: Soziologie heute, Jg. 31, H. 2, S. 57-77
Herzberg, I. (1992): Kinderfreundschaften und Spielkontakte. In: Deutsches Jugendinstitut (Hrsg.): Was tun Kinder am Nachmittag? Ergebnisse einer empirischen Studie zur mittleren Kindheit. München: DJI Verlag, S. 75-126
Hock, B.; Holz, G.; Simmedinger, R.; Wüstendörfer, W. (2000): Gute Kindheit – Schlechte Kindheit? Armut und Zukunftschancen von Kindern und Jugendlichen in Deutschland. Abschlussbericht zur Studie im Auftrag des Bundesverbandes der Arbeiterwohlfahrt. Frankfurt a.M.: ISS-Eigenverlag
Hock, B.; Holz, G.; Wüstendörfer, W. (2000): Folgen familiärer Armut im frühen Kindesalter – eine Annäherung anhand von Fallbeispielen. Frankfurt a. M.: ISS-Eigenverlag
Hofmann, M./Rink, D. 2006: Vom Arbeiterstaat zur de-klassierten Gesellschaft. Ostdeutsche Arbeitermilieus zwischen Auflösung und Aufmüpfigkeit. In: Bremer, H./Lange-Vester, A. (Hrsg.): Soziale Milieus und Wandel der Sozialstruktur. Wiesbaden: VS Verlag; S. 262-284.
Holz, G.; Skoluda, S. (2003): „Armut im frühen Grundschulalter" – Abschlussbericht der vertiefenden Untersuchung zu Lebenssituation, Ressourcen und Bewältigungshandeln von Kindern im Auftrag des Bundesverbandes der Arbeiterwohlfahrt. Frankfurt a. M.: ISS-Eigenverlag
Holz, G./Puhlmann, A. (2005): Alles schon entschieden? Wege und Lebenssituation armer und nicht-armer Kinder zwischen Kindergarten und weiterführender Schule. Zwischenbericht zur AWO-ISS-Längsschnittstudie, Frankfurt a. M.: ISS
Honig, M.-S. (1992): Verhäuslichte Gewalt. Frankfurt a. M.: Suhrkamp

Honig, M.-S. (1999): Entwurf einer Theorie der Kindheit. Frankfurt a.M.: Suhrkamp
Honig, M.-S.; Leu, H.-R.; Nissen, U. (Hrsg.) (1996): Kinder und Kindheit. Soziokulturelle Muster – sozialisationstheoretische Perspektiven. Weinheim: Juventa
Honig, M.-S. (2000): Kindheit in der generationalen Ordnung. Eine Forschungsperspektive. Vortrag im Rahmen der Veranstaltung der Sektion „Soziologie der Kindheit" auf dem Soziologenkongress in Köln am 27.09.2000
Hradil, S. (1987): Sozialstrukturanalyse in einer fortgeschrittenen Gesellschaft. Von Klassen und Schichten zu Lagen und Milieus. Opladen: Leske + Budrich
Hradil, S. (Hrsg.) (1992): Zwischen Bewusstsein und Sein. Die Vermittlung objektiver und subjektiver Lebensweisen. Opladen: Leske + Budrich
Hübinger, W. (1996): Prekärer Wohlstand. Neue Befunde zu Armut und sozialer Ungleichheit. Freiburg i. Breisgau: Lambertus
Hübinger, W.; Neumann, U. (1998): Menschen im Schatten. Lebenslagen in den neuen Bundesländern. Freiburg i.B.
Huster, E.-U. (2002): Kinder zwischen Armut und Reichtum. In: Butterwegge, Ch.; Klundt, M. (Hrsg.): a.a.O., S. 43-55
Hurrelmann, Klaus (1983 und 1995): Einführung in die Sozialisationstheorie? Über den Zusammenhang von Sozialstruktur und Persönlichkeit. Weinheim: Beltz
Imholz, B.; Wuttke, G. (2002): Lückekinder und Co. Soziale Bewältigungsstrategien von Kindern in benachteiligten Lebenslagen. In: Thema Jugend, H.4, S. 5-7
James, A.; Jenks, C.; Prout, A. (1998): Theorizing Childhood. Cambridge: Polity Press
Joos, Magdalena (2001): Die soziale Lage der Kinder. Sozialberichterstattung über die Lebensverhältnisse von Kindern in Deutschland. Weinheim: Juventa
Kampshoff, Marita (2005): Armutsprävention im Bildungsbereich - Ansatzpunkte für Chancengleichheit, in: Zander (2005), S. 216 – 234.
Kaufmann, F.-X. (1980): Kinder als Außenseiter der Gesellschaft. Merkur, Jg. 34, S. 761-771
Keupp, H. (1987): Soziale Netzwerke. In: Keupp, H.; Röhrle, B. (Hrsg.): Soziale Netzwerke. Frankfurt a. M.: Campus, S. 11-53
KidsVerbraucherAnalyse 99 (1999): Junge Zielgruppe 6 –17 Jahre, Pressemappe hrsg. vom Bastei-Verlag
Klein, M. (1998): Familie und Armut. In: Lutz, R.; Zeng, M. (1998), S. 96-109
Klocke, A. (2000): Methoden der Armutsmessung. Einkommens-, Unterversorgungs-, Deprivations- und Sozialhilfekonzept im Vergleich. In: Zeitschrift für Soziologie, Jg. 29, S. 313-329
Klocke, A.; Hurrelmann, K. (1995): Armut macht Kinder und Jugendliche krank – Ergebnisse einer repräsentativen Befragung. In: Theorie und Praxis der Sozialpädagogik, Jg. 103, H. 1, S. 42-43
Klocke, A; Hurrelmann, K. (1998): Kinder und Jugendliche in Armut: Umfang, Auswirkungen und Konsequenzen. Opladen: Westdeutscher Verlag
Klundt, M.; Zeng, M. (2002): Kinderarmut und ihre psychosozialen Folgen als Gegenstand der Forschung. In: Zenz, W. M.; Bächer, K.; Blum-Maurice, R. (Hrsg.): Die vergessenen Kinder. Köln: PapyRossa, S. 39- 53
Krämer, W. (2000): Armut in der Bundesrepublik. Zur Theorie und Praxis eines überforderten Begriffs. Frankfurt a. M./New York: Campus
Kreckel, R. (1992): Politische Soziologie der sozialen Ungleichheit. Frankfurt a. M.: Campus

Kreckel, R. (1998): Klassentheorie am Ende der Klassengesellschaft. In: Berger, P.A.; Vester, M. (Hrsg.): Alte Ungleichheiten – neue Spaltungen, Opladen: Leske + Budrich, S. 31-47

Krieger, I. (1993): Operationalisierung des Lebenslagenansatzes für qualitative Forschung. In: Hanesch, W. (Hrsg.): Lebenslagenforschung und Sozialberichterstattung in den neuen Bundesländern. S. 109-126

Krieger, I.; Schläfke, G. (1987): Bestimmung von Lebenslagen. In: Lompe, K. (Hrsg.): Die Realität der neuen Armut. Analysen der Beziehungen zwischen Arbeitslosigkeit und Armut in einer Problemregion. Regensburg: Transfer-Verlag, S. 97-118

Kronauer, M. (1998a): „Exklusion" in der Systemtheorie und in der Armutsforschung, Anmerkungen zu einer problematischen Beziehung. Zeitschrift für Sozialreform, Jg. 44, S. 755-768

Kronauer, M. (1998b): Armut, Ausgrenzung, Unterklasse. In: Häußermann, H. (Hrsg.): Großstadt. Soziologische Stichworte. Opladen: Leske + Budrich, S. 13-27

Kronauer, M. (2002): Exklusion. Die Gefährdung des Sozialen im hoch entwickelten Kapitalismus. Frankfurt a. M./New York: Campus

Kronauer, M.; Vogel, B.; Gerlach, F. (1993): Im Schatten der Arbeitsgesellschaft. Arbeitslose und die Dynamik sozialer Ausgrenzung. Frankfurt a. M./N Y.: Campus

Lange, A.; Lauterbach, W. (2000): Kinder, Kindheit, Kinderleben: Ein interdisziplinärer Orientierungsrahmen. In: Lange, A. Lauterbach, W. (Hrsg.): Kinder in Familie und Gesellschaft. Stuttgart: Lucius und Lucius, S. 5-28

Lange, A.; Lüscher, K.(1992): Kinder und ihre Medienökologie. Eine Zwischenbilanz. München: DJI

Lauterbach, W.; Lange, A.; Becker, R. (2002): Armut und Bildungschancen: Auswirkungen von Niedrigeinkommen auf den Schulerfolg am Beispiel des Übergangs von der Grundschule auf weiterführende Schulstufen. In: Butterwegge, Ch.; Klundt, M. (Hrsg.): a.a.O., S. 153-170

Laux, L.; Weber, H. (1990): Bewältigung von Emotionen. In: Scherer, K.H. (Hrsg.): Enzyklopädie der Psychologie. Psychologie der Emotionen. Göttingen: Hogrefe, S.560-629

Leibfried, St. u.a. (1995): Zeit der Armut. Lebensläufe im Sozialstaat. Frankfurt a. M.

Leibfried, St.; Voges, W. (1992): Armut im modernen Wohlfahrtsstaat. Sonderheft 32 der KZfSS. Opladen: Westdeutscher Verlag

Leu, H.-R. (1996): Selbständige Kinder – ein schwieriges Thema für die Sozialisationsforschung. In: Honig, M.-S.; Leu, H.-R.; Nissen, U. (Hrsg.): a.a.O., S. 174 ff.

Leu, H.-R. (1997): Entwicklung oder Modernisierung? In: Zeitschrift für Sozialisationsforschung und Erziehungssoziologie, Jg. 17, H. 1, S. 74-90

Lompe, K. (1987): Einleitung. In: Ders. (Hrsg.): Die Realität der neuen Armut. Analysen der Beziehungen zwischen Arbeitslosigkeit und Armut in einer Problemregion. Regensburg: Transfer-Verlag

Lutz, R. (2001): Im Osten ist die zweite Schwelle hoch. Fehlende Arbeitsplätze und Nachwuchsstau vor den Toren des Arbeitsmarktes. Forschungsbericht (unveröff.)

Lutz, R. (1996): Neue ländliche Dorf-Armut in Ostdeutschland. In: Theorie und Praxis der Sozialen Arbeit, Jg. 47, H. 5, S. 6-11

Lutz, R.; Zeng, M. (1998) (Hrsg.): Armutsforschung und Sozialberichterstattung in den neuen Bundesländern. Opladen: Leske + Budrich

Mansel, J.; Neubauer, G. (1998): Armut und soziale Ungleichheit bei Kindern. Opladen: Leske + Budrich

Marshall, T.H. (1992): Bürgerrechte und soziale Klassen. Zur Soziologie des Wohlfahrtsstaates. Frankfurt a. M./New York: Campus

Mayr, T. (2000): Entwicklungsrisiken bei armen und sozial benachteiligten Kindern und die Wirksamkeit früher Hilfen. In: Weiß, H. (Hrsg.): a.a.O., S. 142-164

Merten, R. (2001): „Selektive Armut": Kinder und Jugendliche am Rande der Gesellschaft. In: Unsere Jugend, Jg. 53, H. 9, S. 371-379

Merten, R. (2002): Psychosoziale Folgen von Armut im Kindes- und Jugendalter. In: Butterwegge, Ch.; Klundt, M. (Hrsg.): a.a.O., S. 137-151

Naggl, M.; Thurmair, M. (2000): Frühförderung für Kinder in Armutslagen: Handlungsmöglichkeiten und bewährte Praxis. In: Weiß, H. (Hrsg.): a.a.O., S.209-236

Neumann, U.; Hertz, M. (1998): Verdeckte Armut in der Bundesrepublik Deutschland, Forschungsbericht des Instituts für Sozialberichterstattung und Lebenslagenforschung im Auftrag der Friedrich-Ebert-Stiftung, Frankfurt a.M.

Nahnsen, I. (1970): Theorie der Lebenslage und der sozialen Schwäche. Göttingen: Unveröffentlichtes Vorlesungsmanuskript

Niepel, G. (1994): Alleinerziehende – Abschied von einem Klischee. Opladen: Leske + Budrich

Oerter, R.; Montada, L. (1995): Entwicklungspsychologie. Weinheim: Psychologie-Verlags-Union

Offenberger, P. (1999): Konfliktbewältigung und Freundschaft in der mittleren Kindheit. Potsdam

Olk, T.; Bathke, G.-W.; Hartnuß, B. (2000): Jugendhilfe und Schule. Empirische Befunde und theoretische Reflexionen zur Schulsozialarbeit. Weinheim: Juventa

Olk, T.; Mierendorff, J. (1998): Kinderarmut und Sozialpolitik – Zur politischen Regulierung von Kindheit im modernen Wohlfahrtsstaat. In: Mansel, J.; Neubauer, G. (Hrsg.): a.a. O., S. 230-257

Palentien; Ch.; Klocke, A.; Hurrelmann, K. (1999): Armut im Kindes- und Jugendalter. In: Aus Politik und Zeitgeschichte. Beilage zur Wochenzeitung Das Parlament, B 18/99, S. 33-49

Palentien, C. (2004): Kinder- und Jugendarmut in Deutschland. Wiesbaden: VS Verlag

Permien, H.; Zink, G. (1998): Endstation Straße? Straßenkarrieren aus der Sicht von Jugendlichen. München: DJI

Peuckert, R. (1999): Familienformen im sozialem Wandel. Opladen: Leske + Budrich

Prout, A. (Hrsg.) (2000): Childhood bodies: Construction, agency and hybridity. In: Prout, A. (Hrsg.): The body, the childhood, and society, Houndsmill u.a., S. 1-18

Prenzel, M. u. a. (Hrsg.) 2004: PISA 2003. Der Bildungsstand der Jugendlichen in Deutschland – Ergebnisse des zweiten internationalen Vergleichs. Münster: Waxmann

Richter, A. (2000a): Wie erleben und bewältigen Kinder Armut? In: Altgeld, Th.; Hofrichter, P. (Hrsg.): Reiches Land – Kranke Kinder? Frankfurt a.M.: Mabuse Verlag, S. 215-228

Richter, A. (2000b): Wie erleben und bewältigen Kinder Armut? Eine qualitative Studie über die Belastungen aus Unterversorgungslagen und ihre Bewältigung aus subjektiver Sicht von Grundschulkindern einer ländlichen Region. Aachen: Shaker Verlag

Rosendorfer, T.; Waldherr, I. (1999): Kinder und Geld. Gelderziehung in der Familie. Frankfurt a. M./New York: Campus.
Sander, E. (Hrsg.) (1999): Trennung und Scheidung. Die Perspektive betroffener Eltern. Weinheim: Juventa
Schlemmer, E. (1998): Risikolagen von Familien und ihre Auswirkungen auf Schulkinder. In: Mansel, J.; Neubauer, G. (Hrsg.): a.a. O., S. 128-146
Schneewind, K. (Hrsg.) (1994): Enzyklopädie der Psychologie. Göttingen: Hogrefe Verlag für Psychologie
Scholz, G.; Ruhl, A. (Hrsg.) (2001): Perspektiven auf Kindheit und Kinder. Opladen: Leske + Budrich
Schönig, W.; Ruiss, D. (2000): Verdeckte Armut. Forschungsstand in einer Grauzone der Armutsforschung. In: Sozialer Fortschritt, Jg. 49, H. 5, 122-124
Seithe, M. (2001): Praxisfeld: Hilfe zur Erziehung. Fachlichkeit zwischen Lebensweltorientierung und Kindeswohl. Opladen: Leske + Budrich
Sen, A.K. (1992): Inequality reexamined. Oxford: Clarendon Press
SFB 580 – Sonderforschungsbereich „Gesellschaftliche Entwicklungen nach dem Systemumbruch. Diskontinuität, Tradition und Strukturbildung". Homepage unter http://www.sfb580.uni-jena.de
Statistisches Bundesamt (2006): Wirtschaft und Statistik 4/2006: Ergebnisse der Sozialhilfe- und Asylbewerber-Leistungsstatistik. Wiesbaden: 377-394.
Strengmann-Kuhn, W. (2001): Armut trotz Erwerbstätigkeit in Deutschland – Folge der „Erosion des Normalarbeitsverhältnisses"? In: Barlösius, E.; Ludwig-Mayerhofer, W. (Hrsg.): a.a.O., S. 131-150
Strzoda, C.; Zinnecker, J. (1996): Interessen, Hobbies und deren institutioneller Kontext. In: Zinnecker, J.; Silbereisen, R. K. (Hrsg.): Kindheit in Deutschland. Aktueller Survey über Kinder und ihre Eltern. Weinheim: Juventa, S. 41-80
Sünker, H. (1993): Kindheit zwischen Individualisierung und Institutionalisierung. In: Zentrum für Kindheitsforschung (Hrsg.): Wandlungen der Kindheit. Opladen: Leske + Budrich; S. 15-31
Sünker, H. (1991): Das Kind als Subjekt. Notizen zu Kindheit und Kinderleben heute. In: Widersprüche, Jg. 11, H. 38, S. 7-70
Tausch, A.; Tausch, R.M. (1991): Erziehungspsychologie. Göttingen: Hogrefe
Thiersch, H. (1992): Lebensweltorientierte Soziale Arbeit. Weinheim: Juventa
Tobias, G.; Boettner, J. (Hrsg.) (1992): Von der Hand in den Mund. Essen: ed. sigma
Vester, M. (1997): Soziale Milieus und Individualisierung. Mentalitäten und Konfliktlinien im historischen Wandel. In: Beck, U.; Sopp, P. (Hrsg.): Individualisierung und Integration. Opladen: Leske + Budrich, S. 99-123
Vester, M. u.a. (2001): Soziale Milieus im gesellschaftlichen Strukturwandel. Zwischen Integration und Ausgrenzung. Frankfurt a. M.: Suhrkamp
Vogel, B. (1999): Ohne Arbeit in den Kapitalismus. Der Verlust der Erwerbsarbeit im Umbruch der ostdeutschen Gesellschaft. Hamburg: VSA
Vogel, B. (2001): Wege an den Rand der Arbeitsgesellschaft – der Verlust der Erwerbsarbeit und die Gefahr sozialer Ausgrenzung. In: Barlösius, E.; Ludwig-Mayerhofer, W. (Hrsg.): a.a.O., S. 151-168
von Balluseck, H.; Trippner, I. (1998): Kinder von alleinerziehenden Sozialhilfeempfängern im Spannungsfeld von Familiendynamik und Armut. In: Klocke, A; Hurrelmann, K. (Hrsg.): Kinder und Jugendliche in Armut: Umfang, Auswirkungen und Konsequenzen. Opladen: Westdeutscher Verlag, S. 309-327

Wahl, K. (1993): Die Modernisierungsfalle. Gesellschaft, Selbstbewußtsein und Gewalt. Frankfurt a. M.: Suhrkamp

Walper, S. (1995): Kinder und Jugendliche in Armut. In: Bieback, K.-J.; Milz, H. (Hrsg.): a.a.O., S. 181-219

Walper, S. (1988): Familiäre Konsequenzen ökonomischer Deprivation. München/Weinheim: Psychologie-Verlags-Union

Walper, S. (1997): Wenn Kinder arm sind – Familienarmut und ihre Betroffenen. In: Böhnisch, L.; Lenz, K. (Hrsg.): Familien. Eine interdisziplinäre Einführung. Weinheim: Juventa, S. 265-282

Walper, S. (1999): Auswirkungen von Armut auf die Entwicklung von Kindern. In: Lepenies, A. (Hrsg.): Kindliche Entwicklungspotentiale. Materialien zum 10. Kinder- und Jugendbericht, Bd. 1. Opladen: Leske + Budrich, S. 291-360

Walper, S. (2001): Psychosoziale Folgen von Armut für die Entwicklung von Jugendlichen. In: Unsere Jugend Jg. 53, H. 9, 380-389

Weiß, H. (Hrsg.) (2000): Frühforderung mit Kindern und Familien in Armutslagen. München: Ernst Reinhardt Verlag

Winkler, M. (1988): Eine Theorie der Sozialpädagogik. Stuttgart: Klett-Cotta

Winterberger, H. (1998): Ökonomische Verhältnisse zwischen den Generationen – Ein Beitrag zur Ökonomie der Kindheit. In: Zeitschrift für Soziologie der Erziehung und Sozialisation, Jg.18, H. 1, S. 8-24

Woodhead, M. (1990 und 1997): Psychology and the cultural construction of children's needs'. In: James, A.; Prout, A. (Hrsg.): Constructing and Reconstructing Childhood: contemporary issues in the sociological study of childhood, (1. Ausgabe 1990 und 2. Ausgabe 1997), Basingstoke: Falmer Press

Youniss, J. (1994): Soziale Konstruktion und psychische Entwicklung. Frankfurt a.M.: Suhrkamp

Zander, H. (1975): Sozialarbeit und Armut. Der Begriff der Armut in seiner Bedeutung für eine marxistische Theorie der Sozialarbeit. In: Otto, H.-U.; Schneider, S. (Hrsg.): Gesellschaftliche Perspektiven der Sozialarbeit I. Neuwied: Luchterhand

Zander, M. (2000): Kinderarmut als Handlungsauftrag für die Soziale Arbeit. In: Butterwegge, Ch. (Hrsg.): Kinderarmut in Deutschland. Ursachen, Erscheinungsformen und Gegenmaßnahmen. Frankfurt a. M./New York: Campus, S. 286-308

Zander, M. (2002): Zeit zum Handeln. Was wir über Kinderarmut wissen. In: Thema Jugend. Zeitschrift für Jugendschutz und Erziehung, H. 4, S. 2-5.

Zander, Margherita (Hrg.) (2005): Kinderarmut. Einführendes Handbuch für Forschung und soziale Praxis, Wiesbaden: VS Verlag

Zander, Margherita (2007): Kinderarmut aus Kindersicht, in: Deutsches Kinderhilfswerk e.V. (Hrg.) (2007): Kinderreport Deutschland 2007 - Daten, Fakten, Hintergründe, Freiburg:Velber, S. 45 - 73

Zeiher, M.; Zeiher, H. (1994): Orte und Zeiten der Kinder. Soziales Leben im Alltag von Großstadtkindern. Weinheim: Juventa

Zeiher, H. (Hrsg.) (1996): Kinder als Außenseiter? Umbrüche in der gesellschaftlichen Wahrnehmung von Kindern und Kindheit. Weinheim: Juventa

Zinnecker, J.(1996): Soziologie der Kindheit oder Soziologie des Kindes? In: Honig/Leu/Nissen (Hrsg.): S. 31- 54

Zimmermann, E. (2001): Armut. In: Schäfers, B.; Zapf, W. (Hrsg.): Handwörterbuch zur Gesellschaft Deutschlands. Opladen: Leske + Budrich, S. 36-52